Ludwig Uhland

Alte Hoch- und Niederdeutsche Volkslieder

Zweiter Band

Ludwig Uhland

Alte Hoch- und Niederdeutsche Volkslieder
Zweiter Band

ISBN/EAN: 9783741183638

Hergestellt in Europa, USA, Kanada, Australien, Japan

Cover: Foto ©Lupo / pixelio.de

Manufactured and distributed by brebook publishing software (www.brebook.com)

Ludwig Uhland

Alte Hoch- und Niederdeutsche Volkslieder

Alte hoch- und niederdeutsche

Volkslieder

mit Abhandlung und Anmerkungen.

Herausgegeben von

Ludwig Uhland.

Zweiter Band:

Abhandlung.

Stuttgart.
Verlag der J. G. Cotta'schen Buchhandlung.
1866.

Vorwort des Herausgebers.

In dem vorliegenden Bande erhalten die Leser zunächst die so lange mit allgemeiner Spannung erwartete „Abhandlung über das deutsche Volkslied." Leider ist es nur ein Theil, nur die Hälfte des ursprünglich beabsichtigten Ganzen, doch ist dieser Theil nicht nur äußerlich vollständig abgeschlossen, sondern auch innerlich vollendet, und ich befürchte keinen Widerspruch, wenn ich den Inhalt dieses Bandes zum Reifsten und Vorzüglichsten rechne, was Uhland geschrieben hat. Mit keiner seiner gelehrten Arbeiten hat er sich länger und mit so ausdauernder Liebe und Hingebung beschäftigt, als mit der über das Volkslied, und gewiß war keine seiner innersten Natur, seiner geistigen und dichterischen Anlage so gemäß, wie gerade diese.

Der Gedanke an eine solche Arbeit hatte schon geraume Zeit, bevor er zur Ausführung gelangte, in seiner Seele gekeimt, denn was er in einem Briefe vom 29. Juli 1812 an Ferdinand Weckherlin schrieb (s. L. Uhland. Eine Gabe für Freunde. 1865. S. 83): „Wenn ich irgend Muße und Gelegenheit hätte, so wäre meine liebste Beschäftigung das Verfolgen der germanischen Poesie einerseits in den Norden hinauf und bis in den Orient, andererseits durch die verschiedenen, von germanischen Nationen eroberten und besetzten Länder; im Mittelalter ist der Zusammenhang unverkennbar," scheint mir ebensowohl und genauer noch auf das

Volkslied, wie er es auffaßte und darstellte, als auf die Heldensage zu gehen, der er bald nachher seine volle Aufmerksamkeit und Kraft zuwandte. Aber erst nachdem er mit dieser zum Abschluß gekommen war, zu Ende der zwanziger Jahre, gewann der Plan zu einer Sammlung und historischen Betrachtung der deutschen Volkslieder bestimmtere Richtung und Gestalt, und als ihm später, durch das Aufhören seiner leider nur so kurzen akademischen und bald darauf auch seiner langjährigen ständischen Wirksamkeit, freie Muße ward, sehen wir ihn jene Liederfahrten beginnen, deren Zweck die Vervollständigung der still und geräuschlos angelegten Sammlungen war. Die erste dieser Fahrten führte ihn im Sommer 1835 den Rhein hinab nach Köln; drei Jahre später, 1838, eine andere die Donau entlang nach Wien. Von dieser Zeit an galten fast alle seine jährlichen Ausflüge und Reisen der Erreichung dieses mit seltener Beharrlichkeit verfolgten Zieles, und man darf sagen, daß es von den Alpen bis zur Nordsee kaum einen, hiefür irgendwelche Ausbeute versprechenden Ort gibt, den Uhland nicht auf längere oder kürzere Zeit besucht hätte. Nur wo er selbst nicht hinreichen und unmittelbar aus den Quellen schöpfen konnte, nahm er, aber auch hier mit der ihm eigenen zarten rücksichtsvollen Bescheidenheit, die Mitwirkung von Freunden und Fachgenossen in Anspruch.

In solcher Weise brachte er binnen eines Jahrzehends ein Material zusammen, dessen gewaltiger Umfang billig Staunen erregt. Weitaus das meiste davon hat er eigenhändig zusammengetragen, und mit welchem Fleiß, welcher Sorgfalt und Gewissenhaftigkeit dieß geschah, erhellt nicht allein aus den kräftigen, sichern, keine Zweifel gestattenden Zügen, sondern mehr noch aus dem Umstand, daß von fast allen Liedern, auch den verbreitetsten, die oft sehr zahlreichen Urkunden alle in besonderen Abschriften vorliegen, und daß Uhland nur in den seltenen Fällen, wo die Abweichungen in leichten, bloß orthographischen Verschiedenheiten bestanden, sich mit Aufzeichnung der Lesarten begnügte.

Daß ihm trotz der Reichhaltigkeit seiner Sammlung und der dafür aufgewandten Mühe Manches noch fehlen werde, war ihm nicht verborgen, er hat es vielmehr oft schmerzlich empfunden und auch öffentlich ausgesprochen; wenn er dem ungeachtet, seiner allem Halben und Unfertigen abholden Art scheinbar zuwider, endlich doch zur Herausgabe schritt, so mochte ihn hiebei die stille Hoffnung leiten, daß er bei aller „Mangelhaftigkeit des Ersammelten" gleichwohl über den Hauptstock des alten Volksliederhortes gebiete und daß im schlimmsten Falle nur,eine kleine Nachlese übrig bleibe. Und so war es in der That: was Uhlands unermüdete, bis zu seinem Tode fortgesetzte Weitersammlung noch ergab, ist an Zahl wie an Bedeutung überaus gering und berechtigt zu der Vermuthung, daß in seinem Buche die noch vorhandenen Quellen wesentlich erschöpft sind.

Die in den Jahren 1844 und 1845 in zwei stattlichen Bänden, unter dem Titel: „Alte hoch= und niederdeutsche Volkslieder in fünf Büchern (Stuttgart und Tübingen, J. G. Cotta'scher Verlag) erschienene Liedersammlung bildete nur den einen Theil, den ersten Band des Unternehmens; wie der Haupttitel des Buches und eine Stelle des Vorwortes ankündigten, sollten „zwei kleinere Bände eine Abhandlung über die deutschen Volkslieder, sodann diejenigen besonderen Anmerkungen umfassen, welche zur Kritik, Erläuterung und Geschichte einzelner Lieder noch dienlich scheinen." War es nun die angeborne Abneigung gegen äußern Zwang, oder die Ahnung, daß er sein Vorhaben nicht werde ausführen können, genug, er fügte hinzu: „Damit übrigens die Käufer sowohl, als der Herausgeber, freie Hand behalten, bildet der erste Band durch eigenen Titel und mittelst der erwähnten Beigaben [d. i. Quellenangabe und alphabetisches Verzeichniß der Liederanfänge] ein für sich bestehendes Liederbuch."

Diese Ablehnung jeder Verbindlichkeit gegen die Leser wie gegen sich selbst war ebenso vorsichtig als berechtigt, indem eine Reihe störender Umstände im öffentlichen wie in Uhlands Privatleben weder die Abhandlung noch die Anmerkungen zum Abschluß gelangen ließen. Glücklicherweise hat sich in seinem Nachlaß auf einem einzelnen Blatt eine Skizze vorgefunden, die uns über Plan, Gliederung und Inhalt der ganzen Arbeit willkommene Auskunft gibt. Danach sollte sie in acht Abschnitte zerfallen, deren jeder, seinem Inhalte nach, einer besondern Dichtart entspricht, während in allen zusammen, innerhalb der engen Grenzen des Volksliedes, die gesammte Litteratur sich wiederspiegelt. Die Skizze lautet:

„Sommerspiele = Mythus.

Fabellieder = Thiersage.

Wett- und Wunschlieder = Sängerkämpfe.

Liebeslieder = Minnesang.

Tagelieder = Minnesang.

Geschichtlieder = Heldensage, politische Lieder, Reimchroniken.

Scherzlieder = Schwänke.

Geistliche Lieder = Evangelien, Legenden (Spruchgedichte).

Wir haben nur Bruchstücke und Verdunklungen des alten Volksgesangs. Darum ist es mit der Sammlung nicht allein gethan, das Gesammelte muß soweit möglich ergänzt und aufgehellt werden. Dazu bedarf es der Forschung und zwar in dreierlei Richtungen:

1. Herbeiziehung des Volksgesangs verwandter Stämme.

2. Zurückgehen in die frühere Geschichte der einheimischen Dichtung.

3. Eingehen auf das Wesen und den Grund aller Volkspoesie und der Deutschen insbesondre im Leben und den poetischen Vorstellungen des Volkes."

Den hier kurz dargelegten Gang der Untersuchung, der in der Einleitung umständlicher entwickelt ist, hat Uhland in der Ausführung jedes einzelnen Abschnittes eingehalten, mit der kleinen Abweichung, daß er, wie billig, dem zweiten Punkte, „dem Zurückgehen in die frühere Geschichte der einheimischen Dichtung," den Vorrang eingeräumt hat vor der „Herbeiziehung des Volksgesangs verwandter Stämme." Sonach würde seine „Abhandlung," wenn ihm ihre Vollendung vergönnt gewesen wäre, nicht bloß eine Geschichte des deutschen Volksliedes, sondern gewissermaßen eine vergleichende Geschichte des indo-europäischen Volksgesanges geworden sein. Die Aufgabe, die Uhland sich damit gestellt, war freilich eine ungeheure, und neben Anderm liegt wohl auch darin ein Grund, warum er in deren Lösung auf halbem Wege inne hielt: wenigstens äußerte er sich einmal gegen seine Frau (L. Uhland. Eine Gabe für Freunde, S. 456): er habe für die Abhandlung über die Volkslieder viel gesammelt, viel im Kopfe dazu, viel auch schon ausgearbeitet mit der Feder, aber sie sei ihm zu weit angelegt, das halte ihn davon ab.

Gewiß haben wir alles Recht, dieß ungerechtfertigte Mißtrauen in seine Kraft und das Aufgeben einer Arbeit, der er seine besten Jahre gewidmet und zu deren Ausführung er wie kein zweiter berufen und ausgerüstet war, zu beklagen. Aber ein Trost dabei ist und als ein Glück dürfen wir es betrachten, daß es gerade die vier ersten Abschnitte sind, nach meiner Ansicht bei weitem die wichtigsten und anziehendsten, welche vollständig ausgearbeitet und abgeschlossen vorliegen und den Inhalt dieses Bandes bilden.

Ihre Entstehung fällt, von einzelnen spätern Zusätzen und Nachträgen abgesehen, in die Jahre 1836—1842, also in die Zeit seines kräftigsten Mannesalters. Davon ist der erste Abschnitt „Sommer und Winter" in drei, ja wenn man den theilweisen Abdruck in meiner Germania 5, 257—284 hinzurechnet, in vier Aufzeichnungen vorhanden. Die erste mag im Jahr 1836 oder 1837 entstanden sein, die zweite, mit der ursprünglichen Aufschrift „Mythische Nachklänge," die später in „Sommerspiele," zuletzt in „Sommer und Winter" verändert ward, trägt das Datum „29. April 1840," die dritte ist vom Jahre 1845. Dem Ende der dreißiger Jahre gehören ohne Zweifel der zweite und dritte Abschnitt „Fabellieder," „Wett- und Wunschlieder" an; der vierte endlich, „Liebeslieder," ist am 21. Juni 1841 begonnen und am 1. December desselben Jahres beendet. Der fünfte Abschnitt, „Tagelieder," angefangen am 6. November 1842, ist kaum über anderthalb Schreibseiten gediehen und enthält nur den Eingang eines denselben Gegenstand behandelnden Kapitels aus der ältern Abhandlung über den „Minnesang," deren erstere Theile ihrem Hauptinhalte nach auch in den vorangehenden vierten Abschnitt („Liebeslieder") aufgenommen und verwoben sind.

Die meiste Mühe und Überlegung scheint Uhland, nach den dazu genommenen zahlreichen Anläufen zu schließen, die Einleitung gemacht zu haben, die nur nach vielen mißlungenen Versuchen (so z. B. vom 8. November und 27. December 1836, 29. Merz 1840, 17. Januar 1842 und andern mehr), erst nach dem Erscheinen der Liedersammlung, am 29. December 1845, zu Stande kam. Sie ist nun aber auch nach Inhalt und Form ein kleines

Meisterwerk. Unmittelbar darauf wurde der erste Abschnitt einer neuen (der dritten) und auch der zweite einer theilweisen Umarbeitung unterzogen (bis Seite 69), die sich ohne Zweifel noch weiter, über die andern fertigen Theile, erstrecken sollte.

Betrachtet man die vorliegende Arbeit, der Uhland die beste Kraft seines Lebens gewidmet hat, prüfenden Auges, so wird Niemand läugnen, daß sie der vielen darauf verwandten Mühe und Sorgfalt vollkommen würdig ist. Nur darüber könnte man allenfalls in Zweifel sein, was größere Bewunderung verdient: die ungemeine Gelehrsamkeit und Belesenheit, der scharfe sichere Blick im Erkennen des echt Volksmäßigen, Dichterischen unter oft unscheinbarster Hülle, oder die meisterhafte Bewältigung des ungeheuern Stoffes, die gestaltende Kraft und die zu wahrhaft klassischer Schönheit sich erhebende Darstellung. Am wunderbarsten ist jedoch gewiß die so seltene Vereinigung von Beidem. Hier haben der Gelehrte und der Dichter sich verbunden, um ein Werk zu schaffen, das in unsrer Litteratur, und ich glaube nicht in unserer allein, seines Gleichen nicht hat; denn noch niemals ist die Volkspoesie mit solcher Gründlichkeit und Tiefe, mit so viel Innigkeit und Wärme erfaßt und in so vollendeter Form dargestellt worden.

Was meinen Antheil an diesem Bande anlangt, so beschränkt sich derselbe, außer der Beifügung der inzwischen zugewachsenen Litteratur und der Citate nach neuern Ausgaben, wesentlich auf Ordnung des durch die vielen Nachträge und Zusätze manchmal etwas aus den Fugen gerathenen Manuscripts. Hinsichtlich der Druckeinrichtung muß bemerkt werden, daß nach des Verfassers Absicht die Noten unter dem Texte stehen sollten. Da jedoch viele derselben von solcher Ausdehnung sind, daß sie den Text oft völlig überwuchert und erdrückt hätten, so schien es mir, aus typographischen und ästhetischen Rücksichten, nicht allein angemessen, sondern unerläßlich, ihnen hinter jedem Abschnitte, mit fortlaufender besonderer Zählung, eine Stelle anzuweisen. Die Gelehrten vom Fache, für welche diese Noten den meisten Werth haben, wird diese Einrichtung nicht allzusehr beschweren, während die zahlreichen übrigen Leser, die sich nun, ungestört durch den gelehrten Apparat, ruhig dem Genusse des Buches hingeben können, mir dafür Dank wissen werden.

Der nächstfolgende Band wird die wichtigen Anmerkungen zu den einzelnen Liedern der Sammlung bringen und im Anschluß daran diejenigen Theile aus der Abhandlung über den „Minnesang," die nicht schon in diesem Bande daraus vorweg genommen sind.

Salzburg, 4. August 1866.

Franz Pfeiffer.

Abhandlung

über die

deutschen Volkslieder.

Einleitung.

Handschriftliche Sammlungen aus dem deutschen Mittelalter haben uns eine Fülle von Liedern aufbewahrt, wie sie seit der Mitte des 12ten bis in den Anfang des 14ten Jahrhunderts für den Gesang gedichtet wurden. Diese Lieder sind zumeist Erzeugnisse des Ritterstandes und waren bestimmt, auf den Burgen, an den Höfen weltlicher und geistlicher Herren lautbar zu werden, als Minnesang um den Beifall edler Frauen zu werben. Sie sind, was gewöhnlich zusammengeht, nicht bloß Standes- sondern zugleich Kunstdichtung, denn wie sie dem Inhalte nach in den Vorstellungen und Sitten des bevorrechteten Kreises sich bewegen, dem sie entwachsen und dem sie zum Genusse geboten sind, so tragen sie äußerlich das Abzeichen einer gewähleren, reicheren Kunstform. Sänger aus geistlichem oder bürgerlichem Stande, die letztern mehr erst gegen den Schluß des bemerkten Zeitraums hinzutretend, folgen, wie sie den Höfen nachgiengen, auch demselben Kunstgebrauche. Vor und neben solcher Kunstübung auf Burgen und am Hofe ward aber, laut manigfacher Meldungen, auch von den Bauern, an den Straßen, im Volke gesungen, und es ist anzunehmen, daß dieser überall gangbare Gesang, wie mit gemeingiltigen Gegenständen, so auch in schlichterem Stil und einfacheren Formen sich hervorgestellt habe, dem Hof- und Kunstliede gegenüber das Volkslied. Zwar fehlt es nicht gänzlich an Überresten dieses alten Volksgesangs, seine aus unvordenklichen Zeiten vorschreitende Entwicklung, seine Verbreitung unter allen Ständen und über alle deutschen Stämme, dazu die ausdrücklichen Geschichtzeugnisse geben zureichende Gewähr, daß er nicht weniger fruchtbar war, als der auf einen engeren Kreis und auf einen bestimmten Zeitverlauf angewiesene Kunstgesang; der letztere selbst zeigt in seinen ältesten Denkmälern einen ursprünglichen Zusammenhang mit der Volksweise, besonders aber sind die zahl- und umfangreichen Heldengedichte der heimischen Sagen wesentlich aus Liedern des Volkes hervorgegangen. Gleichwohl ist nicht zu verkennen, daß durch die großen, gelehrten und kunstmäßigen Dichtungskreise, die im geistlichen und Ritterstande sich herangebildet hatten, der Volksgesang mehr und mehr zurückgedrängt, daß durch solche Absonderung und neue Geistesrichtung dem Gemeinsamen, Volksmäßigen ein bedeutender Theil dichterischer Kräfte entzogen, das Gebiet geschmälert und die Aufmunterung verkümmert, daß durch die Ausbildung zu künstlichern Liebesformen, durch die Einverleibung in umfassende Schriftwerke das Volkslied aufgesogen und, wie es vornherein in mündlicher Überlieferung gelebt hatte, nun um so weniger mehr von denen, die schreiben konnten oder schreiben ließen, der Aufzeichnung in unveränderter Weise werth erachtet wurde. Sowie jedoch im Laufe des 14ten Jahrhunderts jene mittelalterlichen Dichtungskreise sich ausleben, rührt sich in den poetischen Leistungen der Zeit alsbald wieder die unverlorene Volksart. Es schlägt der Ton durch, es entbindet sich der Geist, darin die geschiedenen Stände sich als Volk zusammenfinden und verstehen. Bearbeitungen deutscher Heldensagen kommen hervor, denen man Wendungen und Handgriffe der Volkssänger abhört und deren alterthümlicher Stil über die Zeit hinaufweist, in welcher das ausgebildete Ritterthum sich dieser Stoffe zur Darstellung in seinem Geiste bemächtigte. Liederbücher vom Eingang des 15ten Jahrhunderts, wie schon einzelne Anklänge aus dem 14ten, ergeben eine Mittelgattung zwischen dem abscheidenden Minnesang und dem wieder anbringenden Volkstone; den Adel sowohl, der seines früheren Kunstgeschicks nicht mehr mächtig ist, als auch bürgerliche Meister, die noch an den Höfen umherziehn und noch nicht im schulmäßigen Zunftgesang abgeschlossen sind, haben sich leichteren, freieren Liederformen zugewandt. Die zerfallende Kunstbildung des Ritterstandes ist ein Zeichen, daß überhaupt die glänzendste Zeit seiner Herrschaft vorüber war, der auflebende Volksgesang geht gleichen Schrittes mit dem erstarkenden Selbstgefühl des Bürgerstands und örtlich auch der Bauerschaft. Der Kampf selbst, in dem Ritter und Bischöfe mit Bürgern und Bauern zusammenstießen, drängte zu gemeinsamer Sangweise, denn wie mit den Waffen traten die Stände sich mit Liedern gegenüber und diese musten, um zu wirken, nach allen Seiten verständlich sein, wie man sich auf demselben Felde schlug, muste man auch mit den Liedern auf gleichem Boden stehn. Ihres geschichtlichen Inhalts wegen wurden berlei Lieder vor andern aufgezeichnet, besonders auch, so weit sie noch erreichbar waren, den Zeitbüchern eingeschaltet, seit man diese deutsch abzufassen begonnen hatte. So erweist sich schon das 14te Jahrhundert ausgiebig an noch vorhandenen geschichtlichen Volksliedern, deren Reihe sich im 15ten und 16ten dichtgedrängter fortsetzt. Geistliche Lieder in Handschriften des 15ten sind mehrfach auf Grundlage und Singweise weltlicher Volksgesänge gedichtet und beurkunden damit, daß letztere zuvor schon gangbar waren. In Menge jedoch kommen Volkslieder aller Art erst mit dem Eintritt des 16ten Jahrhunderts zum Vorschein, nicht bloß in Handschriften, sondern hauptsächlich auch in Folge rüstiger Verwendung der Druckkunst zu diesem Zwecke. Wenn auch das gedruckte Wort die Herrschaft des mündlichen in Sang und Sage zuletzt gebrochen hat, so war doch die neue Erfindung, einmal eingeübt, das bereite Mittel, alten und neuen Liedern den raschesten und weitesten Umlauf zu geben. Fliegende Blätter, gleich Bienenschwärmen, und wohlfeile Liederbüchlein giengen von den Druckanstalten der gewerbsamen Städte in alles Land hinaus; was die Flugblätter brachten, wurde zu Büchern gesammelt; was die Bücher enthielten, in Blätter verspreitet. Wirklich ist der größere Theil der vorhandenen Lieder nur noch im Druck erhalten. Singnoten waren häufig beigefügt oder bildeten den Hauptbestand der ausgegebenen Stimmhefte; von den berühmtesten Tonkünstlern, fürstlichen Capellmeistern, wurden die alten Volksweisen mehrstimmig bearbeitet und ausgeschmückt, wohl auch durch eigene ersetzt. Immerhin mochten die Lieder oft nur ihrer Singweise die Aufnahme verdanken, aber auch das zeugt von neuer Geltung des Volksmäßigen, daß Stimmen aus Feld und Wald an den Höfen, vor allen auf der Pfalz zu Heidelberg, willkommen waren. Dieser lebhafte Vertrieb zog sich noch in das 17te Jahrhundert hinein, aber in denselben Jahren, in welchen die letzten namhaften Liederbücher der alten Art gedruckt wurden, erschienen auch schon Wedherlins Oden und die erste Ausgabe Opiz'scher Gedichte, womit einer neuen Liederdichtung des gelehrten Standes die Bahn geöffnet war. Einzelne der alten Volkslieder trifft man noch jetzt auf fliegenden Blättern, gedruckt in diesem Jahr; manigfach verkümmert und entstellt, aber mit trefflichen Singweisen, haben sich ihrer Viele bis auf die letzte Zeit im Munde des Volkes erhalten, besonders in Gegenden, die von der Heerstraße weiter abliegen.

Die Quellenangabe zu meiner Sammlung zeigt, daß diese zumeist auf Handschriften und Drucke des 16ten Jahrhunderts, oder weniger Jahrzehnte vor- und rückwärts, gegründet ist. Daraus ergab sich das Hauptgut, das den Zuwachs aus früheren und späteren Quellen an sich zog. Alles zusammen kann wohl als ein Ganzes betrachtet werden, sofern die einzelnen Bestandtheile entweder gleichzeitig und auf gleiche Weise verbreitet waren, oder doch durch eine allgemeine Verwandtschaft des Tones, sowie durch viele besondere Berührungen, unter sich verbunden sind. Aber neben dem Gemeinsamen stellen sich innere und äußere Unterschiede so bedeutend hervor, daß man, wenn auch die Lieder im 15ten und 16ten Jahrhundert mit einander umliefen, doch ihren Ursprung in ganz verschiedenen Zeiten und Zeitstimmungen suchen muß. Allerdings gibt sich ein ansehnlicher Theil derselben, häufig schon durch den geschichtlichen Inhalt, als eigenes Erzeugniß der bemerkten Jahrhunderte kund. Andern dagegen ist nicht bloß durch Sprache, Vers und Stil ein früherer Ursprung angewiesen, sondern es waltet auch die innere Unmöglichkeit ob, daß sie mit jenen aus dem Geist einer und derselben Zeit hervorgegangen seien. Während die Leistungen des genannten Zeitraums ihr vorzügliches Verdienst darin erweisen, daß sie thatkräftig in die Kämpfe der Gegenwart eingreifen, gebührt der Vorzug des poetischen Werthes unbestreitbar den älteren Überlieferungen; nachdem den Liedern des Volks überhaupt wieder Boden bereitet war, kam mit der neuen Saat manch seltene Blume von längst vergangenen Sommern zum Lichte. Die späteren Lieder sind durch zeitige Feststellung in Schrift und Druck im allgemeinen wohl erhalten und lassen sich leicht in den Zusammenhang ihrer Zeit einreihen, wogegen jene des älteren Schlags in beider Hinsicht die Forschung in Anspruch nehmen. Lange schon mündlich umgetrieben, dem jüngeren Geschlechte bereits fremdartig geworden, als man sie in Liederbücher und Flugblätter aufnahm, erscheinen manche schon hier mangelhaft und verunstaltet. Außer den absichtlichen Umwandlungen im Sinn und für den Gebrauch einer andern Zeit, führten Vergeßlichkeit, Misverstehen, vorherrschender Bedacht auf die Singweise, die vielleicht allein den Text noch fristete, zu allmählicher Entstellung und Zersetzung des letztern: Stücke verschiedener Lieder auf denselben Ton warf man zusammen, besonders wenn zugleich der Inhalt einigen Anklang darbot; die Gewohnheit, in Notenbüchern nur die ersten Gesätze mitzugeben, ließ die folgenden verloren gehn und sie wurden durch neue oder aus andern Liedern herübergenommene ersetzt; der Druck selbst war nur behilflich, diese Verderbnisse festzuhalten und fortzupflanzen. Des Zustandes solcher Lieder im heutigen Volksgesang ist schon gedacht worden. So konnte sich aus altem und neuem Wirrsal die Meinung bilden, als gehöre die Zerrissenheit, das wunderliche Überspringen, der naive Unsinn, zum Wesen eines echten und gerechten Volkslieds. Schon die bessere Beschaffenheit andrer Lieder gleichen Stils weist darauf hin, daß auch den nun zerrütteten die ursprüngliche Einheit und Klarheit nicht werde gefehlt haben. Aber nicht allein der üble Zustand vorhandener Texte, noch weit mehr ist der gänzliche Verlust so vieler Lieder eben dieser älteren, dichterisch belebteren Gattung zu beklagen. Von ihrem vormaligen Dasein zeugen noch die Anfangzeilen, welche andern nach ihrem Tone gesungenen, geistlichen und weltlichen Liedern, eben zur Bezeichnung der Singweise, vorgesetzt oder den im 16ten Jahrhundert beliebten Quodlibeten eingefügt sind und vom Inhalt und der Art des Verlorenen eine Ahnung geben. Mag es aber auch gelingen, manches dieser vermißten oder ähnlicher Stücke nachträglich beizutreiben, so wird dennoch der verfunkene Schatz des mittelalterlichen Volksgesangs damit keineswegs gehoben sein.

Erscheint hiernach die Sammlung als solche lückenhaft und bruchstückartig, so ist es um so nöthiger, daß die Forschung erläuternd und ergänzend sich beigeselle. Dieser liegt es ob, die verunstalteten Lieder, wenn nicht dem Wortbestande nach, der überhaupt wandelbar ist, doch für die innere Anschauung herzustellen, den räthselhaft gewordenen ihre Deutung, den vereinzelten ihren Zusammenhang zu geben, das Neuere an seine Vorgeschichte anzuknüpfen, von dem Erhaltenen in die verdunkelte Zeitferne Licht zu werfen, und so, wenigstens annähernd, auf ein volles und frisches Geschichtbild der deutschen Volksliederdichtung hinzuarbeiten.

Mittel und Wege dieser Forschung sollen hier vorläufig bezeichnet werden.

Der eine Weg führt hinauf in die Geschichte der deutschen Poesie ältester und mittlerer Zeit. Hier ergeben sich manigfache Beziehungen unserer Lieder zu den Nachrichten von früherem Volksgesang und zu deffen sparsamen Überbleibseln. Auch schrift- und kunstmäßige Dichtungskreise, wie das Heldengedicht mit der ihm einverleibten Göttersage, Thierfabel, Minne- und Meistergesang, wenn sie schon dem Bereiche des Volksliedes weit entwachsen sind, verläugnen doch nicht ihre Abstammung von diesem: Nachklänge des Volksgesangs sind noch vielfach aus jenen vernehmbar und sie haben den einstigen Inhalt desselben nicht so gänzlich aufgezehrt, daß nicht den vorhandenen Volksliedern noch Manches mit ihnen gemeinsam wäre. Es wird sich vielmehr herausstellen, daß die verschiedenen Klassen der Volkslieder größtentheils je einer bestimmten Gattung der mittelalterlichen Dichtkunst entsprechen. Besonders blühend ist der Stand des deutschen Volkslieds für diejenige Zeit vorauszusetzen, in welcher die starre Hülse seiner ältesten Formen gesprengt und doch seine Triebkraft noch unerschöpft genug war, um die neuen Bildungen des Minnesangs und des größeren Heldengedichts aus sich zu erzeugen. Die jugendliche Frische der ersten Minnelieder, wie sie eben aus der Volksweise hervorkommen, und von der andern Seite der poetische Glanz einiger auf Flugblättern erhaltenen Volkslieder, die in alterthümlichem Vers und Stil zu jenen hinaufreichen, gibt einige Vorstellung von solcher Blüthe der Volkspoesie im Laufe des 12ten Jahrhunderts.

Zweitens wendet sich die Forschung nach den Volksdichtungen des Auslands. Viele der älteren deutschen Lieder wurden auch anderwärts gesungen und manche haben dort noch minder verkümmerte Gestalt; andre, von denen sich nachweisen oder leicht errathen läßt, daß sie einst auch in Deutschland gangbar waren, sind nur in befreundeten Sprachen noch vorhanden. Auch über das Einzelne hinaus zeigt sich in Anschauungsweise und äußerer Haltung eine weitgreifende, gegenseitig aufhellende Gemeinschaft ganzer volksthümlicher Liederschätze. Die Niederlande, vormals ein Glied des Reiches und in der Sprache nur mundartlich verschieden, standen mit dem übrigen Deutschland in so vollkommener Liedergenossenschaft, daß die älteren hoch- und niederdeutschen Volkslieder mit den niederländischen füglich in ein Liederbuch gebracht werden können; England und Schottland, Dänemark und Schweden sind unter sich, wie mit den deutschen Stammgenossen durch das Lied von Alters her nahe verbunden und nicht selten wird man bis zu angelsächsischen Gedichten und den Eddaliedern hinaufgeführt. Aber auch die fremderen Sprach- und Liederstämme, die romanischen, die slavischen und der neugriechische, selbst noch die zurückgedrängten keltischen und finnischen, laden zu manigfacher Anknüpfung ein. Mittellateinische Lieder deutschen Ursprungs zählen, sofern ihr Inhalt volksthümlich ist, nicht zu den fremden. Von romanischer Seite hat besonders Nordfrankreich in manchen Bestandtheilen seiner mittelalterlichen Poesie die germanischen Blutsbande nicht verläugnet und auch die noch wenig erschlossenen französischen Volkslieder bieten Gemeinsames; ebenso die altspanischen Romanzen und Liebeslieder. Auf slavischem Gebiete klingen altrussische Lieder überraschend an, ohne Zweifel durch normannische Vermittlung. Je alterthümlicher das Gepräge des Liedes, um so weiter wird meist die Gemeinschaft sich erstrecken, demnach vorzugsweise bei Stücken, die dem Bereiche des Mythus und der ältesten Naturanschauung heimfallen, ja es begegnen sich in solchen Fällen oft eben die sonst geschiedenern Stämme, als erinnerten sie sich engerer Befreundung aus längst vergangenen Tagen. Anziehend ist es überall, zu beobachten, wie bald dieses, bald jenes Volk den gemeinsamen Grundgedanken am reinsten und vollkommensten ausgebildet oder bewahrt hat.

Ursachen und Anlässe, Mittel und Träger der völkerverbindenden Liebesgemeinschaft sollen hier nur angedeutet werden. Gleichmäßige Bildungsstufe und ähnliche Lebensweise müssen im Liede sich übereinstimmend abspiegeln und die gemeinsamen Bedingungen aller Volkspoesie zielen auf ein gleichförmiges Ergebniß, bestimmter jedoch wirken erst die besondern, thatsächlichen Verhältnisse der Einigung und des Austausches. Als solche sind namhaft zu machen: Stammverwandtschaften verschiedenen Grades, Völkerzüge, Eroberung, Grenznachbarschaft; das Wanderleben der Sänger und die Festlichkeiten, wobei Sänger und Gäste von nah und ferne sich zusammenfanden. Ritterfahrten, Kreuzheere aus allen Nord- und Westländern, Wallfahrten und einzelne Pilgerschaften nach allen Gnadenorten; ausgebreitete Verbrüderungen der Mönchsorden und die Vermittlung auch volksmäßiger Gegenstände durch die Gemeinsprache des Mönchslateins; der Handelsverkehr, besonders die Verbindungen und Ansiedlungen der deutschen Hanse; das Umherschweifen fahrender Schüler, sangluftiger Reiter und Landsknechte, wandernder Handwerker und Bergleute. Die Art der Lieder selbst, die einfache Form, der kunstlose Ausdruck, vermittelte leicht zwischen verschiedenen Sprachen und Mundarten; Tonweisen sind eine überall verständliche Sprache. Eigentliche Übersetzungen, nicht bloß mundartlich umlautend, fallen erst in die Zeit der auftommenden Mittheilung durch Schrift und Druck. Die Stellung der deutschen Volkslieder in diesem Gemeinleben ist nicht durchaus günstig. Wie sie jetzt gesammelt vorliegen, fehlt ihnen der gleiche Schnitt, der eine Guß, der durchgehende volkspoetische Charakter, wodurch viele Sammlungen aus andern Ländern sich auszeichnen, besonders solchen, in denen die alte Volksweise noch bis auf den heutigen Tag sich ungestört erhalten konnte. Dieß war in Deutschland nicht möglich, über das alle Zeitbewegungen und Bildungszüge auf breitester Straße hingiengen, wo schon im Mittelalter aus und neben dem Volksgesange so reiche poetische Entwicklungen sich hervordrängten und wo nun großentheils nur der Nachwuchs, ein zweites, nachgebornes Geschlecht von Volksliedern sich dem Sammler darbietet. Ist aber auf dieser Stufe das poetische Verdienst nicht das vorherrschende, so ist es gleichwohl eine lebensvolle Erscheinung, wie der deutsche Volksgesang vom 13ten Jahrhundert an immer mehr der wichtigsten Ereignisse und Zeitfragen sich bemächtigt, wie er im 16ten der gewaltigsten Bewegung der Geister so unentbehrlich sich erweist, daß Murner sich in Bruder Veiten Ton wehren muß, daß der classisch geschulte Hutten ein Reiterlied anhebt und Luther selbst die Psalmen zu Volksliedern stimmt. Auf solche Weise fallen Erzeugnisse namhafter, gelehrter Dichter dem Kreise des sonst namenlosen Volksgesanges anheim. Dieselben Umstände, die einer vollständigern Abrundung und Geschlossenheit des deutschen Liederwesens hinderlich waren, dagegen der Vielseitigkeit und Wirksamkeit seiner innern Entwicklung zu statten kamen, haben auch sein Verhältniß nach außen bedeutend und beziehungsreich gemacht. Das Haupt- und Stammgebiet germanischer Bevölkerung, das europäische Mittelland, war nach Lage und Geschichte mehr als irgend ein andres berufen, gebend und empfangend nach allen Seiten anzuknüpfen; da nun zur Erforschung seines eigenen früheren Liederbestandes unerläßlich ist, diese manigfachen Anknüpfungen zu verfolgen, so führen oft unscheinbare Reste jenes vormaligen Besitzes zu den weitesten Ausblicken in den gesammten Volksgesang.

Endlich ein dritter Weg der Erläuterung senkt sich hinab in das innere Leben und Wesen des Volkes, das die Lieder gesungen hat. Die Liederbildung kann noch halbfertig und unabgelöst von ihren Anlässen im Volksleben aufgewiesen werden, wie sie aus mancherlei Beschäftigungen und Bedürfnissen, aus sinnbildlichen Handlungen, Festlichkeiten, Spielen und andern öffentlichen oder häuslichen Vorkommnissen erst nur formelhaft, spruchartig und rufsweise auftaucht. Aber auch ausgestaltete Lieder geben gleichartigen Ursprung durch ihre typische Beschaffenheit kund, ihre Grundanlage ist überliefert und in altherkömmlichen Gebräuchen vorgebildet, doch triebkräftig genug, daß die Ausführung sich in freiem und manigfachem Wechsel bewegen kann. Es fehlt nicht an solchen, die Ort und Zeit ihrer Entstehung, selbst, wie schon berührt, den Namen ihres Dichters, an der Stirne tragen; andre der besten Art bewähren in der Einheit des Gedankens und der Empfindung, sowie in der abgerundeten Darlegung, die ungetheilte That des unbekannten Urhebers. Obgleich aber ein geistiges Gebilde niemals aus einer Gesammtheit, einem Volke, unmittelbar hervorgehen kann, obgleich es dazu überall der Thätigkeit und Befähigung Einzelner bedarf, so ist doch, gegenüber derjenigen Geltung, die im Schriftwesen der Persönlichkeit und jeder besondersten Eigenheit oder augenblicklichen Laune des Dichters zukommt, in der Volkspoesie das Übergewicht des Gemeinsamen über die Anrechte der Einzelnen ein entschiedenes. Und wenn auch zu allen Zeiten die natürliche Begabung ungleich und manigfach zugemessen ist, die Einen schaffen und geben, die Andern hinnehmen und fortbilden, so muß doch für das Gedeihen des Volksgesangs die poetische Anschauung bei Allen lebendiger, bei den Einzelnen mehr im Gemeingültigen befangen vorausgesetzt werden; hervorstechende Besonderheit kann hier schon darum nicht als dauernde Erscheinung aufkommen, weil die vorherrschend mündliche Fortpflanzung der Poesie das Eigenthümliche nach der allgemeinen Sinnesart zuschleift und nur allmähliches und gemeinsames Wachsthum gestattet. Bedingt ist diese Betheiligung eines ganzen Volkes am Liede dadurch, daß in jenem die Geistesbildung nach Art und Grad soweit gleichmäßig vertheilt sein muß, um einer durchgreifenden Gemeinschaft des geistigen Hervorbringens und Genießens stattzugeben. Im Begriffe der Volkspoesie und im Worte selbst liegt jedoch nicht bloß die eine Anforderung, daß die Poesie volksmäßig, sondern auch die andre, daß die gemeinsame Bildung und Sinnesart des Volkes poetisch geartet sei. Vollständig wird Letzteres dann zutreffen, wenn in einem Volke noch alle Geisteskräfte unter dem vorwaltenden Einfluß derjenigen, welche eigenthümlich zur Poesie wirken, der Einbildungs- und der Gefühlskraft, gesammelt sind, wenn von denselben Einflüssen das gesammte vom Geiste stammende Volksleben durchdrungen und darnach in Sprache, Geschichte, Glauben, Recht und Sitte ausgeprägt ist. Hat nun dieses poetisch gestimmte Gesammtleben sich zu Liedern gestaltet, dann sind es die wahren und echten Volkslieder. Man kann zweifeln, was höher anzuschlagen sei: diese fertigen, besondern Gestaltungen oder die inwohnende, allgemeine Grundstimmung, jener alles Volksleben tränkende und durchströmende Quell der Poesie. Jedenfalls hat die Beleuchtung der Lieder nicht nur auf die Geschichten und Gebräuche des Volkes, woran der Gesang sich heftet, sondern auch auf die poetischen Vorstellungen, die durch alle Lebensgebiete walten, soweit einzugehen, als je die Liedergattung oder das einzelne Lied dazu Anlaß giebt.

Die Abhandlung wird im Ganzen derselben Anordnung folgen, welche für die Sammlung angemessen erachtet wurde. Nur daß in dieser solche Liedertypen, die nur sparsam vertreten waren, anderwärts eingereiht werden mußten, während einige derselben in der Abhandlung, mittelst der sich hier darbietenden Ergänzungen, eigene Abschnitte bilden. Es wird überhaupt eine stets wiederkehrende Aufgabe sein, die poetischen Grundgedanken und Grundanschauungen, ja ihre ganze Leiter von Farben und Tönen aus verschiedenen Zeiten und Ländern durchspielen zu lassen, ihren vollendeten Ausdruck in einzelnen Musterstücken, wo solche zu Gebote stehn, aufzuweisen oder eben im wechselnden Spiele die gemeinsame Bedeutung, die Seele des Beweglichen zu erfassen. Wie alles natürliche Wachsthum mit einem Zustande der Geschlossenheit, des eingeblätterten Reimes, anhebt, so erscheint auch die jugendliche Volksdichtung nicht nur im Verbande mit den ihr verschwisterten Künsten des Gesanges und des Tanzes, sondern es sind auch in ihrem eigenen Bereiche die poetischen Grundformen, lyrisch-didaktisch, episch, dramatisch, erst noch ohne schärfere Abgrenzung beisammen gehalten und entwickeln ihre besondern Ansätze nur allmählich, je nach Gegenstand und Bedürfniß, zu verschiedenen Dichtgattungen. Hiernach war es auch nicht die Form, sondern der Inhalt, wodurch die Eintheilung der Lieder sich zu bestimmen hatte. Nach ihren Anlässen im Volksleben treten sie fast von selbst gruppenweise zusammen und der Bildungsgang des Volkes von den ältesten Zuständen bis in die geschichtlichen Bewegungen des 15ten und 16ten Jahrhunderts ordnet die Reihenfolge dieser größeren oder kleineren Liedergruppen auch für die nachstehende Ausführung. Stil, Vers und Strophenbau, Singweisen und Vortrag, der ganze Betrieb dieses Liederwesens, sollen am Schlusse noch eigens besprochen werden.

In den ursprünglichsten Volkszuständen wurzelt eine der deutschen Volkspoesie zum Wahrzeichen gewordene und verbliebene Eigenschaft, der lebendige Sinn, womit überall die umgebende Natur in Theilnahme gezogen ist. Dieser Eigenschaft ist schon hier zu gedenken, eben weil sie dem Ganzen zukommt; nicht nur entstammen ihr die besondern Liederklassen, von denen die vordern Abschnitte handeln werden, sondern auch durch andre Gattungen, welche dem Gegenstande nach ferner liegen, windet sich, voller oder leichter, dieselbe frischgrüne Ranke. Blättert man nur im Verzeichniß der Lieberanfänge, so grünt und blüht es allenthalb. Sommer und Winter, Wald und Wiese, Blätter und Blumen, Vögel und Waldthiere, Wind und Wasser, Sonne, Mond und Morgenstern, erscheinen bald als wesentliche Bestandtheile der Lieder, bald wenigstens im Hintergrund, oder als Rahmen und Randverzierung. Anfänglich mag ein Naturbild an der Spitze des Liedes, weniger Schmuck als Bedürfniß, der unentbehrliche Halt gewesen sein, woran der nachfolgende Hauptgedanke sich lehnte; die uralten Lieder der Chinesen berühren sich in dieser Form mit den noch täglich aufschießenden Schnaderhüpfeln des bairischen und österreichischen Gebirges, dort wie hier ist nicht einmal durchaus ein bestimmter Zusammenhang des Bildes mit dem Gegenstande ersichtlich. Die schönsten unsrer Volkslieder sind freilich diejenigen, worin die Gedanken und Gefühle sich mit den Naturbildern innig verschmelzen; aber auch wo diese mehr in das Außenwerk zurücktreten, selbst wo sie nur noch herkömmlich und sparsam gebildet sind, geben sie doch immer dem Lied eine heitere Färbung, wenn sie völlig absterben, geht es auch mit der deutschen Volksweise zur Neige.

Das angegebene Wahrzeichen ist, wie schon berichtet, so wenig ein zufälliges, daß im Gegentheil auch hiebei die Kunst des Volkes gänzlich in der Art desselben ihren Ursprung hat. Das altgermanische Sonderwohnen am Quell, im Feld und Holz (Germ. c. 16.), ergab einen täglichen, trauten Verkehr mit Allem, was im Freien sichtbar und regsam ist; dieses ländliche Einzelleben setzte sich im Burgwesen fort, das nur stolzer und weitschauender in Wind und Wolken hinausgebaut war. Von den Einflüssen dieses Naturverkehrs, von der angestammten Wald- und Feldluft, war nun das deutsche Leben auch in allen geistigen und sittlich-geselligen Richtungen durchdrungen. Laut der frühesten Kunde vom religiösen Geiste der Germanen, faßten sie ihre Götter nicht in Bilder und Wände, sondern verehrten ein Unsichtbares im Schatten geweihter Haine (Germ. c. 9. 39.); so verwob sich ihnen das heiligste Geheimniß des ahnenden Geistes mit dem Eindrucke der tiefgrünen Waldesnacht. Jährlich wiederkehrende Volksfeste behielten auch in christlicher Zeit das Gepräge, den sinnbildlichen Aufschmuck alter Naturfeiern. Das deutsche Recht, wie es zu großem Theile das Eigenthum und die Nutzungen an Feld und Forst, Jagd und Weide, Fluß und Teich betrifft, so ist es auch in seinen Bezeichnungen, Formeln, Symbolen, voll der lebendigsten Naturanschauung. Von den Künsten ist es nicht bloß die Poesie, die, auf dem Land und umwaldeten Burgen erwachsen, davon ihre grüne Farbe trägt; der alten Musik wird es nicht an Nachhallen des Jägerschreis und Berghirtenrufes fehlen; aber auch diejenigen Künste, die innerhalb der städtischen oder klösterlichen Ringmauern groß geworden sind, verläugnen nicht das tiefgepflanzte Naturgefühl: die deutsche Baukunst auf ihrem Höhepunkte hat das Steinhaus in einen Wald von Schäften, Laubwerk und Blumen wieder umgesetzt, die Malerei hat, während sie dem menschlichen Angesichte den reinsten Seelenausdruck gab, die Hinterwand durchbrochen, die Aussicht in das Grüne aufgethan und dadurch die alte Verbindung des Geistes mit der Natur wiederhergestellt, ja sie hat weiterhin für die Landschaft ein eigenes Fach ausgebildet, in welchem, wie in jenen Götterhainen, der Geist nur unsichtbar seine Nähe fühlen läßt. Es wird im Folgenden nachgewiesen werden, wie zur Bezeichnung des irdischen Lebensglückes überhaupt deutsche Dichter im Mittelalter nichts Köstlicheres anzugeben wissen, als die Sommerwonne, die unendliche Freude an Blumen und Klee, am belaubten Wald und der duftenden Linde, am Gesange der Waldvögel.

Hat diese Naturliebe, als Grundzug des Lebens und der Poesie, sich bei den Deutschen besonders innig und bis in die geistigsten

Beziehungen nachhaltig erwiesen, so ist sie doch keineswegs ein ausschließliches Vorrecht derselben, sie wirkt in aller Volksdichtung und bekundet sich anderwärts noch in der unmittelbaren Kraft des sinnlichen Ausdrucks, sie beruht in dem allgemeinen Bedürfniß, das menschliche Dasein in die Gemeinschaft der ganzen Schöpfung gestellt zu wissen. Die Natur ist dem Menschen, der in ihr lebt, nicht bloß nützlich oder schädlich, als nährende, hilfreiche Macht oder als feindliche, zerstörende Gewalt, sie nimmt nicht bloß seine werkthätige Kraftanstrengung oder wissenschaftlich seinen Scharfsinn und Forschungstrieb in Anspruch, auch mit seiner dichterischen Anlage, seinem Schönheitssinne findet er sich auf ihre Schönheit, die milde und die erhabene, hingewiesen. Er sucht in ihr nicht bloß Gleichniß, Sinnbild, Farbenschmuck, sondern, was all Diesem erst die poetische Weihe giebt, das tiefere Einverständniß, vermöge dessen sie für jede Regung seines Innern einen Spiegel, eine antwortende Stimme hat. Es ist nicht die Selbsttäuschung eines empfindsamen Zeitalters, daß Lenzeshauch und Maiengrün, Morgen- und Abendroth, Sonnenaufgang, Mondschein und Sternenglanz das Gemüth erfrischen, rühren, beruhigen, daß der Anblick des Meeres, daß Sturm und Gewitter den Geist zum Ernste stimmen. Eben die jugendkräftige Poesie der unverbildeten Völker ist von diesen Einwirkungen durchdrungen. Sage man immerhin, der Mensch verlege nur seine Stimmung in die fühllose Natur, er kann nichts in die Natur übertragen, wenn sie nicht von ihrer Seite auffordernd, selbstthätig anregend, entgegenkommt. Die wissenschaftliche Forschung hat überall den Schein zerstört, der alte Glaube an die götterbeseelte Natur ist längst gebrochen, und dennoch bleibt jene Befreundung des Gemüthes mit der Natur eine Wahrheit, das Mitgefühl, das in ihr geahnt wurde, rückt nur weiter hinauf, in den Schöpfer, der über dem Ganzen waltend die Menschenseele mit der schönen Natur zum Einklang verbunden hat und damit sich selbst dem empfänglichen Sinne stündlich nahe bringt.

Indem nun gezeigt worden, daß die deutschen Volkslieder aus dem Volksleben zu erläutern und zu ergänzen seien, so konnte sich zugleich bemerklich machen, daß auch umgekehrt das Volk ohne Beiziehung seiner Poesie nur unvollständig erkannt werde. Wenn die Sonne hinter den Wolken steht, kann weder Gestalt noch Farbe der Dinge vollkommen hervortreten; nur im Lichte der Poesie kann eine Zeit klar werden, deren Geistesrichtung wesentlich eine poetische war. Das dürftige, einförmige Dasein wird ein völlig andres, wenn dem frischen Sinne die ganze Natur sich befreundet, wenn jeder geringfügige Besitz fabelhaft erglänzt, wenn das prunklose Fest von innerer Lust gehoben ist: ein armes Leben und ein reiches Herz. Erzählt die Geschichte meist von blutigen Kämpfen, sprechen die Gesetze von roher Gewaltthat, so läßt das Lied, die Sage, das Hausmärchen, in die stillen Tiefen des milderen Gemüthes blicken. Besonders aber wird im alten Götterreich und im weiten Gebiete des Aberglaubens sich Manches vernunftgemäßer ausnehmen, wenn es vom Standpunkte der Poesie beleuchtet wird. Die Herrschaft des dumpfesten Irrwahns hebt eben da an, wo die poetischen Vorstellungen im Wandel der Zeiten zum Gespensterspuk verdunkelt oder zu unverstandenen Formeln erstarrt sind. Es ist des Versuches werth, diesen Bann zu lösen und den gebundenen Geist, wo er es fordern kann, in seine Freiheit herzustellen.

1. Sommer und Winter.

In den Mythen des germanischen Alterthums, wie bei andern Völkern, sind die Erscheinungen und Kräfte der Natur als persönliche Wesen aufgefaßt und dargestellt. Diese Auffassung ist zwiefacher Art: sie beruht einerseits in dem Glauben an das dämonische Leben der persönlich genommenen Naturgewalten, anderseits in bewußter Allegorie. Beiderlei Weisen laufen vielfach in einander, vermittelt sind sie durch die freie dichterische Thätigkeit, welche die geglaubten Götterwesen, wie die gestalteten Begriffe, Mythen bildend, in Handlung bringt.

Ein großer Gegensatz im Naturleben, der durch alle Liederklassen spielt, der Streit zwischen Sommer und Winter, jenen beiden Trägern der alten Jahrestheilung, soll hier an die Spitze treten, zunächst in seinem allegorischen Ausdruck, den auch die christliche Zeit offen sich aneignen durfte, dann allmählich zurückgeleitet an die Grenze seiner verhüllteren, heidnisch-mythischen Gestaltungen.*

Am Sonntag Lätare, zu Mittfasten, wann Frost und Frühling sich die Wage halten, wurde, noch in neuerer Zeit, hauptsächlich auf beiden Seiten des Ober- und Mittelrheins ein ländliches Kampfspiel begangen. Zwei Personen, Sommer und Winter vorstellend, die eine in Laubwerk, die andre in Stroh oder Moos gekleidet, ringen mit einander. Der Winter unterliegt und wird seiner Hülle beraubt. Von der versammelten Jugend, die mit weißen Stäben ausgezogen ist, wird dabei mancherlei gesungen, dem Sommer zum frohen Empfange, dem Winter zum Hohn und Trotze: „stab aus, stab aus! (staubaus!) stecht dem Winter die Augen aus!"[1] Die älteste bestimmte Meldung von diesem Spiele steht in Sebast. Francks Weltbuch 1542 (Bl. 131 b):

* [Das Folgende bis S. 36 ist hier aus meiner Germania 5, 257—284 wiederholt. Pf.]

„Zuo mitterfasten ist der Rosensontag ꝛc. An disem tag hat man an etlichen orten (in Franken) ein spil, daß die buoben an langen ruoten bretzeln herumb tragen in der statt, und zwen angethone mann, einer in Eingrüen oder Ephew, der heißt der Summer, der ander mit gmöß angelegt, der heißt der Winter, dise streitten miteinander, da ligt der Summer ob, und erschlecht den Winter, darnach geht man darauff zum wein." Des Singens ist hier nicht besonders gedacht, auch in den übrigen Nachrichten erscheint der Aufzug als Hauptsache, die alterthümlichen Reime sind begleitender Zuruf.[2] Daneben aber hat sich frühe schon das ausgeführte Gesprächslied der streitenden Jahreszeiten entwickelt und während die vorwaltend mimische Darstellung sich in der sichtbaren Niederlage des Winters am besten verständlich machte, war umgekehrt der Wettstreit mit Gründen wohl geeignet, die beiderseitige Berechtigung im wohlgeordneten Jahreslaufe darzuthun und hiedurch einen versöhnlichen Ausgang herbeizuführen.

So stellt sich denn zunächst der Meldung des Weltbuchs das in Druckblättern von 1576 und 1580 vorkommende Lied (Volksl. Nr. 8), nicht eben durch dichterische Schilderungen ausgezeichnet, bedeutender durch altvolksmäßige Anlage und die weiten Beziehungen, die es eröffnet. Sommer und Winter treten an dem fröhlichen Tage, da „man den Somer gewinnen mag", in einem Kreise von Zuhörern (laut der wiederkehrenden Anrede: „alle ihr Herren mein!"), einander entgegen zu raschem Wortwechsel: wer des Andern Herr oder Knecht sei. Der Sommer mit den Seinigen zieht „aus Österreich," dem sonnigen Osten (vgl. Germ. 3, 142 f.), daher und heißt den Winter sich aus dem Lande heben, Dieser kommt aus dem Gebirg und bringt mit sich den kühlen Wind, er droht mit einem frischen Schnee und will sich nicht verjagen lassen; der Winter rühmt sich der weißen Felder, der Sommer der grünen; Jener ist ein grober Bauer, trägt rauche Pelzschauben; zu des Sommers Zeiten wächst Laub und Gras, zu denen des Winters wird manch kühler Trunk gefunden; der Sommer bringt Heu, Korn und Wein, aber was er einführt, wird alles im Winter verzehrt; zuletzt behält gleichwohl der Sommer Recht, der Winter nennt sich seinen Knecht und bittet ihn um seine Hand, damit sie zusammen in fremde Lande ziehen, hierauf erklärt der Sommer ihren Krieg für beendigt und wünscht Allen eine gute Nacht.

Daß man dieses Singgespräch in Schwaben gut kannte, beweist die Umdichtung desselben, mit unverändert beibehaltenem Kehrreim, zu einem Wortwechsel zwischen der Stadt Ulm und einem Soldaten, vom Jahre 1628.[3] In der Schweiz war solches noch neuerlich gangbar, wie vermuthet wird, aus Schwaben herübergekommen, im Ganzen von gleichem Zuschnitt, im Einzelnen vielfältig anders. Da sät der Winter den Schnee im Feld herum, er hat eine Tochter, die er nimmermehr dem Sommer geben würde; Dieser begehrt sie gar nicht, sie ist mißgestaltet und ungescheidt; besonders wird ausgeführt, wie Alles, was der Sommer geerntet, dem Winter anheimfalle. Die Schauspielleute, welche den Wettgesang aufführen, gehen des Winters (an Fasnacht) herum, oft mit einem großen „Gesinde" von Kindern. Der Sommer trägt, die Wärme anzudeuten, ein Hemd über, in der einen Hand hält er einen Baum mit Birnen und Äpfeln, in Flittergold gehüllten Nüssen und flatternden Bändern, in der andern einen vielfach gespaltenen Knüttel; sein Gegner hat einfache Winterkleidung und ebenfalls den Knüttel, welcher dazu dient, nach jedesmaligem Absetzen dem Andern damit auf die Schulter zu klopfen, daß es laut patscht, den Kindern zu mitleidiger Rührung. Am Schlusse, bei der Versöhnung, singen Beide mit einander, der Eine Diskant, der Andre Sekund. Diese Vorstellung wird „Sommer und Winter" genannt.[4] „Sommer und Winter spielen oder singen" ist auch in Baiern gebräuchlich; der Winter in Pelz eingehüllt, der Sommer einen grünen Zweig in der Hand führend, singen in den Häusern herum einen gereimten Wettstreit über ihre Vorzüge, und enden damit, daß der Sommer den Winter zur Thür hinauswirft.[5]

Wie in die Gegenwart herab, so läßt sich in hohes Alter hinauf dieses Kampfgespräch verfolgen. Hans Sachs hat es in seine vielverarbeitende Werkstätte gezogen. Sein „Gespräch zwischen dem Sommer und dem Winter," mit der Jahrzahl 1538, verlegt, vom Volksgebrauch abweichend, den Streithandel auf St. Matthäus Tag, die Herbstgleiche, und läßt denselben in einem Lustgarten spielen, worin ein schöner „rösleter" Jüngling, mit Blumen bekränzt und mit Weinreben, daran allerlei Früchte hangen, gegürtet, einen grünen Ast in der Hand tragend, sich ergeht, während ein eisgrauer, langbartiger, uralter Mann, mit Pelz und Filz angelegt, die Hände in den Busen steckend, durch den Zaun schaut und dem Jungen zuruft: „hör, Sommer, nun mach dich davon, dein Zeit ist aus, laß mich einschleichen!" In langer Wechselrede streicht Jeder seine Leistungen und Lustbarkeiten auf Kosten des Gegners heraus. Dem Winter wird mit Andrem vorgeworfen, er bringe selbst keine Frucht und verzehre nur was der Sommer zuvor eingesammelt; statt daß zur Zeit des Sommers in den finstern Wäldern die kleinen Waldvögel singen, höre man in der des Winters die Wölfe heulen und die „forchtsamen" Stockeulen. Den Vogelsang hält der Winter für entbehrlich, er läßt gute Vögel fangen und zu St. Martins Lobe gebraten hereintragen. Sonst gehört zu den Vergnügungen des Sommers: Erfrischung an den kühlen Brünnlein, Fischen, Fechten, Steinstoßen und Springen, Tanzen, Wildbad u. s. f.; zu denen des Winters: Rockenstube, Schleifen auf dem Eise, Schneeballen, Spielen um Nüsse in den Feiernächten, Schweinschlachten der Bauern, Schlittenfahrt der Bürger, vormals auch Stechen um Fasnacht, Mummerei und Fasnachtspiel. Dem Sommer sagt es zu, daß siegluftige Fürsten zu Felde liegen und ihr Gezelt aufschlagen; der Winter vertreibt die Kriegsleute und hemmt das Blutvergießen, das manch Mutterherz traurig macht. Als zuletzt der Sommer aus dem Garten weichen muß, obgleich auf seine Wiederkehr im Lenze vertröstet, und nun der Winter eintritt, da geht die glänzende Sonne zur Rast, die Blätter falben und fallen ab; und sowie der Winter selbst schon behauptet hat, gleich seinem Widersacher von Gott verordnet zu sein, bedenkt schließlich der Dichter, Garten und Sommerhaus eilig räumend, wie überaus wohlthätig Gott die Jahreszeiten eingetheilt habe.[6]

Eine Handschrift des 15ten Jahrhunderts mit Liedern meistersängerischer Art gibt den unversöhnten Zwiespalt und läßt auch aus der ungelenken Schulform dichterische und volksmäßige Klänge vorbrechen. Der Winter dünkt sich einen ruhmreichen Herrn, was er jedoch ertödtet, was er greis macht, das traut sich der Sommer zu beleben und zu verjüngen. Jener fordert auf, den Harnisch anzulegen, Dieser rühmt sich, das Reis zu schaffen, das feine Rößlein trage; vor dem Winter verbinde man Mund und Ohren, er, der Sommer, lasse lichte Wänglein schauen (vergl. Hablaub, MS. 2, 287 f. 4); der Winter droht, die lichten Wangen und die Blumen auf der Heide fahl zu machen. Der Sommer hebt im Maien fröhlich zu singen an, wovon selbst manches wilde Thier im Walde aufspringt, damit ist wohl gemeint, daß sein Gesang in den der Waldvögel aushalle; noch vor Sanct Martins Tage spricht zu ihm der nüchterne Winter: „du treibst Wunder im Gehölz, beinen Gesang will ich dir erstören, du **singest** mir, ich will bir **sagen**." Als Wintersingen vor den Häusern muß freilich die Stimme der Schlachtschweine gelten. Bis auf Sanct Matheis Tag baut der Winter manche Brücke, dann kommt der Sommer und wirft die Eisbrücken ab, fortan lobt nur ihn der Dichter vor Männern und Frauen.[6a]

Aus dem 14ten Jahrhundert betreffen diesen Wettstreit ein Lied, das vom Niederrheine zu stammen scheint, und ein kleines niederländisches Schauspiel. Das Lied beginnt mit Wechselrede: der Sommer klagt Mannen und Freunden, daß ein Herr von großer Macht ihn vertreiben wolle; dies ist der Winter, der nun das Wort ergreift und dem Sommer droht, daß der nahende Frost (der van Scoenvorst) ihn fangen, schatzen und schlagen werde; Eis und Hagelstein stimmen dem Winter bei, Sturm (her Storm), Regen, Schnee und scharfe Winde nennt er sein Gesinde. Der Dichter beklagt den Hingang des Sommers, erzählt aber nachmals, wie der Ersehnte zurückkehrt, den kalten, aushungernden Winter vom Lande jagt, sein Erbe von Neuem einnimmt, Blumen, Vogelsang und allgemeine Freude wiederbringt; erschlossen werde nun der Sälden Schrein, darin Rosen feurig wie Rubine blinken. Zuletzt fragt der Dichter Alle: welchem der Beiden sie nun lieber beifallen? er selbst erklärt sich für den grünen Sommer. Schon durch die reimreiche Form stellt sich dieses Lied auf die Seite der Kunstdichtung und auch der Inhalt ist nicht unmittelbar volksmäßig. Doch fehlt auch hier nicht: daß der gierige Winter die Gaben des Sommers an sich reiße (wes men vauden zomer pluct, der ghirn winter na hem tzuct), und die Streitreden im Eingang, sodann der beschließende Aufruf an alle Hörer oder Leser (ich vrage uch alle ougezalt ꝛc.), entsprechen der Anlage des deutschen Liedes.[7] Das niederländische Spiel wendet den Streit des Sommers mit dem Winter hauptsächlich auf ihre Beziehung zu den Wünschen der Liebenden. Der Sommer bringt die süße Zeit, wo die Verliebten im Morgenthau Blumen lesen und sich heimlich im Grünen küssen; andrerseits leiht der Winter dem Spiel der Minne seine langen Nächte.[8] Die Verhandlung wird dadurch dramatisch belebt, daß betheiligte Mitsprecher, je nach ihrer Neigung und Lebensweise, sich der einen oder der andern Seite anschließen und daß, nachdem schon der hingeworfene Handschuh aufgenommen ist und Bürgen des Erscheinens zum Zweikampfe bestellt sind, Frau Venus selbst die Sache zu schlichten übernimmt. Sie erklärt den Kampf zwischen Brüdern für unziemlich und entscheidet, daß Sommer und Winter ewiglich Brüder bleiben sollen, wie denn, nach Gottes Satzung, keiner ohne den andern bestehen könne. Neben jener minnehaften Beziehung erscheinen gleichwohl die zwei Jahreszeiten auch hier in ihrer schlichteren Weise, der Sommer füllt die Scheunen, läßt Korn und Wein wachsen, der Winter ist ein Landzwinger (dwinghelant) und verzehrt, was Jener einerntet. Selbst die Formeln des deutschen Liedes vom Sommergewinnen, von Herrn und Knecht, sind fast gleichlautend vorhanden.[9]

Altfranzösisch, aber auf englischem Boden, begegnet das Streitgespräch um den Anfang des 14ten Jahrhunderts. Die Frage, wer als Meister und Herr (mestre et sire) anzuerkennen sei, wer mächtiger und wohlthätiger wirke, wird nicht ohne eigenthümliche Züge verhandelt. So soll der Winter als Page bei seinem Vetter Lucifer gelernt haben, der Sommer will aus dem Paradiese gesandt sein, um Jenen vom Lande zu treiben. Der Winter räth seinem Gegner, sich zu vergleichen, denn wenn er auf Urtheil warten wolle, so werde man ihn von Rechts wegen aufhängen. Dagegen wendet sich der Sommer zum Schluß an die Herrn und Frauen, welche das Wortgefecht angehört haben, und besonders ersucht er die verliebten Mädchen das Urtheil abzugeben. Während der Winter in den gewöhnlichen Reimpaaren spricht, sind die Reden des Sommers etwas schmucker in eine strophenartige, mehrreimige, und mit Halbzeilen durchbrochene Form gefaßt.[10] In Frankreich selbst hat dieser Handel auch nicht gefehlt, doch kommt er erst in Drucken des 15ten Jahrhunderts vor und wird in einer langzeiligen Strophe, die schon vom 14ten Jahrhundert her gebräuchlich war, durchgestritten. Hier macht sich ein wohlhabender Bürgerstand bemerklich. In der Art des niederländischen Spieles preist der Sommer: wie die Nachtigall mit lautem Gesang zu lieben mahne und dann weder Freie noch Unfreie widerstehen könne; wie die Mädchen mit ihren Liebsten nach Blumen gehen und sich den lachenden Mund küssen laffen; wie er im Maimond Rosen und Knospen habe für Treuliebende, die ihm singen und sich fröhlich gehaben. Der Winter hält entgegen: seine schmuckreichen Zimmer, mit Lilien bemalt, mit Menschenbildern aller Art, Thieren, Vögeln ohne Zahl ausgeziert, dann die großen Versammlungen von Bürgern und Kaufleuten mit gefutterten Röcken, guten Mänteln und vergoldeten Ketten, bei schönem Kaminfeuer, die lustigen Trinkgelage an St. Martins Abend und die Schmäuse an Weihnachten, wozu manch fettes Schwein geschlachtet werde. Doch läßt er sich frieblich herbei, um des armen gemeinen Mannes willen, denn die Wärme nach der Kälte nöthig sei, und auch der Sommer stimmt zum Vergleich, denn Gott habe sie beide geschaffen, die Welt freudig zu bewegen.[11]

Weit über diese Zeiten hinan weist eine leise Spur der Bekanntschaft mit dem Sommer- und Winterspiele, wenn in einer sanct-gallischen Urkunde von 858 Wintar und Sumar als Namen zweier Brüder zusammenstehen[12], ebenwie, nach dem niederländischen Bühnenstücke, Sommer und Winter Gebrüder sind und ewig bleiben sollen. Deutlicher spricht ein lateinisches Gedicht in Hexametern, als dessen Verfasser man Beda, Alcuin, Milo genannt findet, in jedem Fall einen Dichter des 8ten oder 9ten Jahrhunderts. Die beiden Erstern sind geborne Angelsachsen, der Dritte war Mönch des hennegauischen Klosters St. Amand, der vermutheten Heimat des deutschen Ludwigsliebs. Am Frühlingstage kommen die Hirten von den Bergen herab unter dem Baumschatten zusammen, um dem Kuduck lobzusingen. Unter ihnen der junge Daphnis und der ältere Palämon. Auch der Frühling mit dem Blumenkranz und der alte Winter mit struppigen Haaren kommen heran und erheben einen großen Streit über das Lied des Kuckucks. Sie werden redend aufgeführt. Der Frühling wünscht, daß sein liebster Kuduck komme, Allen ein werther Gast, mit röthlichem Schnabel gute Lieder anstimmend, daß er komme mit fröhlichem Sproß und die Kälte vertreibe, der Begleiter und Liebling des Phöbus im Wachsen des heiteren Lichts; Blumen bringt er im Schnabel und schafft Honig herbei, erbaut Häuser und beschifft sanfte Wellen, zeugt Nachkommen und bekleidet lachende Felder. Der Winter dagegen singt dem Vogel Scheltreden, er will, daß der Kuduck nicht komme, sondern in schwarzen Höhlen schlafe, bring' er doch stets den Hunger mit, wecke

Schlachten, breche die liebe Ruhe, stürme Land und Meer auf. Einander selbst auch machen die Sprecher den Vorzug streitig. Der Winter rühmt sich seiner Schätze, seiner frohen Mahle, der süßen Rast und des warmen Feuers im Hause. Der Frühling schilt des Gegners Trägheit und Wohlleben und fragt, wer dem Schläfrigen Reichthümer anhäufe, wenn nicht zuvor Frühling oder Sommer für ihn arbeite? Wahr! erwidert der Winter, weil Jene mir arbeiten, sind sie auch meine Knechte, die für mich, ihren Herrn, alle Frucht ihrer Arbeit bewahren. Nicht einen Herrn erkennt in ihm der Frühling, nur einen hochmüthigen Bettler, der sich nicht zu nähren vermöge, wenn nicht der kommende Kuckuck ihm Nahrung reiche. Da entscheidet (respondit) von hohem Sitze Palämon und gleichmäßig die ganze Hirtenschaar, daß der vergeuberische, grimmige Winter schweigen soll und der theure Gast, der Kuckuck, schleunig kommen möge, den Alles, Erde, Meer und Himmel, erwarte. Zum Schlusse rufen sie ihm Heil, für immer Heil.[13]

Unverkennbar hat diese Dichtung die Eklogen Virgils, namentlich die dritte, worin der Schiedsrichter ebenfalls Palämon heißt, zum gelehrten Vorbilde, welchem dann wieder theokritische Idylle (8 und 5) zu Grunde liegen. Doch erstreckt sich die Nachahmung nur auf den Stil und das Außenwerk und selbst hierin berührt sich das mittellateinische Stück mit den deutschen bis auf die Formel, wer Herr oder Knecht sei[14], und das Geschlecht der Streitenden, welches sogar für die römischen Wörter Ver und Hiems in germanischer Weise männlich genommen ist[15], besonders aber findet der Gegenstand des Streites, der Kuckuck, als Träger des Frühlings, seinen Anklang nicht in klassischen Mustern, vielmehr reichlich in der Volksdichtung deutscher Stämme.

Überall ist der Kuckuck eine willkommene Frühlingsstimme; „der Kuckuck mit seim Schreien macht fröhlich Jedermann" heißt es im alten Mailiede (Volksl. Nr. 57). So recht berufsmäßig aber war er in Altengland Stimmführer und Herold des angehenden Sommers. Das angelsächsische Gedicht vom h. Guthlak sagt: „Kuckucke kündeten das Jahr."[16] In einem andern, von den Mühsalen des Seefahrers, wird geklagt, wie diesem auch die schöne Blüthenzeit, die zur Ausfahrt drängt, nur Trauer bringe: „so mahnet der Kuckuck, mit sorglicher Stimme singet des Sommers Hüter, kündet bitteren Kummer dem Herzen".[17] Ein altenglisches Liedchen hebt an: „Sommer ist gekommen herein, laut fing. Kuckuck!" und durch das Ganze wiederholt und steigert sich dieser Aufruf. [18] Noch immer preist ein englisches Kinderlied den Kuckuck als Bringer guter Botschaft und Ansinger des Frühlings. [19] Selbst die ältern Bühnendichter vergnügen sich am Kuckucksrufe, wann sie dem Frühling eine Rolle zutheilen. Thomas Nash läßt in einem Stücke von 1593 die vier Jahreszeiten nebst ihrem Anhang spielen und zwar den Frühling mit einem Gefolge, das in grünes Moos, „vorstellend kurzes Gras," gekleidet ist und ein Lied absingt, worin der Ruf des Kuckucks und andrer Vögel wiederkehrt, mit dem man jetzt in allen Straßen begrüßt werde. [20] Auch Shakespeare führt in einem Lustspiel, das 1598 zuerst erschien, den Winter und den Frühling auf, Jenen durch die Eule, Diesen durch den Kuckuck kenntlich gemacht, und in dem Wettgesange, den sie anstimmen, wiederholt der Frühling das lustige: Kucku! der Winter das nächtliche Tuten der Eule. [21] Gehören auch die Lieder, wie sie vorliegen, den Schauspieldichtern an, so ist doch ein volksmäßiger Grund solcher Darstellungen nicht zu bezweifeln. [22] Diese mehrfachen Anklänge aus England stimmen auch einigermaßen dafür, daß der Verfasser des lateinischen Gedichts ein Angelsachse war.

Den Kuckuck betrifft noch eine zweite Ekloge, in elegischem Versmaß, Seitenstück der vorigen und gleich ihr unter Bedas wie unter Alcuins Namen vorkommend; ein Wechselgesang, worin Menalcas und Daphnis das Hinscheiden des Kuckucks beklagen. [23] Der Kuckuck ist verloren, der fröhliche Sänger, wer weiß, ob er im Lenze wiederkehrt; wohl ist er in den Wellen versunken. Lebt er noch, so komm' er zurück zum heimlichen Nest und nicht zerreiß' ihn der Rabe mit wilder Klaue; die Frühlingszeit ist da, brich nun, Kuckuck, deinen Schlummer! Welcher eigentliche Zweck unter den dunkeln Anspielungen des gelehrten Dichters verborgen sein mag, so ist doch für diesen Zweck wieder ein volksmäßiger Anklang benützt, den die ausgehobenen Züge bekunden; denn noch deutsche Liederbücher des 16ten Jahrhunderts geben ein kleines Lied auf den Tod des Frühlingssängers (Volksl. Nr. 13. 163):

> Kuckuck hat sich zu Tod gefallen
> von einer hohlen Weiden;
> wer soll uns diesen Sommer lang
> die Zeit und Weil vertreiben?

Ei! das soll thun Frau Nachtigall,
die sitzt auf grünem Zweige,
sie singt, sie springt, ist allzeit froh,
wann andre Böglein schweigen. [24]

In England, wo die Nachtigall seltener ist, war der Kuckuck die geliebte Frühlingsstimme. Das deutsche Lied kann sich über seinen Tod trösten, ihn überlebt die sangreiche Nachtigall.

Der allegorische Wettstreit der Jahreszeiten belebt sich noch weiter durch einen Gegensatz aus dem Pflanzenreiche. Daß die Darsteller der Singgespräche je ihrer Rolle gemäß aufgeputzt waren, läßt sich allgemein voraussetzen, wie es von diesen Spielen in der Schweiz und in Baiern ausdrücklich gemeldet wird. Je mehr der Streit in Handlung gesetzt und dem bloßen Wortgefecht enthoben war, um so weniger durfte die Vermummung fehlen. Nach Seb. Francks Berichte war der Sommer in Singrün oder Ephen, der Winter mit Moos angethan, welch letzteres bei Th. Nash für Frühlingsgrün gelten muß. Nun gibt es Gesprächslieder, in welchen die Gewächse, statt nur das bezeichnende Beiwerk herzuleihen, selbst und persönlich die Gegner sind. Den Streit in dieser Gestalt hat Altengland bis in die Weihnachtfeier, die Zeit der Wintersonnenwende, hinaufgerückt. Bei dieser Feier wurde besonders das unerstorbene Grün der Stechpalme und des Epheus zum Schmucke der Kirchen und Häuser verwendet; Kirchenrechnungen aus dem 15ten und 16ten Jahrhundert verzeichnen die Ausgabe für Hulst und Epheu; eine Stange, mit solchem Laube geziert, scheint in der Festhalle gestanden zu sein. [25] Diese beiden Gewächse führt ein englisches Lied, das in einer Handschrift des 15ten Jahrhunderts bewahrt ist, auf die Weise feindlich zusammen, daß hier die dunkle Epheuranke, die in deutschen Spielen, im Gegensatze zu Moos oder Stroh, den Sommer schmückt, das winterliche Wesen ist, der glänzend grüne Hulst das sommerliche. Epheu (Ivy) ist weiblich gedacht, Hulst (Holy) männlich. Hulst steht in der Halle, lieblich anzuschauen, Epheu steht vor der Thür und friert gewaltig; Hulst und seine lustigen Leute tanzen und singen, Epheu und ihre Mägde weinen und ringen die Hände; Epheu hat eine Frostbeule, so wird es Allen angewünscht, die zu Epheu halten; Hulst hat Beeren, roth wie eine Rose, Förster und Jäger hüten dieselben vor den Rehen; Epheu hat Beeren, schwarz wie eine Schlehe, da kommt die Eule und ißt sie auf; Hulst hat Vögel, eine gar hübsche Schaar, die Nachtigall, den Papagei, die artige Lerche, gute Epheu! was für Vögel hast du? keinen, als das Käuzlein, das schreiet hu hu! Der Kehrreim fordert Epheu auf, dem Hulst gebührend die Meisterschaft zu lassen. [26] Das Absingen dieses Liedes, das durchaus für den Hulst Partei nimmt, mochte mit einer mimischen Vorstellung verbunden sein, wobei die Hauptpersonen in entsprechender Laubbekleidung, die Gestalten der zugehörigen Vögel vorweisend, auftraten; Hulst mit seinen lustigen Gesellen in der Halle tanzend und singend, Epheu mit ihren frierenden Mägden vor der Thür stehend. Der fremdländische Papagei scheint hier den schlichten Kuckuck verdrängt zu haben [27], der wieder bei Shakespeare das Gegenstück zur Nachteule abgibt.

Noch einige kleine Lieder aus Altengland betreffen den Streit zwischen Hulst und Epheu. [28] Eines mit der Kehrzeile „alleluja!" verkündet: hier komme der artige Hulst, um Jedermann zu vergnügen; wer aber, so werden Herr und Frau der Halle angeredet, wider den Hulst rufe oder schreie, soll hoch in einem Korbe hangen, wer irgend wider Hulst singe, der müße weinen und Hände ringen. Ein zweites, mit dem lateinischen Kehrreim: „komm, du wirst gekrönt werden (veni, coronaberis)!" erklärt die sanfte, mildansprechende Epheu, die grüne, glanzfarbige mit schwarzen Beeren, für würdig, als Haupt der Bäume die Krone zu tragen. Es sind Seitenstücke, sichtlich bestimmt, von zwei Chören in der Festhalle gegen einander gesungen zu werden; zu den kirchlichen Kehrzeilen bot die Weihnachtfeier genügenden Anlaß. Die Vögel des volleren Liedes fehlen hier, sowie in einem weiteren Sange, der noch bruchstückartiger, als die beiden andern, aussieht. Sein Inhalt ist: Hulst und Epheu führen großen Wettstreit, wer die Herrschaft haben solle „in Ländern, wo sie gehen" (dies als Kehrzeile); Hulst rühmt sich frisch und hübsch, Epheu nennt sich kühn und stolz. Jedes will Meister sein, dann läßt Hulst sich aufs Knie nieder: „ich bitte dich, Epheu, sage mir keine Schmach in Ländern, wo wir gehen!"

Die altenglischen Lieder erschließen nun auch den ursprünglichen Sinn des deutschen von Buchsbaum und Felber (Volksl. Nr. 9). Dieses seit der ersten Hälfte des 16ten Jahrhunderts vielverbreitete Volkslied bringt den wintergrünen Buchs mit dem frühlingsmäßigen Fahlweidenbaum [29] in ein Kampfgespräch. Soweit zeigt sich allerdings noch der alte Gegensatz, im Besondern aber wird nicht sowohl die Verschiedenheit der Jahreszeiten, als die manigfache Verwendung der beiderlei Holzarten hervorgehoben und der herkömmliche Rahmen ist dazu benützt, eine Reihe ansprechender Lebensbilder aus Stadt und Haus, Feld und Wald, rasch vorüberzuführen. So kommt vom Buchsbaum der Kranz, den die schöne Jungfrau zum Tanze trägt, der Becher, aus dem ihr rothes Mündlein trinkt, vom Felber der Sattel, auf dem der gute Gesell durch den grünen Wald reitet, die Pfeife, die er kriegerisch im Felde bläst. Rühmt sich der Buchsbaum, daß er Sommer und Winter grün bleibe, so gibt der Felber zuletzt noch ein echtes Frühlingsbild, das ihm mit Recht den Sieg verschafft:

ich steh dort mitten in der Mahd
und halt' ob einem Brünnlein kalt,
daraus zwei Herzlieb trinken.

Solche Züge lenken doch wieder nach dem dargelegten Ursprung ein. Auch äußerlich knüpft sich dieses Gesprächlied an dasjenige zwischen Sommer und Winter, von dem die Erörterung ausgieng. „So bist mein Herr und ich dein Knecht" wird abermals vernommen und das Spiel hat vor einer zahlreichen Versammlung stattgefunden. [30]

In sämmtlichen bisher aufgezählten Spielen und Kampfgesprächen sind Sommer und Winter lediglich allegorische Personen, sie erscheinen mit ihren nackten begrifflichen Namen oder doch nur in leichter Verhüllung. [31] Dieselbe Gesprächform brauchen volksmäßige Lieder für mehrerlei Gegensätze, z. B. des Wassers und des Weins, der Fasten und Nichtfasten, geistliche Dichtungen für den des Leibes und der Seele. Die beiden Jahreshälften sind auch in ihrem Wechsel und Unterschiede so gemeinfaßlich, bringen so von selbst ihre natürlichen Abzeichen und den manigfachen Anlaß zu Ruhmrede oder Schelte mit sich, daß es hier am wenigsten der Überlieferung aus vergangenen Zeiten oder von einem Volke zum andern bedurfte. Winter und Frühling zwiesprachen schon in einer äsopischen Fabel [32], sie sollen es aber auch in einem Märchen der nordamerikanischen Indianer thun. [33] Wie auf der niederländischen und englischen Schaubühne, spielen die persönlichen Jahreszeiten auch in spanisch-portugiesischen Stücken, welche Gil Vicente im Eingang des 16ten Jahrhunderts vor dem Hofe von Lissabon zur Darstellung brachte.³⁴ Bei allem dem sind schon durch den Zusammenhang mit den Volksspielen, wie sie in Ländern deutschen Zeichens zur Zeit der Frühlingsgleiche oder bereits der Wintersonnenwende stattfanden, auch die Streitlieder auf dem Boden alter, heimischer Jahresfeiern befestigt. Zugleich konnten besondre Anknüpfungen und Übergänge, selbst in formelhaftem Zutreffen, von den deutschen Volksliedern aufwärts bis zu den mönchlateinischen Gedichten des 8ten oder 9ten Jahrhunderts verfolgt werden und dieser Faden zieht sich endlich noch mitten in die Mythenwelt des nordischen Heidenthums. Hier ist Vetr, Winter, ein Sohn Vindsvals, des Windkühlen, dessen Vater, Vâsadr, der Nasse, heißt, ein grimmiges kaltbrüstiges Geschlecht; Sumar, Sommer, ist Sohn des Svâsudr, des Lieblichen; im Eddaliede Vafthrûdnismâl wird über Winter und Sommer, nach einer Fassung, noch berichtet, daß Beide durch das Jahr hin ewig fahren sollen, bis die Götter vergehen.³⁵ Es ist anzunehmen, daß diese dem Mythenlied und der Skaldensprache geläufigen Wesen nicht überall nur genealogisch benannt, sondern auch irgendwie in lebhafteren Zusammenstoß gebracht waren, spiels- oder gesprächsweise. Letztere Form ist im mythischen Theile der Liederedda ganz herkömmlich und die Verhandelnden befragen sich dabei um Namen und Abkunft, worauf alsdann meist mit stabreimenden Namen geantwortet wird.³⁶ An solchen fehlt es nun den altnordischen Vertretern der beiden Jahreszeiten nicht und Stoff zu einer Streitrede bieten schon die skaldischen Bezeichnungen des Winters: Schmerz und Angst der Vögel, Tod, Kummer der Schlangen, Nacht des Bären; für den Sommer: Schonung, Gedeihen der Menschen, Lust der Vögel, Freund der Gewürme, Tag des Bären.³⁷ Nach der bemerkten Lesart des Eddaliedes würde der Streit zu schließlicher Versöhnung gekommen sein, wie namentlich im deutschen Lied und, fast wörtlich mit der altnordischen Wendung, im niederländischen Schauspiel.³⁸ Skalda setzt die Namen Svâsudr und Vindsvalr in das Verzeichniß der Riesen³⁹; damit fallen dieser Gattung zugleich die Söhne, Sumar und Vetr, anheim. Zu derselben zählen in der Eddalehre nicht bloß die rohen und wilden Naturgewalten, sondern allgemeiner solche Wesen, in denen Urkräfte und Grundverhältnisse, mehrfach mit den eigentlichsten Begriffnamen, zu nothdürftiger Personenbildung gelangt sind. So haben sich zwar Sommer und Winter dem altnordischen Mythenkreis angeschlossen, sind aber

dort nicht minder allegorisch beschaffen, als in den deutschen Wett-
streiten.⁴⁰ Das Spiel an Mittfasten ist, der Jahreszeit gemäß, hauptsächlich
auf die Vertreibung oder Niederlage des Winters gerichtet. Der Sommer
wird da schon fröhlich begrüßt, empfangen, „gewonnen"; aber voll und
festlich kann dies erst dann geschehen, wann er sich in seinem eigenen,
reichen Schmucke, nicht mehr bloß im erborgten Singrün oder Epheu
zeigt, wann die Blumen springen, die Vögel singen und der Wald
ergrünt.⁴¹ Auch damit geht es stufenweise. Wer das erste Veilchen
sieht, „hat den Sommer funden," wie dieß in späteren Neidhartsliedern
dargestellt ist. Der Finder des ersten Veiels beginnt laut zu singen
und meldet seinen Fund auf der Burg; die Herzogin von Baiern eilt
an seiner Hand mit Pfeifern und Fiedlern herbei, um den Sommer zu
grüßen. Inzwischen hat schon ein Bauer das Veilchen abgebrochen, es
ist auf den Tanzbühel getragen und auf eine Stange gesteckt, um welche
die Dörper fröhlich tanzen und springen.⁴² Hans Sachs hat nachmals
den unsaubern Schwank als Fasnachtsspiel bearbeitet; hier singt die
Herzogin zum Reigen, etwas frühzeitig, ein kleines Mailied vor (vgl.
Volksl. N. 19): „Der Maie, der Maie, der bringt uns Blümlein viel"
u. f. w., und auch die Bauern singen zum Tanz um den aufgerichteten
Veiel.⁴³ Ist nun wirklich der erste Mai, der Walburgtag⁴⁴, angebrochen,
so kann eine andre, eben aufgehende Blume eingebracht werden. Zu Thann
im Elsaß hält an diesem Tage das Maienröslein seinen Umzug, ein Kind,
das einen mit Blumensträußen und Bändern geschmückten Maien trägt;
ein anderes trägt einen Korb, um die Gaben in Empfang zu nehmen,
die übrigen folgen und singen vor den Häusern, ihr Liedchen hebt an:

 Maienröslein, kehr' dich dreimal rum,
 laß dich beschauen rum und num!
 Maienröslein, komm in grünen Wald hinein!
 wir wollen alle lustig sein,
  so fahren wir vom Maien in die Rosen.

Im Verlaufe des Liedes wird den Leuten, die nicht Eier, Wein, Öl,
Brot spenden wollen, angewünscht, daß der Marder die Hühner nehme,
der Stock keine Trauben, der Baum keine Nüsse, der Acker keine Frucht
mehr gebe; das Erträgniß des Jahres hängt von dem kleinen Früh-
lingsopfer ab.⁴⁵

Stattlicher und mächtiger geschieht die Einführung des Sommers in der **Maienfahrt**, dem Mairitt. Von diesem Gebrauch und dessen förmlicher Einrichtung kommen die meisten Nachrichten aus Scandinavien und Norddeutschland.[46] In den Städten Südschwedens und Gothlands war um die Mitte des 16ten Jahrhunderts die Maifeier mit dem Kampfe zwischen Sommer und Winter unmittelbar verbunden, gemäß dem späteren Eintritt des nordischen Frühlings. Am ersten Mai rückten zwei Reiterscharen, die eine vom Winter angeführt, der, in Pelze gehüllt und mit Handspießen bewaffnet, Schneeballen und Eisschollen auswarf, die andre vom Blumengrafen (comes florialis), der mit grünen Zweigen, Laubwerk und kaum erst gefundenen Blumen bekleidet war, von verschiedenen Seiten in die Stadt und hielten ein Speerstechen, worin der Sommer den Winter überwand und durch Ausspruch des umstehenden Volkes für den Sieger erklärt wurde.[47] Die späteren Berichte aus Schweden und Dänemark schweigen vom Kampf und sprechen nur noch vom Einführen oder Einreiten des Sommers (före, ride sommer i by) durch feierlichen Umzug des Maigrafen, der den Maienkranz einbringt. Wenn der dänische Maigraf am Walburgtage mit seinem Gefolg eintritt, warf er den Kranz auf das Mädchen, das er sich damit zur Maiin (Maiinde) wählte. Von dem „alten, leichtfertigen" Mailiebe, das dazu gesungen wurde: „Hausherr, wenn du daheime bist" u. s. w. mit der Kehre: „Maie, sei willkommen!" sind nur noch diese Bruchstücke verzeichnet; doch hat auch ein dafür eingetretenes geistliches Lied noch die Kehrzeilen: „Maie, sei willkommen! all so weit die Welt ist, sprießet ihr Rosenblumen!"[48] Auch der Maigreve niederdeutscher Städte brachte den Kranz, den ihm zu Greifswald ein Schiltjunge vortrug[49]; eines Kampfspiels ist nicht gedacht, wenn gleich der Aufzug in vollem Harnisch und mit ansehnlichem Geschwader stattfand.[50]

Einige weiter beachtenswerthe Beispiele der Maienfahrt sollen hier noch ausgehoben werden.

Zuerst ein Zeugniß, das sich in einer altfranzösischen Erzählung aus dem 13ten Jahrhundert vorfindet. Ein junger Burgherr in der Bretagne erhebt sich am frühen Maimorgen und zieht, es scheint unberitten, mit fünf Spielleuten, Flöten und Schalmeien, nach dem Wald, um mit großem Schalle den Mai einzubringen, ihn selbst nennen die Frauen „Nachtigall."[51]

Ernsthaft in die Geschichte greift der Ausritt des deutschen Königs Albrecht am ersten Mai 1308. Der König war zu Baden im Aargau und wollte nach altem Landesbrauch an diesem Tag eine Maienfahrt halten; er ritt mit Fürsten und Herren nach Brugg und im Gefolge befand sich sein junger Brudersohn Johann, der wegen unbefriedigter Erbansprüche dem königlichen Oheim grollte. Nachdem Johann eben wieder vergeblich angehalten hatte, saß man zum Mahle nieder. Als nun der König Wasser nahm, berichtet Ottokars Reimchronik, kam ein Junker, der viel grüne Schapel (Kränze) von Salbei und Raute trug. „Her König!" sprach er, „empfahet den trauten Maien, licht und glanz, und setzet einen Kranz auf!" Der König nahm die Kränze, soviel der Knabe deren hatte, gieng damit den Tisch entlang und hieß Jeden der Herren, große und kleine, ein Schapel nehmen; als er zu seinem Vetter kam, erlas er das schönste und setzt' es ihm auf, aber wohl mochte man gewahren, daß dem Herzog Übles im Sinne lag.[52] Nach anbrer Meldung setzte der König seinen Söhnen und dem Herzoge Johann Jedem einen Rosenkranz auf das Haupt, der Herzog aber legte weinend seinen Kranz auf den Tisch.[53] Der noch zeitgenössische Abt von Victring läßt ihn seinem Unmuth Worte geben: „Längst, o Herr! wart ihr der Pfleger meiner Unmündigkeit; jetzt, da die Kindheit vorüber ist, hab' ich die Zweige der blühenden Jugend ergriffen; nicht mit knabenhaften Kränzen eracht' ich mich in meine Herrschaft eingesetzt, sondern, wie ich öfters euch gemahnt, verlang' ich nochmals flehentlich, daß mir das Meine wiedergegeben werde, damit ich Namen und Amt eines Fürsten führen möge."[54] Nach dem Mahle ritt der König weiter und auf dem Wege stieß ihm der Neffe das Messer in den Hals. Furchtbare Rache vollzog der Sohn des Ermordeten, Herzog Leopold, und man hat die Maienlust sagenhaft vollständig gemacht, indem erzählt wurde, daß bei Hinrichtung der unschuldigen Burgmänner zu Fahrwangen „die Königin" im Blute gewandelt sei und gesagt habe: nun bade sie im Maienthau.[55]

Geschichtlich denkwürdig ist ferner ein westfälischer Mairitt, der nemlich, welchen die Bürger von Soest im Jahre 1446 während ihrer Fehde mit dem Erzbischof von Köln ausführten. Auf Walburgtag, da man nach alter Sitte in den Mai zu reiten pflegte, wollten die Soester dieß nicht unterlassen, wiewohl sie sich vor ihren Feinden zu wahren hatten; sie zogen mit großer Kriegsmacht aus der Stadt in den Arnsberger Wald, wo sie ihre Scharen ordneten, fielen dann mit Raub und Brand in die Grafschaft Arnsberg, zerstörten Dörfer und Vesten, führten Herden, beladene Wagen, selbst aufgefangene Frauen, die jedoch vor der Stadt wieder freigelassen wurden, hinweg und kamen, nachdem sie der verfolgenden Feinde sich erwehrt, mit Frieden und Freude „unter dem grünen Maien" nach Hause. [56]

Dieser grüne Maie, unter welchem das Heer einreitet, wird im Arnsberger Walde gehauen sein. Auch der bretagnische Ritter zog mit seinen Spielleuten in den Wald, um den Mai zu holen. Anschaulich heißt es in einem Reigenliede Neidharts: „Der Mai ist mächtig, er führt getreulich den Wald an seiner Hand, der ist nun neues Laubes voll, der Winter hat sein Ende." [57] Nun erst, da der Wald belaubt ist, hat der Sommer völlig gesiegt und im Mairitte soll dieser grünende Wald mit seinem frischen Glanz und seinen Wohlgerüchen auch in das Weichbild der Ortschaften, auf Markt und Gassen, in Kirchen und Häuser, eingebracht werden [58], vornehmlich soll der aufgepflanzte Maibaum von der Einkehr des ersehnten Gastes zeugen. Darum waren mit der Maifeier Holzrechte verbunden, der Wald war noch reich und konnte genug des grünen Schmuckes spenden. [59] In einem niederländischen Liede bringt der Bauer seinem Herrn ein Fuder Holz und zugleich der Frau „den kühlen Mai." [60] Zu Hildesheim wurde der Maiwagen mit dem gehauenen Buschwerk zur Ausschmückung der Klöster, Kirchen, Thürme festlich eingeholt und sammt dem Mailkranze von dem Maigrafen in Empfang genommen. [61] Besonders aber ist hieher noch des vormaligen „Walperzugs" von Erfurt zu gedenken. Wieder am Walburgtage, wovon der Gebrauch seinen Namen hatte, zogen die Bürger zu Pferd und zu Fuß nach der Wagweide, einem kurmainzischen Gehölze, wo sie auf diesen Tag vier Eichen fällen durften. Fahnenträger und Spielleute, vier „Walperherren," aus jedem Stadtviertel einer, bekränzte Stäbe tragend, giengen im Zuge, die Jugend sang:

Willst du mit nach Walpern gehn?
willst du mit, so komm! u. s. w.

Nachdem man den Tag fröhlich draußen zugebracht, bewegte sich der Zug, grüne Maien, die man im Walde geschnitten, in den Händen, nach der Stadt zurück und man pflegte zwei Knaben, mit Goldketten

und andrem Geschmeide aufgeschmückt, zu Pferde mit in die Stadt ein-
zuführen. Über den Ursprung dieses Zugs gab es verschiedene Sagen.
Laut der einen stand ehemals auf der Ruhweide ein festes Schloß, darin
sich Räuber aufhielten, denen ein aus der Stadt vertriebener Bürger
als Koch dienen muste; als sie einst nach ihrer Gewohnheit auf weißen
Pferden ausgeritten waren und den Schlüssel einer alten Frau anver-
traut hatten, erbat sich der Mann von ihr, einen kurzen Gang vor
das Schloß machen zu dürfen, und benützte die Erlaubniß dazu, dem
Rathe von Erfurt, unter dem Beding der Wiederaufnahme, die Überlieferung des Schlosses zu versprechen; nach seiner Anweisung kamen
die Erfurter auf weißen Pferden vor das Schloß, wurden für Burg-
leute angesehen und eingelassen, bemächtigten sich desselben, sowie der
arglos wieder einreitenden Räuber, und zerstörten die Veste. Eine
andre Chronikmeldung besagt: die Edelleute des Schlosses Dienstberg
auf der Wagweide seien Räuber geworden, deshalb sei Kaiser Rudolf
am 13ten Mai 1289 (?) mit den Erfurtern hinausgeritten, diese haben
Alles erschlagen und das Schloß zerstört, da habe die Edelfrau ihre
zwei jungen Söhne mit all ihrem Geschmeide behängt, sei herausgekommen
und habe dem Kaiser um der Kinder Leben einen Fußfall gethan, die
Bitte sei gewährt und die Edelsöhne seien auf Pferden nach Erfurt
gebracht worden; bei dieser Einnahme des Schlosses haben die Erfurter
ein Lied gemacht, das noch von der Jugend gesungen werde, beim
Walperzug aber, der zum Gedächtniß der That gestiftet worden, habe
man fortan auch die zwei geschmückten Knaben mit eingeführt.[62] Die
Zerstörung der thüringischen Raubburgen durch den Kaiser Rudolf in
Gemeinschaft mit den Bürgern von Erfurt konnte wohl im Laufe der
Zeit sagenhaftes Aussehen erlangen und das Andenken an die Kriegs-
fahrt dem örtlichen Feste verknüpft werden, auch daß der Name des
eingenommenen Schlosses wechselt und anderwärts die im Jahre 1304
eroberte Burg Greifenberg genannt wird, verträgt sich mit einer gesa-
lichen Erinnerung, aber der Walperzug als solcher gehört nicht der Stadt
Erfurt ausschließlich an, er fällt in den dargelegten allgemeineren Zusammenhang der deutschen Maifeier und kann darum nicht wohl in dem
besondern Ereignisse begründet sein. Dieser Walperzug mochte von
Anfang an auf eine Eroberung ausgehen, aber die Besiegten sind nicht
Raubritter, sondern Winterunholde, denen der freundliche Sommer

abgewonnen wird. Im Sinne des Ganzen sind dann auch die erheblichern Einzelheiten aufzufassen. Die zwei reichgeschmückten Knaben, die man mit den Maibüschen jubelnd in die Stadt geleitete, waren ursprünglich nicht Söhne der Edelfrau, sondern Träger des einkehrenden Frühlings. Das Geschmeide, mit dem sie behängt sind, mahnt wieder an ein Reigenlied Neidharts, das im Mai den Hagedorn schön wie Gold ergrünen läßt.[63] Auf einen Kampf weist auch bei früher angeführten Mairitten die kriegerische Wappnung. Der tapfere Gedanke der Soester, den Festritt in einen Fehdezug zu verwandeln, lag näher, wenn mit dem Maireiten selbst schon die Vorstellung von streitbarer Ausfahrt und von Einbringung einer Kriegsbeute verbunden war, und in den schwedischen Städten fiel der Ritt am ersten Mai mit dem Gefechte zwischen Sommer und Winter zusammen. Gleichwohl geben die deutschen Mairitte, soweit sie sich verfolgen ließen, mehr nur den Siegeszug und scheinen den wirklichen Kampf, der hier schon im März stattfinden konnte, als einen früher vollbrachten vorauszusetzen.

Was von den besprochenen Sommerspielen an dichterischem Erzeugniß abfällt, das sind die formelartigen Liedchen, welche die Jugend dazu sang, die Streitgespräche nebst den Einführungen der Jahreszeiten auf die Schaubühne. Die Poesie liegt weniger in den begleitenden Reden und Gesängen, als unmittelbar in den Festgebräuchen selbst. Die Gestalten, welche hiebei auftraten, waren allegorischer Art und ebendarum, selbst wenn sie aus heidnischer Zeit stammten, auch der christlichen unanstößig. Aber die sonst übelberufene Allegorie stand hier in ihrem guten Rechte. Wo eine Volksmenge sich festlich bewegt, da bedarf es eines einheitlichen Ausdrucks, welcher den Sinn der Bewegung augenfällig darlegt, eines vernehmlich und unzweideutig ausgesprochenen Gedankens. Das gerade leistet die Allegorie und ihr eigenes starres Wesen beseelt sich durch das freudige Volksleben, dem sie zur Losung dient. Vornehmlich bringen nun die Wandlungen des Jahreslaufs, auch als allegorische Personen, schon in ihrem natürlichen Beiwerk einen regsamen Hauch und Farbenglanz mit sich heran. Gil Vicente hebt den Aufzug seiner Jahreszeiten durch angeklungene Volkslieder, insbesondere streut der Frühling die reizendsten Liebes- und Blumenlieder ein. Nash und Shakespeare lassen den fröhlichen Kuckuksruf ertönen. Der grüne Hulst mit seinen flatternden Vögeln tanzt und singt schon in der Weihnachthalle; der persönliche Mai geht wohl auch völlig in den Blumenkranz oder den wehenden Maibaum über. Alle trockene Absichtlichkeit schwindet, wo die jugendliche Gestalt mit dem lachenden Frühlingsschmucke sich eint. So ist das elsäßische Mairöslein eine allerliebste kleine Allegorie. Zierlich bringt der Edelknabe den lichten Mai, die Rautenkränze, zum Festgelag, rüstig trägt der Greifswalder Schildjunge den Maikranz vor und zuletzt noch reiten märchenhaft die goldgeschmückten Söhne der Edelfrau im Walperzug. In solch anmuthreichen Vertretern wird der Frühling leibhaftig, sie selbst aber gelangen zur festlichen Geltung dadurch, daß sie den Mai bedeuten. Pulsschlag dieser Volksspiele, der einfachen wie der prunkhafteren, ist die jauchzende Herzenslust lebensfrischer Geschlechter.

Ausgemachte Anlehnung an die germanische Mythologie hat sich bis hieher einzig in den nordischen Sumar und Vetr ergeben, doch stehen auch sie nur auf der allegorischen Stufe der Mythenbildung. Die eigentliche Göttersage des heidnischen Nordens faßt den großen Gegensatz der Jahreszeiten als einen Sieg des sommerkräftigen Thôr, des Donnergottes, über die Winterriesen und dieser Grundzug gestaltet sich zu einer Reihe durchgedichteter Einzelmythen. Auf letztere muß zurückgegangen werden, um denselben mythischen Zusammenstoß noch im deutschen Volksgesange herausstellen zu können. Winterliche Sturmriesen, die von Thôr erschlagen werden, sind Thrym und Thiassi. Thrym, der Thurse Herr, sitzt, wenn er daheim ist, auf dem Hügel, seinen Hunden Goldbänder schnürend und seinen Rossen die Mähnen schlichtend. Sein Name bedeutet Getös (þrymr, sonitus), die Hunde, die er anlegt, die Rosse, denen er die Mähnen ordnet, weisen auf die Rückkehr von wilder Sturmjagd. Er hat den Hammer des schlafenden Donnergottes versteckt, Thôr fährt zu ihm, bräutlich verkleidet als Freya, die milde Luftgöttin, und erschlägt den Thursenherrn mit der wiedergewonnenen Waffe. Das Eddalied von diesem Ereigniß hat, zur lustigen Volksballade umgewandelt, schwedisch, dänisch und norwegisch fortbestanden. Thiassi, auch ein Jötun aus Thrymheim, dem tosenden Gebirge, pflegt als Adler auszufliegen und in dieser Gestalt raubt er aus dem Walde Idun, die Göttin des Sommergrüns, deren Heimat Brunnacker heißt; der Wintersturm entrafft den Schmuck des Waldes und der Flur. Mittelst weiterer Verwandlungen wird Idun zurückgebracht, dem hastig nachfliegenden Adler lassen die Götter Flammen ins Gefieder schlagen, schütteln ihre Schäfte und da ist Thôr, wie er sich nachmals rühmt, der Erste und Hitzigste zur Tödtung. Die Augen des von ihm Erschlagenen wirft er an den heitern Himmel, wo sie fortan als Sterne Wahrzeichen seiner Thaten sind. [64] Thiassis Adlerflug gehört einer allgemeineren Vorstellung an, wornach die Bewegung der Luft vom Flügelschlag eines riesenhaften Adlers ausgeht. [65] Der Wind, der über das Wasser fährt, den Menschen unsichtbar, kommt; nach einem Eddaliede, von den Schwingen des Jötuns Hräsvelg, der in Adlersgestalt an des Himmels Ende sitzt. [66] Nach den finnischen Runen ist der Nordsturm ein Adler, der von der Lappmark ausfliegt, mit einem Flügel die Wasserfläche streift, mit dem andern hohe Himmel theilt, und dem unterm Flügel hundert Männer, auf dem Schweife tausend, in jeder Spule zehne stehen. [67] Der eddische Name Hräsvelg, Leichenschlund, kann den Adler überhaupt als mächtigen Raubvogel bezeichnen [68], taugt aber auch bildlich für den Sturmadler, der die Seefahrenden hinrafft. Die altnordische Sprache hat neben der gewöhnlichen Benennung des Aars (ari, örn) noch ein den verwandten deutschen Stämmen abhanden gekommenes Wort: Egdhir, eine andre nicht umlautende Form ist Agdhi [69], beide dienen als mythische Eigennamen. Egdhir, der Riesin Hirte, sitzt nach dem Eddaliede Völuspâ, beim Herannahen des Weltuntergangs, auf dem Hügel und schlägt fröhlich die Harfe [70], doch wohl die des brausenden Sturmes. Bei Saxo wird Egther, ein König Biarmiens, von dem schwedischen Kämpen Arngrim, und weiterhin ein finnischer Wiking Egther von Halban, genannt Bierggramm, den man für einen Sohn Thôrs hielt, je auf Ausforderung im Zweikampfe besiegt; die Wiederholung desselben Begebnisses, der beidemal gleichnamige Besiegte. und die Sieger zwei Sagenhelden, der fabelhafte Boden, auf dem die nordischen Sagen meist sich bewegen, wenn von Biarmaland und Finnmörk erzählt wird, lassen in diesen Kämpfen mit Egther nicht irgend einen geschichtlichen Vorgang, vielmehr ein mannhaftes Ringen mit Nordsturm und Eiswetter erkennen, wie denn auch Halban wider Egther einen Seestreit zu bestehen hat. [71] Agdhi, Sohn Thryms, wird in einer mythischen Stammtafel genannt. [72] Agdhanes, Agdhis Landspitze, war der Name eines norwegischen Vorgebirgs, wo man sich diesen Agdhi hausend dachte. Laut der Saga vom Könige Harald Hardhrâdhi (1047—66) kam eines Sommers der Skalde Halli von

Island her bei Agbhanes angeschifft und segelte von da mit schwachem Winde die Bucht entlang, als dem Schiffe, worauf er fuhr, andre entgegenruderten und auf dem vorderften ein ansehnlicher Mann sich erhob und die Anfahrenden ausfragte; auf die Angabe, daß sie bei Agbhanes über Nacht gewesen, fragt der Mann weiter: „hat euch da nicht Agbhi durchgerieben?" Halli antwortet: „nicht doch." Der Mann: „hatte das seine Ursache?" Halli: „ja, Herr! er wartete auf beßre Männer, denn er hoffte dich diesen Abend dort zu haben." Es war König Harald, der diese Worte mit Halli wechselte. [71] Der Sinn ihrer Scherzreden war aber kaum ein andrer, als daß es an jener Landspitze mißlichen Windzug hatte und man froh sein durfte, von Agbhi ungerüttelt vorbeigekommen zu sein. Doch ist Agbhi weder an die einzelne Oertlichkeit gebannt noch in vorübergehender Erwähnung belassen. Thôrs Kampffahrten in die Riesenwelt wurden in späteren Erzählungen zu wunderbaren Reisen unternehmender Männer, die, statt von Ásgardh, nun von nordischen Königshöfen ausfahren und wenigstens in ihren Namen, Thôrkell, Thôrsteinn, an den Gott erinnern, in dessen Gleisen sie wandeln. Die alte, nicht mehr verstandene Göttersage ist in diesen Fabelreisen aus den Fugen gerückt, willkürlich zugestutzt und mit Fremdartigem vermengt, gleichwohl sind sie für die Mythenforschung nicht gänzlich unfruchtbar und könnten Thôrsmythen als ein Anhang von Märchen beigegeben werden. Eine derselben wirft auch einiges Licht auf den verkommenen Agbhi. Thôrsteinn, ein Hofmann bei König Olaf, Tryhgvis Sohne, wiederholt die Bezwingung des bereits von Thôr erlegten Jötuns Geirröbh. Am Hofe des Letztern wohnt Thôrsteinn verschiedenen Spielen bei, namentlich dem Wurf eines glühenden, funkensprühenden Goldballs. Gruppen riesenhafter Wesen stehn in diesen Spielen einander gegenüber, namentlich tritt der Jarl Agbhi mit zwei Gefährten Jökull und Frosti auf, noch ein Dritter, Gustr, steht auf seiner Seite. Jökull bedeutet Eisberg, Frosti Frost, Gustr Winterwind, die beiden Erstern sind auch anderwärts unter den Jötunen aufgezählt. Geirröbh, der das Ballspiel veranstaltet, ist ein Glutriese des sengenden Sommers und wenn gleich seine Stellung hier verrückt ist, so läßt sich doch eine ältere, geordnete Anlage denken, ein Wettkampf zwischen Mächten des Sommers und des Winters. Agbhi, der Nordsturmriese, kämpft noch richtig auf der Seite des Letztern. Aber auch seine Adlergestalt ist angezeigt: schwarz wie Hel, mißt er sich im Wettringen mit dem lichten Gobhmund und schlägt die Griffe so fest in des Gegners Seiten, daß sie bis aufs Bein bringen. Nachmals sieht Thörsteinn, daß Agbhi in großem Jötunzorne hinfährt und wie toll zum Walde läuft, wo er gewaltig heult. Noch späterhin beunruhigt er den verhaßten Thörsteinn, der ihm die Tochter entführt hat, fern in dessen Heimat, indem er zur Nachtzeit das Dach aufbricht, und nachdem er schon in den Grabhügel gegangen, fährt er doch wieder spukartig umher und zerstört einen Hof. Überall die ungestüme, wildschweifende Fahrt des Sturmwinds.[74] Die einzelnen Beziehungen des Märchens zu den Mythen von Thor bleiben hier unerörtert.

Mit dem norbischen Thôr (Thôrr aus Thonar) ist der niederdeutsche Thunar in der bekannten Abschwörungsformel aus dem 8ten Jahrhundert nicht bloß sprachlich derselbe, denn indem ihm hier zugleich mit Woden abgesagt wird und dieser dann wieder in einem zu Merseburg neuaufgefundenen Zauberspruche zu Balder (norbisch Baldr) und Frija (Frigg) gesellt ist, läßt sich schon hieraus abnehmen, daß vier norbische Hauptgottheiten nicht zufällig dem Namen nach, ohne entsprechende Bedeutung und Zusammenordnung, in Deutschland wiederkehren werden. Andre deutsche Beschwörungen sind gegen feindliche Luftgeister gerichtet zur Abwehr verderblicher Witterung, gegen Mermeut, der über das Wetter gesetzt ist, daß er nicht Ungewitter loslasse oder Schlagregen werfe, gegen Fasolt, dem geboten wird, daß er das Wetter wegführe, dem Beschwörenden und seinen Nachbarn ohne Schaden.[75] Zum thätlichen Gebrauche, zu Absagung und Beschwörung bestimmt, zeigen diese Formeln, daß wie an Thunar, so auch an Thurse, als wirkliche dämonische Wesen, selbst noch über die Zeit der Bekehrung hinaus, im deutschen Volke geglaubt wurde. Aber auch die dichterische Mythenbildung, der Kampf mit den Thursen, hat dem diesseitigen Alterthum nicht gefehlt. Fasolt, wie der Dämon im Wettersegen, heißt auch ein Riese der heimischen Heldensage, und zwar desjenigen Theils derselben, der überhaupt ursprünglich in Naturmythen bestand. Durch ihn und seinen gleich riesenhaften Bruder Ecke knüpften sich die mythologischen Vorbemerkungen an das deutsche Volkslied.

Anmerkungen

zu

1. Sommer und Winter.

¹ Hieher und zum Nachfolgenden das reichhaltige Capitel XXIV der Deutschen Mythologie, zunächst S. 724 ff. Gebrauch im Elsaß: August Stöber, Erwinia 1839, S. 222; zu Heidelberg: Briefe der Prinzessin Elisabeth Charlotte von Orleans, 1676—1722, Stuttgart 1843, S. 14. E. Meier, deutsche Sagen aus Schwaben, S. 386. — Zu „stab aus!" vergl. Schmeller III, 602. Myth. 725. Ruol. liet. 153, 33 ff.: den spiz er uf hôp. über daz houbit er in sluc. daz im di ougen sprungen.

² Konrad von Ammenhausen, um 1337, gibt am Schlusse seines Schachzabelbuchs nachstehende Verszeile, wohl den Anfang eines damals bekannten Lieds: Hinne sülnt wir den winter jagen (Heidelberger Handschrift 398, Bl. 137. Adelung II, 147. Beiträge von Kurz und Weißenbach I, 51. Vergl. Roxburgh Ballads, London 1847, S. 254: To the Tune of To drive the cold winter away); dieß kann freilich, wie manches Ähnliche bei den Minnesängern, auch ohne Beziehung auf ein Volksspiel ausgerufen sein.

³ Handschrift der Stadtbibliothek zu Ulm, „Pasquillus 22. Januar bis 1. Februar anno 1628", 28 Strophen, Anfang:

„Ulm. Ach liebe soldaten, waß thuet eß bedeüten,
daß ewer souil zulaufen und reiten?
alle alle ihr herren mein, der Winter ist sein.

Soldat. Bi[n]cenzen tag der wert ja noch,
der ist jetzt keller und Lorenz koch;
alle alle ihr herren mein, der Sommer ist sein."

⁴ Tobler, Appenzell. Sprachschatz, Zürich 1837, S. 425 f. Eine andre, etwas kürzere Aufzeichnung des Liedes verdanke ich Herrn Friedrich von Tschudi, der dazu bemerkt hat: „Das Streitlied zwischen Sommer und Winter wurde in meiner Jugend (und auch jetzt mag es noch geschehen) in meiner Heimat Glarus, in den Kantonen Schwyz und St. Gallen, gar plastisch während der Fasnachtzeit aufgeführt. Der Winter im Pelzgewand mit Ofengabel und andern Insignien bewaffnet, der Sommer in schmudem Festgewand mit Reisern und Äpfeln, als lieber Gast besonders den Kindern, sangen von Haus zu Haus den etwas kauderwelschen Wechselgesang. Der Text, den ich mit Mühe aus dem

Munde einer alten Frau (bisher allein) bekommen konnte, scheint ursprünglich
ausländisch zu sein, hat sich aber wie mit der Sitte so auch mit der Sprache
unsers Volkes und seinem Witze manigfach zersetzt. — Die Aufführung bringt
es mit sich, daß der Singende dem Andern am Ende der Strophe mit einem
Holzsäcker einen laut klatschenden Schlag gibt."
⁵ Schmeller III (1836), 248. Oberbairische Zurüstung des alten Streitliedes
bei Panzer, Bairische Sagen und Bräuche I, 253 ff. Ähnliches in der Uker-
mark an Weihnachten, Kuhn und Schwartz, Norddeutsche Sagen 403 f. Kuhn
in der Zeitschrift für deutsches Alterthum V, 478. Aus Göpfritz in der Wild
(Nieder-Österreich), am Faschingsdienstage, bei Th. Vernaleken, Mythen und
Bräuche des Volkes in Österreich. Wien 1859, S. 297.
⁶ Hans Sachs, Gedichte Bd. I, Nürnberg 1558, Bl. 419 ff. Ein besondrer Druck des Gesprächs Nürnberg 1553 ist angemerkt bei Göbeke, Grundriß
347. In der Sammlung (I, 421) folgt ein andres, erzählendes Gedicht von
1539: „Der Krieg mit dem Winter." Dieser nimmt feindlich mit Heeresmacht
das Land ein, das Volk schreibt um Beistand „zum Glentzen" (Lenze), der den
Maien zu Hilfe bringt, worauf der Winter entfliehen muß.
⁶ᵃ [Heidelberger Handschrift 392, Bl. 49. Das Lied ist abgedruckt Germania V, 284—86. Pf.]
⁷ Pergament-Handschrift im Haag Nr. 721, Bl. 14 f.: Vanden zomer
und vanden winter. Herr Julius Zacher, der von dieser Handschrift in der
Zeitschrift für deutsches Alterthum 1, 227 ff. ausführliche Nachricht gegeben,
findet wahrscheinlich, daß sie aus dem Ende des 14ten Jahrhunderts komme.
Er hat mir seine Abschrift derselben gefällig mitgetheilt. Die Sprachmischung
hat auch sonst auf die Beschaffenheit der Texte nachtheilig eingewirkt. Das angeführte Lied ist in neunzeiligen Gesätzen verfaßt, deren es anscheinend 14 sind,
allein das dritte besteht aus Stücken zweier Strophen und es hat dazwischen ein
Ausfall stattgefunden. Anfang des Liedes: Der zomer spricht: ich moez cla-
gen u. s. w. Als Probe von Stil und Sprache folgt hier Strophe 10, eine
der leidlich erhaltenen:

    Der zomer bracht in den houe zin
    Bedauwet menich bluemelin
    Die gnuen so wonnenclichen schin
    Das ze verlichten die werolt al
    Ontslossen wart der zalden scrin
    Da in so sach ich rosen sin
    Wür ich (l. vurich) blenchen zum ein robin
    Van vruden zanc der nachtegal
    Da hoert man menigen rijchen scal.

Der Strophenbau weist auf französische Nachbarschaft.
⁸ Ein Gegensatz, der auch dem Minnesange nicht fremd ist; so bei Walther
117, 36—118, 8 [= Nr. 58. Pf.] (vergl. XVII, 7 ff.), hinneigend zu den
Wettstreiten.

⁹ Een abel spel van den winter ende van den somer, in 625 Reimzeilen, bei H. Hoffmann, Horæ belg. VI, 125 ff. Die Abfassung des Stücks setzt der Herausgeber (Einleitung XLV) in die zweite Hälfte des 14ten Jahrhunderts. Die oben bemerkten Formeln lauten:

З. 268. als men den somer can ghewinnen.
З. 101. ic ben here ende ghi sijt cnecht.
(Zu letzterer vergl. 1. Sam. 17, 9.)

¹⁰ De l'Yver et de l'Esté, aus einer Handschrift der Harlei. Bibliothek bei A. Jubinal, Nouveau recueil de contes, dits etc. T. II, Paris 1842 S. 40 ff. Anfang:

   Un gran estrif oy l'autrer
   entre Esté et sire Yver,
   ly quieux avereit la seignourie u. s. w.

Schluß: Seigneur e dames, ore emparlez,
   que nos paroles oy avez
   apertement;
   e vus, puceles, que tant amez,
   je vus requer que vus rendez
   le jugement.

¹¹ Poésies des XV. et XVI. siècles, publ. d'après des édit. goth. et des manuscr. Paris 1830—32. Nr. 3: Le debat de l'iuer et de leste. u. s. w. Daraus Strophe 11, Este:

   Juer quanque tu dis ne vault ung fil de laine
   joy le doulx rossignol chanter a grant alaine
   depriant a chascun que daymer il se pene
   lors tenir ne sen peult ne franche ne villaine.

Strophe 15, Yuer:

   Este en ce bon temps jay de grans assemblees
   jay bourgois et marchans a grans robes fourrees
   houzes et bons manteaus et les chesne dorees
   pour moy font beau grant feu et fumer cheminees.

¹² Neugart, Cod. dipl. Alem. 31. Nr. 373: cum Willihelmo eiusque filiis Vvintare et Sumare u. s. w. Sumar für sich allein in Urkunden von 814, 819, 835, 845 u. s. w., ebendaselbst Nr. 180, 203, 264, 309 u. s. w. Mone, Anzeiger V, 105. Myth. 719. Förstemann, Altdeutsches Namenbuch I, 1126. 1324 f.

¹³ Die Ausgaben des Gedichts, unter den verschiedenen Namen, find bemerkt in der Deutschen Mythologie 640 und in den Hor. belg. VI, 238; vorangeschickt ist an letzterem Orte das lateinische Gedicht selbst mit Lesarten, als Quelle des niederländischen Spiels. — Vergl. auch W. Mannhardt, „der kukuk," Zeitschrift für deutsche Mythologie III, 209 ff.

¹⁴ V. 34—39:
>Ver. Quis tibi, tarda Hiems, semper dormire parata,
>divitias cumulat, gazas vel congregat ullas,
>si Ver aut Aestas tibi nulla vel ante laborat?
>Hiems. Vera refers, illi, quoniam mihi multa laborant,
>sunt etiam servi nostra ditione subacti,
>jam mihi servantes domino quaecunque laborant.

¹⁵ V. 6: Ver — succinctus. V. 45: Hiems, rerum tu prodigus; in anbern Stellen schwankend.

¹⁶ Cod. Exon. 146, 27: geacas gear budon. Myth. 640 f. Angelsächsischer Ortsname: Cucolanstán (Leo, Rectitud. 12).

¹⁷ Cod. Exon. 309, 6 ff.:
>svylce geac monad geomran reorde
>singed sumeres veard sorge beoded
>bitter in breost-hord.

¹⁸ Ritson, Ancient songs and ballads, London 1829, I, 11 f.:
>Sumer is icumen in, lhude sing cuccu u. s. w.

¹⁹ Popular rhymes etc. of Scotland, Edinburg 1842, S. 42:
>The cuckoo's a fine bird, he sings as he flies;
>he brings us good tidings, he tells us no lies.
>He sucks little birds' eggs to make his voice clear;
>and when he sings „cuckoo!" the summer is near.

Ein Kinderreim aus Schottland (ebendaselbst):
>The bat, the bee, the butterflie, the cuckoo and the swallow,
>the corncrack and the nightingale they a' sleep in the hallow.

Entsprechend dem Vers 14 der Ekloge:
>non veniat cuculus, nigris sed dormiat antris.

²⁰ Das Stück „Summers last will and testament" steht, nach einem Drucke von 1600, in den Old Plays, Vol. IX, London 1825. Anfang des Frühlingsliedes, S. 20: (Enter Ver, with his train, overlaid with suits of green moss, representing short grass, singing.)
>Spring, the sweet spring, is the year's pleasant king,
>then blooms each thing, then maids dance in ring,
>cold doth not sting, the pretty birds do sing:
>cuckow, jug jug, pu we, to witta wo.

Schluß:
>in every street these tunes our ears do greet:
>cuckow, jug jug, pu we, to witta woo.
>Spring, the sweet spring.

²¹ Love's labour's lost 5, 2: This side is Hiems, winter, this Ver the spring, the one maintain'd by the owl, the other by the cuckoo. Der Eulensang lautet: to-who, tu-whit, to-who.

²² Bei Raßh bringt der Frühling auch the hobby horse and the morris dance, altes Zugehör der Maispiele, auf die Bühne und es werden mitunter wirkliche Volkslieder angeklungen, namentlich ein Erntelied S. 41 ff.

²³ „De morte Cuculi," Drucke davon sind wieder angemerkt: Mythologie 640. Hor. belg. VI, 238.

²⁴ Vergl. lateinisches Gedicht Vers 5 f.:

 M. Heu Cuculus nobis fuerat cantare suetus,
  quae te nunc rapuit hora nefanda tuis?

V. 9 ff.: M. Omne genus hominum Cuculum complangat ubique!
  perditus est Cuculus, heu perit ecce meus.
 D. Non pereat Cuculus, veniet sub tempore veris
  et nobis veniens carmina laeta ciet.
 M. Quis scit, si veniat? timeo est submersus in undis,
  vorticibus raptus atque necatus aquis.

²⁵ Sandys, Christmas carols, London 1833, Introd. Vgl. Ritson, Anc. songs u. f. w. I, 131. Jamieson, Popul. ballads and songs II, 273 (Sandys 46): each room with ivy leaves is drest and every post with holly. 279.

²⁶ „A song on the Ivy and the Holly" bei Sandys 1 ff. und bei Ritson a. a. O. Kehrreim:

 Nay iuy nay hyt shal not be i wys
 let holy bafe the maystry as the maner ys.

Ein Lied dieser Art ist, was bei Raßh a. a. O. S. 68 a merry carrol heißt.

²⁷ Doch prangt der Papagei auch anderwärts, im 15ten Jahrhundert, bei Volkslustbarkeiten und zwar auf der Schützenstange; zu Aalborg: Papagoiengilde (Wilda, Gildenwesen S. 284 f.), zu Stralsund: vnder dem papegoyenbohme (Berckmanns Stralsunder Chronik, herausgegeben von Mohnike und Zober, S. 196. 389).

²⁸ Sie stehen in: Songs and Carols, now first printed from a Mscr. of the 15 Cent. Edit. by Th. Wright, London 1847. (Percy Soc. Vol. XXIII.) S. 44. 84 f.

²⁹ Zu Felber f. Schmeller I, 525 f. 3, 662. Graff III, 518. Felbinger scheint dem Rhythmus zu Gefallen in Strophe 1 gekommen zu sein.

³⁰ Volkslied Nr. 9 A. Strophe 12: das spil hastu gewonnen albie vor allen frommen. — Man vergleiche noch folgende Stellen, ebendaselbst Strophe 1:

 Nun wend ir hören uüwe mär
 vom Buchsbom und dem Felbinger?
 si zugen mit einandren her
 und kriegtent mit einandren.

Wright S. 44: Holvyr and Heyvy mad a gret party,
 Ho xuld have the maystri (f. Anm. 10).
 In londes qwer thei goo.

Volkslied Nr. 8. Strophe 30:
O lieber Somer, beut mir dein hand,
wir wöllen ziehen in fremde land!
³¹ Die verwandten Gedichte vom Turnier des Maien mit dem Herbste (Müllers Sammlung III, Fragmente und kleine Gedichte S. XXIX f.; P. von der Aelst, 1602, S. 49 ff.) bleiben einem andern Abschnitt vorbehalten.
³² Jabel 380: Χειμὼν καὶ Ἔαρ. Mythologie 741.
³³ Klettes Märchensaal, Bd. III, Berlin 1845, S. 373 f.
³⁴ Obras de Gil Vicente u. s. w. Hamburg 1834; I, 76 ff.: Auto dos quatro tempos. II, 446 ff.: Triumpho do Inverno. — Über die Beziehung dieses Dichters zur Volkspoesie vergleiche Ferdinand Wolf in der Allgemeinen Encyklopädie, Section I, Theil 67, S. 333, 29).
³⁵ Vafþr. Strophe 26 f. Sn. Edd. Arn. I, 82. 332; hier auch aus einem Staldensange: mög Vindsvals (ein andrer Name des Wintervaters ist Vindlóni, I, 82). Im deutschen Volksliede (Nr. 8, Str. 10) sagt der Winter: "So kom ich auß dem gebirg so geschwind und bring mit mir den külen wind." Mythologie 718 f.
³⁶ Fiölsv. 6. Harb. 8 f. Vegt. 5 f. Vafþr. 7 f. Alv. 5 f. Helgakv. Hiörv. 14—17; so auch im alten Hildebrandsliede.
³⁷ Sn. Edd. 1, 332. Fornald. S. I, 477. I. Olafsen, Om Nordens gamle Digtekonst, Kiöbenh. 1786, S. 100. Mythologie 715. Sv. Egilss. 57ᵇ. 628ᵃ. — Der Schlangen und andres Geziefers, das der Sommer hegt, der Winter vertilgt, verjagt, gefangen nimmt, ist auch im altfranzösischen Gespräch und bei Hans Sachs gedacht.
³⁸ Vafþr. Strophe 27 (Munch 24, vergl. 190ᵃ): ár of bædi þau skolu ey fara unz riúfask regin. Hor. belg. 6, 144; nemmermeer dat stille en steet; het moet winter of somer sijn etc. dit en sal vergaen nemmerme, so langhe als de werelt sal duren sal elk werken na sijn nature.
³⁹ Sn. Edd. I, 550. 2, 553ᵇ f. 651ᵃ.
⁴⁰ Vergl. meine Sagenforschungen I, 33 ff. 15 ff. — Den Übergang vom Begriffsworte zum Eigennamen zeigt Vafþr. Strophe 26 und 27, in der Frage sind vetr und varmt sumar noch unpersönlich, in der Antwort Vetr und Sumar entschieden persönlich genommen.
⁴¹ Niederländisches Spiel B. 268 ff.; als men den somer chan ghewinnen, ende die bloemken staen ende springhen ende die voghelkin lude singhen u. s. w. Vergl. Carm. Bur. 211: den sumer gruzen; die sumerzit enpfähen.
⁴² MS. (= Minnesänger) III, 202 f. der viol; III, 298.
⁴³ Buch 4, Nürnberg 1578, Thl. III, Bl. 49: Der Neydhart mit dem Feyhel; vom Jahr 1562.
⁴⁴ Die heilige Walburg selbst und die Apostel Philippus und Jacobus, denen der gleiche Tag gewidmet ist, sollen die Ausschmückung des Festes mit Maienzweigen veranlaßt haben. Prätorius, Rübenzahl, 1672, S. 505 f.

⁴⁵ Auguſt Stöber, Elſäßiſches Volksbüchlein, Straßburg 1842, S. 56: Maiereesele kehr di dreimol erum u. ſ. w. Kehrzeile: so fahre mir u. ſ. w. — Ähnliches in der Provence, Coutumes, mythes et traditions des provinces de France par Alfred de Nore, Paris 1846, S. 17 f.: Dans toute la Provence le 1ᵉʳ mai, on choisit de jolies petites filles qu'on habille de blanc, et que l'on pare d'une couronne et de guirlandes de roses. On l'appelle la mayo etc. on lui élève dans les rues une sorte d'estrade jonchée de fleurs, ou bien on la promène par la ville. Les mayos sont toujours en grand nombre dans chaque localité, et ses compagnes ne manquent pas de réclamer une offrande à tout passant. In Flandern blühte noch im 17ten Jahrhundert die Pfingſtblume (pinxterbloem), ein ſehr junges, weißgekleidetes Mädchen, das, mit Blumen und Bändern geſchmückt, um Pfingſten die Straße hin geiſtliche Lieder ſang und ſo Almoſen ſammelte (Willems, Oude vlaemsche Liederen, inleid VIII).

⁴⁶ Zuſammengeſtellt in der Mythologie 735 ff.

⁴⁷ Hist. Olai Magni ꝛc. de gentium septentr. variis condit. Basil. 1567, p. 570: De ritu fugandae hyemis, et receptione aestatis. Die Zuſchrift des Verfaſſers iſt von 1555.

⁴⁸ Thiele, Danske Folkesagn I, Kjöbenh. 1819, S. 155 f. Refrain des geiſtlichen Liedes: Male, er velkommen ꝛc. alt saa vidt som Verden er springer i Rosens Blommer. Vergl. S. 200, nach dem Titelblatte dieſes Lieds: at bruges i Steden for den gamle letfärdige Mai-Maanedsvise ꝛc. sjunges som: Husbonde, om du hjemme est; Maie vär velkommen. Willkommruſe deutſcher Lieder ſ. Mythologie 722.

⁴⁹ Gaſtrow I, 63: Ich wurt ein Student zum Gripswalde; war Herrn Bartram Smiterlowen, wie er als ein junger Rathmann in die Mai ritt, sein Schiltjunge. furte ime den kranz vor. I, 65: Primo Maij dieses 28. Jars, war es an Herr Bartram Smiterlowen, das er mit seinem rathmanskranze in den Mei reiten sollte, und ich ime den kranz vorfuren moeste; riett disser Burgermeister (Vicke Bole), ime, Smiterlowen, zun ehren, oder vielmehr ime selbst zum grossen ansehen midt knechten und gaulen I, in warheit zum geprenge woll staffieret, neben dem Meigräven ꝛc. Als man nun in die stadt kam, dem Meigraven den kranz (wie gebrauchlich) vorbracht ꝛc.

⁵⁰ Den Nachweiſen bei Grimm a. a. O. können die aus Stralſund beigefügt werden. J. Berckmanns Stralſunder Chronik, herausgegeben von Mohnike und Zober, Stralſund 1833, S. 211: Anno eodem (1474) brachte Krassow ꝛc. den meienkranß und scholde riden in dat melen ꝛc. S. 215: Anno eodem (1502) do waß Laurentz van Rethen meigräve. Vergl. ebendaſelbſt S. 388. Die Stralſunder Memorialbücher Joachim Lindemanns und Gerhard Hannemanns, herausgegeben von Zober, Stralſund 1843, zum Jahr 1564: Up hillige lichammes dach koren se up dat nie einen meigreven uth, togen uth ein borgermeister sampt 4 radtmanen,

ungeferlich twe hundert manne mit harnisch gerustet tho perden, und wurdt wedder up dat nie gekaren Marten Swarte, eines radtmannes sone. (Vergl. nun insbesondre: Eduard Pabst, die Volksfeste des Maigrafen in Norddeutschland, Preußen, Livland, Dänemark und Schweden. Berlin 1865. 4. Pf.]

⁵¹ Lai d'Ignaurès etc. publ. par L. J. N. Monmerqué et Fr. Michel, Paris 1832, S. 6:

> si tos con entrés estoit mais
> à l'ajornée se levoit
> .V. jougleres od lui menoit,
> flahutieles et calimiaus,
> au bos s'en aloit li dansiaus,
> le mai aportoit à grant bruit ꝛc.
> femmes l'apielent lousignol.

⁵² Hagens Österreichische Chronik (Pez, Scriptor. rer. austr. I, 1134): In der zeit hiez der mild chunig vill herrn gen Baden berüefen und wolt daselbst ain hoff haben, den man nennet ain maienvart, nach alter gewonhait an dem ersten tag des maien. Thom. Ebendorfferi de Häselbach Chron. austr. (Pez II, 776): Et dum prima Maii iuxta terrarum morem quædam solatia fiunt ibi consueta u. s. w. Ottokars Österreichische Chronik, Capitel 798 (Pez III, 807 f.):

> nu was zeit daz man solt ezzen und was nahen gesezzen
> daz gesind überal, der künig zu dem mal
> sazt tugentleich den von Mainz zu sich,
> und die weil er wazzer nam ain junkherr kam,
> der trueg an dem zil gruener schapel vil
> von salvei und rauten: „herr künig, enphacht den trauten
> Maien, liecht unde glanz· und setzt auf ainen kranz!"
> „entrawen daz sol sein." der künig nam dew schapelein
> waz ir der knab het und gie sa zu stet
> nach dem tisch hin zu tal die herrn (gruezt er) überal,
> der lie er dehain(en) grozen noch klain(en)
> er muest sich lan gezemen ain schapel ze nemen,
> und do er kam fürpaz da sein veter saz
> auz den schapeln er las, daz schœnst daz darunder was
> sazt er im auf tugentleich; an seinem herzen grewleich
> grimmig er gepar, man mocht wol nemen war
> daz dem wolf unguet übels was ze muet.

⁵³ Alberti Argent. Chron. Urstis. German. historic. P. II, p. 114: Prandentibus autem illis cum rege ejusque filiis, rex cuilibet filiorum et Joanni duci unum crinile rosarum posuit super caput. Dux autem ilens suum crinile posuit super mensam, ipseque et sui consortes prænominati comedere noluerunt in mensa.

⁵⁴ Joh. Victoriens. cap. 10, anno 1308 (Böhmer, Fontes rer. germ. I,

355 sq.): Erat autem vernum tempus in kal. mail etc. in die apostolorum Philippi et Jacobi, cunctis terre germinibus virescentibus. Rexque dum ad mensam consisterent singulis serta posuit, super omnes iocunditatem et exsultationem thesaurizare gestiebat. Johannes autem dux, dum rex eum alloqueretur, ut operam daret letitie, respondit: „O domine, dudum tutor fuistis mei pupillatus; nunc elapsa infantia ramos apprehendi floride iuventutis. Non sertis puerilibus michi estimo meum dominium restauratum, sed sicut vos crebrius sum hortatus, adhuc supplex postulo, michi mea restitui; ut et ego nomen et actum principis valeam exercere etc. Anders wieder der viel spätere H. Bullinger in seiner handschriftlichen Zürcher Chronik von 1572, lib. 7, cap. 7 (Abschrift von 1635 auf der Stuttgarter Bibliothek Bl. 199ᵃ). Hiernach hatte Hans mehrmals sein väterliches Erbe vom Oheim gefordert, damit er sich vielleicht auch mit einer Fürstin vermählen könnte: uff ein zit, als si mit ein anderen im wäld spazieren rütend und herzog Hans abermahlen sin anforderung thet, reit der könig zu einem baum, brach ein ast ab, macht daruß ein kranz und sast den dem jungen fürsten uff sin haupt, und sagt: „das soll dich noch baß freüwen, dan land und lüt zu regieren oder zu wiben." In mäßiger Ferne der Zeit und des Ortes hat in einer Constanzer Chronik (vergl. Germania V, 286) das Geschichtgültige sich abgelöst und ist selbst für König Albrechts Namen der seines erst 1326 verstorbenen Sohnes Leopold eingetreten, während der sinnbildliche Kranz unter allen Wandlungen fortgrünt. Geschichtforschend untersucht hat die Ursache des Königsmords Remigius Meyer in den Beiträgen zur vaterländischen Geschichte, herausgegeben von der historischen Gesellschaft zu Basel, 4ter Bd. (Basel 1850), S. 173 ff. Vergl. Stälin, Wirtembergische Geschichte 3, 117.

⁵⁵ H. Bullinger a. a. O., lib. 7, cap. 10 (Bl. 203ᵇ): und ist ein alte sag, daß nachdem etlich der selbigen gericht worden, die königin, die auch zum gericht khommen und in sorgen was, daß man etwan die gefangenen ledig ließ, in das blüt gangen und gesprochen habe: „ietzund baden ich in dem meijenthauw, diewil ich gahn in dem blüt der mörderen, die mir minen frommen herrn ermördt haben." Bullinger fügt bei: und so dise that wie man sagt beschechen ist, so müß es beschechen sin eintweders von der königin Angnesen uß Hungeren etc. von deren auch die sag ist, daß si fast ruch und grimig in der raach ires vaters tod gewäsen sige, oder aber eß müß beschächen sin von der königin Elsbethen der witwen Alberti sälber. Vergl. Iselin zu Tschudi Chron. helvet. II, 295, Anmerkung a; gegen jeden Bezug auf die Königin Agnes, welche damals noch gar nicht in dieser Gegend gewesen, Kopp, Urkunden I, 84 und Aebi, Programm der aargauischen Cantonsschule 1841, S. 11 f. — Lied vom bairischen Krieg (Handschrift Valentin Holls Bl. 128): Die Teutschen wurden wolgemut, si giengen in der ketzer plut, als wers ain mayentawe. Ähnlich ist das Rosenbad bei St. Jacob 1444, Stumpff II, 382ᵇ. Tschudi II, 425. Schweiz. Heldenb. 102.

⁵⁶ Reimchronik von der Soester Fehde bei Emminghaus, Memorabilia Susatensia, Jenae 1749, p. 660:
>Up Walburgis tho der selften tith
als men in den meien plach tho riden mit flith
na alter zede und gewonte sunder wan,
des wolden dei van Soest nicht achterlan,
wowol sei ere viande mosten vrochten
dannocht sochten se darane ere genochten;
der viande anlop was gestilt tom del
in dem mande des meiges gar heil,
derhalben sint del borger ungelogen
uther stadt mit groter gewalt getogen;
als sei nu quemen in den Arnsberger walt,
hebben sei ere spitzen ordinert gar balt ꝛc.
p. 663: mit frede und freude quemen sei tho hus
under deme gronen megge ser krus.

⁵⁷ Reibhart 3, 22 ff.: Der meie der ist riche: er füeret sicherliche den walt an siner hende. der ist nû niuwes loubes vol; der winter hât ein ende. Vergl. Strophe 6 desselben Liedes: Ez gruonet an den esten das alles möhten bresten die boume zuo der erden ꝛc.

⁵⁸ Ein kurtzweilige Lobrede von wegen des Meyen ꝛc. durch Casparum Scheidt von Wormbs (1551), D ᵇ, zur Erklärung des Monatnamens Mey: oder daß in solchem monat die Bäum mit Meyen behengt, grünen und blüben, und von dem frölichen volck auß den grünen Büschen abgehawen und zu einer zier und güten geruch heim getragen, und durch die Gemach und Sommerheuser inn wasser gestellt werden.

⁵⁹ Vergl. Rechtsalterth. 514. Freidank (42, 27 f. vergl. S. 212): dem richen walde lützel schadet ob sich ein man mit holze ladet. Titurel (Hahn) Strophe 2384: ein loubin huol gebunden ist niht grózer schade in einem forste den der meie sunder rifen grüenet. Dagegen sollte nach dem bairischen Codex Maximil. civ. (Schmeller II, 533 f. vergl. 510) „dem zwar uralt- aber zu nicht als zum bloßen Burger- und Bauernluft dienenden Gebrauch des Maybaumschlags Einhalt gethan werden."

⁶⁰ Antwerpener Liederbuch von 1544, Nr. 35: het voer een boerman wt meyen, hi brocht sinen heere een voeder bouts, sijnder vrouwen den coelen mey. Das unfeine Lied beginnt: Een boerman hadde eenen dommen sin ꝛc. und gieng auch in Deutschland um.

⁶¹ Mythologie 737. Vergl. Seifart, Sagen u. f. w. aus Stadt und Stift Hildesheim, Göttingen 1854, S. 127 ff. 203.

⁶² Falkenstein, Historie von Erffurth, Erfurt 1739 f. I, 184 ff. Vergl. Reimann, Deutsche Volksfeste, Weimar 1839, S. 898 ff., nach andrer Quelle. Von dem erstangeführten Walperliede sind nur jene zwei Anfangszeilen vorhanden; das angeblich bei Einnahme des Schlosses gemachte lautet nach Falken-

stein: „Eichen ohne Gerten, wir kamen vor ein Thälelein, Thälelein, rote Rosenbletterlein, steht still, steht still, auf dieser Statt wollen wir aber singen, gebt was ihr habt, Prügel her!" Er fügt bei: „Das singen die Jungen noch jetzt aufm S. Johannis-Abend." Es sind wieder Reime zur Einsammlung kleiner Maigaben. — Über das Geschichtliche der Burgenbrechung s. Hahn, Reichshist. V, 134 Anmerkung c und d. Böhmer, Reg. von 1246—1313, zum 12. März 1290.

⁶³ Neidhart 18, 4: Schôn als ein golt gruonet der hagen ꝛc. 9: der meie ist in diu lant.

⁶⁴ Die Mythen von Thrym und Thiassi sind aus den Quellen dargelegt und erläutert in den Sagenforschungen I, 95 ff. 114 ff. Der Fabel von Thiassi entspricht die griechische: wie der geflügelte Boreas die Göttin Chloris (χλωρίς, virens) auf das Schneegebirg entführt, Cleanthes L. 1 de motibus. Ἄλλός π' ὁ κὺρ Βορεάς beisammen im neugriechischen Liede bei Fauriel, Chants populaires de la Grèce moderne T. II, Paris 1825, p. 432.

⁶⁵ Deutsche Mythologie 599 ff. 1220.

⁶⁶ Vafþr. m. 36 ¹. (Sæm. Edd. 35.) Sn. Edd. 22, hier: nordanverdhum himins enda.

⁶⁷ Schröter, Finnische Runen, Upsala 1819, S. 58 ff. (Stuttgart 1834, S. 72): Der Adler (kokko). Vergl. Kalevala, öfvers. af M. A. Castrén, Helsingfors 1841, II, 106 f.

⁶⁸ Sagenforschung I, 117. Fornald. Sög. I, 264: „flaugörn of ná daudan.

⁶⁹ Sn. Edd. 182: „Avrn beitir svá: ꝛc. eggdir." Biörn, Lex. Island. I, 171: „Egdir, m. aquila mas." „Egda f. aquila foemina." 18: „Agdi, m. vir nobilis, pr. aquilinus." Die Wurzel erscheint als dieselbe wie in aquila, aquilo. Vergl. lettisch: okka, auka, Sturm, Deutsche Mythologie 603.

⁷⁰ Vspá 34 (Sæm. Edd. 6): „sló börpu etc. gladr Egdir." Vergl. ebendaselbst 50 (Sæm. Edd. 8): „ari hlackar, slltr nái neffölr;" Letzteres dem Hräsvelg entsprechend.

⁷¹ Saxo V, 92. 59: „Quem (Arngrimum) Ericus hortari coepit, ut aliquo praeclari operis merito Frothonis sibi favorem asciceret pugnaretque adversum Eghterum regem Biarmiae et Thengillum regem Finnimarchiae etc. Deinde Egtherum Biarmiae ducem duello provocatum devicit etc." VII, 124: „At quoniam Haldano fors inopinas pugnae causas porrigere consuevit, quasi nunquam virium ejus experimentis contenta, accedit ut Egtherus Finnensis piratico Sveones molestaret incursu. Quem Haldanus ternis adortus navigiis (nam et ei totidem esse compererat) cum nocte praelium finiente debellare non posset, postera die ex provocatione secum decernentem oppressit. Daß man hier mit Dichtersprache zu thun habe, zeigt jener Thengillus rex Finnimarchiae, þengill ist ein Skaldenausdruck für König (Sn. Edd. 191) und so kommt einfach ein Finna-

þengill (vergl. Fornald. S. II, 9: manna-þengill), Finnenkönig, heraus, vielleicht nur Bezeichnung des zuerst genannten Egther, in der zweiten Stelle: Egtherus Finnicus. Vergl. noch Fornald. S. II, 10: „Skj li, fadir Egdia" etc.

72 Fornald. S. II, 5: „Thrymr átti Agdir; hans son var Agdi ok Agnarr, fadir Ketils Thryms, er bû átti î Thrumu." Die Namen der Landschaft Agdir und der Insel Thruma werden hier mit Thrymr und Agdi in Beziehung gebracht.

73 Haralds Hardráda Saga c. 101 (Fornm. S. VI, 360 f.): „Madrinn mælti: sard (vergl. Schmeller III, 284) hann ydr þá eigi Agdi? Halli svarar: eigi enna. Madrinn mælti: var þó nökkut til ráds um? Já, herra! segir Halli, beid hann at betri manna, þvíat hann vænti þín þángat 1 kveld. Var sá madr Haraldr konûngr, er ordum skipti vid Halla." Zu Agdanes vergl. das angelsächsische Earna næs, J. Grimm, Andreas und Elene XXVII.

74 Saga af Thorsteini Bæarmagni (Fornm. S. III, 175 ff., auch in Biörner's Nord kämpa dater), deren Abfassung Müller Sagabibl. 3, 251 bis vielleicht in das 15te Jahrhundert herabsetzt, verwandt ist Thåttr Helga Thôrissonar (Fornm. S. III, 135 ff. und bei Biörner); übrigens gehört in dieselbe Classe schon Saxos Erzählung von der Fahrt Thórkels (Thorkillus) nach den Wohnstätten Geirröds (Geruthus) und Utgardhalotis (Ugarthilocus). Hauptstellen der Thórsteinssaga über Agdhi S. 184: „ok iarl sá hit honum, er Agdi hét, hann réd fyrir þvi héradi, er Grundir heita, þat er á millum Risalands ok Jötunheima, hann hafdi adsetu at Gnipalundi, hann var fölkunnigr ok menn hans voru tröllum líkari enn mönnum." S. 189: „var hann blár sem Hel" ıc., „ok lagdi svá fast krummurnar at sídum hans, at all gekk nidr at beini." S. 194: „nu sér Thorsteinn hvar Agdi iarl fer í allmiklum iötunmód" ıc., „ok bliop til skógar sem hann væri galinn" ıc. S. 195: „sídan gengu þan á skógi nn, ok sáu hvar Agdi fór, hann greniadi miög" ıc. S. 196: „ok hina fyrstu nótt ıc. Þá brast upp Hilsöl at höfdum Thorsteins, ok var þar kominn Agdi iarl, ok ætladi at drepa hann" ıc. S. 197: „þvíat Agdi iarl hafdi gengit aptr ok eytt beinn." Über Jötull und Frosti s. Sagenforschungen I, 30 ff., zu Gunſtr Lex. isl. I, 315: „gustr, m. aura frigida." Sn. Edd. 181: „vedr heitir oc gustr."

75 [Vgl. Grimm, D. Mythologie. Anhang S. CXXXI f. Pf.]

2. Fabellieder.

Ein reiches Gebiet ältester Naturanschauung lassen diejenigen Dichtungen durchblicken, welche die Thierwelt zum Gegenstande haben. Die **Thierfabel** hat sich das Mittelalter entlang in lateinischen, französischen, hoch- und niederdeutschen Gedichten größeren Umfangs zu einem Epos ausgearbeitet, dem sich auch die einzelnen kleineren Erzählungen rhapsodisch anschließen. Als Heimat dieses umfassenden Fabellreises erweisen sich die romanisch-deutschen Grenzlande Nordfrankreich und Flandern. Was niederländisch oder deutsch abgefaßt ist, kommt zwar unmittelbar oder mittelbar aus altfranzösischer Quelle; dagegen ist der germanische Ursprung des Ganzen schon durch die Namen der zwei Haupthelden **Reginhart** und **Isengrim** unauslöschlich verkundet. Wurzel des weitastigen Gewächses aber ist die sinnenscharfe, mitfühlende und ahnungsvolle Beobachtung der Thierwelt durch Menschen, die im gemeinsamen Waldleben ihr noch täglich nahe standen.[1] Während nun das Epos, seiner Art gemäß, die Thiere auf dem festen Boden ausgeführter Handlung und strenger Charakteristik darstellt, hat das Volkslied mehr noch die ursprüngliche Gefühlsstimmung bewahrt und, wo es dieselbe weiter entwickelt, seine luftigern Wege theils in das Märchenhafte, theils in die sinnbildliche Vergeistigung genommen.

Im tiefen Urwald trifft man bei mehreren Volksstämmen auf eine mythische Gestalt, den **Thiermann**, Herrn und Pfleger der Waldthiere. Die finnische Götterlehre hat ihren Tapio, den persönlichen Wald, der, nebst seiner Gemahlin, der Waldmutter, von den Jägern angerufen wird, daß er seine Thiere springen lasse und, wenn sie nicht herbei wollen, an den Ohren auf den Waldweg hebe oder aus der fernen Lappmark herabgeißle.[2] In dem dänischen Liede von Bonved erscheint der Thiermann (dyre karl), den Eber auf dem Rücken und den Bären im Arme, auf jedem Finger seiner Hand spielen Hase und Hindin;

Vonved verlangt von ihm Theilung der Thiere und kämpft mit ihm darum.³ Dem nördlichen Frankreich war der große Wald von Brecheliande in der Bretagne ein Inbegriff von Wundern; dort finden, nach dem Gedichte von Jwein, die abenteuernden Ritter mitten unter furchtbar kämpfenden Thieren aller Art, Wisenden und Uren, einen riesenhaften Waldmann von grausiger Gestalt, mit Eulenaugen, Wolfrachen, Eberzähnen, selbst ein Abbild und Inbegriff seines wilden Reichs; mit frischabgezogenen Stierhäuten bekleidet und auf eine große, eiserne Keule sich stützend, sitzt er auf einem Baumstrunke; sein Amt ist, der wilden Thiere zu pflegen, die ihm als ihrem Herrn und Meister bebend gehorchen; er weist die Irrefahrenden zurecht und als er vor dem Gewitter warnt, das von dem ausgegossenen Wasser des Wunderbrunnens ausbrechen würde, denkt er zuerst daran, daß vor diesem Ungestüm weder Wild noch Vögel im Walde verbleiben können.⁴ Ein deutsches Gedicht, dessen Stil auf das 12te Jahrhundert weist, König Orendel von Trier, beschreibt das goldne Gußwerk in der Helmkrone eines Riesen: eine Linde voll Vögelein, unter der ein Löwe und ein Drache, ein Bär und ein Eberschwein gestreckt liegen, dabei steht der „wilde Mann." ⁵

Der Erzähler in einem Gedichte des 15ten Jahrhunderts kommt auf nächtlicher Wanderung in ein Gebirgsthal, wo die Thiere überall laufen, sich der Maienzeit freuend, und er bei Mondschein den gewaltigen Streit eines wilden Mannes mit einem großen Eberschwein ansieht; jener zieht eine junge Tanne aus und läuft damit das Wildschwein an, das sich zur Wehre setzt, sie fechten wie ein großes Heer, bis zuletzt der Mann dem Eber obliegt⁶, wie auch der Waldmann im Jwein seine Thiere mit der Eisenkeule in Zucht halten muß. Im Ringe, gleichfalls aus dem 15ten Jahrhundert, kommt ein wilder Mann auf einem großen Hirsch in die Schlacht geritten, schlägt mit seinem ungethanen Eisenkolben Mann und Weib nieder, wirft sie in seinen Schlund oder beißt sie mit seinen langen und scharfen Zähnen todt, wie auch der Hirsch mit seinen Hörnern drauf- und dreinsticht.⁷ Milder und mehr zauberartig gestaltet sich die Waldherrschaft im Leben Merlins des Wilden, der sich weltmüde in die dichtesten Wälder versenkt hat, dort mit dem Wilde lebt und, auf einem Hirsche reitend, eine Herde von Hirschen und Rehen vor sich hertreibt.⁸

In Dietrichs Drachenkämpfen, freilich einem der spätesten Stücke des deutschen Heldenkreises, wird erzählt, wie der Berner im Walde von Tirol ein wildes Schwein mit dem Schwerte gefällt hat und sein Horn erschallen läßt, worauf ein ungefüger Riese gelaufen kömmt und ihm die Beute abkämpfen will; die Mißgestalt des Riesen vergleicht sich jener des Waldmanns im Iwein, auch er führt einen mit Nägeln beschlagenen Kolben, trägt einen Waffenrock von Bärenhäuten, den er sich selber „gebaut," alles Wild im Walde und dieser selbst ist sein; es erhebt sich ein gewaltiger Kampf, vor dem die Waldthiere fliehen, der Riese wird von Dietrich bezwungen, muß mit ihm gehen und ihm das Wildschwein tragen.⁹ Noch in neuerer Zeit scheuen Waidleute des südtirolischen Grenzlandes den wilden Mann, andre die Waldfrau, und ist jener auch im Graubündner Oberlande gewaltig.¹⁰ An Dietrichs Eberjagd reiht sich eine andre in der altenglischen, wieder aus nordfranzösischer Quelle genommenen Erzählung von Eglamour; von drei gefahrvollen Abenteuern, welche dieser Ritter um die Hand der Tochter seines Herrn, des Grafen von Artois, bestehen muß, ist eines: daß er das Haupt eines ungeheuern Ebers bringe, dessen Hauer über einen Fuß lang sind und der schon viele wohlgewaffnete Männer getödtet hat; auch ihm ist ein furchtbarer Riese befreundet, der ihn zum Verderben der Christenmänner fünfzehn Jahre lang aufgezogen hat und nun hinzukömmt, als das Haupt des nach viertägigem Gefechte besiegten Wildes auf Speeresspitze gesteckt ist. „Ach!" ruft er aus, „bist du todt? mein Vertrauen auf dich war groß, mein klein, gesprenkelt Eberlein, theuer soll dein Tod erkauft sein!" Der Ritter muß hierauf noch den Riesen bekämpfen und bringt dessen Haupt sammt dem verlangten des Ebers seinem Gebieter.¹¹ Neben mancher fremdartigen Zuthat und Wendung ist doch in allen diesen Zeugnissen die alterthümliche Vorstellung offenbar, daß die Thiere der Wildniß, unter einer besondern Obhut stehend, der menschlichen Willkür nicht gänzlich preisgegeben seien. Höher hinauf in die deutsche Vorzeit würde der mythische Ausdruck dieser Vorstellung rücken, wenn sich die folgende Wahrnehmung durch weitere Anzeigen bestätigte. Orion, der klassische Name des leuchtenden Gestirns, wird in Glossen, die sich mehr altsächsisch als angelsächsisch anlassen, durch ein schwieriges, in verschiedenen Formen wechselndes Wort übertragen: eburdring, eburdrung, ebirdring, ebirþiring. Die Richtigstellung desselben neigt sich jetzt

dahin, daß dieses Wort nicht Eberhaufe, Trupp wilder Eber, be-
sage, sondern gleich dem übertragenen, ein persönliches sei, zusammengesetzt und in den drei ersten Formen zusammengezogen aus „Eber"
und „Thüring" [12]; mag nun mit letzterem ein Insasse des waldreichen
Thüringerlandes, oder irgend eine allgemeinere Bedeutung des Volks-
namens selbst gemeint sein, jedenfalls ergibt sich ein Mann mit dem
Eber. [13] Und ein solcher ist in dem bisher abgehandelten Waldriesen
aufgezeigt. Es war angemessen, den mythischen Orion durch ein entsprechendes Wesen deutscher Sage zu erläutern und welches andre ließ
sich jenem riesigen Waidmann, der noch in der Unterwelt, die eherne
Keule in Händen, das geschaarte Wild vor sich herjagt, [14] besser gegen-
überstellen, als der gleichfalls riesenhafte Thiermann, der zwar seine
Waldthiere nicht verfolgt, aber sie doch auch mit dem Eisenkolben gewaltig meistert? So würde zwar nicht nothwendig folgen, daß Eber-
thüring, gleich Orion, auch unter die Sterne versetzt sei, und es
konnte lediglich bezweckt sein, einen mythischen Namen mittelst des
andern in Kürze verständlich zu machen; da jedoch die Erhebung
mythischer Gebilde an den Gestirnhimmel sonst der germanischen Vorstellung nicht fremd ist, so mag wohl auch die deutsche Waldlust den
Thiermann mit seinen Lieblingen in einer Sterngruppe wieder gefunden haben.

Wie dem finnischen Tapio eine Waldmutter zur Seite steht und
mit dem wilden Mann in Tirol eine Waldfrau gleich geht, so kennt
auch der nordische Volksglaube weibliche Pflegerinnen der Waldthiere.
Den Namen Wolfmutter (wargamor) gibt man in Schweden alten,
einsam im Walde wohnenden Weibern, von denen man glaubt, daß
die Wölfe der Wildniß unter ihrem Schutz und Befehle stehen und
vor den Jägern von ihnen verborgen werden. [15] Dem Thiermann
(dyre karl) des dänischen Liedes entspricht aber auch bestimmter noch
die Thiermutter (djura mor) in einem selten mehr vernommenen
Volkslied. Der junge Säming, der kundige Schlittschuhläufer, kommt
zu der alten Thiermutter, wie sie drinne sitzt und mit der Nase die
Kohlen schürt. [16] Mit dieser dürftigen Überlieferung eröffnet sich
ein weiter Durchblick in die altnordische Götterwelt. Ynglinga-Saga
läßt den norwegischen Jarl Hakon den Mächtigen die Reihe seiner Vor-
väter bis zu dem Helden Säming hinaufführen, einem Sohn Odins,

mit Skabhi, die in einer beigefügten Skaldenstrophe als Eisenwaldfrau, Schrittschuhläuferin des Gebirgs, bezeichnet wird. [17] Nach den Edden ist sie die Tochter des Sturmriesen Thiassi, wohnt, wie er einst, auf dem Gebirge Thrymheim, fährt viel auf Schrittschuhen und mit dem Bogen und schießt Thiere, darum heißt sie auch Schrittschuhgöttin; mit ihrem Gemahl Niörd, einem Luftgotte der mildern Küstengegend, kann sie sich nicht vertragen, ihn bedünkt das Geheul der Wölfe im Gebirg übel gegen den Gesang der Schwäne und sie kann an der See nicht schlafen vor dem Geschrei der Möven. [18] Getrennt von Niörd verbindet sich Skabhi, laut der Ynglingensage, mit Odhinn und wird so durch Säming die Ahnfrau der Jarle von Hladhir. Als Abkömmlinge Odhins zählen diese zu den gottentstammten Heldengeschlechtern, ihre Herkunft von Skabhi aber kennzeichnet sie als rüstige Söhne des Gebirgs, als gepriesene Waidleute und Schrittschuhläufer, wie noch das schwedische Volkslied den jungen Sämung erscheinen läßt. [19] Von der Thiermutter dieses Liedes sprechen zwar die Zeugnisse über Skabhi nicht, aber in dem der Skalde sie Jarnvidhja, Bewohnerin des Eisenwalds, nennt, ist dennoch eine Anknüpfung gegeben. „Östlich im Eisenwalde" — sagt das Eddalied — „saß die Alte und gebar dort Fenris (des Wolfes) Geschlechter." [20] Umschrieben wird diese Alte in der j. Edda: „Eine Riesin (gýgr) wohnt östlich von Midhgardh (der bewohnten Erde) in dem Walde, der Eisenwald heißt; in diesem Walde wohnen die Zauberweiber (tröllkonar), die Jarnvidhjen heißen." [21] Es sind hauptsächlich mythische, dem Mond und der Sonne nachstellende Wölfe, die von dem Riesenweib im Eisenwalde, d. h. wohl im reif- und schneebedeckten Winterwalde [22], zur Welt gebracht werden. Gleichartig, vielleicht dasselbe Wesen mit dieser Wolfmutter ist die Riesin Angrbodha in Jötunheim, mit welcher Loki, der Verderber, die drei Ungeheuer, den Wolf Fenrir selbst, die Midhgardsschlange und die grausige Hel erzeugt. [23] Nun rühmt aber Loki sich bei Ägis Gastmahl vertrauten Umgangs mit Skadhi [24], diese selbst ist eine Riesentochter und im Skaldenliede wird sie Jarnvidhja benannt. So vermittelt sich allerdings ein Zusammenhang, wenn auch nicht ein ursprünglicher, der unheilgebärenden Alten im Eisenwalde mit der leichtbeschwingten Jagdgöttin des beschneiten, von Wolfgeheul wiederhallenden Sturmgebirgs. Die Gebärerin jener mythischen Wölfe selbst aber ist doch sichtlich erst der älteren und leibhafteren Vorstellung von einer Urmutter der Waldthiere, von einem bösen Zauber, der namentlich das feindselige Wolfsgeschlecht geschaffen[25], in bildlicher Anwendung entliehen. Von Skabhi ist nur noch zu sagen, daß ihr zur Sühne die Augen ihres von Thörr erschlagenen Vaters durch Odhinn als Sterne an den Himmel geworfen wurden[26], ein Seitenstück zu der Gestirnung Eberthyrings.

Die Waldgeister, von denen die Rede war, treten bald mehr als Leiter und Begünstiger der Jagd, bald mehr als Pfleger und Beschirmer des gejagten Wildes hervor; gerade so ist der Jäger, der tödtliche Verfolger desselben, doch zugleich dessen Freund und Bewunderer; die Kraft und Schönheit, die Tapferkeit und Schlauheit der Thiere, mit denen er in Kühnheit, Gewandtheit und List wetteifert, erregen sein Wohlgefallen und seine Zuneigung, im Alterthum war es mehr als dieß, eine abergläubische Verehrung, eine heilige Scheu, das Erahnen einer hinter diesen Geschöpfen stehenden höheren Gewalt, eines aus ihren Augen blickenden dämonischen Wesens. Wie diese Stimmungen und Gegensätze in der Volkspoesie manigfach sich aussprechen und in einander spielen, soll nunmehr an denjenigen Waldthieren, mit denen die Lieder sich vornemlich befassen, der Reihe nach dargethan werden.

Noch bis in das 16te Jahrhundert war der Bär in deutschen Bergwäldern kein besonders seltenes Jagdthier[27], gleichwohl nehmen vollsmäßige Lieder von ihm nur sparsam und auch in den wenigen Fällen nur schwankweise Kenntniß. Im Nibelungenliede macht Siegfried mit einem Bären, den er bindet und dann unter die Kessel rennen läßt, den Jagdgesellen gute „Kurzweil"[28]; später wurde von drei Bauern gesungen, die den Bären aufsuchen und, als er sich gegen sie auflehnt, die Mutter Gottes anrufend auf die Kniee niederfallen.[29] Galt er auch nach einem Zeugniß aus dem 10ten Jahrhundert ursprünglich für den Herrscher des epischen Thierreichs[30], so muß er sich doch, nachdem ihn der Löwe verdrängt hat, mit Isengrim in die undankbare Rolle theilen, von dem treulosen Fuchs überall in die Falle geführt zu werden, wobei sich die zwei Mißhandelten nur durch ihre eigenthümlichen Eßgelüste unterscheiden. Nur im höheren Norden, seiner rechten Heimat, und bei einem Volke, dessen Poesie noch gänzlich im alten Naturmythus haftet, hat sich auch der Bär noch im angestammten, unverkümmerten Ansehen behauptet. Das finnische Epos Kalevala, das in einer Folge mythischer Gesänge, Runen, die Schöpfung der Welt und die Befruchtung des Landes, die Erfindung und vorbildliche Ausübung menschlicher Kunstfertigkeiten und Geschäfte darstellt, hat auch eine eigene Rune der Schilderung einer Jagd und zwar der bedeutendsten, der Bärenjagd, gewidmet. Der Herr des Hofes zieht zu Walde, um Ohto (Breitstirn), das goldene Thier, zu fangen und zu fällen, damit es nicht Pferde und Viehherden tödte. Erst ruft er die Waldgöttinnen, Tapios Frau und Tochter, um Beistand an, dann richtet er an den wackern Ohto selbst Worte der Beschwichtigung und allerlei Schmeichelnamen: Waldesäpfel, schöner runder Knollen, Honigtatze; solcher Namen folgen weiterhin noch viele: Glattpfote, Blinzelauge, Schwarzstrumpf, Leichtfuß, Langhaar, Held, stolzer Mann, alter Kämpe, kleiner, goldner Vogel, Stolz, Gold, Silber, Nebel, Schaum des Waldes. Die Erlegung des Bären wird nicht ausgesprochen, vielmehr derselbe fortwährend, sogar nachdem er aufgezehrt ist, als lebendes Wesen angesehen und angeredet. Es wird entschuldigend vorgegeben, er sei nicht gefällt worden, sondern habe sich selbst, über die Zweige stolpernd, todtgefallen. Hierauf wird er eingeladen, mit nach dem Hofe zu wandern und sich dort herrlich bewirthen zu lassen. Unter Hornesklang wird er dahin geführt und die Ankunft durch schallendes Blasen verkündigt. Die Hausgenossen eilen hinaus und fragen, was der Waldgebieter beschert habe, da die Jäger mit Gesang wiederkehren, jubelnd auf den Schrittschuhen daherschreiten? Die Antwort ist: ein Gegenstand der Rede und des Sanges sei ihnen gegeben, Ohto selbst, der ersehnte Gast, dem die Thür sich öffne. Freudig wird derselbe begrüßt und feierlich in die Stube gebracht; unter unermüdlichen Schönreden wird ihm der Pelz abgezogen, sein Fleisch in blanken Kesseln und Töpfen ans Feuer gesetzt, dann auf den Tisch getragen, auch vergißt der Wirth nicht, die Waldmutter und ihre schöne Tochter zu Ohtos Hochzeit zu laden. Das Mahl wird durch die Rune von der wunderbaren Geburt des den Gestirnen entstammenden und von der Waldfrau großgewiegten Bären gewürzt. Zuletzt nimmt der Hausherr dessen Nase, Ohren, Augen und Zähne, fordert den armen Ohto nochmals verbindlich zu einem Waldgang auf und bringt jene geringen Reste desselben auf einen Berggipfel, wo er sie in der Krone einer heiligen Fichte aufstellt, die Zähne nach Osten, die Augen nach Nordwesten gerichtet.[31]

Verschiedene Züge dieses höchst alterthümlichen Jagdstücks werden Weiterem zur Erläuterung dienen, vor allen der, daß es Sitte war, die Einbringung des erjagten Wildes mit Gesang und Wechselrede zu begleiten und beim Gastmahl von dem Thiere, das verspeist wurde, zu singen und zu sagen. Der göttliche Wäinämöinen, der Pfleger des Gesangs, der Erfinder und Meister des Saitenspiels, dem die wilden Thiere horchen und der Waldesherr, der Bär[32], auf zwei Füßen tanzt, ist auch Veranstalter und Leiter der Bärenjagd und des damit verbundenen Mahles und so erscheint diese Jagdfeier als vorbildliche Einsetzung des menschlichen Gebrauchs.[33]

Ein angelsächsischer Spruchdichter bedauert den freundlosen Mann, besser wär' es ihm, einen Bruder zu haben, damit sie zusammen den Eber angriffen oder den Bären, das grimmige Thier.[34] Hier stehen Eber und Bär auf gleicher Stufe der Wehrhaftigkeit gegen den Angriff muthiger Waidleute. Der Geltung des Bären aber mußte das Eintrag thun, daß er sich zur Belustigung der Menschen dienstbar machen ließ.

Schon das alemannische Gesetz bekundet, daß er zum Zeitvertreibe gehegt wurde[35]; nachmals, in Gedichten aus dem Kreise deutscher Heldensage und in geistlichem Verbot, erscheint er einmal als Eimerträger und mehrfach im Geleite von Spielleuten, selbst Spielweibern, die ihn umführen und zum Tanz anhalten.[36] Anders nun der Eber. Dieser Auserkorne des Thiermanns beharrt in ungebrochener Wildheit. Seine Kühnheit und sein Zorn dienen herkömmlich zur Bezeichnung verwegener und ergrimmter Helden[37]; iöfur (Eber) ist altnordischer Dichterausdruck für König, fürstlicher Held, eben wie auch gramr (der Zornige); der althochdeutsche Name Ebernand (gleich dem gothischen Jornandes) bedeutet: eberkühn.[38] Das unschöne Thier galt doch in seiner Zorngebärde nicht für unedel und so kann ein altfranzösisches Heldengedicht den zürnenden König Karl, wie er die Augen rollt und die Brauen aufzieht, dem Wildeber vergleichen, der anderwärts gerne mit diesen Zügen in seinem Grimme geschildert wird.[39] Hiernach wird es nicht mehr befremden, wenn dem ältern Königsstamme der Merovingen, als Zeichen ursprünglicher Kühnheit, Schweinsborsten auf dem Rücken wuchsen.[40] Viel später noch hieß ein Adelsgeschlecht derselben Heimat: Eber der Ardennen.[41]

Dem gemäß ist denn auch der Eber, zumal in ungewöhnlicher, dichterisch verstärkter Größe der Heldenwaffe kampfgerecht und an ihm macht der jugendliche Recke sein Probestück. [42] Den bereits angeführten Beispielen können andre zugefügt werden. Auf der schon erwähnten Jagd des Nibelungenliedes erschlägt Siegfried einen großen Eber, der ihn zornig anläuft, mit dem Schwerte; ein andrer Jäger, heißt es, hätte das nicht so leicht vollführt. [43] Im lothringischen Epos beschließt der Herzog Begues auf dem Wege zu seinem Bruder Garin, den er nach sieben Jahren wieder sehen will, einen Eber, von dem man Wunder erzählt, zu jagen und das Haupt desselben dem Bruder nach Metz zu bringen; die Klauen des Ungethüms stehen über fußbreit aus einander, die Zähne ragen einen vollen Fuß hervor, seine Kraft ist so groß, daß er, aufgescheucht, fünfzehn Meilen in Einem Zuge rennt; der Herzog sprengt nach, Reiter und Hunde bleiben hinter ihm, nur zwei Bracken hat er zu Roß unter den Armen; endlich hält der Eber Stand, zerreißt die Hunde und läuft gegen den kühnen Jäger an, der ihm den Speer in den Leib stößt; aber das Jagen war in fremdem Walde, von dessen Hütern der Herzog, gänzlich allein stehend, angefallen und, nachdem er vier derselben niedergestreckt, durch einen Bogenschuß ins Herz getroffen wird. Dem Bruder wird statt des Eberhaupts die Leiche des Helden in einer Hirschhaut gebracht; kaum versöhnte Feindschaft ist wieder geweckt und es entbrennt ein fortwuchernder Rachekrieg; die Jagd ist hier, wie bei Siegfrieds Tode, der waldfrische Hintergrund blutiger Geschichten, der Mord geschieht am Fuße einer Zitteresse. [44]

Auch Guy von Warwick, der englische Volksheld, erlegt einen Eber, desgleichen man nie in England fand, und von dessen Riesenbeinen, laut der alten Ballade, einige im Warwicker Schlosse liegen, ein Schulterblatt in der Stadt Coventry aufgehängt ist. [45]

Der harte Kampf, der mit so gewaltigen, tapfer um sich hauenden Jagdthieren geführt werden muß, ist es eben, was sie zum Bilde des „fechtenden" Helden selbst tauglich macht, und namentlich ist in deutschen Heldenliedern diese Vergleichung eine gangbare. [46] Wie es aber Eigenschaft des Wildschweins ist, daß es nicht eher, denn verfolgt oder verwundet, nach den Hunden haut und auf den Jäger losrennt, so läßt sich ihm besonders der kampfbedrängte und blutgereizte Recke vergleichen. Lebendig ausgeführt ist dieß in der Stelle des Nibelungenliebes, wie der kühne Dankwart sich zu seinem Herrn durchschlägt: alle Ritter und Knechte sind ihm getödtet, ihn selbst wagen die Hunnen nicht mit den Schwertern zu bestehen, sie schießen soviel Speere in seinen Schild, daß er ihn der Schwere wegen von der Hand lassen muß; nun, ohne den Schild, wähnen sie ihn zu bezwingen, auf beiden Seiten springen sie ihm zu, während er tiefe Wunden durch die Helme schlägt; da geht er vor den Feinden, wie ein Eberschwein vor Hunden zu Walde geht, wie könnt' er kühner sein! sein Weg ist naß von heißem Blute, nie hat ein einziger Recke besser gestritten, herrlich sieht man ihn zu Hofe gehn; großes Wunder hat seine gewaltige Kraft gethan.[47]

Hier nun greifen deutsche Liebesstücke (Vollsl. Nr. 131) aus dem 10ten oder 11ten Jahrhundert ein, des Inhalts: „Wenn Rascher andrem Raschen begegnet, dann wird schleunig Schildrieme zerschnitten. Der Eber geht an der Halde, trägt den Speer in der Seite, seine rüstige Kraft läßt ihn nicht fällen. Ihm sind die Füße sudermäßig, ihm sind die Borsten gleichhoch dem Forste und seine Zähne zwölfellig."[48] Diese Strophen sind einer lateinischen Rhetorik aus St. Gallen als Beispiele rednerischer Figuren einverleibt, nicht zu einem Ganzen verbunden, aber mit geringer Unterbrechung einander folgend. Daß sie, wenn auch nur als Bruchstücke, zusammengehören, ist nach dem Vorausgeschickten kaum zu bezweifeln. Im heftigen Zusammenstoß ist dem Helden der Schild abgehauen und jetzt, wie Dankwart, schirmlos sich durchkämpfend, hat er sein Gleichniß an dem Eber, der, in der Seite den Speer, dennoch mit aufrechter Kraft riesenmäßig dahergeht. Die ungeheure Größe des Ebers übersteigt alle die früheren Schilderungen, aber hier ist auch nicht Erzählung, sondern spruchartiger Preis der Tapferkeit in fabelhaftem Bilde.[49]

Im heidnischen Norden war es, nach den Sagen, gebräuchlich, am Julabend beim Trinkmahl auf Haupt und Borsten des vorgeführten Sühnebers Gelübde abzulegen; dieser Juleber war dem Frey oder der Freyja geweiht und aufgezogen, er wird einmal geschildert: groß, wie der größte Ochse, und so schön, daß jedes Haar von Golde zu sein schien.[50] Die Geschwister Frey und Freyja waren keine Kriegsgottheiten[51], sie walteten, wie ihr Vater Niörd, der milden, gedeihlichen Witterung, weshalb sie um fruchtbares Jahr und Frieden angerufen wurden; auch der Goldeber ist, wie schon die Farbe zeigt, ein zahmer und seine Bedeutung eine friedliche, er wird um Jahressegen geopfert und die altnordische Sage setzt ihn mit einem Gerichte, der Bürgschaft des Friedens, in dieselbe Beziehung, die noch am reinen Goldferch eines hessischen Weisthums zum Vorschein kommt.⁵² Gleichwohl sind die Julgelübde, auch die auf den Eber, mehrfach auf gewagte Unternehmungen gerichtet, auf streitfertige Werbung um eine Königstochter, um die Braut eines Andern; beim Jultrinken, dem Feste der Wintersonnenwende, wurde nicht bloß an den wirthschaftlichen Segen des angehenden Jahres gedacht, rüstige Männer faßten und weihten auch ihre lecken Vorsätze für die wieder beginnende Zeit der Heldenfahrten.⁵³ Es scheinen sich in jener sagenhaften Julfeier ursprünglich verschiedene Handlungen zusammengefunden zu haben, heldenhaftes Gelöbniß auf die Jagdbeute, den streitbaren Waldeber, und ländliches Jahresopfer.⁵⁴ Verwandte Gebräuche in Altengland betreffen noch durchaus den wilden Eber. So kommt in dem strophischen Gedichte von Arthurs Gelübde, aus dem 14ten Jahrhundert, an den Hof zu Carlisle die Nachricht von einem grimmen Eber im Ingulwalde, der, höher als ein Roß, breiter als ein Stier, die Hunde niederschlage, den Jagdspeeren trotze, und beim Wetzen seiner drei Fuß langen Hauer die Büsche mit den Wurzeln ausreiße; sofort ruft König Arthur drei seiner Ritter auf, thut vor ihnen das Gelübde, bis zum nächsten Morgen, ohne Jemands Hilfe, den wilden Satan niederzuwerfen, und befiehlt ihnen, gleichfalls Gelübbe zu thun, worauf sie bereitwillig Wagnisse oder schwierige Vorsätze andrer Art angeloben; er selbst aber hetzt und bekämpft den wüthenden Eber, dessen Lager mit erschlagenen Männern und Hunden bedeckt ist; schon ist des Königs Speer zersplittert, sein Schild zertrümmert, sein Roß getödtet, er kniet nieder und betet, dann läßt er das Unthier in sein blankes Schwert rennen, zerlegt waidmännisch die Beute und steckt das Haupt „dieses Kühnen" auf einen Pfahl, kniet abermals und preist Gott; auch die drei Ritter erledigen ihre Wette.⁵⁵ Die Angelöbnisse geschehen hier nicht auf Haupt und Borsten des Riesenebers, dennoch ist es sein wunderhaftes Erscheinen, was dieselben hervorruft, und das eine hat in der Aufsteckung des Eberhauptes sein Ziel erreicht. Auf der vermessenen Jagd des Herzogs Begues wird, obgleich nicht ausgesprochen, ein Gelübde zu unterstellen sein, das nemlich: seinem lange nicht gesehenen Bruder das Haupt des ungeheuern Ebers zu bringen. [56] Wieder in altenglischem Gedichte verheißt der junge Tristrem, den Tod seines Vaters an Herzog Morgan zu rächen oder von dessen Hand zu fallen; eher soll Niemand ihn wieder in England sehen; mit einem Gefolg andrer Jünglinge kommt er an den Hof des Herzogs, als dieser eben sein Brot schneidet, sie geben sich für zehen Königssöhne aus, deren jeder ein Eberhaupt zum Geschenke bringt, aber nach kurzem Haber trifft Tristrems Schwert den Trotzigen, der ihm den Vater und das Erbe geraubt; abermals läßt sich ein erloschener Zusammenhang zwischen den Eberhäuptern und dem vorgesetzten Heldenwerk muthmaßen. [57] Die Einbringung des Eberhauptes in die Festhalle war, gleich jenem Wettstreit zwischen Holst und Ephen, ein wichtiger Theil der englischen Weihnachtfreude. Diese gemahnt durchaus an das alte Opfermahl zur Feier der Sonnenwende, wie ihr auch der vorchristliche Festname Jul geblieben ist. [58] Unter dem Spiele der Minstrels wurde der Eberkopf „dem Herkommen gemäß" auf die königliche Tafel getragen. [59] Noch 1607 wird der Hergang in der Gelehrtenschule zu Orford so beschrieben: das erste Gericht war ein Eberhaupt, das von dem Größten und Stärksten der Wache getragen wurde, vor ihm giengen als seine Diener, zuerst Einer im Reiterrock, einen Eberspieß in der Hand, nächst diesem ein andrer, grüngekleideter Jäger mit bloßem, blutigem Waidmesser, hinter ihm zwei Pagen in Tafelkleidern, jeder mit einer Senfschüssel, hierauf kam der Träger des Eberhaupts mit grüner Seidenschärpe, an der die leere Scheide des vorgetragenen Waidmessers hieng; beim Eintritt in die Halle sang er ein Weihnachtlied und die drei letzten Zeilen jedes Gesätzes wurden von der ganzen Gesellschaft wiederholt. [60] Bis in die letzte Zeit trugen die Schüler von Orford einen aus Holz geschnitzten, bekränzten Eberkopf in feierlichem Umzug und sangen dazu ein halblateinisches Lied. [61] Unter den ältern Gesängen, die zu diesem Weihnachtbrauche gehörten, entspricht vor allen einer dem waidmännischen Aufzuge: „Neues bring' ich und sag' ich euch, was mir im wilden Walde zustieß, da ich mit einem wilden Gethier mich befassen muste, einem unwirschen Eber; er verfolgte mich und stürmte heftig an, mich zu tödten, da bändigt' ich ihn und schlug ihm alle Glieder ab; zum Beweise, daß es wahr ist, schlug ich sein Haupt mit meinem Schwert herab und schaffte diesen Tag euch neue Lust; esset und laßts euch wohl

bekommen, nehmt Brot und Senf dazu, freut euch mit mir, daß ich
so gethan, seid fröhlich all zusammen." [62] Frisch aus dem Walde kömmt
hier der Bezwinger des Ungethüms herbei gerannt, verkündigt seinen
Sieg und weist zum Zeichen desselben den abgeschlagenen Eberkopf vor,
wie die Sagenhelden das Haupt des erlegten Riesen oder Recken an
den Sattel binden und in den Königssaal bringen. [63] Eines Gelübdes
auf den Eber gedenken diese Lieder nicht und ein Theil derselben wendet
sich lediglich der Lust des Schmauses zu [64], andre dagegen wahren das
Gepräg eines gottesdienstlichen Brauches, indem sie auf sehr wunderliche
Weise die Erinnerungen der christlichen Weihnachtstage hereinziehen.
So wird gesungen, wie der heilige Stephan, der als Diener des Königs
Herodes den Eberkopf aus der Küche herbeiträgt, einen leuchtenden
Stern über Bethlehem stehen sieht, worauf er sogleich den Eberkopf
niederwirft, die Geburt des göttlichen Kindes in der Halle verkündigt,
dem weltlichen Herrn den Dienst aufsagt und darum auf Befehl des
Königs gesteinigt wird. [65] Noch seltsamer wird das Eberhaupt auf den
Fürsten ohne gleichen, der heute geboren worden, gedeutet; der Eber
sei ein fürstliches Thier, bei jedem Feste willkommen, so müße der
göttliche Herr das Erste und Letzte sein; ihm zu Ehren werde dieß
Eberhaupt eingebracht, der von einer Jungfrau entsprossen sei, um
alles Unrecht gut zu machen. [66] Was in der Julfeier des heidnischen
Nordens verbunden war, der Sühneber und das Gelübde, das liegt
in den Gedichten und Gebräuchen des englischen Mittelalters auseinander. Um so ergiebiger zeigt sich hier das Singen vom Eber bei
feierlicher Einbringung der Jagdbeute, auf ähnliche Weise, wie man in
Finnland den Bären empfieng und begrüßte. Für die althochdeutschen
Liederreste vom Kampfe der Recken und von der rüstigen Kraft des
Riesenebers ist ein entsprechender Festgebrauch noch aufzuspüren. [67]

Der Wolf, wenigstens der einzeln gehende, erschien nur für Hof
und Herde, nicht für den wehrhaften Mann gefährlich. Er wurde nicht,
wie der Eber, bekämpft, sondern, wo er sich blicken ließ, mit Geschrei
und Hundegebell, mit Knütteln und Stangen verfolgt. Mit der Helden-
welt tritt er hauptsächlich nur dadurch in Beziehung, daß er beutegierig
dem Heere folgt und die Walstätte sucht. Dem gemäß hat Odhin, der
Heldenvater, zwei Wölfe, die er von seinem Tische sättigt [68]; wenn
die Krieger zum Kampf ausziehen, da fahren des Gottes „Hunde"

leichengierig über das Land [69]; die Begegnung und das Voranlaufen des Wolfes ist ihnen ein heilverkündendes Zeichen. [70] Angelsächsische Schlachtschilderungen laßen dann den Wolf im Walde sein Schlachtlied anstimmen, sein wildes Abendlied singen. [71] Auch ein Heldenlied der Edda spricht von Wolfsliedern im Gehölze draußen. [72] Die Wolfsstimme klang wie grauenhafter Gesang. Chanteloup (in lateinischen Urkunden Cantalupo) ist ein in Frankreich mehrfach vorkommender Ortsname, eigentlich Bezeichnung einer Waldgegend, die von solchem Sange widerhallt. [73] In Schweden hat man das Wolfsgeheul auf eine Tonweise gebracht [74] und in der südfranzösischen Landschaft Bresse versteht sich das Landvolk auf taktmäßig heulende Rufe, welche die Stimme des Wolfes nachahmen, ursprünglich wohl zur Warnung vor ihm dienend, dann überhaupt noch als Feldschrei oder als Ausbruch festlicher Lust. [75] Auch das Thierepos weiß, obwohl nur noch in scherzhafter Meinung, vom Gesange des Wolfs; sein Heulen ist ein Lied, das er in seines Vaters oder Elterrvaters Weise singt. [76] Was man den Wolf singen hörte, der Inhalt seines Liedes, war gewiß immer nur sein grimmiger Heißhunger; freudiger sang er, wenn er hoffnungsreich mit dem Heere zog, verzweiflungsvoll, wenn er, geächtet und verfolgt, in der Winternoth umherstreifte. Wahrscheinlich gab es alte Lieder, welche der Bedrängniß des Wolfes Worte liehen und den Ton anschlugen für eine noch aufweisbare Liedergattung, worin gequälte Thiere ihren Kummer klagen. Die Wolfsklage muß in solch einfacheren Weisen gesungen worden sein, bevor sie in Spruchgedichten aus der Zeit des Meistersangs als beliebter Gegenstand ausführlicher behandelt wurde. Das älteste dieser Art, als dessen Verfasser sich der Schneperer nennt, läßt einen Wolf, der Kaufleute gen Frankfurt reiten sieht, sich mit Andrem so beschweren: „Jeden läßt man treiben und tragen, was er hat, aber trieb' ich armes Thier ein Gänslein über Rhein, alle Welt liefe mir nach und schrie' auf mich als einen leidigen Schall; käm' ich an Kaufleute gerannt, mir käme nicht in den Sinn, ihr fahrendes Gut zu nehmen; fänd' ich Silbers tausend Mark, das würd' ich ungerne mit mir tragen; nicht üppig ist meine Weise, einzig meiner Speise begehr' ich und weiß mich doch nicht zu erhalten; ich wage bei keinem Wirthe zu zehren, er ließe mir die Haut zerbläuen und jagte mich wie einen Dieb hinaus; käm' ich vor den Bischof und wollte da Kunst treiben, er hieße nicht fragen, ob ich Meistergesang verstehe (abermals der sangkundige Wolf!), man würde mich von der Bank jagen, ich müßte fort und aus oder man tödtete mich noch im Hause; Gott im Himmel will ich's klagen, der mich erschaffen hat, so gut als einen Pfaffen oder sonst einen Edelmann; nun sitzen die Herren hoch auf den Vesten, sie bedürfen unser nicht zu Gästen und schließen ihre Schlösser zu; auch die wohlgenährten Bürger in der Stadt verschließen gegen Nacht ihre Thore; dann bin ich armer Wolf davor und habe weder Hütte noch Haus, ich muß über das Feld aus in Sommer und in Schnee; komm ich vor des Bauern Thor, so bleckt ein großer Hund seine Zähne gegen mich und weckt den Bauren auf, derweil nehm' ich ein Pfand und entfliehe damit, doch kommt der Bauer geschwind mit all seinem Gesinde, dazu das Dorfvolk, und schreien alle: Fahr diesen Bösewicht! recht als hab' ich ein Dorf verbrannt. Das schmerzt mich sehr, denn ich kann doch nicht ungegessen sein; oft lauf' ich an wälschem Wein, an Gewand (Tuchwaare) und Specerei vorüber, das ist alles frei vor mir, ich thu nur wie mein Vater that, der brannte weder Burgen noch Städte, zog auch nicht vor hohe Vesten, aber den Bauren in den Dörfern nahm er Schafe, Rinder und Schweine, das muß auch mein eigen sein und darum sind mir die Bauren so gram; ich kann ja weder hacken noch reuten, viel minder denn ein Edelmann, der doch von den Leuten viel begehrt; auch kann ich mit der Schrift beweisen, daß mehr Pfaffen in der Hölle sind denn Wölfe, die jeden Tag rauben, mir opfert niemand in die Hand, ich muß mich nähren durch das Land; das ist jeglichen Wolfs Klage, die er thut vor dem Hage." [77] Überarbeitet und erweitert kommt diese Dichtung unter dem Namen Cristan Awer vor. Hier schließt der Wolf damit: „Wer diesen Streit beilegen wollte, der müßt' ein gewaltiger Mann sein, Kaiser Friedrich nimmt sich des nicht an, heißt deßhalb kein Gericht besetzen, läßt mich beschreien, hetzen und blenden, drum will ich hin wie her pfänden wen ich beschleichen mag, er sei arm oder reich." [78] Die Anspielung geht auf Kaiser Friedrich III., der 1486 einen allgemeinen Landfrieden verkündigt hatte. Wieder ein Späterer, von dessen deutschem Gedichte nur ein lateinischer Auszug bekannt ist, läßt den Wolf seine Noth dem Kaiser Maximilian klagen, vor dessen Richterstuhl er die gesammte Bauerschaft zu laden droht, wobei gleichfalls die habsüchtige und üppige

Geistlichkeit, von der die Bauern sich misbrauchen lassen, nicht geschont wird.[79] Begreiflich ließ auch Hans Sachs den volksmäßigen Stoff nicht zur Seite liegen. Seine Wolfsklage vom Jahr 1543 meldet, wie der Dichter im Wolfsmonat (Dec.) durch bahnlosen Schnee sich auf das Wolfsfeld verirrt und die heulende Stimme des Wolfes hört, der, in einem Hage sitzend, nach der Art äsopischer Fabeln den höchsten Gott Jupiter anruft und die Menschen verklagt, die ihn bedrängen, während er doch nur seiner eingepflanzten Natur folge und alle die Laster und Übelthaten, die er ihnen der Reihe nach aufrückt, ihm gänzlich fremd seien; sofort schwingt sich Jupiter auf einem Adler herab und verkündigt eine plötzliche große Änderung auf Erden, bei der auch des Wolfes gedacht werden soll, daß er aus Bann und Acht komme.[80]

Schon ältere Stücke aus dem Kreise der Thierfabel nehmen die Partei Isengrims den Menschen, seinen Verfolgern, gegenüber. Einst wandern ein Wolf und ein Pfaffe mit einander und streiten sich darüber, welcher der Bessere sei; der Handel wird vor den Bären und den Fuchs gebracht, dieser führt einerseits die Hoffart und die Üppigkeit des Pfaffen aus, andrerseits die Noth des armen Wolfes, der Nachts in Regen und Wind mit Gefahr seiner Haut nach Speise laufe, der einem Mann eine Ziege nehme und ihm hundert Mark liegen lasse, einem andern ein Schwein und ihm dann zehn Jahre Frieden gebe; der Bär entscheidet, daß der Wolf viel getreuer sei denn der Pfaffe.[81] Ein andermal beichtet der Wolf seine großen Sünden dem Fuchse, der jedoch die Lossprechung nicht schwierig findet, indem er den großen Hunger des Wolfs, die grausame Verfolgung, die beständige Angst und Beschwerde, die derselbe leiden muß, in Erwägung zieht.[82] Nicht umsonst sei der Wolf so grau, heißt es in einem deutschen Rittergedichte des 13ten Jahrhunderts, denn was er in der Welt thue, sei es übel oder gut, das deute man ihm alles zum Argen.[83] Wirklich scheitern auch seine besten Absichten an der schlimmen Meinung, die man von ihm hegt. In Betrachtung seines unseligen Lebens und des ihm täglich drohenden Todes beschließt er einst, Stehlen und Rauben aufzugeben und in einem andern Lande, wo man ihn noch nie gesehen, wie ein Schaf zu gehn. So kommt er zu einer Gänseherde, die in das grüne Maiengras getrieben ist und die er gänzlich mit Frieden lassen will; allein nun wird er, als der alte Dieb, von den Gänsen heftig angefallen und als er noch immer mit niederhängendem Haupt unter ihnen geht, sehen ihn die Dorfleute und laufen schreiend mit ihren Hunden herzu; da macht er sich von den Gänsen los, indem er ihnen die Hälse entzwei beißt, und eilt zu Walde mit dem Vorsatz, künftig nichts mehr zu verschonen.[84] Zu andrer Zeit hört der Wolf das Weinen eines Kindes, das vor dem Wald in seiner Wiege liegt, während die Mutter ferne davon Korn schneidet; das Kind erbarmt ihn, er schleicht zu der Wiege und treibt sie her und hin, wie er die Mutter es schweigen und wiegen sah; das gewahren die Bauern, halten das Kind für gefährdet und eilen, ha ho! rufend, mit Sensen und Stangen vom Schnitte herbei, der Wolf entrinnt mit Noth zum Walde und will nie mehr Gutes thun, solang er seinen Balg trägt.[85] Diese Erbitterung über die Feindseligkeit der Menschen ist schon in einer von Fredegar zum Jahr 612 als Volksmärchen bezeichneten Erzählung ausgedrückt; der Wolf ruft seine Söhne, die schon zu jagen anfangen, zu sich auf einen Berg und spricht: So weit eure Augen nach jeder Seite sehen können, habt ihr nirgends Freunde, außer wenigen eures Geschlechts, vollbringt also was ihr begonnen![86]

Zum Misgeschicke des Wolfs gehört aber nicht bloß die Härte des Winters und die Feindschaft der Menschen, sondern auch seine eigene Einfalt und Unbeholfenheit nebst einer übel angebrachten Lustigkeit, wodurch er sich schlimme Abfertigungen zuzieht und selbst der schon erhaschten Beute verlustig wird. Diese scherzhafte Seite seines Wesens und Treibens ist in der Thiersage, besonders in seinem Verkehr mit dem tückischen und schadenfrohen Fuchse vielfach ausgeprägt. Hieher fällt die alte Geschichte, wie ihm der Hahn oder die Gans wieder aus den Zähnen wischt. Der Wolf bildet sich viel auf seinen schon belobten Gesang ein und läßt ihn gerne zur Unzeit hören. So erzählen lateinische Verse, dem Alcuin zugeschrieben, wie der Hahn, vom Wolfe gefangen, nicht so sehr seinen Tod in dessen Schlunde beklagt, als daß er nun die vielgerühmte, herrliche Stimme desselben nicht mehr hören solle, worauf der leichtgläubige Wolf seinen Höllenrachen öffnet, der Hahn aber geschwind auf einen Baum fliegt und mit seinem Gesange dessen spottet, der aus Eitelkeit vor dem Essen sich hören lassen wollte.[87] Anders in einer altfranzösischen Fabel: eine Gans, die der Wolf zwischen den Zähnen zu Walde trägt, beklagt sich, wie viel schlimmer es ihr ergehe, als ihren zurückgebliebenen Gespielen, unter denen keine sei, die nicht an der Kohle gebraten, mit Sauertrauben und Eſſig eingemacht und auf Schüſſeln gelegt werde; mit Lied und Saitenſpiel werde jeder Biſſen ausgefolgt, ſie aber müße hier ſterben ohne Sang und Klang. „In Gottes Namen," ſagt der Wolf, „wir werden ſingen, Frau Gans, da es euch ſo anſteht." Er ſetzt ſich auf die Hinterbeine, ſtößt die Pfote in den Schlund und hebt zu heulen an, da zieht die Gans klüglich ihren Hals an ſich und entflieht auf eine Eiche; der betrogene Wolf zerreißt ſich vor Ärger ſchier ſein Fell und ſpricht: „übel gethan iſt ſingen vor dem Eſſen." Alsbald holt er ſich eine andre Gans aus der Herde und verzehrt ſie vor dem Singen, was er ſich auch für die Zukunft vornimmt.⁸⁶ Hoch- und niederdeutſch haben wir dieſe Fabel als Volkslied (ſ. Volksl. Nr. 205): „Im kalten Winter, da man nicht viel zu Felde liegt, ſah ich vor eines reichen Bauren Hof einen Wolf traben, der eine Gans beim Kragen trug; er ſetzte ſich nieder in den Schnee und im bittern Hunger wollt' er ſie verzehren; da bat die Gans, wenn ihres Lebens nicht mehr ſein ſolle, daß er ſie ein Lied ſingen laſſe, das fröhlich nach ihrem Tode laute von Tanzen und Springen; ſie rauft ſich eine der beſten Federn aus ihrem Flügel, macht ein Kränzlein draus und ſetzt es dem Wolf auf ſein Haar; des freut er ſich und ſpricht: „Wir wollen tanzen einen kleinen, kurzen Reigen!" ſie tanzen hin und tanzen her, als wär' es Faſtelabend, ich ſtand und ſah ihnen zu, der Wolf führte den Reigen; da der Tanz am Beſten war, vergaß das Gänslein ſeinen Vortheil nicht und flog von bannen: „Geſegne dich Gott, du ſchändlichs Thier, nach mir hab kein Verlangen!" Der Wolf ſtand und ſah ihr nach: „Das rieth mir der Teufel, daß ich nüchtern tanzte;" er ſchwur bei ſeinem Eide, das ſoll nun erſt viel Gänſen leid werden, die Gans aber dankt ihrem Nothhelfer, dem heiligen Martin, der ſie vom Wolf errettet hat." Hier alſo lebt die Thierfabel noch im ſingbaren Liede⁸⁹ und wenn dieſes deutſche Lied auch erſt im 16ten Jahrhundert auftaucht, ſo trägt es doch den alterthümlich ſagenhaften Zug, daß dem zum Tode Beſtimmten ein Ruf oder Sang, Saitengriff oder Hornlaut, zur Letze geſtattet wird.⁹⁰ Es fällt in die Reihe der Martinslieder, von denen weiterhin beſonders die Rede ſein wird, und iſt eines von der Art, darum die vom Wolf ergriffene Gans in der altfranzöſiſchen Erzählung ihre glücklichern Schweſtern beneidet.⁹¹ Dem ungeschickten Wolfe war kein Ehrenlied bestimmt, sein ungenießbares Haupt wurde nicht, wie das hochgehaltene des Ebers, mit Gesang und Spiel in die Festhalle geleitet; den armen Wolf hängte man auf, entweder am eigenen Wolfsgalgen oder mit andern Übelthätern, um ihre Schmach zu mehren, und sein todtes Haupt wurde mit einem Haselstock aufgesperrt.

Lieder in verschiedenen Sprachen geben die Klage des vielgeplagten Hasen. Das deutsche dieses Inhalts ist mir nur im Texte neuerer Flugblätter zugänglich. Der Dichter hört ein Häslein, das mit einem Auge zum Strauße herausguckt, jammern: wie es vom Jäger gehetzt und vom Windspiel erschnappt, über den Rücken des Waidmanns geworfen und auf dem Markte um halbes Geld verkauft, vom Koch ausgezogen, gebeizt, gespickt, unhöflich von hinten an den Spieß gesteckt, an glühender Kohle mit Fett begossen, dann aufgetragen und zerschnitten, sein Gebein aber weggeworfen werde, daß kein Hahn mehr nach ihm krähe. Einem kleinen lateinischen Lied aus dem westphälischen Kloster Lisborn, um 1675, in derselben Reimweise, wie das deutsche, mag eine ältere Fassung des letztern zu Grunde liegen. Der Refrain ist: Was that ich den Menschen, daß sie mich mit Hunden verfolgen? Ich war weder im Garten, noch fraß ich Kohl, mein Haus ist der Wald, wenn ich auf die Berge laufe, fürcht' ich die Hunde nicht, komm' ich zu Hofe, so freut sich der König, nicht ich, wenn die Könige mich verspeisen, so trinken sie Wein über mir. [92]

Weitschweifig und im Strophenbau ausgedehnt ist das Hasenlied auf neueren niederländischen Volksblättern, doch trägt es Spuren einer einfacheren Grundlage, die mit dem lateinischen stimmte; so rühmt sich das Häschen auch hier, daß es den Hunden zu schnell sei, wenn es den Berg hinauflaufe und daß über ihm der Adel den kühlen rheinischen Wein trinke. [93] Die englische Hasenklage, aus einer Handschrift des 15ten Jahrhunderts, ein Lied mit Stab- und Endreim, schildert nur, wie das arme Thier von den Jägern verfolgt und im Winter selbst von den Weibern aus dem Heu gehetzt wird, mehr nach Art der Wolfsklage. [94] Im polnischen Liede sitzt der Hase am Wiesenrain und schreibt sein Testament; darin heißt es:

> Der Gärtner klagte mich zwar an,
> daß ich die Bäumchen ihm zernagt,
> ich aber saß im Kohlgefield,
> aß ein Blättchen nach dem andern wie ein Herr. [95]

Da lärmen Jäger und Hunde heran, das Häschen aber flieht in den Wald und hebt die Blume auf den Feind.⁹⁶ Ein Festgericht war in Frankreich und England der Schwan und in letzterem Lande wurden auf ihn, wie im heidnischen Norden auf den Eber, Gelübde abgelegt.⁹⁷ Das Klagelied des gebratenen Schwans, lateinisch, steht in einer Münchner Handschrift des 13ten Jahrhunderts: „Einst hatt' ich Seen bewohnt, einst war ich schön, als ich noch ein Schwan war; Armer, Armer, nun schwarz und gebrannt! (Dieser Weheruf bildet den Kehrreim.)⁹⁸ Mich dreht und dreht der Bratenwender, mich schneidet der Truchsäß auf, mich brennt der Holzstoß. Lieber wollt' ich in Wassern leben, stets unter bloßem Himmel, als in diesen Pfeffer untergetaucht werden. Weißer war ich als Schnee, schöner denn jeder andre Vogel, jetzt bin ich schwärzer als der Rabe. Jetzt lieg' ich auf der Schüssel und kann nicht fliegen, knirschende Zähne seh' ich."
Schlichteren Naturlaut hat das slowakische Liedchen, worin die Wildente, vom jungen Schützen im Fluge getroffen, mit abgeschossenem Flügel und Fuß, um ihre Kindlein klagt, die auf dem Steine sitzend trübes Wasser trinken und feinen Sand essen.⁹⁹

Diese Liedergattung, die Thierklage, hängt zusammen mit einer vielfältig sich äußernden Ansicht und Gesinnung, wonach jenen Geschöpfen, auch den wildesten, ihr bestimmter Antheil an den Gütern der Erde und deshalb, besonders in der Noth, ein Anspruch an die besser gesegneten Menschen zukam, welchen zu gewähren für löblich und fromm, ja sogar in Folge einer abergläubischen Furcht vor dem dämonischen Wesen der Thiere für ein nothwendiges Opfer galt. Nicht umsonst behauptet der Wolf in seiner Klage (V. 67 ff.), ihn habe Gott so wohl erschaffen, als den Pfaffen und den Edelmann. In einer Sammlung alter Aberglauben, vom Jahr 1637, wird gesagt: wenn man aus einem großen Hofe, da viel Schafe ausgehn, nach Bezahlung der Zehendlämmer, nicht auch dem Wolfe sein Lamm sende, so werd' es selbst nehmen, wie fleißig man hüte.¹⁰⁰ Der Ebbamythus von Thiassi läßt den Adler, der in der Eiche sitzt, seine Sättigung von dem Ochsen, der dort gesotten werden soll, verlangen, was ihm auch zugestanden wird (Sn. Edd. 80. Sagenforsch. I, 114.), und so muste nach alter nordfranzösischer und englischer Jagdregel bei der kunstgerechten Zerlegung des Hirsches auch dem Raben, der auf dürrem Aste sitzt, sein

Wilbrecht, das Rabenbein, auf den Baum gelegt werden.[101] Zur Zeit der Haferernte richteten die norwegischen Bauern Stangen mit Ährenbüscheln zum Besten der Vögel auf.[102] Damit wird nun auch eine Stelle der mittelhochdeutschen Erzählung vom Meier Helmbrecht, einer gründlichen Darstellung des Volkslebens in Österreich um die Mitte des 13ten Jahrhunderts, verständlich; der Meier empfiehlt seinem Sohne, der ein Hofmann werden will, die Vorzüge des Landbaus: „Willst du mir folgen, so baue mit dem Pfluge! dann genießen deiner Viele, dein genießt sicherlich der Arme und der Reiche, dein genießt der Wolf und der Aar und durchaus alle Creatur".[103] Sei es auch nur noch Redensart, so muß doch ursprünglich zum Wesen des Ehrenmannes gerechnet worden sein, daß er von seinem irdischen Segen selbst den Wolf und den Adler nicht unbedacht ließ. Dieselbe Ausdrucksweise wird schon auf den alemannischen Grafen Ubalrich, der im 9ten Jahrhundert bei Bregenz wohnte, angewandt: er war so fromm und wohlthätig, daß auch die Vögel seine Heiligkeit fühlten und furchtlos zu seinem Tische herflogen und von seiner Hand Speise nahmen, auch wenn die einen gesättigt wegzogen, die andern zur Sättigung herankamen.[104] Ein lateinisches Gedicht auf den heiligen Wilhelm, Abt zu Hirsau in der zweiten Hälfte des 11ten Jahrhundert, berichtet erst, wie derselbe auf dem Wege von Nagold (Nagalthe flectebat iter etc.), nach dem Beispiel Sanct Martins, seinen Rock an zwei Bettler vertheilt habe, und fügt dann bei: er habe ja oft zur Winterszeit, wenn die Felder von Schnee starrten, die Vögel gefüttert, seine Scheunen des Hafers beraubend.[105]

Den Almosenspendungen der heiligen Mathildis, Wittwe des deutschen Königs Heinrich I., wird beigezählt: sie habe täglich den Hahn gefüttert, der das Tageslicht verkündige und die Gläubigen zum Dienste des Herrn erwecke, auch habe sie der Vögel nicht vergessen, die zur Sommerzeit in den Zweigen singen, indem sie Brodkrumen unter die Bäume zu streuen befohlen[106]; die Vögel werden hier für ihre guten Dienste belohnt. Als guter Minnesänger und seines Namens gedenk, hat Walther von der Vogelweide für die Vögel gesorgt, wie von ihm eine Chroniksage meldet: im Gange des Neuenmünsters (zu Würzburg), gewöhnlich Lorenzgarten genannt, sei Walther unter einem Baume begraben, er habe in seinem Testamente verordnet, daß man auf seinem Grabsteine den Vögeln Waizenkörner und Trinken gebe, und, wie noch zu sehen sei, hab' er in den Stein, unter dem er begraben liege, vier Löcher machen lassen zum täglichen Füttern der Vögel; das Kapitel des Neuenmünsters aber habe dieses Vermächtniß für die Vögel in Semmeln verwandelt, welche an Walthers Jahrestage den Chorherrn gegeben werden sollten und nicht mehr den Vögeln.[107]

Wenn in altnordischer Dichtersprache der Winter Angst, Noth, Elend der Vögel genannt wird[108], so ist dieß nicht für bloßen Redeschmuck anzusehen, Ursprung und Fortgebrauch dieser Bezeichnungen setzen ein Gefühl für das Schicksal der bedrängten Geschöpfe voraus, das gleiche Gefühl lebt auch noch in mittelhochdeutschen Dichtern, wenn sie, herkömmlich den Winter schildernd, die Noth der Vögel bemitleiden. „Seit so ungelaubet steht der Wald, wo nehmen die Vögel Dach?" singt Alram von Gresten.[109] Dieselbe Frage beim Fallen des Laubes in einem erzählenden Gedichte Heinzelins von Konstanz: „Wo nehmen nun die Vögel Dach? da man sie heuer sitzen sah, da stiebet nun der kalte Schnee; wo sollen sie bleiben sonder Stube und ohne Feuer? und hätten sie's vorher gewust, was sie noch erleiden sollten, sie hätten viel Gesanges unterlassen."[110] Gehören auch solche Äußerungen nur zum Beiwerk, so sind sie doch immerhin empfunden und noch in der beiläufigen Bedachtnahme auf die Winternoth der Vögelein wirkt nachhaltig der alte, fromme Natursinn.

Gleich den Tugenden der Freigebigkeit und des Erbarmens hat auch der Ruhm der Gerechtigkeit in der Beziehung auf die Thierwelt einen Ausdruck gefunden. Der vollkommene Kaiser oder König, als oberster Verwalter des Richteramts, spricht sagenhaft auch den Thieren Recht. Den verfolgten Wolf hörten wir klagen, daß der Kaiser Friedrich ihm kein Gericht bestelle. Gewissenhafter war Kaiser Karl. Er ist dem deutschen Mittelalter Urhab und Vorbild aller Gesetzgebung und Rechtspflege. Karls Recht, Karls Loth, waren sprichwörtlich.[111] Man erzählte von seinem Scharfsinn in schwierigen Rechtshändeln[112] und wie er auch die verworfensten Thiere nicht von seinem Gerichte ausschloß. Als er einst zu Zürich verweilte, ließ er eine Säule mit einer Glocke und einem Seile daran errichten, damit es jeder ziehen könne, der Handhabung des Rechts forbre, wann der Kaiser am Mittagsmahl sitze; eines Tags erklang die Glocke, doch wurde niemand beim Seile gefunden, es schellte von Neuem und nun sah man, daß eine große Schlange die Glocke zog; Karl stand auf und wollte dem Thiere, nicht weniger als den Menschen, Recht sprechen. die Schlange führte ihn an das Ufer eines Wassers, wo auf ihrem Nest und ihren Eiern eine übergroße Kröte saß; Karl untersuchte und entschied den Streit der beiden Thiere dergestalt, daß er die Kröte zum Feuer verdammte und der Schlange Recht gab; diese kam bald darauf wieder an den Hof, hob den Deckel von einem Becher, der auf dem Tische stand, und legte aus ihrem Mund einen kostbaren Edelstein; an der Stätte des Schlangennestes ließ Karl die Wasserkirche bauen.[113] Denselben Vorgang verlegen die Gesta Romanorum (c. 105.) unter die Herrschaft des Kaisers Theodosius, auch eines Gesetzgebers, und lassen ihn durch den Edelstein von der Blindheit geheilt werden. Im Roman von den sieben Meistern schreien drei Raben Tag und Nacht über dem Haupt eines Königs, der ihnen, so sehr es ihn belästigt, doch kein Leid zufügen will; ein Knabe, der die Sprache der Vögel versteht, wird vor den versammelten Hof gebracht und während die Vögel in den Ulmen über dem Sitze des Königs schreien, erklärt er ihr Anliegen so: es sind zwei Raben und eine Rabin, mit dieser hat der große Rabe dreißig Jahre in Frieden gelebt, als aber fernd theure Zeit einfiel, verließ er sie und suchte anderswo seine Nahrung, die Verlassene wandte sich in ihrer Armuth an den andern Raben, der ihr auch aushalf und sie zur Genossin nahm, nun ist der alte Rabe zurückgekommen und seiner Frau wegen zornig, allein Jener will sie nicht wieder abgeben, vielmehr seinen Anspruch im Rechtswege behaupten, und darüber gehen sie den König um richterliches Urtheil an. Der König bringt die Sache sogleich vor seine Ritter und Bürger und einstimmig wird das Urtheil gefällt, daß der verloren haben solle, der in böser Zeit sein Weib verlassen. Als die Raben dieses hören, fährt der alte hinweg, indem er einen Klageschrei ausstößt, die beiden andern fliegen fröhlich von dannen.[114] Aber nicht bloß in der Sage stehen die Thiere vor Gericht. Wenn in der früher angeführten Fabel der Pfaffe für seinen Streit mit dem Wolfe sich den Richterspruch des Bären gefallen ließ, so erfordert die Gegenseitigkeit, daß auch die Thiere den Gerichtszwang der Kirche anerkennen. Die Bischöfe von Chur und Lausanne, auch nach des letzteren Vollmacht der Leutpriester zu Bern, sprachen im 15ten Jahrhundert den Kirchenbann über schädliche Thiere: Raubfische, Erdwürmer, Heuschrecken, Mäuse;

selbst noch im Jahre 1772 wurden Wölfe gebannt. Aber jene Bann=
sprüche setzten strenge Beobachtung der landüblichen Rechtsform voraus:
die Vorladungen sollten an Wassern, auf dem Feld und in Weingärten
verkündigt, einige Thiere vor das Landgericht gebracht, ihr Fürsprecher,
wie der des Volkes, gehört und nach genau eingehaltenen Fristen unter
feierlichem Gebete die Geschöpfe Gottes, weil doch jedes seinen Platz
haben müße, in wildes Gebirg gebannt werden. [115] Ein solches Ver=
fahren fand auch 1519 vor dem Richter von Glurns und Mals in
Tirol wider die Lutmäuse (Feldmäuse) statt, wobei für die Abziehenden
sicheres Geleit vor Hunden und Katzen begehrt, auch den Trächtigen
und den ganz kleinen Mäuschen ein Aufschub von vierzehn Tagen be=
willigt wurde. [116]

Vögel und Waldthiere waren in ihrer Winternoth zunächst den
armen Leuten gestellt, die Armen der Wildniß. Es kommt aber eine
Zeit, wo es hoch bei ihnen hergeht; im grünen, dichten Walde, sicher
und wohlgenährt, halten sie lustige Wirthschaft, die nach dem Bild eines
menschlichen Hochzeitsfestes dargestellt wird und wobei den einzelnen
Thieren, theils nach ihrer Gestalt und Eigenschaft oder in scherzhaftem
Widerspruche mit diesen, theils auch in spielender Willkür oder nach
Laune des Reimes, die Rollen zugetheilt sind. Diese Thierhochzeiten
bilden wieder einen ansehnlichen Liederstamm. Die Hochzeit des Wolfes
ist litthauisch besungen: Der Bär kommt angefahren mit einem Fasse voll
Alus, um dem Wolfe Hochzeit auszurichten; das Stachelthier ist Freiers=
mann, der Fuchs Brautführer und der Hase muß den Wagen führen;
der Iltis braut den Alus, der Sperling rührt den Maisch und der Kukuk
trägt den Hopfen herbei; der Stier haut das Holz, der Hund wäscht
die Töpfe, der Kater fängt das Fleisch zusammen; der Storch macht
Harfenspiel, der Bär bläst Posaune, der Wolf, der fröhliche, führt die
Ziege zum Tanze: „Wenn mit gutem Willen, — sagt er — werd' ich
mit der Muhme tanzen, wenn mit bösem, werd' ich sie zerreißen."
„Und aus deinem Fell — erwidert sie — wird ein Pelz dem Hirten
werden, der mich hütet bei Klee und Hafer." [117] Die Bewerbung des
Wolfes um die Geis ist auch sonst eine verdächtige, in einer mittel=
hochdeutschen Erzählung sucht er sie vom Reise herabzulocken, wird aber
von ihr betrogen. [118] Seine Heirath mit dem Lamme ist alssprichwört=
licher Ausdruck für eine niemals kommende Zeit. [119]

Dem Fuchse bestellt ein lettisches Volkslied die Hochzeit: „Lustig auf, ihr kleinen Vögel! ich will eine Braut mir nehmen; der Staar soll uns die Pferde satteln, denn er hat einen grauen Mantel; der Biber mit der Mardermütze muß unser Fuhrmann sein; der Hase mit den leichten Füßen, der muß den Vorreiter machen; die Nachtigall mit heller Stimme muß die Lieder singen; die Elster, die beständig hüpft, muß uns die Tänze ordnen; der Wolf mit seinem großen (Horn) Rachen muß uns die Dudelpfeife spielen; der Bär mit seinen großen Tatzen muß das Holz zerspalten; der Rabe mit dem krummen Rücken muß das Wasser tragen; die Schwalbe mit der schwarzen Schürze muß die Geräthe waschen; das Eichhorn mit dem dicken Schweife muß den Tisch abwischen; der Fuchs mit seinem hellen Kleide darf bei der Braut allein nur sitzen." [120] Aus dem Munde der Wenden im Lüneburgischen ist ein Lied genommen, worin die Hochzeit der Eule mit dem Zaunkönig ausgerichtet werden soll, aber keines die ihm angewiesene Stelle übernehmen will. Die Eule selbst sagt: „Ich bin eine sehr gräßliche Frau, kann die Braut nicht sein!" und der Zaunkönig: „Ich bin ein sehr kleiner Kerl, kann nicht Bräutigam sein!" so nacheinander die Krähe, als Brautführer aufgerufen, der Wolf als Koch, der Hase als Einschenker, der Storch als Spielmann; nur der Fuchs, zum Tische bestimmt, will dazu seinen Schwanz voneinander schlagen lassen. [121] Mit der Eule will es sich auch beim litthauischen Gastmahl des Sperlings nicht gut schicken: Dieser hat Alus gebraut und alle Vögel zu Gaste geladen, er führt die Eule zum Tanz und tritt ihr auf die Zehe, da eilt sie vor Gericht, er aber in den Zaun. [122]

Norwegisch und dänisch finden wir die Hochzeitfeier zwischen Raben und Kranich ausführlich im Liede geschildert: weit östlich im Krähenholz, da ist ein schöner Weiler, alle Thiere, die in der Welt sind, sammeln sich dort; der Bär, der vornehmste Bursch im Walde, sitzt nachdenklich am Abhang; soll er schwimmen über die breite Bucht, da werden ihm die Hosen naß, rathlos hat er die ganze Nacht geklagt, ihn trägt kein Boot, eine Schüte muß er entlehnen, zur Hochzeit im Wald, in den Rabenweiler, ist er geladen, Rabe soll Bräutigam sein, Kranich die Braut, der Bär Küchenmeister; gelaufen kommt der Wolf, eiligst wie ein Pfeil, denn er soll Glöckner im Walde sein; geflogen kommt der Storch mit seiner langen Nase, er geht und stochert am Bach, als er das Eichhorn hört, das im Walde die Querpfeife bläst; nach einander kommen Vögel und andre Thiere herbei, ihr Amt zu übernehmen oder Spenden zum Brautmahl zu bringen; so gibt der Kater eine Maus, der Habicht ein Küchlein, der Adler ein Wiesel, der Fuchs allerlei Gekröse; zwar meint die Krähe, gestohlne Kost brauche man nicht, der Bräutigam aber findet, daß wohl noch Mangel sei; die Otter einen aufgeschnappten Fisch, der Kuckuk eine Nuß u. s. f., der Sperling soll Trinken herbei schaffen, und bringt ein Malzkorn; der Hahn bringt ein Roggenbob und ist Sangmeister; der Wolf steht an der Kirchthür, auf sein Schwert gestützt [123], da sieht er den Strand herab einen schönen Vögelzug, die Braut tritt einher mit ihren hohen Beinen, der Reiher mit seinem langen Hals ist ihr Geleitsmann, Bachstelzen (Steindolpen, vgl. Lex. isl. 330b.) schlagen die Trommel; der Wolf soll Glöckner sein und kann nicht läuten, das Kalb ist Priester und liest einen schönen Text; nun beginnt es Abend zu werden, das Brautbett ist bereit, das herrlichste Gras im Walde [124]; Bräutigam und Braut setzen sich auf den Hochsitz mitten unter ihre Gäste; der Sperling setzt sich zu oberst, er dünkt sich nicht klein zu sein, die Elster soll einschenken, aber sie kann sich nicht auf dem Estrich drehen vor ihrem langen Schwanz, Eule, Fleischmeise und Dohle ziehen die Klingen gegen einander, der Bär trinkt einen Rausch; Rabe nimmt seine Braut in den Arm und jedes zieht nach seinem Heimwesen; gieng es ihnen nicht wohl auf dieser Fahrt in den Rabenweiler, so lasse doch Gott es uns ewiglich wohlergehn! [125]

Bis hieher ist noch der rauhe Wald voriger Zeiten und nördlicher Länder Schauplatz der Thierfeste, Wolf und Fuchs sind die Hochzeiter oder doch sonst bei der Feier geschäftig, selbst der ehrwürdige Bär kommt herangeschifft; beim Gastgebote des Sperlings sind zwar nur die Vögel versammelt, aber auch hier, wie im wendischen Lied, ist die gräßliche Eule Hauptperson. Dagegen sind die zwei deutschen Stücke dieser Gattung, luftig und frühlingsheiter, ganz im Reiche der Vögel gehalten (s. Volksl. Nr. 10). Weniger feste Gestalten und Gruppen, keine so gründliche Festordnung und Bestellung des Schmauses, mehr Geflatter, spielender Scherz und Reimklang; dabei aber stets noch Handlung und persönliches Leben, weit hinaus über die allgemeinen Züge der sommerlichen Vogelwonne in den Minneliedern, wo nur etwa vom stolzen Waldgesinde

gesprochen wird [126], oder, am nächsten herankommend, Wolfram von
Eschenbach die Vögel zur Maienzeit ihre Kinder mit Gesange wiegen
läßt. [127] Die beiden volksmäßigen Stücke haben Eine Form und Anlage und treffen im Einzelnen oft wörtlich zusammen, gehen aber auch,
nicht bloß in gleichgiltigen Zügen, auseinander. In dem einen bringt
der Habicht dem fischenden Reiher und dem Storche die neue Mähre,
daß dort vor jenem Holz eine Vogelhochzeit sei, Amsel der Bräutigam
und Drossel die Braut, einen Rautenkranz tragend. Das andre, schon
auf einem fliegenden Blatte um 1530, nennt viel sinniger Frau Nachtigall als Braut und den Gimpel als Bräutigam, eine Verbindung,
die in allen Zeitaltern vorkommt und dem Liebe zu besondrer Würze
dient. Die Drossel hat nach dieser Fassung vor dem grünen Walde
gekuppelt und die Amsel lobt mit ihrem schallenden Gesange die Braut [128];
der schwarze Rabe ist Koch, was man noch an seinen Kleidern sieht,
die Elster bringt der Braut die Hoffspeise, der Finke trägt ihr zu trinken;
der Pfau führt sie zum Tanz und der Hahn führt den Reigen; der
Emmerling bringt ihr den Mähelring; der Sittich ist als fremder Gast
auf die Hochzeit geladen; die Turteltaube [129] bringt der Braut eine
grüne Schaube (Frauenmantel von Laub), die Gans führt ihr den
Kammerwagen, die Ente leitet. Einiges hievon ist der erstgedachten
Darstellung gemeinsam, eigenthümlich ist ihr, daß der Kuckuk geigt und die
Laute schlägt, daß man den Rothkopf zu tobt trinkt, daß der Auerhahn
vorn am Tanze sein will, das Ganze ist hier bis zur doppelten Strophen-
zahl erweitert, namentlich durch gehäuftes Reimspiel auf die Namen der
Vögel, was sich oft drollig genug ausnimmt, aber auch von späterer
Fortführung des im einfacheren Liede angeschlagenen Tones zeugt.

Am Schluß einer Aufzeichnung heißt es: wer dieß nicht glauben
wolle, soll selbst zur Hochzeit kommen; und wirklich gehört es zum
Verständniß eines solchen Scherzliedes, hinauszugehn in den frischer-
grünten Wald, zu sehen und zu hören, was da für ein Leben ist, für
ein Flattern und Gaupeln, Rauschen und Jagen im lichten Gezweig
und durch die unsteten Schatten, welch vielstimmiges Singen, Zwitschern, Girren und dazwischen ein seltsamer Lachruf, ein wilder Schrei
aus dem tieferen Walde. [130]

Zwei kleine Thiere sehr verschiedener Natur, der Frosch und die
Maus, sind schon in Dichtungen der alten Welt zusammengeführt. Der

altgriechische Gesang vom Kriege der Frösche mit den Mäusen, gibt diesem heftigen Kampfe folgenden Anlaß: als einst der durstige Sohn des Mäusefürsten den zarten Bart an einen Teich legt, wird er vom König der Frösche eingeladen, dessen gepriesene Wohnung zu besichtigen; er steigt auf den Rücken des Gastfreunds, umfaßt den Hals desselben und wird so, bald freudig, bald angstvoll, von dem Schwimmenden hingetragen, plötzlich bäumt eine Wasserschlange sich auf, der Frosch taucht unter, der Mausjüngling aber geht jämmerlich zu Grunde und droht noch sterbend mit der Rache seines Volkes, die nun auch mächtig über das Heer der Frösche hereinbricht.[131] Dem Lehrzwecke der äsopischen Fabel hat sich die Sache so gestaltet: die Maus bittet den Frosch, ihr über das Wasser zu helfen, der Frosch bindet sein Hinterbein an ihren Vorderfuß und schwimmt mit ihr bis in die Mitte des Flusses, hier taucht er unter und will sie treulos hinabziehn, ein Habicht erblickt die ringende Maus, hascht sie und zieht zugleich den angebundnen Verräther mit sich. In der Litteratur des Mittelalters kommt diese Fabel häufig vor[132], deutsch in Boners Edelstein und schon früher[133], altfranzösisch, jedoch aus dem Englischen übersetzt, in eigenthümlicher Ausführung, bei einer Dichterin des 13ten Jahrhunderts: eine Maus, die ihren Haushalt in einer Mühle hat, sitzt eines Tags auf der Thürschwelle und putzt ihre Barthaare; ein Frosch kommt vorüber und fragt: ob sie die Frau vom Hause sei, als die sie sich benehme? Die Maus bejaht es, könne sie doch ringsum in allen Schlupfwinkeln herbergen und sich erlustigen; sie ladet ihn ein in der Mühle zu übernachten, es soll ihm an Mehl und Korn nicht fehlen; als sie ihn nachher fragt: was er von ihrem Essen halte? bemerkt er, wenn es nur auch gewässert wäre, und beredet sie, nun ihm in seine Wohnung zu folgen, wo alles Guten die Fülle sei[134]; sie geht mit ihm, aber die Wiese ist so voll Thaues, daß die durchnäßte Maus zu ertrinken fürchtet und umkehren will, doch er nöthigt sie weiter zum Flusse, wo sie weint, daß sie nicht schwimmen könne; nun binden sie sich zusammen, er will mit ihr untertauchen, der Raubvogel holt beide, weil aber der Frosch wohlbeleibt und groß ist, verzehrt er diesen und läßt die Maus laufen.[135] Die lehrhafte Nutzanwendung bleibt auch hier nicht aus, doch ist eine Umkehr der Lehrfabel zur absichtsloseren Darstellung der Thierwelt, in der Weise des Frösch- und Mäusekriegs, bereits eingetreten. Durchaus märchenhaft aber sang man in England und Schottland von der Hochzeit des Frosches und der Maus. Nach dem englischen Lied, aus einer musikalischen Sammlung von 1611, reitet der Frosch auf Brautwerbung, Schwert und Schild an der Seite, hoch zu Roß in pechschwarz glänzenden Stiefeln; vor der Mühle ruft er, ob die Frau Maus drinnen sei? Die staubige Maus kommt heraus, stellt sich als Frau vom Hause vor und gibt dem Freier ihre Geneigtheit zu erkennen. Hierauf zieht er einen feinen Heller (furthing) heraus und heißt Brot und Wein holen. Herr Ratte soll die Trauung vornehmen und sie haben zum Abendessen drei Bohnen in einem Pfund Butter. Als sie im besten Essen sind, kommt der schlaue Gib (Gilbert), unser Kater, herein und packt die Maus am Genick. Der Frosch hüpft über den platten Boden, da kommt der gefräßige Dick (Richard), unser Entrich, und schleppt ihn nach dem Teich; Herr Ratte läuft an der Wand hinauf und verwünscht die saubere Gesellschaft.¹³⁶ Andre Einzelheiten hat das schottische Lied, noch neuerlich in Volksmunde: die Maus sitzt und spinnt in der Mühle, als der Brautwerber geritten kommt; sie setzt ihr Jawort auf die Heimkunft des Oheims Ratte aus. Dieser befiehlt sogleich, die Braut aufzuputzen, und sie setzen sich zu Tische. Da kommt die Ente mit dem Entrich und faßt den Frosch, daß er quiekt. Der Kater kommt mit der Fiedel auf dem Rücken und fragt, ob man Musik brauche? Der Frosch schwimmt den Bach hinab, aber der Entrich erhascht ihn; der Kater reißt Herrn Ratte nieder und die Kätzchen zerkratzen ihm den Schopf, nur die schlanke, kleine Frau Maus kriecht in ein Loch unter der Mauer. „Quiek nur!" spricht sie, „ich bin davon."¹³⁷ Wenn auch die Aufzeichnungen dieses Märchenliedes nicht hoch hinaufgehn, so ist doch Zeugniß vorhanden, daß solches schon um die Mitte des 16ten Jahrhunderts im Schwange war.¹³⁸ Bedenkt man aber, daß die altfranzösische Dichterin Marie, nach ihrer eigenen Angabe, aus englischer Quelle geschöpft hat und daß ihre Erzählung in solchen Zügen, durch welche die äsopische Fabel episch belebt wird, mit der Ballade auffallend übereinkommt, so ergibt sich die Vermuthung, daß schon im 13ten Jahrhundert der Schwank von der Hochzeit des Frosches mit der Maus in England volksmäßig war und nun mit der Lehrfabel in Verbindung kam. Durch sämmtliche Darstellungen, von der altgriechischen an, schreitet das unerbittliche Schicksal, als Wasserschlange und Habicht, als Kater und Entrich. Eigenthümlich der englisch-normännischen Auffassung ist das idyllische Landschaftsbild, die Mühle mit der hausfräulich spinnenden Maus am Teiche, daraus der schmucke Frosch aufsteigt; es spiegelt sich hierin ein menschliches Verhältniß, das gleichfalls Gegenstand des Volksgesangs ist, wie die lose Müllerin, in ihrer Thür stehend, den artigen Fischer lockt, der in seinen Lederstiefeln mit Reitstock und Schnappsack vorüberkommt.[139]

Wie zum Hochzeitzuge, so werden auch zu Leichenbegängnissen die Thiere eingereiht. Eine lateinische Beispielsammlung zum Gebrauche der Prediger, die einem englischen Mönche des 12ten Jahrhundert zugeschrieben wird, erzählt: als der Wolf gestorben, versammelt der Löwe die Thiere und läßt die Bestattung feiern. Der Hase trägt das Weihwasser, Igel die Kerzen, Böcke läuten die Schellen, Dachse graben die Gruft, Füchse tragen den Todten, Berengar, der Bär, hält die Messe, der Ochs liest das Evangelium, der Esel die Epistel; nachdem Messe und Beerdigung ausgerichtet sind, schmausen die Thiere stattlich von der Verlassenschaft des Wolfes und wünschen sich auch eine solche Leichenfeier. Die angehängte Moral führt aus, daß so beim Tod eines reichen Wucherers die Äbte alle Brüder des Klosters versammeln, schwarze und weiße Mönche mit den übeln Eigenschaften vorbenannter Thiere.[140] Mit andrer Rollenvertheilung ist im altfranzösischen Renart dieselbe Ceremonie dem scheintodten Fuchse veranstaltet: Brichemer, der Hirsch, liest die Epistel, Ferrant, der Klepper, das Evangelium, der Erzpriester Bernart, der Esel, singt die Messe, hierauf ersucht der König Löwe Braun den Bär das Grab zu machen, Chantecler, der Hahn, soll das Rauchfaß nehmen, Brichemer und Belin, der Widder, die Bahre tragen, Isengrin das Kreuz, die Ziege mit der Trommel gehn, Ferrant eine wallische Weise auf der Harfe spielen, Coart der Hase, Tibert der Kater und Hubert der Weihe sollen brennende Kerzen tragen, die Mäuse sollen die Schellen läuten[141] und der Affe die Grimasse schneiden. Bernart den Leichnam in die Erde legen, und so geschieht es auch mit großer Feierlichkeit; als aber Renart zugedeckt werden soll, schlägt er, aus der Ohnmacht erwachend, die Augen auf, springt mit gleichen Füßen aus der Grube, faßt mit den Zähnen den Hahn, der das Rauchfaß hält, und entläuft ins Gehölze.[142] Mit dieser Darstellung des Todtenamts und Leichenzugs stimmen in der Hauptsache die Steinbilber, die im Straßburger Münster der Kanzel gegenüber in der Höhe ausgehauen waren, aber 1685 weggemeißelt wurden: der Hirsch am Altar lesend, hinter ihm der Esel aus dem Meßbuch singend, das ihm der Kater hält; der Bär mit Weihkessel und Sprengel an der Spitze des Leichenzugs, nach ihm der Wolf mit dem Kreuze, der Hase mit der Kerze, Eber und Bock den schlafenden Fuchs auf der Bahre tragend, unter ihnen der Affe.[143] So hat dieses Stück der Thierfabel in der Baukunst Stätte gehabt, ein Volkslied von der Bestattung des Wolfes oder des Fuchses ist in deutscher Sprache so wenig als in andern aufgefunden. Die Leichenbegängnisse sind auch im Verhältniß zu den Hochzeiten der Thiere die abgeleitete Form; erscheinen jene urkundlich früher, so spricht für den Vorgang dieser nicht bloß ihr alterthümliches Gepräge, besonders in den Liedern aus nördlichen Ländern, sondern auch die innere Beschaffenheit beider Arten, die Hochzeitlieder haben sichtlich ihren Ursprung in der Anschauung des lustigen Lebens im Walde, zu dessen heiterer Darstellung die menschlichen Gebräuche, selbst mit der kirchlichen Trauung, das Mittel abgeben, den Bestattungen konnte kein so unmittelbarer Eindruck aus der Thierwelt zu Grunde liegen, bei ihnen ist der Contrast des thierischen Wesens mit den Feierlichkeiten der Kirche die Hauptsache, und wenn dort nur die menschlich aufgestutzten Thiere sich drollig ausnehmen, so war hier ein satirischer Rückschlag auf den Thiermenschen im Priesterrocke nicht vermeidlich, was in der mönchischen Auslegung selbst lehrreich hervorgekehrt ist. Gleichwohl fehlt es der Beerdigung des scheintodten Fuchses nicht durchaus an einem naturgeschichtlichen Anlaß. Schon im Alterthum wurde geglaubt, dann auch von Kirchenvätern und der Geistlichkeit des Mittelalters, mit Anwendung auf die Truglist des Teufels, erzählt, daß der Fuchs sich todt stelle, um die herbeifliegenden Vögel zu haschen.[144]

Lieblinge des Lieds sind die Vögel, besonders die kleinern gesangkundigen. Haben die Lieder von der Hochzeit das ganze befiederte Geschlecht zusammengefaßt, so sind andre einzelnen Zugehörigen desselben eigens gewidmet. Der kleinste von allen, der Zaunkönig, ist vorzüglich auf den britischen Inseln besungen, und zwar in zweifacher Richtung. Einmal als freundliche Erscheinung im Winter, denn zu dieser Zeit haben sich die verschiedenen Arten der Zaunschliefer aus den Wäldern in die Gärten gezogen und lassen auch dann ihre Lockstimme hören. In Südirland tragen an St. Stephans Tage die jungen Dorfbewohner von Haus zu Haus einen Stechpalmenbusch, mit Bändern geschmückt, von welchem mehrere Zaunschlüpfer herabhängen [145]; diese Zaunkönigjungen (wrenboys), wie sie sich nennen, singen unter Anderm: „Der Zaunschlüpfer, der Zaunschlüpfer, der König aller Vögel, ward an St. Stephans Tag im Pfriemkraut gefangen, ist er auch klein, sein Geschlecht ist groß, ich bitt' euch, gute Edelfrau, gebt uns ein Mahl! — sing Hulst, sing Epheu! sing Epheu, sing Hulst!" [146] So knüpft sich dieses Umsingen an das früher (S. 26 f.) besprochene Weihnachtlied von Epheu und Hulst und wie in letzterem befinden sich die kleinen Singvögel, hier wirklich mitaufgeführt, auf der Seite des lichtgrünen Hulstes. Ein plattdeutscher Kinderreim läßt den Zaunkönig, Grootjochen, seine Winterklage zwitschern: „Piep, piep! wie kalt ist der Reif, wie dünn ist mein Kleid, wie undicht mein Bett, wie lang ist die Nacht! wer hat das wol dacht?" [147] Nach einer andern Seite wird die Kleinheit des Zaunkönigs ins Auge gefaßt und mit den hochstrebenden Einbildungen und Unterfangen, die man ihm beimißt, in komischen Gegensatz gebracht. Schon bei Aristoteles heißt er der Widersacher des Adlers und Plinius sagt, Adler und Zaunschlüpfer seien in Zwiespalt, weil dieser König der Vögel genannt werde; wirklich wird er in griechischer und lateinischer Benennung, wie in altdeutscher, als Königlein ($\beta\alpha\sigma\iota\lambda\iota\sigma\kappa o\varsigma$, regulus, regaliolus, kunigli, Hoffmann althochd. Gl. 5, 12. D. Gramm. III, 363) bezeichnet. Geilers Postill spricht von ihm als dem „Zunschlipferlin, das sich wider den Adler strüßet." [148] Den Königsnamen veranlaßte wahrscheinlich der goldfarbne Reif um den Kopf des schmucken Sommerzaunkönigs, der deshalb auch Goldhähnlein heißt, in Verbindung mit der Lust am Widerspiel. Diese phantastische Lust ließ es aber nicht beim Namen bewenden, eine Fabel, die noch neuerlich in der brandenburgischen Mark und in Pommern lebt, aber auch in Irland bekannt ist, erzählt: wie die Vögel übereinkommen, daß der ihr König werden solle, welcher am höchsten fliege, wie beim Beginn des Wettflugs der Zaunkönig, von Keinem gesehen, in die Federn des Storchs schlüpft, wie dann, nachdem die andern alle ermüdet gesunken, nur Adler und Storch aushalten und sich lange den Flug streitig machen, bis endlich auch der Storch sinkt und nun der Zaunkönig, mit ungeschwächter Kraft seinen Versteck verlassend, mit dem Adler sich mißt, den ermatteten überfliegt und König wird.¹⁴⁹ Nach einem Hausmärchen aus Hessen kündigt der Zaunkönig dem Bären, der seine Kinder unehrlich gescholten hat, den Krieg an und beruft alles, was fliegt, nicht allein die Vögel, sondern auch die Mücken, Hornissen und Bienen, während der Bär die vierfüßigen Thiere heranführt, diese werden jedoch durch eine Kriegslist der kleinen Gegner zum Fliehen gebracht und der Bär muß den jungen Zaunkönigen Abbitte thun.¹⁵⁰ Beide Märchen spitzen sich darauf zu, daß die Schlauheit des Kleinen über die Stärke des Großen siegt, aber ihre Unterlage haben sie doch in der Vermessenheit des winzigen Vogels, die nun weiter in Fabel und Lied ruhmrednerisch aufspielt. Die schon angezogene lateinische Beispielsammlung des englischen Mönchs besagt: es gibt eine Art Zaunkönig, nach dem heiligen Martin benannt, mit sehr langen und dünnen Beinen; dieser Vogel saß eines Tags auf dem Baum und rief in der Fülle seines Hochmuths plötzlich aus: „Mich kümmerts nicht, wenn auch die Himmel fallen, denn mit Hülfe meiner starken Beine werd' ich im Stande sein, sie zu halten." Eben fiel ein Laub auf den närrischen Prahler, der alsbald in großem Schrecken hinwegflog und schrie: „O heiliger Martin, heiliger Martin, hilf deinem armen Vogel!"¹⁵¹ In einem elsäßischen Kindermärchen meint ein kleines Huhn, dem ein Kirschenstiel aufs Schwänzchen fiel, der Himmel wolle zusammenfallen, und zieht alle Thierlein die ihm begegnen in seine hastige Flucht hin.¹⁵² So bilden sich die Kleinsten ein, daß bei ihnen der große Weltbruch anhebe. An die Stelle des Zaunkönigs tritt in einem nordschottischen Volksliede das Rothkehlchen (Robin Redbreast): Robin hob sich von der Erde und stieg auf einen Baum: „O hätt ich einen Schreiber, meinen Willen zu schreiben, eine Weile bevor ich sterbe! Ich habe gebaut an jenem schönen Bachufer mehr denn breitausend Jahr und gerne möcht' ich mein Testament machen, wenn mein Grundherr mich hören wollte." „Sag an, sag an, mein hübscher Vogel, was du mir hinterlassen willst! denn solch ein Vogel, wie du, Robin, saß nimmer auf dem Strauche." „Ich laß' euch meine hübsche Haube, meine lange schmale Hirnschale, daß ihr daraus euern rothen Wein trinkt; ich laß' euch meinen hübschen Schnabel, der das Korn zu picken (to stue the corn) pflegte, er sei euch ein tutend Horn; ich laß' euch meine gute zwei Augen, die gleich Krystall sind, sie werden leuchten im Frauengemach, wenn das

Tageslicht erloschen ist; ich laß' euch meine zwei lange Rippen zu Schwibbogen (kipples) für eure Halle; ich laß' euch mein eines Bein (my thee leg), es wird euch Pfosten und Pfeiler sein und dauern dieß hundert Jährchen; ich laß' euch mein andres Bein, es wird euch ein Pfosten und Pfeiler sein und dauern immer und ewig; ihr sollt anjochen fünfmal zwanzig Ochsenwagen und mich zum Hügel führen, auch meine Hintersaßen (inmates) wohl behandeln und ben Armen die Fülle geben." Der arme Robin hat sein Testament gemacht auf einem Schober Heu, doch herbei kam der gierige Weih und riß ihn gar hinweg; dann kam herzu das bekümmerte Goldhennlein und erhob schwermüthige Wehklage: „Jede Frau hat ihren Herrn, aber mein guter Herr ist dahin!"[153] Wenn hier das Rothkehlchen zum Prahler gemacht und die Trauer um den Todten, die sonst jenem zukommt, dem Zaunschlüpfer übertragen, mithin ein Rollentausch vorgegangen ist, so mag dieß daher rühren, daß der Name des letztern eher, als Robin, weiblich genommen[154] und für die trauernde Wittwe verwendet werden konnte, denn es ist Zeugniß vorhanden, daß auch ein Testament des Zaunkönigs gesungen ward.[155] Mehrseitig verweben sich die lateinischenglische Erzählung und das schottische Lied mit früher betrachteten Thierfabeln; auch die vom Wolfe gefangene Gans hat den heiligen Martin zum Nothhelfer[156], das Häslein im polnischen Liebe schreibt selbst sein Testament, der Weihe stößt ebenso hernieder in den Geschichten von Frosch und Maus. Merkwürdiger ist jedoch, daß die Hyperbel des kleinen Vogels, der mit zahlreichen Ochsenwagen zum Hügel geführt sein will, unter den scherzhaft symbolischen Leistungen des mittelalterlichen Rechts als Antrittsgebühr eines französischen Vasallen erscheint, der seinem Lehensherrn eine Lerche, auf einem Ochsenwagen gefahren und gebunden, zu liefern hatte[157], sowie auch die Beziehung Robins zu seinem Grundherrn (my lanlord) daran gemahnt, daß ein Edelmann in Franken als Lehensabgabe dem Herrn jährlich auf Martini einen Zaunkönig bringen mußte.[158]

Weitere Schwänke lassen den Dünkel des kleinen Geschöpfes beruhen und spielen den Lärmen um Nichts gänzlich auf die Seite des Erwerbers der geringen Beute. So das dänische Lied von der geschossenen Krähe: der Bauer soll zum Walde fahren, da hört er drinnen einen Krähe schreien, er wendet seinen Wagen und fährt eilig heim, er fürchtet, die Krähe möcht' ihn beißen; bleich und roth kommt er zu seinem Weib: „Ich fürchte, die Krähe wird mein Tod, sie haut mir die Augen aus." Das Weib versichert, die Krähe beiße durchaus keinen Mann. Nun läßt er sich den Bogen geben, spannt ihn und schießt die Krähe vom Baume. Guten Nutzen zieht er aus ihr: mit den Beinen achst er seinen Wagen, aus dem Kopfe macht er einen Kirchthurmknopf, aus dem Hals einen Kerbstock, aus den Rippen einen Haublock, aus der Haut zwölf Paar Schuhe, aus der Brust eine Fahrbrücke, aus dem Kamm eine Holzsäge, mit den Federn deckt er sein Haus, aus dem Talg gießt er zwölf Pfund Lichter, aus den Füßen macht er Mistgabeln, aus den Därmen dreht er Glockenseile, aus dem Nabel macht er einen Compaß, das Herz gibt er zum Brautschatz u. dergl. m.; nach andrer Überlieferung baut er aus den Rippen seinem Gutsherrn ein Schiff, so stattlich, als gieng' es in des Königs Flotte, und aus den Därmen dreht er Takel und Tau; reich wird er von der Krähe und thut sich lange gütlich sammt seiner Hausfrau.[159] Im litthauischen Volksgesange schießt der Hausvater einen Sperling, die Söhne schleifen ihn auf dem Schlitten heim, die Töchter rupfen, die Mutter bratet ihn, die Gäste setzen sich an den Tisch und verzehren ihn, und indem sie den Sperling verschmausen, leeren sie fröhlich zwei Fässer mit Alus. Unter den deutschen Handwerksprüchen wird beim Gesellenschleifen der Böttcher für die bevorstehende Wanderschaft folgendes Abenteuer vorausgesagt: der Wandergeselle wird zu einem Wasser kommen, darüber ein schmaler Steg führt, auf dem ihm eine Jungfrau und eine Ziege begegnen; der Steg ist so schmal, daß sie einander nicht ausweichen können, wie soll er es nun machen? er soll die Ziege auf die Achsel nehmen, die Jungfrau unter die Arme, so werden sie alle drei hinüberkommen; die Jungfrau kann er dann zum Weibe nehmen und die Ziege schlachten, denn das Fleisch ist gut auf die Hochzeit, das Leder gibt ein Schurzfell, der Kopf einen Schlegel, die Hörner ein Paar krumme Stecken, die Ohren ein Paar Flederwische, die Augen eine Brille, die Nase eine Sparbüchse, das Maul eine Reißzieche, die Beine ein Paar Bankbeine, der Schwanz einen Fliegenwedel, daß er seiner Frau die Fliegen wehren kann, das Euter eine Sackpfeife, womit er der Frau ein Lustiges aufspielen kann.[160] All dieses Aufbauen und Ausstatten des Hauses, Schiffes, Handwerks, aus den Überresten des Zaunkönigs, der Krähe, der magern Ziege, ist nur der Mikrokosmus des altnordischen Weltbaus, der aus dem Körper des erschlagenen Urriesen so hervorgeht, daß aus dessen Fleisch die Erde geschaffen wird, aus dem Gebeine die Felsen, aus den Haaren Bäume, aus dem Blute das Meer, aus der Hirnschale der Himmel, aus dem Gehirne die Wolken, aus den Brauen Midgard, das Geheg der bewohnbaren Erde. [161]

Die Reihe der Singvögel ist mit dem Rothkehlchen fortzusetzen, das zuvor schon die Stelle des prahlenden Zaunkönigs vertrat, dessen eigenes Amt aber ein andres ist. Wie das Rothkehlchen mit mildthätigem Schnabel (with charitable bill) alle zartesten Blumen, und wann keine Blumen da sind, das dichte Moos auf ein frühes Grab zu bringen liebt, ist aus dem Cymbeline (Act 4, Sc. 2) bekannt und die Erklärer der Stelle haben Zeugnisse aus Shakespeares Zeit beigebracht, daß es Volksglaube war, der kleine Vogel bringe, wenn er einen Todten finde, Moos, Strohhalme, Laub herbei, um dessen Gesicht, oder wenn derselbe unbegraben bleibe, den ganzen Leichnam zu bedecken. [162] Ausgezeichnet unter diesen Zeugnissen ist die englische Ballade von den Kindern im Walde: die zwei kleinen, verwaisten Geschwister, mitten im Walde hülflos verlassen, sterben eines in des andern Armen und erhalten von Niemand ein Begräbniß, bis Robin Rothbrust unverdrossen sie mit Blättern zudeckt. [163] Besorgt für die Menschen zeigt er sich auch darin, daß er, nach einem alten, englischen Liedchen, beim Anzug des Winters sie mit seinem Gesange warnt, sich Frieskleider zu verschaffen [164], wogegen, nach Aristophanes, die Schwalbe ankündigt: daß man nun das Obergewand verkaufen und ein Sommerkleid kaufen soll. [165] In der Bretagne genießt das Rothkehlchen besondrer Achtung, weil es die Schmerzen des Heilands gelindert, indem es einen Dorn aus seiner Leidenskrone zog. [166] Deutsche Lieder gedenken desselben nicht namentlich, kennen aber ein frommes Mitleid der Vögel mit dem Gram und dem Tode der Menschen; Walther von der Vogelweide sagt von seiner freudlosen Zeit: „Die wilden Vögel betrübet unsre Klage" (Lachm. Ausg. 124 = Pfeiffer Nr. 188, 30), und noch stärkeren Ausdruck hat der Schluß tragischer Balladen, worin dem Erschlagenen zugerufen wird: „Da lieg, du Haupt, und blute, da lieg, du Haupt, und faule! um dich wird Niemand trauern, als das kleine Waldvögelein (Meinert 65. 68. 248).

Vom Kuduck als Bringer des Frühlings war schon die Rede (S. 24) ben Hirten bringt er einen Laubsproß oder Blumen im Schnabel [167], zur Hochzeit der Vögel, im norwegisch-dänischen Liebe, schenkt er eine Nuß. [169] Daß auch letztere den Reim eines neuen sommerlichen Wachsthums bedeute, lehrt die Vergleichung mit dem altnordischen Mythus von der Wiederkehr der geraubten Jdun, die bald als Schwalbe, bald in Gestalt einer Nuß von dem im Falkengewand herfliegenden Loki zurückgebracht wird [169]; im litthauischen Glauben wurden Göttinnen verehrt, welche den Menschen alle Getreidesamen in einer Eichelschale zugesandt [170], und ein deutsches Märchen erzählt von einer Nuß, aus deren Kerne zauberhaft ein ganzer Wald von Nußbäumen erwuchs. [171] Wie nun der Kuckuck mit Knospenzweig und Blumen freudig begrüßt wird, so hörten wir auch, wenn die Blüthenzeit vorüber, seinen Tod beklagen; „im Winter aus, im Sommer an!" heißt es von ihm sprichwörtlich. [172] In diesem leichten Sommerleben, vom Regen genetzt, von der Sonne getrocknet, zeigt ihn auch ein vielgesungenes Liedchen:

Der Kuckuck auf dem Zaune saß,
kuckuck, kuckuck!
es regnet' sehr und er ward naß.

Darnach da kam der Sonneschein,
kuckuck, kuckuck!
der Kuckuck der ward hübsch und fein.

Da schwang er sein Gefieder als eh,
kuckuck, kuckuck!
er flog dorthin wol übern See.

Ein Günstling der Sonne ist er schon der alten Ekloge von seiner Ankunft: „Phöbus liebt den Kuckuck in der Zunahme des heitern Lichtes. [173] Auch als abgewiesener Freier tröstet er sich bald; sein aschgraues Gefieder und sein seltenes Erscheinen außerhalb des Waldes geben die Farben zu dem kleinen Bilde [Volksl. Nr. 12]:

Ein Kuckuck wollt' ausfliegen
zu seinem Herzenliebe.
„Pfui dich, pfui dich, du schwarzer Vogel!
so will man dich doch nirgend loben [174];
so fleug du hin gar balde
wol in den grünen Walde,
kuckuck!"

„All mein' Anschläg' gehn hinter sich,
ich armer Kuckuck, wovon soll ich?
Will fliegen auf die Zinnen,
will heben an zu singen
mit freiem Muth: „du bist schabab!
weiß mir ein' Andre in dem Hag,
kuckuck!"

Nur Eine Sorge hat der Kuckuck in seiner schönsten Zeit, wovon Freidank meldet: wann der Gauch das erste Laub sieht, so wagt er nicht, sich dessen zu sättigen, er fürchtet, daß es ihm ausgehe. [175]

Vor allen andern Beschwingten ist in unsern Volksliedern, wie schon im Minnesang, die tönereiche Nachtigall beliebt und hochgehalten, sie wird bald innig und zutraulich die liebe, viel liebe Nachtigall geheißen, bald erhält sie den Ehrennamen Frau Nachtigall und wird mit Ihr angeredet. [176] Ihre Stimme bringt ja am tiefsten ins Gemüth, je schmächtiger und misfarbiger, um so seelenhafter erscheint die Sängerin, deren mächtige Töne die zarte Brust zu sprengen drohen; aus der Dämmerung des Morgens oder in der stillen Nacht erschallt ihr Gesang zauberhaft und ahnungsvoll. An ihren Namen reiht sich denn auch am besten die ganze Folge der Lieder und Liebesstellen, in welcher Stimme und Erscheinung der Vögel vornehmlich auf die Zustände, Stimmungen und Entschlüsse der Menschenseele bezogen sind. In manchen Fällen wird sich zeigen, daß diese Beziehungen von andern, hochfliegenden Vögeln auf die kleine Nachtigall übertragen sind.

Von den Mahnungen, dem Rathe der Nachtigall, dem weisen und dem bethörenden, handelt eine Reihe sinniger, weithin anknüpfender Lieder. Meist bewegen sich dieselben in lebendiger Wechselrede.*

Ein niederdeutsches (m. Volksl. Nr. 17 A) hebt an von einer Stadt in Österreich, die mit Marmelstein gemauert und mit blauem Blumwerk geziert ist, um dieselbe liegt ein grüner Wald, in welchem Frau Nachtigall singt, „um unser Beider willen," wie ein Mädchen meint, von dem sie angerufen wird:

---

* [Der folgende, bis S. 108 reichende Abschnitt „Rath der Nachtigall" wird hier aus meiner Germania III, 129—146 wiederholt. Pf.]

Frau Nachtigall, klein Waldvögelein,
laß du dein helles Singen!
„Ich bin des Walds ein Vöglein klein
Und mich kann Niemand zwingen."

Bist du des Walds ein Vöglein klein
und kann dich Niemand zwingen,
so zwingt dir der Reif und kalte Schnee
das Laub all von der Linde.

„Und wann die Lind ihr Laub verliert,
behält sie nur die Äste,
daran gedenkt, ihr Mägdlein jung,
und haltet eur Kränzlein feste!

Und ist der Apfel rosenroth,
der Wurm der ist darinne;
und ist der Gesell all säuberlich,
er ist von falschem Sinne.

Daran gedenkt, ihr Mägdlein jung,
und laßt euch nicht betrügen!
und loben euch die Gesellen viel,
thun nichts, denn daß sie lügen.

Zwischen Hamburg und Braunschweig
da sind die breiten Straßen,
und wer sein Lieb nicht behalten kann,
der muß es fahren lassen."

Zum Seitenstücke, mit ähnlichem Eingang, bietet sich die Ansprache eines unglücklichen Freiwerbers im Antwerpener Liederbuche (Volksl. Nr. 17 B):

. . in meines Vaters Hof
da steht eine grüne Linde,
darauf so singt die Nachtigall,
sie singt so wohl von Minne.

Ach Nachtigall, klein Vögelchen,
wollt' ihr eur Zunge bezwingen,
ich würd all eure Federlein
mit Goldbrath lassen bewinden.

„Was frag ich nach eurem rothen Gold
oder nach eur loser Minne?
ich bin ein klein wild Vögelchen,
kein Mann kann mich bezwingen."
Seid ihr ein klein wild Vögelchen,
kann euch kein Mann bezwingen,
so zwingt euch der Hagel, der kalte Schnee
die Läuber von der Linden.
„Zwingt mir der Hagel, der kalte Schnee
die Läuber von der Linden,
alsdann so scheint die Sonne schön,
so werd ich wieder singen."

Der junge Gesell macht sich spornstreichs auf, „all über die grüne Straße," zu den Landsknechten, die er im blanken Harnisch glitzern sieht. Beide Zurufende wollen der Nachtigall den Gesang verbieten, weil er ihren Liebeswünschen nicht günstig zu lauten scheint, aber das Mädchen erhält heilsame Warnung und der gewitzigte Freier faßt männlichen Entschluß. Ein andrer Kriegsmann, der zu Augsburg gefangen liegt, fordert im Gegentheil die Nachtigall zum Singen auf: seine Liebste lehnt ihr Leiterlein an den Thurm und hört einen Wechselgesang, dessen Alles, was drinnen ist, sich erfreut (Volksl. Nr. 16):

So sing, so sing, Frau Nachtigall,
da andre Waldvögelein schweigen!
so will ich dir dein Gfieder
mit rothem Gold beschneiden. [177]
„Mein Gfieder beschneidst mir freilich nicht,
ich will dir nimmer singen,
ich bin ein kleins Waldvögelein,
ich trau dir wohl zu entrinnen."
Bist du ein kleins Waldvögelein,
so schwing dich von der Erden,
daß dich der kühle Thau nicht netz,
der Reif dich nicht erfröre!
„Und netzet mich der kühle Thau,
so trücknet mich Frau Sonne;
wo zwei Herzlieb beinander sind,
die sollen sich baß besinnen.

Und welcher Knab in großen Sorgen liegt
und der ein schwere Bürde auf ihm trägt,
der soll sich freuen gen der lichten Sommerzeit,
daß ihm sein Bürde geringert werd.

So hab ich von den Weisen hören sagen:
großen Unmuth soll man aus dem Herzen schlagen,
man soll ihn unter die tiefe Erde graben,
ein frischen freien Muth den soll ein Krieger haben.

Zwischen Berg und tiefem Thal
da liegt ein freie Straße,
wer seinen Buhlen nit haben wöll,
der mag ihn wohl fahren lassen."

Auch hier ist der Rath ein besonnener, eine Tröstung und Ermuthigung selbst für den Gefangenen. Anderwärts aber wirkt der Nachtigallschlag verführerisch und leidenschaftlich aufregend. Als der heilige Bernhard beim Besuche des Cistercienserklosters Himmerod in der Eifel die Mönchszucht in tiefem Verfalle fand und zugleich der üppige Gesang der Nachtigallen ringsumher zu seinem Ohre drang, ward es ihm klar, daß dieser an dem weltlichen Sinne der Brüder schuld sei, zürnend erhob er die Hand und sein Bannspruch zwang das ganze Volk der Nachtigallen, von dort hinwegzufliehen, sie flogen zum Frauenstifte Stuben an der Mosel.[178] „Von der Minne" läßt Konrad von Würzburg die Sangstimme der viel lieben Nachtigall erklingen[179], „sie singt so wohl von Minne," hieß es zuvor im niederländischen Lied, in den Bruchstücken eines andern wird sie von dem verlassenen Mädchen, das die Geschichte seines Unglücks erzählt, für solches verantwortlich gemacht. Davon sind nur zwei Gesätze noch unentstellt erhalten[180], das eine:

Es war zu Nacht, in so süßer Nacht,
daß alle die Vögelein sungen,
die stolze Nachtigall hob an ein Lied
mit ihrer wilden Zunge;

das andre:

Nun will ich ziehn in den grünen Wald,
die stolze Nachtigall fragen:
ob sie alle müßen geschieden sein,
die einst zwei Liebchen waren?

Dem beſſer berathenen Mädchen des erſten Liebes ſteht hier eine Ver-
führte gegenüber und ſchlimmer als dem jungen Landsknecht und dem
Gefangenen zu Augsburg ergeht es in einem verwandten Liede [181] den
drei Geſellen aus Roſenbael in Nordbrabant. Sie haben ihr Geld
verzehrt, ziehen auf Freibeute und greifen einen reiſenden Kaufmann
an; von dem Löſegelde, das ſie ihm abnöthigen, kaufen ſie Jeder ein
apfelgrau Roß und reiten zu Antwerpen ein, wo ſie alsbald ergriffen
und auf die Folterbank gelegt werden; das macht ihr junges Herz
trauern:

       Nun ſind all unſre Glieder lahm,
       was ſollen wir beginnen?
       ich will nicht mehr nach Roſenthal gehn
       und hören die Nachtigall ſingen.

       O Nachtigall, klein Waldvögelein,
       wie habt ihr mich betrogen!
       ihr pflagt zu ſingen vom Birnebaum,
       wo ſchöne Fräulein waren.

Wie dieſe Geſprächlieder überhaupt allerlei Verwirrung erlitten haben,
ſo folgen hier an unrechter Stelle noch zwei Strophen („O Nachtigall,
klein Vögelein, wollt ihr mich lehren ſingen? u. ſ. w.“) mit der ſtän-
digen Formel von Zwingen und Nichtzwingen, dagegen tritt der Sinn
des Vorausgehenden beſtimmt und eigenthümlich hervor: der junge Ge-
ſell wirft die Schuld ſeines Unheils auf die Nachtigall, ihr Geſang hat
ihn bethört, zu zügelloſem Leben aufgereizt, erſt in die Sommerluſt zu
ſchönen Frauen und von da auf die Wege lecken Frevels geführt, bis
er zuletzt vom hohen Roß auf die Peinbank niederſteigen muſte. Liebes-
klänge vom wohlgezierten Schloß und der Linde, darauf die Nachtigall
ſingt, die ihre Federn nicht mit Golde beſchlagen laſſen will, aber
vom Zwange des Froſtes und Schnees bedroht iſt, haben ſich auch in
Dänemark und Schweden verbreitet, zum Theil wörtlich mit Deutſchem
ſtimmend, doch wieder mit andern Anknüpfungen und in freieſter Bewegung. [182] Daneben begegnet man dort ſolchen Liedern, worin das
Belauſchen des Vogelſangs nur zum Vorwand verliebter Abend- und
Waldgänge dient; ſo beſagt ein däniſches:

(Jungfrau Mette:) Da bin ich geſtanden die Nacht ſo lang
       und hört' auf der Nachtigall ſüßen Sang.

(Herr Peder:) Du horchtest nicht auf der Vögel Sang,
doch auf Olufs vergüldeten Hornes Klang.
Ein schwedisches: Du hast nicht gehorcht auf den Vogelsang,
du wartetest auf des Gesellen Gang.
„Nicht wartet' ich auf des Gesellen Gang,
ich habe gehorcht auf den Vogelsang;"
zuletzt das Geständniß:
Die Jungfrau weinet, die Zähren rollen:
„deinethalb gieng ich gestern zum Holze."

Noch ist ein englisches Lied bekannt geworden, das von alter Zeit in Cornwallis und Devonshire umgeht und neuerlich auch von cornischen Arbeitern an den Bleigruben des Mosellands gesungen wurde: „Mein Herzlieb, komm mit! hörst du nicht den zärtlichen Sang, die süßen Weisen der Nachtigall, wie sie singt in den Thälern drunten? sei nicht erschrocken, im Schatten zu wandeln, noch in den Thälern drunten!" Das Mädchen heißt ihn allein dem Sange nachgehn, sie will ihm derweil seinen Eimer nach Hause tragen, aber seine Bitte wiederholt sich dringender; bald darauf gehen sie als Brautleute zur Kirche und fortan erschrickt sie nicht mehr, im Schatten zu wandeln, in den Thälern drunten, und die zärtliche Rede, den süßen Sang der Nachtigall zu hören. [185]

Es sind sehr ausgedehnte Zusammenhänge, auf die zur Erläuterung der vorangestellten deutschen Liederweise eingegangen werden muß. Nordfranzösische Dichtungen zeigen den Eindruck des Vogelsangs in besonders stätiger Stufenfolge vom besänftigenden Rath und der Anregung sanfter Gefühle bis zur Weckung des Heldengeistes und zur Anstiftung gewaltsamen Rachewerks. Ein kleines Volkslied in der gedruckten Sammlung von 1538 [186] betrifft die Rathfrage eines Heirathlustigen: „Nachtigallchen! was singst du hier?" „Und was begehrst du hier?" „Was ich begehre? eine Frau begehr' ich." „So nimm nicht die Weiße, denn ihre Farbe trübt sich! nimm nicht die Rothe, sie ist gar so stolz! nimm mir die Bräunliche, die so artig ist, so geliebt von Vater und Mutter, von Schwester und Bruder!" Selbst nicht von glänzendem Äußern, empfiehlt die weise Nachtigall, der anspruchlosen Liebenswürdigkeit den Vorzug zu geben. Kleine Reigen (rondes) aus der Normandie halten noch

echten Volkston ein, auch an Deutsches gemahnend: „Hinter meines
Vaters Haus, da ist ein Niederholz (a. eine blühende Ulme), dort
singt die Nachtigall, Tag und Nacht entlang; sie singt für die Mädchen,
die keinen Freund haben, sie singt nicht für mich, ich hab' einen, Gott
sei Dank!" oder: „An der klaren Quelle wusch ich mir die Hände, am
Laub der Eiche hab' ich sie getrocknet, auf dem höchsten Zweige sang
die Nachtigall. Sing, schöne Nachtigall, die du ein fröhliches Herz
hast! meines ist nicht so, mein Liebster hat mich verlassen um einer
Rosenknospe willen, die ich ihm verweigert. Ich wollte, die Rose wäre
noch am Rosenstrauch, und der Rosenstrauch selber wäre noch zu pflanzen,
und der Pflanzer selbst wäre noch nicht geboren, und mein Freund
liebte mich noch." [187] Aussprüche der Nachtigall über rechtschaffene und
unstäte Liebe beleuchtet, in der Neige des 13ten Jahrhunderts, Baude,
ein flandrischer Sänger: „Ihr wißt nicht, was die Nachtigall sprach, sie
sprach, daß Liebe durch falsche Liebende zu Grunde gieng; das sprach
die Nachtigall, aber ich sage, daß der ein Thor ist, der sich von guter
Liebe scheiden will u. s. w. Wohl habt ihr die Nachtigall gehört: wenn
ihr nicht redlich liebt, habt ihr die Liebe verrathen, wehe dem, der sie
verrathen wird!" [188] Was die Nachtigall sprach (ce dist li louseignols),
scheint ebenso sprichwörtlich gegolten zu haben, als die Reden Salomons
oder die des Bauers (ce dist Salemons, ce dist li vilains) [189], wenn
es auch nicht, wie diese, gesammelt ist. Bei den höfischen Dichtern der
früheren Zeit, Provenzalen und Nordfranzosen, gehörten die Singvögel
mit zu dem üblichen Frühlingsbild am Eingange der Lieder, doch eben
im nachhaltigen Gefallen an dieser Form erprobt sich ihre volksmäßige
Begründung und manchmal noch ist der Sänger von den alten An-
klängen tiefinnerlich erfaßt. Statt Aller sei hier von provenzalischer
Seite Bernart von Ventadorn angeführt, der vom süßen Sange der
Nachtigall, freudig erschrocken, in der Nacht aufgeweckt wird und selbst
ein verliebtes Freudenlied zu singen anhebt [190]; sodann aus dem nördlichen Frankreich Guiot von Provins oder Gasse Brulé, unter deren
Namen ein Kunstlied geht, das so beginnt: „Die Vögel meines Heimatlandes hört' ich in Bretagne, bei ihren Gesängen bedünkt es mich, daß
ich sie vormals in der süßen Champagne gehört habe, mag es Täuschung
sein, sie haben mich in so süße Gedanken versenkt, daß ich ein Lied zu
dichten anhob;" dasselbe ist der Sehnsucht nach einer fernen Geliebten

gewidmet. [191] Den Gesang der Vögel als Heimatmahnung, der in der Lyrik zum Liebe weckt, kennen auch die epischen Dichtwerke, jedoch, wie es ihnen ansteht, in entschiedener Richtung auf die That. So das Gedicht von Amicus und Amelius [192]: Es war an Ostern, im April, wann die Vögel hell und heiter singen, als Graf Amis in einen Baumgarten trat; er hört ihr Getös und Gekreisch, da gedenkt er auf einmal seines Landes, seiner Frau und seines kleinen Sohnes, die er seit sieben Jahren nicht gesehen hat, die Augen gehen ihm über und es drängt ihn, mit dem ersten Morgenlichte dorthin aufzubrechen. Der Held eines andern Romans, Aubri von Burgund, zweifelt an der Treue seiner Gemahlin, der Königin von Baiern, unruhvoll geht er in den Garten, lehnt sich an einen Weidenbaum, sieht den Fisch im Strome schwimmen, hört die Lerche, die Amsel, den Staar, den Galander im Gesträuche singen und sieht die Blumen längs der Wiese blühen, da gemahnt es ihn, wie er ein Jüngling war, seiner Liebes- und Frühlingszeit: „Fisch, wie hast du all deinen Wunsch! Vogel, der du singest, wie hast du deine Wonne! So lebt' ich als junger Ritter, da ich nichts hatte, denn mein geschwindes Roß, meinen starken Speer und meinen neuen Schild; damals wäre mir ein grünes Kränzlein lieber gewesen, denn hundert Mark im Gurte; um schöne Frauen tummelt' ich mich wacker, manche Stadt und manche Veste brach ich, gute Jahre hatt ich, beim heiligen Marcell! Nun ist's vorbei; der Bracke, der gekettet ist, um besser am Pfahle festgehalten zu werden (a. ein Bär in der Kette, dem man den Maulkorb anlegt u. s. w.), steckt wahrlich nicht in so heillosem Zwinger, wie ich jetzt." [193] Im Parzival zieht Herzeloide, deren Gemahl, Gamuret von Anjou, vom Speere gefallen ist, in den einsamen Wald, um ihren jungen Sohn vor Ritterschaft zu behüten, die dem Vater verderblich war; nichts darf vor dem Knaben von einem Ritter verlauten, schon aber schneidet Parzival sich Bogen und Bolz, womit er Vögel schießt; hat er einen getroffen, der zuvor mit lautem Schalle sang, da weint er und rauft sich die Haare; wenn er sich Morgens am Flusse wascht, dann bringt der süße Vogelsang über ihm in sein Herz und dehnt ihm die junge Brust, weinend läuft er zur Mutter, doch kann er nicht sagen, wie ihm geschehen; sie geht der Sache nach, bis sie ihn nach dem Schalle der Vögel lauschen sieht und inne wird, daß von dieser Stimme die Brust ihres Kindes erschwillt, nach angeborner Art und eigener Luft; da befiehlt sie ihren Leuten, die Vögel aufzufangen und zu tödten, aber die Vögel sind „besser beritten," mancher entrinnt dem Tod und vergnügt sich noch ferner mit Gesang; auch erbittet Parzival ihnen Frieden, die Mutter küßt ihn und spricht: „Was wend' ich dessen Gebot, der doch der höchste Gott ist? sollen Vögel meinethalb Freude lassen?"[194] Parzivals jugendliche Regung ist nicht etwa so zu verstehen, daß der Vogelsang, von dem auch die Minnelieder durchklungen sind, zunächst die zarte Sehnsucht und nur mittelbar den Kampfmuth anfache, der Nachdruck ist wörtlich auf Ritterschaft, Ritterleben gelegt, in dessen vollem Gehalte Frauendienst und Tapferkeit unzertrennlich zusammenfallen. Geradezu kriegerisch wirkt in einem karlingischen Gedichte[195] die Stimme der Vögel, voraus der Nachtigall, auf das Gemüth eines andern Heldenkinds. Jourdain, Sohn des ermordeten Grafen Girard von Blaives, hat am Hof eines Königs über Meer Zuflucht gefunden, als er nun eines Morgens früh in den Baumgarten gegangen ist, hört er den Gesang der Nachtigall und die Lust der andern Vögel, da gedenkt er an den Wütherich Fromont, der ihm Vater und Mutter mit der Schärfe des Schwerts im Schlaf erschlagen und ihn selbst des Landes enterbt hat: „Jetzt," ruft er aus, „sollt' ich dort in meinem Lande sein, Ritter wär' ich dann für jetzt und immer und würde meinen tapfern Vater rächen." Selbst der Wortlaut des Nachtigallrufes drängt zum Schwerte, man findet denselben gleichfalls in einer Dichtung des genannten Sagenkreises, derjenigen von Frau Aie[196]: zur Osterzeit, wann die Wälder lauben und die Wiesen beblümt sind, die Vögel singen und großen Lärm verführen, auch die Nachtigall, welche spricht occi, occi! (tödte!), da geräth das Mädchen in Schrecken, das seinen Freund (im Heerlager) ferne weiß.[197] „Süße, artige Nachtigall, die du sprichst occi occi occi!" beginnt ein Lied in einer musikalischen Handschrift des 15ten Jahrhunderts.[198] Nur theilweise bekannt geworden ist das Singgespräch von Guillaume le Vinier, Bürger zu Arras gegen Ende des 13ten Jahrhunderts, worin derselbe ausruft: „Hocherfreut ist mein Herz durch die Nachtigall, die ich gehört, wie sie singend sprach: fler fler, oci, oci, schlag todt Alle, die ein Schrecken Treuliebender sind![199] Dieses occi occi, das auch die Bauern bei Verfolgung Reinekes, der den Hahn wegträgt, als Mordgeschrei erschallen lassen[200], verlautet als Losung der Nachtigall am deutlichsten im Gedichte von den Thaten des Mönchs Eustach, eines berüchtigten Seeräubers aus der Grafschaft Boulogne, der 1217 umkam; dort wird ein wunderlicher Schwank erzählt: Eustach hat dem Grafen von Boulogne schlimme Streiche gespielt und wurde deshalb von ihm verfolgt, war auch schon in seinen Händen, aber unerkannt; jetzt reitet der Graf dem Entronnenen in den Wald nach, da steigt Eustach in ein Weihennest, macht sich zur Nachtigall und hat den Grafen zum Narren; als er denselben vorbeikommen sieht, schreit er: ochi ochi, ochi ochi! (schlag todt, schlag todt!). Der Graf antwortet: „Ich werd' ihn todtschlagen, bei Sanct Richier! wenn ich ihn mit Händen greifen kann." Eustach: tier tier! (schlag zu, schlag zu!) Der Graf: „Meiner Treu! ich werde zuschlagen, aber an diesem Orte krieg' ich ihn nimmermehr." Eustach nedt fürber: non l'ot, si ot! non l'ot, si ot! (er hatt' ihn nicht, hatte doch!) Graf: „Hatte, ja wohl! gestohlen hatt' er mir all meine guten Rosse." Eustach: hui hui! Graf: „Wohl gesprochen! noch heute (hui) werd' ich ihn mit meinen Händen erschlagen, wenn ich ihn zu Handen kriege; kein Thor ist, wer dem Rathe der Nachtigall glaubt, sie hat mich gut gelehrt, an meinen Feinden Rache zu nehmen, denn sie ruft, ich soll ihn schlagen und tödten." Da macht der Graf von Boulogne sich auf, den Mönch Eustach zu verfolgen.[201] Eine solche Deutung der verschiedenen Tonstufen des Nachtigallschlags läßt keinen Zweifel darüber, daß man in ihm nicht lediglich die schmelzenden Hauche der Sehnsucht vernahm. Zugleich erscheint es hier als volksmäßiges Herkommen, derlei Naturlauten Sinn und Wort unterzulegen. Übrigens ist das Spiel mit occi doch erst für ein hinzugekommenes anzusehen, während die wesenhaftere Vorstellung vom Vermögen der Vogelstimme, den Heldengeist zu wecken und den schlagfertigen Entschluß hervorzurufen, schon in den Liedern des nordischen Alterthums sich aufzeigen läßt.

In dem Mythenliede vom Ursprung der drei Stände, Rigsmal, ist es nicht die wohlsingende Nachtigall, sondern die heisere Krähe, die dem Sprößling des edeln Geschlechts, dem jungen Jarlssohne, kriegerische Mahnung zuruft; des Vogelzwitscherns kundig[202], reitet er durch Gesträuch und Wälder, läßt das Geschoß fliegen, beizt Vögel, da spricht die Krähe, die einsam auf dem Zweige sitzt: „Was sollst du, junger Ebling, Vögel beizen? besser ziemte dir, Streitrosse zu reiten und Heer zu fällen, Tan und Danp haben kostbare Hallen, herrlicheres

Stammgut, als ihr habt, sie verstehen wohl, den Kiel zu steuern, Schwertschneide Wunden reißen zu lassen."²⁰³ Wie Parzival schießt der nordische Jüngling nur erst nach den Waldvögeln²⁰⁴ und, gleich Jenem, wird er darüber vom Vogelschall ergriffen; wie den Sohn Girards der Nachtigallsang zur Erkämpfung seines Erbes und zur Vaterrache befeuert, so reizt die Krähe ihren Lehrling durch das leuchtende Vorbild dänischer Königsahnen²⁰⁵, sich stattlichern Stammbesitz mit dem Kriegsschiff und der blutigen Schwertschneide zu erobern, bereits ein altnordisches occi! Zur Wikingsfahrt anzutreiben, war die Krähe vornehmlich geeignet; diese Vögel zogen gleichzeitig mit den nordfriesischen Seefahrern im Frühling von den Inseln weg und kehrten mit ihnen im Herbste wieder heim, auch sollen jene Friesen eine Krähe in ihrer Fahne geführt haben.²⁰⁶ Nach einem der eddischen Sigurdslieder erhält dieser junge Wölfung von den Vögeln auf dem Reise, deren Gespräch er durch Kosten vom Herzblut des Wurmes versteht, die Weisung, den treulosen Regin zu erschlagen und sich des Hortes zu bemächtigen; ein Vogelweibchen²⁰⁷ singt den andern zu: „Klug bedäucht' er mich, wüßt' er zu brauchen euern großen Liebesrath (åstråd), ihr Schwestern!"²⁰⁸ Gerade verwaisten, heimatlosen Heldensöhnen wird die Stimme der Wildniß, rathend und tieferregend, vernehmbar. Im deutschen Volkslied ist von solchen Waffenrufen nur unsichere Spur vorhanden. Nichts was dem gewaltsamen occi entspräche, unerachtet das Wälsch der Vögel vielfach ins Deutsche übertragen ist.²⁰⁹ Bei den Minnesängern und späterhin hat die Nachtigall nur schmachtende oder tändelnde Lieder ohne Worte²¹⁰: tandarabei, beiliburei, titibon zizi zi u. s. w.²¹¹, und wenn der vielgewanderte tirolische Dichter Oswald von Wolkenstein²¹² jenes occi selbst ertönen läßt, so geschieht es in einem bunten Gemische deutscher und romanischer Rufe. Zwar singt die Nachtigall dem Gefangenen zu Augsburg: „Ein frischen freien Muth den soll ein Krieger haben!" und der dieß Lieblein gesungen hat, ist „ein Krieger gut"²¹³, die drei Gesellen aus Rosenthal, die ihr zugehorcht, sind Freibeuter geworden und der von ihr hinweg zu den Landsknechten gegangene Freiersmann schließt mit den Worten²¹⁴:

    Der uns dieß Liedchen erstmals sang,
    er hat es wohl gesungen
    mit Pfeifen- und mit Trommelnklang,
    zum Trotz den Neiderzungen.

Aber das Eigenthümliche dieser Stücke beruht in den Gegensätzen: der verschmähte Liebhaber geht von der minnesingenden Nachtigall zum blanken Harnisch und singt von ihr zu Pfeifen und Trommelklang: „der in großen Sorgen liegt," der Gefangene, Gefolterte, hat noch den trotzigen Muth, mit dem kleinen Waldvöglein und den hübschen Liedern von ihm zu spielen. Auch für diese Wendung kann ein französisches Volkslied verglichen werden: Drei Abenteurer aus Lyon, die ohne den rothen Heller (ne croix ne pille, Bild- und Kehrseite der Münze) zur See gegangen und vom Nordwind weit in das salzige Meer hinausgejagt sind, wo sie von heidnischen Galeeren (Barbaresken) verfolgt und zur Übergabe aufgefordert werden, stellen sich unter den Schutz Gottes, der Jungfrau Maria, des heiligen Nicolaus und der heiligen Barbara. Einer aber stimmt an: „Nachtigallchen des Waldes, geh und sage meiner Freundin: Gold und Silber, soviel ich habe, davon soll sie Schatzmeisterin sein; über meine drei Schlösser soll sie die Herrschaft haben, das eine ist in Mailand, das andre in Picardie, das dritte in meinem Herzen, doch wag' ich das nicht zu sagen." [215] Der schließende Anruf war ohne Zweifel ein Liedchen für sich, aus dem Bereiche der nachher zu erörternden Liedergattung vom Botenamte der Vögel, zumal der Nachtigall als Liebesbotin [216], doch ist dasselbe nicht bloß zufällig beigeschrieben, sondern dient zum Ausdruck des kecken Sinnes, der lustigen Selbstverspottung jener lockern Gesellen, mitten in Meeressturm und Feindesdräuen. Dem deutschen Kriegsvolke schmettert die Nachtigall in den wildesten Schlachtlärm hinein. Nach ihr war eine Art schweren Geschützes benannt; die Nachtigall dieses Schlags wog 60 Centner, schoß 50 bis 60 Pfund Eisen und zu ihr gehörten 13 Wagen mit 88 Pferden. [217] Thätig ist eine solche bei Zerstörung des Schlosses Hohenkrähen im Jahre 1512 [214]:

>Der Kaiser mit seim Frauenzimmer,
>seiner Kantorei vergiß ich nimmer,
>viel Freud in dieser Sache:
>die Nachtigall hat sich geschwungen auf,
>nit besser mocht mans machen.

>Die Singerin singt den Tenor schön,
>die Nachtgall den Alt in gleichem Ton,

> scharpf Metz bassiert mit Schalle,
> die Schlang den Discant warf darein,
> sie achten nit, wem es gfalle.
>
> Sie sungen, daß die Mauren kluben
> und Bett und Bölster zum Dach aus stuben,
> es war ein seltsamer Tanze.

Bei der Einnahme von Doornick 1521 waren:
> so ich mich bsinn, drei Singerinn,
> vier Nachtigal mit Namen u. s. w.
> die Nachtigal allein zumal
> hätt diese Stadt ersungen. 219

Besonders aber wird in einem der niederdeutschen Landsknechtlieder auf die geldrisch-burgundische Fehde von 1542—43 erzählt, wie die Geldrer das Lager des Prinzen von Burgund bei Nacht überfallen:
> Die Sonne hat sich verborgen (verkyket),
> die Sterne sind aufgegangn,
> der Mond ist hervor gedrungen,
> Frau Nachtigall mit Gesang;
> sie sungen also helle,
> daß es in den Himmel k ang. 220

Unter den hellsingenden Nachtigallen versteht der geldrische Kriegsknecht nichts Andres, als was er früher unbildlich sagte: „Die Büchsen hört man krachen im Jülicher Land so weit"; jetzt aber zieht er, gleich dem Gesellen aus Lyon, die Nachtigall der Liebeslieder herbei, und zwar 221 den Anfang eines in demselben Tone verfaßten Wächterlieds:
> Die Sonne die ist verblichen,
> die Sterne sind (a. der Mond ist) aufgegangn,
> die Nacht die kommt geschlichen,
> Frau Nachtigall mit Gesang. 222

In ein andres, stilleres Gebiet führt die aus fernem Morgenland stammende Fabel von den drei Lehren der Nachtigall. Dieselbe tritt am frühesten in der griechischen Legende Barlaam und Joasaph hervor: Ein Vogelsteller fängt eine Nachtigall und will sie schlachten, da spricht sie: was ihn dieß helfe, da er sich doch mit ihr nicht den Magen füllen könne? woll' er sie aber der Bande entledigen, so werde sie ihm drei Anweise geben, deren Bewahrung ihm für sein ganzes Leben nützlich sein werde. Erstaunt über ihre Anrede, verheißt er ihr die Freiheit, wenn sie ihm etwas Neues zu hören gebe. Nun lehrt sie: „Unerreichbares strebe nie zu erlangen, laß dich keine verlorne Sache reuen und glaube kein unglaubliches Wort!" Nachdem er sie losgelassen, will sie erkunden, ob er den Gehalt ihrer Worte begriffen und sich Nutzen daraus gezogen habe. Aus der Luft herab spottet sie der Unklugheit des Mannes, der solchen Schatz hingegeben, denn in ihren Eingeweiden befinde sich ein Edelstein ($μαργαρίτης$), größer als ein Straußenei. Voll Bestürzung und Reue, versucht er sie wieder zu fangen, er will sie in sein Haus zurücklocken, wo er sie freundlich bewirthen und dann ehrenvoll entlassen werde, die Nachtigall aber zeigt ihm, wie wenig er ihre Lehren genützt, die er doch gerne angehört: er habe schlecht behalten, daß er um Verlorenes sich nicht grämen und daß er nicht versuchen solle, sie zu fangen, deren Weg er nicht verfolgen könne, und wie könnte ihr Inneres einen Edelstein bergen, größer als ihre ganze Gestalt?[223] Mit dem Barlaam gieng diese Fabel in die abendländischen Sprachen über, namentlich im 14ten Jahrhundert in die allgemein verbreitete goldene Legende[224]; vor und nach dieser Zeit ist sie auch manigfach in andern Verbindungen oder für sich allein erzählt worden, so in der gleichfalls vielgebrauchten Disciplina clericalis aus der ersten Hälfte des 12ten Jahrhunderts[225], in der beliebten Sammlung Gesta Romanorum[226], altfranzösisch: in den Ermahnungen des Vaters an den Sohn, einer gereimten Bearbeitung der Disciplina[227], und als besondres Lai, deutsch: zwar nicht in Rudolfs Barlaam, aber unter den gereimten Beispielen aus dem 13ten Jahrhundert, dann von Boner, Hans Sachs und anderwärts.[228] Da einige der genannten Sammelwerke für den geistlichen Unterricht bestimmt waren, weshalb auch die Fabeln und Märchen mit christlichen Deutungen überreich versehen sind, so konnte die Nachtigall, deren Lehrsprüche schon Barlaam in solcher Weise auslegt, selbst vom Predigtstuhl zum Volke reden. Die vielfältigen Aufzeichnungen stimmen wohl im Ganzen überein, doch bildet die Disciplina clericalis, deren Verfasser, ein getaufter spanischer Jude, nach seiner Angabe (S. 34), zum Theil aus arabischen Quellen geschöpft hat, mit den zwei altfranzösischen Stücken eine besondre Reihe, die sich von den andern durch einige hieher nicht unerhebliche Züge unterscheidet: der Vogel weigert sich, in der Gefangenschaft zu singen[229], und muß daher schon vor Ertheilung und auf bloße Zusage der drei Sprüche freigelassen werden, statt der Lehre, nicht nach Unerreichbarem zu trachten, steht die, was man habe, festzuhalten, auch wird im Eingange die Annehmlichkeit des Gartens geschildert, in welchem das unbenannte Vögelein singt. Das kleine Landschaftbild, sonst nur leicht entworfen, erwächst in dem nordfranzösischen Lai zu einer ausgeführten Darstellung selbständigen Inhalts: Vor mehr als hundert Jahren besaß ein reicher Bauer ein wunderschönes Herrenhaus, wie kein andres auf der Welt war, mit herrlichen Thürmen und köstlichem Baumgarten, rings von einem Strom umflossen; ein Ritter hatt' es erbaut, dessen Sohn es dem Bauer verkaufte; der Garten duftete so von Rosen und andrer Würze, wär' ein Kranker eine Nacht darin gelegen, er wäre geheilt von bannen gegangen; die Bäume trugen Früchte jeder Art und zu jeder Jahreszeit; er war gänzlich durch Zauberkunst geschaffen. Mitten darin sprang ein klarer Quell, beschattet von einem Baume, der nie sein Laub verlor; auf dem Baume sang täglich zweimal, Morgens und Abends, ein Vogel, kleiner als ein Sperling (? moisson), größer als der Zaunkönig; weder Nachtigall noch Amsel, Drossel noch Staar, Lerche noch Galander war so lieblich zu hören, er sang Lieder und Weisen, daß weder Geige noch Harfe sich damit messen konnte, der Kummervollste vergaß beim Gesange des Vogels sein Leid, erglühte neu von Liebe, dachte sich einem Kaiser oder Könige gleich, wenn er auch Bauer oder Bürger war, und hätt' er über hundert Jahre verlebt, er däuchte sich alsbald ein Jüngling, ein Diener schöner Frauen zu sein. Ein andres Wunder war, daß der Garten nur so lange bestehen konnte, als der Vogel dorthin zu singen kam, denn vom Gesange geht der Liebeshauch aus, der Blumen und Bäume in Kraft erhält; wäre der Vogel ausgeblieben, sogleich wäre der Garten verdorrt und die Quelle versiegt. Der Bauer, dem dieses Anwesen gehört, will eines Morgens sein Gesicht an der Quelle waschen, als eben der Vogel hoch auf dem Baume mit vollem Athem sein Lied anstimmt und in seinem Latein also singt: „Hört auf mein Lied, Ritter, Geistliche und Laien, die ihr der Minne huldigt und ihre Schmerzen duldet! auch zu euch, schöne Jungfraun, sprech' ich: voraus sollt ihr Gott lieben und sein Gebot halten, gerne zur Kirche gehn und sein Amt anhören! Gott und Minne sind einhellig, beide lieben Sinn, Wohlgezogenheit, Ehre, Treue, Milde, beide hören auf schöne Bitte, und haltet ihr euch an jene Tugenden, so könnt ihr Gott und die Welt

zugleich haben." Als aber der Vogel den filzigen Bauer unter dem
Baume lauschen sieht, da singt er in andrem Tone: „Laß deinen Lauf,
o Fluß! Häuser, Thürme, stürzet ein! welket, Blumen! Kräuter,
dorret! Bäume, hört auf zu tragen! hier pflegten mich edle Fraun und
Ritter zu hören, denen der Brunnen lieb war, die an meinem Gesange
sich vergnügten, durch ihn um so schöner liebten, Milde, Höflichkeit,
Tapferkeit übten, Ritterschaft handhabten; jetzt hört mich dieser miß-
günstige Bauer, dem Münze lieber ist als Minne, der hieher kommt,
nicht um besser zu lieben, nein um besser zu essen, zu trinken, zu
schlingen." Damit fliegt der Vogel hinweg, der Bauer aber denkt darauf, ihn zu haschen, um ihn theuer zu verkaufen, oder, wenn das
nicht gelänge, in ein Käfig zu sperren und sich früh und spät von
ihm singen zu lassen; er stellt Netze, worin der Vogel gefangen wird,
und nun erst folgt die schon bekannte Geschichte von den drei Kluglehren
(trois sens); der befreite Vogel lehrt nicht wieder, die Blätter fallen
vom Baume, der Garten verödet, die Quelle versiegt und das Sprichwort
bewährt sich: wer Alles begehrt, verliert Alles. [230] Die Verbindung des
indischen Apologs mit dem feudalistischen Märchen ist nicht sonderlich gelungen. Zweimal des Vögleins Lehren und so verschiedenartig, daß die
beiden Theile ohne inneren Zusammenhang neben einander stehen; der
Fluch des hinwegfliegenden Wundervogels verliert alle Wirkung, wenn
dieser gleich am Abend in den Garten zurückkehrt. Dennoch ist das
Dichterische des Grundgedankens nicht zu verkennen: eine ganze Ritterwelt,
hochgethürmte Burg, Sommerwonne, Frauendienst, Waffenruhm, wird
von dem kleinen Geschöpfe heraufgesungen und schwebt an dem Zauber
seiner süßen, belebenden Stimme. Gewiß war dieser Gedanke dem ungeschickten und weitschweifigen Verdoppler der Fabel nicht eigen, vielmehr
ist hier, wie anderwärts beim unstrophischen Lai [231], eine besser abge-
schlossene Vorlage in Liebesform anzunehmen, auf welche jedoch voraus
schon die zum Gemeingut gewordene Lehrfabel eingewirkt haben kann. Von
solchem Einfluß zeigen sich ja auch in den deutschen Volksliedern unverkennbare Merkmale. Zuerst die wiederkehrende Bezeichnung der Örtlichkeit:

> Da liegt eine Stadt in Österreich (Osterrik),
> die ist so wohl gezieret
> all mit so manchem Blümlein blau,
> mit Marmelstein gemauret. [232]

Da steht ein Kloster in Ostenreich (Oostenrijc),
es ist so wohl gezieret
mit Silber und mit rothem Gold,
mit grauem Stein durchmauret. 233

Es liegt ein Schloß in Osterreich,
das ist gar wohl erbauet
von Zimmet und von Nägelein,
wo findt man solche Mauren? 234

Überall ist es hier derselbe Landesname, wie er, je in der besondern Mundart, dem deutschen Österreich zukommt; entschieden auf dieses bezieht sich das Lied von einem unschuldig gefangenen und hingerichteten Knaben:

Es liegt ein Schloß in Osterreich,
das ist ganz wohl erbauet
von Silber und von rothem Gold,
mit Marmelstein vermauret.

Schluß: Wer ist der uns dies Liedlein sang?
so frei ist es gesungen;
das haben gethan drei Jungfräulein
zu Wien in Osterreiche. 235

Das erste Gesätz ist vernehmlicher Nachklang der älteren Lieder von der Nachtigall, aber in diesen selbst weist der märchenhafte Bau der Stadt, des Klosters, Schlosses auf ursprünglichen Bezug zu einem entlegenern Ostlande. 236 Um jene Stadt her liegt der grüne Wald mit der singenden Nachtigall, die aber, wie das Vöglein der einen Fabelreihe, sich nicht zum Sange zwingen läßt; ihre Sprüche werden auch gerne noch in der Dreizahl gehalten, selbst wenn sie nicht alle gleich gut auf den gegebenen Fall zutreffen, und es sind darunter einige, in denen ein leichter, der Sorge und des Kummers sich entschlagender Sinn empfohlen wird; vom Barlaam an, wo die Schlußlehre lautet: „Gräme dich nicht um eine vorübergegangene Sache!" 237 tönt dieselbe in vielen Sprachen fort und in den deutschen Nachtigalliedern ist sie durch einen verschiedentlich gefaßten Spruch vertreten, der auch für sich bestehend oder ein anderartiges Lied beschließend in Notenbüchern des 16ten Jahrhunderts vorkommt:

Zwischen Berg und tiefem Thal
da liegt ein freie Straße;
Und wer sein Lieb nicht behalten mag,
der muß es fahren lassen. 238

Der vielfach vermittelten Lehrfabel aus dem Osten kamen Anklänge des heimischen Volksgesangs entgegen. In jener waltet eben der Lehrzweck vor, die Lehren sind verständig und nützlich, auch der Art des Vögleins wohl angepaßt; die Volkslieder sind lebhafter empfunden, sie fassen einerseits das Leben der Vögel mit all der Innigkeit auf, die ihm überhaupt in deutscher Dichtung zugewandt ist; und stellen demselben von der andern Seite Menschen mit tieferregtem Gemüthe gegenüber. Alte Sprüche sagen: „Ich bin frei, wie der Vogel auf dem Zweig; ich bin Niemands, Niemand ist mein, wer mich faht, des will ich sein." 239 Dem Falken wird zugerufen: „Du fleugst, wohin dir lieb ist, du erliesest dir in dem Walde einen Baum, der dir gefalle" 240; ebenso der Nachtigall; „Du bist ein kleins Waldvögelein, du fleugst den grünen Wald aus und ein." 241 Darum heißt sie bei den Minnesängern: die freie Nachtigall 242; noch 1532 wird ihre Freiheit zu Bamberg obrigkeitlich anerkannt: „Gebot der Nachtigall halb: soll nicht gefangen werden." 243 In den Zwiegesprächen nun will man ihr das helle Singen bald untersagen, bald gebieten oder ablernen und zum Dank ihr Gefieder mit Golde bekleiden, aber sie verschmäht das glänzende Zeichen der Dienstbarkeit. Konrad von Würzburg vergleicht sein eigenes, keinen äußeren Lohn ansprechendes Dichten dem Gesange der Nachtigall, die sich nicht darum kümmert, ob Jemand sie höre oder nicht. 244 Sie selbst rühmt sich, daß Niemand sie zwingen könne und sie jeder Gewalt zu entrinnen wisse. Allein die freifliegenden Vögel sind auch obbachlos, aller Unbill des Wetters und der Jahreszeit preisgegeben. Schon die altnordische Dichtersprache nennt den Winter Betrübniß, Angst der Vögel 245; ihr Ungemach unter freiem Himmel bezeichnen in angelsächsischem und skaldischem Gebrauche die Beiwörter des Adlers und des Raben: der naßfedrige, thaufedrige, schmutzkleidige, thaufarbige. 246 Mittelhochdeutsche Dichter fragen zur Zeit des Laubfalls: „Wo nehmen nun die Vögel Dach?" 247 Wann auf der Linde Rost liegt, dann ist die Zeit, wo der Wald des Laubes bloß wird „und die Nachtigall ihr Herze zwinget," d. h. zu winterlangem Schweigen niederhält. 248 So wird ihr auch im Volksliede, wenn sie mit ihrer Freiheit sich brüstet, entgegengehalten, daß doch der Reif, der Hagel, der kalte Schnee ihr das schirmende Laub von der Linde streife, sie soll sich hinwegschwingen, damit nicht der kühle Thau sie netze, der Reif sie erfröre; doch hat sie auch hierauf Antwort: „Und netzet mich der kühle Thau, so trücknet mich Frau Sonne." Lust und Leid, Bedrängniß und Trost eines Nachtigallebens ist damit in wenigen Zügen vorübergeführt. Ein ähnliches Liedchen läßt den Kuckuck, vom Regen durchnäßt auf dem Zaune sitzen, darnach kommt der Sonnenschein, alsbald schwingt der Kuckuck sein Gefieder und fliegt über den See hin; dieß der ganze Inhalt. [249] Ohne Nutzanwendung oder Lehrspruch sind solche der Natur abgelauschte Lebensbilder ein Spiegel menschlicher Zustände und Erfahrungen. An die Geschichte der Nachtigall treten nun so mancherlei persönliche Fragen und Begehren heran, die von jungen Mädchen und Gesellen gestellt werden, von Verliebten, Werbenden, Verlassenen, Ausgewiesenen, Gefangenen. Überall sind es Anliegen des klopfenden Herzens, denen die Nachtigall Rede stehen soll, und sie antwortet durch das Beispiel ihrer eigenen Erlebnisse: mit der entlaubten Linde mahnt sie zum Festhalten des jungfräulichen Kränzleins, durch den goldenen Flügelschmuck will sie nicht ihre Freiheit binden lassen, ihr bereiftes Gefieder und die trocknende Sonne gibt sie dem Mann im Kerker zum Troste. All das bewegt sich in der leichten Schwebe des Vogelsangs und Vogelflugs und doch waltet ein tiefer Klageton in dieser Flüchtigkeit der Sommerluft, des Jugendmuths, des Liebelebens, und in dem letzten Rathe der Entfliegenden: fahren zu lassen, was nicht zu behalten ist. Die Fabel von den drei Lehren des Vögeleins hatte selbst wohl in frischer Naturanschauung ihren Ursprung: war sie allmählich altklug geworden, im lebendigen Borne des Volksgesangs konnte sie, eine badende Nachtigall, sich verjüngen.

Beiderlei Arten des bedeutsamen Vogelsangs, der aufreizende und der lehrhafte, werden als Rath bezeichnet; so auf der einen Seite was dem jungen Sigurd (Astråd) und dem Grafen von Boulogne (conseil) gesungen wurde, andrerseits, in der norwegischen Bearbeitung des Barlaam um 1200 und in einer alten Verdeutschung der Gesta romanorum, die drei Räthe der Nachtigall an den Vogelsteller. [250] Der vorgenannte Graf weist aber zugleich auf einen sprichwörtlichen Ausdruck oder Denkreim, wenn er sagt: „Kein Thor ist, wer dem Nachtigallrathe glaubt." [251] Entsprechend ist es im Renner (3. 2873) Merkmal eines Einfältigen: „der hörte nie ein Vöglein im Maien." Nach einer englischen Ballade äußert der von schwerem Unheil bedrohte Graf Percy von Northhumberland, als er mit seiner schönen Frau in den Garten geht: „Ich hört' einen Vogel singen in mein Ohr, daß ich muß fechten oder fliehen." [252] Meister Hagens kölnische Reimchronik, geschrieben 1270, berichtet von den Anschlägen des Bischofs Engelbrecht wider die Stadt: „Der Bischof hört" ein neues Lied singen ein ander Vögelchen: „Herr Bischof! wollt ihr Herr sein von Köln der Stadt, über Arm und Reich, all euer Leben lang, dazu will ich euch Rath geben." „Ja! sing an, Vögelchen! ich will dir gefolgig sein." „Fahrt ein zu Köln auf euren Saal und thut, was ich euch rathen werde!" Der Vorschlag geht auf heimliche Bewaffnung und treulosen Überfall. „Des Rathes war der Bischof froh und that genau also." [253] Auch der Reimspruch eines bairischen Herolds um 1424 streift an die kriegerischen Aufrufe, indem von einem turnierlustigen Adelsgeschlechte gerühmt wird: „Und hörten sie einen Grillen singen von einem Ritterspiel, sie legten darauf Rostung viel." [254] Eben der sprichwörtliche und formelhafte Gebrauch, verhohlene Rathschläge und Entschlüsse, selbst in wenig dichterischen Angelegenheiten, auf Eingebung der Vögel zu schieben, setzt eine lebensvollere Auffassung voraus, wie sie altverbreitet in Heldenmären und Volksliedern nachgewiesen werden konnte; eine Auffassung, die nicht einzig sinnbildlicher Art ist, sondern wirklich von dem „hellen Singen," der „wilden Zunge" des Waldvögleins ausgeht. Indem der Nachtigall unter allen Waldesstimmen mit dem kräftigsten Klang auch die reichste Manigfaltigkeit der Töne zu Gebot steht [255], vermag sie Alles, was im Innern des Hörenden schlummert oder wach ist, aufzurühren und jene verschiedensten Gemüthsstimmungen, nachdenkliche, gefühlvolle, stürmische, gleich eindringlich anzuschlagen.

Soviel vom Rathe der Nachtigall; damit ist jedoch ihr Geschäftskreis in der deutschen Volksdichtung lange nicht erschöpft, sie hat noch Vielerlei auszurichten, als Sendbotin, Wahrsagerin, feeartige Zeugin und Anklägerin verborgener Schuld, und diese verschiedenen Berufe greifen wechselseitig ineinander. Nicht zu vergessen ist endlich die von allem Geflügel des Waldes und der Lüfte gefeierte Hochzeit der Nachtigall mit dem Gimpel. [256]

Dem Eindrucke der Vogelstimme gesellt sich derjenige des Fluges und auch ihn haben vielerlei Lieder, ernst oder spielend, zur Darstellung gebracht. Weiteste Räume rasch durchmessend, über Land und Meer sich hinschwingend, Mauer und Zinne hoch überschwebend, sind es die Vögel, die sich das Verlangen in unerreichbare Ferne vor allen zu Boten wünscht und denen die Poesie diesen Dienst wirklich überträgt. Als Liebesbotin wird besonders die Nachtigall verwendet, ihr steht ja mit dem Fluge zugleich der herzbewegende Gesang zu Gebote. „Nachtigall, gut Vögelein, meiner Frauen sollt du singen in ihr Ohr dahin!" ruft der Minnesänger Heinrich von Stretlingen und nimmt zum Kehrreim seines Liedes die Nachahmung des Nachtigallschlags [257]; ein Andrer: „Nachtigall, sing einen Ton (Gesangweise) mit Sinne meiner hochgemuthen Königin! kund' ihr, daß mein steter Muth und mein Herze brenne nach ihrem süßen Leib und ihrer Minne!" [258] Der von Wildonie läßt sein Maienlied ein Vögelein vor dem Walde singen. [259] Französische Volkslieder fordern herkömmlich die wilde Nachtigall auf, einen Botendienst zu der Schönen zu thun und ihren strengen Sinn zu erweichen. [260] Der eigenthümlichen Wendung am Schlusse des Liedes von den drei Gesellen aus Lyon ist schon oben gedacht. [261] Die Verbindung des Anrufs an die Nachtigall mit der Bedrängniß des Singenden erinnert an die Lieder vom gefangenen Kriegsmann und von den drei Gesellen aus Rosenthal. Den innerlichen Ursprung dieser Nachtigallsendungen erklärt ein altenglisches Gedicht, dem der Frühling die Zeit ist: „Wann Liebende schlafen mit offenem Auge, wie Nachtigallen auf grünem Baume, und sehnlich verlangen, fliegen zu können, um bei ihrem Lieb zu sein." [262] Noch einfacher das deutsche Lied:

Wenn ich ein Vöglein wär'
und auch zwei Flüglein hätt',
flög' ich zu dir. [263]

Die Botschaft der Nachtigall wird aber auch in ausgeführte Handlung gesetzt. Hoch- und niederdeutsch gieng im 16ten Jahrhundert folgendes Lied im Schwange [Volksl. Nr. 16 A]:

Es steht eine Lind' in jenem Thal,
darauf da sitzt Frau Nachtigall.
„Frau Nachtigall, klein Waldvögelein!
du fleugst den grünen Wald aus und ein.

Ich wollt', du sollst mein Bote sein
und fahrn zu der Herzallerliebsten mein."

Frau Nachtigall schwang ihr Gefieder aus,
sie schwang sich für eins Goldschmids Haus.

Da sie kam für des Goldschmids Haus,
da bot man ihr zu trinken heraus.

„Ich trink kein Bier und auch kein' Wein,
denn bei guten Gesellen fröhlich sein.

Ach Goldschmid, lieber Goldschmid mein,
mach mir von Gold ein Ringelein!"

Und da das Ringlein war bereit,
groß Arbeit war daran geleit.

Frau Nachtigall schwang ihr Gefieder aus,
sie schwang sich für eins Burgers Haus.

Da sie kam für des Burgers Haus,
da lugt das Maidlein zum Fenster aus.

„Gott grüß' euch, Jungfrau hübsch und fein!
da schenk' ich euch ein Ringelein."

Was schenkt sie dem Knaben wieder?
ein' Busch' mit Kranichsfedern.

Die Federn waren wol bereit,
es soll sie tragen ein stolzer Leib.

Den ersten Theil einer schottischen Ballade, die in verschiedenen Fassungen aufgezeichnet ist, bildet die Sendung des Vogels, wodurch eine Entführung, als andrer Theil des Gedichts, vorbereitet wird; der Vogel heißt bald Taubenfalke (goshawk), bald Papagei, doch reimt sich Keines von Beiden mit seinem gerühmten Singen. Er soll einen Liebesbrief seines Herrn der Maid in Südengland bringen, doch wie soll er sie ausfinden, die er niemals sah?[264] Der Herr bezeichnet sie ihm: was roth an ihr, das sei wie Blut auf Schnee getropft, was weiß, wie Flaum der Seemöve. Wohl unterwiesen, fliegt der kleine Vogel über die tobende See, bis er einen Thurm von Golde sieht; er läßt sich vor dem Thore der Jungfrau nieder; singt auf einer Birke, da sie zur Kirche geht, auf einer Esche, da sie aus der Messe kommt, auf einem Bette von Thymian vor ihrem Fenster, als sie zum Mahle niederſitzt, Alles, was ihm vorgeſagt iſt, ſingt er hinein. Die Jungfrau heißt ihre Geſpielen in der Halle ſitzen und den rothen Wein trinken (vgl. Gudr. Str. 1330), ſie ſelbſt geht zum kleinen Fenſter, des Vögeleins Geſang zu hören. Sie will daſſelbe prüfen, ſei es ihres Treuliebs Vogel, ſo werde es zum Ärmel ihres Gewandes hineinſchlüpfen und am Saume wieder heraus. Der Vogel weiſt ſich mit dem Brief unter ſeinem Flügel aus, worauf ſie ihn mit den Bändern aus ihren Haaren, mit der Nadel von ihrer Bruſt und mit dem Herzen darin, ſowie mit dem Beſcheide, wo ihr Liebſter ſie treffen möge, zurückſendet. [265]

Im nordiſchen Alterthum ließ man, vor Anwendung des Magnets, Raben mit beſondrer Weihe vom Schiffe fliegen, um durch ihr Ausbleiben oder ihre Wiederkehr zu erkunden, ob Land in der Nähe ſei oder nicht. Mythiſche Zubildung dieſes Gebrauchs iſt es, daß Odhin jeden Tag zwei Raben über die Welt ausfliegen läßt, die ſich nachher auf ſeine Achſeln ſetzen und ihm alles Neue, was ſie geſehen oder gehört, in das Ohr ſagen; ſie heißen Huginn und Muninn, Denkkraft und Erinnerung, und damit erhält dieſer Botenflug überhaupt das Wahrzeichen geiſtigen Verkehrs. [266] Zunächſt dem Mythus ſteht das ſchwediſche Volkslied vom Raben Rune: Herr Tune hat ſeine Tochter in fremdes Land verheirathet, wo es ihr übel ergeht; in Feſſeln geworfen, blickt ſie durchs Fenſter und ſieht den Raben Rune daherfliegen; ſie ruft ihm zu, ob er für ſie in fernes Land fahren wolle? „Im Walde hab' ich meine Junge, ſo weit fahr' ich nicht mit ihnen beſchwert." „Nimm deine Junge und leg' ſie an meine Bruſt, ſo können ſie eſſen, ſo lang ſie gelüſtet." Der Rabe fliegt aus, trifft Herrn Tune und meldet ihm, daß ſeine Tochter gefangen liege. „Willkommen mir, Rabe Rune! für dich hab' ich Meth und Wein gemiſcht." „Nicht lüſtet mich nach Meth noch Wein, aber gib mir Waizenkörnlein für meine Junge!" Sie meſſen ihn mit Scheffel und Löffel: „Nimm hin ſo viel du führen kannſt!" Tune ſattelt ſein treffliches Braunroſs und befreit die Tochter. [267] Die däniſche Ballade dieſes Inhalts weicht in Vielem ab. Die Gefangene, die am nächſten Tage verbrannt werden ſoll, hört des Raben Schwinge und fragt ihn, ob er den Wächterton ſingen könne? Er bejaht es, er ſei noch klein geweſen, da er denſelben gelernt. Sie verſpricht ihm ihr rothes Goldband, wenn er zu ihren Blutsfreunden fliegen und ihrem Bruder Hildebrand Botschaft bringen wolle. „Was soll ich mit deinem Gold so roth? viel lieber nehm' ich mein Rabenfutter." „Liebster Rabe! willst du für mich fliegen, meines Herren Auge geb' ich dir." Der Rabe schlägt seine Schwingen aus und fliegt über drei Königreiche; er fliegt in die Stube hinein, wo Hildebrand den klaren Wein trinkt, und richtet die Botschaft aus. Hildebrand springt über den Tisch, daß der Wein auf den Boden fließt, besteigt sein falbes Roß und rennt über das wilde Meer, weil er aber mitten im Sunde das Roß nennt, wird er abgeworfen; Roß und Rabe kämpfen die Jungfrau ihren Bedrängern ab und bringen sie dem Bruder, der am Strande steht; durch einen Kuß von ihr werden die beiden Thiere gleichfalls zu ihren Brüdern.[268] Dieses dänische Lied berührt sich mit einem weitern: Der Rabe fliegt am Abend, am Tage darf er nicht, er fliegt hoch über die Mauern, wo er die Jungfrau in ihrer Kammer trauern sieht, er fliegt südlich und nördlich, fliegt hoch in die Wolke, sieht die Jungfrau traurig sitzen und nähen, und fragt, warum sie so bitterlich weine? Sie blickt aus dem Fenster und sagt: wer sie trösten und auf ihren Kummer hören wolle? Dann heißt sie den wilden Walraben herfliegen, um ihm all ihr heimliches Leid zu erzählen: ihr Vater verlobte sie einem Königssohn, aber ihre Stiefmutter sandt' ihn fern in östliche Reiche, um sie dem eigenen häßlichen Schwestersohne zu geben, ihren Bruder Werner verwandelte die Stiefmutter und sandt' ihn in fremde Land. Der Rabe fragt: was sie ihm geben wolle, wenn er sie zu ihrem Bräutigam führe. Sie verspricht ihm das rothe Gold und das weiße Silber; das heißt er sie behalten und verlangt den ersten Sohn der beiden Verlobten. Da nimmt sie den Rabenfuß, legt ihn auf ihre weiße Hand und schwört bei ihrem Christenglauben, daß er den Sohn haben solle. Alsbald setzt er sie auf seinen Rücken, fliegt mit ihr mühsam über das wilde Meer und läßt sich auf die Zinne des Hauses nieder, vor dem der Bräutigam, den Silberbecher auf der Hand, steht und die Jungfrau willkommen heißt. Die Hochzeit wird getrunken, als aber der erste Sohn zur Welt kommt, da setzt der wilde Rabe sich auf die Zinne und mahnt an das Gelöbniß. Die Mutter weint und schlägt die Hände zusammen, daß es kein Mägdlein ist. Der Vater geht hinaus und bietet für seinen Sohn schöne Burgen, dazu sein halbes Land; allein der Rabe droht, wenn ihm das Kind nicht werbe, das Reich zu verwüsten und den Herrn selbst zu erschlagen. Das Kind muß von der Mutter Brust hingegeben werden, der Rabe nimmt es in seine Klaue, gluckst fröhlich, hackt ihm das rechte Auge aus und trinkt sein Herzblut halb; so wird er zum schönsten Ritter, es ist der Bruder, der lange verzaubert war, und auf das Gebet der Versammelten lebt auch das Kind wieder auf.[269] Der sehnsüchtige Blick nach Rettung, das unwiderstehliche Verlangen in die Ferne hat in diesen nordischen Liedern einen wilden, aber den kräftigsten Ausdruck gefunden, wenn die Jungfrau bereit ist, die Jungen des ausfliegenden Raben an ihrer Brust zu äzen, oder wenn ihm der erste Sohn versprochen wird; der Botendienst erstreckt sich im letzten Stück auf die Überführung der Verlangenden selbst und indem die rettenden Thiere verwandelte Brüder sind, dienen sie zugleich dem nicht minder mächtigen Drange zu helfen, der jener Sehnsucht und Bedrängniß fernfühlend entgegenkommt.

Die Sendung des Raben bildet einen Haupttheil des altdeutschen Gedichtes von Sanct Oswald, König in Engelland, der auch in kirchlichen Bildwerken mit dem Raben erscheint.[270] Dieser junge König hört durch den Pilgrim Warmund von der schönen Tochter des Heidenkönigs Aaron, jenseits des Meeres, welche heimlich nach der Taufe Verlangen trage. Er will einen Boten haben, der erkunde, ob sie ihm geneigt sei und Christenglauben annehmen wolle; dann würd' er mit Heeresmacht nach ihr über Meer fahren. Der Pilgrim wendet ein, daß der Heide jedem Boten, der um seine Tochter werbe, das Haupt abschlage; auch sei die Burg desselben so fest, daß Oswald dreißig Jahre davor liegen könnte, ohne der Jungfrau ansichtig zu werden. Er weiß einen andern Rath: Oswald habe auf seinem Hof einen edeln Raben erzogen, den soll er zum Boten nehmen, der sei ihm nützer, als der weiseste Mann und als ein ganzes Heer; durch des Herren Gebot sei derselbe redend worden. Der Rabe sitzt auf einem hohen Thurme, wo ihn der König nicht erlangen kann, aber nach Gottes Willen fliegt er auf den Tisch und mit dem ersten Worte, das er jemals sprach, heißt er den Pilgrim Warmund gottwillkommen. Er will die Botschaft des Königs werben und dieser küßt ihn an Haupt und Schnabel. Nach der eigenen Weisung des Raben wird ein Goldschmid herbeschieden, der denselben in seine Schmidte trägt und ihm das Gefieder mit gutem rothem Golde beschlägt, auch auf sein Haupt eine goldene Krone schmiebet, damit man sehe, daß er eines Königs Bote sei. Tag und Nacht bis zum vierten Morgen arbeitet der Meister an dem kunstreichen Werke. Dann wird dem Raben ein Brief mit des Königs Insiegel unter das Gefieder gebunden, dazu ein goldenes Ringlein mit seidener Schnur. Mit Sanct Johannes Minne und dem himmlischen Herrn empfohlen, wird er entsandt, bis an den zehnten Tag fliegt er ohne Essen und Trinken, da entweicht ihm, als er über dem Meere schwebt, die Kraft und er setzt sich auf einen hohen Stein, der aus dem wilden Meere gewachsen. Vor Hunger und Müde trauert und klagt er, als ein Fisch zu dem Steine schwimmt, den er fängt und fröhlich zu essen beginnt. Ein wildes Meerweib ergreift ihn bei den Füßen und führt ihn in den Meeresgrund. Sie zeigt ihn ihren Gespielen und meint, es möge wohl ein Engel sein. Sie wollen Kurzweil mit ihm treiben, doch er entgegnet, am Hofe seines Herrn kurzweile kein frember Mann, bevor er gegessen und getrunken; sie sollen ihm Käse und Brot, Semmeln und Wein geben lassen, sammt einem guten Braten, davon werden Gäste wohlgemuth. Er wird nach Wunsche bewirthet und denkt nun darauf, wie er den Frauen entrinnen möge. „Sieh hinum!" ruft er Einer zu, „was Wunders hebt sich an des Meeres Grunde? Gott will seinen Zorn erzeigen, all die Welt hat ihr Leben verloren." Die Frauen erschrecken und schauen begierig hin, der Rabe schwingt sein Gefieder, fliegt wieder auf den Stein und erhebt hier einen ungefügen Schall, daß es in das Meer zurückhallt. Die bethörten Frauen trauern über den Verlust des listigen Vogels. Am sechsten Tage hernach schwebt der Rabe über der Burg des Königs Aaron, er setzt sich zwischen zwei Zinnen auf die Burgmauer, sieht Hunde und heidnische Männer und späht nach der Jungfrau. Doch die ist ihres Vaters Schoßkind, er hat sie in eine Kammer verschlossen, wo kein Lichtschein auf sie fällt, als durch die gläsernen Fenster; von vierundzwanzig Jungfraun und vier Herzogen wird sie stets gehütet, die halten über der jungen Königin sorglich ein Seidentuch, roth und weiß, wenn sie zu Tische geht, damit weder Wind noch Sonnenschein ihr nahe. Der Rabe sieht, wie schwierig es sei, ihr die Botschaft zu bringen, und flög' er vor den König in den Saal herab, so würde der grimmige Mann ihn fangen und tödten. Er beschließt, zu warten, bis sie essen und trinken, dann

werbe der Zorn von ihnen weichen, sei doch selbst der beste Christ ungemuth, wann ihn hungre. Als man die letzten Richten aufträgt, fliegt
der Rabe auf den Tisch und spricht: „Der Herr des Himmels gesegne
euch euer Trinken und Essen!" Damit verneigt er sich gegen den König, grüßt die Jungfrau heimlich mit den Augen, neigt sich auch vor
der alten Königin und dem ganzen Hofgesinde. Die Heiden sehen ihn
an und gestehen, daß sie nie einen feinern Vogel sahen. Er will nun
seine Botschaft sagen, wenn ihm der König Frieden gebe. Dieser fürchtet
zwar Betrug, doch versagt er den Frieden nicht, worauf der Rabe seine
Werbung vorbringt und dabei die Macht seines Herrn höchlich anrühmt.
In heftigem Zorne bricht der König den Frieden, das Haus wird überall
verschlossen, der Rabe gefangen, mit Riemen gebunden und soll vor den
finstern Wald aufgehängt werden. Doch die Fürsprache der Königstochter, die sogar droht, sich mit einem Spielmann aus dem Lande zu
heben, bringt es dahin, daß ihr der Rabe gegeben wird. Sie löst mit
eigener Hand seine Bande und trägt ihn in ihre Kammer, wo sie ihm
Semmeln und guten Wein, Zahmes und Wildbrät auftragen läßt.
Hernach schwingt er sein Gefieder aus einander und heißt sie den Brief
und das Ringlein ablösen, die ihr König Oswald sende. Bis an den
neunten Morgen behält sie den Gast, dann bindet sie ihm unter das
Gefieder einen Brief und ein Goldringlein mit seidener Schnur, das
er über Meer führen soll, zugleich trägt sie ihm umständliche Weisung
auf, wie König Oswald, wenn er nach ihr fahren wolle, am Ende
des Winters sich auszurüsten habe, besonders auch soll er den Raben
wieder mitbringen, ohne den seine Mühe verloren sei. Am zwanzigsten
Tage seines Rückflugs schwebt der Rabe über dem Meere, als ein
Sturmwind ihn erfaßt, die seidene Schnur sich löst und das Ringlein
an den Grund des Meeres fällt. Er fliegt auf eine Felswand, und
hebt seine Klage an, die von einem Einsiedler vernommen wird, welcher
schon dreißig Jahre daselbst wohnt. Dieser kennt den Raben, denn ihm
ist vom Herrn geboten, um Sanct Oswalds willen, dem der Rabe
dient, seiner zu warten. Er tröstet den klagenden Vogel, wirft sich
kreuzweise zur Erde und betet zu Gott und seiner Mutter um das goldene Ringlein. Alsbald trägt ein Fisch es im Munde her, der Einsiedler empfängt es knieend und bindet es dem Raben wieder an.
Dieser schwebt nun am sechsten Tag über seines Herren Burg, setzt sich

auf einen hohen Thurm und treibt ungefügen Schall. Vier Diener Sanct Oswalds hören es und eilen, je einer dem andern vorspringend, dem Könige, der mit seinen Helden zu Tische sitzt, die liebe Mähre zu sagen. Der König springt vom Tische, geht hinaus und wirft seinen Zobelmantel zur Erde, auf den der Rabe niederfliegt. Zwar trägt der König ihn schleunig in seine Kammer, aber der Rabe will vor Allem wieder essen und trinken, dann könn' er um so besser mit seinem Herrn Weisheit pflegen. Erst am nächsten Morgen richtet er dem Könige, dem die Nacht ein Jahr lang ist, die erwünschte Botschaft aus. Oswald rüstet sich nun, den Winter hindurch, bis zu Sanct Georgen Tag. Dann schifft er mit dem Heere sich ein, auch ein Hirsch mit schönem Geweihe, den er wohl siebenzehn Jahre auf seinem Hof erzogen, wird mitgenommen (vgl. V. 1114), der Rabe wird vergessen. Ein Jahr und zwölf Wochen fahren sie, bis sie die herrliche Burg des Heidenkönigs erblicken. An einer verborgenen Stelle landen sie und nun soll der Königstochter Botschaft zugehen. Da wird erst der Rabe vermißt und sie halten sich für verloren; auf ihr demüthiges Gebet aber schicken Gott und seine Mutter einen Engel nach dem Raben aus. Der vergessene Vogel ist nicht wohl gelaunt: sein Herr habe statt seiner einen Hirsch mitgenommen, warum er den nicht zu der jungen Königin sende? Auf weitern Zuspruch des Engels erwidert er: seit des Königs Abfahrt sei ihm keine Menschenspeise, weder Wein noch Brot geworden, davon sei er seiner Kraft verlustig und könne seinem Herrn nicht helfen; der Koch und der Kellner haben ihm seine Pfründe genommen, er habe mit den Hunden essen müssen, welchem derselben er dann Speise genommen, der hab' ihn jämmerlich angegreint; so hab' er von Hunger große Noth gelitten und sein Gefieder sei ihm sehr zerzerrt worden, er könne keinen Flug aushalten und würden sie Alle zutob geschlagen. Der Engel fordert ihn auf, sein Gefieder drei Speere hoch zu schwingen [271], könn' er alsdann keinen Flug aushalten, so mög' er wieder zur Erde fliegen und habe doch seine Treue geleistet, daß Gott und die Welt ihm um so holder seien. Der Rabe läßt sich erweichen und hebt sich volle zwölf Speere hoch in die Luft, dann will er sich niederlassen, aber der Engel läßt ihn nicht mehr herab und zwingt ihn, sich noch höher zu schwingen und über das wilde Meer zu fliegen. Am vierten Tage kommt er zu Oswalds Heere, setzt sich auf einen Segelbaum und erhebt, der Müde vergessend, seinen lauten Schall. Ein Schiffknecht hört es und springt drei Klafter weit, um das Botenbrot zu gewinnen. Der König geht seinem Raben entgegen und würde die Welt noch so alt, nimmermehr würd' ein Bote so schön empfangen, als der Rabe von Sanct Oswald und allen seinen Mannen. Auf die Frage des Königs nach dem Frieden in Engelland, berichtet der Rabe, daß es damit wohl stehe, aber gegen Koch und Kellner führt er schwere Anklage. Es wird ihm versprochen, daß er nie mehr von des Königs Schüssel kommen solle. Auch fühlt er sich schon so wohl gefeistet, daß er sogleich die Botschaft an die Königstochter werben kann. Er fliegt hoch über den Berg und findet sie allein an einer Zinne der Burg; sie neigt sich heraus, nimmt ihn durch ein Fensterlein zu sich, bespricht sich mit ihm und entläßt ihn mit der nöthigen Belehrung für König Oswald. Durch eine mittelst des Hirsches veranstaltete List wird die Jungfrau entführt und der Rabe erscheint fortan nur noch als Wächter auf dem Segelbaume (V. 1509 ff. 2665 ff.), der Heidenkönig aber bereut, daß er gegen besseres Wissen den verderblichen Vogel am Leben ließ (V. 2602—4).

Das Gedicht, dem diese Sage vom Raben entnommen ist, liegt zwar nur in Handschriften und in der Schreibweise des 15ten Jahrhunderts vor, aber Stil und Art sind dieselben, wie in einigen andern, auch dem Inhalte nach verwandten Dichtungen, welche durch gleiche Trübung der Texte hindurch als Erzeugnisse des 12ten Jahrhunderts erkannt worden sind.[272] Als nächste Quelle wird ein Buch genannt, einmal ausdrücklich „das deutsche Buch", und wenn auch auf solche Angaben nicht immer Nachdruck zu legen ist, so macht sich doch bemerklich, daß eben jene verwandten Werke sich gleichfalls auf ein deutsches Buch berufen, abwechselnd aber auch auf „das Lied".[273] Sowie der Ton dieser Gedichte altvolksmäßig und ihr Inhalt nationalen Ursprungs ist, so geben sie auch als ihren Vorgang nicht, wie andre Legenden, lateinische Quellen[274], sondern deutsches Buch, deutsches Lied an. Eigenthümliche Fernblicke öffnen sich für das Gedicht von Sanct Oswald. Der northumbrische König dieses Namens war zugleich ein heldenhafter Mehrer seines Reichs und ein Begründer des Christenthums unter den Angelsachsen[275]; die Tochter des westsächsischen Königs Kynegil gewann er sich erst durch die Taufe, die sie mit ihrem Vater empfieng, zur Gemahlin und in der Schlacht gegen den heidnischen König von Mercien fand er im Jahre 642 den Tod. Verlieh ihm die Kirche den Heiligenschein, so wird auch die rege Dichtkunst seines Volkes ihn nicht vergessen haben. Bei diesem blieb selbst die Geistlichkeit der Muttersprache und dem in ihr herkömmlichen Dichterstil getreu. Aus der Werkstätte dieser Geistlichkeit giengen noch zwei Jahrhunderte nach Oswald angelsächsische Gedichte, theils weltlichen, theils biblischen und legendenhaften Inhalts hervor, in denen, was die Darstellung betrifft, fortwährend vorchristliche Naturanschauung und durch sie bestimmte Ausdrucksweise lebendig ist. In der Schlachtschilderung singen noch immer die Wölfe, Azung hoffend, ihr wildes Abendlied; der naßfedrige Adler hebt seinen Sang an auf der Spur der Feinde; der schwarze, schlachtgierige Rabe krächzt hernieder, er wird über Sterbenden Vieles plaudern und dem Adler sagen, wie ihm an Azung gelang, als er mit dem Wolfe Walraub bieng.[276] So konnte füglich auch die alterthümliche Rabensendung auf die Geschichte des Volkshelden Oswald dichterisch angewendet werden. Wenn im deutschen Gedichte der König seinem Raben das Gefieder mit Gold beschlagen heißt, weil er denselben als Boten wegsenden will, und wenn er auf dessen Haupt eine Goldkrone bestellt, damit man sehe, daß er eines Königs Bote sei (V. 511—522), und er desto bessern Frieden habe (V. 445), so trifft damit zu, daß nach der angelsächsischen Legende von Helena Königsboten in Goldrüstung das Land durchziehen.[277]

Noch rein heidnisch wird in einem Eddaliede der kundige Vogel zur Brautwerbung beigezogen. König Hjörward hat ein Gelübde gethan, die Frau zu haben, die er die schönste wisse; Atli, der sie ihm verschaffen soll, steht eines Tags an einem Wald, ein Vogel sitzt über ihm in den Zweigen und hat zugehört, daß die Mannen Atlis diejenigen Frauen die schönsten nennen, welche Hjörward schon habe, denn nach einstigem Fürstenbrauch ist der König mehrfach vermählt[278]; der Vogel zwitschert, aber Atli horcht, was er sagt; derselbe fragt: ob Atli Sigurlinn gesehen, Svafnis Tochter, der Jungfraun schönste, wenn auch Hjörwards Frauen für hübsch gelten mögen? Atli fordert den klugsinnigen Vogel auf, Mehreres mit ihm zu reden; der Vogel will es thun, wenn ihm der König opfern wolle und er sich wählen möge, was ihm anstehe, aus dessen Hofe. Atli geht es ein, nur soll Jener nicht den König selbst, noch dessen Söhne oder Frauen wählen;

Hall' und Haine, goldgehörnte Kühe aus Hiörwards Herde wählt sich der Vogel, wenn Sigurlinn freiwillig dem König folge.²⁷⁹ Wäre das Lied vollständig, so müste nachfolgen, wie der Vogel, als Führer oder Mitbote, so großen Lohn zu verdienen weiß; in obiger Stelle leistet er nur erst, was bei Oswald der Pilgrim Warmund, er melbet, wo und welche die schönste der Jungfrauen sei.²⁸⁰ Derlei Kunde einen weitgewanderten Waller geben zu lassen, ist herkömmliche Form, noch alterthümlicher und poetischer kommt solche dem Vogel zu, der Vieles auf seinem Fluge sah. Wie weit die Begehren des Vogels märchenhafter Ausdruck der Ruhmredigkeit oder eine Beglaubigung alten Opferglaubens seien, ist schwer zu sagen. In den vorerwähnten dänischen Balladen verschmäht der Rabe, der auf Botschaft fliegen soll, Gold und Silber, läßt sich dagegen ein Auge oder den ersten Sohn zusagen, noch früher ist opferartiger Wildrechte gedacht worden; Sanct Oswalds Rabe hat nur noch, wie es dem Vogel eines christlichen Königs geziemt, eine Pfründe von Wein und Brot (V. 1786. 1905), und nachdem ihm diese vorenthalten worden, verspricht sein Herr ihm für den letzten Botenflug, daß er nimmermehr von dessen Schüssel kommen solle (V. 1921).

Läßt man aber, von den ältesten Bezügen absehend, Ursprung und Vermittlung des Gedichts vom heiligen Oswald unentschieden und beachtet man dasselbe lediglich als ein Schriftdenkmal des 12ten Jahrhunderts, so ist es immerhin als frühe und ausgeführteste Darstellung der Vogelbotschaft auszuzeichnen. Vollständig malt es aus, was Lieder und Balladen flüchtig hinwerfen. Wenn in der schottischen Ballade kurz berichtet wird, der kleine Vogel sei über die tobende See geflogen²⁸¹, so hat Sanct Oswalds Rabe auf Flug und Rückflug über das wilde Meer eine gründlich durchgeführte Reihe von Abenteuern zu bestehen, Ermattung, Hunger, Gefangenschaft bei den Meerweibern, Sturm, Versinken des Ringes in den Meeresgrund. Wendet man zuletzt von der größeren Dichtung sich zum deutschen Volksliede zurück und vergleicht man diese beiderlei Darstellungen, so zeigt sich dort in epischer Breite die Gesandtschaft des Raben als Königsboten, hier in raschem Liebesschwunge der Nachtigallflug von der Linde, und doch hat auch das kleine Lied, in seiner Weise, den Goldschmid, den Ring, die Bewirthung, die Jungfrau am Fenster und ihre Gegengabe. Zufällig ist die eine Version desselben, die Dithmarsische, im Gebiete der Altsachsen, an der Grenze des Heimatlandes der Angeln aufgezeichnet, in der nemlichen Gegend, aus der mit ihren Auswanderern auch die Mähre von Beowulf und so manch andre Erinnerung an deutsche Heldensage nach England übergieng.

Mittelst des Fluges überschauen die neugierigen Vögel alles Irdische, ist ihnen nichts unerreichbar, sind sie leicht und plötzlich an jedem Orte gegenwärtig, darum sind sie auch die Wissenden, der geheimsten Dinge Kundigen. Es kommt hinzu, daß sie eben da unversehens erscheinen oder unbemerkt zugegen sind, wo der Mensch am wenigsten beobachtet zu sein glaubt, in der Einsamkeit des Feldes und Waldes. Schon das Bewußtsein ihrer lebendigen Gegenwart, der Anblick ihres klaren Auges, macht sie bald zu willkommenen Vertrauten, bald zu unberufenen Zeugen. Da ihnen aber auch manigfache Stimme gegeben ist, so können sie sagen und melden, was sie Neues und Heimliches erkundet haben, schlägt diese Stimme unerwartet an das Ohr des Einsamen, Ahnungsvollen, Schuldbewußten, so wird sie verstanden und wirkt als Vorzeichen, Warnung, Vorwurf, oder, wie schon gezeigt worden, als Botschaft, Rath und Orakel.

„Hie hört uns anders Niemand, denn Gott und die Waldvögelein," sagt Dietrich im Walde zu Eden.²⁸² „Das wußte kein Mensch, nicht der Fisch in der Flut, nicht der wilde Vogel auf dem Zweige," heißt es von heimlichem Liebesgeständniß in einer dänisch-schwedischen Ballade.²⁸³ In einer schottischen wird falsche Rede alsbald von der Elster auf dem Baume Lügen gestraft und berichtigt.²⁸⁴ Allgemein lautet ein altes Sprichwort: „Wald hat Ohren, Feld hat Gesicht."²⁸⁵ Das Mitwissen und Mitreden, das Erlauschen des kaum ausgesprochenen Gedankens oder Wunsches, erstreckt sich, außer den Vögeln, auch auf andre Thiere, die an einsamer Stelle auftauchen. In einem schwedischen Volksliede wünscht sich der Schweinhirt, der auf dem Berge steht, die Tochter des Königs, da sagt alsbald der Wolf, der im Busche liegt, seine Meinung dazu; nach andrer Fassung ist es die Schlange.²⁸⁶ So können nach deutscher Rechtssymbolik, wo kein andrer Zeuge vorhanden war, auch Hausthiere und selbst leblose Gegenstände zur Eideshülfe genommen werden: „Wurde ein ganz einsam ohne Hausgesinde lebender Mann Nachts mörderlich überfallen, so nahm er drei Halme von seinem Strohdach, seinen Hund am Seil, die Katze, die beim Herde gesessen oder den Hahn, der bei den Hühnern gewacht hatte, mit vor den Richter und beschwur den Frevel."²⁸⁷ Merkwürdig ist, wie vielgestaltig in einer dänisch, schwedisch und schottisch überlieferten Ballade die Person der Zeugen wechselt: die Braut fährt nicht mehr jungfräulich nach dem Hochzeithause, da wird sie, nach dänischer Fassung, unterwegs vom Hirten, der mit der Heerde geht, vor zwei Nachtigallen des Bräutigams gewarnt, die von Frauen wohl Bescheid zu sagen wissen, sie vertauscht die Kleider mit ihrer Schwester, aber diese wird auf der Brautbank vom Spielmann beim rechten Namen angeredet, sie gibt ihm den Goldring von ihrer Hand und nun schilt er sich einen trunkenen Thoren, der seine Worte nicht in Acht nehme, am Abend befragt der Hochzeiter die Nachtigallen und es wird ihm die Wahrheit gesungen.²⁸⁸ Die schwedischen Aufzeichnungen sagen nichts vom Nachtigallensang, sie lassen den Verrath der verlorenen Ehre zunächst aus der Harfe oder Pfeife des Spielmanns tönen, in dessen Hand die Braut ihr Goldband wirft, worauf alsbald ein andrer Klang zu hören ist²⁸⁹, zwei derselben leihen aber, mit oder ohne Beiziehung der Spielleute, der Bettdecke des Bräutigams menschliche Rede, wodurch sie ihren Besitzer in Kenntniß setzt²⁹⁰; in einer schottischen Fassung wird die Braut von einem Dienstknaben des Hochzeiters gewarnt, dieser aber fordert Decken, Bett, Leintuch und sein gutes Schwert, das nicht lügen wird, zum Sprechen auf und sie sagen ihm den Stand der Sache, anderwärts ist es die Mutter des Bräutigams, die zuerst den Verdacht äußert, und ein geisterhaftes Wesen (Billie Blin'), neben der Braut stehend, nimmt sich ihrer an, auf die Frage des Herrn aber gibt er vollständige Auskunft.²⁹¹ Wenn dergestalt Alles hört, sieht und weiter sagt, so ist auch die Eidesformel angemessen, wonach der Freischöffe schwört: die Vehme zu hüten und zu hehlen vor Sonne, vor Mond, vor Wasser, vor Feuer, vor Feuer und Wind, vor Mann, vor Weib, vor Torf, vor Traib, vor Stock und Stein, vor Gras und Grein (Zweig, D. Gramm. III, 412), vor allem Lebendigen, vor allem Gottesgeschöpfe, vor Allem was zwischen Himmel und Erde, was die Sonne bescheint und der Regen bedeckt.²⁹²

In Liebesliedern ist wieder die Nachtigall einzige Zeugin heimlicher Zusammenkünfte. Bei Walther, in dem Liede mit dem Nachtigallschlag, wünscht das Mädchen, daß von dem Blumenbrechen unter der Linde, außer ihm und ihr, Niemand erfahre denn ein kleines Vögelein, das wohl schweigen könne.²⁹³ Ergiebiger für unsern Zweck ist ein niederländisches Volkslied:

> Die Sonn' ist untergangen,
> die Sterne blinken so klar;
> ich wollt', daß ich mit der Liebsten
> in einem Baumgarten wär'.
>
> Der Baumgart ist geschlossen
> und da kann Niemand ein,
> denn die stolze Nachtigall,
> die fliegt von oben drein.
>
> Man soll der Nachtigall binden
> ihr Häuptchen an ihren Fuß,
> daß sie nicht mehr soll klaffen
> was zwei Süßliebchen thun.
>
> „Und habt ihr mich denn gebunden,
> mein Herzchen ist doch gesund,
> ich kann noch gleich gut klaffen
> von zwei Süßliebchen todrund." ²⁹⁴

Selbst in sternloser Nacht ist keine Verborgenheit, es lauert eine grämliche Alte, die Eule; sie sitzt in ihrem finstern Kämmerlein, spinnt mit silbernen Spindelchen und sieht übel dazu, was in der Dunkelheit vorgeht. Der Holzschnitt des alten Flugblattes zeigt die Eule auf einem Stühlchen am Spinnrocken sitzend.

Diese Eulenwache streift an eine Art bildlicher Liebeslieder, worin das Käuzlein die zagende, gedrückte Liebe vorstellt, die Eule Verfolgerin ist, die sangreiche Nachtigall aber das ersehnte Wesen, zu welchem das arme Käuzlein seine schüchternen Wünsche hebt. Gleichwie die gefiederten Personen sämmtlich der Nacht und Dämmerung angehören, so sind auch die Lieder etwas dunkel gehalten. Bald klagt das Käuzlein nur seine Verlassenheit:

> Ich armes Käuzlein kleine
> heut soll ich fliegen aus
> bei Nacht so gar alleine
> ganz traurig durch den Wald hinaus.

    Der Ast ist mir entwichen,
    darauf ich ruhen soll,
    die Läublein all erblichen,
    mein Herz ist alles Traurens voll. 295

Bald klagt es auch über die böse Eule und preist die Nachtigall:

    Ich armes Käuzlein kleine,
    wo soll ich armes aus?
    bei Nacht fliegen alleine
    bringt mir gar manchen Graus,
    das macht der Eulen Ungestalt,
    ihr Dräuen manigfalt.

    Mein G'fieder will ich schwingen
    gen Holz in grünen Wald,
    die Böglein hören singen
    durch mancherlei Gestalt,
    ob all'n liebt mir die Nachtigall,
    der wünsch' ich Glück und Heil. 296

Ein ansehnliches Alter der einfachen Form ergibt sich daraus, daß schon um die Mitte des 15ten Jahrhunderts eine künstlichere Ausführung dieser Klage vorkommt: „wenn andre Vögel fliegen, dann muß das Käuzlein sich verbergen, am hellen Morgen wird es zum Spotte der schreienden Vögel, darum fürchtet es den Tag und freut sich der Nacht, es will nicht, daß man sein Wesen wisse, wie oder wo, nach dem Wald im Thale fliegt es, dort findet es die Nachtigall, die sich bei ihm hält und von grünem Laubüberhange bedeckt, ihm Trost und Freude singt; wohl ist es ihrer nicht würdig, ist es aber auch nicht dem hochfliegenden Falken gleich, so rühmt es sich doch, reich an Gemüth und an Treue zu sein. 297 Die Eule selbst, die hier nicht beigezogen ist, hat eine Liebschaft und es ergeht ihr noch übler als dem armen Käuzlein:

    Es saß eine Eule gar allein
    wohl auf dem breiten Steine,
    da kam der Adler, der Vogel schön:
    „was schaffst du hier alleine?"

    „Was ich thu schaffen hier allein?
    ich bin ein' arme Waise,
    der Vater ist mir im Krieg erschla'n,
    die Mutter starb vor Leide."

„Ist dir der Vater im Krieg erschla'n,
starb dir die Mutter vor Leide,
willst du mich halten für dein' Mann,
ich halt' dich für mein Weibe."
Die Eule streicht's Gewöll sich aus
und schaut ihm in die Augen:
„ei Adler, wärst ein Vogel schön,
dürft' man dir nur auch trauen!"
„Und wenn du mir nicht trauen willst,
was geb' ich dir zu Pfande?
setz du dich auf mein' Flügel breit
und flieg mit mir in's Lande!"
Und wie sie kamen in das Land
wohl in das Adlergeniste,
da hatt's wohl auch der Beinlein viel,
die Vögel waren zerrissen. 293

Schwankende Liebe, gebrochene Treue wird gleichfalls von den Vögeln überwacht. Erst mahnt die Nachtigall noch zu rechter Zeit [Volksl. Nr. 20, Str. 3—5. Pf.]:

Ich war in fremden Landen,
da lag ich unde schlief,
da träumet mir eigentlichen,
wie mir mein feins Lieb rief.

Und da ich nun erwachte,
da war es alles nichts,
es war die Nachtigalle,
die sang so wonniglich.

„Steh auf, du guter Geselle,
und reit du durch den Wald!
sonst wird deine Liebe sagen
sie führ' einen andern Gesellen."

Er reitet ungesäumt durch den Wald voll singender Vögelein, trifft die Liebste noch unverloren und bindet sie mit dem Goldringe. Ernsteren Verlauf hat eine schottische Ballade: Ein Ritter, in der Sommernacht reitend, gewahrt ein Vögelein, das ihm vom Baume zusingt: was er hier spät verweile? wüßt' er, was daheim geschehe, blöde würd' er drein sehn, seine Frau hab' einen Andern im Arme. „Du lügst, du lügst, hübsch Vögelein! wie lügst du auf mein Lieb! ich werde meinen Bogen herausnehmen, wahrlich! ich werde dich schießen." „Bevor ihr euern Bogen gespannt und eure Pfeile bereit habt, flieh' ich auf einen andern Baum, wo es mir besser geht." „Wo wardst du erzeugt? wo wardst du gehedt? sag mir's, hübsch Vögelein!" „Ich ward gehedt auf einem Hulst im guten grünen Wald, ein kühner Ritter beraubte mein Nest und gab mich seiner Frau; mit weißem Brod und Färsenmilch hießt ihr sie mich fleißig füttern und gabt ihr eine kleine, zarte Gerte, mich selten und sanft zu stupfen; mit weißem Brod und Färsenmilch fütterte sie mich nie, doch mit der kleinen, zarten Gerte stieß sie mich heftig und oft; hätte sie gethan, wie ihr sie hießt, nicht würd' ich sagen, was sie verbrach." Der Ritter reitet, das Vögelein fliegt die lange Sommernacht, bis an die Thür der Frau, da springt er ab, das Vögelein setzt sich auf einen Strunk und singt rüstig. Der Buhler drinnen spricht [299]: „Es ist nicht umsonst, daß der Habicht pfeift, ich wollt', ich wäre hinweg!" Das Vögelein singt, der Ritter zieht sein Schwert und stößt Es dem Buhler durch den Leib. Den Kehrreim des Liedes macht ein Ruf nach dem Anbruche des Tages, auch ein Anklang der Vogelstimme (diddle!) wiederholt sich. [300]

Ragnar Lodbrok hatte, nach der altnordischen Saga, bei einem Besuch in Upsala sich mit der Tochter des dortigen Königs verlobt, weil seine Gemahlin Kråka ihm nicht ebenbürtig zu sein schien; auf der Heimfahrt, in einem Walde unweit der Burg, verbietet er seinem Gefolge, bei Verlust des Lebens, von seinem Vorhaben etwas auszusagen, gleichwohl zeigt sich nachher, daß Kråka davon unterrichtet ist. „Wer sagte dir das?" fragt er; sie antwortet: „Behalten sollen deine Mannen Leben und Glieder, denn keiner von ihnen sagte mirs; ihr werdet gesehen haben, daß drei Vögel auf einem Baume neben euch saßen, sie sagten mir diese Zeitung." [301] Die Meldung der Vögel erscheint hier als Formel, die Nennung des wahren Nachrichtgebers abzulehnen, und diesen Sinn hat es auch, wenn in einer schwedischen Ballade ein Ritter, durch den Hirten, dem zu sprechen verboten war, benachrichtigt, in den Hof einer Fürstentochter einbringt und auf ihre Frage: ob ihm ein Hirte mit der Heerde begegnet sei? erwidert: „Nein wahrlich, das nicht! sondern eine kleine Nachtigall, die singt so hübsch auf dem Zweige." [302]

Wie die Adlerweibchen dem jungen Sigurd Regins Mordanschlag verrathen [303], so ruft im deutschen Liede vom Ulinger, einer alten Blaubartsage, die Waldtaube der entführten Jungfrau zu, in wessen Hände sie sich gegeben [Volkslieder Nr. 74 A. Str. 6—9. Pf.]:

> Und da sie in den Wald ein kam
> und da sie selber Niemand fand,
> denn nur ein' weiße Taube
> auf einer Haselstauden.
>
> „Ja hör und hör, du Frideburg!
> ja hör und hör, du Jungfrau gut!
> der Ulinger hat eilf Jungfraun gehangen,
> die zwölft hat er gefangen."
>
> „Ja hör, so hör, du Ulinger!
> ja hör, so hör, du trauter Herr!
> was sagt die weiße Taube
> auf jener Haselstaube?"
>
> „Ja jene Taube leugt mich an,
> sie sieht mich für ein' Andern an,
> sie leugt in ihren rothen Schnabel, [304]
> ach schöne Jungfrau, laß fürbaß traben!"

Unerbittlich mit Vorwurf und Anzeige verfolgt in einer vielbehandelten schottischen Ballade ein kleiner Vogel die Unglückliche, die aus Eifersucht ihren Geliebten erstochen und seinen Leichnam im Flusse versenkt. Das Vögelein, ihr überm Haupte fliegend, spricht: „Hüt wohl, hüt wohl dein grünes Kleid vor einem Tropfen seines Bluts!" „Wohl werd' ich hüten mein grünes Kleid vor einem Tropfen seines Bluts, besser als du deine Flatterzunge, die dir im Häuptchen schwebt. Komm herab, komm herab, hübsch Vögelein, fleug wieder auf meine Hand! um eine Goldfeder in deinem Flügel, wollt' ich geben all mein Land." „Wie sollt' ich herab? wie kann ich herab? wie soll ich hernieder zu dir? was du dem Ritter Schönes gesagt, dasselbe sagst du mir." „Komm herab, komm herab, hübsch Vögelein, und sitz auf meine Hand! und du sollst haben ein Käfig von Gold, jetzt hast du nur den Zweig". „Behalt du nur dein Käfig von Gold, so behalt' ich meinen Baum! wie du dem edlen Herrn gethan, so thätest du nun auch mir." „Hätt' ich einen Pfeil in meiner Hand und einen gespannten Bogen, ich schösse dich in dein stolzes Herz zwischen den Blättern so grün." Der König will ausreiten und vermißt seinen Ritter, man glaubt er sei ertrunken, aber die Taucher suchen vergebens nach ihm, da fliegt das Vögelein über ihren Häuptern und sagt, sie sollen erst in der Nacht wieder tauchen, dann werden helle Kerzenlichter über dem Wirbel brennen, darein der ermordete Ritter versenkt worden; so wird der Leichnam gefunden und die Mörderin muß im Feuer büßen.[305] Hier erinnert man sich sonst bekannter Sagen von der Mordklage, die in Ermanglung andrer Zeugen den Vögeln obliegt, von den Kranichen des Ibycus an bis zu den Raben des heiligen Meinrad[306] und dem Adler, der seinen Flügel in das Blut des Erschlagenen taucht und damit in die Wolken auffliegt.[307]

Auch anderweit ist ein Vogel der einzige Beistand und Auftragnehmer des Verlassenen, der ferne von den Seinigen umkommt. Schottische Ballade: Der junge Wildschütze nimmt, gegen der Mutter Warnung, Bogen und Pfeil und geht mit seinen Hunden in den Wald, hier wird er von sieben Förstern überfallen, die er alle niederstreckt, aber selbst todtwund liegen bleibt: „O ist hier ein Vogel in all dem Busch, der singen will, was ich sage, heim geh' er und sage meiner alten Mutter, daß ich den Tag gewann! ist hier ein Vogel in all dem Busch, der singen will, was ich sage, heim geh' er und sage meinem Treulieb, daß sie komme und hole mich weg! ist hier ein Vogel im ganzen Wald, der so viel an mir will thun, seinen Flügel zu tauchen ins trübe Wasser und es zu streichen über meine Brauen?" Der Staar fliegt zu der Mutter Fensterstein, er pfeift und singt, und stets ist der Kehrreim seines Sangs: „Der Schütze säumet lange."[308] Das Netzen des brechenden Auges mit den Vogelschwingen streift an die Liebesdienste, welche das Rothkehlchen Sterbenden erweist. Ein polnisches Volkslied: Am Eichenwalde sieht man frische Gräber, auf einem steht ein eichen Kreuz, darauf ein Falke aus der Fremde sich niederläßt; eine Stimme aus dem Grabe spricht ihn traurig an, der Begrabene fragt seinen treuen Falken nach der Geliebten, dem Freunde, der Mutter: „Nimm mein Schwert und trag es hin meinem treuen Freunde! sag, daß ihm ein Türke den Freund erschlagen! er wird rächen meinen Tod und die Mutter trösten." Doch jener Freund hat die Mutter aus dem Hause getrieben und das Liebchen sich zum Weibe genommen, der Falke nur ist mit dieser Kunde hergekommen. Wieder die Grabesstimme: „Nimm hin, Falke, mein blutig Hemd, fleug zur Mutter, sag ihr, daß im Grabe noch der Sohn ihrer denke! wenn sie meinem Lieb und dem Freunde flucht, den Türken und sein Schwert vor den Himmel ruft, dann wird ein Schwefelregen vom Himmel sie verzehren, die Erde kein Grab den Frevlern geben."[309] Auf die Seite des Empfängers der letzten Mahnung stellt sich die schwedische Ballade vom Herzog Nils: Dieser schläft und träumt von seiner Braut, ein Vogel setzt sich auf das Dach und singt viel hübscher, als der kleine Kuckuck ruft; der Herzog setzt sich an den Tisch, aber er hat keine Ruhe vor dem Gesange des Vögeleins; er legt die Armbrust auf und will es schießen. „O lieber Herzog, schieß mich nicht! deine schöne Jungfrau war es, die mich zu dir sandte." Der Herzog sattelt seinen Renner, nicht fürder kommt er als der kleine Vogel fliegt, und schon begegnet er seiner Braut auf der Bahre.[310]

Das Wissen der Vögel bethätigt sich mehrfach als Ahnung und Vorhersage. Ahnungsvoll singt im deutschen Liede [Volkslieder Nr. 90 A. Str. 8. Pf.] die Nachtigall der Jungfrau, die nächtlich am Brunnen unter der Linde den Ritter erwartet:

„Was singest du, Frau Nachtigal,
du kleins Waldvögelin?
wöll' mir ihn Gott behüten,
Des ich hie warten bin!
so spar mir ihn auch Gott gesund,
er hat zwei braune Augen,
darzu ein rothen Mund!"

Der Erfolg entspricht dem bangen Vorgefühl. Im Norden ist eine Ballade verbreitet, worin eine Heimathflüchtige, sich der Entbindung nahe fühlend, den treuen Begleiter nach einem Trunke Wassers fortschickt; als derselbe zum entlegenen Brunnen kommt, sitzen dort zwei Nachtigallen und singen, daß die Schöne todt im Walde liege, zwei Knäblein im Schoße; er geht zurück und findet wahr, was die Nachtigallen sangen.[311] Schon Hermigisel, König der Warner, erfuhr solche Mahnung: als er mit den Angesehensten seines Volkes über Feld ritt, ward er einen Vogel gewahr, der auf einem Baume saß und eifrig krähte; die Stimme des Vogels verstehend, oder Andres wissend, sagte der König seinen Begleitern, daß ihm der Tod nach vierzig Tagen geweißagt sei, wie es auch zutraf.[312] Vorbote nahender Rettung ist der Seevogel im Gudrunliede: Die zwei Königstöchter in Gefangenschaft waschen am Strande, als ein Vogel herangeschwommen kommt, zu dem Gudrun spricht: „O weh, schöner Vogel! du erbarmest mich so sehr, daß du so viel schwimmest auf dieser Flut." Der Vogel antwortet mit menschlicher Stimme: er sei ein Bote von Gott, ihr zum Troste gesandt, und werde, wenn sie ihn frage, ihr von den Verwandten sagen. Erst will sie kaum glauben, daß der wilde Vogel mit Rede begabt sei, dann wirft sie sich zum Gebete nieder und fragt sofort nach den Ihrigen. Der Engel, wie er nun genannt wird, berichtet, daß er ihre Mutter ein großes Schiffsheer nach ihr aussenden, auch daß er auf den Wellen ihren Bruder mit ihrem Verlobten an einem Ruder ziehen sah. Er verschwindet vor ihren Augen, als sie aber bei Christ ihm zu verweilen gebeut, schwebt er wieder vor ihr und meldet weiter, welche Helden heranfahren und wie der alte Wate, nach dem sie besonders fragt, ein starkes Steuerruder an der Hand habe. Abermals will der Engel scheiden, doch sie will noch wissen, wann sie die Boten ihrer Mutter sehen werde. Der Engel antwortet: Freude geh' ihr zu, morgen in der Frühe werden ihr zwei glaubhafte Boten kommen. Diese sind dann eben der Bruder und der Bräutigam, die dem Heere vorangefahren.[313] Volksmäßig hebt das Gespräch mit der Bemitleidung des Vogels an, der so viel auf dem Meere umschwimmen muß[314], gleichwie anderwärts den armen Vögeln Theilnahme bezeigt wird, deren Gefieder von Thau und Reif genetzt, vom Winde zerrissen ist; dagegen kann es nicht für ursprünglich gelten, daß er sich als einen Gottesengel zu erkennen gibt.[315] Die Meldung des Vogels schwebt zwischen Botschaft und Vorhersage, er hat gesehen, was am Strand und auf dem Meere sich vorbereitet, und indem er den Kommenden vorauseilt, wird seine Zeitung prophetisch. Überhaupt steht die Begabung der Vögel, das Künftige anzusagen, damit im Zusammenhang, daß die geflügelten Wanderer schon geschaut haben, was in der Ferne gegenwärtig ist. Der Blick, den auch die Adlerweibchen in Sigurds Zukunft öffnen, ist doch eigentlich eine Hinweisung auf anderwärts Vorhandenes, woran sein Geschick sich heften kann, sie wissen eine Königstochter, die allerschönste, nach der hin grüne Wege liegen und um welche der junge Held mittelst des Hortes werben möge, sie wissen, daß auf dem Berge, von Flammen umspielt, die Jungfrau schläft, wo Sigurd sie unterm Helme sehen kann. [316]

Die Sprache der Thiere, namentlich der Vögel, verstehen, war dem Alterthum verschiedener Völker ein Ausdruck für den tieferen Einblick in das Wesen der Dinge, wodurch die Gabe der Weißagung bedingt war. Der Stammvater eines großen griechischen Sehergeschlechts Melampus, lebte auf dem Lande und vor seinem Hause stand eine hohe Eiche, in welcher ein Schlangennest war; während seine Diener die alten Schlangen tödteten, sammelte er Holz und verbrannte darauf diese, die junge Brut dagegen zog er auf; sie wuchsen heran und einst, als Melampus schlief, umstanden sie aufgerichtet seine Schultern und leckten ihm die Ohren aus; erschrocken richtete sich Melampus auf, aber jetzt verstand er die Stimmen der über ihn hinfliegenden Vögel, und von ihnen belehrt verkündete er den Menschen die Zukunft (Apollod. I, 9). Auch Tiresias, sowie Kassandra und ihr Bruder Helenos, erlangten die Sehergabe dadurch, daß Schlangen ihnen die Ohren reinigten. [317] Dieselbe Wirkung, das Verstehen der Vögelsprache, schrieb man in der griechischen Vorzeit dem Genuß einer gewissen Schlangenart zu. [318] Lieder und Sagen nördlicher Volksstämme geben von gleichen Vorstellungen Zeugniß. Der junge Jarl im Rigsmál lernt der Vögel Stimme verstehen, wodurch ihm der Rath der Krähe vernehmbar wird, und Sigurd gelangt zu derselben Kunde, nachdem ihm Herzblut des Lindwurms auf die Zunge gekommen. [319] Ebenso wirkt in einem deutschen Märchen und in der Volkssage von der Seeburg das Essen vom Fleisch einer weißen Schlange [320]; ein Nachklang im Volksliede:

Lieb Ännchen, willt mit in grünen Wald?
ich will dir lernen (dich lehren) den Vogelsang. [321]

Die Beziehung der Schlange zum Erlernen der Vogelsprache scheint diese zu sein: was die weitfliegenden Vögel in den Lüften oder hoch auf dem Baume singen, das vernimmt mit hörsam aufgerichtetem Kopfe die Schlange, die am Boden kreucht, sie ist das Ohr für die Rede der Vögel, bedeutet das Verständniß, das den ansprechenden Stimmen aus Natur und Geisterwelt aufmerkend entgegenkommt; und wenn das Auslecken der Ohren zu dieser Empfänglichkeit verhilft, so wird die Zunge, die vom Herzen der Schlange gekostet hat, fähig, sich mit Frage und Gegenrede verständlich zu machen. Selbst dem Bilde des Weltalls in der nordischen Götterlehre, der Esche Yggdrasil, mangelt jene Beziehung der Schlange zur Vogelsprache nicht, in den Zweigen der heiligen Esche sitzt ein Adler und an ihrer untersten Wurzel nagt eine Schlange, ein Eichhorn aber, am Stamme lauernd, bringt des Adlers Worte von oben und sagt sie der Schlange drunten [322]; der Adler bezeichnet das Luftreich, die Schlange das Unterirdische, jener redet, sie horcht auf, und in dem Verkehr, der zwischen beiden vermittelt wird, ist der Zusammenhang des Weltganzen bis in seine äußersten Enden verbildlicht.

Der scharfe, lauschsame Sinn, dem nicht der leiseste Laut, das unscheinbarste Anzeichen entgeht, war Merkmal und Beglaubigung des höheren Berufes zum Seher, Heilkundigen, Weisen. Melampus hört die Unterredung der Holzwürmer, die das Gebäll über ihm zernagen, und da er ihre Sprache versteht, rettet er sich aus dem Hause, das sogleich hinter ihm einstürzt. [323] Merlin, der wallisische Seher, dessen Weißagungen über die Zukunft der Königreiche das Mittelalter erfüllten, errieth aus einem einzigen Blatte, das in den Haaren der Königin hieng, daß sie mit ihrem Liebhaber im Gehölze zusammen war. [324] Der Zögling der sieben Meister, den sie in allen Wissenschaften unterrichtet, wird damit geprüft, daß sie während seines tiefen Schlafes ihm unter die Bettstollen je ein Rautenblatt legen; beim Erwachen äußert er, entweder habe der Himmel sich geneigt, oder der Boden sich gehoben, und sie sind nun überzeugt, daß er bald sie alle an Weisheit übertreffen werde, nachdem ihm die Dicke eines Blattes nicht unbemerkt geblieben. [325] Der schlaue Amleth hat besonders die unselige Gabe, Alles zu wittern, was im Reiche faul ist, ihm schmeckt, nach Saxos Erzählung, das Brot nach Blut, das Getränk nach Eisen oder hat es einen Todtengeruch, ebenso gewahrt er, daß der König knechtische Augen und die Königin drei Merkzeichen niedriger Abkunft in ihrem Benehmen habe, wie dann auch die Nachforschung ergibt, daß das Getraide zu dem Brot auf einem ehemaligen Schlachtfelde gewachsen, das Wasser zum Gerstentrank aus einer Quelle geschöpft worden, in der gerostete Schwerter verschüttet lagen, der Honig zum Meet von Bienen kam, die vom Fett eines Leichnams genossen, daß der König von einem Unfreien erzeugt und die Königin von einer Gefangenen geboren war. [326] Bei dieser in den Sagen dargelegten Richtung, aus geringen Zeichen das Verborgene in Vergangenheit, Gegenwart und Zukunft zu erspüren, bei der stets wachen

Aufmerksamkeit des äußern Sinnes auf alles Erscheinende und der Erregbarkeit des innern durch solches, mußten auch Flug und Stimme der Vögel, sammt andern Kundgebungen räthselhafter Thierwelt zum Gegenstande der Beobachtung und Deutung werden. Was hieran wahr und haltbar ist, das stammt aus der freien Bewegung des dichterischen Geistes und Gemüths: die liebende Theilnahme an allem Erschaffenen, der empfundene Einklang der Seelenstimmungen mit den Stimmen der Natur, die sinnbildliche Beziehung des Natürlichen auf das Geistige. In Regeln gebracht, auf das wirkliche Leben angewandt, in der Erscheinung gebunden oder das Sinnbild zur Thatsache verkörpernd, gestaltete sich die Deutung einerseits als Scheinweisheit zünftigen Augurwesens, andrerseits als dienstbarer Volksaberglaube. Bei den deutschen Völkern, deren Priesterschaft nicht kastenmäßig zugebildet war, von denen aber schon Tacitus meldet, daß sie Stimmen und Flug der Vögel befragt haben, pflanzte sich dieser Aberglaube, vorzüglich als eine besondere Art der Beobachtung des Angangs, bis in die letzten Jahrhunderte fort.[327] Allein auch die freiere, geistige Auffassung hat sich an der rechten Stelle forterhalten, in der Volkspoesie, durch deren Gebiet wir sie, von den sinnlichern Bezügen bis zu den innerlichsten, unter den manigfaltigen Formen des Wettgespächs, der Tröstung und Anregung, des Rathes und der Lehre, der Botschaft und Vorbotschaft, der Meldung und Warnung, der Gewissensstimme, Lügenzeihung und Anklage aufgewiesen haben. Die Erforschung des Mythus und der Volksdichtung führt überhaupt zu der Einsicht, daß die finstre Masse abergläubischer Vorstellungen um Vieles gelichtet werden kann, wenn der ursprüngliche Sinn mit seinem bildlichen Ausdruck aus den Banden der Wörtlichkeit, Formel und Ceremonie des Zauber- und Gespensterwesens, gelöst und seiner geistigen Heimat zurückgegeben wird.

Ein Beispiel, das sich den Liedern vom Verrathe der Nachtigall anknüpft, bietet der Aberglaube vom Bilwiz. Mit diesem Namen, der auch in weiblicher Form und in der Mehrzahl, sowie unter mancherlei Entstellungen, vorkommt, wird ein gespenstisches Wesen bezeichnet, dessen schon mittelhochdeutsche Gedichte erwähnen; es schießt aus einem Berge nach den Menschen, verwirrt und verflicht die Haare[328]. Bilwizschnitt ist ein Durchschnitt im Getraidefeld, den man bald boshaften und zauberkundigen Menschen, bald dem Teufel oder elbischen Gespenstern schuld gibt; zum Bilwizbaum ein Kind oder Gewand opfern wird als eine Versündigung gegen das erste Gebot namhaft gemacht, auch glaubte man, daß kleine Kinder zu Bilwizen verwandelt seien. In diesen Zügen feindseliger und gefährlicher Art treffen die Bilwize mit andern Unholden verschiedener Benennung zusammen, überdem wird ihr eigener Name auch von Zauberern und Hexen gebraucht, man befindet sich mitten in der Wildniß des Aberglaubens. Zugleich aber scheinen noch die Anzeichen einer ursprünglich freundlichen Natur hindurch, ein Bilwiz wird in einer mittelhochdeutschen Erzählung für gleichbedeutend mit „ein Guter" genommen, die niederdeutsche Form Belewitten wird den guten Holden gleichgesetzt und entscheidend spricht der Name selbst, dessen Bedeutung noch in dem angelsächsischen bilvit, bilevit, billig, wohlgesinnt, zu Tage liegt. Ein Zeugniß aus den Niederlanden stellt dann Beelbwit zusammen mit blinde Belien, als Namen von Wesen, welche, wie man glaube, nächtliche Erscheinungen sehen und daraus geheime Dinge offenbaren.[329] An diese blinde Belien reiht sich nun der blinde Billie (Billie Blin') der früher angezogenen schottischen Ballade, Belien und Bilie sind gleichmäßig Verkleinerungen der Stammsilbe, die auch in Belewit, bilevit, bilvit, Bilwiz als Hauptwort erscheint und Billigkeit, Recht, zu besagen scheint, während das nachfolgende Beiwort wissend, kundig, bedeutet.[330] Billie Blind wird in der Ballade so verwendet: als die Braut bei ihrer Ankunft sich ungeheißen auf den goldnen Stuhl niederläßt, äußert die Schwiegermutter, in diesen Stuhl setze sich keine unbescholtene Jungfrau, bevor sie gebetet sei[331], der Billie Blind aber, neben der Braut stehend, spricht: „Die hübsche Maid ist vom Reiten ermüdet, das machte, daß sie ungeheißen niedersaß." Am Abend, als das Brautbett bereit ist, fragt der Bräutigam den Billie Blind, ob hier eine unbescholtene Jungfrau sei? Billie bejaht es, denn eine Dienerin ist untergeschoben, die Braut aber sei auf ihrer Kammer in Kindesnöthen. Es ergibt sich, daß einst der Bräutigam selbst diejenige, die jetzt seine Braut ist, im grünen Wald überrascht hat. Somit ist Billie ein wohlgesinnter Berather, schonungsvoll der Bedrängten und doch wahrhaft gegen seinen Herrn; der Herausgeber der Ballade erkennt in ihm den Brownie, den diensttreuen Hausgeist, der ehedem in Schottland keinem ansehnlichen Geschlechte fehlen durfte.[332] Doch kann man hiebei nicht stehen bleiben, da sich für Wort und Wesen weitere

Anknüpfungen darbieten. Jenem angelsächsischen bilevit, bilvit, Billiges wissend, treten altsächsisch baloviso und altnordisch bölvis, Böses wissend, gegenüber; mit dem altsächsischen Worte wird der Teufel benannt (the balouuiso, Hel. 33, 2.), der den Heiland auf dem Berge versucht, das nordische dagegen führt in die alte Sagenwelt seines Volksstammes.³³³ Blind, der Böses Wissende (Blindr inn bölvîsi), läßt sich in einem Heldenliede der Edda vernehmen, als Helgi, zur Mahlmagd verkleidet, von den Feinden vergeblich gesucht wird, da spricht der böse Blind: scharf seien die Augen dieser Magd, das sei nicht unedles Geschlecht, was an der Handmühle stehe, die Steinen brechen, die Mühle zerspringe, hartes Loos, wenn ein König Gerste mahlen solle.³³⁴ Für das Beiwort der Belien und Bilies gibt nun dieser nordische Blind einen Anklang, aber wenn Bilie Blind der armen Braut hinauszuhelfen sucht, so ist es nicht minder angemessen, daß der böse Blind den jungen Helden verderben will.³³⁵ Den gleichen Vorgang erzählt eine spätere Saga, in offenbarer Nachahmung des Helgiliedes, von ihrem Helden Hrômund; der Angeber Blind, welcher Bavîs hieß (Entstellung aus bölvîs), aber auch der Üble (hinn illi) zugenannt ist, erscheint hier noch auf andre Weise als Kundschafter, er hat Traumgesichte, die seinem Herrn und ihm selbst den Untergang weißagen und bald darauf in Erfüllung gehen. Außerdem nennt die Saga auf andrer Seite zwei Männer Bild und Boli, beide schlimm und arglistig, aber von ihrem Könige hochgehalten, von denen jedoch nur der eine, Boli, in den Vordergrund tritt, als Zauberer und Unheilstifter.³³⁶ Durch alle Willkür und Verwirrung in diesen Abenteuern lassen sich doch einige Spuren alter Überlieferung erkennen, die unsrer Untersuchung weiter dienlich sind: Blinds weißagende Träume fallen überhaupt in das Gebiet geistiger Mahnungen und schließen sich insbesondre daran, daß auch den Wesen, die man in den Niederlanden Beelbwit und blinde Belien hieß, nächtliche Gesichte zugeschrieben wurden, woraus sie Geheimes offenbar machten (Anm. 329); Bild und Boli aber, ebenfalls verdorbene Namen und in Blind Bavis sich nur wiederholend, sind dadurch beachtenswerth, daß hier zwei Rathgeber beisammenstehn, wenn auch beide gleichermaßen als bösartig bezeichnet. Zu klarem Abschluß bringt jedoch die zerstreuten und verdunkelten Namen und Sagenreste nur die verdienstliche Aufzeichnung Saxos, in der Geschichte Hagbarths und Sygnes, einer Liebessage, die sich in Liedern und örtlichen Aneignungen über den ganzen Norden verbreitet hat. Hagbarth, Hamunds Sohn, kommt in Frauentracht zu Sygne, Tochter des Dänenkönigs Sigar, der er auf andre Weise nicht nahen kann, er wird verrathen und ergriffen, der König läßt ihn aufhängen, zugleich aber stirbt die Geliebte, wie sie zugesagt, in den Flammen ihres Gemachs. Dieß sind die Grundzüge der verschiedenen Darstellungen, aber nur in der ältesten, die uns erhalten ist, bei Saxo, findet sich Folgendes: König Sigar hat zwei alte Männer zu Rathgebern, deren einer Bölwis (Bolvisus) heißt und die so ungleicher Sinnesart sind, daß der Eine Feinde zu versöhnen pflegt, der Andre Freunde zu entzweien und Groll zu schüren bemüht ist; den blinden Bölwis besticht ein Mitbewerber Hagbarths, zwischen Sigars und Hamunds Söhnen Haß anzustiften, und Bölwis bringt es durch Lügenrath dahin, daß der Friede gebrochen wird; zwei Brüder Hagbarths fallen und er rächt sie durch den Tod zweier Söhne Sigars, darum darf er sich nur verkleidet zu Sygne wagen; nachdem man ihn ergriffen und vor die Volksversammlung geführt, theilen sich die Stimmen über ihn, Mehrere verlangen, daß er mit dem Leben büße, aber Bilwis (Bilwisus), Bruder des Bölwis, ermahnt mit andern Bessergesinnten, lieber von den Diensten des Helden Gebrauch zu machen, als grausam gegen ihn zu verfügen; da kommt Bölwis hinzu und erklärt den Rath für ungehörig, durch den die gerechte Rache des Königs für den Tod seiner Söhne und die Schmach seiner Tochter gelähmt werden solle; dieser Ansicht stimmt die Mehrheit bei und Hagbarth wird zum Tode verurtheilt.[337] Der Bilwis dieser Sage nun ist der ungetrübte Stammbegriff der deutschen Bilwize, von ihm aus und seiner Gegenüberstellung zu Bölwis erhellen sich die Schemen, die uns bis dahin vorbeigestreift. Daß Bilwis und Bölwis mythische Wesen sind, zeigen schon ihre begriffartigen und ebenmäßigen Namen, sie konnten darum auch, an keinen einzelnen Dienst gebunden, in verschiedene Sagen eintreten; wo zum Guten geredet wird, spricht Bilwis, wo zum Bösen, Bölwis; zu einer streitigen Berathung gehören beide, als nothwendige Seitenstücke sind sie Brüder, durch Anlaut und Wortfügung gepaart. Was der Wortsinn verlangte, daß der Bilwis ein wohlgesinntes Wesen sei, das erfüllt Saxos Bilwis thätlich als Sprecher der versöhnlichen, milden und billigen Meinung (sententiæ potioris auctor). Der Gleichlaut der

Namen bis auf den einen Buchstaben konnte leicht zur Verwechslung von Bilwis mit Bölwis führen, zumal nachdem der ursprüngliche Sinn nicht mehr verstanden und es gebräuchlich war, die mythischen Wesen insgemein für böse Geister zu nehmen. Blindheit wird bei Saxo nur dem Bölwis beigelegt, im Eddalied und der Saga stellt sich diese Eigenschaft als Haupttuchne des bösen Rathmannes voran (Blindr hinn illi, Blindr bavis); sie bezeichnet wohl eben das unrechte, falsche Wissen und Meinen, man sagte mittelhochdeutsch: der Witze blind, weiser Sinne blind.[338] Auch dieses Eigenschaftswort fiel in die Verwechslung, daher die blinden Belien[339] und Billie Blind; dieser erweist sich zwar zumeist als gutartiges Wesen, aber er kann mit dem bösen blinden verschmolzen sein, welchem Verdachtreben angehören mochten, wie nunmehr die Schwiegermutter sie führt; die Vollständigkeit erfordert den Gegensatz und auf diesen werden auch die verworrenen Bilb und Boli der Saga aus ihrer jetzigen Einhelligkeit im Bösen zurückzubringen sein. Es ist nicht zu übersehen, wie die Wörter Bilwiz und balovîso, auch wo sie der mythischen Zubildung, zu der sie in den angeführten Liedern und Sagen gelangt sind, ferne stehen, doch in sich schon nach derselben hinweisen, denn sie besagen nicht einfach billig oder böse, sondern sie drücken ein Wissen[340] aus der Quelle und in der Richtung des Guten oder Bösen aus, ein Wissen, das da, wo die Wörter persönlich werden, in wohlmeinender Mahnung und böswilliger Meldung, in mildem und rechtem, verderblichem und blindem Rathe sich kund gibt: der Balowîso im Heliand ist der Teufel als Versucher, Bilwis und Bölwis bei Saxo sind Rathgeber, darum als Greise gedacht, Hauptsprecher im Rathe des Königs und des Volkes. Allein sollten nicht die leibhaftern Bilwize des Aberglaubens für das Ursprüngliche, jene Personifikationen des guten und bösen Rathes für das Abgeleitete, für die nachfolgende geistige Läuterung zu erklären sein? Einer solchen Annahme widersetzt sich schon die abstrakte Bedeutung des Wortes Bilwiz; die Vorstellungen heidnisch alterthümlichen Gepräges, die unter diesem Namen sich angesammelt, berühren sich nicht mit dem Worte selbst, letzteres war im 13ten Jahrhundert, über das kein deutsches Zeugniß hinaufreicht, in seinem allgemeinen Sinne nicht mehr gebräuchlich und darum auch in der Anwendung auf Geisterwesen nicht mehr verstanden, dagegen haben Bölwis und Bilwis in den alten Mundarten, nordisch, altsächsisch, angelsächsisch auch als Gemeinwörter noch Währung und wo sie persönlich gebraucht sind, decken Wort und Wesen einander vollständig; die Überlieferungen aber, welchen die mythischen Träger des Namens oder Beiworts zugetheilt sind, stammen so gewiß, als irgend ein Volksglaube von den Bilwißen, aus heidnischer Vorzeit. Das Helgilied ist seinem Inhalte nach vorchristlich, auf die Hagbarthsage wird schon im Stallbengesange des neunten Jahrhunderts angespielt[341] und die vorwaltenden metrischen Stellen in Saxos Erzählung zeigen an, daß er einheimische Lieder vor sich hatte, deren alter Ursprung, des rednerischen Lateins unerachtet, durch den strengen Stil dieser Darstellung, im Vergleich mit den dänisch-schwedischen Balladen[342], hinreichend beurkundet wird. Den bösen Blind, die rathgebenden Bilwis und Völwis von Lied und Sage abzutrennen, dazu ist kein genügender Grund vorhanden; wenn zwischen ihnen und den handelnden Personen ein Unterschied bemerklich ist, so beruht dieser eben darin, daß sie nicht epische Gestalten sind, sondern, ihren Namen gemäß, Gedankenwesen, Anwälte des Guten und Bösen; treten sie auch poetisch in die Erscheinung, stehen sie als greise Räthe dem König zur Seite[343], so sind sie ursprünglich doch wohl nur Stimmen des Innern, zwiespältige Regungen in der Seele dessen, der zwischen rechtem und unrechtem, mildem und strengem Entschlusse schwankt.

Wenn statt des geisterhaften Bilie nach der dänischen Ballade zwei Nachtigallen reden[344] und wenn diese Zweizahl damit stimmen würde, daß in Bilie Blind und seinem Namen, wie zuvor vermuthet wurde, zweierlei Wesen zusammengefallen seien, so können diese Anklänge bloß zufällige sein. Im Allgemeinen aber kommen die Mahnungen und Rathschläge der Genien denen der Vogelstimme sehr nahe und auch diese, zumal als leiseres Zuflüstern, vertritt oft gänzlich die Stelle der innern Eingebung, des aufsteigenden Gedankens. So in den sprichwörtlichen Ausdrücken: das hat mir ein Vogel gesungen, welcher Vogel hat dir das in die Ohren getragen? und ähnlichen.[345] Die englische Ballade vom Aufstand im Norden, 1569, hebt damit an, daß Graf Percy im Garten zu seiner Frau spricht: „Ich hör' einen Vogel in mein Ohr singen, daß ich fechten oder fliehen muß."[346] Zwei Raben sitzen auf Odins Achseln und sagen ihm ins Ohr alles Neue, das sie sehen oder hören; Odin ist der göttliche Geist, die Raben aber heißen Huginn und Muninn, Gedanke und Gedächtniß.³¹⁷ Blickt man von diesem Standpunkt auf das ganze Geschlecht der rathenden, mahnenden, Botschaft bringenden Vögel zurück, so erkennt man allerdings in Vielem einen Verkehr des nachdenklichen Geistes, der ahnenden Seele mit sich selbst, aber die innerliche Thätigkeit ist durch einen Ruf von außen angeregt, die sinnbildliche Verwendung, die geistige Meinung, der sprichwörtliche Gebrauch setzen einen Gegenstand voraus, der zuerst in seinem eigenen Wesen wahrgenommen und empfunden sein mußte, mit jenem wachen Sinne für die lebendige Natur, von dem wir ausgegangen und der fortwirkend auch den geistigen Auffassungen Frischheit und Farbe gab. Wo es sich lange nicht mehr um die unmittelbare Darstellung des Thierlebens handelte, wo der Vogel Lehren sang, auf Botschaft flog, verstohlenes Liebesglück belauschte, Verbrechen meldete, wo seine Erscheinung überall nur als Mittel und Beiwerk zu dienen schien, da hat dieselbe gleichwohl ganzer Lieder und Balladen sich dermaßen bemächtigt, daß sie zur Hauptsache wurde, daß ohne sie kein poetischer Inhalt übrig wäre; selbst die umfangreiche Legende des h. Oswald wird lediglich vom Raben und Hirschen getragen, und so hat das Thiermärchen über manche Kreise der Volksdichtung, die ihm scheinbar ferne liegen, seinen belebenden Einfluß verbreitet.

Anmerkungen

zu

2. Fabellieder.

[1] Man sehe die Ergebnisse der ersten tiefgehenden Forschung über die Thierfabel, wie sie von J. Grimm am Schlusse der Einleitung zu Reinhart Fuchs zusammengefaßt sind, besonders die schöne Stelle: „Mir ist als empfände ich noch germanischen waldgeruch in dem grund und der anlage dieser lange jahrhunderte fortgetragnen sagen". (R. F. CCXCIV, vergl. II.)

[2] Schröter, Finnische Runen, Upsala 1819, S. 67—73. 81. (Ausgabe Stuttgart 1834, S. 81—89. 97—99.) Ganander, Finnische Mythologie, übersetzt von Petersen, Reval 1821, S. 51—54. 14 f.

[3] Udv. danske Viser I, 86 f. Daß in diesem Kampfe der Thiermann erschlagen wird, kann nicht für einen ächten Zug gelten. In der schwedischen Aufzeichnung, Sv. Folkvis. II, 138 ff., fehlt der Thiermann. Vergl. Grundtvig, Danm. g. Folkevis. I, 240. 241[b] f. 243[b] f. 246[b].

[4] Dou chevalier au leon in A. Kellers Romvart S. 523 ff. 538. 541, bei Charlotte Guest, Mabinogion I, 137 ff. 143 (uns vilains). [M. L. Holland, Li romans don chevalier au lyon. Hannover 1862. S. 15—18. H.] Altenglisch Ywain iu Ritsons anc. engl. metr. rom. I, 11—15. 26 unten (the cherel, wie der dänische dyre karl). Wälisch mit englischer Übersetzung Mabinog. I, 44 ff. 50. 53 (the black man, vergl. Romvart 523: qui resembloit mor, Jwein 427: eim môre gelich). Hartmans Jwein Vers 396 bis 599. 933—35. 979—88. (Vers 432: der gebûre, 598 und 622: der waltman). — Die französische Volkssage kennt einen Wolfhirten, der, mager und gräßlich, in einen rothen Mantel gehüllt, eine Herde von Wölfen führt; F. Langlé, Les contes du gay sçavoir. Paris 1828, p. 38: „Un berger maigre et hideux, caché dans un manteau rouge, et qui conduisait un troupeau de loups." Doch wird dieß als eine Art von Zauberei erklärt: „Dans toute la France, et principalement dans le Nivernais, on croyait et l'on croit encore à ces meneurs de loups qui par des pratiques diaboliques, trouvaient le moyen d'exercer une autorité aussi absolue sur les loups que celle d'un berger sur ses moutons." — Bei den Sennen des Ormontthales geht die Sage von einem jungen Hirten, den auf der Gemsenjagd in Sturm und Gewitter der Berggeist schrecklichen Aussehens anführt und

in die Tiefe zu stürzen droht: „wer hat dir erlaubt, meine Herde anzutasten? quäl' ich die Kühe deines Vaters? warum stellst du meinen friedsamen Gemsen nach?" Fr. Kuentin bei G. Schwab, Die Schweiz in ihren Ritterburgen u. s. w. Bd. 1, Chur 1828, S. 111 f.; vergl. ebendaselbst 292.

⁵ Der ungenähte graue Rock Christi ꝛc. herausgegeben von von der Hagen, Berlin 1844, S. 37, Vers 1267—74.

⁶ Der Kittel, Meister Altswert S. 17 f.

⁷ Der Ring, S. 232 f.

⁸ Galfridi de Monemuta vita Merlini etc. par Franc. Michel et Th. Wright, Paris 1837. (12tes Jahrhundert.) p. 4:

„Fit silvester homo, quasi silvis editus esset, etc. etc. etc.
Delituit silvis obductus more ferino."

p. 17: „— — ducente viro labentibus annis
Cum grege silvestri talem per tempora vitam" etc.

p. 18 sq.:
„Dixerat; et silvas et saltus circuit omnes,
Cervorumque greges agmen collegit in unum
Et damas capreasque simul, cervoque resedit; etc. etc. etc.
„ — — quas præ se solus agebat
Sicut pastor oves, quas ducere suevit ad herbas."

⁹ Von der Hagens und Primissers Heldenbuch II, 156 f. Strophe 106 bis 113. 117.

¹⁰ Hormayr, Geschichte der gefürsteten Grafschaft Tirol, Theil I, Abtheilung I, Tübingen 1806, S. 141 f. „Von der zweiten Hälfte des Decembers bis gegen das Ende der ersten Jännerhälfte wagen es selbst die kühnsten Jäger nicht, die Wildbahn zu besuchen, sie fürchten einige den wilde man, andere die Waldfrouw." Im Obigen sind nur solche Meldungen ausgehoben, worin „der wilde Mann" als mythisches Einzelwesen und zwar in Beziehung auf die Waldthiere vorkömmt; ohne diese Verbindung erscheint er, mit einer Tanne in der Hand, z. B. in der Harzsage bei Kuhn und Schwarz, Norddeutsche Sagen, Leipzig 1848, S. 187. Allgemeiner bezeichnet wilder Mann, wildes Weib, öfters in der Mehrzahl (Wigamur 203: „zwen wild mann"), dämonische Waldleute überhaupt. Zweifelhaft scheint auf den ersten Anblick die Stelle eines Meistergesangs (aus der Heidelberger Handschrift 392, 15tes Jahrhundert, abgedruckt in den Minnesängern III, 375 f., dann bei Ettmüller, Frauenlob 160 f., auch in der Handschrift Valentin Holls und auf alten fliegenden Blättern befindlich), worin „Riese Sigenot und der wilbe Mann" zusammen genannt sind; allein auch hier unterliegt nur die allgemeinere Bedeutung; Dietrich von Bern trifft im Gedichte von Sigenot, bevor er diesen selbst findet, auf „einen wilden man," (Sigenot, Strophe 31 ff. in von der Hagens Heldenbuch II, 121 f. auch „der wild," „der rauche man"), mit dem er einen Vorkampf zu bestehen hat. (Man vergl. im Laurin „einen waltman," „den wilden man,' „ich armer waltman"; Ettmüllers Ausgabe 172. 179. 183. 218; Heldenbuch

von 1504 Hvj: „ein wilden man.") — E. Meier, Deutsche Sagen aus Schwaben 170.

11 Sir Eglamour of Artois in: The Thornton romances ed. by J. O. Halliwell, London 1844 (Camd. soc. Nr. XXX) S. 135 ff. [Strophe 31 ff.] Im Auszuge bei Ellis, Specim. of early engl. metr. romances III, 275 ff. — In der romanhaften Saga von Halfdan Eysteinsf. (Fornald. Sög. III, 513. 545, etwas verschieden in Biörners Nord. kämpa dater, Nr. 11, S. 36. 42) hat ein riesenhafter Räuber, der im Walde haust und eine eisenbeschlagene Keule führt, einen furchtbaren Wildeber zum Streitgenossen.

12 J. Grimm: Teutsche Mythologie 333.**) 335. 689 f., dann: Über Jernandes (Berlin 1846) 59, Geschichte der deutschen Sprache 449. 598. Die Überleitung von Iborduring zu Iuwaring, Iring wird durch keine Beziehung der Iringssage zum Eber unterstützt. Sonst läßt sich für die Annahme eines persönlichen Wesens überhaupt noch anführen, daß ein Trupp von Ebern nicht durch eberdhrung (dryng angelsächsisch turba), sondern durch uneigentliche Zusammensetzung mit dem gen. plur. des ersten Worts ausgedrückt sein würde; ferner der örtlich gewordene Stammname Eberdringen im Cod. Hirsaug. (Stuttgart 1843) 59. 62. 65 und öfter, jetzt „Eberdingen."

13 Der geldrische Derk met den beer (Deutsche Mythologie 194, v. d. Bergh, Nederland. Mythol. 21), der in der Christnacht gespenstisch umzieht, ist ursprünglich wohl nicht ein Diederic, Derick, sondern ein Dorinc [Schüren 113] mit dem Eber, wie die Ortsnamen Dorincheim (Cod. Lauresham. II, 609, A. Schott, Wanderungen u. s. w. 298), Durincheim, Thurincheim (ebendas. II, 72 ff. 252. 255.), Dirinchain (Stälin II, 381), in der Wetterau, im Wormsgau und am Neckar, zu Dornigheim, Dürtheim, Türtheim geworden sind (vergl. Gr. I, 271 und 311, 4). Bei Hans Rosenblüt: Dürgen (Thüringen) im Reim auf Sibenpürgen; auch Dürgenlant (cod. germ. monac. 714, f. 297. 298). Vergl. noch A. Bosquet, Norm. 24 f.: bois, mont, château de Thuringe, Waldaufenthalt Roberts des Teufels; S. 1 jedoch schon dem Vater gehörig: chastel Tourinde, Turingue; wohl eine Thorstätte.

14 Odyff. II, 572—75.

15 Afzelius, Svenska Folkets Sago-Häfder I, Stockholm 1839, S. 38. II, 1840, S. 171.

16 Ebend. I, S. 43, (vergl. Heimskringla Form. 206):
„Inde satt gamla Djura-mor,
Rörde med näsa i brände
Sämungen unge kunde, på skidorna löpa."
Vergl. Landstad, 177 und 180, Nefr. Deutsche Mythologie 1014.

17 Yngl. S. c. 9: „vid iarnvidiu," „ondr-dis." Vergl. noch über Säming Sn. Edd. Form. 15. Sn. Edd. 211* (Arnam. 545). Fornald. S. III, 519. Daß er mit dem Sämung des Volkslieds zusammenfällt, ist schon von Afzelius a. a. O. für unzweifelhaft angenommen.

¹⁸ Sæm. Edd. 41, Grimnism. 11. Sn. Edd. 27 f. [Arnam. 94.]
¹⁹ Daß auch in Völs. S. c. 1 (Fornald. S. 1, 115) der fertige Jäger im Schnee, Bredhi, mißverständlich für den Knecht eines Mannes Stabbi ausgegeben, vielmehr für einen Diener der Jagdgöttin anzusehen sei, ist im Lex. myth. 426 angemerkt.
²⁰ Sæm. Edd. 5 f., Völusp. 32. Der Trennung Stabhis von Niörd gedenkt auch die Skaldenstrophe Sn. Edd. 103 f. (Arnam. 262 f.)
²¹ Sn. Edd. 13 (Arnam. 58). Auch die Benennung ividja kommt vor; Sæm. Edd. 88, Hrfn. g. „eir ividja," eben wieder die gebärende Waldriesin (vergl. noch Sæm. Edd. 119, Hyndl. l. 45). Unter den tröllqvenna heiti, Sn. Edd. 210, stehen ividja und iarnvidja.
²² Räthsellösung in Mones Anz. VII, 260: „von luft und schne wirt der walt wis (grise, Volkslieder Nr. 1, Strophe 10); der graue Wald, Rechtsalterthümer 35. [Altd. W. III, 125, 68.] Ziemann 173: ís-grá, griseus glaciei instar, Baterunser 1222. 1431.
²³ Sæm. Edd. 118, Hyndl. l. 37. Sn. Edd. 32. Finn. Magnusen, Lex. myth. 12.
²⁴ Sæm. Edd., Oegisdrekka 52.
²⁵ Über den dämonischen Ursprung des Wolfes s. J. Grimm, Reinhardt Fuchs XXXVI.
²⁶ Sn. Edd. 82 f. vergl. 122 unten (Arnam. 318.). Anders: Sæm. 77, Harb. l. 19.
²⁷ Landau, Beiträge zur Geschichte der Jagd und der Falknerei in Deutschland. Kassel 1849, S. 208 ff. Meyscher, Sammlung altwürttembergischer Statutar-Rechte, Tübingen 1834, S. 165 f.
²⁸ Nib. 887 ff., 887, 1: „Ich wil uns hergesellen kurzwile wern;" 891, 4: „zeiner kurzwile."
²⁹ G. Forsters frische Liedl. II, 75:
Es giengen drei baurn und suchten ein bern,
und da sie in funden da hettens in gern.
Der ber tet sich gegen in auf leinen:
„ach Margen gotts mutter, wer wir daheimen!"
Sie fielen all nider auf ire knie:
„ach Margen gotts mutter! der ber ist noch hie."
Weiter ist nicht vom Texte vorhanden. [Vergl. Brag. V, 2, 49.]
³⁰ Reinhart Fuchs L f. (vergl. CCXCV.): „dominans ursus eodem (saltu) regnabat etc. cui dominationem profitentur omnes bestiæ." Vergl. auch die heiti des Bären Sn. Edd. 179. 221ᵇ f.
³¹ Kalevala. Ofversat af M. A. Castrén, Helsingfors 1841, II, 157 ff. Vergl. J. Grimm, Über das finnische epos, 29. [= Kl. Schriften II, 88. Pf.] Reinhart Fuchs LIII—LVI. Schröter, Finnische Runen (1834) S. 53 ff.
³² Kalevala II, 177 ff. Schröter 68 ff.

³³ Einer der Namen des Gottes ist Dåmonen, eine Benennung des Bären osma, Grimm a. a. O. 34. [Kalev. 197, 1.]
³⁴ Cod. Exon. 344, 13—22. (Vergl. Sæm. Edd. 272, 29. Fornald. S. I, 228. Prediger Salomo 4, 8—10.)
³⁵ Lex Alamann. tit. 99: „Si ursus alienus occisus aut involatus fuerit." Stälin, Wirtembergische Geschichte I, 229.
³⁶ Ruodlieb III, 84—98. Vilk. S. c. 119—123. J. Grimm, Vorrede zu den Lateinischen Gedichten des 10ten und 11ten Jahrhunderts XV; Mythologie 743. 745.
³⁷ Grimm, Geschichte der deutschen Sprache 685. Cod. Ex. 423, 8—11: „eofore cênra þon he gebolgen bidsteal giered (kühner als ein Eber, wenn er zornig Stand hält)." Wilk. S. c. 162: "Villigoltur er ollra dyra froknastur oc verstur vid at eiga þeim er veidir."
³⁸ J. Grimm, Über Diphth. 51. Über Jornandes 4 f. Zu iöfur und gramr, vergl. Sn. Edd. 191 (Sæm. 115, 18). Fornald. S. II, (5), 9. 39. 53. 275. 486.
³⁹ Fils Aimon (J. Bekkers Fierabras VIII, 699 ff.):
Quant le roy ot Maugis, en lui n'oł qu'airer.
il roelle les yeulx, les sourcils va lever: (Raoul p. 140)
n'avoit nul si fier homme jusqu'a la rouge mer.
en estant se leva, ne daigne mot sonner.
fierement se contient à guise de senglier.
Vergl. Garin II, 229: Li pors les voit, s'a les sorcis levés, les iex roelle, si rebiffe du nés; ebendaselbst: Les iex roelle, si a froncié du nés. Avow. XV:
alle wrothe wex that sqwyne,
blu and brayd vppe his bryne.
⁴⁰ Deutsche Mythologie 364; ausdrücklich besagt die Stelle des Rucl. L. 273, 25 ff.:
di helde sint wol gar
drizec tûsent von Meres,
vil gewis sit ir des,
daz niht kuoners mac sin,
an dem rucke tragent si borsten sam swin.
[Gehört hieher moor, moore, Schweinsmutter, Stalder II, 214. Schmid 390?] Vergl. auch den Melusinensohn Geoffroi mit dem Eberzahn, Simrocks deutsche Volksb. VI, 27. Heißt nicht ein streitbarer Geteling der Neidhartslieder Eberzant?
⁴¹ Reiffenberg, Monuments pour servir à l'histoire des provinces de Namur, de Hainaut et de Luxembourg etc. T. I. Bruxelles 1844. Prélim. p. XXXIX: „Ardenois ou Sangliers d'Ardenne."
⁴² Konrads Trojanerkr. (Wackernagel Lesebuch 717, 32 ff.):

  ûf aller vrechen tiere spor
  hiez in sin meister gâhen:
  mit sinem spieze enphâhen
  muost er diu küenen eberswin.

⁴³ Nib. 881 f.:
  Einen eber grôzen vant der spürhunt etc.
  daz swin zorneclîchen lief an den küenen degen sâ.
  Dô sluoc in mit dem swerte Kriemhilde man:
  ez hete ein ander jegere sô sanfte niht getân.

⁴⁴ Aus dem trefflichen Jagdgemälde (Li romans de Garin le Loherain, par M. P. Paris, T. II, Paris 1835, p. 217 sqq., nach anbrer Handschrift in Mônes Untersuchungen zur Geschichte der teutschen Heldensage, Quedlinburg 1836, S. 224 ff.) hier nur die Stellen, welche die Größe und Kraft des Ebers betreffen:

Garin II, 220: En cele terre a un sanglé(r) norri,
  sel chasserai, sé dieu plaist e je vis;
  sen porterai le chief au duc Garin,
  por la merveille esgarder et véir,
  que de tel porc nuns hons parler n'oï.

226: Là descendirent plus de dis chevaliers
  por mesurer les ongles de ses piés;
  de l'un à l'autre demi dol et plain pié.

(M. 9430: de l'une à l'autre ot plaine paume et miex)
  dist l'uns à l'autre: véez quel aversier.
  jamais por autre n'ert cis sanglés(r) changiés;
  fors a les dens de la goule plain pié

(M. 9433: grant a le geule et le dent fors plain piét).

227 f.: Ce fist li pors qu'onques autres ne fist
  en null terre que nos avons oï:
  laissa le bois et au plain si se mist
  quinze grans liues fait son cors porsuivir

(M. 9447: grans XV liues fist li pors un ellinc),
  onques arrières un sanbelet ne fist,
  là sont remès et chevnus et roncin.
  (Vergl. 236. M. 9607—11.)

241: Et le sanglé deschargent au foier;
  véoir le vont serjant et escuier,
  les belles dames et li clerc du moustier;
  li dent li saillent de la goule plain pié

(M. 9710 ff.: dist l'uno à l'autre: „voiés quel aversier,
  grant a le dent fors de la geule un piet
  mult fu hardis qui à cop l'atendié)."

⁴⁵ The legend of sir Guy in Percys Reliq., London 1840, p. 222, v. 89—96. (Ser. 3, B. 2, Nr. 1.) Ritson II, 197.
⁴⁶ Nib. 1938, 2 f.:
  dâ vihtet einer inne, der heizet Volkêr,
  alsam ein eber wilde, unde ist ein spilman.
Vergl. Alexander (Maßmann, Denkmäler) 967: di fuchten sô di wilden swin. Wilh. 418, 17: als ein eber vaht. Thornton rom. 248 (Sir Degrevant Strophe 107): „The knigthe had foughten as a bare x."). Alphart Strophe 393. Dietleib 12137 f. Wolfdietrich, Heldenbuch 1509, Bl. z, V: man sach si auf der heide als eber hawen gan x.
Erst tet Wolfdieteriche sein stark ellen[de] schein,
  er gieng vor in zornliche recht als ein hawend schwein.
Minnesinger III, 266ᵇ, 13: er gie limmend' als ein wildez eberswin. Vergl. ebendaselbst 290ᵃ, 11. 293ᵃ, 4. Vergl. Gudrun Hag. 3527—30. (Vollmer 882.) Handschrift Valentin Holls Bl. 128 (Lied vom bairischen Krieg):
  mit gar kreftigen schlegen
  hawen si wie die wilde schwein.
⁴⁷ Strophe 1882:
  Dô wândens in betwingen, dô er niht schildes truoc,
  hei was er tiefer wunden durch die helme sluoc! x.
1883: Ze beiden sinen siten sprungen si im zuo x.
  dô gie er vor den vluoden alsam ein eberswin
  ze walde tuot vor hunden: wie moht er küener gesin?
1884: Sin vart diu wart erniuwet von heizem bluote naz.
  wie kund ein einic recke gestriten immer baz
  mit sinen vinden dann er hete getân?
  man sach Hagnen bruoder ze hove hêrlichen gân.
1887, 4: ez het sin starkez ellen vil michel wunder getân.
⁴⁸ W. Wackernagel in der Zeitschrift für deutsches Alterthum IV, 470 f. Ebenderselbe Lesebuch I, 110 ff. und anderwärts.
⁴⁹ Wackernagel vermuthet in den deutschen Versen eine freie Verdeutschung ovidischer aus der Jagd des ungeheuern Ebers von Kalydon Metam. VIII, 282 ff. 329 ff. 415 ff. 432 ff., Zeitschrift für deutsches Alterthum VI, 280 f., vergl. Geschichte der deutschen Litteratur 80, 20. Allein neben dem unverkennbar Ähnlichen besteht das Eigenthümliche der deutschen Beschreibung des riesenhaften Thiers und diese hat ihre vollkommen heimische Stelle zuvorderst in den mittelalterlichen Eberjagden. Die Rhetorik sagt einfach: „illud teutonicum," „sicut et teutonice de apro," wie gleich nachher vor einer entschieden deutschen Redensart: „similiter teutonice x. alles liebes gnuoge," und ebenso die sanctgallische Logik vor ihren kerndeutschen Sprichwörtern (Altdeutsche Blätter II, 135 f., vergl. Lesebuch I, 123 f.); wirklich zeigen auch die deutschen Strophen keine Spur vom Zwange der Übersetzung, dagegen merklichen Anklang an Redeformen andrer altdeutscher Lieder; vergl. Strophe 1: „Sôse snel

snellemo" ꝛc. mit MS. III, 135ᵇ: „ḷert ist daz spil, wâ kûen gên küene ritet und ouch menlîchen striket" ꝛc. (Ettmüllers Frauenlob 84: „swâ künic gên künige" ꝛc.) MS. III. 149ᵃ: „wâ kraft gên kreften ist gewesen" (Ettmüller 252); [Nib. 1863 (von Dankwart): „der snelle degen küene" ꝛc., 1875: „den schilt den ructe er höher, den vezzel nider baz" ꝛc.]; Strophe 2: „ein bald ellin" ꝛc. mit Nib. 1872 (von den Knechten): „waz half ir baldez ellen? si muosen ligen tôt." Strophe 1887 (wieder von Dankwart): „ez het ein starkez ellen vil michel wunder getân." (Lanzelet: „ein baldez ellen in der truoc daz er ein sper ûf im zerstach.") Hauptsächlich aber, was schon oben bemerkt ist, gehören die deutschen Bruchstücke keiner Erzählung an, sondern geben, durchaus im Präsens gehalten, erst einen allgemeinen Satz, von der Kampflust rüstiger Männer, dann ein Bild, die ungebrochene Kraft des Ebers. Sie nähern sich damit der Weise altnordischer und angelsächsischer Spruchdichtung, welche gleichfalls menschliche Zustände in kurze Gedenkverse faßt und in entsprechenden Naturbildern abspiegelt; so berührt sich mit Strophe 1 ein Spruch der Liederedda: „Ôgishelm (Symbol der Gewalt) skylyt keinen, wo Zornige kämpfen (hvars, skolu reidir vega," wieder anklingend an: „sôse snel snellemo" ꝛc.), das findet, wer unter Mehrere (a. unter Beherzte, „med frœcnom") kommt, daß Keiner allein der Tapferste (hvatastr) ist (Fáfnism. 17, Sæm. 188, 18; vergl. Hávam. 65); anderwärts wird das Leben des freundlosen Mannes als eine Gemeinschaft mit reißenden Wölfen dargestellt, Cod. Exon. 342, 24 ff., oder als das Verkommen eines einsam stehenden Baumes, Hávam. 51; das Gespräch beredter Männer als Glut, die sich an Glut entzündet, die Eintracht unter schlimmen Freunden als bald verloderndes Feuer, ebendaselbst 58. 52.

⁵⁰ Sæm. 146ᵃ (im Liede selbst Strophe 32 nur: „at brøgarfulli," Strophe 33: „avlmál"). Yngl. S. c. 40 (Wachter I, 103): „Bragafull ꝛc. strengiaheit" (Erbtrunk). Hák. goda c. 16 (Wachter II, 39 f.): „Niardarful oc Freysfull til árs oc fridar ꝛc. Bragafull" (nichts von Juleber und Gelübden). Fornald. S. I, 463: „Heidrekr konúngr lêt ala gölt einn, hann var svá mikill, sem hin stœrsti öldúngr, en svá fagr, at hvört hár þótti úr gulli vera" (Gelübde, hier nichts von Frey und Jul). Ebendaselbst 531: „Heidrekr konúngr blôtadi Frey þann gölt, er mestan sekk ꝛc. gefa Frey (a. Freyju til árbótar ꝛc. 463, 1) at sónarbloti, jólaaptan ꝛc. sónargöltinn ꝛc. Rechtsalterthümer 900 f. Mythologie 45. 1188 und 53 (Bragafull). 281.

⁵¹ Zwar wird Frey „bavd-fróþr," kampfflug, genannt, Sn. 104, vermuthlich von seinem Sieg über den Riesen Beli (Sn. 41), wonach er auch „bani Belja," „Belja dólgr" geheißen ist, Sæm. 9, 54. Sn. 104; Freyja: „eigandi valfalls" Sn. 119, weil sie mit Odin sich in die Gefallenen theilt, Sæm. 42, 14. Sn. 28; allein der Kampf mit Beli ist ein Naturmythus und auch Freyja ist wohl nur als Lustgöttin am Walfalle betheiligt, Thór 100.

⁵² Fornald. S. I, 462 f. 531 f. (zwölf Urtheilsprecher zum Eber bestellt); Deutsche Mythologie 45. 1201 (Weisthümer III, 369 f. „säugericht" 1, 436).

⁵³ Sæm. 146 gelobt Heðhinn, die Braut seines Bruders zu erwerben; Fornald. S. I, 417 f. 515 f.: Hiörvard, die Braut des Upsalakönigs (ohne Eber); III, 633. 640: Brautfahrt (ebenso); III, 661: Fahrt nach Oðainsalur (ebenso). (I, 98 oben. 345; II, 125; III, 600.)
⁵⁴ Heðhinn, Sæm. 146, kommt am Julabend, unmittelbar vor seinem Gelöbniß auf den Sühneber, aus dem Walde: „Heþinn fôr einnsaman ôr skôgi jola-aptan," also von der Jagd. Auch am Julabend wird in Hrôlfssaga ein schreckliches, landverheerendes Thier erjagt, von dessen Blut und Herzen ein blöder Jüngling genießt und dadurch stark und unerschrocken wird (Fornald. S. I, 69 f.); das Thier ist hier seltsam als ein geflügeltes geschildert, bei Saxo (II, 31), der übrigens keine Jahreszeit angibt, ist es ein Bär von außerordentlicher Größe. — Auch die Beziehung Freys zum Kriegshelme mit Namen und Zeichen des Ebers (J. Grimm, Deutsche Mythologie 194 f. Ebenderselbe Anbr. u. Cl. XXVIII. f.) sieht darnach aus, daß verschiedenartige mythische Vorstellungen in einander geflossen seien. Es war angemessen, den Gott mit dem ihm geweihten goldborstigen Eber am Wagen einherfahrend sich zu denken (Sn. Edd. 66, im Staldenliede, ebendaselbst 104 reitet Frey darauf [Dietrich XXIII]). Von diesem Eber, sagt die j. Edda, die von ihm auch den Eigennamen Gullinbursti gebraucht (ebendaselbst 104), er habe durch Luft und Wasser, Nacht und Tag, stärker als irgend ein Roß, zu rennen vermocht und niemals sei es so finster geworden, daß sich nicht von seinen Borsten hinreichendes Licht verbreitet hätte (ebendaselbst 132). Daneben wird gleichwohl dem Frey, dem auch Pferde geheiligt waren [Lex. myth. 94ᵇ, 98ᵇ], ein Roß, Blôðhughôfi, zugetheilt (ebendaselbst 180) und im Eddaliede von Skirnir gibt er diesem seinem Diener das Roß, womit derselbe durch die Finsterniß, über thauige Berge und über das dienstbare Volk hineilt (Sæm. Edd. 82). Die Luftfahrt des flüchtigen Rosses sagt immerhin der Einbildungskraft besser zu, als jene des schwerfälligen Hofebers. Doch ist das Wunderbarste, daß der lebendige, lufttrennende Eber von kunstfertigen Zwergen in der Esse geschmiedet sein soll, die Borsten aus Gold (Sn. Edd. 131). Beachtet man nun, daß die andern Kunstwerke, die aus derselben Werkstätte hervorgehen, nicht lebende Geschöpfe sind, sondern Schmucksachen, Geräthschaften, namentlich Waffenstücke, Odhins Speer und Thôrs Hammer, und daß alle, mit Einschluß des Ebers, durch dasselbe Wort, gripir (Kleinode), bezeichnet werden, das auch in der Hrôlfssage von dem Helme Hildisvin oder Hildigöltr (Kriegseber) und der Brünne Finnsleif (Sn. 152, vergl. Sæm. 192. Fornald. S. I, 165) gebraucht ist, ferner daß Helme und Helmzeichen angesehener Männer als goldene, goldgeschmückte zubenannt zu werden pflegen (gullhialmr Odhins Sn. 72, Hakons des Guten Hákonarmál Strophe 4 [Dietrich 31, Köppen 88, 5, Wachter II, 84]; gullkinn Sn. 216ᵇ [Gr. II, 592]; goldfähne helm Beow. p. m. 209 [Gr. II; 559, goldbunt], eoforlîc hêroden golde Beow. [Andr. XXVIII]), so erkennt man in dem geschmiedeten Eber Gullinbursti deutlich genug den ursprünglichen Eberhelm. Frey, ein Gott des heitern Frühlingshimmels, Gebieter

über den Sonnenschein (Sn. 28), heißt selbst der klare, leuchtende (scirr, Sæm. 45, 43; biartr, Sæm. 9, 54) und ihm ist Alfheim, die Heimat der Lichtelbe, zu eigen gegeben (Sæm. 40, 5. Sn. 21); darum kann ihm auch ein weithin Licht verbreitender Goldhelm zustehen und wirklich spricht seine gleich geartete Schwester Freyja von einem goldglänzenden Eberhelme, den ihr zwei kunstreiche Zwerge gefertigt. (Sæm. 114, 7; daß in dieser schwierigen Stelle des Hyndlaliedes nicht ein Eber, auf dem Freyja durch die Nacht reitet, nicht ihr treffliches Roß „marr," Strophe 5, sondern, nach J. Grimms Deutung Anbr. XXIX, anders Mythologie 1007, ein Helm mit dem Eberzeichen gemeint sei, ist um so sichrer anzunehmen, als der für letzteres gebrauchte Ausdruck hildisvín, Kriegseber, eben durch das vorgesetzte hildi- sich als einen bildlichen erweist, wie denn der wirkliche Eber nirgends hildisvín heißt noch heißen kann, vergl. Sn. Edd. 222 unter: gavllr, wohl aber jener Eberhelm der Hrólfssage, hialmrinn Hildisvín = Hildigöltr, Sn. 152; dagegen ist im göltar der Hyndla, Strophe 5, entweder der Wolf, auf dem das Riesenweib reiten soll, umschrieben, oder göltr in gildr, gyldir, Bezeichnungen des Wolfes Sn. 222, zu bessern.) Dem kommen auch Benennungen entgegen, wodurch der gewölbte, Tags mit Sonnenglanz, Nachts mit leuchtenden Gestirnen geschmückte Himmel in der Edda umschrieben wird; er heißt: der Lichtfahrende, Stralende (liosfari, leiptr, Sn. 177) und heißt zugleich: Helm Bestris, Austris, Sudhris, Nordhris, der Zwerge nämlich, die unter seine vier Ecken gestellt sind (Sn. 9), Helm der Luft, der Erde, der Sonne (Sn. 122. 123; „sólar hialms"; vergl. das deutsche: „Der Himmel ist mein Hut" u. s. w. Kinderl. 93, „mit dem himel was ich bedaht" Trougem. 2). — [Ich verstehe Strophe 6 des Hyndlaliedes so: die widerstrebende Riesin, die auch am Schlusse des Liedes, Strophe 43 f., auf Freyja lästert, hält sich darüber auf, daß diese sich des jungen Ottars annehme und sich nicht um ihren Mann bekümmre, der sich auf dem Walwege, auf der todtbringenden Fahrt zur Walstatt befinde. Demnach ist zu übersetzen: du weisest mit den Augen hiehin auf mich Ottar den Jungen, Innsteins Sohn, während du deinen Mann auf dem Wege (fannig, Gr. III, 174 oben) zum Schlachttode hast; es gehören also zusammen die Verse: vísar þú augum á oss fannig Ottari (ed. Munch: „Ottar") unga, Innsteins bur, und selbständiger Zwischensatz ist: er þú hefir ver þinn í valsinni. Hierauf erwidert Freyja, Strophe 7: Hyndla sei thöricht und träume nur, wenn sie sage, ihr, Freyja's, Mann sei auf dem Wege zum Tode dort, wo doch der goldborstige Eber mit dem Kriegseberzeichen (hildisvíne) leuchte, den ihr zwei kunstreiche Zwerge gemacht, d. h. wo doch ihr Gemahl mit ihrem göttlichen Helme, den sie ihm zum Schutze mitgegeben, bedeckt und überleuchtet sei. Dieser Gemahl aber ist Odr, der weite Wege fort fuhr, um den sie Goldthränen weint und den sie unter unbekannten Völkern sucht (Sn. 37): „Odr for í braut lángar leiþir" entspricht dem: „er þú hefir ver þinn í valsinni." Der Mythus von Odr ist unerklärt, gewinnt aber durch die Mitgabe des Eberhelms seiner Gattin einen weiteren Beitrag. Eberhelm und Eberzeichen wird auch in den angelsächsischen Gedichtstellen als wunderbar schirmend dargestellt; zu beachten ist, daß das Eberbild der Aestier, Germ. c. 45, „pro armis (statt der Waffen) omniumque tutela — etiam inter hostes" sicher macht. Sax. VII, 125 u. f. oben: Syritha hütet die Ziegen eines Riesenweibs; 126 unten: Othar in dreitägiger Schlacht; beides keine bestimmtere Beziehung bietend].

⁵⁵ The avowynge of king Arther ꝛc. in: Three early english metrical romances ꝛc. ed. by J. Robson, London 1842 (Camd. soc.), S. 57 ff.; Str. 6: „myne avow make I were he neuyr so hardy" ꝛc. Str. 9: I avowe ꝛc. (dreimal). Str. 10: „thay haue thayre vowes made" ꝛc. howe thay preuyd hor wedde-fee ꝛc. Str. 37: „Bowdewyn's avouyng" ꝛc. Str. 71: „thine avowes" ꝛc. Str. 72: „alle that thou highte" ꝛc. Str. 17: The hed of that hardy he sette on a stake. — Dieses Gedicht hat nichts gemein mit Arthurs Eberjagd in den Mabinogion P. IV. London 1842. (Kilhwch ac Olwen), deutsch in den Beiträgen zur bretonischen und celtisch-germanischen Heldensage, von San-Marte, Quedlinburg 1847, S. 3 ff.

⁵⁶ Garin II, 219 (M. 225):
"Je n'ai qu'un frère, le Loherenc Garin,
bien a set ans passé que ne le vis,
s'en sui dolans coureciés et marris.
or m'en irai à mon frère Garin
et si verrai l'afant Girbert, son fil,
si m'aït diex, que je oncques ne vis;
du bois de Puelle ma-on novelles dit
et de Vicoigne, des alues Saint-Bertin,
en celle terre a un sangle norri,
sel chasserai, sé dieu plaist et je vis,
s'en porterai le chief au duc Garin,
por la merveille eagarder et véir,
que de tel porc nuns hons parler n'oï."
224 (M. 227): „Del bois de Puelle m'a-on conté et dit
qu'en ceste terre à un sangle norri,
jel chasserai, car li cuers le me dit,
et porterai la teste au duc Garin
mon très chier frère, que je pièça ne vis."

Ausdrücklich ist des Gelübdes erwähnt im Eingang der englischen Ballade von der sagenhaften Cheviatjad (Percy 2. Ritson 105):
The Persè owt of Northomberlande
and a vowe to god mayd he,
that he wolde hunte in the mountayns
off Chyviat within dayes thre,
in the mauger of dougbtè Dogles
and all that ewer with him be.
The fattiste hartes in all Cheviat
he sayd he wold kill and cary them away ꝛc.

Dieß ist zwar nur eine Jagd auf Hirsche, aber die Kühnheit des Unternehmens besteht darin, daß dem viel mächtigern Grenznachbar zum Trotz in fremder Mark gejagt wird, und der Ausgang ist gleichfalls ein tragischer, eine blutige Schlacht, in der Percy und Douglas mit ihren besten Rittern und mehr als dreitausend englischen und schottischen Kriegsleuten umkommen.

⁵⁷ Sir Tristrem ꝛc. ed. by Walter Scott, Edinburg 1811, S. 46 ff. Die Stelle von den Eberköpfen lautet ebendaselbst: „Tho court that com full right, as Morgan his brede schare, thai teld tho bi sight, ten kinges sones thai ware ansought; heuedes of wild bare schon to present brought. Ein förmliches Gelübde legt zwar Tristrem nicht ab, doch besagt Str. 75: „Tristrem dede as he hight" ꝛc. und Str. 70 hat der junge Held sein Vorhaben entschieden genug ausgesprochen: „to fight with Morgan in by, to sle him other be me with hand: ers schal no man me se oyain in Ingland." (Vergl. Battle of Otterb. Ritson, Vers 116: I wyll holde that I have hight" ꝛc. Vers 120: „the tone of us schall dye.") Die altfranzösischen Gedichte von Tristan, soweit sie herausgegeben sind, gehen nicht in seine erste Jugend zurück; auch der deutsche Volksroman (Simrocks deutsche Volksbücher IV, 227 ff.) gibt hieher nichts an die Hand. Gotfrieds Tristan dagegen erschlägt den Mörder seines Vaters auf der Jagd (Vers 5292 ff.) und führt in seinem Schilde, den er kaum zuvor bei der Schwertleite empfangen, den Eber, das Bild der Kühnheit (Vers 4939 f.: „den kuonheit nie bevilte, den eber an dem schilte." 6618—20. Friberg, Vers 1943 ff. von Tristans Waffenrocke: „ain erbezeichen dar ûf lac, der eber den der herre pflac ze füeren an dem schilde; des selben tieres bilde was von silber wiz geslagen, ûf sinem houbte sach man ragen zwêne zende güldin: dar an wart offenlichen schin daz der herre ritter was." Zusammengefaßt weisen diese vereinzelte Umstände auf eine frühere Beziehung des Ebers oder Eberhauptes zum Gelöbniß der Vaterrache. — Eine andre Erklärung wäre die folgende: Weber, Diss. de investitur. et servit. feudor. ludicr. Giess. 1745, p. 49: „Alii singulis annis une hure de sanglier, caput aprugnum porcinum etc. exhibere obstricti fuerunt. Bouchel. d. pag. 1197." Also ein Eberkopf als Lehenabgabe. Nun sagt Gotfried von seinem Tristan Vers 5300 ff.: „und jach, er wolte dannen ze Britanje gâhen, sin lêhen dâ enpfâhen von sines viendes hant, durch daz er sines vater lant mit rehte hete deste baz." 5376 ff.: „Tristan zuo Morgâne sprach: herre, ich bin komen dâ her nâch minem lêhen unde ger, daz ir mir daz hie lîhet unde mir des niht verzîhet, des ich ze rehte haben sol" ꝛc. Vers 5412: „ir meinet ez alsô, daz ich niht ëlîche si geborn, und sule dâ mite hân verlorn mîn lêhen und mîn lêhenreht." So könnten die Eberköpfe eigentlich als Zeichen der Lehenspflicht überbracht sein. Doch gedenkt Gotfried, der vom Lehen spricht, derselben nicht, im Tristrem aber, wo sie vorkommen, ist von keinem Lehen die Rede und heißt es nur Str. 78: „amendes! my fader is slain, mine hirritage Hermonie."

⁵⁸ „Yule" noch jetzt in Theilen von England und in Schottland (Sandys XI. vergl. LI. Popular rhymes etc. of Scotland, Edinburg 1842, S. 67), ältere Schreibung: „yol, yole" (Avowyng Sir. LXIX: „for thay make als mirry chere, als bit were yole day." Wright, Songs and carols S. 24, Nr. 19: „The fyrst day of yole have we in mynd" ꝛc. Sandys 3: „Wolcū yol þu mery ma" ꝛc. Ritson I, 140); altnordisch: „jol" n. pl., die nachfolgenden Stellen bezeugen zugleich die Lust des nordischen Julgelags, Fornald. S. I, 69: „sem leid at jolum ꝛc. Nu kemr jolaaptann" ꝛc. [„Avowe" auch (bei Ritson) Vers 259, vergl. „the battle of Otterburn" (auch bei Ritson I, 94 ff.) Vers 116. 157—160. 175 f.], 97 f.: „komu þar at jolum ꝛc. Hrolfr konúngr hefir látit hafa mikinn vidrbúnad smóti jolunum, ok drukku menn hans fast jolakveldit." II, 125: „Um vetr at jolum strengdi ketill heit" ꝛc. III, 371: „At jolum hafdi konúngr vinabod, ok joladag hinn fyrsta spurdi konungr eptir" ꝛc. Eptir jolin ꝛc. 599 f.: „at bioda honum til jolaveizlu ꝛc. ok drukku gladliga af jolin í góda yfirlæti. En afgöngudag jolanna" ꝛc. 633: „En um vetrinn eptir hafdi Starlaugr jolaveizlu, ok baud til mörgu stórmenni; ok er menn voru komnir í sæti hinn fyrsta jola aptan, stód Starlaugr upp, ok mælti: Þat er vani allra manna, at etla nýja gledi nokkurum þeim til skemtunar, sem komnir eru; nu skal hefja heitstrenging ꝛc. fyrir hin þridja jol edr deyja ella" ꝛc. 661: „einn jola aptan strengdi hann heit" ꝛc. II, 331 f.: „fram til jola ꝛc. jolagiaſir ꝛc. affángakveld jola ꝛc. í nafnsesti ok jolagiöf" ꝛc. (vergl. I, 816. III, 599 unten: „giafalaus" I, 69—72); die Zusammensetzung ebenso noch im schwedischen julagalt (Mythologie 1168 unten) und den dänischen: juleaſten, juledag ꝛc. [Mythologie 664. 594.]

⁵⁹ Christmas carols, ancient and modern" etc. by W. Sandys, London 1833, woselbst in der Einleitung die alten englischen Weihnachtsgebräuche ausführlich abgehandelt werden, über die Einführung des Eberkopfs S. LIX. f.; das älteste geschichtliche Zeugniß ist von 1170, in welchem Jahre König Heinrich II. beim Krönungsmahle seines Sohnes der bereits herkömmlichen Sitte huldigte, doch scheint dieses Fest nicht in die Weihnachtzeit gefallen zu sein (Holinshed, Chronicl. vol. III, p. 76).

⁶⁰ Sandys a. a. O. [über den Christmas Prince ebendaselbst XXXV]. Das begleitende Lied heißt hier: „Cristmas Caroll"; carol, diese geläufigste Bezeichnung des volksmäßigen englischen Weihnachtlieds, ist das französische carole, Reihen, Rundtanz, und dann für das zum umgehenden Tanze gesungene Lied, Sandys CXVI ff., F. Wolf, Über die Lais 185 ff. (auch der Gesang von Hulst und Epheu war mit Tanz verbunden), doch ist auch das altheimische Wort nicht verloren: „yule-song" (Sandys LI, Wright 24, Nr. 19: „syng we yole," vergl. Popul. rhym. of Scotl. 67: „cry Yule."

⁶¹ Dasselbe hebt an: Caput apri defero reddens laudes domino" etc. Ritson II, 14 f. Sandys LIX, 19. Th. Wright in Karajans Frühlingsgabe,

Wien 1839, 51 f. Vergl. auch Sandys 37. — „Bores Head" hießen, nach ihrem Schildzeichen, zwei alte Londoner Gasthäuser, namentlich dasjenige, worin Prinz Heinrich und Falstaff ihr Wesen trieben, Festive songs etc. by W. Sandys, London 1848 (Percy soc. Nr. 77), Introd. XLIII f.

[62] Th. Wright, Songs and carols 25 f., Nr. 20. In der alten Ballade: The boy and the mantle, Bers 151 ff. (Percy 198[b]. Th. Wright, Frühlingsg. 33 f.) sieht der wunderbare Knabe, der in König Arthurs Halle gekommen, wie draußen ein Wildeber einen Mann zerreißen will, zieht alsbald ein Waidmesser, rennt hinaus und bringt das abgeschlagene Haupt des Ebers ein, welches dann so zerlegt wird, daß jeder Ritter am Hof ein Stück erhält, was jedoch nur dem Messer eines Mannes gelingt, der kein Hanrei ist; dieß geschieht, außerhalb der Jagdzeit, am dritten Tag im Mai; eine spätere Bearbeitung setzt dafür das Christfest, läßt aber die Erlegung des Wildes wegfallen und das Eberhaupt, mit Lorbeer und Rosmarin geschmückt, schon fertig auf dem Tische stehn (Percy 278[b]. 280[a]. Frühlingsg. 36. 42).

[63] Sir Eglamour verlangt von dem erlegten Wilde für sich nur das Haupt (Thornt. romanc. 142, Str. 43: "Lorde" seyde the knyght. "y dud hym falle, gyf me the hedd and take thou alle, thou wottyst wele byt ys my fee.") und bringt dann beides. Riesen- und Eberhaupt, zusammen ein (ebendaselbst 147, Str. 54: "The knyght takyth hys leve and farys wyth the genuntys hedd and the borys the weyes owre lord wylle hym lede." 148, Str. 56: "and to halle they wente, the erle there-wyth to tene; the hedys to hym there he down layde" ꝛc.) Geschichtlich noch um 1517 knüpft der Schotte Wedderburn, als Rächer seines hingerichteten Häuptlings, den abgeschlagenen Kopf eines Gegners mit den Haaren an seinen Sattelbogen, (W. Scott's) Minstrelsy of the scotish border, 5. ed., Edinburg 1812, Vol. I, Introd. XIII. Den vielen Belegen der barbarischen Sitte in J. Grimms Geschichte der deutschen Sprache 140. 236, 2. 636 oben. 823, 1 kann weiter beigefügt werden Arnulph. Mediolanens. LII, c. IX, p. 734 (a. 1037): „Odonem impugnans viriliter dux Gothefredus vehementi facta congressione in momento prostravit ejusque caput avulsum humeris fertur in Italiam direxisse [Hahn II, 239 t)]. Halewljn (74 D) Str. 31 ff. mit dem Schluße: „het hoofd werd op de tafel gezet." [Hagen, Heldenbilder 79 und die Öhringer Handschrift des Wolfd. hat nichts davon.]

[64] Reliquiæ antiquæ etc. ed. by Th. Wright and J. O. Halliwell, Vol. II, London 1843, p. 30. Th. Wright, Songs and carols 42 f., Nr. 38.

[65] Ritson I, 141 ff. Sandys 4 f.

[66] Ritson II, 16. Sandys 16. (Frühlingsg. 50 f.)

[67] Fischart sagt in der Vorrede zur Geschichtklitt. (Aiij): „solt ich nit ein geistlichen Text under ein weltliche Weis singen können? ꝛc. Tichten doch unser Predicanten geistliche Lieder von einer wilden Saw,

daß Geistliche wacker braun Meidlein, den Geistlichen Felbinger" 2c. Rabelais gibt im Prolog nichts Entsprechendes, auch sind „das wacker Meidlein" und „der Felbinger," weltlich und geistlich verändert. bekannte deutsche Lieder. Die vom geistlichen Jäger (Nr. 338 vergl. 338. P. Wackernagel, D. Kirchenl. 603) gedenken nirgends des wilden Schweins; ein weltliches Jägerlied beginnt zwar: „Es wolt guot jäger jagen, wolt jagen die wilden schwein, was begegnet im auf der heide? ein fröwlin in weissem kleide, ein zartes jungfröwelin" (Flieg. Bl., Basel bei Samuel Apiar. 1568; Frankfurter Liederbuch Nr. 112. Heidelberger Handschrift 343, Bl. 100); aber, schon dem Strophenbau nach, hat nicht dieses dem geistlichen zum Vorbilde gedient, sondern ein andres: „Es wolt gut jäger jagen, jagen vor jenem holz, begegnet im auf der heiden ein meidlein das war stolz" 2c. (G. Forsters fr. Liedl. IV, 1556, Nr. 17. V, 1556, Nr. 14, vergl. Heidelberger Handschrift 109, Bl. 104ᵇ, Görres 181; die letztere Fassung auch im Inhalt der drei ersten Strophen mit der Knaustischen Umwandlung bei P. Wackernagel a. a. O.). Es fragt sich daher, ob Fischart es nur minder genau genommen, oder ob nicht etwa den englischen carols ähnliche deutsche Lieder vom Wildschwein vorhanden waren? Von der Geltung des Eberkopfes zeugt eine, wie es scheint, sprichwörtliche Rede im Parzival 150, 22: „man sol hunde umb ebers houbet gebn." [Weber, de invest. et servit. feudor. ludicr. p. 49.]

68 Sæm. 42, 19 (Grimnism.): „Gera ok Freka sedr gunntamidr hrödigr Herjaföðr." Sn. 42 (Aru. 126): „þá vist er á hans bordi stendr gefr hann tveim ulfum er hann á, er svá heita: Geri ok Freki." — Zwar fahren am Ende der Tage die Einherjen und Odhinn selbst aus, mit dem Wolfe zu kämpfen, und dieser verschlingt den Vater der Zeiten, Grimnis m. 23 (Sæm. 43): „Átta hundrud einherja ganga senn or einum durum þá er þeir fara vid vitni at vega" (Sn. 44). Vsp. 54 (Sæm. 9): „er Odinn ferr vid úlf vega 2c. þá mun Friggjar falla angantýr." Vafþr. 53 (Sæm. 37): „úlfr gleypa mun aldaföðr." Sn. 72: „rídr fyrstr Odinn med gullhjálm ok fagra brynju, ok geir sinn, er Gúngnir heitir; stefnir hann móti Fenrisúlfi." Ebendaselbst 73: úlfrinn gleypir Odin, verdr þat hans bani;" aber auch hier ist es nicht sowohl die Streitbarkeit, als die Gefräßigkeit, der ungeheure, Alles verschlingende Rachen des Wolfes, was ihn zum Vertilger macht. Wie dem nordischen Mythus das uranfängliche Chaos, eben diesem griechischen Wort entsprechend, ein gähnender Schlund ist (Vsp. 3: „gap var ginnûnga." Sn. 5 f.: „ginnûngsgap." Ebendaselbst 8. 17. Vergl. Lex. isl. 1, 224ᵃ. Deutsche Mythologie 525. Gramm. IV, 726, 10), so wird zuletzt wieder der klaffende Wolfsrachen zum Bilde des Weltuntergangs. Es heißt vom Fenriswolfe Sn. 36: „úlfrinn gapþi ákafliga," ebendaselbst 72: „Fenris-úlfr ferr med gapanda munn, ok er hinn efri kjöptr vid himni, en hinn nedri vid jördu; gapa mundi hann meira ef rûm væri til," und ebendaselbst 73: „úlfr (Vîdar) sundr gin hans;" ähnlich von einem riesenhaften Hunde Fornald. S. III, 546: „hliop hann á mót honum med gapanda ginit." [Welsch-

berger, Anj. IV, 181: Und hast gar eine wide alunt." Versus de gallo (Reinhart Fuchs 420) 20 f.:
: infernale aperit guttur, faucesque voraces
: pandit, et immensae reserat penetrale cavernae].

[69] Sæm. 151, 13: „Fara hildingar hjörstefno til x. fara Vidris grey valgiörn um ey."

[70] Sæm. 184, 22: „ef þû þióta heyrir úlf und asklimom, heilla audit verdr þer af hiálm-stöfum ef þû sér þá fyrri fara." Deutsche Mythologie 1076. 1079 f. 1093.

[71] Die Stellen bei J. Grimm, Andr. u. Gl. XXV f.; auch Adler und Rabe fingen alsdann (jener ein Kampflied, hilde leód), ebendaselbst XXVI.

[72] Sæm. 155, 40: „vargliodum vanr á vidum úti."

[73] J. Grimm, Reinhart Fuchs CXCIV, auch XX**). Vergl. Collection des cartulaires de France, T. II, Paris 1840, p. 547: „Robertus de Cante Lupo (p. 816: „Chantelou, hameau au nord de Marchainville"); ebendaselbst p. 139: „in masingilo, qui nomen sortitur a Cantante Pica" (p. 816: „Chantepie, coteau près de Brézolles").

[74] Th. v. Webberlop, Bilder aus dem Norden u. f. w.

[75] Mémoires de l'académie celtique, T. V, Paris 1810, p. 22—23 (Sur l'Origine, les Mœurs et les Usages de quelques communes du département de l'Ain, voisines de la Saône; par M. Thomas Riboud): „Chants et Danses. Les cris de joie nommés ululemens ou huchemens, qui proviennent des mots ululare en latin, et hucher en français, dont l'usage a passé dans toute la Bresse, étaient originairement des cris d'alarme et d'avertissement des bergers entre eux, pour écarter les loups à la chute du jour et dans les grandes nuits d'été. Dans un pays couvert les troupeaux étaient très exposés à leur dent meurtrière, au milieu des pâturages solitaires; les bœufs y passaient la nuit en été; et, pour effrayer des ennemis féroces, les gardiens poussaient des cris aigus et cadencés, ils ululaient ou houloulaient, criaient au loup, donnaient l'alerte par ce cri imitatif. Ils se répondaient les uns aux autres, et les forêts retentissaient de ces huchemens (1). Les jeunes gens allant aux veillées, p. 23: les amans, les hommes se retirant après le travail ou une réunion, les voyageurs timides pendant la nuit, répétaient en échos les mêmes cris; ils étaient dans les uns des élans de gaieté, dans les autres des signes de terreur ou de précaution. Depuis que la culture s'est étendue avec la population, le danger des troupeaux a diminué, les huchemens ont été moins conservés pour les défendre, et ils sont restés pour exprimer la joie à la suite des festins ou des fêtes. (1) On n'a pas oublié qu'à Bourg, dans des blanchisseries de toile, on tenait toujours des veilleurs au milieu des prés, et qu'ils poussaient les mêmes cris, d'intervalle à autre, et se répondaient, non pour écarter les loups, mais les voleurs, et faire connaître qu'ils étaient éveillés et sur leur garde." (Man könnte

versucht sein, auch das Contalupo bei Grimm a. a. O. auf einen Wächterruf zu beziehen, allein Chantepie, Chantemerle zeugen doch für die obige Auffassung).

[76] Reinh. 510 ff.: „Isengrīn dā trunken wart. In sīns vater wīse er sanc ein liet." 534: „ez was ein unzŭlic liet." Kl. St. 1299 f.: „daz er singe den selben klanc, den ouch sīn alter vater sanc." 359 f.: „sīn kirleis er vil lūte sanc: helfe uns sant Pēter heiligō!" S. 412 Anmerkung: „vocibus altisonis ululat atque canit." S. 431 oben. — Noch in der Reformationspolemik lautet „das Wolfsgesang" als ein bekanntes Wort; so ist eine Flugschrift betitelt, worin die Geistlichkeit den Wölfen verglichen wird, K. Hagen, Deutschlands litterarische und religiöse Verhältnisse im Reformationszeitalter, 2ter Bd., Erlangen 1843, S. 180 f.; vergl. Balen. Anshelms Bernerchronik, 6ter Bd., Bern 1833, S. 104 f.

[77] Nach einer Abschrift aus Cod. germ. monac. 713, 4⁰. f. 197—200; Anfang: „An einem morgen das geschae," Schluß: „Also hat gedicht der Schneperer." [= Kellers Fastnachtsspiele S. 1107. Pf.] Auch eine Dresdner Handschrift des 15ten Jahrhunderts gibt den Wolf in der Reihe von Gedichten Hans Rosenblüts des Schneperers, v. d. Hagen, Grundr. 366, 20. [Fastnachtsp. S. 133. K.]

[78] „Die wolfsklag" aus einer Wolfenbütteler Handschrift des 16ten Jahrhunderts mitgetheilt von Leyser im Jahresbericht der deutschen Gesellschaft in Leipzig auf 1837, S. 28 ff.; Anfang: „Nu sweigt und hört ein grosse clag," Schluß: „Schreibt uns Cristannus Awer." Ein Gedicht gleichen Anfangs, überschrieben: „Eins frommen wolffs klag," Fliegendes Blatt der Berliner Bibliothek, gedruckt zu Nürnberg durch Endres Schwammarüssel, schließt: „Der sprech Amen mit Heinrich Schmier" (vergl. Museum für altdeutsche Litteratur II, 318 f.); Handschriften haben: Heinrich Smiler und Peter Smiher oter Smiecher, das Verhältniß zu Rosenblüt und Awer ist noch nicht aufgeklärt. Vergl. noch Schmeller, Bairisches Wörterbuch III, 493 und Schletter im Serapeum (herausgegeben von R. Naumann), 2ter Jahrg., Leipzig 1841, 356 f. Wilken, Geschichte der Heidelberger Büchersamml., S. 486, CCCCLXXII, 7. [Fastnachtsp. S. 1078 f. K.]

[79] Facet. Bebelian. (zuerst 1506 gedruckt) L. III [p. 191]; der Auszug ist so eingeleitet: „Fecit nuper quidam carmen teutonicum, in quo mirifice atque venuste lupum de sua infelicitate atque rusticorum in se injuriis et invidia omnium regum justissimo Maximiliano Caesari conqueri fecit, ad cujus tribunal citaturum se minatur universam rusticitatem" etc. Schluß: „Und ego, nisi Caesar pacem vobis erga me mandaverit, perpetuum vobis bellum indico, quod et posteris vestris nepotes mei facere debebant."

[80] H. Sachsen Geb. Bd. I. (1558), Thl. 3, Bl. 347 f. Meist wörtliche Verarbeitung dieses Gedichts ist ein Meistergesang von 1547: „In der Abentewrweis Hans Foltzen Der Arm klagent wolff," in Baltin Wilsnawers „Buech der fabel und stampenei," Dresdner Bibliothek, Papierhandschrift in Fol. M. 8., Bl. 390ᵇ f. — Bei Hans Sachs klagt der Wolf unter Andrem:

„geb mir ein pawer gnug kudelſleck,
kein roſs wolt ich in ſellen mehr,
alſo ich mich im ſtegreif nehr,
wann ich kan ie nit eſſen gras,
mein vatter auch kein hew nie aß."

In der äſopiſchen Fabel 389 ſpricht er zu den Hirten, die er ein Schaf verzehren ſieht: „welchen Lärm würdet ihr machen, wenn ich das thäte!"

⁸¹ Die Erzählung, 14tes Jahrhundert, deren Dichter ſich Belſchberger nennt, iſt von Maßmann mitgetheilt im Anzeiger IV, 1835, S. 181 ff.

⁸² Pœnitentiarius, Reinhart Fuchs S. 397 ff., beſonders Vers 91 ff.:

„immo tibi scelerum sit plena remissio, mixtus
anxietate timor continuusque labor,
cum nihil intendas aliud, quam ferre catellis,
quod rapis, et propriæ damna fugare famis."

[Vergl. Vers 53—56. 69—72.] Dieſes lateiniſche Gedicht, die älteſte vorhandene Erzählung der Wolfsbeichte, gehört dem 13ten Jahrhundert an, ebendaſelbſt CLXXXV. CCXI, aber um Vieles älter iſt ein Fries an der Schwärzlocher Capelle, der eben dieſe Beichthandlung darzuſtellen ſcheint.

⁶³ Aus Heinrichs vom Türlein „Krône" (um 1220), Reinhard Fuchs XXXV und bei J. Wolf über die Lais 422:

„von schulden ist der wolf sô grâ,
waz swaz er in der werlte tuot,
ez sî übel oder guot,
daz haltet man im al für arc."

⁸⁴ J. Grimm, Reinhart Fuchs 315 ff., vgl. CLXXXI.

⁸⁵ Ebendaſelbſt 351 ff. (Laßbergs Lieberſaal I, 291 ff.), vergl. Méon III, 53: „le col baissant."

⁸⁶ Reinhart Fuchs CXCIV, Fredegar. c. 38: „rustica fabula dicitur." (Bouquet II, 428.) Die Lehren, womit die Wölfin ihr Junges entläßt, in einem Meiſterſange bei Baltin Wildnawer Bl. 64ᵇ (ſ. Anmerkung 80).

⁸⁷ Reinhart Fuchs 420, vergl. CLXXXIII unten, CXC. Ähnliches von Fuchs und Hahn ebendaſelbſt 31 f. 421. [Vergl. Rechtsalterth. 32.]

⁸⁸ Méon III, 53 ff., vergl. 197.

⁸⁹ Von der hochdeutſchen Faſſung (205 A): „Im thon, Es geet ein friſcher ſummer daher." Eine Anzeige von viel früherem Geſangvortrage der Wolfsfabel in „Sacerdos et Lupus" (Lateiniſche Gedichte des 10ten und 11ten Jahrhunderts, herausgegeben von J. Grimm und A. Schmeller, Göttingen 1838, S. 340). Str. 1:

Quibus ludus est animo
Et jocularis cantio,
Hoc advertant ridiculum!
Narrabo non ficticium.

⁹⁰ Schon in der Sage von Arion, in der von Gelimer, Procop. L. II,
c. 6. 7. (Grimm, deutsche Sagen II, 13 f. Mascou II, 82). Morolf B. 2654
bis 2668. Arwidsson II, 129.
⁹¹ Méon III, 53:
>De sons, de notes, de viéles
>Seront tuit li morsel conduit,
>Et je morrai ci sanz deduit,
>Jà n'i aura feste ne joie.
>En non dieu, dict li Leus, dame Oie,
>nous chanterons, puisqu'il vous siet.

⁹² Cantus de Lepore im Anzeiger 1835, Sp. 184 f., mitgetheilt von
Maßmann aus einer Münchner Papierhandschrift: Husemann Beckemensis,
Benedictiner ad Lisefontanos, perpulchri aliquot versus rhythmici, 1575.
Der Refrain:
>Quid feci hominibus,
>quod me sequuntur canibus?—

Str. 9. Dum in aulam venio,
gaudet rex et non ego.

Str. 10. Quando reges comedunt me,
vinum bibunt super me.

Dieß gemahnt an alte Waidsprüche, worin auch die ungleiche Stimmung des
edeln Hirsches und seiner Verfolger ausgedrückt ist. Altdeutsche Wälder III,
136, Nr. 151:
>da lauft der edel Hirsch über diese Heide,
>den Hunden zu lieb, ihm selbst zu Leide.

Ebendaselbst 147, Nr. 203:
>F. ho ho ho mein lieber Weidmann:
>was macht den edlen Hirsch verwundt
>und den Weidmann frölich und gesund?
>A. jo ho ho mein lieber Weidmann,
>thäte nicht der Jäger, Pürschbüchs und gute Hund,
>so bliebe der edle Hirsch unverwundt;
>schöne Jungfrauen und Neckarwein
>machen den Weidmann frölich, gesund und fein.

Vergl. ebendaselbst 121, Nr. 49. 124, Nr. 59 f. Eine Klagerede des gefällten
Hirsches in Walter Scotts Sir Tristrem, not. p. 286. — Des Hasen Klage
von Greflinger 1655 (vergl. Koch II, 101).

⁹³ „Liedeken van het Hæseken," fliegendes Blatt von Gent, vergl.
Horæ belg. II, 80 f. Dem lateinischen:
(Str. 8) Dum montes ascendero,
canes nihil timeo —

entſpricht: Als ik oploop den berg zeer ſel,
dan ben ik de hondekens al te snel,
maer in het daelen zymy achterhaelen ꝛc.
Das machen die längeren Hinterfüße des Hasen.
⁹⁴ Hartshorne, Anc. metric. Tales, London 1829, p. 165: The mourning of the hare. Anfang, dem des deutſchen Liedes ähnlich:
Ffer in frithe as I can fare
My selfe syzand allone,
I herd the mournyng of a hare,
Thus delfully she made her mone.
⁹⁵ Vergl. Minstrelsy II, 343:
And Johnie has bryttled the deer sæ weel,
That he's had out her liver and lungs;
And wi' these he has feasted his blydy hounds,
As if they had been erl's sons.
Chambers, Ball. 182.
⁹⁶ Polniſche Volkslieder in Schleſien, geſammelt und überſetzt von J. Rzepka in der Monatſchrift von und für Schleſien 1829, Bd. II, S. 486 ff. (mit Melodie). Ein ſolches Lied auch in: „polniſche und ruſſiſche Lieder des galliciſchen Volkes", herausgegeben von Olesla 1833, ſ. Jahrb. für wiſſenſchaftl. Kritik 1835, Sp. 114.
⁹⁷ Méon IV, 87, V. 227 f.:
En après vienent cox de cigne
qui molt sont preciex et digne.
Vergl. ebendaſelbſt 84, V. 124—126. Über Gelübde bei Schwänen, Deutſche Rechtsalterth. 901. γ. „votum vovit deo cœli et cygnis." (Eduard I. a. 1306) Matthæus westmonast., Flores, p. 454.
⁹⁸ [Carmina Burana, ed. Schmeller p. 173. Pf.]
⁹⁹ Slawiſche Volkslieder, überſetzt von J. Wenzig. Halle 1830, S. 91 f.
¹⁰⁰ Kalender u. ſ. w. Frankfurt, Chriſt. Egen 1537, deſſen letzter Abſchnitt: Der Alten weiber Philosophei, wie die selbige ein halbjæriges knäblin erfaren, und von einer blinden frawen in eigner person ist gesehen worden. Darin: 67. Ist es sach das man dem wolf sein lamb auß dem grossen hof da vil schaf außgehen, nit sendet, so die zehendlämmer bezalet seind, so wirts der wolf selbst nemen, wie fleissig man sie auch wartet. 68. Ist es sach das man dem wolf nit beut ein lamb zů ehren des lamb gottes, so sollen in dem jar vil krank werden [vgl. Wolf, Zeitſchrift für Mythologie III, 309. Pf.]. (Vertrag zwiſchen Bauer und Wolf, Liederſ. III, 611, 6—14 [vom Strider] Reinhart Fuchs CLXXXI, 328 ff.) Dieſer Zug ſcheint den römiſchen und franzöſiſchen Darſtellungen zu fehlen, vergl. Marie de Fr. II, 24. Phædri fab. nov. p. 25. Kerler, römiſche Fabeldichter I, 302.
¹⁰¹ La chace dou cerf, bei Jubinal, Nouv. recueil ꝛc. 1, 168:
L'escorbin (l. l'os corbin) mie n'obliez!
haut sur .i. arbre le metez.

Sir Tristrem ed. by W. Scott I, 44. (3. ed. p. 34):
> The rauen he yave his yiftes,
> Sat on the fourched tre.

Jagdbuch der Äbtissin von St. Alban, 15tes Jahrhundert, ebendaselbst not p. 280:
> Then take out the shoulders, and slitteth anon
> The bely to the side from the corbyn bone,
> That is corbins fee, at the death he will be;

d. h. das ist des Raben Gebühr, er will beim Tode (des Hirsches) sein. Ebendaselbst 285 aus einem Stücke von Ben Jonson: the raven's bone — Now o'er head sat a raven On a sere bough ꝛc.

[102] Finn Magnussen, Lex. myth. 836.; vergl. noch Deutsche Mythologie 106**).

[103] Von dem Mayr Helmprechte, herausgegeben von J. Bergmann. Wien, 1839. (Aus den Wiener Jahrbüchern LXXXV.) S. 21, B. 546 ff. [= Zeitschrift für deutsches Alterthum IV, S. 340. B. 544 ff. Pf.]:
> B. 546 ff. ob dû mir woltest volgen nû,
> sô bouwe mit dem phluoge!
> sô geniezent din genuoge:
> din geniuzet sicherliche
> der arme und der riche,
> din geniuzet wolf und der ar
> und alle créatûre gar.

[104] Chronic. Petershusan. in Ussermanni monument. V, 1. „Hic Uzzo tanta fuit pietate et merito, ut etiam aves sanctitatem eius sentirent, et ad eius mensam intrepide advolarent, et de eius manu cibum caperent, et cum aliæ satiatæ abirent, aliæ denuo saturandæ advenirent." Vergl. Pipitz, die Grafen von Kyburg 133 f.

[105] Das Bruchstück einer Pergamenthandschrift ist mitgetheilt von Kausler im Anzeiger 1833, Sp. 70. Darin:
> Quid referam! volucres glacialis tempore brume
> dum riguere agri, ualles, prata, arua niuali
> mole, crebro pauit spolians ampla horrea auenis.

Über ihn Cleß, Culturgeschichte. B. 28 ff. (sein Leben in den Act. Sanct. Boll. Jul. T. II, p. 148 sqq.). (Vergl. Pf. 147, 9. Hiob 38, 41.)

[106] Vita B. Mathildis in Leibnit. Script. rer. Brunsvic. T. I, p. 202: „Quid autem mirum quod hominibus larga fuit et benevola, quæ gallo quotidie ministravit, qui lucem diei nuntiat et quosque fideles ad Christi servitium excitat. Nec etiam oblita est volucrum estivo tempore in arboribus resonantium, præcipiens ministris, sub arbores projicere micas panis, ut si quis de volucribus supra sedisset, in nomine creatoris illic alimonia inveniret.

¹⁰⁷ Die lateinische Chronikstelle in meinem Walther von der Vogelweide
154. — Was ist Vogelmal, Vogelrecht in rhätischen Urkunden? Schweizerburgen II, 346 u. 358 u. 370; vergl. Pipitz 74. Anm. 3.
¹⁰⁸ Altdeutsche Wälder I, 132. Claffen 100, §. 46. Umgekehrt der Sommer:
Luft und Freude der Vögel.
¹⁰⁹ MS. II, 160ᵃ:

Sit als ungeloubet
stêt der walt, wâ nement die vogele dach?
(Dâ si sint betoubet,
dâ nam ich ouch ê den ungemach,
Swenne in kumet, daz si der winter roubet,
daz mich vröute, diu mir vröude brach.)

Vergl. MS. I, 347ᵃ, 1 u. I, 353ᵃ, 1: Dâ bî klage ich vogellîn ꝛc.
Rith. Ben. 411, 2: diu voglîn in dem walde habent nindert obedach.
¹¹⁰ Von dem Ritter und dem Pfaffen von Heinzelein von Konstanz (wovon später mehr), Vers 7 ff.:

jâ swant der tag und wuohs diu naht, der sunnen glast viel in unmaht,
den rifen mohter niht erwern, si wolten manige frubt verzern,
dar zuo den anger velwen, die liehten bluomen selwen.
durch nôt sô wart daz grüene loup in kurzen zîten alsô toup,
daz ez sich von den esten ze mâle muoste enbesten.
wâ nement nû die vogel dach? dâ man si hiure sitzen sach,
dâ stiubet nû der kalte snê. owê! wâ sulnt si jârlanc mê
die kalten zît vertrîben? wâ sullent si bellben
sunder stuben und âne viur? und hæten siz gewizzet hiur,
waz si noch soltin hân erliten, si hæten sanges vil vermiten. —

Auch die altnordischen Bezeichnungen der Jahreszeiten, wonach der Winter
Bekümmerniß, Tödter des Gewürms, der Nattern, der Sommer ihr Erbarmer,
ihr Freund, ihr Leben u. ſ. w. heißt (Sn. Edd. 127: bani orma, orms-tregi;
i dat miskun fiska. Olafsen 100. §. 46: „Sommeren ꝛc. Vinteren ꝛc.
Ormes Fiende, Skræk, Moie, Sygdom, Dod. Ormes, Öglers, Slangers
Ven, Venskab, Skaansel, Sundhed, Liv.), sind in einem Liede des Südländchens ausgeführt (Meinert 258 f.):

Onn wenn's keimmt eim Waihnochte,
Sall liege olle Wiemle verschmochte;
Sall ies wuol ibes Wiemle klan
Verschlouffe ounder a'm Ebelstan —
Sall ies be ollerergste Zait,
Di ai bam ganje Joer moer sayn!
Wenns ober kommt eim Johanne,
Do kuommen olle Wiemle gegange ꝛc.
Sall ies be ollerbeste Zait,
Di ai bam ganje Joer moer sayn.

Vergl. das dänische Bauernsprichwort: „Gregorii Dag skal alle Orme have deres Hoveder over Jorden;" Lex. myth. 546 *).
111 Benecke, Anmerk. z. Wigal. S. 494 ff. J. Grimm, Deutsche Rechtsalterthümer 830. [Vergl. oben Bd. II, 96—99. H.]
112 Docens Auszug aus einem Meistergesang des 15ten Jahrhunderts im Museum für altdeutsche Litteratur II, 279 ff. Aretin, Älteste Sage über die Geburt und Jugend Karls d. Gr. München 1803, S. 43 ff.
113 Br. Grimm, Deutsche Sagen II, 130 f., wo auch die verwandten Sagen auf andre Namen angemerkt sind. Vergl. Rosenöl II, 57 f., XXIX.
114 Sept Sages p. 185—190. Die Litteratur, Einleitung CCXXIX f. — Vergl. Eichhorn und Eichhörnin bei Meinert 7 f.
115 J. Müllers Gesch. d. Schweizer. Eidgenoss. B. IV, Cap. IV. mit Anm. 201—213. (Hauptsächlich nach Felix Hemmerlins zwei Tractaten de exorcismis.) B. V, Cap. II. mit Anm. 333—337. (Auch Krankheiten werden in die Wildniß, in die Erde oder in Bäume gebannt, Anzeig. 1834, Sp. 278, Nr. 4 (Deutsche Mythologie CXL, Nr. XXVII.). 1837, Sp. 463, Nr. 11. Sp. 470, Nr. 27. Sp. 476, Nr. 41. Deutsche Mythologie CXLV, Nr. XLIII f. CXLVII, Nr. LIII unten. Vergl. Anzeig. 1837, Sp. 465, Nr. 15. Deutsche Mythologie 679. Das Unglück in eine Eiche (ainen aicher?) beschlossen, Lieders. II, 575; vergl. Rotenbuchers Bergkreyen, Nürnberg 1551, Nr. 20: „Vil glück und heil ꝛc. Str. 4: Im wilden waldt behausen solt ꝛc. zum Unfall. Armuth an den Galgen gewünscht, Lieders. III, 479, 84 f.)
116 Hormayr, Tiroler Almanach 1804. (J. 1519 f.) Vergl. noch Schayes Essai hist. 63. Hormayr, Taschenbuch für vaterländische Geschichte, Jahrgang 1845, S. 235—40. (Hottingers lateinische Kirchengeschichte IV, 318 ff. Hemmerlin, zwei Tractaten de exorcismis.) [Über die Lutmans s. Schöpf, tirol. Idiotikon, S. 405. Pf.]
117 Rhesa, Dainos oder litthauische Volksl. u. s. w. Königsb. 1825. S. 68 ff.
118 Reinhart Fuchs 301 ff.
119 Eiselein, Sprichwörter 647: „Wann der Wolf das Lamm heiratet! Volksm. Πρὸ μὲν λύκος οἶν ἱμεναιοι. Ante lupus sibi junget ovem." Aristoph.
120 Dainos Anmerk. S. 313 f.
121 J. G. Eccard, Historia studii etymol. ling. german. Hannover 1711, p. 269, 599 („— Cantilena, quam in tabernis considentes Venedi nostri cantare solent"); wendisch mit deutscher Übersetzung, daraus in Herders Volkslied. I, 104.
122 Dainos 66 f.
123 Fornald. S. I, 186: „Sigurdr stód réttr á gólfinu, oc studdist á averlshjöltin." Udv. d. Vis. I, 235, 9.
124 Norweg. Laakjen æ dan yppast gras i skogjen. Vergl. Erec 7105 ff.
„nû sage, waz was ir bettewât?"
entriwen, als ez der walt hât,
schœnez loup und reinez gras,
so ez in dem walde beste was.

125 „Rabn-Brydlap uti Kraakaland." Neueres Flugblatt aus Christiania. (Auch im Anhang zu Hallagers norwegischem Glossar.) Dänisch, aus einer handschriftlichen Liedersammlung vom Anfang des 17ten Jahrhunderts in Nyerups Udvalg II, 97 ff. Die ausgehobenen Züge sind beiden Darstellungen entnommen. (Schwedisch, gedruckt in Gefle 1800.) — Zum Schlusse vergl. MS. II, 79ᵇ, 11 (von Stamhein, am Schluß einer Maienfeier):

vrôuden vil
hâten sie:
in was dort wol, got helfe uns hie!

126 MS. II, 70ᵇ, 1. (Der Püller):

Daz vil stolze waltgesinde
singet aber ûf der linde ꝛc.

127 Lachm. 7. (MS. I, 285, 2):

Vogel die hellen und die besten
al des meigen zît si wegent mit gesange ir kint.

(Ebendaselbst 1: die waltsinger.)

128 Zum Bräutigam taugt die Amsel schon darum nicht, weil im Deutschen ihr Name stets weiblich war.

129 Über die Turteltaube s. „unter der Linde" in Volksl. Nr. 116, Str. 12.

130 MS. I, 361ᵃ, von Landegge:

Uz dem loube singent wittewal (Goldamseln),
tröschel hôh' ûf waldes wilde,
lerch' ob dem gevilde,
in den ouwen danent nahtegal.

Vergl. I, 344ᵇ (18).

131 Batrachomyom. Vers 9—97.

132 S. Robert, Fables inédit. Paris 1825. I, 58—62.

133 Edelstein S. 23 ff. Altdeutsche Wälder III, 177 f. S. auch Bremisch-niedersächsisches Wörterbuch I, 6: „Aberjaan, im Spaße, ein Frosch. In einem alten Reime heißt es:

Aberjaan un Schraberjaan
Wolln tosamen in't Holt gaen u. s. w.

Schraberjan aber bedeutet eine Maus." Ebendaselbst IV, 687: (schraben) „zernagen, wie die Mäuse."

134 Vergl. Theokrit XX, 52 f. (Jtens Eunom. I, 100 f.) Voß (S. 103):

„Herlich lebt doch der Frosch, ihr Jünglinge! Nimmer ja sorgt er,
Wer ihm den Trunk einschenke; denn volle Genüg' ist um jenen!

(Zell, Ferienschr. I, 86.)

135 Poésies de Marie de France, p. Roquefort II, 68 ff.

136 Th. Pyle, Ancient Ballads and Songs. London 1827. p. 65 f. aus Th. Ravenscrofts Melismata, London 1611; vergl. mit einer Aufzeichnung nach mündlicher Überlieferung.

¹³⁷ Chambers, Scottish Songs I, Histor. Ess. XXV, aus Sharpes Ballad Book, 1824.
¹³⁸ Scotish Songs, London 1794. Hist. Ess. XLI. (1549. 1580). Chambers a. a. O. XX f. Poésies de Marie de France II, 401:
M'entremis de cest livre feire
E de l'Angleiz en Roman treire ꝛc.
¹³⁹ Horæ belg. II, 154 f. „Van't lose Vischertjen." Str. 2:
Dat lose molenarinnetje
ghinc in haer deurtje staen,
om dat dat aerdich vischertje
voor by haer henen sou gaen ꝛc.
Sc. Songs a. a. O. XLI: The frog cam to the myl dur ꝛc. Chambers a. a. O. XXVIII:
The frog (l. mouse) sat in the mill-door, spin-spin-spinning,
When bycame the little mouse (l. frog), rin-rin-rinning.
¹⁴⁰ „Narrationes magistri Odonis de Ciringtonia." J. Grimm, Reinhart Fuchs 446 f.; vergl. CCXXI f. Mones Anzeig. 1835, Sp. 358. Fr. Douce, Illustrations of Shakspeare, Vol. II. London 1807, p. 343—46 (Altdeutsche Blätter II, 142, 8).

¹⁴¹ Beziehung auf den Gebrauch, einer gefangenen Maus eine Schelle anzuhängen, damit sie durch den Klang derselben die andern Mäuse verjage, vergl. Lachmanns Walther von der Vogelweide, S. 32. 153 [= Pfeiffer Nr. 106.]
¹⁴² Le Roman du Renart, par Méon, T. III, p. 357 ff. (La mort Renart) v. 29615—766.
¹⁴³ J. Grimm, Reinhart Fuchs CCXVII—CCXX. Eine Abbildung auch der Flögels Geschichte der komischen Litteratur, Bd. III. (f. daselbst S. 350 ff.).
¹⁴⁴ Oppian de piscat. II, 86. 279. cd. Schneider 1776. Olai M. histor. L. XVIII. cap. 29. (Olens Naturgeschichte Bd. 7, S. 1553.) Althochdeutsche Physiologie in Hoffmanns Fundgruben I, 31. Renart liegt zwar, als er beerdigt werden soll, wirklich in Ohnmacht, doch zieht er davon Vortheil und ergreift den Hahn, in derselben Branche aber wendet sich die Erzählung noch bestimmter jenem alten Glauben zu: nachdem Chantecler entkommen, besteht Renart mit ihm den Gerichtskampf, wird übel zugerichtet und stellt sich nun absichtlich todt (Vers 30048:
Adonc s'est Renart porpensez,
que la morte vieille fera.
morte-veille, Todtenwache?), der Rabe und die Krähe setzen sich auf ihn, er reißt ersterem den Schenkel aus und entflieht damit, Roman du Renart, T. III, p. 372 ff. v. 30048—30135.
¹⁴⁵ Der Zaunkönig hängt sich verkehrt an die Spitzen der Zweige, Olens Allgemeine Naturgeschichte VII, 29.
¹⁴⁶ Sandys LXV. aus Crofers Researches in the South of Ireland, p. 233. Vergl. Morgenblatt 1841. Nr. 156 und Allgem. Zeitung 1842. Nr. 1.

¹⁴⁷ Abgedruckt in Ahrends Kindermärchen:
Lied des Grotjochens ore des thunkonigs.
Piep! Piep!
Wo kolt is de riep!
Wo dünn is min kleed;
Wo undicht min bedd!
Wo lang is de nacht,
Wer har dat wol dacht?
¹⁴⁸ Aristotel. hist. anim. 9, 11: καὶ τροχίλος ἀετῷ πολέμιος. Plin. Hist. nat. L. X. cap. 74: dissident aquilae et trochilus, si credimus, qnoniam rex appellatur avium. Stellen und Namen sind verzeichnet von J. Grimm, Reinhart Fuchs XLIV. und K. Halling im Anzeiger 1835. Sp. 313 f.
¹⁴⁹ Mitgetheilt von K. Halling a. a. O. Sp. 312 f. Morgenblatt 1841, S. 623 [und Pfeiffers Germania VI, 80 ff.]. — Ähnlich ist der Wettlauf, worin der Krebs den Fuchs besiegt, Zeitschrift für deutsches Alterthum I, 398 ff.
¹⁵⁰ Br. Grimm, Hausmärchen II, 92 ff. III, 190.
¹⁵¹ In englischer Übersetzung bei Douce II, 345.
¹⁵² A. Stöber, Elsäßisches Volksbüchlein, Straßburg 1842, S. 97 f.: die dummen Thierlein.
¹⁵³ Buchan, Anc. Ballads and Songs of the North of Scotland, I, 273 ff.
¹⁵⁴ Robin ist männlicher Eigenname, das angelsächsische vränna zwar Masc., aber im Englischen wren ist die Genusform abgeschliffen. In der nächstfolgenden Anmerkung in the wren she ꝛc.
¹⁵⁵ (Walter Scotts) Minstrelsy 5. ed. I, 20: „The wren, I know not why, is often celebrated in Scottish song. The testament of the wren is still sung by the children, beginning,
The wren she lies in care's nest,
Wi' meikle dole and pyne."
Ebendaselbst Meldung eines alten Liedes: „how the wran cam out of Ailsay."
¹⁵⁶ Vergl. Caesar. Heisterb. Hist. memorab. L. X. c. 56 (II, 339), wo ein vom Weih ergriffener Vogel den heiligen Thomas von Canterbury mit gutem Erfolg anruft. J. Müller, Schweizergesch. Bd. III, Cap. II, Anm. 55.
¹⁵⁷ „Ut novus vasallus offerat alaudam, boum curru vectam vinctamque." Choppin ad leg. andegav. lib. I, cap. 31, not. 8. Deutsche Rechtsalterthümer 378. Weber de invest. et servit. feudor. ludicr. p. 49. Die Stelle bei Buchan lautet:
Ye'll yoke five score o' owsen wanes,
And hae me to the hill.
¹⁵⁸ Deutsche Rechtsalterthümer 377 f. Weber l. c. Die Lieferung des Zaunkönigs sollte „circa diem Martini" geschehen und laut der Erzählung bei Douce II, 345 ist eine Art Zaunschlüpfer nach St. Martin genannt, daher dann der Hilfruf des Zaunkönigs: „O Saint Martin, Saint Martin, help

your poor bird!" So kann auch wohl das wegweisende Mertinsvögelein in einem deutschen Gedichte des 14ten Jahrhunderts: „der Schatz," Heidelberger Handschrift 313 (auch 355 und 351) und im Lieders. III, 543, 180 f. der Zaunschlüpfer sein, wenn schon noch andre Vögel nach demselben Heiligen hießen. Vergl. Renart B. 10471 ff. Reinaert B. 1045 ff. Reineke (Hoffmanns Ausgabe) B. 941 ff. J. Grimm, Reinhart Fuchs CXXVI f. Deutsche Mythologie LV. 657. 710. Pluquet, Cont. popul. etc. de Bayeux, Rouen 1834, p. 86: „Oiseau Saint-Martin, le martin-pêcheur." (Eisvogel, vergl. von der Hagen, Germania II, 64.) Nach Schayes, Essai histor. sur les usages, les croyances etc. des Belges. Löwen 1834, p. 232 bedeutet dort der Fang eines Zaunkönigs (roitelet) nahen Todesfall in dem Hause, dessen Bewohner den Vogel gefangen hat.

[159] Nyerup, Udvalg II, 122 ff. in zwei Versionen, die eine nach einem Drucke von 1698, die andre nach einem viel spätern Flugblatte.

[160] Frisius, Ceremoniel der Böttger, Leipzig 1705, S. 197 ff., daraus in den Altdeutschen Wäldern I, 111 f.

[161] Vafþrúdnismál 21. (Sæm. Edd. 33.) Grimnismál 40. 41 (ebendaselbst 45). Sn. Edd. 8.

[162] The dramat. Works of W. Shakspeare, with notes, by Sam. Weller Singer Vol. IX. Frankf. 1834, p. 98. Douce II, 107 f. — Die englischen Namen des Rothkehlchens sind: ruddock, Robin-ruddock, Robin red-breast.

[163] Ritson, Anc. Songs and Ball. II, 154 f., vergl. I, c* (Percy III, 154).

[164] Ritson I, LXXXV f., wo unter den Auszügen aus einer Comödie desselben Zeitalters, in welcher viele alte Lieder angelungen sind, zuerst die allgemeine Erwähnung vorkommt: „I can sing a song of robin redbreat," und nachher auch ein Liebesanfang:

Robyn readbrest with his noates,
Singing alofte in the quere,
Warneth to get you frese coates,
For winter then draweth nere.

[165] Av. 715: ὅτε χρὴ χλαῖναν πολεῖν ἤδη, καὶ ληδάριον πρίασθαι.

[166] Villemarqué, Chants popul. de la Bretagne II, 138 (vergl. 185 u.), wobei bemerkt wird, daß das Rothkehlchen, Jean-le-rouge-gorge, der Vogel des heiligen Johannes sei.

[167] Conflictus Veris et Hyemis v. 16:
Opto meus veniat Cuculus cum germine laeto.
v. 28: Ore feret flores Cuculus et mella ministrat.

[168] Rabna-Brydlup Str. 17: „Goukjen ga et Nout." Udv. af danske Vis. II, 101, Str. 18: „Gjögen gav et Nöd."

[169] Sagenforsch. I, 123.

[170] J. Lasicz, de diis Samagitarum ceterorumque Sarmatarum, 1580, durch J. Grimm in der Zeitschrift für deutsches Alterthum I, 141: Luibe-

geldas divas venerantes ita compellant etc. vos dem transmisistis ad nos
omnia semina siliginea in putamine glandis."
 ¹⁷¹ Fabeln, Märchen u. s. w. von Karoline Stahl, 2te Auflage, Nürnberg,
1821, S. 78 f.: „Der Kern rollte auf die Erde, eine Menge anderer Kerne
kamen aus ihm heraus, die alle Wurzel faßten, schnell entstanden Bäumchen,
dann große Nußbäume, die sich mit Blüten bedeckten, die Blüten verschwan-
ben, und in einigen Minuten waren alle mit den herrlichsten Haselnüssen
überdeckt."
 ¹⁷² In den Räthselbüchern des 16ten Jahrhunderts:
          Im Winder auß, im Summer an,
          mein kind zeucht ein ander man,
          an meinem gesang kenbt man mich,
          Rat wer bin ich.
Bei Fischart, Geschichtllitt. Cap. 25 unter den Spielen: „Im Winter auß,
im Sommer an."
 ¹⁷³ V. 17 sqq.:
          Phœbo comes almus in ævum.
          Phoebus amat Cuculum crescenti luce serena.
 ¹⁷⁴ Vergl. Bridantes Bescheidenheit 144, 9 f.:
          Der gouch der ist ein schœne vogel,
          unde ist bœse unt dar zuo gogel.
 ¹⁷⁵ Bridantes Bescheidenheit 88, 3 ff.:
          So der gouch daz êrste loup gesiht,
          so getar er sichs gesaten niht:
          er vürht dazz im zerrinne.
(Vergl. Einleitung LXXXVII. unten). In einem altböhmischen Liede beweint
der Kuckuck, daß der Lenz nicht immer währe, Königinhofer Handschrift 175.
Allein in der slavischen Volkspoesie ist der Kuckuck überhaupt anders aufgefaßt,
als in der deutschen: er ist der Vogel der Trauer und Schwermuth, Deutsche
Mythologie 394, der Aberglauben von ihm ebendaselbst 389 ff. [= 2. Auflage
640—647.] Lehrfabel ist das Lied vom Wettstreite des Kuckucks mit der Nachtigall, Docens Miscellan. I, 284. P. v. d. Hagen S. 30 f.
 ¹⁷⁶ MS. II, 80ᵃ: Göli: Wis willekomen, nahtegal, ein vrouwe
(vergl. Grammatik III, 346). Ebendaselbst II, 318ᵇ, K. v. Würzburg: ir
gedœne selten' unde wilde sanc diu liebe nahtegal. Ebenso im Volkstone, Liederbuch der Hätzlerin 202ᵃ:
          „wol uf und laß dir schenken!"
          sprach Mätz zu irem Friedel,
          „sung dir gern ein liedel
          von der lieben nahtignl."
 ¹⁷⁷ D. i. bekleiden, Grimm, Deutsches Wörterbuch I, 1587 f.; vergl. noch
Altdeutsche Wälder III, 236, 2 f.
 ¹⁷⁸ Schmitz, Eifelsagen 109.

179 Engelhard Z. 4164 ff.
180 Antwerpener Lieberbuch von 1544, Nr. 193.
181 Hoffmann von Fallersleben, Horæ belg. II, 2te Ausgabe, S. 82 f.
182 Grundtvig II, 171 f. Geyer und Afzelius II, 67 ff. Arwidsson III, 7—17. 22—25. 301 f.: der Wurm im Apfel.
183 Grundtvig II, 288; nahe steht das normannisch-bretonische Lai bei Roquefort, Marie de France I, 314 ff., vergl. Barzaz-breis, 4te Ausgabe I, 248 f., Strengleikar, Nr. 5.
184 Arwidsson II, 240. Vergl. Minne-Falkner Str. 100. Herders Volkslieder I, Leipzig 1778, S. 79.
185 Dixon, in: Ancient poems, ballads and songs of the peasantry of England ed. by R. Bell, London 1857, S. 247 ff. Vergl. Arwidsson III, 275—78.
186 Chansons nouvelles ass., f. 153ᵇ.
187 E. de Beaurepaire, Étude sur la poésie popul. en Normandie etc. Paris, 1856, S. 41 f., 46 f.
188 Histoire littéraire de la France XXIII, 530 f.
189 Vergl. ebendaselbst 686 ff. und Leroux de Lincy, Proverbes français.
190 Raynouard III, 86. Vergl. III, 91.
191 Wackernagel, altfranzösische Lieder und Leiche 26. 104. Histoire littéraire XXIII, 565. Vergl. Raynouard V, 195.
192 Herausgegeben von C. Hofmann, Z. 537 ff.
193 Tarbé, Roman d'Aubery le Bourgoing. Reims 1849, p. 44. Histoire littéraire de la France XXII, 326.
194 Parzival, Lachmanns 2te Ausgabe, S. 65 ff.
195 Jourdains de Blaivies, C. Hofmanns Ausgabe, Z. 1545 ff.
196 Martonne, Analyse du roman de dame Aye p. 23, auch in Histoire littéraire XXII, 345.
197 Vergl. noch die Stelle aus einer Überarbeitung des Jourdains de Blaivies bei Reiffenberg, Chronique rim. de Phil. Mouskes II, CCLIX.
198 Straßburger Bibl. Pap. in Fol. Bl. 37ᵃ: He tres dous rousignol ioli qui dis oci oci oci etc.
199 Histoire littéraire XXIII, 592 f.
200 Roman du Renart, Méon I, 63: Tuit s'escrient: oci oci!
201 Romans de Witasse le Moine Z. 1141 ff.
202 Rigsm. 41.
203 Ebendaselbst 43 ff.
204 Parzival 118, 6: und schôz vil vogele die er vant. Rigsm. 43: kôlfi fleygdi, kyrdi fugla.
205 Vergl. Yngl. S. K. 20.
206 Hansen, Chronik der friesischen Uthlande S. 18.
207 Altnordisch igda, dänisch egde, sitta europœa, eine norwegische Nachtigall, Sv. Egilss. Lex. poët. 435ᵇ.

208 Sæm. 110ᵇ f.
209 Z. B. „der Fink da sang sein reit herzu!" heraldisches Spruchgedicht, Druck des 16ten Jahrhunderts, im Serapeum V, 355; MS. III, 109ᵇ; reiche Sammlung bei Rochholz, Alemannisches Kinderlied Nr. 146—183.
210 Vergl. Wackernagel Lesebuch 250, 27: ein junge Âne wort.
211 Walther Lachmann 39 f. [= Pf. Nr. 9]. MS. I, 110 f. Carm. Bur. 200. Straßburger musikalische Handschrift Bl. 38ᵇ. Vergl. Gr. III, 308. Wackernagel, Altfranzösische Lieder 203.
212 Gedichte XLI, 23 f., vergl. 51 f.
213 Volkslieder Nr. 16.
214 Horæ belg. II, 2te Ausgabe, 164.
215 Chansons, 1538 Bl. 69 f. (vergl. Bl. 68.):

> Nous estions troys gallans
> de Lyon la bonne ville,
> nous en allions sur mer,
> n'avions ne croix ne pille;
> la bise nous faict mal,
> le vent nous est contraire,
> nous a chassez si loing
> dedans la mer salee.
>
> Voicy venir p(r)eian
> à toutes ses galleres:
> „or vous rendez, enfans
> de Lyon la bonne ville!"
> „non ferons pas pour toy
> ny pour toutes (les) galeres!
> nous nous rendons à dieu,
> à la vierge Marie,
> mon sieur sainct Nicolas,
> ma dame saincte Barbe.
>
> Rossignolet du boys,
> va t'en dire a m'amye:
> l'or et l'argent que j'ay
> en sera la tresoriere;
> de troys chasteaulx que j'ay
> aura la seigneurie,
> l'ung est dedans Millan,
> l'aultre (est) en Picardie,
> l'aultre dedans mon cueur,
> mais ie ne l'ose dire.

Ein leiser Anklang auch an das wunderbare Schloß im Lais de l'oiselet.

²¹⁶ Schon provenzalisch: Parn. occit. 138 f. Raynouard V, 292 ff., vergl. Bartsch, Provenzalisches Lesebuch 55 ff.
²¹⁷ Leonhard Fronspergers Kriegsbuch, 2ter Theil. Frankfurt 1573, Bl. 5. Vergl. Schmeller II, 672. Barthold, Georg von Frunsberg 106.
²¹⁸ Volksl. Nr. 177, Str. 8 ff.
²¹⁹ Druckbl. in der Heidelberger Handschrift 798, Bl. 73; vergl. Mone, Anz. VII, 63 f. Hildebrand, hist. Volksl. 92 ff.
²²⁰ Steinen, westphälische Geschichte IV, 1475. Soltau 352 f.
²²¹ S. Soltau 349.
²²² Heidelberger Handschrift 343, Bl. 95. G. Forsters fr. Liebl. Ten. III, 1563, Nr. 42. Ambr. Liederb. Nr. 58. Erfurter Liederbuch Nr. 58. Vergl. Volksl. Nr. 17².
²²³ Boissonade, Anecd. graeca 4, 79 ff. auch in Aretins Beiträgen 10, 1247 f.
²²⁴ Cap. 175, bei Gräße 180.
²²⁵ Schmidts Ausg. S. 67 f.
²²⁶ Bei Keller Cap. 167.
²²⁷ Méon II, 140.
²²⁸ Zur Litteratur: Schmidt S. 151 ff. J. Grimm, Reinh. F. CCLXXXI. Loiseleur, Essai sur les fabl. ind. 71 f. Gräße, Gesta Rom. 276 f. Histoire littéraire XXIII, 76 f. Vergl. Liederf. II, 655 ff. Keller, altdeutsche Gedichte I, 12 ff. Zeitschrift für deutsches Alterthum VI, 343 ff.
²²⁹ Disc. cler. 67: retenta nec prece nec pretio cantabo.
²³⁰ Méon III, 114 ff.
²³¹ Lai heißt Z. 91. 132 f. 139 der Sang des Vögleins, aber auch das ganze Gedicht in der Überschrift und Z. 421: li lais de l'oiselet.
²³² Nd., Volksl. 17 A.
²³³ Ndl., ebendaselbst 17 B.
²³⁴ Anfangsstrophe in G. Forsters fr. Liebl. Ten. II, 1565, Nr. 77.
²³⁵ Volkslieder Nr. 125, auch niederdeutsch, niederländisch, dänisch und schwedisch.
²³⁶ Graff II, 392: ôstarrîchi, oriens.
²³⁷ μὴ μεταμελοῦ ἐπὶ πράγματι παρελθόντι. Disc. cler.: ne doleas de emissis!
²³⁸ Volksl. Nr. 16, Str. 9. Nr. 17 A, Str. 81 B, Str. 9; einzeln mit Singnoten im Augsburger Liederbuch von 1512, Nr. 3, sowie bei G. Forster 1549 und 1563, III, Nr. 27, in andrer Verbindung ebendaselbst IV, 1556, Nr. 32.
²³⁹ Liederf. III, 637. 493. Rechtsalterthümer 41, Anmerk.
²⁴⁰ MS. I, 99ᵃ.
²⁴¹ Volksl. Nr. 15 A, Str. 3.
²⁴² MS. I, 24ᵇ. 342ᵃ. 344ᵇ.
²⁴³ Aufseß, Anzeiger 2, 10.

244 Trojanischer Krieg 170 ff.
245 Sút, strid fugla, Lex. poët. 208ᵃ. Mythologie 715.
246 J. Grimm, Andr. u. El. XXVI f. Gr. IV, 729. Saem. 95, 41.
247 MS. II, 160ᵃ. III, 321ᵇ. Ben. 411, 2. Heinz. v. Konst. 2, 13 ff.
248 Benede 397, 5.
249 Volksl. Nr. 11.
250 Barlaam etc. udg. af Keyser og Unger, Cap. 45: þriu ráð. Fabeln aus den Zeiten der Minnes. Zürich 1757, S. 243.
251 Eust. 3. 1165 f.: il n'est mie fol, qui croit conseil de loussignol.
252 Percy, Reliq. Lond. 1840, 72, 7 f.
253 Hagen, 3. 3077 ff.
254 Schmeller II, 108. Duellii Excerpt, 261.
255 Ben. 327, 4: mange lei ist ir gebraht, ie lûter, danne lîse. 440, 1: vremde, süeze wîse, dœne vil. MS. 2, 80, 4: Wis willekomen, Nahtegal ein vrouwe! dîn dôn der ist riche maniger süezen stimmen ꝛc.
256 Volksl. Nr. 10 A, Str. 3. 5.
257 MS. 1, 110. Der Refrain lautet:
        Deilidurei
        faledirannurei
        lidundei
        faladaritturei!
Bei Walther: tandaradei. S. oben Anmerk. 211. Vergl. Misc. II, 201, 66.
258 Docens Miscellan. II, 199.
259 MS. I, 348ᵇ:
    Sô sprichet liep ze liebe tougen:
    liep, wan solte ich bî dir sîn!
    disiu liet diu hât gesungen [in] vor dem walde ein vogellîn.
260 Chansons 1538 Bl. 17ᵇ:
    Rossignolet sauvaige, prince des amouren(l)x!
    je te prie qu'il te plaise de bon cueur gracieulx,
    va moy faire ung messaige à la belle à la fleur,
    qu'elle ne m'y tienne plus [en] si grosse rigueur
(Vergl. Bl. 48.) Ebendaselbst Bl. 48ᵇ:
    Rossignolet qui chante par dessoubz l'olivier,
    va t'en dire à m'amye que d'elle pres conge etc.
In einem Gedichte des 14ten Jahrhunderts sagt die Nachtigall, die der Liebesgott zu einer Schönen gesandt:
    Roxignolet m'apele l'on,
    que béent li vilain félon;
    mès cil qui ont d'amer corage,
    font toz jors de moi lor message,
    quar je sui légiers et menuz.
    Entendez por qoi sui venuz;

quant je bone novele aporte,
bien me devez ouvrir la porte.

Jubinal, Jongleurs etc. Paris, 1835, p. 182.

²⁶¹ Vgl. oben S. 100 und Anmerkung 216.

²⁶² Sir Ferumbras, Ellis II, 371. Die Stelle ist dem englischen Bearbeiter des Romans eigen:

It befell, between March and May,
When kind corage beginneth to prick,
When frith and fielde waxen gay,
And every wight desireth her like:
When lovers slepen with open eye,
As nightingales on greene tree,
And sore desire that they coud fly,
That they mighten with their love be.

²⁶³ (Herders) Volkslieder I, Leipzig 1778. S. 67. — Anfang eines alten englischen Liedes bei Ritson LXXXV f.:

The (My) lytyll prety nyghtyngale
Among the levys grene,
I wolde I were with hur alle nyght,
But yet ye wot not whome I mene.

²⁶⁴ Auch in der niederdeutschen Version obigen Liedes macht die Nachtigall erst einige Schwierigkeit:

Str. 4: Des lefeken bade kan icker nicht sien,
ick sln der so ein klein waldvögelin.

²⁶⁵ Buchan II, 245 ff. Minstrelsy II, 377 ff. Motherwell 353 ff. Chambers Ball. 202 ff. (hier aus den zwei letztern Versionen zusammengesetzt.) Im Obigen ist der Text bei Buchan ausgezogen. — Ein Falke als Briefträger auch in einer schwedischen Ballade, Sv. Folkvis. III, 116 f. und in einem serbischen Heldenliede, Wila I, 199 f.

²⁶⁶ Grimn. 20 (Sæm. Edd. 42), vergl. Hrafn. 3 (ebendaselbst 88), Sn. Edd. 42. Sagenforschungen I, 127 f. 132. Aussendung des Raben und der Taube, 1 B. Mos., Cap. 8, V. 6—12.

²⁶⁷ Sv. Folkvis. II, 194 ff. Mündlich aus Oftgottland mit Tonweise. In der Erzählung von den drei Lehren des Vögleins nach der Münchner Handschrift (Anm. 228 = Kellers altd. Ged. I, 12) sagt dasselbe:

— lieber frunt, las mich fliegen,
das ich min jungen mög erziehen:
die will ich all bringen dir ꝛc.

²⁶⁸ Udv. danske Vis. I, 319 ff. (vergl. 394 u. aus einer handschriftlichen Liedersammlung, die als eine neue, hel ny, bezeichnet wird, ebendaselbst V, 26, r).

²⁶⁹ Ebendaselbst I, 195 ff. Eine andre Ballade vom Walraben, mythischen Aussehens, ebendaselbst 186 ff. enthält ein ähnliches Gelübde, schlägt aber im

übrigen nicht hieher ein. Übereilte Zusage dieser Art in Folge eines heftigen Wunsches auch in Fornald. S. II, 26.

²⁷⁰ Christliche Kunstsymbolik und Ikonographie. Frankfurt 1839, S. 171. Vergl. von der Hagen, Briefe in die Heimat I, 67, wo statt: „Falken" zu setzen ist: „Raben."

²⁷¹ Vergl. Deutsche Rechtsalterthümer 98.

²⁷² Sant Oswaldes Leben. Ein Gedicht aus dem 12ten Jahrhundert, herausgegeben von L. Ettmüller. Zürich 1835. Auch Laßbergs Abschrift der Schaffhauser Handschrift stand mir zur Benützung. Eine andre Handschrift befindet sich zu München. [Vergl. Germania V, 129 ff. Pf.]

²⁷³ Oswald, Schaffhauser Handschrift (Ettmüller B. 2076): Als uns das tüsch buoch nu sait. Dreubel 456: Als wir das teutsch bůch hören sagen (auch 664. 964. 2018). Aber auch 6069: Als es an dem liede stat, 6517: Also kündet uns das liet. Salman und Morolt 3182: Das dutsche buche saget das. Und auch 95: Also kundet uns das liet, 1562: Saget uns das liet.

²⁷⁴ In Wartons Hist. of engl. poetry, new edit. London 1824. Vol. I, p. CLXIX f. ist zwar ein lateinisches Gedicht vom Leben und den Wundern des heiligen Oswald angeführt, aber dasselbe wird erst in das 13te Jahrhundert gesetzt und der Inhalt nicht näher angegeben.

²⁷⁵ Wunder des heiligen Oswald bei Beda, eccles. hist. gent. Angl., L. III, in Rer. britt. script. vetust. Heidelb. 1587.

²⁷⁶ Über diesen Stil der angelsächsischen Dichtkunst, auch in Vergleichung mit den Eddaliedern, s. J. Grimms Andreas und Elene, Einleitung V f. XXV ff. XLVII.

²⁷⁷ Ebendaselbst 80. 160. Die Betrachtung des Gedichts von St. Oswald unter obigem Gesichtspunkt mag leicht noch weitere Anklänge ergeben. Der Goldschmid ist in demselben überhaupt ein wichtiger Mann und zwölf junge Helden des Königs haben selbst „so gute Kunst" erlernt, B. 2039—60, auf die Hand des Goldschmids aber ist in der Lex Anglior. Tit. V, c. 20 eine höhere Buße gesetzt, die in andern germanischen Gesetzen nicht vorkommt (Lappenbergs Geschichte von England I, 96). Die Burg des Königs Aaron leuchtet von Golde, recht als ob sie brenne (B. 81), bei Buchan (II, 247): „on (one) tower o' gowd see his (saw he)"; goldburh heißt in angelsächsischen Dichtungen der Hof des Herrn (Grimm a. a. O. XXVIII). Merewīf, Beov. 3037. Der Pilgrim Wārmunt, dem zwei und siebenzig Lande kund sind (B. 195 ff.), erinnert einerseits an Vidsid, andrerseits an eine Stelle über Oswald bei Beda L. III, c. 6: pauperibus et peregrinis semper humilis fuit. Der Wundergeschichte von St. Oswalds Milde (B. 3128 ff.) entspricht eine ähnliche bei Beda l. c. und auch sonst war seine Freigebigkeit gepriesen (Lappenberg I, 153).

²⁷⁸ J. Grimm, Deutsche Rechtsalterthümer 440.

²⁷⁹ Helg. qv. Hat. sk. Saem. Edd. 140 f. Die Erzählung ist im Texte nicht ganz geordnet, was jedoch durch die Worte: þetta far aðr Atli fueri,

berichtigt wird. Über blôts f. Deutsche Mythologie 22 f. 580 und über hof, hörgr ebendaselbst 40 ff. Im Lais de l'oiselet, Méon III, 114 ff., wovon oben ein Auszug gegeben worden, ist ein Haus mit Baumgarten (hof oc hörgr?) von einem kleinen Vogel abhängig; vergl. das deutsche Lied von der Stadt in Österreich [Volkslieder Nr. 17 A. Pf.]. Nach der dänischen Ballade bietet Herr Nilaus als Lösegeld für seinen Sohn dem Raben stattliche Burgen, ja die Hälfte seines Landes (Udv. d. Vis. I, 199, 23).

280 Oswald B. 223 ff.:
> dô sprach der bilgrîn Wârmunt:
> „zwei und sibenzig lant sint mir wol kunt;
> dar inne sô ne weiz ich niht, edeler vürste lobesan;
> noch wil ich iu râten obe ich kan:
> enethalp des wîten meres vluot
> dâ weiz ich ein küniginn sô guot:
> ich muoz dir der wârheit jehen,
> ich ne hân sô schœnez bilde nie gesehen;
> alsô ist ir werder lîp,
> zwâr ich ne gesach nie schœner wîp ıc.

Sæm. Edd. 140. Der Vogel zu Atli:
> Sáttu Sigurlinn Svafnis dóttor,
> meyna fegursto í munar-heimi?

Ebendaselbst 191ᵇ. 40. Adlerweibchen zu Sigurd:
> mey veit ek eina myklo fegursta
> gulli gœdda, ef þú geta mættir.

Vergl. 192, 43.

281 Buchan II, 247:
> This little bird then took his flight
> beyond the raging sea.

282 Eden Ausfahrt (in von der Hagens Heldenb. II, 86.) Str. 96. Schon Batrach. 25 f. sagt der Mäuseprinz zum Froschkönig:
> Τίπτε γένος τοὐμὸν ζητεῖς, φίλε, δῆλον ἅπασιν
> Ἀνθρώποις τε θεοῖς τε καὶ οὐρανίοις πετεεινοῖς;

283 Nyerup, Udv. I, 50 f. Arwidsson II, 289. Das deutsche Original hat diesen Zug nicht.

284 Jamieson I, 115:
> But up and spak the wily pyot,
> That sat upon the tree:
> „See loud, see loud, ye fause fause knight,
> See loud as I hear you lie." Kinloch 182.

285 Reinmar von Zweter, MS. II, 202ᵇ: Walt hât ôren, velt hât gesiht. Hartshorne 46: Wode has erys felde has sizt. Udv. d. Vis. II, 135: „Skoven haver, Ören og Marken Öjne." Fischarts Prakt. (p. m. 18): „wann die Sonn nach Sieben anfängt, dem Feld Augen zu geben, und

der Statt Ohren zu machen." Hávam. 83 (Sæm. Edd. 20): „mörg ero
dags augo."
²⁸⁶ Arwidsjon II, 159. 164.
²⁸⁷ Joh. Müllers Schweizergeschichte III, 258. J. Grimm, Rechtsalterthümer 127. 588., vergl. Michelet, Origines du droit franç. Paris 1837, f. auch oben S. 121 f.: die Wache des Hundes und des Hahns vor Feinden und Dieben. RS. I, 27ᵇ:
  Ich ziuge ez ûf der kleinen vogellîne morgensanc,
  daz ich dir hân geleistet, riter, swaz ich leisten sol ꝛc.
²⁸⁸ Udv. d. Vis. IV, 160 f. (Grimm 193 f.)
²⁸⁹ In der Saga Hrólfs Kr. c. 3 (Fornald. S. I, 10 f., vergl. Saxo VII, 121) wird eine Weißagerin (völva) durch zugeworfenen Goldring plötzlich zum Widerruf ihrer Meldung gestimmt.
²⁹⁰ Sv. Folkvis. II, 56 f. 60. 219 ff.
²⁹¹ Minstrelsy, 5. ed. III, 54 f. Cromef, Remains of Nihtsdale and Galloway song, London 1810, p. 212 f. 330 (vergl. Motherwell LXIX, 21), bei Buchan I, 208 fehlen die Meldungsstimmen. Vergl. Deutsche Mythologie 700. Ein geisterhafter Hirtenstab, nach Dietmar von Merseburg zum Jahr 1017 (ed. Wagn. p. 242).
²⁹² J. Grimm, Deutsche Rechtsalterthümer 51 f.
²⁹³ Lachmanns Ausgabe 40 [= Pfeiffer Nr. 9]:
  niemer niemen
  bevinde daz, wan er unt ich,
  und ein kleinez vogellîn:
  tandaradei,
  daz mac wol getriuwe sîn.
²⁹⁴ Horæ belg. II, 170. Die voranstehenden 4 Strophen gehören nicht zu diesem Liede. Den Stellen, welche in den Altdeutschen Wäldern II, 47 zu Str. 2 beigebracht sind, kann beigefügt werden aus St. Oswald V. 2387 ff.:
  der hirz hin an den berch vlôch,
  der sich in die lüfte ûf zôch.
  done was nie niut lebendez über komen,
  als wir ez alt haben vernomen,
  niwan die wilden vogel.
MS. II, 17, 81.
²⁹⁵ [Volksl. Nr. 14. A. Pf.]
²⁹⁶ [Volksl. Nr. 14. C. Pf.]
²⁹⁷ Fichard, Frankfurt. Archiv III, 263 ff. Die feindliche Eule erscheint auch im niederdeutschen Liederbuch Nr. 66, Str. 9 f.:
  Achter mines vaders hof
  dar flücht eine witte duve:
  „ick bin so mannigem valken entflagen,
  gefangen heft mi ein ule.

>De ule de mi gefangen heft,
>der wil ich wol entfliegen,
>tho Regensborch over de muren hen
>tho minem stedeken leve."

Vergl. noch Lieberbuch der Hätzlerin 47ᵇ. 79ᵃ. 2.

²⁹⁴ Meinert 69 f. Zum bessern Verständniß ist noch eine Warnung an die Mädchen vor den höflichen Lügen der jungen Bursche angehängt.

²⁹⁹ Jamieson I, 167: „It 's nae for nought that the hawk whistles." Der Herausgeber bemerkt, daß dieß in Schottland sprichwörtlich gesagt werde.

³⁰⁰ Ebendaselbst I, 162 ff. Nach andern Darstellungen, ebendaselbst 170 ff. Ritson II, 116 ff. (Percy III, 60 ff.) ist es nicht der Vogel, der die schlimme Kunde bringt, sondern ein Edelknabe, dessen Eile so groß ist, daß er ohne Strumpf und Schuh hinrennt, wo die Brücke gebrochen ist, überschwimmt und über die Mauer sich an seinem Bogen schwingt, wodurch auch sonst in den Balladen der eilige Botenlauf bezeichnet wird. — Erzählung von der Elster, die den Ehebruch der Hausfrau ausplaudert, im Roman des sept sages, herausgegeben von A. Keller, Tübingen 1836, S. 120—127 (vergl. Einleitung LXXXVII ff. XCVII ff.). Die Litteratur dieser Erzählung ebendaselbst Einleitung CXXXIV—CXXXVIII.

³⁰¹ Saga Ragnars kon. lodbrökar, c. 8. (Fornald. S. I, 255 f.)
³⁰² Arwidsson II, 286 ff.
³⁰³ Saem. Edd. 190. (Str. 33.)
³⁰⁴ Vergl. Jamieson I, 164:
>„Ye lie, ye lie, ye bonny birdie;
>how you lie upon my sweet!"

³⁰⁵ Buchan I, 118 f. (Young Hunting.) Minstrelsy (ed. 5.) II, 239 ff. (Lord William). 415 ff. (Earl Richard). Kinloch 1 ff. (Young Redin). Motherwell 218 ff. (Earl Richard). Aus mehreren Versionen zusammengesetzt bei Chambers, Ball. 252 ff.

³⁰⁶ Vergl. Wunderh. III, 170 ff. Boners Edelstein 203 ff. (LXI). Darin V. 26 ff.:
>Vil tief er siufzet unde sprach:
>„ich zwivel nicht, und weiz ez wol,
>daz disez mort got offenen sol.
>è üb ez würd verswigen gar,
>die vogel machtenz offenbar,
>die hie fliegent, samir got."

³⁰⁷ Kretzschmer und Zuccalmaglio Volkslied. II, 72 ff. Es wäre wünschenswerth, die unbearbeitete Überlieferung zu kennen.

³⁰⁸ Chambers, Ball. 181 ff. (Johnie of Braidislee). Minstrelsy (5. ed.) II, 340 ff. Vgl. Finlay I, XXI. Die unvollständigen Texte bei Motherwell 23 f. (Johnie of Braidisbank.) und Kinloch 36 ff. (Johnie of Cocklesmuir). reichen nicht bis zu den letzten Worten des Gefallenen.

³⁰⁹ Volkslieder der Polen, gesammelt und übersetzt von W. P. Leipzig 1833, S. 82 ff.
³¹⁰ Arwidsson II, 21 ff.
³¹¹ Udv. d. Vis. III, 361 ff. (Bragur III, 292 ff.) Sv. Folkvis. II, 189 ff. (Ähnliches, doch ohne die Nachtigallen, im Wolfdietrich, Heldenb. 1504, Bl. 118 f. W. Grimm, Altdän. Heldenlied. u. s. w. 508.) — Bei Meinert 239 soll die Nachtigall durch die Farbe ihrer Federn anzeigen, ob der Liebste am Leben oder todt sei, allein das Lied ist verdorben.
³¹² Die Stelle bei Procop. de bello goth. IV, 20 (ed. Bonn. II, 560) in J. Grimms Deutscher Mythologie 656. [Anfang des 6ten Jahrhunderts.] (Vgl. Depping, Spanische Romanzen 46.)
³¹³ Gudrun Str. 1165—87. (Vergl. auch 1195: wanne in die vogele guote riter dar ze lande brahten?)
³¹⁴ Ebendaselbst 1166, 3 f.:
„owê, vogel schœne, do erbarmest mir sô sêre,
daz du sô vil getliuzest ûf disem fluote" sprach diu maget hêre.
³¹⁵ In den Legenden erscheinen die Engel öfters als Vögel. Ebenso in altnordischen Sagen die fylgior, Folgegeister; da jedoch letztere weder in der Stelle des Gudrunliedes, noch in andern, die Botschaft der Vögel betreffenden, mit Sicherheit nachzuweisen sind, so ist dieser Gegenstand hier nicht zu erörtern.
³¹⁶ Fafnismâl Str. 40 ff. (Sæm Edd. 191 f.):
mey veit ek eina myklo fegursta
gulli gœdda ef þú geta maettir 2c.
þá mundu Sigurdr mundi kaupa 2c.
Veit ek á fjalli fólk-vitr sofa 2c.
Knáttu, mavgr, sjá mey und hjálmi 2c.
³¹⁷ Vergl. K. Eckermann, Melampus und sein Geschlecht. Göttingen 1840.
³¹⁸ Plin. hist. nat. L. X. c. 70. L. XXIX. c. 22. (Stephan. nott. ad Sax. 112 sq.)
³¹⁹ Rîgsm. 41. (Sæm. Edd. 106): Klök nam fugls. Fafn. m. Sæm. Edd. 190: en er hjartblóþ Fafnis kom á tungo honom, skildi hann fugla rödd 2c. auch Str. 32. Vergl. Fragment von Abor, Zeitschrift V, 8 f.
³²⁰ Br. Grimm, Hausmärchen I, 92 ff.: Die weiße Schlange. Br. Grimm, Deutsche Sagen I, 201 ff. In Saxos Erzählung von Ericus disertus geben zwei schwarze Schlangen, im Gegensatze zu einer dritten, weißen, der Speise die wunderbare Kraft (V, 72): quippe epuli vigor supra quam credi poterat, omnium illi scientiarum copiam ingeneravit, ita ut etiam ferinarum pecudaliumque vocum interpretatione calleret. — S. auch Rom. des sept sages 182 ff. und Kellers Litterarnotizen dazu, Einleitung CCXXIX ff. Gesta Romanor. c. 68: Domina illa quandam ancillam habebat, quæ cantus avium intellexit. Deutsche Mythologie 633. ** 709. Weber, Metr. Rom. III, 373. Elegast 760—804.

321 (Herders) Volkslieder I, 79.

322 Grímnismál 32. 35. (Sæm. Edd. 44.) Nach Sn. Edda 19 ist der Adler: Vieles wissend (marga vitandi); wenn jedoch weiter gesagt wird, das Eichhorn trage Feindschaftsworte (avfundarord) zwischen dem Aar und der Schlange, so ist dafür in der Liederedda kein Beleg zu finden.

323 Edermann a. a. O. 31. 35, Anmerk. 4.

324 Vita Merlini p. 11 sq. Weitere Proben seiner Spürkraft ebendaselbst p. 20 sq. Ellis I, 227 ff. 231—34.

325 Rom. des sept sages p. 16. Einleitung CXXXIII f. J. Görres, Die teutschen Volksbücher. Heidelberg 1807, S. 158 f.

326 Sax. III, 52 sq.: „Cujus industriam rex perinde ac divinum aliquod ingenium veneratus, filiam ei in matrimonium dedit etc. Vergl. Quellen des Shakspeare u. s. w. von Echtermeyer, Henschel und Simrock. Berlin 1831, III, 170 ff., wo noch weitere Beispiele dieser Art angeführt sind.

327 Tacit. German. c. 10: Et illud quidem etiam hic notum, avium voces volatusque interrogare. J. Grimm, Deutsche Mythologie 649 f. 655 u. ff.

328 Dieses bilbitzen wird sonst dem Nachtalb schuldgegeben (Deutsche Mythologie 262), selbst ein Riese befaßt sich damit bei Saxo VII, 125: „Adeo autem gigantea sedulitas puellæ cæsariem nexili comarum astrictione revinxerat, ut pilorum perplexa congeries crispatâ quodam cohærentiâ teneretur, nec facile præter ferrum quis posset consertos crinium extricare complexus."

329 Bis hieher über die Bilwize nach J. Grimms Deutscher Mythologie 265—270. 672 ** und Schmellers Bayerisches Wörterbuch IV, 187 f. 278. I, 168. Vergl. von der Hagens Germania II, 64 f. Mones Anzeiger 1835, Sp. 451, 9. 1838, Sp. 423 unten. Die Stelle von den blinden Belien bei Grimm 672 **) aus Gisb. Boetius de miraculis (disput. tom. 2, 1018; bei Schmeller IV, 187 aus des Prätorius Alectryomantia S. 3): „de illis, quos nostrates appellant beeldwit et blinde belien, a quibus nocturna visa videri atque ex iis arcana revelari putant."

330 Billie ist sonst Diminutiv von William und es war überhaupt nicht ungewöhnlich, den Hausgeistern vertrauliche Christennamen zu geben (Deutsche Mythologie 286 f.); so mag es auch hier im Zeitverlauf angesehen worden sein, aber der ganze Zusammenhang ergibt eine andre Abstammung.

331 Vergl. Gudrun Str. 549:
    Mit wie getâner êre im briutestuole saz
       das magedîn vil hêre!
Udv. danske Vis. IV, 160, 19: Brudebænk.

332 Cromek, Remains ꝛc. London 1810. 205 ff. 330 ff. (Über den Brownie s. Br. Grimm, Irische Elfenmärchen. Einleitung XLIX ff.) Zwar ist Cromeks Zuverlässigkeit auf das Härteste angegriffen worden (Motherwell

LXXXVIII. LXIX, 21) und der Text, von dem es sich handelt, hat sichtbar neuere Zuthat erfahren, allein gerade die Stellen von Billie Blin' sind unverdächtig, sie eignen einem sagenhaften und sprachlichen Zusammenhang, von dem der Herausgeber selbst nichts ahnt und deshalb den Brownie zur Erklärung nimmt. Als Quelle gibt er den mündlichen Vortrag einer hochbejahrten Bauernfrau aus Galloway an.

[333] Über balouulso f. Schmellers Glossar. sax. zum Heliand p. 9 s. v. balo, p. 135 s. v. uuis. Vergl. J. Grimm, Deutsche Grammatik II, 449 f. 187 f. Maßmanns Glossar. goth. 125ᵇ. Zu bölvis f. Harb.]. 23 (Sæm. Edd. 77). Vegt. qv 1 (ebendaselbst 93). Deutsche Grammatik II, 577. Die Hauptwörter sind: altsächsisch balo n. malum, altnordisch böl, n. — J. Grimm, Mythologie 265, sagt vom Bilwiz: dieser Genius trete in den nordischen Mythen gar nicht auf, er scheine dennoch von hohem Alter. Die folgende Ausführung wird sich dem ersten Satz entgegenstellen, den zweiten bestätigen.

[334] Sæm. Edd. 158 f. Genannt wird Blindr inn bölvisi nur im Prosatexte, die Verse geben seine Rede, doch fällt dadurch kein Zweifel auf den Zusammenhang, der auch dem Bearbeiter der hiernächst zu besprechenden Hrómundssagn vorlag. Oder sollte þú qvaþ Blindr inn bavlvísi den Anfang der Str. 2 gebildet haben? Vergl. Mone, Unterf. z. Gesch. d. Heldenf. 108 u.

[335] [Blend in der Hexenstelle Brokm. Willk. §. 59. in Richthof. frief. Rechtsquell.?]

[336] Hrómundar Saga (Fornald. S. II, 865 ff.) c. 1. 4. Anfang 5—7. (Bildr, Voli. „Phol?") c. 8. 9. (Blindr hinn illi). c. 10. (karlinn Blindr, er hèt Bavis; in Biörners Kämp. d. p. m. 366: Baviz). Kritische Untersuchung dieser Saga in Müllers Sagabibl. II, 548 ff.

[337] Sax. VII, 129—131. Hauptstellen sind: (p. 129) Rex quippe Sigarus senum duorum, quorum alter Bolwisus erat, consilio cuncta ferè gerere consueverat. Horum tam discors ingenium fuit, ut alter inimicitiis dissidentis in gratiam reducere solitus esset, alteri curæ foret amicitiâ junctos odio sequestrare et simultatum pestes alternis ventilare dissidiis." (Ebendaselbst) — Bolwisum quendam luminibus captum." (p. 130). „— Bilwisus, Bolwisi frater, aliique sententiæ potioris auctores" etc.

[338] Barl. 242, 6: Sin herze ist wiser sinne blint. MS. III, 40: du bist an sinnen blint. (Ziemanns mittelhochdeutsches Wörterbuch 39. 659. Vergl. Deutsche Grammatik IV, 729.) [Müller, mhd. Wörterbuch I, 209ᵇ. Pf.]

[339] Oder sind diese Bellen aus balo, angelsächsisch bëalo, verkleinert, so daß etwa (Anm. 329) beeldwit dem Bilwis, blinde bellen dem Bölwis entsprächen? vergl. Bildr und Voli.

[340] Altsächs. Adj. uuis, uuiso, gnarus, sciens, altnord. vis, visi, althochd. wis, wisi, scius (Graff I, 1068), (wiz,) wizo, gnarus (ebendaselbst 1098, angels. (vit,) vita). Vergl. Deutsche Mythologie 266 f. Schmeller IV, 181 (weiß).

³⁴¹ P. E. Müller, Crit. Undersög. af Danm. og Norg Sagnhist. Kiöb 1823, S. 102 f. Vergl. Sn. Edd. 192. ³⁴² Sie stehen in Udv. d. Vis. III, 3 ff. Levning, af Middeloud. Digtek. I, 33. 8v. Folkvis. I, 137 ff. Ein Überrest mythologischen Ausdrucks läßt sich auch hier noch aufweisen, man vergl. folgende Stellen: Udv. d. Vis. III, 3 (Hafburs Traum).
    Mig tyktes jeg var i Himmerig,
    Udi den favre By ꝛc.
Statt dessen in der Version der Levn. I, 33:
    Jeg drömte jeg var i Dannemark (?)
    og stod paa Aase-Broe.
    Jeg havde en Voxkierte i min Haand,
    og Luen deraf slog.
Grimnism. 29. (Sæm. Edd. 44.):
    þvíat Ásbrú
    brenn avll loga,
    heilavg vavtn hlôa.
Asbrû, Gottbrücke, das Himmelsgewölbe (Sagenf. I, 23), ist zum „Himmelreich" geworden. — Vergl. auch des verkleideten Hagbariths Vorgeben Sax. VII, 129 u. mit Sæm. Edd. 159, 3 (Udv. d. Vis. III, 10, 41.)

³⁴³ In deutscher Sage sind Eckart und Sibich die Hauptvertreter der treuen Warnung und des bösen Rathes, beide in epische Handlung gesetzt; doch verflüchtigt sich Ersterer auch gänzlich zur Geisterstimme, s. de Waldenfels, select. antiquit. libri XII. Norimb. 1677, p. 377: „Hodierno quoque die superstitiosi nonnulli, vocem improvisam quasi susurrantem audientes, imaginantur, Treu Eckardi spiritum eos revocare." (Vergl. Deutsche Mythologie 650ᵇ: „vox reclamantis.") Von Sibich heißt es fast mythisch in Dietr. Flucht 9715 ff.:
    dâ was ouch Sibech der unstæte,
    von dem die ungetriuwen ræte
    in die welt sint komen;
(vergl. Volksl. Nr. 1, Str. 10) und in Will. S. Cap. 167, nach einer von Rafn (Nord. Fortids Sag. III, 181) gebrauchten Handschrift: „die Wäringer nannten ihn Bruni." So hieß jener Rathgeber des Königs Harald Hildtönn, in dessen Gestalt Odin große Zwietracht stiftete (Sax. VII, 142. VIII, 146 sq. Fornald. S. I, 378—80. 386); ober ist hier Beziehung zu Brownie?

³⁴⁴ Udv. d. Vis. IV, 160 f.; doch sind es ihrer zwei auch als Todesboten, ebendaselbst III, 364 (Brag. III, 297), schwedisch, Folkv. II, 192: ein kleiner Vogel.

³⁴⁵ Deutsche Mythologie 656. Zwischen heimlichem Rath und eigenem Gedankenwechsel schwebt die Meinung in G. Hagens Reimchronik der Stadt Cöln (herausgegeben von E. v. Groote, Cöln 1834), V. 3076 ff.:

Do dit allet was gescheit, der busschof hoirte ein nuwe leit
singen ein ander vogelgin: „Her busschof, wilt ir here sin
van Cœlne der stede, gelicho ouer arm ind ouer riche
neit langer dan al ur leuen, dar zo wil ich uch rait geuen."
„Ja, sink ane, vogelgin, ich willen dir genolgich sin."
„Vart in zo Cœlne up uren sal ind doit dat ich uch raden sal" ꝛc.
Des radis was der buschof vro ind dede reichte also.
Vergl. oben S. 108.

[346] Percy I, 227: I heare a bird sing in mine eare ꝛc. Vergl. die singende Grille, Anmerkung 254.

[347] Sn. Edd. 42: „— oc segia í eyro honom avll tipindi" ꝛc.

3. Wett- und Wunschlieder.*

Von einer Liederclasse, die aus dem einsamen Walde stammt, wenden wir uns zu einer andern, die im geselligen Verkehr entsprungen und erwachsen ist. Fragen und Antworten, Aufgaben und Lösungen, Begrüßungen und Empfänge, Werbungen und Ausflüchte, gute und schlimme Wünsche, Scherzreden und Wettspiele manigfaltiger Art, bilden den Inhalt dieser Erzeugnisse. Weitgereiste Pilger, Wandergesellen, fahrende Sänger und Spielleute, abenteuernde Freier führen das Wort; die Schwelle des gastlichen Hauses, die Zunftherberge, die Tanzlaube, sind der Schauplatz. Es erhebt sich ein Wettstreit des Witzes, dieser Witz aber ist, nach der Stimmung der Zeit, ein phantastischer, er bewegt und überbietet sich in Bildern. War schon die in unmittelbarster Anschauung des Naturlebens wurzelnde Dichtung ins Märchenhafte ausgerankt, so kann es nicht befremden, wenn jene geselligen Spiele nur in der vollständigsten Umkehr und Verwandlung alles Wirklichen ein Ziel finden. Gleichwohl blieb auch ihnen eine frische Färbung aus Feld und Wald; wenn man aber auf ihren Grund sieht, so haften auch sie in sehr einfachen Anlässen, in den frühesten Anknüpfungen des menschlichen Umgangs und Verkehrs, und Manches, was in seiner späteren Erscheinung auf der Oberfläche gaukelt, zeigt in seinem Ursprunge den sinnigen Ernst und die Kraft des Gemüths. So kommt es, daß eben diese spielende Gattung von Volksliedern auf höchst alterthümliche Dichtweisen, selbst auf die verschollenen Zaubersänge, zurückleitet und unter den späteren Kunstbildungen besonders mit dem ernsthaften Meistergesang in Befreundung steht.

Altes Erbgut germanischer Stämme sind die **Räthsellieder**.[1] Man findet Räthsel in die jeweiligen Formen der Dichtkunst gefaßt,

* [Statt „Wett-" stand erst „Räthsel-". Pf.]

einzeln oder verbunden, im nordischen Alterthum, bei den Angelsachsen, bei den Liederdichtern des deutschen Mittelalters und fortwährend in den Schulen der Meistersänger, besonders aber auch im deutschen und verwandten Volksgesange. Seit dem Anfange des 16ten Jahrhunderts waren in Deutschland gedruckte Räthselbücher im Umlauf und noch in diesen stößt man unter den gereimten Stücken auf solche, die auf den Stil der altnordischen und angelsächsischen Räthseldichtung zurückweisen.

Eine Hauptform des Räthselliedes ist die, daß der Wirth und der ankommende Gast sich in Wechselrede prüfen. Die gastfreundliche Sitte des Alterthums konnte doch nicht gänzlich beseitigen, daß nicht die beiden Unbekannten einander behutsam entgegentraten, zumal der Obdach suchende Wanderer, der noch keinen Ausweis mit sich trug, sollte durch sein eigenes Wort von seinem Wesen zeugen. Er wird zunächst um Namen, Herkunft, Weg und nach einer besonders im Norden gangbaren Formel, darum befragt, wo er die letzte Nacht geherbergt habe [2]; hierin konnte seiner Aussage nachgerechnet und zugleich ersehen werden, von wem er schon anderwärts zugelassen war. Der Gast seinerseits beugt mit doppelsinnigen Erwiderungen und Wortspielen aus und es entspinnt sich ein Wechsel von Frage und Antwort, worin Einer dem Andern auf den Zahn fühlt.[3] Schon die Lehrsprüche der Liederedda empfehlen zwar Gastfreiheit und anständiges Benehmen gegen den Frembling, zugleich aber rathen sie dem Wirth und dem Gaste zu klugem Aufmerken und legen großen Werth auf rechtes Maß im Reden und Schweigen, auf Geschick im Fragen und Antworten[4]; ein solcher Spruch lautet: „Brand brennet von Brande, bis er aufgebrannt ist, Glut belebt sich an Glut, Mann wird Manne durch Rede kund, aber ein Thor durch Hochmuth."[5]

Man vergegenwärtige sich noch weiter die Erscheinung und Bedeutung des Wanderers in einer Zeit, in welcher die Wege des Verkehrs wenig angebahnt, die Mittel zur Kenntniß entlegener Gegenden, fremder Zustände und Begebnisse höchst mangelhaft waren. Wer sich diese Kenntniß verschaffen wollte, der muste den Wanderstab ergreifen, wissensburstig und ahnungsvoll schritt er in die dämmernde Ferne. Dem Ansäßigen seinerseits erschloß sich hinter dem Frembling, welcher die Thür öffnete, die enge Heimat und er war jeder unerhörten Kunde gewärtig. Häufig werden daher solche Kunden aus der Ferne dem wallenden Manne, dem

fahrenden Sänger, dem Pilgrim in den Mund gelegt. Das angelsächsische Lied vom Wanderer läßt den Sänger Widsidh⁶, Weitweg,
Weitwandel, der über die große Erde reisend, durch die Geschicke
schreitend, Gutes und Böses erkundet (V. 50—52. 135 f.), von den
sagenberühmten Völkern und Herrscherstämmen übersichtlichen Bericht
erstatten. Den Bekehrern Norwegens, Olaf Tryggvis Sohn und Olaf
dem Heiligen, erschien noch der alte Odin selbst als Gast beim Fest-
mahle, unerkannt und sich selbst nur Gast (Gestr) nennend, wußte
aus allen Ländern Altes und Neues zu melden, erzählte von den
Königen der Vorzeit und ihren Großthaten, und gab auf alle Fragen
Bescheid⁷; auch als Skalbe, von unbekanntem und übernatürlichem
Alter, kam Ugger (altnord. Yggr, ein Name Odins), Nachricht bringend,
an Königshöfe.⁸ Im Eingange des deutschen Gedichts von Biterolf,
erzählt ein balb hundertjähriger Waller, der viel Wunders in Stürmen
und Streiten gesehen, manches christliche und heidnische Land durch-
fahren, von der unvergleichbaren Gewalt des Königs Etzel, und durch
diese Rede des Gastes wird Biterolf angeregt, heimlich nach Hunenland
zu ziehen; vorn im Eckenliede warnt ein alter fahrender Mann den
kampflustigen Jüngling Ecke vergeblich vor der Löwenstärke Dietrichs
von Bern. Sanct Oswald erfährt, wie früher berührt worden, durch
den Pilgrim Warmund, dem zwei und siebenzig Lande kund sind,
von der schönen Tochter des Heidenkönigs, um die er sofort zu werben
beschließt; das Gedicht von Orendel und Breide gedenkt gleichfalls eines
armen wallenden Mannes, dem zwei und siebenzig Königreiche kund
sind und dessen Name im alten Drucke Tragemund lautet.⁹ Auch
ein Minnesinger meldet, wie wohl es seinem Herzen that, als ein
fremder Pilgrim ungefragt ihm von der Schönheit und dem Frohsinn
der Geliebten sagte.¹⁰ Aber nicht bloß um Völker und Könige, Helden
und ihre Thaten, oder schöne Frauen zu erkunden, zieht der Wanderer
aus und nicht bloß um solche Mähren wird er befragt. Es drängt
ihn nicht minder, den allgemeinen Zusammenhang und tieferen Grund
der Dinge zu erfassen, die Quellen geistiger Erkenntniß aufzuspüren,
und in gleicher Richtung wird hinwider die Erfahrung und Gewandtheit
seines Geistes ausgeholt. Vorbild ist auch hierin der Asenvater Odin,
in dem eben der rastlos wandelnde und forschende Geist vergöttlicht ist.
Das Eddalied, in welchem er wißbegierig ausfährt, um, unter dem

Wandrernamen Gangrath, die Weisheit des Riesen Vasthrudnir zu prüfen, läßt die Beiden in Wechselfragen über die Namen mythischer Gegenstände, über Ursprung, Ordnung, Untergang und Wiedergeburt der Welt sich messen, wobei sie gegenseitig das Haupt zur Wette gesetzt haben und der Gast den Sieg davon trägt. In Fragen ähnlicher Art und Form bewegen sich noch andre nordische Mythenlieder.[11] Auch ein angelsächsisches Gedicht gibt, jedoch in christlichem Sinne, die Lehren des weitgefahrenen Fremdlings über die Wunder der Schöpfung und Welterhaltung.[12] Eigentliche Räthselaufgaben stellt wieder Odin, unter dem Namen des **blinden Gastes** (Gestr blindi) zum König Heidrek gekommen, in dem umfassenden Räthselliede der Hervörsaga.[13] Seine Fragen werden hier, wie im Liede von Vasthrudnir, alle gelöst, bis auf eine, die des Gottes Geheimniß bleibt und in beiden Liedern dieselbe ist. Gegenstände der Räthselfrage sind: Elemente, Naturerscheinungen, Vögel und andre Thiere, Gewächse, Gestein, Getränke, Geräthschaften, Spiele, zuletzt Odin selbst. Die Art der Räthsel besteht im Allgemeinen darin, daß dem Dinge, das errathen werden soll, ein Gegenbild aufgestellt wird, worin dasselbe als ein andres und durch diese Verwandlung oder Entfremdung als ein seltsames, ja unmögliches erscheint. So wird die todte Sache zum lebendigen Wesen, die Naturerscheinung zur Person. „(33) Was ist das für ein Thier, das Dänen (Männer) schützt, blutigen Rücken trägt und Wunden vorne, Speeren begegnet, sein Leben drangibt, seinen Leib in Mannes Hand legt?" Der Schild. „(47) Wer sind die Bräute, die auf Brandungsklippen gehn und die Bucht entlang fahren? hartes Bett haben die weißgeschleierten Weiber und spielen in Seestille wenig." Meereswellen. Oft wird der Gegenstand im Räthselbilde geheimnißvoll nur durch ein Beiwort oder eine Zahl, statt des Hauptwortes, ausgedrückt: „(29) Wer ist der Finstre, der über den Boden fährt, Wasser verschlingt er und Wald, Sturm (glygg?) fürchtet er, Männer nicht, und hebt mit der Sonne Hader?" Der Nebel. „(61) Wer sind die Zween, die zur Versammlung fahren, drei Augen haben sie zusammen, zehn Füße und einen Schweif, und schweben so über die Lande?" Der einäugige Odin auf seinem achtfüßigen Rosse Sleipnir. Auch durch verneinende Gegensätze wird das zu Errathende angezeigt: „(5) Was war das für ein Trunk, den ich gestern trank? nicht Wasser war es noch Wein, Meet noch Bier, noch irgend Brühe, doch gieng ich durstlos von dannen." Auflösung: „Du giengst in der Sonne, bargst dich im Schatten, dort fiel Thau in die Thale, da nahmst du dir vom Nacht-thau und kühltest damit die Kehle." Mehrmals ist dem Räthselbilde die Frage vorangeschickt: „Was ist das für ein Wunder, das ich außen sah vor Dellings Thür?"[14] Delling (Dellîngr) ist der Vater Dags, des Tages [15], den er mit der Nacht (Nôtt) erzeugt; sein Name, Verkleinerung von Dag [16], bezeichnet einen mindern Tag, den anbrechenden vor dem vollen, den Dämmerschein, welcher Tag aus Nacht bringt. „Vor Dellings Thür" heißt sonach: vor Tages Anbruch [17], und die Wunder, die um diese Zeit gesehen werden, sind doch wohl Traumgesichte. Der Räthselmann konnte seine seltsamen Gestaltungen füglich als Traumbilder ankündigen und rückte sie damit noch tiefer in das Halblicht des Wunderbaren und Ahnungsvollen; auch ist in Lied und Sage für die Darlegung und Deutung der Träume dieselbe Form der Wechselrede gebräuchlich, in welcher Aufgabe und Lösung der Räthsel sich ausspihnt [18], in beiden Fällen verlangen bedeutsame Bilder das erschließende Wort und die Träume sind Räthsel der Zukunft.

Vergleicht man das Räthsellied der Hervörsaga mit den ältern, mythischen Frageliedern, so ergeben sich folgende Wahrnehmungen. Die Gestalten der nordischen Mythologie sind, auch ohne die Form der Frage, räthselartig, bildliche Auffassungen der Naturkräfte und des göttlichen Geistes, die denn auch als Runen [19], Geheimnisse, bezeichnet werden und für deren Verständniß der Schlüssel zu suchen ist, wie zur Lösung gewöhnlicher Räthsel.[20] Sie haben auch mit letztern gemein, daß, was im Bilde wundersam und fabelmäßig erscheint, doch mit dem gefundenen Sinne wahr und wesenhaft sich erweist, und eben im Wunder des Wirklichen [21] liegt der Reiz dieser gemeinsamen Weise. Eigenthümlich ist den Mythen der bedeutende Inhalt und der große Zusammenhang, wodurch dann auch, dem Wunderbaren unbeschadet, für vollere Persönlichkeiten und ausgeführte Handlung Stoff und Raum gegeben ist. Zugleich aber fällt in diesen Mythenumkreis, ohne bestimmbare Grenzscheide, der Übergang dichterischer Personenbildung zu benjenigen Götterwesen, die als persönlich lebendige geglaubt und verehrt wurden. Die heilige Scheue, die von ihnen ausgieng, muste dem ganzen, ungeschiedenen Gebiete zu Statten kommen; es lag in der Geistesrichtung der

Zeit, im Anspruche der Poesie wie des Glaubens, daß für die gesammte Weltbetrachtung nur einerlei Ausdruck, der sinnbildliche, Geltung hatte, und daß auch dasjenige, was unbildlich vom Sänger gewust und vom Hörer verstanden war, doch nicht in das nackte Wort gefaßt und abgezogen werden durfte. Die Fragelieder der Edda gehen daher nicht auf Deutung der Sinnbilder aus, sie prüfen den Befragten nur darüber, ob ihm die mythischen Vorstellungen als solche und mit den rechten Namen geläufig seien. Auch im Räthselliede sind Odin und sein Roß nur nach ihrer äußeren Erscheinung zum Gegenstand der Aufgabe genommen, die tiefere Frage nach der Bedeutung dieser Gestalten bleibt gänzlich unberührt und ist jetzt Sache der Mythenforschung.[22] Am nächsten kommen sich Mythen und Räthsel in der Auffassung der Grundkräfte der größern und gewaltigern Naturerscheinungen. Diese gehören als mythische Wesen zum Riesengeschlechte, das mit den schaffenden und waltenden Göttern, den Asen, im Gegensatze steht und an der frommen Verehrung, welche letztern gezollt wird, auch nur entfernteren Antheil hat. Sie entziehen sich der Deutung so wenig, daß ihrer viele mit dem eigentlichen, unverhüllten Nennworte bezeichnet sind[23], also des Errathens zum voraus überhoben. Wenn nun das Räthsel dieselben oder ähnliche Gegenstände persönlich gestaltet und in Handlung setzt, so erscheint es, selbst nach ausgesprochenem Rathwort, auf gleicher Stufe der Bildlichkeit mit den Mythen besagter Art. Das Räthsel von dem Finstern, der über die Erde fährt, Wasser und Wald verschlingt, den Sturm fürchtet und mit der Sonne hadert, ist der mythischen Belebung sehr nahe; wenn nach der j. Edda Ägir, der Meeresgott, neun Töchter hat, deren Namen mehrentheils wörtlich Woge, Flut, Meergebraus, besagen[24], und wenn nun das Räthsellied in viererlei Aufgaben, deren eine oben mitgetheilt worden, fragt: wer die Mädchen, die Bräute seien, die, klagend, ihrer viele zusammen gehn nach des Vaters Bestimmung, bleiche Haare und weiße Hauptbinden haben, Manchem zum Schaden geworden, selten freundlich gegen Männervolk seien, im Winde wachen müssen, auf Brandungsklippen gehn und die Bucht entlang fahren, hartes Bett haben und wenig in Meeresstille spielen[25]? so wird kaum ein Mythenlied die Töchter Ägirs[26], die schaumbedeckten Meereswogen, anschaulicher und beseelter geschildert haben; wenn dann andrerseits in dem mythischen Vegtamsliede gefragt wird: wer die

Mädchen seien, die zur Luft weinen und die Halsschleier zum Himmel werfen [27], so stimmt dieß in Wort und Art mit den ebenangeführten Räthseln und auch die fehlende Auflösung wird in einer verwandten Erscheinung zu suchen sein: dort die Wellen und hier die Wolken. Das Räthsel in der Weise Heidreks spielt zwar nur mitunter auf dem Boden des Naturmythus, es ergreift verschiedenartige, vereinzelte und mitunter geringe Gegenstände, es ist wesentlich in der Form befangen, prüft nicht das Wissen, sondern den Scharfsinn, bekümmert sich weniger um den Inhalt, als um die täuschende Verkleidung, aber die Form, die so Manigfaltiges in sich aufgenommen hat und zu weiterer unbemessener Aufnahme offen ist, weist eben damit auch auf ein Allgemeines hin, sie stammt aus dem Bedürfniß und Vermögen, alle, auch die alltäglichsten Dinge mit dem Scheine des Fremden und Wunderbaren zu bekleiden.

Die zahlreichste Sammlung deutscher Volksräthsel findet sich in dem gedruckten Räthselbuche, das seit dem Anfang des 16ten Jahrhunderts in mehrfachen Ausgaben, unter verschiedenen Titeln und Druckorten, im Umlaufe war [28] und dem noch neuerlich auf Jahrmärkten gangbaren Rathbüchlein zu Grunde liegt. [29] Manches ist darin unter Rubriken gebracht: von Gott, von den Heiligen, vom Himmel, von Vögeln, Fischen u. dgl., doch ohne daß mit diesen Überschriften der Inhalt erschöpft oder ein eigentlicher Verband gegeben wäre. Die einzelnen Stücke sind nach Alter, Art und Gehalt sehr ungleich, viele stellen sich durch den Vers auf das Gebiet der Dichtkunst. Hier sind einige auszuheben, die in der Hinneigung zum Naturmythus, oder auch sonst in Anschauungsweise und Behandlung, sich den Räthseln des altnordischen Liedes anschließen. Das erste:

> Es flog ein Vogel federlos
> auf einen Baum blattlos,
> kam die Frau mundlos,
> fraß den Vogel federlos.

Schnee und Sonne. Noch im 19ten Jahrhundert mündlich umgehend [30], findet sich dieses Räthsel lateinisch und weiter ausgeführt schon in einer Reichenauer Handschrift aus dem Anfang des zehnten [31]; Stabreim und Stil sprechen für deutschen Ursprung. [32] Ein andres:

> Ich sah drei Starker, waren groß,
> ihr' Arbeit war ohn Unterlaß,

> der Ein' sprach: „ich wollt', daß Nacht wär!"
> der Ander: „des Tags ich begehr';"
> der Dritt': es sei Nacht oder Tag,
> kein' Ruh ich haben mag."

Sonne, Mond und Wind. Auch dieses neuestens noch im Volksmunde.[33] Schon der Eingang: Ich sah drei Starker entspricht jener nordischen Form: „wer ist der Finstre?"[34] Die mythenartige Personenbildung aber äußert sich nicht bloß darin, daß die drei Naturmächte redend eingeführt werden, sondern mehr noch im Ausdrucke des Mitgefühls mit ihrer rastlosen Arbeit und ihrer Sehnsucht nach Ruhe, die dem dritten gar niemals werden kann[35], eines Mitleids, das gleichwohl von der selbstempfundenen Ruhelosigkeit des zeitlichen Daseins aus geht; aus gleicher Stimmung sprechen Heidrels Räthsel von dem klagenden Mädchen, die im Winde wachen müßen, auf Brandungsklippen gehn und die Bucht entlang fahren, hartes Bett haben und wenig in Meeresstille spielen. Auf die weitfahrende, über und unter den Wogen wandelnde Sonne[36] geht auch ein großes angelsächsisches Räthsel mit dem Schlusse: „Sag, wie ich heiße? oder wer mich bewegt, wann ich nicht rasten darf? oder wer mich anhält, wann ich ruhen soll?"[37] Eine Naturerscheinung, die sich wenig den Sinnen aufdrängt, der leise, vergängliche Thau, ist eben dadurch um so besser geeignet, im Räthsel verborgen zu werden. Heidrek nennt Getränke jeder Art, nur eines muß errathen werden, der leicht vergessne Tropfen, der Nachtthau, der des Wanderers Gaumen kühlt. Das deutsche Räthselbuch stellt die Aufgabe: Einer hat dreißig Meilen zu seinem Freund und doch sollen beide binnen kurzer Frist ihre Hände aus Einem Waßer waschen und an Einer Sache trocknen; Antwort: des Morgens im Thaue zu waschen und am Winde zu trocknen. Endlich ein Thaumärchen derselben Sammlung: Drei Frauen wurden verwandelt in Blumen, die auf dem Felde stehn, doch die eine durfte Nachts in ihrem Hause sein und sprach auf eine Zeit zu ihrem Mann, als sich der Tag nahete, da sie wiederum zu ihren Gespielen auf das Feld kommen und eine Blume werden muste: „So du heute vor Mittag kommst und mich abbrichst, werd' ich erlöst und fürder bei dir bleiben;" als dann geschah. Nun ist die Frage: wie ihr Mann sie gekannt habe, so die Blumen ganz gleich und ohne Unterschied waren? Antwort: dieweil sie die Nacht in ihrem Haus und nicht auf dem Felde war, fiel der Thau nicht auf sie, als auf die andern zwo, dabei sie der Mann erkannte. [38]

Der deutschen Volksdichtung mangelt anderwärts auch nicht der alterthümliche Rahmen für die Einreihung mehrfacher Aufgaben, die Prüfung des ankommenden Gastes. Diesen Zuschnitt hat das Traugmundslied, aufbewahrt in einer Handschrift des 14ten Jahrhunderts [39], was jedoch für den Ursprung seiner Anlage und seines Inhalts nicht Maß geben kann. Ein fahrender Mann wird bewillkommt und gefragt, wo er die Nacht gelegen, womit er bedeckt war, wie er Kleider und Speise gewinne? Mit dem Himmel war er bedeckt, mit Rosen umsteckt, als ein stolzer Knappe, ist die Antwort, ernähr' er sich. Sofort folgen die Räthsel mit wiederkehrenden Formeln der Anrede und bereiten Entgegnung; die erstere lautet: „Nun sage mir, Meister Traugmund, zwei und siebenzig Lande sind dir kund!" Die erste Fragenstrophe betrifft Eigenheiten, meist fabelhafte, verschiedener Vögel und andrer Geschöpfe [40], die weitern Aufgaben und Lösungen sind diese: „Was ist weißer denn der Schnee? was ist schneller denn das Reh? was ist höher denn der Berg? was ist finstrer denn die Nacht? — Die Sonne (anderwärts der Tag) ist weißer denn der Schnee, der Wind (das Windspiel?) ist schneller denn das Reh, der Baum ist höher denn der Berg, der Rabe [41] schwärzer denn die Nacht. — Durch was ist der Rhein so tief? oder warum sind Frauen so lieb? durch was sind die Matten so grün? durch was sind die Ritter so kühn? — Von manchem Quell (ursprunge, D. Gramm. III, 387.) ist der Rhein so tief, von hoher Minne sind die Frauen lieb, von manchen Würzen (Kräutern) sind die Matten grün, von starken Wunden sind die Ritter kühn. — Durch was ist der Wald so greis? durch was ist der Wolf so weiß? durch was ist der Schild verblichen? durch was ist manch gut Gesell von dem andern entwichen? — Von manchem Alter ist der Wald greis, von unnützen Gängen ist der Wolf weiß, von mancher starken Heerfahrt ist der Schild verblichen, untreuen Sibichen (Name des treulosen Rathgebers in der Heldensage) ist manch gut Gesell vom andern entwichen (a. von Alter wird der Wolf greis, von Duft und Schnee wird der Wald weiß, von großen Schlägen und Stichen ist Schild und Helm verblichen, von großer Untreu ist ein gut Gesell von dem andern gewichen.) [42] — Was ist grüner als wie der Klee? was ist weißer denn der Schnee? was ist schwärzer denn die Kohle? was zeltet rechter (geht bessern Paßgang [43]) denn das Fohlen? — Die Elster ist grün als wie der Klee, und ist weiß als wie der Schnee, und ist schwärzer denn die Kohle, und zeltet recht als wie das Fohlen."

Traugmund, wie der fahrende Mann angeredet wird, ist ohne Zweifel derselbe Name, der im Gedichte von Orendel Tragemund gedruckt [44] und einem armen wallenden Manne gegeben ist, dem auch zwei und siebenzig Reiche kund sind; ein Seitenstück ist der Name Warmund [45], wie der fromme Pilgrim heißt, der zum h. Oswald kommt und dem wieder die gleiche Länderkunde zugeschrieben wird. [46] Die Anrede „Meister Traugmund" scheint auf den Doppelsinn hinzuweisen, der in solchen Weltgesprächen zu spielen pflegt. [47] Sie wird zuerst gebraucht, nachdem der Ankömmling die hergebrachte Willkommfrage: wo er die Nacht gelegen? mit geschickter Wendung erledigt hat. Das Nachtlager ohne Obdach, hinter der Dornhecke [48], wandelt er zum herrlichsten um, sein Dach war der gestirnte Himmel und sein Bett mit Rosen umsteckt. [49] Auf dieselbe Frage antwortet in der nordischen Saga der als Salzbrenner verkleidete Fridthjof: er sei bei Ulf (at Ulfs) über Nacht gewesen. Da kein Bauer dieses Namens in der Nähe wohnt, so erräth der Herr des Hauses, daß Fridthjof im Walde, beim Wolf, übernachtet, auch erkennt er in demselben einen Mann, der mehr denke, als er spreche, und weit um sich schaue. [50] Bei Saxo äußert der Fragende am Schluß eines ähnlichen Wortkampfs: er sei durch dunkeln Umschweif betrogen worden. [51]

Die Räthsel selbst sind im Traugmundsliede von anderer Art, als die bisher besprochenen, und zwar von einer sehr einfachen, die eben darum der Erklärung aus dem Sinne verschwundener Zeiten bedarf. Sie beziehen sich zunächst auf Eigenschaftswörter, besonders der Farbe, und suchen den Gegenstand, dem dieselben in vollstem Maße zukommen. [52] Den deutschen Volksliedern ist mit den aus dem Volksgesange hervorgegangenen Heldengedichten die große Einfachheit der Beiwörter und Vergleichungen gemein: der grüne Wald, das tiefe Thal, der kalte Brunnen, der rothe Mund, die weiße Hand, der lichte Schild, der kühne Held, der getreue Mann; dann vergleichend: schneeweiß, schwarz wie Kohle, rabenschwarz, grün wie Gras oder Klee. Diese anspruchslosen Bezeichnungen sind doch darum keineswegs müßige, nichtssagende, sie lassen den Gegenstand eben in der Beschaffenheit, die sie angeben, zumeist in seinem frischesten, vollkommenen Zustand erscheinen, den Wald in seiner Grüne, den Mund in seiner Jugendröthe, den Mann in seiner Tüchtigkeit. Mögen derlei Beiwörter in der Dichtersprache zu schlicht bedünken, so machen sie umgekehrt einen dichterischen Eindruck in der Sprache des alten Rechts, wenn die Weisthümer von den Vögeln im grünen Wald, oder auch vom grauen, düstern, finstern Walde, vom rothen Schilde, vom lichten Tag und der schwarzen Nacht sprechen.[53] Hier und dort erweist sich das unerloschene Sprachgefühl, dem auch das einfachste Wort noch seine ganze, sinnliche oder sittliche Bedeutung hat; man sah die Farbe, den Tag, die Nacht glänzen und dunkeln, man blickte den hohen Berg hinan und in das tiefe Thal hinab, man fühlte den Stich ins Herz bei dem Worte: ungetreu. Der wache Sinn, welcher hiebei thätig war, muste sich weiter angeregt finden, Gegenstände derselben Eigenschaft zu vergleichen und denjenigen, der in ihr für musterbildlich galt, durch einen andern noch zu überbieten. Diese Aufgabe stellen die angeführten Räthsel des Traugmundsliedes: es soll ein Weißeres aufgefunden werden, als der Schnee, ein Schnelleres, als das Reh. Anderswo:

  Was ist auch weißer dann der Schnee?
  und was ist grüner dann der Klee?
  Der Tag ist weißer dann der Schnee,
  das Merzenlaub (des Lenzen Laub?) grüner als der Klee;

oder auch:
  die Saat grüner als der Klee.[54]

Solch achtsames Auge für die Färbung in der Farbe bewährt auch im künstlichen Ausdrucke des Minnesingers Hug von Werbenwag: „Mit schöner Grüne grünt das Thal, aus Röthe glästet Roth, hie gelber Gelb, dort blauer Blau, da weiß der weißen Lilien Schein, Gott färbet Farbe viel der Welt, noch besser anderswo (jenseits) die Welt."[55] Es zeigt sich in diesen Steigerungen neben der Schärfe der sinnlichen Beobachtung zugleich ein Streben nach dem Urbild, nach Vergeistigung und Läuterung des Erscheinenden. Schneller als das Reh ist nach dem deutschen Liede der Wind, nach einem dänischen der Sinn[56]; weißer als der Schnee sind die Sonne, der Tag, halbmythische Wesen, weißer als der Schwan, im dänischen Liede, die Engel.[57] Die Bedeutsamkeit der Liederfragen pflegt im Fortgange zu wachsen[58] und so ist die abgehandelte Räthselfolge das Vorspiel einer zweiten, die entschiedener und ernster ihre Richtung nach innen in der Weise nimmt, daß sie durch Frage und Antwort, je dem Naturbilde ein Bild aus dem Menschenleben und der Gemüthswelt, dem sinnlichen Beiworte des erstern das seelenhafte des letztern zur Seite geben läßt. Der Rhein ist so tief von der Menge der Quellen, die Frauen sind so lieb von hoher Minne, edelster Liebe [59], auf beiden Seiten ein unergründliches, wie auch im litthauischen Gespräch an der Quelle: „Reden wollen wir ein Wörtlein, denken einen Gedanken: wo der Quelle Tiefstes, was der Liebe Liebstes?" [60] Die Matten sind grün von der Menge der Kräuter, die Ritter kühn von starken Wunden, die frischgrüne Wiese, das freudige Heldenherz werden in Vergleichung gebracht. Vgl. Parz. 96, 15 ff.:

daz velt was gar vergrüenet,
daz plœdiu herzen küenet
und in git hôchgemüete.

Wie aber ritterliche Kühnheit durch Wunden genährt werde, sagt Hagen, von Iring durch den Helm verwundet (Nib. Str. 1994):

daz ir von mîner wunden die ringe sehet rôt,
daz hât mich erreizet ûf manegees mannes tôt. [61]

Dieser Räthselgruppe, worin tiefer Strom und hohe Minne, Wiesengrün und Heldenkühnheit das volle, kräftige Leben aufleuchten lassen, tritt nun eine andre gegenüber, in der die Farben verblassen, alle Lust und Herrlichkeit zusammensinkt. Der Wald ist greis von Duft und Schnee, der Wolf gewitzigt von vergeblichen Gängen, grau von Alter, wie wir ihn bei den Liedern aus der Thierfabel kennen gelernt, besonders ergab schon Merlins Gesang die Zusammenstellung des winterlichen Waldes und des altersgrauen, hungernden Wolfes. [62] Der Schild ist bleich geworden von mancher starken Heerfahrt, ein guter Gesell ist dem andern entwichen durch ungetreue Eibiche, durch Anstiftung treuloser Rathgeber; sonst wird der Schild als der lichte, scheinende bezeichnet [63], jetzt hat er seinen Glanz verloren im Sturm der Kämpfe, wie es im Heldenliede heißt (Nib. Str. 1559):

des wâren den von Tronje ir schilte trüebe und bluotes naz; (vergl. 217, 4)

Sibich, der boshafte Rathgeber des Königs Ermenrich, ist als Unheilstifter sprichwörtlich, durch ihn sind die bösen Räthe in die Welt gekommen. [64] Auch in sich hat diese zweite Gruppe Gliederung und

Fortschritt,- im ersten Räthselpaare der bereifte Wald und dazu ein lebendiges Wesen, der umschweifende graue Wolf, im folgenden Entsprechendes aus dem Heldenleben, erst äußerlich der erbleichte Schild, dann das innerste Verderben, die Untreue, die den Genossen im Stiche läßt. Düstre Färbung der Natur bei unseligem Ereigniß in der Menschenwelt war auch der Rechtssprache nicht fremd, der Mörder wurde verfolgt mit Wehegeschrei und Glockenklang: „durch den düsteren Wald, als lange bis ihn die schwarze Nacht benahm;"[65] er versinkt in Finsterniß und Grauen. Das Lied endet mit dem Räthsel von der Elster, worin wieder für die drei Farben weiß, schwarz und grün, Maß und Steigerung gesucht wird, alle drei spielen in ihrer Vollkommenheit auf dem Gefieder dieses Vogels. Einem niederdeutschen Volksräthsel ist das Jahr ein Baum mit 52 Nestern, jedes Nest hat sieben Junge und jedes Vöglein ist halb schwarz halb weiß, je Tag und Nacht vorstellend.[66] Die Farben der Elster insbesondre dienen im Eingang des Parzival zum Bild einer Seele, die zweifelhaft zwischen Mannheit und Verzagen, damit aber zwischen Himmel und Hölle schwankt; der unsläte Geselle hat allein die schwarze Farbe und wird auch einstens die der Finsterniß tragen, an die blanke hält sich Der mit unsläten Gedanken.[67] Es muß auffallen, daß auch das Räthsel von der Elster unmittelbar auf das vom unsichern Gesellen folgt; will man aber auch zwischen beiden Gedichtstellen keine nähere Beziehung suchen[68], so beweist doch jene im Parzival, daß es der Einbildungskraft nicht zu ferne lag, die bunte Elster sinnbildlich, als fliegendes Beispiel (Gleichniß), wie Wolfram sich ausdrückt, zu verwenden. Im Räthselliede konnte sie bedeuten, was ein finnisches Sprichwort vom Spechte sagt: „Der Specht ist bunt im Walde, das Menschenleben noch bunter."[69]

Dem offenen Rahmen solcher Lieder konnte leicht Fremdartiges eingefügt werden und Zugehöriges entfallen. Die Räthsel, die im Traugmundsliede zusammengefaßt sind, mochten längst in der Überlieferung vorhanden sein und zuvor schon mehrfachen Durchgang genommen haben, wie auch die meisten sonst zerstreut oder in andern Verbindungen vorkommen; manche tragen noch Spur des ursprünglichen Stabreims, und von all diesem äußeren Wandel konnten auch Inhalt und Bedeutung nicht unberührt bleiben. Aber nicht weniger glaublich ist, daß

solche Räthsel von Alters her nicht einzeln giengen, sondern in sinnige
Zusammenhänge gebunden waren, und es zeugt hiefür die gleichfalls
überlieferte Form der prüfenden Wechselrede zwischen dem Wirth und
dem Gaste. Welche Veränderungen und Verluste das Traugmundslied
erfahren hat, die erhaltenen Züge bekunden noch immer ein Gesammtbild. Mitten inne die beiden Felder des Hauptgemäldes, auf dem
einen der tiefe Rhein und die minnigliche Frau, die grüne Matte mit
dem kämpfenden Ritter, auf dem andern der graue Wald und der
greise Wolf, der bleiche Schild und der verrathene Heergesell; am
Rande, rechts und links, symbolische Gestalten, hier der lichthelle Tag
und der schneeweiße Schwan, dort die finstre Nacht und der schwarze
Rabe; obenüber die gaukelnde Elster, hell und dunkel zugleich; unten
am Rosenhage gelagert, der Pilgrim, wie er den Räthseln des Lebens
nachsinnt. Indem der fahrende Mann auf alle die Fragen Bescheid
weiß, welche dieses Gesammtbild heraufführen, bewährt er, daß er das
Leben von der Lichtseite und der Schattenhalbe erkannt und empfunden
habe.[70]

Nahe gesippt ist dem Meister Traugmund der Meister Irregang,
der sich in einem Reimspruche des 13ten Jahrhunderts[71a] vernehmen
läßt: So lange der Mann schweigt, weiß Niemand was er kann, mit
Worten soll man sich künden; Gutes (Reichthums) wird man freuden-
reich, von Wunden wird man kühn, Heerfahrt hat stets Müde gebracht,
von Krankheit wird man mühselig, durch Trägheit unwerth[71b]; doch
gut ist in der Noth, was der Mann gelernt hat, verliert er was er je
gewann, er behält doch was er kann.[72] Von diesen allgemeinen Be-
trachtungen leitet der Sprecher zu seiner eigenen Kunst über, die so
manigfach ist, daß sie das Treiben aller Stände und Gewerke umfaßt;
in bunter Reihe zählt er seine Fertigkeiten auf, namentlich folgende:
er kann sagen und singen, laufen und springen, ein guter Fürsprech
sein, einen Wein kosten, ein Glücksspiel gewinnen und verlieren[73],
Meet aus Honig machen, der Bücher ist er kundiger denn sein Meister
war, zweien Gesellen kann er den Gewinn theilen[74], eine Wunde mit
Salbe heilen, einen Wagen verfertigen, ein gut Schwert schmieden,
das Kaiser Friederich mit Ehren führen würde in Zorn und Güte,
Hüte kann er machen, Schilde färben, Ritter rüsten, selbst mit Harnisch reiten, stechen und streiten, turnieren, Schachzabel und Bretspielen,

Jeglichem gute Antwort geben, schneiden und weben, eine Wiese mähen, einen Acker säen, ein Rind jochen, einen Teig kneten, einen Faden zwirnen, eine Magd zur Frau machen, einen Hasen jagen, ein Horn blasen, einen Wald fällen, ein großes Heer zu saglichen Dingen (zu Ruhme) bringen [75], ein Mühlwerk herrichten, ein Haus zimmern, Pfennige schlagen, Glocken gießen, mit der Armbrust schießen; nun er aber all dieß Wunder kann, hat der Kaiser ihm Harfen- und Notenspiel, Dreschen und Wannen verboten und verbannt; käm' eine Wanne in seine Hand, der Hagel schlüg über alles Land, bröschʼ er Einem sein Korn, es wär' allsammt verlorn, deckt' er Einem sein Haus, den trüge man todt daraus, mistet' er Einem den Stall, die Seuche schlüg' überall, gieng' er Jemand über sein Geschirr, es gienge dem Alles wirr. Zum Schlusse spricht er: „Irregang heiß' ich, manch Land weiß ich, mein Vater Irgang (?) war genannt, er gab mir das Erb' in meine Hand: ob ich in einem Land verdürbe, daß ich im andern nach Ehr' erwürbe [76]; nun bin ich nicht verdorben, ich hab' keine Ehr' erworben, ich geh' im Reiche von Land zu Land, wie der Fisch in dem Sand, in eines hübschen Knaben Weise begeh' (such') ich meine Speise mit mancherhand ohn allen Wank (Fehl), also sprach Meister Irregang." Die unnütze Vielgeschäftigkeit der fahrenden Leute wird mehrfach gerügt und verspottet. So der Kanzler um 1300: „Ein gehrender Mann trügt, der andre kann wohl Tafelspiel, der dritte treibt Hoflüge (hoveluget), der vierte ist gar ein Gumpelmann (Gauller)" ꝛc. (MS. II, 390a). In einem altfranzösischen Schwanke bekämpfen sich zwei Spielleute, indem je Einer den Andern lästert und seine eigenen Geschicklichkeiten herausstreicht, diese bestehen im Singen und Sagen, in der Meisterschaft auf allen Instrumenten, worunter auch Harfe und Note genannt sind, in Tafelspiel (p. 299: si sui meint benu geu de table), Gauller- künsten, Zauberei (300d), Wappenkunde, Liebesrath, Kranzflechten u. s. f., besonders aber rühmt sich der Eine, er sei ein trefflicher Arbeiter (ovriers) und könnte viel Geld verdienen, wenn er gemeines Handwerk treiben wollte, allein er sei ein Solcher, der die Häuser mit Pfannkuchen decke, Katzen zur Ader lasse, Ochsen schröpfe, Eier einbinde, Bäume für Kühe mache, Handschuhe für Hunde, Kopfzeug für Ziegen, Harnische für Hasen, so stark, daß diese sich nichts um die Hunde kümmern; es gebe nichts auf der Welt und in der Zeit, das er nicht gleichbald zu fertigen wisse.⁷⁷ Das Dachdecken, Wundensalben, Rindjochen, Hutmachen, Waffenschmieden des deutschen Spruches kehrt hier possenhaft wieder, im Sinne spielmännischen Müßiggangs und Tandes. Ein Troubadour des 12ten Jahrhunderts, Marcabrun, prahlt in seiner frechen Selbstschilderung: „Gelobt sei Gott und St. Andreas, daß Niemand, so viel ich merke, gescheidter ist, als ich; im Spiele bin ich gewandt, ein Kluger sieht sich vor, wenn es zum Theilen geht; Niemand versteht sich besser auf das Ringen nach bretonischer Art, auf das Prügeln oder Fechten, ich erreiche Jeden und schirme mich zugleich, Niemand aber kann sich vor meinen Streichen decken; in fremdem Gehölze jage ich, wann ich will; ich bin so voller Spitzfindigkeiten und Vorwände, daß ich nur zu wählen brauche; Jeder hüte sich vor mir, denn mit diesen Künsten denke ich zu leben und zu sterben."⁷⁸ Spiel, Ringen, Fechten, Jagen ist hier bildliche Bezeichnung geistiger Gewandtheit, aber es ist nicht unwahrscheinlich, daß der Kunstdichter, einer der ältesten des südlichen Frankreichs, einen volksmäßigen Spielmannsspruch vor Augen hatte, worin jene Fertigkeiten im Wortsinne genommen waren. Das deutsche Spruchgedicht hat nicht so entschiedenen Volkston, wie das Traugmundslied, gleichwohl steht der Verfasser desselben auf der Seite der Volkssänger und wenn er des fahrenden Tausendkünstlers zu spotten scheint, so mag doch sein eigentliches Ziel ein andres gewesen sein. Meister Irregang will ein Schwert schmieden, das der Kaiser Friederich in Zorn und Güte mit Ehren führen würde⁷⁹, das kaiserliche Schwert ist bekanntes Sinnbild der weltlichen Gewalt⁸⁰, in Zorn und in Güte geführt, kann es die Handhabung der Reichsgewalt zur Strenge und Milde bedeuten. Geht dieses vollkommene Schwert dem Kaiser Friederich ab? Vom Kaiser heißt es weiterhin, im Wendepunkte des Gedichts, er habe dem Meister Harfnen und Roten verboten, Dreschen und Wannen verbannt, weil in seiner Hand alles zum Verderben ausschlüge; auch das Dachdecken, Stallfegen und Anschirren⁸¹ ist, nach dem Folgenden, unter das Verbot zu zählen. Wie hier Harfe und Rote mit Dreschen und Wannen zusammenstehn, so kreuzen sich im Vorhergehenden die Künste des Fahrenden: Sagen, Singen, Springen, Schach- und Bretspiel, Antwortgeben (Räthsellösung), mit den unentbehrlichsten Arbeiten und Betrieben des täglichen Lebens, sie werden hiedurch mit diesen in gleiche Berechtigung gestellt, auch sie sind erlernt, um ihren Mann zu ernähren; einen Bann auf sie werfen, ist dasselbe, als wollte man Dreschen, Wannen und Dachdecken verbieten, weil die Hand des Arbeiters eine unselige sein könnte. Die fahrenden Leute waren rechtlos und die Schärfe der öffentlichen Gewalt kam von Zeit zu Zeit über sie. Fiel ein solcher Schlag mitten in der schönsten Ernte, so traf er am härtesten. Im Jahre 1235 wurde zu Worms die Vermählung Friederichs II. mit Isabellen von England stattlich gefeiert, dabei findet ein Zeitgenosse der Aufzeichnung werth, daß der Kaiser den Fürsten anempfohlen habe, nicht auf herkömmliche Weise Gaben an die Spielleute zu vergeuden, was er für eine große Thorheit erachtet.[62] Je zahlreicher und begehrlicher zu so glänzendem Feste das Volk der Fahrenden herbeiströmte, um so gemeinkundiger und empfindlicher muste bei ihm dieser Ausspruch kaiserlicher Ungunst nachwirken.[63] Welches aber der besondre Anlaß des Spruchgedichts sein mag, eine allgemeinere, überlieferte Grundform ist auch hier nicht ausgeschlossen, für eine solche spricht schon die Begegnung mit den beiden romanischen Stücken. In den nordischen Sagen ist die Frage nach den Fertigkeiten des Mannes, der sich als Wintergast einstellt, auf eine wiederkehrende Formel gebracht.[64] Orvarodd, der unter dem Namen Vidhförull, Weitfahrer, zum Hunenkönige kommt und um seine Künste befragt wird, verläugnet diese, bewährt sich aber nachher als Meister im Bogenschießen, Schwimmen und Zutrinken.[65] Auf dieselbe Frage antwortet Nornagest: er spiele die Harfe und erzähle Sagen.[66] Aber auch von umfassender Aufzählung des Wissens und Könnens ist ein altnordisches Muster vorhanden, im Runenspruche der Edda; hier rechnet der Runenkundige achtzehn Lieder her, durch die er sich aller Verhältnisse des thätigen Lebens bemächtigt, das eine hilft ihm in Streitsachen (sökum'), das andre macht ihn zum Arzte, mittelst weiterer kann er den Haß unter Königssöhnen ausgleichen, Genossen mächtig und heil zu und aus der Schlacht führen, den Sinn der Weiber sich zuwenden u. A. m. Eben solcher Künste rühmt sich Meister Irregang, nur auf seine Art, ohne Runenzauber.[67] Daß aber auch sein Spruch eine Grundlage hat, die auf ernstere Gesammtauffassung des menschlichen Lebens und Treibens berechnet war, deutet der Eingang an, worin mit wenigen Zügen Tüchtigkeit und Schlaffheit, ganze und gebrochene Kraft des Mannes bezeichnet wird, theilweise mit denselben, die das Traugmundslied farbiger hervorhebt: wie von Wunden der Mann kühn wird und wie Heerfahrt ihn aufreibt.[88] Das Räthselwesen ist nur etwa darin berührt, daß Irregang jeglichem Knechte gute Antwort zu geben weiß.[89] Fast wortgleich mit dem Liede sagt er: in eines hübschen Knaben Weise such' er seine Speise.[90] Ein alter Zusammenhang dieser Dichtungen ist nicht zu verkennen; beide Wanderer wollen das Leben erfassen, Traugmund innerlich anschauend[91], in Räthselbildern, Irregang thätlich, in jeder gangbaren Kunstübung und Fertigkeit.[92] Beide sind Wesen allgemeiner Bedeutung, namentlich erscheint Irregang auch anderwärts, um mancherlei Weisthum das Land durchfahrend, mit einem Gesellen Girregar (Spielmannsname) und mit seinen verführerischen „Leichen" (Singweisen).

Ein dänisches Lied, dessen beiläufig gedacht worden, die Ballade vom jungen Bonved[93], trifft in der Art der einzelnen Räthsel mit dem Traugmundsliebe zusammen[94], aber eine sinnreiche Verknüpfung zeigt sich nur noch stückweise: „Wo geht die Sonne hin zu Rast? und wo ruhen des todten Mannes Füße? Gen Westen geht die Sonne zu Rast, gen Osten ruhen des Todten Füße." Dagegen ist in dieser Ballade die Bedeutung der Räthselaufgabe eigenthümlich und tief. Der junge Bonved sitzt in der Kammer und schlägt die Goldharfe, da tritt seine Mutter ein und mahnt ihn, den Tod seines Vaters zu rächen, die Harfe mög' er einem Andern leihen. Bonved bindet sein Schwert um: wann die Steine anheben zu schwimmen und die Raben weiß zu werden, nicht eher soll sie ihn wieder erwarten, er habe denn Rache genommen. Seine Fahrt ist voll seltsamer Abenteuer, ungeheurer Kämpfe und Reiterstücke, in denen sichtlich Verwirrung und Misverständniß herrscht, so erlegt er nach viertägigem Fechten den Thiermann (s. oben S. 52), der sich berühmt, ihm den Vater erschlagen zu haben. Die Räthsel sind in der Weise eingewoben, daß Bonved sie den Hirten, die auf dem Felde weiden, oder einem Ritter, der ihm begegnet, zu errathen gibt, in einer schwedischen Fassung sind es Pilgrime[95]; wer nicht antwortet, wird alsbald erschlagen, wer Bescheid weiß, mit einem Goldringe beschenkt. Die letzte Frage ist immer nach Kämpen, mit denen er anbinden kann. Bei seiner Heimkehr von dieser wilden Fahrt haut er auch seine Mutter in Stücke und schlägt dann die Goldharfe so lange, bis alle Saiten entzwei gehn. Schon der erste Herausgeber des Liedes, am Schlusse des 16ten Jahrhunderts, bemerkt, daß es mit großen Verschiedenheiten gesungen werde [96]; statt Vonveb lautet in schwedischer Aufzeichnung der Name des Helden Swanewit [97], beides wohl Entstellung des altnordischen vanvitr, wahnwitzig. Vergleicht man Eingang und Ende, wie dort der Jüngling sich mit dem Harfenspiele vergnügt, wie er hier die Saiten zum Zerspringen schlägt, verfolgt man den maßlosen Ungestüm seines irren Ritts, so bewährt es sich, daß die Mutter mit dem Gedanken der versäumten Vaterrache den Wahnsinn in seine Seele warf, dessen zorniger Ausbruch zuletzt auf sie selber fällt. [98] Die Räthselaufgabe zieht sich zu bedeutend hindurch, als daß sie nur für anbahnende Prüfungsformel genommen werden könnte [99]; die Hast, mit der stets wieder gefragt wird, der Jähzorn über die ausbleibende Lösung, das Vergnügen über die „gewissen Antworten," [100] erheischen einen Bezug zu dem inneren Zustande des Fragenden; galt nun die Räthsellunde für ein Zeichen des Verständnisses, so ist es umgelehrt ein Merkmal des Irrsinns, den Schlüssel der eigenen Räthsel verloren zu haben und ihn rathlos von Andern fordern zu müssen. Die geistliche Wendung eines Theils der Räthsel gehört mit zu den vielfachen Verdunklungen des uralten Liedes. [101]

Ausforschende Wechselrede diente noch besonders zur Losung unter den Angehörigen derselben Genossenschaft, so in den Handwerksgrüßen, Waidsprüchen, Empfahungen der Sänger. Der Handwerksgruß, das Empfanggespräch zwischen dem Wandergesellen und dem Altgesellen der Zunft, vertrat in Zeiten, da noch keine Wanderbücher gebräuchlich waren, den Ausweis des Fremden. Er wird gefragt, wo er herkomme? wie er sich nenne? wo er gelernt? wo er seinen Gesellennamen bekommen und wer dabei gewesen? Fragen und Antworten, häufig mit dem Reime, bewegen sich noch in den Formeln und dem neckischen Tone der alten Wettgespräche, obgleich die Aufzeichnungen, welche hier benützt werden können, nicht über den Anfang des vorigen Jahrhunderts hinaufreichen [102]; die Witze haben den Beischmack der Zunftschenke, doch nicht ohne die Spur eines frischeren Ursprungs, bis zur Räthselfrage gehen die vorliegenden Muster nicht mehr. [103] Wenn der Geselle zur Herberge kommt, muß er den Bündel sammt dem Mantel auf beiden Achseln tragen und, wenn gleich Sommerszeit die Thür offen steht, muß man sie erst zumachen, worauf er anzuklopfen, hineinzugehen und den Gruß abzulegen hat.[104] Wie im Streite des Sommers mit dem Winter, sagt der Altgeselle: „Frag' ich dich nicht recht, so bist du mein Herr und ich dein Knecht" u. s. w.[105] Der staubige, struppige Aufzug des Wandergesellen wird verspottet[106], die Fragen über seinen Weg verkehrt er zu allerlei Schwänken[107], die Erkundigung nach seinem Namen und wo er diesen bekommen, ob er ihn ersungen oder ersprungen? weckt lustige Erinnerungen an die Feierlichkeit des Gesellentaufens[108]; wenn nemlich der Lehrjunge zum Gesellen werden sollte, so fand eine scherzhafte Taufe durch den Gesellenpfaffen unter Beistand zweier Pathen statt, wobei der Täufling irgend einen seltsamen Namen erhielt, wie auch Pfaffe und Pathen bereits solche führten. Die Angabe dieses Gesellennamens gehörte mit zu den kurzweiligen Antworten beim Handwerksgruß und erinnert an die verblümten Wandrernamen der ältesten Fragelieder. Nach abgemachter Ausfrage trinkt der Wirth dem Fremden zu: „Ich bringe dir diesen freundlichen Trunk auf und zu, im Namen meiner und deiner, im Namen aller ehrlichen Gesellen, die hier in Arbeit stehen, die auf grüner Haide gehen, die vor uns gewesen sind, die nach uns kommen werden."[109] Man sieht durch die runden Scheiben der Zunftstube den mitbedachten Wandrer auf grüner Haide.

Weibsprüche, „wodurch ein Jäger den andern geprüft hat und wodurch sie sich zu belustigen pflegten," sind zahlreich aufgezeichnet.[110] Sie betreffen großentheils die genaue Kenntniß der Fährten und Zeichen des Wildes, sowie ihrer kunstmäßigen Benennungen. Manche sind aber auch vollkommene Räthselaufgaben. Unter diesen begegnet man den schon bekannten vom Schnee und vom Tage, vom Klee und der Saat, vom Raben und der Nacht, vom greisen Wolf und dem weißen Walde, jedoch mit weidmännischer Schlußwendung. Die eigenthümlichsten, waldfrischesten aber, den Dichtungen des vorigen Abschnitts verschwistert, beschäftigen sich mit dem Schmucke des Forstes, dem Hirsche. Im Traugmundsliede spielen Licht und Schatten des menschlichen Daseins, die zerstreuten Weidmannsräthsel lassen sich zum Lebenslaufe des edeln Hirsches ordnen:

Höre, Weidmann, kannst du mir sagen:
was hat den edeln Hirsch vor Sonne und Mond über den Weg getragen?
wie kann er über den Weg sein kommen,
hat ihn weder Sonne noch Mond vernommen?

Das will ich dir wohl sagen schone, die liebste Mutter sein
trug den edeln Hirsch über den Weg hinein.

Jo ho ho, mein lieber Weidmann,
wo hat der edle Hirsch seinen ersten Sprung gethan?
Jo ho ho, mein lieber Weidmann,
das will ich dir wohl sagen an:
aus Mutterleib ins (grüne) Gras,
das dem edeln Hirsch sein erster Sprung was.

Weidmann, lieber Weidmann, sag mir an: was hat der edle Hirsch vernommen,
wie er ist hochwacht (aufrecht?) von seiner Mutter Leib gekommen?
Das will ich dir wohl sagen: den Tag, den Sonnenschein
hat er vernommen sein,
und auf einer grünen Heide
hat er vernommen seine Weide.

Weidmann, sag mir an:
was hat der edle Hirsch bei einem reinen fließenden Wasser gethan?
Er that einen frischen Trunk,
davon wird sein junges Herze gesund.

Lieber Weidmann, sag mir an:
was hat der edle Hirsch zu Feld gethan?
Er hat gerungen
und gesprungen,
und hat die Weid zu sich genommen,
und ist wieder gen Holz kommen.

Lieber Weidmann, sag mir hübsch und fein:
was bringet den edlen Hirsch von Feld gen Holz hinein?
Der helle lichte Tag und der helle Morgenschein
bringt heut den edlen Hirsch vom Feld gen Holz hinein.

Lieber Weidmann, sag mir fein:
was gehet vor dem edlen Hirsch gen Holz hinein?
Sein warmer Athem sein
gehet vor dem edlen Hirsch gen Holz hinein.

Weidmann, lieber Weidmann hübsch und fein:
was gehet hochwacht vor dem edlen Hirsch von den Feldern gen Holze ein?
Das kann ich dir wohl sagen:
der helle Morgenstern, der Schatten und der Athem sein
gehet vor dem edlen Hirsch von Feldern gen Holze ein.

Sag an, mein lieber Weidmann:
was rührt den edlen Hirsch weder unten noch oben an?
Der Athem und die Bilde (Schatten) sein
rühren den edlen Hirsch weder oben noch unten sein.

Weidmann, lieber Weidmann hübsch und fein,
sag mir: wann mag der edle Hirsch am besten gesund sein?
Das kann ich dir wohl sagen für: wann die Jäger sitzen und trinken Bier und Wein,
pflegt der Hirsch am allergesündsten zu sein.

»Lieber Jäger jung, thu mir kund:
was macht den edlen Hirsch wund
und den Jäger gesund?
Der Jäger und sein Leithund
machen den edlen Hirsch wund,
und eine schöne Jungfrau macht den Jäger gesund.

Sag an, mein lieber Weidmann:
wie spricht der Wolf den edlen Hirsch im Winter an?
„Wohlauf, wohlauf, du dürrer Knab, du mußt in meinen Magen,
do will ich dich wohl durch den rauhen Wald hintragen." 111

Es gibt auch einen niederdeutschen Feldspruch oder Schäfergruß. Wer diesen weiß, ruft dem Weidgenossen zu: „Hochgelobter Feldgeselle, vielgeliebter Tütinshorn!" Die Wechselrede spricht neckisch und halbversteckt von den Schafen und dem Wolfe: „Bruder! was machen deine Dinger?" — „Hoch in Lüften, tief in Klüften, hinten über Berg und Thal, da gehn die Dinger allzumal." — „Hast du das Eeschen kürzlich gesehn?" — „Was wollt' ich's nicht gesehen haben!" — „Nahm er dir auch einen?" — „Meinst, daß er mir einen brachte?" — „Sprang er dir auch über'n Graben?" — „Meinst, daß ich ihm einen Steg überlegte?" — „Schicktest du ihm deinen Köter nicht nach?" — „Meinst, daß ich ihm Kyrie eleison nachsang?" 112

Wenn Handwerker, Jäger und Schäfer ihren Grüßen und Prüfungen dichterische Form und Farbe liehen, so darf man dieselbe Übung am sorgfältigsten ausgebildet bei der Genossenschaft erwarten, die der Pflege des Liedes eigens gewidmet war, in der Singschule. Wirklich war der Gruß die Empfahung 113, dem Wort und Wesen nach, im Meistergesange heimisch und auch hier der Räthselfrage verschwistert. Schon in der ersten Hälfte des 13ten Jahrhunderts, bevor noch der

Kunstgesang sich fester zünftet, nehmen die Liederformen desselben auch das Räthsel in sich auf. Erst erscheint es vereinzelt und sparsam, je mehr aber die Liederdichtung sich dem Lehrhaften zuneigt, je förmlicher zugleich die Schule sich heranbildet, um so gebräuchlicher wird die Verkettung mehrerer Fragen zu einem größeren Zusammenhang. Es ist der Räthselaufgabe natürlich, daß sie Einen sucht, der sie löse, die Frage des Sängers aber verlangt Antwort eines andern Sängers. Dieß nimmt schon Walther von der Vogelweide für herkömmlich an, er fragt um die Zukunft des deutschen Landes, die er als dunkles Räthsel (bîspel) bezeichnet und schließt mit den Worten: „Meister, das sind!"[114] Die Aufforderung zum Errathen, an den oder die „Meister" gerichtet, ist auch weiterhin gangbare Formel, deren stetige Fortdauer bis in die zunftmäßige Singschule[115] dafür zeugt, daß unter diesen Meistern nicht überhaupt weise, gelehrte Leute, sondern die Meister des Gesanges[116] verstanden seien. Für den Wettstreit der Sänger unter sich war auch nichts geeigneter, als das Räthsellied, besonders seit dem das Lob freigebiger Fürsten zu verhallen anfieng[117] und der Gesang, der sich immer mehr von den Höfen zum Bürgerstande hinüberzog, in den Geheimnissen des Glaubens seinen höchsten und beliebtesten Gegenstand gefunden hatte.[118] So nahm die Wettfrage wieder den dogmatischen Standpunkt ein, den sie, nur auf anderer Stufe, in den nordischen Runenliedern inne gehabt.[119] Die einfache Weise der Volksräthsel konnte nun freilich weder dem schwierigeren übersinnlichen Gegenstande, noch dem Kunstbestreben der Sangesmeister taugen.[120] Ihre Räthsel sind mehr oder weniger spitzfindig ausgesonnen, weitläufig ausgeführt, halbgelehrten Anstrichs, künstlich in Sprache, Reim und Strophenbau. Volksmäßiges Erbstück ist gleichwohl die Form, in welcher die bürgerlichen Sänger zu Wettstreit und Räthselfrage zusammentreten. Meister Regenbogen, ein Schmied zu Ende des 13ten Jahrhunderts, verläßt um des Gesanges willen den Amboß und zieht an den Rhein, wo die besten Sänger sein sollen, an deren Spitze, zu Mainz, Heinrich Frauenlob steht: in seinem Grußliede dankt er den Meistern, daß sie ihn schön empfangen haben, da er aus fremdem Lande hergekommen, sofort aber ruft er sie auf, sich mit ihm, dem Gaste, zu versuchen, wer den Preis des Gesanges behalte; nur den Meister, den man Frauenlob nenne und der mit seiner Kunst manchem Sänger obgelegen, bittet er um Schonung; möchten sie ihn selbst gerne kennen, Regenbogen sei er geheißen, er nenne sich nach dem, der stets ein Meister des Sanges gewesen; um Singens willen häng' er einen Rosenkranz aus, wer ihm den abgewinne, den Meister woll' er kennen; Silben, Reime seien des Kranzes Blätter, gewunden haben ihn die freien Künste.[121] Es sind nun auch Lieder vorhanden, in denen Regenbogen mit Frauenlob wettsingt und sie einander namentlich geistliche Räthsel zu errathen geben[122]; ebenso ein Räthselsingen über Schlaf und Seele, zwischen den Meistern Singof und Rumelant, aus der zweiten Hälfte des 13ten Jahrhunderts.[123] Das Grußlied Regenbogens reiht sich den schon erörterten Wandrergesprächen und Handwerksbräuchen ein. Der weither gekommene Gast tritt zum Wettkampf auf den Plan, unter Angabe seines angenommenen Namens; diesen hat er nach einem älteren Sangesmeister (vergl. MS. IV, 636 a) gerade wie im Schmiedgruße der Wandergeselle Silbernagel unter seinen Namenszeugen auch einen Silbernagel aufführt, denn bei der Gesellentaufe wie bei der wirklichen mochte der Name des Pathen manchmal auf den Täufling übertragen werden. Hießen Schmiedgesellen Silbernagel und Trifseisen[124], so nannte man Sänger Frauenlob, Singof, Regenbogen, Suchensinn.[125] Auch spöttische und schimpfliche Namen wurden bei der Gesellentaufe vorgeschlagen und so predigt Bruder Berthold (gest. 1272) wider die lasterbaren Namen der Sänger und Spielleute, die ihre Taufe verläugnen und nach den Teufeln heißen: Hagedorn, Höllefeuer, Hagelstein[126]; wirklich erscheint unter den Wandersängern derselben Zeit, von denen Lieder erhalten sind, der Hellefeur.[127] Ein genossenschaftliches Verhältniß unter den Sängern am gleichen Orte blickt frühzeitig durch, im Gudrunliede weiß Horand von Zwölfen, die täglich am Hofe seines Herrn singen[128], in der Darstellung des Wartburgkriegs, freilich keiner gleichzeitigen, sind die am Hofe des Landgrafen versammelten Meister in ähnlicher Stellung gedacht[129], Rumelant von Schwaben um 1276 spricht von Meistersingern in der Zwölfzahl[130], endlich Regenbogens Grußlied spricht zu den rheinischen Sängern als in einer Gesammtheit gegenwärtigen[131]; wenn er nun zugleich seinen Sängernamen als von einem älteren Sangesmeister überkommen bezeichnet, so kann für eine solche Namengebung wohl schon eine gildenmäßige Förmlichkeit bestanden haben; späterhin gedenken die Satzungen der Singschule ausdrücklich einer Taufe, wobei der Kunstjünger vom Täufer in Gegenwart zweier Pathen mit Wasser begossen werde.[132] Selbst den Tönen wurden ihre häufig seltsamen Namen je von dem Dichter unter Zubittung zweier Gevattern gegeben[133]; man taufte die Singweisen, wie man die Glocken taufte. Auch das Aushängen des Rosenkranzes, bei Regenbogen allegorisch, gehört zu den Sängerbräuchen. Im Meistergesange des 16ten Jahrhunderts wird mehrfältig der Rosenkranz ausgeboten, und zwar in Liedern, die zu Formularen für die Ausforderung zum Wettsingen bestimmt waren.[134] Bald ergeht diese an den ankommenden Sänger, bald von einem solchen an die ansäßigen Meister, und dann hat das Lied auch wohl die Überschrift: eine Empfahung, Gruß; oder es wird ein junger Mann, ein Kunstjünger, aufgerufen, um den Rosenkranz zu werben und die zwölf Meister auszusingen. Der Kranz wird meist bildlich genommen, wie in Regenbogens Grußliede, das einigen dieser Stücke sichtlich zum Muster diente; Töne des alten Meisters, wenn auch nicht gerade der seines Sängergrußes, werden dabei gerne verwendet.[135] Die bekannte Sage von den zwölf Stiftern der Kunst wird so dargestellt, daß ihnen ein schmucker Rosengarten in Hut gegeben ist, eine Nachbildung der zwölf Helden im Rosengarten zu Worms. Die Stöcke stehn voll Rosen, das ist jener Meister sinnreiches Gedichte, Viele sind nachgekommen und haben dort Blumen gelesen; wer die rechte Bahn geht, dem wird ein Ehrenkranz aufgesetzt. Rosen zum Kranze brechen bedeutet die Kunstwerbung. Aus sieben edeln Rosen, d. h. den sieben freien Künsten, soll das Kränzlein gemacht sein, die Blätter von Goldbuchstaben. Oder es ist mit grauem Seidenfaden gebunden, lichte Rosen darin und blaue Veilchen, ist gespiegelt wie ein Pfau, wer aber die Blätter nicht will zerfallen lassen, der singe von der unbefleckten Jungfrau, von Gottes Leiden, von den Planeten, Elementen und acht Sphären. Daneben aber wird vom Aushängen des Kranzes, vom Schwenken an der Stange, vom Abgewinnen und Aufsetzen desselben auf eine Weise gesungen, die nicht bezweifeln läßt, daß dem bildlichen Ausdrucke die Anschauung eines wirklichen Herkommens, des Wettgesangs um einen aushangenden Rosenkranz, zu Grund liege. In der Nürnberger Schule bestand spät noch einer der Singpreise in einem Kranze von seidenen Blumen; gemachte Blumen waren hier ganz an der Stelle. Daß aber vordem, wie noch einer der Meistergrüße

sagt, „in des Maien Blüthe," um frische Rosen gesungen ward, davon
zeugt auch der rasche volksmäßige Ton, den die Lieder, gerade wenn
es sich vom Kranze handelt, manchmal anschlagen und der zuweilen
ungewiß läßt, ob dieser Kranz bildlich oder eigentlich zu verstehen sei.
Zum Wettgesange zählten wir auch die Räthselaufgabe und so schließt
ein geistliches Räthsellied, von der Schlange, gleichfalls mit der Aufforderung im Volkstone:

> Nun rathet, ihr Meister, was es sei!
> Mein Kränzlin hänget auf dem Plan
> und ist gemacht von edlen Rosen roth:
> wer mir auflöset diesen Bund,
> mein Kränzlin er von mir gewonnen hat.

Den Haft, Knoten, Strang, Strick, Bund lösen, aufschließen, auf-
binden, das waren, neben den unbildlichen rathen, errathen, bedeuten, finden, schon bei den Meistern des 13ten Jahrhunderts die
gangbaren Ausdrücke für die Räthsellösung, das Räthsel selbst wird
in den Liedern dieser Gattung nicht etwa mit den älteren Formen des
Wortes: Rätische, Räters, sondern einfach durch Rath oder allgemeiner
durch: Frage, Beispiel, Gedeute bezeichnet.[136]

Das volksmäßige Kranzsingen, das die Übungen der Schule
voraussetzen ließen, ist aber auch in bestimmten Zeugnissen und vorhandenen Überresten nachweisbar. Diese Kranzlieder erschließen eine
neue Seite des Volksgesangs und die heiterste Blüthe des Räthselwesens.
Der fromme Bruder Heinrich Seuse berichtet aus seiner Jugendzeit, die
in das erste Viertel des 14ten Jahrhunderts fiel, wie es in Schwaben
an etlichen Orten Gewohnheit sei, daß am eingehenden Jahre die
Jünglinge Nachts ausgehn und „bitten des Geminten" (um etwas
Fröhliches), d. h. sie singen Lieder und sprechen schöne Gedichte, damit
ihnen ihre Liebsten Kränzlein (Schapelin) geben.[137] Unter den Bräuchen
in Franken am Johannistage zählt Seb. Frank in seinem Weltbuche
von 1542 folgenden auf: „Die Maid machen auf diesen Tag Rosen-
häfen, also: si lassen inen machen Häfen voller Löcher, die Löcher
lleiben si mit Rosenblettern zu, und stecken ein Liecht darein, wie in
ein Latern, henken nachmals disen in der Höhe zum Laden heraus, da
singt man alsdann umb ein Kranz Meisterlieder; sunst auch oftmals
im Jahr zuo Sommerszeit, so die Meid am Abent in ein Ring herumb

fingen, kummen die Gesellen in Ring und singen umb ein Kranz, gemeinlich von Nägelin gmacht, reimweiß vor; welcher das best thuot, der hat den Kranz."[138] Das **Kränz-Singen** oder Singen **"umb die Krenz an den Abendrein"** wird verboten durch das alte Amberger Stadtbuch: "Kain Jungfrau oder Maid soll den Handwerksgesellen und Knechten an einem Abendreien einen **Kranz zu ersingen geben**."[139] Verordnungen des Raths zu Freiburg im Breisgau, von den Jahren 1556, 1559, 1568, je in den Sommermonaten erlassen, verbieten gleichfalls "das Abendtanzen auf den Gassen," und "um das Kränzlein-Singen," gestatten auch den Jungfraun nicht, länger "den Reihen zu springen," denn bis zum Salve.[140] Die öftere Wiederholung des Verbotes zeigt, wie beliebt die Sitte war, weist aber auch darauf hin, daß an dem abendlichen Ersingen des Kranzes auch eine verfängliche Deutung haftete. Tanz und Gesang giengen vormals Hand in Hand; namentlich des Abendtanzes in Verbindung mit dem Singen gedenkt schon Rithart am Anfang des 13ten Jahrhunderts:

  als die vorsinger denne swigen,
  sô sit alle des gebeten, daz wir treten
  aber ein âbenttenzel nâch der gîgen.[141]

Tänzer und Tänzerinnen waren bekränzt, am liebsten mit Rosen. "Wess Herz von Minne brennt, der soll einen Kranz von Rosen tragen," heißt es in einem Tanzliede des Tanhusers.[142] So brachte der Reigen auch die Einladung zum Kranzfingen im verliebten Sinne. Bei den Minnesingern findet man davon nur einzelne Andeutungen, wie bei Rithart:

  wê, wer singet nû ze tanze
  jungen wîben unt ze bluomenkranze![143]

Die Kranzlieder selbst, nicht um den Schulpreis, sondern um den schöneren Dank, kommen zuerst im 15ten Jahrhundert zum Vorschein. Aus dieser Zeit stammt das handschriftliche Bruchstück eines solchen in breisgauischer Mundart[144]:

Der junge Gesell kommt hastig hergerannt, Arm und Reich sollen ihm aus dem Pfade weichen, der ihn zu der hübschen Jungfrau trägt[145]; er grüßt diese und wünscht sich ihr Rosenkränzlein; mit ihrer schneeweißen Hand möge sie nach dem Haarbande greifen, das ihr so wenig gilt und ihn so fern her führt; er will es in einen Schrein legen und über den Rhein tragen, auch ihr zur Ehre sagen, wie ihms die hübscheste

Jungfrau im Lande gegeben habe. Nun legt sie ihm Räthsel vor, von denen nur noch zwei erhalten sind. Das erste: „Hübscher junger Knab! auf meines Vaters Giebel sitzen der Vögelein sieben, wess (von was) die Vögelein leben, könnt ihr mir das sagen, so sollt ihr mein Kränzlein von hinnen tragen." „Der erste lebt eurer Jugend, der andre eurer Tugend, der dritte eurer süßen Blicke, der vierte eures Gutes, der fünfte eures Muthes, der sechste eures stolzen Leibs, der siebente eures reinen Herzens; zarte Jungfrau, gebt mir das Rosenkränzlein!" Die im vorigen Abschnitt erläuterte Ausdrucksweise: daß auch die Vögel eines Mannes Heiligkeit fühlen, ist hier noch dichterischer auf das Lob der hübschen Jungfrau gewendet. Zu diesem heitern Lebensbilde gibt das zweite Räthsel ein ernstes Seitenstück: der Knabe soll den Stein zeigen, den nie eine Glocke überschallte, nie ein Hund überbellte, nie ein Wind überwehte, nie ein Regen übersprengte; dieser Stein liegt im Höllengrund, er heißt anderwärts der Dillestein und ist die Grundfeste der Erde, von dem Rufe, der die Todten aufweckt, wird er entzwei gehn.[146] Ein Straßburger Druckblatt um 1570 gibt, abermals in einem Räthsellied, ausführliche Unterweisung, „wie man um einen Kranz singt."[147] Aus fremden Landen kommt ein Singer und bringt viel neuer Mähre: dort ist der Sommer angebrochen und wachsen Blümlein roth und weiß, Jungfraun brechen sie und machen daraus einen Kranz, den sie an den Abendtanz tragen und die Gesellen darum singen lassen, bis Einer ihn gewinnt. Mit Lust tritt der Sänger an den Ring, grüßt alle Burgerskinder, grüßt die Armen und die Reichen, die Großen und die Kleinen, und fragt nach einem andern Sänger, der seine Aufgaben löse und damit das Kränzlein gewinne. Es sind die Fragen: was höher denn Gott? größer denn der Spott? weißer denn der Schnee? grüner denn der Klee? Ein andrer Sänger tritt hervor, grüßt einen ehrbaren, weisen Rath, dazu die ganze Gemeine, besonders auch die zarte Jungfrau, die das Kränzlein gemacht, um das er zum erstenmal eine Bitte an sie richtet, er woll' es um ihrer und aller Jungfraun wegen tragen, die Rath und That dazu gethan. Sofort beantwortet er die Fragen des vorigen Sängers: die Krone sei höher denn Gott (auf Gemälden), die Schande größer denn der Spott, der Tag weißer denn der Schnee, das Merzenlaub (des Lenzen Laub) grüner denn der Klee; das Kränzlein sei dem Frager verloren. Er selbst gibt nun der Jungfrau auf, könne sie es ihm singen oder sagen, ihr Kränzlein soll sie länger tragen: das Kränzlein hat nicht Anfang noch Ende, die Blumen sind in gleicher Zahl, welches ist die mittelste Blume? Ein großes Schweigen, das Kränzlein will ihm bleiben, er muß selbst die Frage lösen: die Jungfrau ist die mittelste Blum' im Kranze. Zum drittenmale bittet er sie um das Kränzlein, sie soll ihre schneeweiße Hand aufheben, dem Kränzlein einen Schwank geben und ihm es auf sein gelbes Haar setzen.[148] Nachdem er es empfangen, spricht er Gruß und Dank und schenkt ihr seinerseits, wieder räthselartig, eine güldene Krone mit drei Edelsteinen[149], der erste: „Gott behüt' euch vor der Hölle Glut!" der zweite: „Gott geb' euch sein Himmelreich!" der dritte: „Gott behüt' euch eure Jungfrauschaft!" Damit geht er aus dem Reigen und wünscht Allen gute Nacht.

Wie verbreitet derartige Kranzlieder im 16ten Jahrhundert waren, ergibt sich noch aus weiteren Überbleibseln und Anzeigen. Anfang eines solchen in einem musikalischen Liederbuch aus Nürnberg von 1544: „Mit Lust tret' ich an diesen Tanz, ich hoff' mir werd' ein schöner Kranz 2c." Der Sänger tritt „auf einen Stein" und grüßt die zarte Jungfrau nebst der ganzen Versammlung, fast mit denselben Worten, wie im Straßburger Liede.[150] Auch in geistlicher Umdichtung sind Anklänge erhalten. Ein geistliches Reigenlied von Hermann Vulpius ist gedichtet „im Ton, wie man umb Krenz singt", nach einem andern Drucke (von 1560) „im Ton, Aus fremdden Landen komm ich her", womit eben das Straßburger Kranzlied gemeint sein wird.[151] Diese Verweisung spricht zugleich dafür, daß schon Luthers „Vom Himmel hoch da komm' ich her 2c.," dessen erstes Gesätz meist wörtlich mit dem Eingang des genannten Kranzliedes übereinstimmt, von dem weltlichen Lied ausgehe, nicht umgekehrt.[152] „Ein christlicher Abentreien vom Leben und Amt Johannis des Taufers, für christliche, züchtige Jungfräulein," 1554, von N. H. (Nic. Herman), hebt an: „Kommt her, ihr liebsten Schwesterlein, an diesen Abendtanz, laßt uns ein geistlichs Liedelein singen um einen Kranz!" Da nach Seb. Frank besonders am Johannisabend um den Kranz gesungen wurde, so mochte dieß den frommen Cantor zu Joachimsthal, der Heimat so mancher Berggreien, veranlassen, den weltlichen Reien, dessen Eingang noch hörbar ist, durch ein erbaulicheres Johannislied zu ersetzen.

Die gefällige Räthselweise, die auf Angelegenheiten des Herzens abzielt, ist auch durch ein englisches Lied, aus einer Handschrift des 15ten Jahrhunderts, vertreten, doch ohne den Kranz:

Mädchen.

Meine junge Schwester fern über dem Meer
gar manches Brautstück schickt sie mir her,
sie schickte mir die Kirsche ohn' einigen Stein
und so auch die Taube ohn' einiges Bein,
sie schickte den Strauch mir ohn' einige Rinde;
hieß mich lieben mein Lieb und nicht Sehnsucht empfinden.
Wie soll' eine Kirsche sein ohne Stein?
und wie eine Taube sein ohne Bein?
wie soll' ein Strauch denn sein ohne Rinde?
wie soll' ich lieben mein Lieb und nicht Sehnsucht empfinden?

Knabe.

Als die Kirsch' eine Blüthe, da hatte sie nicht Stein,
als die Taub' ein Ei war, da hatte sie nicht Bein,
als der Strauch ungewachsen, da hatt' er nicht Rinde,
hat das Mägdlein was es liebt, wirds nicht Sehnsucht empfinden. [153]

Gleicher Form mit den seltsamen Sendungen, welche hier der Hauptfrage vorangehn, ist eine Aufgabe der deutschen Räthselbüchlein [154]:

Es schickt' ein Ritter über Rhein
der allerliebsten Frauen sein
guten Wein ohne Glas
und ohn' all ander Trinkfaß,
rath, worin der Wein was?

In einer Traube.

Das Singen um den Blumenkranz deutet sinnbildlich an, erzählende Lieder knüpfen ausgesprochenes Werben und Freien an die Räthsellösung. In einer englischen Ballade wählt ein Ritter, der auf Freiwerbung ausgeritten, unter den drei Töchtern einer Wittwe sich die jüngste, weil sie allein ihm die zur Verstandesprüfung aufgeworfenen Fragen beantwortet; diese sind von bekanntem Schlage: was ist länger als der Weg? tiefer als die See? lauter als das Horn? schärfer als ein Dorn? grüner als das Gras? schlimmer als jemals ein Weib? Die Worte der Lösung sind: Liebe, Hölle, Donner, Hunger, Gift, Teufel. [155] Ein russisches Lied läßt Mädchen und Jüngling zu hohem Preise Schach spielen, er setzt drei Schiffe, eines mit Gold, das andre mit Silber und das dritte mit Perlen, sie setzt ihr Leben ein und gewinnt. Ihr Vorschlag, daß er die Schiffe als Mitgift wieder haben könnte, tröstet ihn nicht und vergeblich sucht er dieselben durch Räthselwette wieder zu gewinnen; seine Fragen sind: was ohne Feuer glühe? ohne Flügel fliege? ohne Füße renne? Das Mädchen erräth leicht: Sonne, Wolle, Bach.[156] Aber auch umgekehrt, wie in den Kranzliedern, stellt das Mädchen die Aufgaben als Bedingniß der Gewährung. Scherzhaft in der schottischen Volksballade vom Hauptmann Wedderburn, dessen sich die schöne Tochter des Lords von Roslin, die er Abends im Walde aufgefangen, durch Räthsel zu erwehren sucht; sie verlangt zum Abendessen drei Gerichte: die Kirsche ohne Stein, das Hühnchen ohne Bein, den Vogel ohne Galle (die Taube); sie legt sechs Fragen vor, zum Theil dieselben, die auch der freiende Ritter aufgab; sie heischt vier wunderbare Dinge, darunter eines Sperlings Horn (Klauen und Schnabel) und einen ungebornen Priester zur Trauung; Allem wird genügt, auch der Priester steht vor der Thür, ein Wildeber hat einst die Seite seiner Mutter zerrissen.[157] Ernster läßt ein andres Räthselstück aus Schottland sich an: Bei sinkendem Abendthau sieht eine Jungfrau von der Schloßzinne nieder, ein Ritter, dessen Anzug ihr auffällt, kommt herbei und gibt sich als einen Bewerber kund, der, wenn sie ihn verschmähe, noch diese Nacht sterben werde. Sie erwidert: Wenige werden um ihn trauern, manch Besserer sei um ihretwillen gestorben, dessen Grab grün bewachsen sei. Doch gibt sie ihm ihre Räthsel zu rathen: welches die erste oder die schönste Blume sei in Moor und Thal? welches der süßeste Singvogel nächst der Nachtigall? Schlüsselblume und Drossel. Was die kleine Münze sei, die ihr Schloßgebiet auslaufen könnte? welches das kleine Boot, das die ganze Welt umsegeln könne? Der Pfennig in seiner Vielzahl und das Fischlein. Sie gibt sich überwunden und sagt ihm, daß sie von neun Schlössern ihres Vaters und dreien ihrer Mutter die einzige Erbin sei, es lebe denn ihr Bruder noch, der fern über Meer gezogen. Da nennt der Ritter sich als diesen Bruder, fern über dem Meere lieg' er begraben und je lauter der Wind blase, um so tiefer sei sein Schlaf, aber der Hochmuth seiner Schwester laß' ihm keine Ruh', er sei gekommen, ihr stolzes Herz zu demüthigen und sie vor ewiger Strafe zu warnen.[158]

Räthsel werden aber nicht bloß in die Erzählung eingelegt und mit der Handlung verwoben, sie werden selbst in Handlung gesetzt, die Person, der eine räthselartige Auflage gemacht wird, muß diese wirklich vollziehen. So wurde der ungeborene Priester leibhaftig herbeigeschafft. Durchgreifender waltet diese Weise in nachfolgenden Fällen. Ragnar Lodbrok legt mit seinen Schiffen unweit eines norwegischen Bauernhofes an und schickt Leute seines Gefolges an das Land, um Brod zu backen. Sie kommen mit verbranntem Brode zurück und gestehen, daß sie zuviel nach einem Mädchen von unvergleichlicher Schönheit geblickt haben, das ihnen bei der Arbeit behilflich war. Der König sendet nach ihr, will aber nicht bloß ihre Schönheit prüfen, er verlangt: sie solle kommen weder gekleidet noch ungekleidet, weder gegessen noch ungegessen, weder allein noch in jemands Begleitung. Die alte Bäuerin glaubt, der König sei nicht bei Troste, das Mädchen aber sagt: „Darum mag er so gesprochen haben, weil es so sein kann, wenn wir verstehen, wie er es meint." Sie wickelt sich in ein Fischgarn und läßt darüber ihre langen, goldglänzenden Haare fallen [159], kostet an einem Lauch, so daß man es am Geruche merken kann, und läßt einen Hund mitlaufen. Dieses Mädchen, mit dem Ragnar sich vermählt, ist Aslaug, Sigurds und Brynhilds Tochter, die unter dem Namen Kråke (Krähe) unerkannt bei Bauersleuten lebte und mit der Heerde gieng. [160] Die Auskunft mit dem Netz, nebst andern ähnlichen, wird auch von der klugen Bauerntochter in einem Mährchen aus Hessen erzählt; auch diese wird dadurch zur Königin. [161] Auf die Seite des Freiers fällt die Lösung in dem deutschen Volksliede von den drei Winterrosen, schon im 16ten Jahrhundert gangbar: Ein Mägdlein holt Wasser am kühlen Brunnen, sie trägt ein schneeweiß Hemd, dadurch ihr die Sonne scheint (ihre lichte Farbe sichtbar wird) [162], sie sieht sich um und meint allein zu sein, da kommt ein Ritter mit seinem Knechte [163], grüßt sie und fordert sie auf, mit ihm heim zu ziehen. Sie weigert sich, er bring' ihr dann drei Rosen, die zwischen Weihnachten und Ostern gewachsen. Da reitet er über Berg und Thal und kann ihrer keine finden, zuletzt läßt er von einer Malerin die drei Rosen malen und bringt sie, freudig singend, herbei. Das Mägdlein steht am Laden und weint bitterlich: sie hab' es nur im Scherze geredet. Er aber meint, so wollen sie's nun scherzweise wagen. Der nüchterne Einfall mit den gemalten Rosen in dem sonst frischen Liebe fehlt in einer andern Fassung desselben, die aber gar nicht erklärt, wie die Auffindung der Rosen möglich war. Daß eine ältere, lebendige Lösung verloren gegangen, wird durch Vergleichung eines litthauischen Räthselliedes glaubhaft: Ein Mädchen wird von der Schwieger nach Wintermai und Sommerschnee ausgeschickt. Weinend begegnet sie dem Hirtenknaben, der sie um den Grund ihrer Trauer befragt und ihr Rath ertheilt:

> „Geh hin, o Mägdlein, du zarte Jungfrau,
> zum grünen Walde, zum Meeresstrande!
> da wirst du finden eine grüne Fichte:
> brich ab ein Zweiglein, schöpf' eine Hand voll Schaum!
> dann wirst du bringen der lieben Schwieger
> den Wintermai, den Sommerschnee. [164]

Hier ist es wieder das Mädchen, das die Aufgaben lösen muß, sei es, daß die Schwieger den Scharfsinn der künftigen Tochter prüft, oder daß sie mittelst einer unerfüllbaren Bedingung verblümter Weise den Sohn verweigern will. [165]

Manche der angeführten Räthselaufgaben nähern sich schon merklich einer weiteren Gattung des Witzspiels, den Liedern von **unmöglichen Dingen**. Fordern die Räthsel scheinbar Unmögliches, so werden nun auch durchaus unerschwingliche Leistungen verlangt und hierauf kann der angesprochene Theil nur mit Ansinnen derselben Art entgegnen. Ein Sieg durch Lösung ist hier nicht zu erkämpfen, es gilt nur, eine abenteuerliche Forderung durch die andre aufzuheben oder zu überbieten. So bezeichnen die unlösbaren Aufgaben, im Gegensatze der Räthsel, die zum Ziele führen, daß die Werbung nicht ernstlich und die Vereinigung nicht denkbar sei. Lieder dieser Gattung haben offenen Rahmen für jeden Einfall aus dem großen Gebiete der Unmöglichkeit. Im deutschen Volksgesang ist diese Weise seit dem 16ten Jahrhundert weit verbreitet. Aus der alten dithmarsischen Fassung des Liedes „von eiteln, unmöglichen Dingen" Folgendes zur Probe [166]:

> Ich weiß mir eine schöne Maid,
> ich nähme sie gern zu Weibe,
> könnte sie mir von Haberstroh
> spinnen die feine Seide.

„Soll ich dir von Haberstroh
spinnen die kleine (d. i. feine) Seide,
so sollt du mir von Lindenlaub
ein neu Paar Kleider schneiden." 167

Soll ich dir von Lindenlaub
ein neu Paar Kleider schneiden,
so sollt du mir die Scheere holn
zu mitten aus dem Rheine.

„Soll ich dir die Scheere holn
zu mitten aus dem Rheine,
so sollt du mir eine Brücke schlagen
von einem kleinen Reise."

Soll ich dir eine Brücke schlagen
von einem kleinen Reise,
so sollt du mir das Siebengestirn
am hohen Mittag weisen.

„Soll ich dir das Siebengestirn
am hohen Mittag weisen,
so sollt du mir die Glasenburg 168
mit einem Pferd aufreiten."

Soll ich dir die Glasenburg
mit einem Pferd aufreiten,
so sollt du mir die Sporen schlagen
wohl von dem glatten Eise.

„Soll ich dir die Sporen schlagen
wohl von dem glatten Eise,
so sollt du sie über die Füße tragen
am heißen Sonnenscheine."

Soll ich sie über die Füße tragen
am heißen Sonnenscheine,
so sollt du mir eine Peitsche drehn
von Wasser und von Weine.

In andern Aufzeichnungen begegnet man theils den gleichen, theils verschiedenen Scherzaufgaben. Ein englisch-schottisches Lied hat für das Spiel mit seltsamen Dingen auch einen Sprecher aus dem lustigen Elfenreiche. Der Elfenritter sitzt auf dem Hügel und bläst sein Horn laut und gellend nach Oſt und Weſt. Da wünſcht ſich ein junges Mädchen das Horn in ihren Kaſten und den Ritter in ihre Arme. Kaum hat ſie dieſe Worte geſprochen, ſo ſteht er vor ihrem Bett und verlangt, wenn ſie ihn heirathen wolle, von ihr einen Dienſt: ſie müſſ' ihm ein Hemd machen ohne Schnitt oder Saum, müſſ' es formen ohne Scheere und nähen ohne Nadel und Faden. Das Mädchen bedingt einen Gegendienſt: er muß' ihr einen Morgen Baulands mit ſeinem Horne pflügen und mit ſeinem Blaſen einſäen, einen Wagen aus Stein und Leim bauen und ihn durch Robin Rothbruſt heim ziehen laſſen, das Korn in einem Mausloch aufſchobern und in ſeiner Schuhſohle dreſchen, in ſeiner hohlen Hand wannen und in ſeinen Handſchuh einſacken, dann über die See ihr trocken zubringen; hab' er ſeine Arbeit wohl verrichtet, ſo mög' er das Hemd ſich holen. Der Elfe zieht vor, bei ſeinem ſchottiſchen Pläd zu verharren und das Mädchen will vorerſt noch ledig bleiben. [169]

Schon in einem lateiniſchen Gedichte Walafrids, der 849 als Abt zu Reichenau ſtarb, ſind ähnliche Aufgaben geſtellt: es ſollen weiße Raben und ſchwarze Schwäne, geſchwätzige Schnecken und ſtumme Heimchen gefangen, Fiſchen das Schwimmen und Vögeln das Fliegen verboten, Quellen zum Stehen und Berge zum Gehen gebracht werden u. dgl. m.; wieſern aber der gelehrte Dichter von heimiſchem Vorbild oder von römiſchen Muſtern angeregt war, läßt ſich nicht genauer ausmitteln. [170] Bei mittelhochdeutſchen Dichtern iſt dieſe Form bereits in künſtlicher Steigerung auf Minnewerbung angewandt. Der Tanhauſer zählt in zwei Liedern eine Menge der wunderlichſten Verlangen her, von deren Erfüllung die Frau ſeines Herzens den Lohn ihrer Huld abhängig macht: er muß ihr die Rhone gen Nürnberg ſchicken und die Donau über den Rhein [171], ein Haus von Elfenbein auf einem See bauen, den Gral, den Apfel des Paris und die Arche Noä gewinnen, den Rhein wenden, daß er nicht über Koblenz hinausgehe, Grand von dem See bringen, wo die Sonne zu Raſt geht, und einen Stern, der nahe dabei ſteht, dem Mond ſeinen Schein benehmen, fliegen wie ein Staar und hoch ſchweben wie ein Aar, der Elbe ihren Fluß und der Donau ihr Rauſchen wehren, den Regen und den Schnee abwenden, den Sommer und den Klee, nebſt andern gleich ſchwierigen Dienſtleiſtungen. [172] Der Sinn wird auch mit dürren Worten ausgedrückt:

„Sprech ich ja, so spricht sie nein, also sind wir einhellig."[173] Eine Nachahmung dieses Liedes, unter dem Namen des Meisters Boppe, geht noch weiter: drei Phönixe muß er miteinander bringen, mit Schnecken soll er Einhorne und Drachen fangen, mit Greifen beizen, mit drei Elefanten bei Tirol Gemsen hetzen u. A. m.[174] Wie Tanhausers Lied von diesem letztern in halbgelehrten Abgeschmacktheiten überboten wird, so bekundet sich auch jenes schon als Überladung einer kunstloseren Form, deren volksmäßiger Gebrauch somit wenigstens um die Mitte des 13ten Jahrhunderts vorauszusetzen wäre. Näher den Volksliedern, mit gegenseitiger Aufgabe, obgleich ohne Beziehung auf Liebessachen und in höherem Stile, stellt sich Meister Frauenlob, wenn er einem wetteifernden Kunstgenossen zuruft: „Laß laufen das Gestirne, so will ich fliegen lassen den Wind, willst du den Donner binden, so bin ichs, der den Blitz bindet, kannst du die Regentropfen zählen, so zähl' ich dir Laub, Gras und allen Sand.[175] Wie im oberdeutschen Volksliede (Volksl. Nr. 4. A. Str. 4):

> So mußt du mir die Sterne zähl'n,
> die an dem Himmel scheinen.

Die einfachste Anwendung des Unmöglichen ist jedoch, wenn dasselbe nicht als Leistung und Gegenleistung, sondern als unmittelbare Verkehrung des Naturlaufs bedungen und hingeschoben wird. So im niederrheinischen Liederbuche des 16ten Jahrhunderts (Volksl. Nr. 65. Str. 3):

> Nun schweiget, eine hübsche Magd,
> und laßt das Weinen sein!
> wann es Rosen schneiet
> und regnet kühlen Wein,
> so wollen wir, Allerliebste,
> all bei einander sein.

Und noch in Volksliedern des Kuhländchens:

> Ich nehm' dich mit, wenn's Rosen regnet
> und wenn der Mond der Sonne begegnet.
> „Und rothe Rosen regnet's ja nicht,
> Der Mond begegnet der Sonne nicht."

Oder:

> Mein Schatz, wann kommst du wieder,
> Herzallerliebster mein?

„Ei! wann's wird schneien Rosen
und regnen den kühlen Wein."

Es schneit ja keine Rosen,
es regnet kein' kühlen Wein;
du kommst schon nicht mehr wieder,
Herzallerliebster mein! 176

Schottisch:

O wann heirathen wir uns, Lieb!
wann werden wir uns nehmen?
„Wann Sonn' und Mond tanzt auf dem Grün,
dann werden wir uns nehmen."

Auch Künstlicheres: „Wann Muschelschaalen Silberglocken werden, wann Apfelbäume in den Seen wachsen, wann Fische fliegen und Meere trocken gehn u. f. w. 177 Haben schon einige dieser Stellen einen wehmüthigen Abschiedston, so wird dieselbe Ausdrucksweise noch ernster in Balladen düstern Inhalts. Als Bondeb auszieht, seinen Vater zu rächen, fragt ihn die Mutter: „Wann darf ich Wein lassen mischen, wann mag ich dein Kommen erwarten?" Er antwortet: „Wann die Steine beginnen zu schwimmen und die Raben weiß zu werden, dann mögt Ihr Bondeb heim erwarten, all' meine Tage komm' ich nicht zurück." 178 Der Brudermörder in der schottischen Ballade, der sich in ein bodenloses oder ruderloses Schiff setzen will 179, wird auch von seiner Mutter befragt: wann er wieder heimkommen werde? und erwidert, wie es schon oben hieß: „Wann Sonn' und Mond auf dem Grün tanzen (a. auf jenem Hügel springen), und das wird nimmer sein. 180" In der schwedischen Fassung bewegt das Gespräch sich weiter: „Wann kommest du zurück?" „Wann der Schwan wird schwarz?" „Und wann wird schwarz der Schwan?" „Wann der Rabe wird weiß." „Und wann wird weiß der Rabe?" „Wann der Graustein schwimmt?" „Und wann schwimmt der Graustein?" „Der Stein schwimmet nie." Oder auch: „Wann schwimmet der Stein?" „Wann die Feder sinket." Ferner: „Wann darf ich dich heim erwarten?" „Wann der Stamm sich belaubt." „Wann belaubt sich der Stamm?" „Wann die Rinde knospet" u. A. m. 181 Finnisch: „Wann kommst du, Sohn, nach Hause?" „Wann der Tag aus Nord aufleuchtet." „Wann wird der Tag aus Nord aufleuchten?" „Wann auf Wasser Steine tanzen." „Wann mag Stein auf Wasser tanzen?"

"Wann zum Grunde sinken Federn." "Wann sinkt Feder wohl zum Grunde?" "Wann zum Richtstuhl Alle kommen." ¹⁸² Nach einem kleinrussischen Volksliede sucht die Mutter auf dem Schlachtfelde jammernd den gefallenen Sohn, ein Rabe, mit der Beute in den Krallen, ruft ihr zu:

> Alte Mutter, geh' nach Hause,
> nimm die Hand voll Sand und säe
> auf ein Beet ihn unter Blumen,
> netz' ihn täglich reich mit Thränen.
> Geht er auf vom weichen Erdkloß,
> kehrt dein Sohn heim — ohne Zweifel. ¹⁸³

In Scherz und Ernst sind die unmöglichen Dinge eine bejahende Verdeckung von Nein und Nimmer. Auf den leeren Hintergrund der Verneinung werden die wunderlichen Bilder hingespiegelt, welche zwar auch nur ein Nicht und Niemals entfalten und selbst wieder in Dieses zerrinnen, aber doch augenblicklich eine Anschauung gewähren, die noch in ihrem Verschwinden bald heiter und neckisch, bald ironisch bitter fortwirkt. Es waltet hierin dieselbe Scheue der Phantasie vor jedem kahlen und öden Flecke, die sich im Kleinern und wieder auf andre Weise vorzüglich bei den Dichtern des 13ten Jahrhunderts in einer vielgebrauchten Verneinungsformel äußert: dem abstrakten Nichts wird irgend eine geringfügige Sache vorgeschoben, welche sich zu jenem wie Positiv zum Comparativ verhält und der sinnreichen Vorstellung einen letzten Anhalt darbietet; statt zu sagen: das frommt, gilt, verfängt mir nichts, versichert man: das hilft mich, schadet mir, das achte, fürchte ich nicht ein oder um ein Blatt, einen Bast, eine Beere, ein Stroh, eine Spreu, eine Bohne, eine halbe Bohne, eine Wicke, ein Wicklein, ein Ei, ein Brot, ein Haar, oder positiv: das ist mir ein Staub, ein Wind ¹⁸⁴, poetischer der geringste Theil eines grünen oder blühenden Ganzen: nicht ein Lindenblatt, Lilienblatt, Rosenblatt, Veilchenstiel. ¹⁸⁵ Nach andrer Seite sind die seltsamen Gebilde, in denen die Poesie das Niemals und, wie sich nachher ergeben wird, auch das Nirgend versinnlicht, mit den Darstellungen des Immer und Überall in der Rechtssprache zusammenzuhalten. Hier sollen Satzung, Geding, übertragenes Eigenthum dauern: so lange die Sonne auf- und niedergeht, der Mond scheint, der Wind weht, der Regen sprüht, der Hahn kräht, Thau fällt,

Laub und Gras wächst oder grünt, der Baum blüht, Eiche und Erde steht, das Wasser über das Land, der Lebendige über den Todten geht. Besonders auch müßen die Liederstellen, in denen der Bluträcher oder Brudermörder seine Selbstverbannung ausdrückt, damit verglichen werden, wie die nordischen Sicherheits- und Sühnformeln den Friedbrecher voraus ächten: er soll gejagter Wolf sein, soweit Menschen Wölfe jagen[186], Christenleute zu Kirche gehen, Heiden im Tempel opfern, Feuer brennt, Erde grünt, Kind nach der Mutter schreit, Mutter das Kind stillt, Holz Feuer nährt, Schiff schreitet, Schilde blinken, Sonne scheint, Schnee fällt, Föhre wächst, Falke den langen Frühlingstag fliegt und der Wind ihm unter beiden Schwingen steht, Himmel sich wölbt, dreht (hverfr), Welt bewohnt ist, Wind braust (þýtr), Wasser zur See strömt, Männer Korn säen.[187] Die Rechtsformeln haben meist auch durch Reim oder Stabreim poetischen Klang; während aber die Lieder die Nichtwiederkehr dadurch aussprechen, daß sie die Heimkehr auf den Eintritt unmöglicher Begebniße aussetzen, festigen die Formeln ihren Bann durch Anknüpfung an das allwärts und immerfort Bestehende; während in den Gedichten die abgewiesene Einigung, die unheilbare Lösung der Heimatbande durch Dinge verbildlicht wird, welche mit den Naturgesetzen im Widerstreit stehen, beruft sich die Rechtssprache für Gesetz und Vertrag, für Sicherung und Sühne auf die ewige Regel des Weltgangs. Wenn es der Poesie vergönnt ist, mit den Bildern der Unmöglichkeit, den Träumen der verkehrten Welt, zu spielen, so kommt es dem Rechte zu, für den Bestand seiner sittlichen Ordnung Bild und Widerhalt in den Erscheinungen des unwandelbaren Naturlebens zu nehmen. Klar bezeugt ist dieser Zusammenhang in einer schwedischen Ballade: „Wie soll das Gras auf dem Felde können wachsen, wenn der Vater nicht dem Sohne will glauben?" denn die Sicherungsformel sagt: „Gleich befriedet wie Sohn mit Vater und Vater mit Sohne;"[188] und in einem niederländischen Liede (Volkslieder Nr. 97. B.) steht der Strom stille, als ein treuloser Ritter von Minne spricht, während die Rechtssprache den unabläßigen Lauf des Wassers anruft. Übrigens sind die wesenlosen Dinge auch vom Rechtsgebiete nicht gänzlich ausgeschlossen, sie erscheinen, wieder das Nicht verdedend, da, wo kein Recht gewährt wird, bei den Scheinbußen an die Rechtlosen: „Spielleuten gibt man, nach den deutschen Rechtsbüchern, zu

Buße den Schatten eines Mannes, Kämpen (herumziehenden Kunst-
fechtern) und ihren Kindern den Blick (Widerglanz) von einem Kampf-
schilde gegen die Sonne. [189] Abfindung mit Schein und Schatten spielt
auch in Strickers Erzählung von zwei Königen: Der Eine zieht den
Andern zur Rechenschaft für das Leid, das ihm von Diesem im Traume
geschehen, der Andre bietet zur Buße die Schatten seiner Ritter, die sich
mit ihren Rossen im Grenzflusse spiegeln [190]; sodann in der altfranzösischen
Erzählung, wie ein Ritter seinen Ring, den die geliebte Frau nicht
behalten will, ihrem Spiegelbild im Strome zuwirft. [191] Durch ähnliche Beschönigungen wird in Liedern und Mähren das Kind ohne Vater
bezeichnet. Die älteste Fassung des Schwankes vom Schneekind, ein
lateinisches Gedicht aus dem 10ten Jahrhundert in der singbaren Form
der Leiche, überschrieben: modus Liebinc, erzählt: wie die Frau eines
Kaufmanns von Konstanz, der nach zweijähriger Seefahrt einen kleinen
Sohn zu Hause trifft, diesen vom Schnee, womit sie einmal auf den
Alpen den Durst löschte, empfangen zu haben vorgibt und wie nachmals der Kaufmann auf einer andern Seereise den Knaben verkauft,
bei der Zurückkunft aber behauptet, der Sohn des Schnees sei von der
brennenden Sonne zerschmolzen. [192] Auch Thaukinder scheint es gegeben zu haben [193] und in derselben Ausdrucksweise wird eine räthselhafte wunderartige Geburt dem Duft einer Blume oder dem Saft eines
Apfels zugemessen. [194] Ein Traumkind im litthauischen Volksliede:

 Liebe Tochter, Simonene,
 wo erhieltest du den Knaben?

 „Mutter, Mutter, ehrenwerthe!
 durch die Träume kam er."

 Liebe Tochter, Simonene,
 worin wirst du ihn einhüllen?

 „Mutter, Mutter, ehrenwerthe!
 in den Flügel der Marginne" (Frauenkleidung).

 Liebe Tochter, Simonene,
 wo wirst du ihn hinlegen?

 „Mutter, Mutter, ehrenwerthe!
 auf des Thaues Decke."

Liebe Tochter, Simonene,
womit wirst du ihn speisen?
„Mutter, Mutter, ehrenwerthe!
mit dem Brod der Sonne." [195]

Wenn das Lied vom Schneekinde mit der märchenhaften Wettlüge spielt, so birgt das vom Traumknaben unter den Scheindingen den bittern Ernst, ein trauriges Nicht, den Mangel des Vaters und damit der Hülle, des Lagers, des Brodes. Auch mit Scheinbuße werden die unecht Geborenen abgespeist. [196]

Die Räthsel setzen scheinbar Unmögliches, die unmöglichen Dinge verblümen die Verneinung, es gibt aber einen Fall, der mitten inne schwebt. Macbeth soll, nach dem Spruche der Schicksalschwestern, nie von einem Menschen, der vom Weibe geboren ist, ermordet und nicht besiegt werden können, bevor der Wald von Birnam nach Dunsinnane kommt. Aber Macduff, der sein Mörder wird, ist aus Mutterleibe geschnitten und das anrückende Feindesheer hat sich, um seine Stärke zu verbergen, mit Zweigen aus dem Birnamwalde bedeckt, so daß dieser selbst zu kommen scheint. Was für Macbeth entschiedenste Bezeichnung des Niemals war, ist nun ein vom Schicksal gelöstes Räthsel. Der Ungeborne fand sich schon oben bei den Räthseln ein, der kommende Wald jedoch gewinnt durch Zusammenstellung mit weiteren Sagen ein anderartiges Aussehn. Nach einer Volkssage aus Oberhessen wurde vor Alters ein König in seinem Schloß auf dem Christenberg vom König Grünewald lange belagert, seine einzige Tochter, welche wunderbare Gaben besaß, sprach ihm immer noch Muth ein, bis zum Maientag, da sah sie auf einmal bei Tagesanbruch das feindliche Heer herangezogen kommen mit grünen Bäumen, nun wuste sie, daß Alles verloren und rief:
Vater, gebt euch gefangen!
der grüne Wald kommt gegangen. [197]

Auch hier ist eine Vorausbestimmung angenommen, übrigens der grüne Wald mißverständlich zum Namen gemacht und damit doppelte Lösung herbeigeführt. Im 11ten Jahrhundert bringt Saxo die Sage zweifach; einmal hat der schlaue Erik sieben seiner Schiffe mit Baumzweigen bedecken lassen und mit dem achten die Flotte der Slaven herbeigelockt, die sich nun plötzlich in eine Bucht eingeschlossen sehen und zuerst staunend vermeinen, der grüne Wald komme dahergeschifft; das andre Mal überfällt der Wiking Hali den König Eigar mit einer Kriegsschaar, die, aus dem Wald anrückend, sich mit abgehauenen Zweigen deckt, Eigars Wartmann eilt zum Schlafgemache seines Herrn und sagt: er bring' eine staunenswerthe Botschaft, Gezweig und Gesträuche seh er daherschreiten; worauf der König äußert, dieses Wunder bedeute seinen Tod.[198] Die früheste Überlieferung aber und doch schon die ausgemalteste gibt Aimoin aus den Geschichten des fränkischen Königshauses im 6ten Jahrhundert: Fredegund rückt dem Lager Chilbeberts, der mit Heeresmacht in ihr Reich eingebrochen, in früher Morgenstunde so entgegen, daß sie selbst, ihren Säugling Chlotar in den Armen haltend, vorausgeht, und ihre Krieger mit Baumzweigen in der Hand und klingenden Schellen am Hals der Pferde aus dem Walde ziehn; ein feindlicher Wächter, in der Dämmerung ausschauend, ruft seinem Gesellen zu: „Was ist das für ein Wald, den ich dort stehen sehe, wo gestern Abend nicht einmal kleines Gebüsch war?" Der Andre hält den Fragenden für weintrunken und glaubt die Schellen der im Walde weidenden Rosse zu hören. Da lassen jene die Laubzweige fallen, der Wald steht entblättert, aber dicht mit Stämmen schimmernder Speere, jäher Schrecken kommt über die Feinde, aus dem Schlafe werden sie zu blutiger Schlacht erweckt und die nicht entrinnen können, fallen vom Schwerte.[199] Eben aus den ältesten Darstellungen erhellt, daß die räthselartige Prophezeiung nicht wesentlich ist, und auch in diesen schon ist die angebliche Kriegslist eine allzu dürftige Erklärung, vielmehr eine Aufhebung des phantastischen Bildes. So bleibt als ursprünglicher Anhalt nur das Erstaunen des Überfallenen, das auch meist nachdrücklich und anschaulich hervorgehoben wird. Der kommende Wald, ein Unmögliches, wird nicht in der Verneinung belassen, dem Überraschten ist, was er sehen muß, unmöglich und wirklich zugleich. „Der Wald wandelt," wäre hiernach uralter Ausdruck für die Bestürzung desjenigen, dem Unerwartetes, Unmöglichgeglaubtes plötzlich vor Augen tritt, die Sage schlägt den Ausdruck mit zu den Ereignissen und sucht nun Mittel, das Unglaubliche zu erklären, richtiger und poetischer verstärkt und belebt sie dasselbe, wenn der Wald auf dem Meere geht oder mitsammt seiner klingelnden Weidherde heranzieht.[200]

Die Volksdichtung setzt ihren Weg durch das Unglaubliche weiter

fort und gefällt sich, wozu schon angeklungen ist, in förmlichen Lügenliedern. Das älteste Beispiel ist wieder ein lateinischer Leich aus dem
10ten Jahrhundert, bezeichnet: modus florum, Blumenton. Derselbe
kündigt sich offen als einen Lügensang (mendosam d. i. mendacem cantilenam) an und erzählt von einem Könige, der seine schöne Tochter
mit dem Beding zur Brautwerbung ausbietet, daß der Freier so lange
fortlüge, bis der Mund des Herrschers selbst ihn für einen Lügner er-
kläre. Ein Schwabe hört dieses und hebt alsbald an, wie er, allein auf
der Jagd umherstreifend, einen Hasen geschossen und dessen Kopf sammt
dem Fell abgelöst habe; als er nun den Hasenkopf aufgehoben, seien
aus dem einen Ohre hundert Schaff Honigs geflossen und aus dem
andern das gleiche Maß von Goldstücken (bisarum); diese hab' er in
das Fell gebunden und sofort beim Zerlegen des Hasen im äußersten
Schwanzende einen königlichen Brief versteckt gefunden, welcher beurkunde,
daß der König des Schwaben Knecht sei. „Der Brief lügt und du
selber lügst," ruft der König; so ist er überlistet und der Schwabe wird
sein Eidam. [201] Der Botenlauf des schnellfüßigen Hasen ist sagenhaft.
In der Thierfabel schickt ihn der König Löwe nach dem Fuchs aus. [202]
Nach einer lateinischen Erzählung aus England, in einer Predigten-
handschrift des 14ten Jahrhunderts, sind zinspflichtige Bauern um einen
Boten verlegen, der die Zahlung auf das Ziel ihrem Herrn überbringe;
da sagen einige: Richard (Riccardus) ist ein geschwindes Thier, hängen
wir an seinen Hals den Beutel mit dem Zins und geben ihm auf,
solchen schleunig an den Hof unsres Herrn zu tragen!" Das thun sie,
Richard aber läuft, so sehr er kann, mit Beutel und Zins dem Walde
zu und die Leute wissen nicht, wo er hingekommen. [203] Der einfältige
Mönch, der in einem altdeutschen Schwanke den Hasen für ein Kind
hält, ruft ihm nach: „O weh, liebes Kind! wie schnell deine Beine
sind! du solltest eines Fürsten Brief tragen, denn in kurzer Weile
liefest du manche Meile." [204] Auch der modus Liebinc gibt sein Schnee-
märchen, Lüge um Lüge, ausdrücklich auf den Namen eines Schwaben,
eines Bürgers von Konstanz. [205] Es scheint, daß damals solche Fünde
für Schwabenstreiche galten.

Im 13ten Jahrhundert versucht sich der Marner, ein Schwabe,
mit einer Lügenstrophe: „Mancher sagt Mähren von Rom, die er nie
gesehen, auch ich will euch eine sagen: eine Schnecke sprang einem Leopard

tausend Klafter vor, das Meer steht wasserleer, eine Taube trank es aus, das hört' ich zween Fische klagen, die flogen daher von Reifen und sangen neuen Sang (Beziehung auf den Minnesinger Gotfried von Neifen 206), ein Hase fieng zween Winde, die ihn jagen sollten, vier starke Wölfe sah ich von einem alten Schaf erschlagen, einen Reiher, der den Habicht in den Lüften fieng, einen weißen Bären, den ein wilder Esel an des Meeres Grund erjagte, wobei ihm ein Salamander half, dem die Wasser kund waren. 207 Es ist derselbe Geschmack, wie in den Liedern Tanhausers von unmöglichen Dingen. Ungezierter und lebendiger rührt sich das Lügenwerk in Spruchgedichten des 14ten Jahrhunderts, sowie in einigen Volksliedern aus dem 16ten und der späteren Zeit. 208 Alle Gattungen des Widersinnigen und Ungereimten laufen hier bunt durcheinander, ohne sichtbaren Zweck und Zusammenhang, die Ungethüme tauchen auf, rennen sich an und verschlingen sich, wie die Bilder des Sonnenmikroskops. Doch ist es möglich, Gleichartiges auszuscheiden, es haben sich da und dort Gruppenbildungen angesetzt, wenn sie auch schnell wieder zerfließen, selbst ein vernünftiger Sinn schimmert an einzelnen Stellen hindurch. Ein zahlreicher und anschaulicher Theil der Lügenbilder zeigt die Thierwelt in menschlichem Treiben begriffen und reiht sich damit an jene Dichtungen von den Hochzeiten und Leichenbegängnissen der Thiere, nur sind diese nun gänzlich ihrem natürlichen Wesen entrückt und gerade der Widerspruch mit letzterem ist es, woran sich die Darstellung vergnügt. In einem der ältesten Sprüche sieht man allerlei Thiere in Feld und Haus geschäftig: „Da sah ich zwo Krähen eine Matte mähen, da sah ich zwo Mücken machen eine Brücke, da sah ich' zwo Tauben einen Wolf klauben (rupfen) und sah zween Frösche miteinander dreschen," und weiterhin: „Da sah ich vier Rosse aus Heue Korn dreschen, da sah ich zwo Geißen einen Ofen heizen, da sah ich eine rothe Kuh das Brod in den Ofen thun" (Müller. B. 30 ff. 54 ff.). Theils wortgleich, theils mit den Verschiedenheiten aller mündlichen Überlieferung, find diese Thiergruppen aus dem 14ten Jahrhundert noch in letzter Zeit im Volksgesange der Schweiz und des mährischen Kuhländchens wieder gefunden worden; sie bilden hier ein kleines Lied für sich, mit Kehrzeilen: Wunder über Wunder! u. s. w. 209 Ein bremischer Kinderreim führt eigens die häusliche Wirthschaft aus: „Und als ich in das Bauerhaus kam, da sah ich mit Verwunderung an:

die Kuh die saß beim Feur und spann, das Kalb lag in der Wiegen und sang, die Katze lernte die Butter, der Hund der wusch die Schüsseln, die Fledermaus die fegte das Haus, die Schwalbe trug den Staub heraus auf ihren langen Flügeln." Zerstreut in den alten Sprüchen erscheint ein Käfer, der mit seiner Hellebarte ficht[210] und den König von Frankreich erschlägt, worüber eine Fledermaus heftig weint (Lieders. B. 18 ff.); eine Meise thut einen Kolbenschlag, daß die ganze Welt erhallt (Suchenw. 14 f.); ein Krebs bläst ein Jagdhorn, daß es in aller Welt erschallt (LS. 10 f.); ein Laubfrosch baut ein Ritterhaus auf einem Pfersichstein (LS. 22 f.)[211]; ein Rabe, der hoher Minne pflegt, geht hin zum Tanze, mit seinem Rosenkranze tritt er den Reihen, des freuet sich der lichte Mai.[212] Es sind Arabesken und Miniaturen im Stile der Randzeichnungen und gemalten Buchstaben alter Pergamenthandschriften (Mesebücher)[213]; satirische Beziehung des einzelnen Bildes ergibt sich nur in einer Liebesstelle, wo die Gänse zur Kirche gehn und der Fuchs ihnen predigt.[214] Die Thiere werden aber auch häufig so zu einander gestellt, daß sie ihre natürlichen Eigenschaften vertauschen oder die Kleinen und Schwachen der Großen und Starken Meister sind. Den Beispielen beim Marner reiht sich viel Ähnliches an: ein Habicht schwimmt über den Rhein, da schreien Fische, daß es in den Himmel bringt (Müller 23 ff.); Fische gehen im Zelt (Paßgang, Wachtelm. 159. Suchenw. 28); über dem Wald ist ein goldenes Obdach, darunter sitzen auf jedem Aste zwen Meerfische und lesen einem Abt zu Tische, der vor tausend Jahren tobt war (Lieders. B. 44 f.); Rinder bringen Geißen zur Welt (Müll. 36 f.) und eine Katze säugt vier junge Hasen (LS. 118 f.)[215], der Hase jagt die Hunde, wie bei Marner, und den Jäger selbst (Schl. L. Str. 9)[216]; die Schnecke tödtet Löwen oder schießt nach dem Hirsche, die Maus bindet den Bären, das Schaf zerreißt den Wolf (Müll. 44 f. Schl. L. Str. 9 f.)[217]; eine Maus erschlägt einen Löwen zu Tirol im Walde, da laufen alsbald zwo neugeschlagene Leiern (Suchenw. 32 ff.), vermuthlich Anspielung auf den Gesang der Fahrenden von erstaunlichen Heldenthaten.[218] Überhaupt tummeln sich in dieser Lügenfasnacht die sonst unbelebten Dinge ganz ebenbürtig unter und mit den Lebendigen; ein Pflug ackert ohne Roß und Rind (Müll. B. 17 f.), ein Wagen geht vor dem Rosse (Nero. Schl. L. Str. 6); Ambos und Mühlstein schwimmen über den Rhein (Dithm. L. St. 2

vergl. Wachtelm. 210); ein Mühlstein fliegt über das Meer (Schl. L. Str. 13); ein Berg thut einen Schrei und ein Thurm läuft gewaffnet (Euchenw. 21. 24); ein neugebornes Kammrad ficht mit einem Turfen (Riefen, ebend. 68 f.); eine alte Tasche vermißt sich, voller zu tönen, als die Glocke zu Neuenstadt (ebend. 104 f.)²¹⁹; auch gibt es Liebschaften und Heirathen von allem Sattelgeschirr, Bräupfanne, Korb und Kohlensack, die vor Lust leuchten, wie der liebe Tag (WM. 86 f. 118 f. Euchenw. 84 ff.), und dergl. m. Ein meistersängerisches Lied des 16ten Jahrhunderts läßt in einer alten, morschen Scheune allerlei verlegenes Geräth und Geschirr sich besprechen, seine Schäden klagen, dann eine Hochzeit mit Spiel und Tanz, wobei Spinnwebe zum Schmucke dient, festlich begehen.²²⁰ In der närrisch gewordenen Welt bleiben begreiflich die Menschen nicht zurück, auch sie treiben und erfahren viel Seltsames und Aberwitziges: ein jähriges Kind wirft vier Mühlsteine von Regensburg bis Trier, von Trier nach Straßburg hinein (Müll. 19 ff.); Seide wird aus Braten gesponnen (WM. 193); Stahl wird im kühlen Brunnen geweicht oder mit Blei geschroten (LS. 94 f. Euchenw. 64)²²¹; Salz aus Schnee gesotten, Schmalz von Kieselsteinen (Euchenw. 72. 59); ein Abendtanz auf einem Bundschuh gezeigt (LS. 88 f.). Etliche segeln landein, die Segel gegen den Wind gespannt, auf einen hohen Berg und müßen da ersaufen (Dithm. L. 5)²²²; ein Kranker wird mit Maulstreichen gelabt und ein Wohlbedeckter erfriert an der Sonne (LS. 93 f. 96 f.); ein Stummer kann nicht verschweigen, daß der Pabst begraben worden (ebend. 90 f.); Stumme und Narren singen Rath in der Noth (Euchenw. 30 f.); ein Handloser wirkt ein Seil, das von Orient bis Occident geht und nirgend Ende hat (LS. 74 ff.); ohne Hand und Fuß schreibt eine Nonne ein Mettebuch (ebend. 86 f.); ein fußloser Mann überläuft ein schnelles Pferd (Müll. 4 f.); dergleichen Leute werden auch öfters zusammen in Handlung gebracht, so im dithmarsischen Lügenliede (Str. 3 f.):

> Es wollten drei Kerl einen Hasen fangen,
> sie kamen auf Krücken und Stelzen gegangen,
> der Eine der konnte nicht hören,
> der Andre war blind, der Dritte stumm,
> der Vierte konnte keinen Fuß rühren.

Nun will ich euch singen, wie es geschah:
der Blinde allererst den Hasen sah
all über das Feld hertraben,
der Stumme sprach dem Lahmen zu,
der kriegt' ihn bei dem Kragen;

im oberdeutschen, Str. 15:

Der Blinde hatt' ein Eichhorn gesehen,
der Lahm' erlief's mit den großen Zehen,
der Nackte hat's in Busen geschoben;
ihr dürst darum nicht zürnen,
es ist wohl halb erlogen, heiaho! [223]

Lügenstücke dieser Art bieten im Allgemeinen dem unbemessenen, verkehrten und vergeblichen Menschentreiben einen Spiegel hin, unmittelbare Nutzanwendungen werden nicht gemacht. Nur wenn in einem der Spruchgedichte zwei Säugelinder ihre Mutter schweigen heißen (Müll. 48 f.), so lautet dieß etwas anzüglich und erinnert daran, daß schon Reinmar der Alte, der um das Ende des 12ten Jahrhunderts sang, die Bilder der verkehrten Welt auf die öffentlichen und sittlichen Zustände seiner Zeit bezogen hat; er sagt: „Platte und Krone (geistliche und weltliche Gewalt) wollen muthwillig sein[224], während Topfknaben (die mit dem Kreißel spielen) weislich zu thun wähnen; Unbilde (Frevel) jagt mit Hasen Eberschweine, einen Falken erfliegt ein unmächtig Huhn; wird dann der Wagen vor den Rindern gehn[225], trägt der Sack den Esel zur Mühle, wird eine alte Gurre (Stute) zu einem Füllen, so sieht man's in der Welt überzwerch stehn.[226]

Die Erscheinungen der Lügenwelt werden sonst gewöhnlich in eine Zeit und in ein Land verlegt, welche selbst auch in Fabel und Widerspruch aufgehen. Hievor bei alten Gezeiten (WM. 1), einsmals in der Affen Zeit (Müll. 1), in einem Winter, da man auf kaltem Eise Rosen brechen sah und dabei schöne Lilien und Blümlein wuchsen (Suchenw. 1 ff.), zu Weihnachten im Sommer (ebend. 65), zu Pfingsten auf dem Eise (Dithm. L. Str. 2), sind alle die Wunder geschehen, die ganze Welt sah sie, bevor Jemand geboren war (LS. 24 f.), und der Erzähler hörte davon, ehe die Mutter sein genesen (Fr. Lbb. Nr. 141. Str. 1). Der Marner hebt damit an, daß Mancher Mähren von Rom sage, die er nie gesehen, und auch er wolle Solcherlei sagen; ein andrer

Sprecher melbet, daß er an einem feinen Seibenfaden Rom und den Lateran tragen sah (Müll. 2 f.), und es liegt hierin eine Verspottung lügenhafter Pilgermähren.²²⁷ Das ausführlichste der Spruchgedichte, das Märchen von den Wachteln, schlingt damit ein lockeres Band um seine Abenteuer, daß die handelnden Personen, über deren Gestalt und Natur man nicht einmal klug wird, aus einem wunderlichen Land in das andre fahren: an einer häbernen Halbe, in einem hölzernen Lande, auf einem strohenen Sande kommt der ungethümliche Held zur Welt, auf dem Kompostberge spinnt er Butter aus Werg, zu einem Turnei gegen den König von Ninbertba (nirgend ba) wird ausgeritten und sie kommen zu dem Nummerbumen amen (b. h. nomine domini amen), das jenseit Montags gelegen ist²²⁸; das Land ist dort mit vier starken Wieden an den Himmel gebunden, des Friedens wegen, daß ihm Niemand schaden könne²²⁹; die Häuser sind mit Flaben gebeckt und mit Würsten gezäunt, wen zu dürsten beginnt, den faßt man an einen Strang und reitet ihn hinab in den wilden See, da trinkt er, daß ihn hernach niemals wieder dürstet; das Land heißt Kurrelmurre²³⁰, dort geht die Gans gebraten und trägt das Messer im Schnabel, den Pfeffer (die Pfefferbrühe) im Nabel, die Schwalben fliegen Einem gebraten in den Mund; dort sind hohe Thürme und gute Kirchen aus Butter gemauert, und schiene die Sonne so heiß, wie anderswo, so würden sie völlig schmelzen; ein eichener Pfaffe²³¹ singt eine buchene Messe, wer da zum Opfer bringt, dem wird der Ablaß gegeben, daß ihm der Rücken schwiert, der Segen ist ein Kolbenschlag (WM. 1—12. 19 f. 26—28. 38—72). Anderwärts finden sich eine breite Linde, darauf heiße Flaben wachsen, und ein Honigfluß vom Thal auf den Berg (Müll 11 f. 27 f.); zu Fasnacht in das Zuckerland fließt von Honig ein großer Bach²³², auch fliegen drei gebratene Hühner, die Bäuche nach dem Himmel gekehrt, den Rücken nach der Hölle (Dithm. L. Str. 1).²³³ Der Sänger des oberdeutschen Lügenliedes will kund machen, was er in einem wunderseltsamen Lande gesehen; er ist weit herumgezogen²³⁴ und hat oftmals sagen gehört, wie ein gutes Land auf Erden sei, Schlauraffenland genannt, da fragt er einen Stummen, wie in das Land hineinzukommen; ein Blinder, der bei Nacht so gut als am Tage sieht, ist sein Wegweiser, noch kommen ein Nackter und ein Lahmer, der mit seinen Krücken voranläuft und Herberge bestellt; der Wandrer kommt zu einem dicken Wald ohne Baum und zu einem großen Bach ohne Wasser, darauf liegen drei wohlbeladene Schiffe, das eine hat keinen Boden, das andre keine Wand, das dritte ist gar nicht da und in diesem fährt er über (Volksl. Nr. 241. 1—7) ²³⁵; der Eichhornfang ist schon oben erzählt. Nach einem westphälischen Volksmärchen, das im Kirchentone gesungen wird, wohnt zwischen Werl und Soest ein Bauer mit Namen Knost, der hat drei Söhne, der eine heißt Jost, der andre Knost, der dritte Janbenelen, die alle drei reisen wollen; der erste ist blind, der zweite lahm, der dritte splinternackt; der Blinde schießt einen Hasen, der Lahme fängt ihn und der Nackte steckt ihn ein; sie kommen an ein großes Wasser, darauf drei Schiffe, das eine leck, das andre bräck (Wrack), im dritten kein Boden, darein setzen sie sich, der Eine versinkt, der Andre ertrinkt und der Dritte kommt nicht wieder heraus; der nicht wieder herauskommt, der kommt in einen großen Wald, darin ist ein großer Baum, im Baum eine große Kapelle, in dieser ein buchsbaumener Pfarrer und ein hagenbuchener Küster, die theilen alle Sonntage das Weihwasser mit Knüppeln aus. ²³⁶ In diesen Reisemärchen, die so manigfach zusammen und auseinander laufen, kommt schon ein hübsches Stück des berühmten Landes zum Vorschein, das mit allem Fett der Erde gesegnet ist; die Merkwürdigkeiten desselben sind zwar, zuweilen nur in einzelnen Zügen, mit anderartigen Wunderdingen verwoben, doch haben sie im Wachtelmärchen sich beträchtlich angesammelt und zugerundet. Dasjenige Lied, welches den gewöhnlichen Namen dieses Landes trägt, meldet nichts von den eigenthümlichen Segnungen desselben, aber schon der Name Schlaraffenland knüpft an eine Reihe weiterer, der Beschreibung dieses Erdstrichs eigens gewidmeter Dichtungen an. ²³⁷ Die Betrachtung der letztern muß auf einen folgenden Abschnitt ausgesetzt bleiben, doch ist schon hier eine vorgreifende Bemerkung an ihrer Stelle. Wenn nemlich die Erzählungen und Lieder, in welchen das Schlaraffenland verherrlicht wird, offen oder versteckt der menschlichen Trägheit und Lüsternheit spotten, so ist es den obigen Darstellungen eigen, daß sie den sinnlichen Genüssen des Wunderlandes in dem Ritte zur Tränke, der buchenen Messe und der Besprengung mit Knüppeln eine nicht minder gründliche Kasteiung beiordnen.

Den altehrwürdigen Wallern, denen zweiundsiebzig Lande kund

sind, treten scherzhaft die Lügenwandrer gegenüber, die aus der ganzen
Länderzahl stets nur das fabelhafteste zum Gegenstand ihrer Berichte
wählen, das tauglichste für den leichtfertigen Mund des fahrenden Volkes.
Die Form der angeführten Sprüche, das leichte Hinrollen kurzer Sätze,
das rastlose Überspringen von einem Bilde zum andern, so daß in demselben Reimpaare die verschiedensten Dinge sich treffen und treiben, zeugt
ebenfalls dafür, daß diese Gattung ursprünglich dem Vortrage fahrender
Leute bestimmt war, die damit als Lügner aus dem Stegreif auftraten,
durch fortlaufende Überraschung mit den buntesten Abenteuern ihre Hörer
zum Lachen brachten [238] und das Lügensprechen mit andern ihrer Gaukel-
künste betrieben. [239] (Walther von der Vogelweide spricht von Gauklern,
die unter dem Hute bald einen wilden Falken, bald einen stolzen Pfau,
bald ein Meerwunder vorweisen und zuletzt nur eine Krähe übrig lassen
[Lachm. 37 f.]; der Lügensprecher zeigte noch viel seltsamere Wandlungen).
Den Sprüchen fehlt es aber auch nicht an bestimmteren Wahrzeichen
spielmännischen Gebrauchs. Daß sie gerne mit einem possenhaften
Trumpfe schließen, bringt ihr Inhalt mit sich, ein solcher Schluß lautet:
„Da sprach ein Huhn: es ist ausgesagt! [240] Der Dichter eines andern
Lügenspruches rühmt sich sinnumkehrend, daß er Kurzweile lang machen
könne, daß Unglück und Armuth ihn hebe und mehre, da Niemand
ungemuth sei, als Einer, der viel Pfennige habe, auch daß seine Mühle
wohl gehe [241], und beschließt seine Rede: „Dieß ist so wahr, als ich
fernd war ein Staar, nun bin ich heur ein Buchfinke; wer will, daß
ich trinke, der biete mir den Wein her, so trink' ich nach meines Herzen
Gehr!" Das Begehren nach dem Trunk am Schlusse der Erzählung
oder eines Abschnitts derselben ist bei Volksdichtern altherkömmlich. [242]
Besonders aber kommt hier das Beiwerk des Wachtelmärchens in
Rechnung; in diesem wird je zum Abschluß eines zwölfzeiligen Spruch-
theils [243] ausgerufen: eine Wachtel in den Sack! zwo Wachteln u. s. f.
bis zu zwölfen, und in einer Fortsetzung bis zu achtzehn. Wie das
zu nehmen sei, erklärt ein Reimspruch des Teichners, auch aus dem
14ten Jahrhundert, von den Fallnern und ihren Lügen beim Trunke,
worunter die: daß Einer an einem Tag Wachteln einen vollen
Sack (Weidtasche) fieng und ihrer noch mehr gefangen hätte, wenn ihn
nicht die Nacht vertrieben. [244] Jeder Absatz des Spruchmärchens ist
also gleich einer Jägerlüge und mit dem Vortrag der Kehrzeile wird

jedesmal die Geberde des Einsackens der gefangenen Wachtel verbunden gewesen sein, auch mochte sich unterweilen eine Nachahmung des Wachtel-schlags vernehmen lassen.²⁴⁵ Das Wachtelmärchen endigt mit einer Hochzeit und mit einem Aufruf an die Spielleute, sich dabei zu tummeln: „Nun zu, ihr Spielleute! schlagt in die Hundshäute (Handtrommeln), schmiert die Roßschwänze (Fidelbogen), laßt rüstig eure Nägel die Därme (Saiten) rühren, richtet zu den Schnüren die Tatermanne (Puppen), seid munter, blatert (blaßt), geuert (schnappt) in das Holz (die Pfeife), hoffelt (schaukelt), gempelt (springet), schregelt (schränkt euch) geiget, harfnet, schwegelt (blaßt Querpfeife), so wird dem Mann eins auf den Tag; zwölf Wachteln in den Sack!"²⁴⁶ Dieser Schluß war doch eigentlich nur da am Orte, wo eine spielmännische Truppe wirklich mit Lärmen und Springen Chor machen konnte.²⁴⁷

Es gibt eine andre Art volksmäßiger Reimsprüche aus dem 14ten Jahrhundert, die sich als Quoblibet fortbewegen, wie die Lügenmähren, ihren Inhalt aber bilden verschiedene Benennungen des gleichen Gegenstandes, doppelte Bedeutung desselben Wortes, binsenglatte Wahrheiten, die sich von selbst verstehen und ausgesprochen zur Posse werden²⁴⁸; sie sind in dieser Überwahrheit das nüchterne Widerspiel der phantastischen Lügendichtung, aber eben damit Zugehör und Folie der letztern. Daß auch derlei Reimereien in den Betrieb der fahrenden Leute fielen, zeigt ein solches Anhängsel zum handschriftlichen Traugmundsliede; darin wird gesagt: „Nackte Leute friert an die Häute, das es nicht thäte, wenn sie gute Kleider anhätten," und dann noch zum bessern Verständniß: „Daß Gott alle die berathe, die uns je Gutes thaten, die Lebenden an den Ehren, die Todten an der Seele!"; davor und dazwischen aber wird gerufen: „Lauf um, Lotterholz, lauf um geschwinde!"²⁴⁹ Das Lotterholz gehört zum Handwerkszeug der Gumpelleute; unter den Spießgesellen und Aussendlingen des breisgauischen Bundschuhs von 1513 sind auch Sprecher und Spielleute mit Hackbrett und Pfeife verzeichnet, namentlich: Heinrich von Straßburg, ein Sprecher, der einen Gaukelsack trägt, und „der Bundschuher" mit dem Lotterholz.²⁵⁰

In der letztern Hälfte des 16ten Jahrhunderts erschien zu Straßburg ein kleiner Lügenroman, der in die Reihe der noch jetzt marktfähigen Volksbücher eingetreten ist, der Finkenritter.[251] Dieser Held durchzieht drittbalbhundert Jahre vor seiner Geburt viele Länder und erfährt Mancherlei, was schon aus den bisher erörterten Sprüchen und Liedern bekannt ist: die Hasenjagd der drei verkehrten Gesellen, den Wald ohne Baum und den Bach ohne Wasser, die drei mangelhaften Schiffe, Häuser mit Fleisch gedeckt und Zäune von Bratwürsten, nebst Andrem, was um jene Zeit von Lügenmärchen gangbar sein mochte[252], Alles gesteigert und erweitert, in acht Tagreisen eingetheilt und mit der Geburt des Helden schließend. Die eigenthümlichste Fabel dieses Büchleins ist auch ein Spielmannsstück, das großartigste von allen: ein Lautenschläger spielt jeden Sonntag neun Dörfern auf einmal zum Tanze, mit großer Arbeit richtet er die Laute zu, der Finkenritter, der ihm helfen will, fällt durch den Lautenstern eine Viertelstunde weit hinunter und steigt auf einer Leiter von sechs und vierzig Sprossen wieder heraus; nachdem die Laute aufgezogen ist, läuft der Ton über das Feld zu den neun Dörfern und die lustige Tanzweise klingt dann in jedem besonders, der Lautenschläger selbst geht allgemach in alle neun und tanzt mit oder sieht zu, daß es recht dabei hergehe, am Abend vergeht der Ton von selbst und zieht wieder allmählich heim in seine Laute.

Lügenlied aus Nordschottland: früh am Morgen kräht die Katze den Tag an[253], der Hahn sattelt das Pferd, doch scheint es der Herr zu sein, der ausreitet; der Sporn ist gesattelt, die Mähne gezäumt, er reitet auf dem Kreuzbein, den Schweif in der Hand; als er bei der Mühle anreitet, da singt man die Messe; als er an die Kirche kommt, da mahlt man das Korn; der Müller steht draußen die Mütz' an den Füßen, die Strümpf' (Hosen) auf dem Kopfe; heraus kommt das Mädchen, des alten Müllers Mutter, die siebt den Käse und wannt die Butter; vierundzwanzig Handlose[254] werfen den Ball hinweg, herbei kommt Fußlos und fängt ihn allen hinweg; auf springt Mundlos und lacht mit Lust und auf springt Zunglos und spricht seinen Spruch; vierundzwanzig Hochländer jagen eine Schnecke, der Hinterste spricht: „Nehmen wir sie am Zagel!" Sie streckt ihre Hörner wie eine ungehörnte Kuh, der Vorderste spricht: „Nun spießet sie uns alle!" Über Benachin fliegt ein Roche und vierundzwanzig Junge fliegen mit ihm, sie fliegen in eines Entrichs Nest und drehen sich um mit den Köpfen nach West.[255]

Bei gleicher Anlage hat ein dänisches Lied aus dem 16ten Jahrhundert wieder andre Bilder: der Wolf steht im Stall und hat den Zaum im Munde, das Pferd läuft weit im Meeresgrunde, der Hecht fliegt hoch in den Wolken u. s. f. Ich kam zu einem wohlwürdigen Haus, da brannten die Mönche, die Kerzen sangen; da saß ein altes Weib in der Ecke, die kämmte den Brei und rührte das Werg, der Lahme tanzte, der Stumme sang, der Blinde saß und wob Goldgewirk u. A. m. Die Kehrzeile lautet: die Pferde krähen, die Hühner reiten.[256] Das schottische Lied nimmt einen Schwabenstreich für die Männer des Hochlands in Anspruch[257], beide Stücke bedienen sich aber auch eines wohlfeilen Mittels, die Welt umzukehren. Schon Suchenwirt sagt: eine Steinwand schlüpft' in einen Berg (B. 52)[258]; reichlicher wird solches Hinterfür in deutschen Schwänken des 16ten Jahrhunderts ausgebeutet; ein Meistergesang aus dieser Zeit bezeichnet sich durch den Eingang: „Ein Dorf in einem Bauern saß, der gerne Löffel mit Milch aß 2c.," ebenso ein prosaischer Schwank, der mit den Liedern umlief, wie der Maier die Magd, den Knecht und die Frau weckt: „Gret, steh' auf, und stoß' das Fenster zum Kopf hinaus, und tag' ob es luge 2c.!" „Kunz, steh' auf, henk' den Hals an die Kappe und nimm den Weg über die Achsel und den Spieß unter die Füße![259] oder laß klein Hänsle gehn, denn du hörst an einem Auge nichts und siehst nichts am andern Ohr 2c." „Frau, steh' auch auf, und geh' auf den Kirchhof und gib jeglichem Teller einen Bettler!"[260] So können, indem man sich fortwährend verspricht, Redetheile verwechselt und verstellt, manchmal drollige Dinge herausgewürfelt werden.

Die schadhaften Leute, die uns öfters, bald einzeln, mehr noch in Gesellschaft begegneten, der Stumme, Blinde, Lahme, Nackte, der Handlose, Fußlose, oder auch in Form von Eigennamen, Fußlos, Mundlos, Zunglos, bilden in der Art, wie sie beschäftigt und verbunden sind, einen so scharfen und einfachen Ausdruck des Widersinns und haben sich dem Lügenwesen so fest eingepflanzt, daß man sie zu den alterthümlichsten Gestaltungen desselben zu rechnen hat. Zugleich ist es ein Beleg für den angegebenen Zusammenhang der Räthsel mit den unmöglichen Dingen, wenn mittelst des früher berührten lateinischen Räthsels aus dem Anfang des 10ten Jahrhunderts der Mangelhafteste von allen aus dem Banne des Widerspruchs erlöst wird: der Mann, der handlos und fußlos den blattlosen Baum besteigt, den federlosen Vogel fängt, ihn feuerlos bratet und mundlos verspeist, ist wahr und wirklich, als Sonnenschein.²⁶¹

Zu einer weiteren Gemeinschaft von Lügenmärchen gehört ein serbisches: ein Knabe trifft in der Mühle mit dem Bartlosen (Merkmal eines schlauen Betrügers) zusammen, nachdem er von diesem mehrfach genectt und getäuscht worden ist, backen sie miteinander ein Brot und Bartlos schlägt vor, um solches in die Wette zu lügen; er selbst fängt an und lügt Allerlei hin und her, der Knabe meint, das wolle nicht viel heißen, und nun erzählt er: in seinen jungen Jahren, als er ein alter Mann war, zählte er jeden Morgen die Bienen, aber die vielen Bienenstöcke konnt' er nicht zählen; als er einmal zählt, fehlt ihm der beste Bienrich; gleich sattelt er einen Hahn und reitet der Spur des Bienrichs nach, über das Meer reitet er auf einer Brücke und drüben sieht er, wie ein Mann den Bienrich an den Pflug gespannt hat und ein Stück Landes zum Hirsenfeld umackert; er verlangt seinen Bienrich, der Mann gibt ihm denselben zurück und noch einen Sack mit eben eingeernteter Hirse zum Aderlohn; den hängt der Knabe über den Rücken, nimmt den Sattel vom Hahn und schnallt ihn auf den Bienrich, denn der Hahn ist müde vom langen Ritt und muß an der Hand nebenher geführt werden; auf der Brücke über das Meer springt ein Strick am Sacke und die Hirse rollt in's Wasser; am Ufer überfällt ihn die Nacht, er bindet den Hahn und den Bienrich an und legt sich schlafen; beim Erwachen sieht er, daß Wölfe den Bienrich gefressen, der Honig aus seinem Leibe geflossen und in den Thälern bis zu den Knöcheln, auf den Gebirgen bis über die Knie geht; er nimmt seine Hacke und läuft in den Wald, hier sieht er zwei Rehe auf Einem Bein herumspringen, zerschmettert dieses mit der Hacke, zieht ihnen die Haut ab und macht davon zwei Schläuche, die er mit dem Honige füllt und dem Hahn auflegt; so reitet er nach Hause, wo eben sein Vater geboren wird, und er muß nun zu Gott gehn, um Weihwasser zu holen; er besinnt sich auf die Hirse, die in's Wasser gefallen, im Nassen ist sie aufgegangen und bis zum Himmel emporgewachsen; an ihr steigt er hinauf und wie er zu Gott kommt, hat dieser gerade von der Hirse gemäht und ein Brot daraus gebacken, das er in gekochte Milch bröselt und ißt; der Knabe erhält das Weihwasser und will zurück, aber da hat ein Sturmwind die Hirse weggeführt und er kann nicht herunter; da er lange Haare hat, die, wenn er liegt, bis auf die Erde reichen, wenn er aufsteht, bis an die Ohren, so reißt er sie aus, knüpft eines an das andre fest und fängt an herabzusteigen; als es finster wird, macht er einen Knoten an den Haaren und hält sich so über Nacht; es friert ihn, zum Glück hat er eine Nähnadel im Kleide, die spaltet er, macht von den Stücken ein Feuer an und legt sich dabei schlafen; aber ein Funke kommt ihm an die Haare und brennt durch, das Haar reißt, er fällt auf die Erde und versinkt in ihr bis an die Brust; er wendet sich vergeblich hin und her, endlich muß er nach Hause gehn und ein Grabscheit holen, mit dem er sich aus der Erde los gräbt; auf dem Heimweg kommt er über seines Vaters Feld, auf dem die Schnitter das Getraide schneiden, aber der Hitze wegen nicht mehr arbeiten wollen, er läuft und holt die Stute, die zwei Tage lang und bis Mittag breit ist, auf deren Rücken Weiden wachsen, im Schatten der Weiden können die Schnitter fortschneiden; dann schicken sie ihn nach frischem Wasser aus; weil aber der Fluß zugefroren ist, nimmt er seinen Kopf herunter, schlägt damit ein Loch in das Eis und bringt den Leuten Wasser; sie fragen alle, wo sein Kopf geblieben? und er läuft schnell zurück; eben frißt ein Fuchs das Gehirn aus dem Schädel, der Knabe schleicht näher und gibt dem Fuchs einen Fußtritt von hinten; der Fuchs erschrickt und es entfährt ihm ein Zettel, worauf geschrieben steht: „dem Knaben Brot, dem Bartlos Roth!" Damit nimmt der Knabe das Brot und geht nach Hause.[262] Die Lüge, die sich bis in den Himmel spinnt, erscheint aber auch auf ähnliche Weise in zweierlei Fassungen eines Volksmärchens aus Westphalen: den beiden Ochsen eines pflügenden Bauers wachsen die Hörner so hoch an, daß er nicht mehr mit den Thieren zum Thore herein kann, er verkauft sie und zwar so, daß er dem Käufer ein Maß Rübsamen bringen muß und für jedes Korn einen Kronenthaler empfängt; aus einem Korne, das er verloren, wächst ein Baum, der bis an den Himmel reicht, und der Bauer steigt hinauf, um zu sehen, was die Engel da droben machen; er sieht, wie sie Haber dreschen, im Zuschauen aber merkt er, daß der Baum wackelt, den eben einer umhauen will; in der Noth nimmt er von der Haferstreu und dreht einen Strick daraus, auch greift er nach einer Hacke und einem Dreschflegel, die im Himmel herumliegen, und läßt sich am Seile herunter; er kommt in ein tiefes Loch, aus dem er mit der Hacke sich eine Treppe haut, den Dreschflegel bringt er zum Wahrzeichen mit. Nach der andern Einkleidung läßt der König bekannt machen, wer am besten zu lügen wisse, solle seine Tochter haben, die Hofleute versuchen es nach der Reihe, können aber keine tüchtige Lüge aufbringen, nun stellt sich ein armer Bauer ein und erzählt, wie er von einem Kohlkopfe, der in seinem Garten stand und bis zum Himmel aufgeschossen war, in das offene Himmelsthor sah und geradezu in die Herrlichkeit hineinspringen wollte, wie aber das Thor zufuhr und er in den Wolken hängen blieb, wie er sich dann an einem Stricke herunterließ und, als dieser auf halbem Wege brach, in einen Kieselstein fiel, jedoch bald nach Hause lief, ein Beil holte und sich wieder los hieb; „das sind ja die gröbsten Lügen, die ich mein Lebtag gehört habe!" sagt der König; „desto besser, antwortet der Bauer, „so ist eure Tochter mein." [263]

Diese gleichartigen und kühnsten Märchen, aus Serbien und aus Westphalen, führen wieder auf jenes älteste, lateinische Lied aus dem 10ten Jahrhundert zurück, mit welchem die Reihe der Lügendichtungen eröffnet wurde, zugleich aber schlagen sie an mancher andern Stelle des langen Zuges an. Im modus florum setzt auch ein König die Hand seiner Tochter auf eine preiswürdige Lüge [264], der Honigstrom ergießt sich dort aus dem Ohr eines Hasen, im serbischen Märchen angemessener aus dem Bienenleibe, der schriftliche Ausspruch wird dort im Schwanzende des Hasen gefunden, hier entfällt er dem Fuchse. Einer der altdeutschen Sprüche weiß von einer elenden Geiß, die hundert Fuder Schmalzes und sechzig Fuder Salzes an sich trägt, auch vom Honig, der zu Berge fließt (Müll. 13—15. 27 f. vergl. Suchenw. 8 f.). Der Finkenritter endlich hat sich in einen Eichbaum geschlichen, darin er Honig zu finden dachte, und kann nicht wieder herauskommen, da läuft er heim, holt seine Axt und haut sich frei (S. 7); auch mäht er sich einmal mit der Sense den Kopf ab, läuft demselben nach und setzt ihn verkehrt wieder auf, damit ihn, wenn er durch den Wald gehe, die Reiser nicht in die Augen schlagen (S. 8.).

So wenig eine Lüge ein Gedicht ist, so geringen Anspruch haben die Lügenmähren als solche auf poetische Geltung. Vielmehr verkündigt sich in dem Wettlügen und Preislügen, in den Versicherungen, daß Alles erlogen, halb erlogen, verkehrt, seltsam, lächerlich oder auch, daß es nicht erlogen sei [265], eine Absichtlichkeit, welche, dem freien Spiele der Phantasie ungemäß, um so sicherer zu abgeschmackten, erzwungenen und überlustigen Einfällen führt. Für dieses absichtliche Lügendichten haben sich auch einzelne, bestimmtere Zwecke, satirischer und spielmännischer Art herausgestellt. Wenn gleichwohl sich Manches anmuthig und phantasiereich gestaltet hat, so weist dieß auf einen keineswegs unpoetischen Grundtrieb des Ganzen, die freie Lust, mit der Nichtigkeit der Lüge zu spielen, ihre bunten Blasen aufsteigen und zerspringen zu lassen. Der Knabe überlügt den Bartlos, das Schneekind zerschmilzt an der Sonne, jedes einzelne Bild trägt seinen Widerspruch in sich, ein Widersinn wird durch den andern aufgeschnellt.[266] Hatte die Volkspoesie einmal ihre Richtung auf die Erfassung des Nichts und die Ausbeutung des Unmöglichen genommen, so ertrug sie keinen Stillstand, jeder Strich des luftigen Gebietes muste durchstreift, auch die Lüge, der Fuchs dieser Luftjagd, muste gehetzt und zu den äußersten Sprüngen getrieben werden.

Wo die Lügendichtung den absichtlichen Anlauf vergessen läßt und mit dem Unglaublichsten dennoch die Phantasie des Hörers zu bestricken weiß, da steht sie ganz im poetischen Rechte des Märchens, in dessen Bereich daher auch die Untersuchung sich hinüberzog. Selbst jenes Land der irdischen Fülle, in welches die Lügendichtung einen Blick werfen ließ, hängt schwebend in den Wolken, dasselbe vermittelt sogar, näher als man glauben sollte, den Übergang zu einer schimmernden und blühenden Seite des Volkslieds, die man vorzugsweise das Märchenhafte nennen kann.

Es gieng bei den Völkern eine alte Sage von der goldenen Zeit, in welcher die Natur ihre reichsten Segnungen freiwillig spendete, ein ewiger Frühling blühte, Milch und Honig floß, die Menschen mühelos und in süßem Frieden die Früchte des Feldes ernteten.[267] Dem ältesten Deutschland ward eine kurze Wiederkehr der seligen Friedenszeit zu Theil, wann die verhüllte Gottheit auf dem kühebespannten Wagen durch suevische Völkerschaften fuhr.[268] Nach altnordischer Sage gab es zwei Könige des goldenen Alters, Frobi in Dänemark und Fjölnir in Schweden. Frobi besaß ein Mühle, worauf er sich Gold, Frieden und Glück mahlen ließ, darum heißt in der Skaldensprache das Gold „Frobis Mehl." Auch Fjölnir war reich und mit Jahressegen und Frieden beglückt, selbst sein Tod war ein Versinken im Überflusse; sein Gastfreund Frodi gab ihm ein großes Trinkmal auf einer Meetkufe, die viele Ellen hoch und aus Ballen gezimmert war, durch eine Öffnung zwischen den Dielen wurde der Meet geschöpft, in der Nacht aber fiel Fiölnir, von Schlaf und Trunk betäubt, hinein und ihn erstickte, wie ein Skalde singt, „die windstille (vâgur vindlaus) See." [269] Bei den Finnen soll es der göttliche Ukko sein, unter dessen Herrschaft Honig von den Eichen tröpfelte, Milch in den Flüssen strömte, Gold in den Mühlen gemahlen ward. [270] Die Entwicklung der Sagen von Frodi und Fiölnir in ihrem ganzen Zusammenhange gehört in die nordische Mythologie, hier ist nur auszuheben, daß in diesen Sagenkönigen zweierlei Richtungen vorgezeichnet sind, welche die Vorstellung vom goldenen Zeitalter in der Folge genommen hat. Fiölnir, dessen Name schon eine Vielheit ausdrückt, ist ein Vorbild der reichlichen Genüsse des Schlaraffenlandes. Es hat sich übrigens ergeben, daß der Flor dieses Landes ebenfalls in eine alte, unbestimmte Zeit gesetzt wird. Das endliche Schicksal Fiölnirs wiederholt sich in einer Hirtensage der romanischen Bevölkerung der Ormontalpen. Dort waren einst die Kühe ungeheuer groß, sie gaben so viel Milch, daß man sie in Weiher melken muste, von welchen dann ein Bube in einem Weidling (Bretterkahn) die Nidel (Sahne) abnahm; als eines Tags ein schöner Hirte dieses Geschäft verrichtete, ward der Kahn von einem unvermutheten heftigen Windstoß umgeworfen und der arme Jüngling ertrank; Knaben und Töchter zogen Trauerkleider an und suchten lange vergeblich den Verunglückten, erst nach einigen Tagen fand man den holdseligen Senn in einem thurmhohen Ankenkübel (Butterfaß), „mitten in den Wellen der schäumenden Nideln;" man trug den Leichnam in eine geräumige Höhle, deren Wände von den fleißigen Bienen mit Honigscheiben bekleidet waren, welche die Größe der vormaligen Stadtthore von Lausanne hatten. [271] So hält selbst die sinnlichere Richtung der Sage noch manchmal die Farbe des Märchens; auch die Kinder haben in der Märchenwelt ihr kleines Schlaraffenland, das Häuschen im Walde, das aus Brot gebaut, mit Kuchen gedeckt ist und Fenster von Zucker hat, worin dann freilich der Wolf oder die böse Hexe lauert. [272] Die andre Richtung, die an den goldmahlenden Frodi geknüpft werden kann, wendet sich zumeist dem lichten Golde zu und auch ihr erschließt sich ein Wunderland. Im Heldengedichte von Gudrun werden die Hegelinge auf der Fahrt nach der Normandie durch Südwind in das finstre Meer verschlagen und liegen zu Givers vor dem Magnetberge fest, da erzählt ihnen tröstend der alte Wate (der mit Fruote von Dänemark ihr Wegweiser ist), er habe von Kindheit her als eine Seemähre sagen gehört, daß in diesem Berg ein weites Königreich liege, darin die Leute herrlich leben; so reich sei ihr Land, wo die Wasser fließen, da sei der Sand silbern und damit mauern sie Burgen, ihre Steine seien das beste Gold; wer hier auf die rechten Winde warten könne, der werde mit all seinem Geschlechte für immer reich sein, die Schiffe können hier mit edlem Gesteine zur Heimfahrt geladen werden.[273] Wo das Gold zu Bausteinen, das Silber zum Mörtel verwendet wird, da fällt die gewöhnliche Schätzung dieser Kostbarkeiten hinweg, sie gelten weniger durch ihren Werth, als durch ihren Lichtglanz. In dieser Verflüchtigung sind dann auch Gold, Silber und Edelsteine geschickt, dem Liebe zum Schmucke zu dienen, sie werden aus dem Fabellande herbeigeholt, um den Gegenstand des Liebes, vor allem das Leben der Liebe, mit ihrem Schimmer zu umweben.

Aus deutschen Liederbüchern des 16ten Jahrhunderts (Volksl. Nr. 32):

Dort nieden in jenem Holze
liegt eine Mühle stolz,
sie mahlet uns alle Morgen
das Silber, das rothe Gold.[274]

Dort nieden in jenem Grunde
schwemmt sich ein Hirschlein fein,
was führt es in seinem Munde?
von Gold ein Ringelein.

Hätt' ich des Golds ein Stücke
zu einem Ringelein,
meinem Buhlen wollt' ich's schicken
zu einem Goldfingerlein.

Was schickt sie mir denn wieder?
von Perlen ein Kränzelein:
„sieh da, du feiner Ritter,
dabei gedenk du mein!"

Die Goldmühle, der goldtragende Hirsch [275], geben dem Ringlein, das der Geliebten zugedacht ist, einen märchenhaften Ursprung; ein früher (S. 109 f.) ausgehobenes Lied verschafft diesem Pfande der Treue dadurch poetischen Schmelz, daß die Nachtigall ausgeschickt wird, das Ringlein beim Goldschmied zu bestellen und der Jungfrau zu überbringen, in niederdeutscher Fassung mit der Kehrzeile: „Von Gold drei Rosen" und am Schlusse: „Von Gold schenkt sie ihm dafür drei Rosen."

Ein Schloß, von Silber und Gold erbaut, wie im Berge zu Givers, erhebt manchmal an der Spitze der Lieder seine leuchtenden Zinnen (Volksl. Nr. 125. Vergl. oben S. 105):

> Es liegt ein Schloß in Österreich,
> das ist ganz wohl erbauet
> von Silber und von rothem Gold,
> mit Marmelstein (a. Edelstein) vermauret.

Anderwärts wieder dem Zuckerlande zugewandt:

> Es liegt ein Schloß in Österreich,
> das ist gar wohl erbauet
> von Zimmet und von Nägelein,
> wo findt man solche Mauren? [276]

Ebenso mahlt in einem dänisch-schwedischen Liede die Mühle Zimmt oder Mandel, während in einem andern zwar auch nicht Gold gemahlen wird, aber die Mühlsteine von Gold, die Pfosten von Elfenbein sind. [277] Ein französisches Volkslied beginnt: „Mein Vater ließ ein Schloß erbaun, es ist nicht groß, doch ist es schmuck, die Zinnen sind von Gold und Silber." [278] Prächtiger die spanische Romanze: „In Castilien steht ein Schloß, das man Rochafrida nennt, sein Fuß ist von Golde, die Zinnen von feinem Silber, zwischen Zinn' und Zinne je ein Saphirstein, der bei Nacht so hell leuchtet, wie die Sonne am Mittag, darin wohnt ein Fräulein mit Namen Rosenblüthe." Mitten in all dem Glanze härmt sich das Fräulein um einen Ritter, den sie nie gesehen, ihm will sie sieben Schlösser geben, die besten in Castilien. [279] In das Meer hinein stellt ein italienisches Schifferliedchen sein Wunderhaus: „Ich will ein Haus mir bauen mitten im Meere, gezimmert aus Pfauenfedern, die Treppen aus Gold und Silber, aus Edelsteinen die Fenster; wann mein Liebchen sich schauen läßt, dann spricht Jeder: mir geht die Sonne auf!" [280] Nicht minder kühn wird in die Luft gebaut; zwar sagen altdeutsche Sprüche, daß der betrogen sei, der auf den Regenbogen zimmre oder auf eine Wolke baue, wenn der Regenbogen zergehe, wiss' er nicht wo sein Haus stehe, der Wind zerführe die Wolke, sobald er sie berühre [261], wohl aber konnte Tristan, sich närrisch stellend, auf solche Weise bauen; er tritt in den altfranzösischen Gedichten, als Narr aufgestutzt, vor den König Mark und will von diesem die Königin Ysolt eintauschen, auf die Frage, wohin er sie führen wolle, antwortet er: „Droben in der Luft hab' ich einen Saal, worin ich wohne, er ist schön und groß aus Glas gemacht, die Sonne geht strahlend hindurch, er hängt in den Wolken, wiegt und wankt doch nicht vom Winde, am Saale ist eine Kammer aus Kristall und Bernstein, wann die Sonne sich Morgens erhebt, mag sie große Helle darin verbreiten." Nach einer andern Darstellung einfacher: „Zwischen den Wolken und dem Himmel, aus Blumen und Rosen ohne Reif, werd' ich ein Haus bauen, darin wir uns vergnügen werden."[282]

Wenn auch nicht über den Wolken stehend, ist ein Blumenhaus immerhin ein luftiger Bau, nur eben den Träumen und Hoffnungen der Liebenden gerecht. Ein solches findet sich in dem altfranzösischen Singmärchen (cante-fable) von Aucassin und Nicolette. Dieses zarte Wesen, von den Hirtenknaben für eine Fee gehalten, flüchtet sich in den Wald, bricht Lilien, Raute und Laubwerk und macht daraus am Kreuzweg ein schmuckes Hüttchen, sie will Aucassins Liebe daran prüfen, ob er, dahin kommend, um ihretwillen ein Weilchen hier ausruhe; er kommt wirklich, indem er nach ihr sucht, zu der Blumenhütte, legt sich hinein und sieht durch eine Öffnung den gestirnten Himmel; als er nun einen Stern erblickt, heller denn die andern, begrüßt er denselben, als bei dem Nicolette sei, und wünscht sich hinauf, um ihr einen Kuß zu geben, müst' er auch wieder herabfallen; Nicolette lauscht im nahen Busche.[283] Am frischesten ins Leben greift aber ein Volkslied aus dem mährischen und schlesischen Gebirg:

Ich gieng in Nachbars Garten,
ich legt' mich nieder und schlief,
da träumte mir ein Träumlein
von meinem schönen Lieb.

Und wie ich drauf erwache,
so stund Niemand bei mir,
bis auf zwei rothe Röslein,
die blühten über mir.

>Ich pflückte mir die Röslein,
>ich band mir einen Kranz,
>ich steckt' ihn auf mein Federhut
>und gieng zum Bräut'gamstanz.
>
>Und wie der Tanz aufs beste gieng,
>fiel mir ein Röslein aus:
>soll heim dich führen schönes Lieb,
>und hab' kein eigen Haus!
>
>„Wir wollen uns eins bauen
>von grüner Petersill."
>Mit was woll'n wir es decken?
>„Mit gelber Lilg' und Dill."
>
>Und wie das Häuslein fertig war,
>so hatten wir keine Thür,
>schön Lieb das hat sich schier bedacht
>und hieng ihr Schürzlein für. ²⁸⁴

So war schon der heimatlose Meister Traugmund mit dem Himmel bedeckt und mit Rosen umsteckt. Auch ein Blumenschiffchen ist Verliebten bereit; das lange hohle Blatt der Lilie gibt einen hübschen Kahn:

>Es fuhr gut Schiffmann über Rhein
>auf einem Gilgenblättlein:
>„das soll mein Schifflein sein."

Andre Lesart:

>Ich fuhr mich über Rhein
>auf einem Lilgenblatte
>zur Herzallerliebsten mein.

Anfang eines lettischen Liedes:

>Ich rudre meiner Geliebten entgegen,
>eine Blume ist mein Ruder.

Niederländisch lautet obige Strophe: „Ich fuhr all über den Rhein mit einem Salbeiblättchen, das war mein Schiffelein." Oder auch: „Ich fuhr all über See — wollt ihr mit? — mit einem hölzernen Löffelchen, das Stilchen brach entzwei." ²⁸⁵ Agricolas deutsche Sprichwörter: „Wer Glück hat und guten Wind, fährt in einem Schüsselkorb über Rhein." Schon ein griechisches Sprichwort: „Wer mit dem Gotte schifft, mag auf einem Weidenkorbe schiffen." ²⁸⁶ Altnordisch sagte man von einer schwierigen Sache: da läßt sich nicht mit Laubsegel segeln. ²⁸⁷

Blumenblatt, Lindenlaub, die auch zur Bezeichnung des Nichts gebraucht werden (s. ob. S. 218), sind leicht vom Winde hingeweht, darum steht der Fahrende, Scheidende auf einem Lilienblatt. So am Schluß eines alten Dreikönigsliebs:

> Wir stehen auf ein Lilgenreis,
> Gott geb' euch allen das Himmelreich!
> wir stehen auf ein Lilgenblatt,
> Gott geb' euch allen ein' gute Nacht!

Auch der wandernde Sänger im Straßburger Kranzliebe sagt zum Abschied:

> So steh ich auf einem Gilgenblatt,
> Gott geb' euch allen ein' gute Nacht!

Umgekehrt trifft der Ankommende, der sich fest aufstellen will, auf einen Stein, am Anfang eines Kranzliedes aus dem 16ten Jahrhundert spricht der Singer: „So tret' ich hin auf einen Stein" und hebt nun seinen Gruß an.[289]

Das Lilienblatt mag an die Stelle des Lindenblattes gekommen sein: in der altenglischen Ballade von Adam Bell heißt es, nachdem die zwei Brüder den dritten vom Galgen gerettet: „So sind die guten Gesellen hinweg zum Wald, und leicht wie Laub an der Linde."[290]

Nichts ist so wundersam, was nicht dem Wunsche gestattet wäre, den Liedern von unmöglichen, erlogenen, märchenhaften Dingen gesellen sich die Wunschlieder. Was von solchen in deutscher Volksdichtung übrig ist, spielt gleich jenen in luftiger Traumwelt. Wenn aber schon im Bisherigen unter spiegelnder Oberfläche manchmal ein tieferer Grund durchschien, so sind nun besonders die noch volksmäßig vorhandenen Wunschformeln der leichte Schaum eines vordem mächtigen Gemüthslebens, auf das nur eine weitausholende Nachweisung sie zurückbeziehen kann.

Dem Wunsche, der aus bewegter Seele, zur rechten Zeit und in feierlichen Worten, ausgesprochen war, traute das germanische Alterthum eine bedeutende Kraft zu, mochte derselbe nach oben als Gebet, nach außen als Beschwörung, Gruß, Segen oder Fluch gerichtet sein. Man muß die Denkmäler selbst sprechen lassen, um von diesem Wunschwesen einen Begriff zu geben. Mit der Geschichte der Volkspoesie hängt dasselbe soweit zusammen, als in ihm die Macht des Gemüthes und der Einbildungskraft, von der es seinen Ursprung genommen, nachwirkt und nicht gänzlich dem verworrenen Formelsprechen eines sinnlosen Aberglaubens gewichen ist. Wir betrachten die Wünsche nach der schon angedeuteten Eintheilung, je nachdem sie aus Wohlwollen oder Haß entsprungen, auf Heil oder Schaden gerichtet, Segen oder Verwünschung sind.

Das Eddalied „Odins Runenrede" zählt achtzehn Lieder auf, welche dem, der ihrer kundig ist, für die verschiedensten Verhältnisse des Lebens Schutz und Hülfe gewähren; durch sie kann er Kummer stillen, Krankheit heilen, Feindeswaffen stumpf machen, Fesseln sprengen, Geschoß (Pfeil) im Fluge hemmen, Flamme löschen, Haß unter Männern söhnen, Wind und Woge sänftigen, Krieger frisch und heil zur und aus der Schlacht führen, Frauenneigung gewinnen u. A. m.[291] Die Ausdrücke für den Vortrag dieser Lieder (galdr, gala) zeigen, daß derselbe laut und im Singtone stattfand.[292] Die zauberhaften Wirkungen sind im Ganzen dieselben, wie sie durch die Segen des deutschen Mittelalters bezweckt wurden, und was in diesen noch Heidnisches erhalten ist, kann auch eine Vorstellung von der Beschaffenheit solcher altnordischen Gesänge geben. Der Inhalt der aufgezählten Lieder wird nicht ausgesprochen, doch klingt vom fünfzehnten, einem mythischen, welches Thiodhrärir vor Dellings Thüren sang (vgl. oben S. 185), ein Überrest an: „Kraft sang er Asen, aber Alfen Förderung, Ahnung dem Rufergotte (Odin)."[293] Hierin mögen Worte des verlorenen Mythenliedes nachtönen. Die Sprüche von übernatürlicher Wirksamkeit knüpfen übrigens in diesem Eddalied einen engen Zusammenhang mit Formeln religiösen und altrechtlichen Gebrauchs. Das dreizehnte Lied (Nr. 21) soll können, wer einen jungen Sohn mit Wasser besprengt, dann wird dieser nicht fallen, wenn er auch unter Kriegsvolk kommt, nicht sinkt er hin vor Schwertern; offenbar fromme Wünsche, die bei der heidnischen Taufe gesprochen wurden.[294] Mittelst des achten (Nr. 16), das Allen zu lernen nützlich ist, wird, wo Haß unter Männern erwächst, dieser schnell ausgesöhnt, und es mag hierunter die alterthümlichste Gestalt der stabgereimten Sühn- und Sicherheitsformeln (trygdamal s. oben S. 219) gemeint sein, welche Gegenstand einer besondern Kenntniß und in denen namentlich feierliche Verwünschung des Friedebrechers ausgesprochen war.[295] Ein andres Stück der Liederedda, Groas

Zaubergesang²⁹⁶, führt den Sohn zum Grabe der Mutter, die er
weckt, damit sie ihm gute Zauber singe, durch die er auf seinen Wegen
geborgen sei.²⁹⁷

. . . . *

angerufen oder zur Beschwörung beigezogen werden. „Grüß' dich Gott,
vielheiliger Tag!" beginnt ein Fiebersegen²⁹⁸, der Tag wird angerufen, daß er dem Knaben all sein Weh abnehme. In den Schluß
eines Viehsegens sind diese Formeln gerathen: „Ich beschwör' euch heut,
alle böse Ding', bei dem heil'gen Tag, und bei dem heiligen himmlischen
Heer, und bei dem heiligen Sonnenschein und bei der heiligen Erden!"
Hier ist, wie in Brynhilds Spruche, den Lichtwesen und Himmels-
mächten die heilige Erde beigegeben; Heilkraft (læknis-hendur) erwartet
auch Brynhild von ihrem Anruf. Der Wurm (Beingeschwür) wird so
beschworen: „Wurm, ich beschwör' dich bei dem heiligen Tagschein, ich
beschwör' dich bei dem heil'gen Sonnenschein!" Oder: „ich tödt' dich,
Wurm, bei dem Aufgang der heiligen Sonne." Anderwärts wird das
kranke Geschöpf angeredet: „Auch segne ich dich mit der Sonnen und
dem Mond, die am Himmel umhergehn." Mythischer, als die bisher
angeführten, gestaltet sich folgender Segen zur Heilung eines abzehren-
den Kindes: „Grüß' dich Gott, du heiliger Sonntag²⁹⁹, ich seh dich
dort herkommen reiten, jetzund steh' ich da mit meinem Kind und thu
dich bitten, du wollest ihm nehmen seinen Geist und wollest ihm wieder
geben Blut und Fleisch!" Dabei die Vorschrift: „Das thu drei Sonntag einandernach vor der Sonnen Aufgang, und steh' mit ihm unter
eine Thür oder Laden gegen der Sonnen Aufgang, leg' dem Kinde
den Kopf auf den linken Arm und setz' ihm den rechten Daumenfinger
in's Herzgrüblein, weil du es segnest, und segne es dreimal aufein-
ander!" Der heilige Sonntag, eigentlich wohl der sonnige Tag, der
daher geritten kommt, ist ziemlich dieselbe Erscheinung, wie der nordische
Dagr; Skinfaxi (Glanzmähne) heißt das Roß, das den klaren Tag
über die Volkshöhn zieht, stets leuchtet ihm die Mähne.³⁰⁰ Den Bezug
des aufsteigenden Tages zur Krankenheilung, zur Bekleidung des Geistes
mit einem neuen, kräftigeren Leibe, erläutert noch besonders ein andrer

---

* [Hier ist in Uhlands Manuscript eine Lücke, indem das äußere Doppel-
blatt des folgenden Schreibbogens fehlt, das leider trotz alles Suchens bis jetzt
nicht konnte aufgefunden werden. Pfeiffer.]

Segen gegen die Schwindsucht, der auch an drei Morgen und zwar beim neuen Monde gebetet werden soll: „Geh' auf, Blut und Fleisch, Mark und Bein, blüh' und gedeihe, wachs und geh auf, wie die heilige Sonn' und der Mond aufgeht an dem Himmel!" oder auch: „So wahr die Sonne heut an dem heiligen Freitag aufgeht.[301]" Es stellt sich klar heraus, daß die Heilung und Wiedergeburt, die von der aufgehenden Sonne, vom zunehmenden Monde kommen soll, eine sympathetische ist; keine Wissenschaft des Heilens war ausgebildet, das Übel war eine dunkle, feindliche Gewalt, man sprach zum Leidenden: „Ich weiß nit, was dir ist und gebrist[302]," der Hülfbedürftige fand sich an unerforschte Naturkräfte verwiesen, in denen er ein göttliches Walten ahnte und die ihm ein Verhältniß zu seinem Anliegen darboten, Sonne und Mond in Aufgang und Zunahme[303] waren ihm nicht bloße Gleichnißbilder der Erneuung und des Gedeihens, ihr Einfluß auf irdisches Wachsthum war erkannt, die erfrischende Wirkung des Morgenlichts und der Morgenluft, die Beschwichtigung, die damit auch dem Kranken zugeht, war empfunden, durch den Anruf aus dem Innersten suchte man mit den wohlthätigen Gestirnen in Berührung zu kommen und den Gegenstand, den man ihnen empfahl oder mit ihnen segnete, ihrer eigenen Verjüngung und ihrem sicheren Fortschritt anzuknüpfen. So hielt denn die Mutter in der stillen, ahnungsvollen Frühe ihr krankes Kind dem aufleuchtenden Tag entgegen und mit dem ersten Sonnenstrahl, der das bleiche Antlitz röthete, kam auch in ihr bekümmertes Herz ein Gefühl des Trostes und einer himmlischen Segnung.

Die hülfreiche Macht der Gestirne wurde noch auf Andres erstreckt. Unter den Volksaberglauben im Frankfurter Kalender für 1637 ist verzeichnet: „Welcher oft Sonn' und Mond segnet, des Gut soll zunehmen und wachsen." Ferner: „Welche, zu Bett gehend, die Firstern' grüßet, die wird kein Hünklein (Hühnlein) verlieren, sondern sie werden sich vermehren."[304] Selbst für die Küchlein des armen Weibes gab es eine Sympathie in den Sternen, dem deutschen und andern Völkern ist das Siebengestirn eine Kluckhenne mit ihren Küchlein, deren nie eines verloren gieng, dänisch: die Abendhenne.[305]

Es kann auffallen, daß die Sonne nicht auch um das Gedeihen des Erdgewächses angegangen wird. Die angelsächsischen Segen zur Fruchtbarmachung der Äcker wenden sich an den Himmel (upheofon) überhaupt und an die Mutter Erde unmittelbar. In Deutschland gab es merkwürdige Wettersegen wider Hagel, Sturm und Regenguß, in welchen mythische Wesen (Mermeut, Fasolt) namentlich beschworen wurden.[306] Von einem alten Segensspruche scheint aber auch noch ein niedersächsisches Kinderlied herzustammen, worin der Regen hinweggewünscht und die Sonne mit ihrer goldnen Feder herbeigerufen wird.[307] In dem mythischen Theil eines altnordischen Stammbaums findet sich eine Tochter Dags mit Sol (des Tages und der Sonne), zugenannt Goldfeder.[308] Auch das klingt nach altüberlieferter Sinnes- und Ausdrucksweise, wenn Hug von Trimberg die Vergeudung am Hofe des Königs Adolf, wo der Wein vor seinen Füßen wie ein Quell über das Feld floß, der Sonne klagt: „Eia, gedacht' ich, liebe Sonne! wie oft die Reben dein warmer Schein gefreuet hat, bis dir der Wein gewachsen ist, der vor mir fleußt, des leider Niemand hie geneußt, den manig Armes vor der Thür gar gern auffienge, wagt' es sich für!"[309]

Das Grüßen oder Segnen der Gestirne geschieht in den obigen Formeln mittelst der gewöhnlichen Grußworte: „grüß' dich Gott!"[310] wodurch dem angerufenen Wesen selbst die Gunst eines Höheren angewünscht wird, zugleich aber zeugen Anrede und Bezeichnung: vielheiliger Tag, heiliger Sonnenschein, heilige Sonne, nebst der hülfesuchenden Bitte, von einer altheidnischen Verehrung der Naturmächte; Schriftsteller des 15ten Jahrhunderts stellen den Anruf an Sonne und Mond ausdrücklich unter den Gesichtspunkt einer abgöttischen Anbetung.[311] Eines Eidschwurs bei südlich gehender Sonne gedenkt ein altnordisches Heldenlied, das heilige Licht, der heilige Tag, auch die heilige Nacht, werden in mittelhochdeutschen Gedichten zur Betheurung angezogen und Gerichtseide wurden im Angesicht der Sonne (gein der sunnen) geschworen.[312] Wenn Brynhild den Tag und die Nacht sammt ihren Geschlechtern bittet, mit unzornigen Augen herzuschauen[313], so setzt dieß voraus, daß man auch die Ungunst dieser Wesen zu scheuen hatte. In Freidanks Sprüchen wird bildlich gesagt: „Wem die Sterne werden gram, dem wird der Mond leicht alsam (ebenso), ich fürchte nicht des Mondes Schein, will mir die Sonne gnädig sein."[314] Aber man hieß auch, mittelhochdeutsch, Einen, dem man Übles wünschte, in der Sonne Haß fahren.[315] Umgekehrt im Morgen- und Reise-

segen aus dem 12ten Jahrhundert: „Daß mir alles das hold sei, das in dem Himmel sei, die Sonne und der Mond und der schöne Tagestern!" oder: „der Mond . . . .
. . . .
leben!" oder: „Ich schlief heute süße zu meines Herren Füßen, das heilige Himmelskind das sei heute mein Friedeschild 2c. ich will mich heute gürten mit des heiligen Gottes Worten, daß mir alles das hold sei, das in dem Himmel sei, die Sonne und der Mond und der schöne Tagstern!" auch in einem Abendsegen nach schwedischer Formel: „Ich lieg' in unsers Herren Trost, ein Kreuz mach' ich vor meine Brust, segne mich Sonn' und segne mich Mond, und alle Frucht, so die Erde trägt! die Erd' ist meine Brünne, der Himmel ist mein Schild und Jungfrau Maria ist mein Schwert."[316] Das Geleit und die Wache, worein sich hier die Gestirne noch mit den Engeln und andern christlichen Schutzmächten theilen, ist dann auch gänzlich auf diese übergegangen. So in einem Abendgebete für Kinder im 16ten Jahrhundert aufgezeichnet: „Ich will heint (diese Nacht) schlafen gehn, zwölf Engel sollen bei mir stehn, zween zun Haupten, zween zun Seiten, zween zun Füßen, zween die mich decken, zween die mich wecken, zween die mich weisen zu dem himmlischen Paradeise."[317] Die gleiche Erscheinung überrascht uns in einer ganz andern Weltgegend, im neugriechischen Volksgesange; hier wird die heilige Marina angerufen, dem Kinde zu betten, die heilige Sophia, es in den Schlummer zu singen, aber auch die alte Naturpoesie bricht hervor, wenn in einem andern Liede die Mutter den Schlaf beruft, ihr Söhnlein hinzunehmen, diesem aber drei Wächter aufstellt, die Sonne auf den Bergen, den Adler auf den Feldern, den thauigen Herrn Boreas auf dem Meere; die Sonne geht unter, der Adler schläft ein, der thauige Boreas geht zu seiner Mutter, die ihn befragt, ob er mit den Sternen, dem Monde, dem befreundeten Morgensterne sich gezankt? mit Keinem von Allen, einen Goldsohn hat er bewacht in der silbernen Wiege.[318] Ungetheilt hinwider wird in einem litthauischen Liede die Wache von der Sonne versehen:

    Liebe Sonne, Gottes Tochter,
    wo so lange säumtest du?
    wo so lange weiltest du,
    als du von uns geschieden?

„Hinter dem See, hinter dem Hügel
bewacht' ich verwaiste Kinder,
wärmete arme Hirten." [319]

Freilich fällt die Obhut der Gestirne mit jener der Engel zusammen, denn, nach dem Renner, hat jeglicher Stern einen Engel, der ihn weiset, und so können auch wir schwache Menschen nicht ohne Leitung der Engel bestehn, wer an das Gestirn sieht, kann bemerken, daß allzeit Augen manigfachen Farbenglanzes über ihm schweben, wie lebendige Wesen fliegend und singend. [320] Die Engelwache der deutschen Segen hütet auch Haus und Hof; am bestimmten Tage, vor Aufgang der Sonne, unbeschrieen, soll man sprechen: „Hier ein! in diese Hofstatt geh' ich hinein, solche Land' beschließt Gott mit seiner eignen Hand, er beschließt sie also fest wohl mit dem süßen Jesu Christ; dieser Giebel oben, der ist mit Engeln überzogen, und dieser Giebel unten, der ist mit Engeln verbunden; Feuer vom Dach! Dieb vom Loch! Räuber von der Thür! unsre liebe Frau tritt heut selbst darfür; das Ave Maria sei (vor der oder die) Thür, das Paternoster der Riegel darfür!" Ein andrer Haussegen: „Mein Haus das sei mir umschweifet mit engelischen Reifen, mein Haus sei mir bedacht mit einer engelischen Wacht; das helf' mir Gottes Minne, der sei allzeit Hausvater und Wirth darinne!" [321]

In Brynhilds Willkommsegen wird um Sieg gefleht. [322] Eine besondere Formel zu diesem Zwecke macht sich noch in der dänischen Ballade vom jungen Vonved vernehmlich; die Mutter spricht zum wegreitenden Sohne: „So will ich heute dich zaubersegnen (galdre), nimmer soll irgend ein Mann dir schaden; Sieg in dein hohes Pferd, Sieg in dich selbst allermeist! Sieg in Hand und Sieg in Fuß, Sieg in alle deine Gliedmaßen! segne dich Gott, der theure, heilige Herr! er soll dich bewachen und steuern!" Dabei reicht sie ihm ein hartes Schwert. [322] Auch in einer angelsächsischen und mehreren deutschen Formeln verbindet sich der heidnische Zauber mit der christlichen Segnung, der Siegeswunsch mit dem Schwertsegen und der Festigung des Leibes, welche selbst auch als eine geistliche Waffnung dargestellt wird. Angelsächsisch wird die gleiche Benennung gebraucht, wie für das nordische Zauberlied: „Siegzauber sing' ich, Sieggürtel bring' ich mir, Wortsieg und Werksieg." [324] Zugleich aber werden Engel und Evangelisten zum Beistand genommen, Matthäus soll Helm sein, Marcus Brünne, Lucas Schwert, Johannes Schild, der Seraphim Wege will der sich Segnende fahren. Deutsche Formeln aus dem 12ten Jahrhundert bedienen sich des Ausdrucks segnen, haben aber sonst dasselbe Gepräge: „Ich sehe dir nach, ich sende dir nach mit meinen fünf Fingern fünfundfünfzig Engel, Gott sende gesund dich heim, offen sei dir das Siegthor ꝛc." „Herre Sankt Michael, sei du sein Schild und sein Speer, meine Fraue Sancta Maria sei seine Halsberge!" „Der Leib sei dir beinen, das Herz sei dir steinen, das Haupt sei dir stählen!" „Mein Haupt sei mir stählen, kein Waffen schneide darein! der heilige Himmeltraut sei heut meine Halsberge!"[325] Unter zwölf zauberkundigen Brüdern in Norwegen, die ein altdänisches Lied aufzählt, ist einer, der alle Thiere im Walde bindet[326]; wurden Pferd und Schwert zum Siege gesegnet, so konnten wohl auch Segenswünsche zu Gunsten des Waidwerks ergehen und es wird sich ebenfalls auf eine alte Formel gründen, wenn Walther von der Vogelweide seinem Gönner anwünscht: „Zu fließe ihm aller Sälden Fluß! kein Wild vermeide seinen Schuß! seines Hundes Lauf, seines Hornes Duß (Getös) erhalle ihm und erschalle ihm wohl nach Ehren!"[327]

Nicht bloß für den Austritt des Helden, auch schon für den Eintritt des Kindes in die Welt gab es eine Festung und Segnung. Es ist bereits des nordischen Zauberliedes gedacht worden, das, bei der Wasserbesprengung des jungen Sohnes gebraucht, denselben schirmt, daß er künftig nicht unterm Kriegsvolk falle, nicht vor Schwertern hinsinke.[328] In einem Heldenliede der Edda eilt Sigmund aus der Schlacht zu seinem neugebornen Sohne, gibt ihm den Namen Helgi und, neben reicher Beschenkung an Landbesitz, ein bereites Schwert, vermuthlich sein eigenes frisch aus der Schlacht.[329] Dazu nehme man, was der Kalender von 1537 unter den Aberglauben aufzählt: „Welche keine blöde, verzagte Kinder haben wollen, da soll der Vater, so die Kinder getauft sind, ihnen ein Schwert in die Hand geben, alsdann sollen sie ihr Lebenlang kühn sein." Und unmittelbar hernach: „Welcher eine Messe von den dreien Königen darüber ließe von einem Priester lesen oder das Gebet von Karolo dem Großen, so würde das Kind kühn und sieghaftig sein."[330] Wieder ist hier das Schwert mehr als Sinnbild künftigen Heldenthums, es wirkt durch die Berührung sympathetisch, das Gebet vom Heldenkaiser Karl aber ist ein Sieges- oder Schwertzauber in christlicher Gestalt.³³¹ Dasselbe Verzeichniß alter Volksglauben führt an: wenn eine schwangere Frau gerne von Turnieren und Stechspielen sagen höre, so trage sie einen Sohn, wenn sie aber zu tanzen begehre und gern auf Instrumenten spielen höre, so gehe sie mit einer Tochter; ferner: „wann ein Knäblein erst geboren ist, so soll man es zu seinem Vater tragen und stoßen es mit den Füßen vor seine (des Vaters) Brust, so soll das Kind nimmermehr ein bös Ende nehmen; wann eine Frau inne liegt von einer Tochter, so soll man die Tochter setzen auf der Frauen Brust, sprechend: Gott mache euch (die Tochter) zu einer guten Frauen! so soll sie nimmer Schande von ihrem Leibe haben."³³² Berührung der Vaterbrust soll Mannestugend, der mütterlichen edle Weiblichkeit einflößen, welch letzteres in der kurzen Wunschformel ausgesprochen ist. Die innige Betheiligung des Gemüths bei solchen symbolischen Handlungen erzeugte den Glauben an ihre Wirksamkeit; selbst zur vollständigen psychologischen Richtigkeit der Volksmeinung wird im folgenden Falle nichts vermißt werden. Bonveb empfängt bei der Ausfahrt von seiner Mutter das harte Schwert mit der Segnung zum Siege; im deutschen Heldenliede wird der junge Alphart von seiner Pflegemutter Ute gewaffnet, sie reicht ihm, als er zu Rosse steigt, den Speer und segnet mit der Hand ihm nach, seine jugendliche Gattin hat nur rührende Bitten, daß er sie nicht verlasse, daß er nicht allein auf die Warte reite³³³; nun wird aber im Rittergedichte Wigalois als ein Aberglaube (ungeloube) angemerkt: „Es sei manchem Manne leid, wenn ihm ein Weib das Schwert gebe³³⁴," und genauer im mehrerwähnten Verzeichnisse: „Wann ein Mann fertig ist und will auf das Pferd sitzen, so soll er sein Schwert oder andre Waffen nicht von seinem Weib nehmen, denn wo er des bedürfen würde, so würd's ihm daran hinderlich sein."³³⁵ Damit läßt sich erklären, warum Alphart nicht von seiner Neuvermählten, sondern von der Pflegemutter die Waffen nimmt, zugleich aber liegt der gute Grund des Volksglaubens am Tage, der Abschied von der Gattin geht dem Manne zu nah an's Herz, von der Hand des Weibes würde das Schwert weich werden.³³⁶ᵃ

Auch die mittelalterlich christliche Seite der Volkssegen haftet, wie schon von Andern bemerkt worden, großentheils in der Sympathie³³⁶ᵇ;

der feierlichen Berufung auf Ereignisse und Umstände aus der heiligen Geschichte, besonders aus dem Leben des Heilands und der ihm zunächst gestandenen Personen, welche zu irgend einem besondern Anliegen eine wenn auch nur entfernte oder gleichnißartige Beziehung gestatten, wird für dieses besondre Bedürfniß hülfreiche Wirkung beigemessen. Das Gebet überhaupt hatte diese Richtung genommen, man begnügte sich nicht, die Macht und Güte Gottes, das Werk der Erlösung, oder auch die Fürbitte der Gottesmutter, im Allgemeinen anzusprechen, es wurden angelegentlich einzelne, bestimmtere Anhalte aufgesucht. Walther von der Vogelweide bittet im Eingang eines an sich einfachen Morgengebets, daß er heute in Gottes Obhut gehn und reiten möge, dann aber besonders, daß der Heiland um seiner Mutter willen ihm nicht minder schirmende Pflege schenken möge, als die der heilige Engel Gabriel ihr und ihrem Kinde, das in der Krippe lag, so treulich gewidmet.[337] Diese Engelhut über Marias Wochenbette muste dann auch in Segensformeln gegen Diebe ihren Dienst leisten.[338] Den Übergang von dem auf einzelne Anhalte gerichteten Gebete zu den völlig abergläubischen Beschwörungsformeln zeigt am besten ein Segen in Prosa aus dem 12ten Jahrhundert[339], der an Bezügen ersterer Art überaus reich ist und doch die sympathetische Schutzanwendung noch ziemlich im Allgemeinen hält. Derjenige, dem der Segen gilt, wird „heute" (also auch Morgensegen) dem allmächtigen Gotte in dieselbe Treue und Gnade befohlen, womit und worein er seine Mutter dem Johannes, seinen Geist dem Vater befahl, sich Marien zu einer Mutter und sie ihn zu einem Sohn erkor, der gute Jacob seinen Sohn befahl, als er ihn nach Ägypten sandte, der gute Tobias den seinigen, da er ihn nach Medenreich sandte, ferner den heiligen fünf Wunden, dem getreuen Sankt Peter, wie ihm Christ seine Schafe befahl und die Schlüssel des Himmels, den heiligen Worten unsers Herrn: daß kein Feind dem Gesegneten schaden möge, sichtbar noch unsichtbar, sie, die Feinde, sollen heute gebunden sein, daß sie nicht Augen, Mund, Ohren, Herz haben, womit sie ihm zu Schaden sehen, sprechen, hören, denken mögen, daß ihnen die Hände abgehauen seien und sie nicht Füße haben, ihm zum Schaden zu rühren, zu gehen oder zu stehen, der vielheiligen Rechten unsres Herrn wird sein Leib, seine Seele und seine weltliche Ehre befohlen, daß er ohne Sünde, Schande und Übel mit Freuden leben möge. Dieser Segen gibt einen Vorrath von Berufungen, wie sie in andern Formeln mehr vereinzelt und zu besonderſten Zwecken verwendet vorkommen.³⁴⁰ Die Entſendung des jungen Tobias durch ſeinen Vater wird zum ausführlichen Reiſeſegen.³⁴¹ Die bezeichnete Form, für ſich und andre zu beten, wird nun auf dreierlei Weiſe tiefer in den Aberglauben getrieben: einmal hat man die Anknüpfungen, die ſich in den heiligen Schriften ergaben, nicht bloß aus der Legende, ſondern durch hinzugedichtete Umſtände aus dem Leben Jeſu und der ihm betrauten Perſonen für jeden beliebigen Gebrauch vervielfältigt, ſodann beließ man es nicht bei Gebet und Segenswunſche mittelſt ſolcher Berufungen, ſondern es ſollte damit nach außen, unmittelbar und thätlich, auf den beſondern Fall gewirkt, das vorhandene oder androhende Übel ſollte beſchworen werden, endlich lag die Wirkung nicht ſowohl in der Inbrunſt des Anrufs und in der ihm entgegenkommenden Gnade, ſondern in der Formel, in den Worten, zur rechten Zeit und mit den vorgeſchriebenen Handanlegungen geſprochen. Die Erweiterung der heiligen Geſchichte durch willkürliche Hinzudichtungen nahm ihren Anlaß zunächſt in den Wundern, durch welche der Heiland ſeinen Erdengang bezeichnet hatte; wie er, „der aller Welt ein Arzt iſt"³⁴², durch ſein gebietendes Wort und die aufgelegte Hand gegen manigfache Gebrechen und Übel alsbaldige Heilung und Hülfe ſchaffte, ſo ſollten nun wider jegliche Noth Worte ſeines Mundes überliefert ſein, durch die er in beſondern Fällen geholfen und denen fortwährend für jedes ähnliche Vorkommniß dieſelbe Kraft innwohne. Darum beginnen die Formeln häufig erzählend³⁴³ und ſchließen mit der Anweiſung oder den Beſchwörungsworten, die dem göttlichen Munde zugeſchrieben werden. Ähnliches iſt der Mutter Jeſu und andern heiligen Frauen aufgedichtet, ein Augenſegen hebt mit der Erzählung an, wie die heilige Ottilia auf einem Steine kniet, weinend, betend, trauernd, daß ihr die Augen ausfaulen, da kommt Maria, Gottes Mutter, befragt die Weinende, hebt ihre göttliche Hand auf und verſegnet die kranken Augen³⁴⁴; Ottilia ſelbſt wurde wider Augenleiden angerufen und über eine Heilige von der Heiligſten geſprochen mochte dieſer Segen doppelt wirkſam erſcheinen. Das Verhältniß der Berufung im Gebete zur förmlichen Beſchwörung wird ſich an Folgendem herausſtellen. Ein Segen zur Fahrt:

> Ich trete heut auf den Pfad,
> den unser Herr Jesus Christus trat,
> der sei mir also süß und also gut!
> nun helfe mir sein heil'ges rosefarbes Blut
> und seine heilige fünf Wunden,
> daß ich nimmer werde gefangen oder gebunden ꝛc.
> daß alle meine Band'
> von mir entbunden werden zuhand,
> also unser Herre Jesus entbunden ward,
> da er nahm die Himmelfahrt!³⁴⁵

Diese letztern Zeilen sind ein Beispiel sympathetischer Berufung, der Betende bezieht sich darauf, wie der Heiland die Bande des Grabes gesprengt, und hofft davon die Lösung der Fesseln, die ihm selbst von seinen Feinden bereitet sein möchten.

Thatkräftiger wirkt nach den Eddaliedern der Zaubersang unmittelbar, daß die Fesseln von Händen und Füßen springen.³⁴⁶ Gegen die Gewalt des Feuers aber, der auch ein nordisches Zauberlied Einhalt gebot, findet man unter den deutschen Segen entschiedene Beschwörungen: „Feuer steh still, um Gottes will! um des Herrn Christi will, Feuer steh still in deiner Glut, wie Jesus Christus gestanden in seinem rosenfarben Blut ꝛc.!" „Sei mir willkomm, Feuersgast! Feur, ich gebiete dir bei Gottes Kraft, daß du nit mehr nehmest, denn das du hast gefaßt ꝛc.!" „Behalt deine Funken und Flammen, wie Maria ihre Jungfrauschaft" ꝛc.! „Ich gebiete dir, Glut! bei des Herrn Christi Blut, daß du stille stehest und nicht weiter gehest, bis die Mutter Gottes von Himmel einen andern Sohn gebiert!"³⁴⁷ Abstumpfung feindlicher Waffen, abermals unter den altnordischen Zaubern verzeichnet, kommt in deutschen Formeln theils bei den Festsegnungen des eigenen oder fremden Leibes vor: „Aller meiner Feinde Gewaffen, die liegen heute und schlafen ꝛc.!" oder: „Alle Waffen sein vor dir verschlossen, daß sie das viel gar vermeiden, daß dich ihr keines steche noch schneide!" theils aber auch als Besprechung der Waffen selbst: „Also milde und also linde müßest du heute sein auf meinem Leibe, Schwert und aller Art Geschmeide (Schmiedwerk), als meiner Frauen Sankte Marien Fachs (Haupthaar) war, da sie den heiligen Christ gebar!" Dänisch, bald erzählend: „Unser Herr Christus ritt in Herren(Heeres)fahrt, da läubt' er alle gezogne Schwert, allen der Waffen, die er sah, nahm er Ed' und Ort (Schneide und Spitze) ab mit seinen zwo Händen und mit seinen zwölf (zehn) Fingern 2c. vom Knauf bis zur Spitze hinauf: das Weiße soll nicht beißen, das Rothe soll nicht bluten, bevor Christ sich wieder läßt gebähren, das ist geschehn und geschieht niemals mehr!" bald auch beschwörend: „Steht, Ed' und Ort, mit demselben Wort, damit Gott schuf Himmel und Erd'!"[349] Der Glaube an die Wunderkraft des Wortes, wie ihn auch in früher angeführten Formeln das Gürten mit heiligen Worten oder zum Wortsiege ausspricht, hat seinen ersten und tiefsten Grund in dem Wunder der menschlichen Rede selbst, er wurde gepflegt durch das im Bedürfniß der schriftunkundigen Vorzeit gelegene Formelwesen, endlich war die mittelalterliche Behandlung des Schriftworts, die fremde Kirchensprache, nicht dazu geeignet, jenen Glauben vor der Erstarrung im gedankenlosesten Wortdienste zu bewahren. Freidank sagt von der Macht der Worte: „Den Teufel zwinget mancher Mann mit Gottes Worten, der sie kann, daß er (der Teufel) muß sprechen und sagt seine Schande und sein Herzeleid; durch Worte geht eine wilde Schlange zu den Leuten, da sie sich fangen läßt, durch Worte meidet ein Schwert, daß es Jemand verwunde, durch Worte vermag ein Eisen Niemand zu brennen, und hätt' es den ganzen Tag geglüht; diese Worte sind wie ein Wind gegen jene, die in der Messe sind."[349] Daß gleichwohl auch zu Beschwörungen der genannten Art göttliche Worte gesucht wurden, davon geben die Formeln überreiches Zeugniß. So üppig aber das Mittelalter an der heiligen Geschichte fortdichtete, so ist doch gerade im Formelwesen, das seiner Natur nach in einer stetigen Überlieferung haftet, die Vermessenheit befremdlich, mit der den geheiligtsten Personen wilde Worte in den Mund gelegt wurden. Man wird sich diese Erscheinung kaum anders erklären können, als durch den nachgewiesenen Zusammenhang der mittelalterlichen Segen mit dem heidnischen Beschwörungsingen. Auch dieses griff zu den Worten mythischer Wesen, was Thiodhrärir vor Dellings Thüre, was Rindr zu Ran sang, das sollte für entsprechende Fälle wirksam sein, die Kunde von Groas Zauberfang, ein alter Naturmythus, wurde, wenn auch nicht mehr verstanden, zur mütterlichen Wandersegnung benutzt, wie man auf christlicher Seite die Anrede des Tobias an den scheidenden Sohn zur Fassung eines Reisesegens tauglich fand. Die Neigung zum Zaubern, der Glaube an die Kraft desselben, war dem gechristneten Volke nicht erloschen, aber die alten Formeln konnte man doch nicht mehr oder doch nicht unverändert fortgebrauchen, blieben auch einzelne Naturwesen, mythische Namen und Beziehungen zurück, im Ganzen muste doch auf Ersatz aus dem Gebiete des neuen Glaubens gesorgt werden. Die herkömmliche Grundform der sympathetischen Bezüge behielt man bei und wahrte soweit das Anrecht der Überlieferung, aber auf den Pfaden der vertriebenen Mächte wandelten nun Christus, Maria und all ihr heiliges Gefolge. Das Alte war verdunkelt und das Neue nicht hell geworden, die poetische Kraft der Formeln wich dem Misverständniß, der Unsicherheit und Verwirrung, das ganze Treiben war verdächtig und verrufen, Odins hohe Lieder- und Runenkunde war in den Händen fahrender Leute. 350

Die Formeln des Heilbittens und Segnens, die ihren Ursprung im ernsten Gemüthe hatten, sind aber nicht durchaus in dürrem Aberglauben verkommen, sie verzweigten sich auch in das heitre, gesellige Leben, als Liebesgruß und Wunschdichtung. Den Weg nach dieser Seite bahnen die Neujahrswünsche. War dem anbrechenden Tage, dem Aufgang der Sonne so viele Bedeutung beigelegt, so konnte der größere Umschwung, das wiederkehrende Wachsthum des Lichtes in der Wintersonnenwende, nicht unbeachtet bleiben. 351 Der Beginn des neuen Zeitabschnittes war überhaupt eine Aufforderung, den Blick in die Zukunft zu richten, Vorsätze zu fassen und Wünsche zu bilden. Am Julabend wurden im alten Norden beim feierlichen Becher Gelübde auszuführender Thaten abgelegt. 352 In Deutschland wird es um den Anfang des 11ten Jahrhunderts als heidnische Sitte gerügt, Neujahrs auf dem Kreuzwege oder schwertgürtet auf dem Dache zu sitzen, um zu sehen und zu entnehmen, was Einem im kommenden Jahre begegnen werde; auch das wird den heidnischen Gewohnheiten beigezählt, wenn man beim Jahreseintritt durch Ortschaften und Gassen Sänger und Reigen führe. 353 Des Singens in der Neujahrsnacht um einen Kranz von lieber Hand ist zuvor gedacht worden. 354 Diesen und ähnlichen Neujahrsgebräuchen schließt sich nun einer an, der sich in förmlichem Wunschsprechen ausprägte, das nächtliche Anklopfen zur Zeit des Jahreswechsels. Hans Rosenblüt und Hans Volz, Dichter des 15ten Jahrhunderts, beide zu Nürnberg heimisch, haben für dieses Klopf an jeder eine Reihe von Reimsprüchen geliefert.³⁵⁵ Sie ließen dabei der eigenen Erfindung freien Lauf, standen aber doch unter sichtlichem Einfluß des alten Herkommens und überlieferter Formeln. Von dem Gebrauche selbst kann man sich aus dem Einzelnen der Sprüche eine Vorstellung zusammensetzen: zur Neujahrszeit giengen Personen beiderlei Geschlechts, höheren und niebern Standes, sich unkenntlich machend, zum Theil mit Musik und Gesang, Nachts in den Gassen umher und klopften an den Thüren, während eine Stimme aus dem Fenster sie in diesem Klopfen aufmunterte oder damit abwies und bald die besten Wünsche zum neuen Jahr ihnen zurief, bald mit den schnödesten Worten sie weiter ziehen hieß, was von der Vermuthung über die Person des Klopfenden und schon von der Art seines Anklopfens abhängen mochte.³⁵⁶ Rosenblüt, der schon um 1450 dichtete, hält seine Sprüche, wenn auch nicht ohne launige Beigabe, doch im Ganzen noch ziemlich formelartig und feierlich, dem bisher abgehandelten Segensprechen zugeneigt, namentlich folgende:

> Klopf an, klopf an!
> ein seligs neus Jahr geh dich an!
> Alles, das dein Herz begehrt,
> des wirst du zu diesem Jahr gewährt.
> Klopf dannoch mehr!
> daß dir widerfahr alle Ehr'
> und alle Glückseligkeit,
> des helf' uns Maria, die reine Maid!
> der lieb Herr Sant Sebold,
> der behüt' uns und hab' dich hold!
> der lieb Herr Sant Moritz,
> der behüt' dir Sinn und Witz!
> und die eilftausend Maid'
> behüten dich vor allem Herzenleid!
> der lieb Herr Sant Veit,
> der behüt' dich zu aller Zeit!
> der lieb Herr Sant Martein,
> der müß' allzeit dein Gefährte sein!
> Sant Niclas, der heilig Himmelfürst,
> der bescher' dir Wein gnug, wenn dich dürst'!

Gott woll dir geben als viel Ehr'n,
als manig der Himmel hat Stern',
und so viel gute Zeit,
als viel Sandkörnlein im Meere leit,
und darnach das ewig Leben,
daß müß' dir Gott mit Freuden geben!
das wünsch' ich dir zum neuen Jahr,
sprich amen, daß es werde wahr! 357

Klopf an, klopf an!
der Himmel hat sich aufgethan,
daraus ist Hail und Säld' geflossen,
damit werdest du begossen!
Du seist Frau oder Mann,
so wünsch' ich dir, das ich kann:
Gesundheit des Leibs und frischen Muth
und Alles, das deinem Herzen wohl thut,
Schöne, Stärk' und Weisheit viel
und die Kunst aller Saitenspiel';
hab' dir Samsons Stärk' und Kraft
und König Alexanders Herrschaft,
die Schöne Absalons,
die Weisheit Salomons,
und hab dir friedlichen (fröhlichen) Muth
und Priester Johanns Gut,
und hab' dir Susannen Unschuld
und hab dir aller schönen Frauen Huld!
als manig Stern am Himmel stahn,
als manig gut Jahr geh' dich an,
als manig Tropfen im Meere sein,
so viel heiliger Engel pflegen dein!

Klopf an, klopf an!
mein Herz hat sich aufgethan,
und wünsch' dir Glück und alles Gut',
gesunden Leib und frischen Mut,
viel guter Jahr' und lang Leben
das müß' dir Gott auf Erden geben!
ich wünsch' dir ein Fräulein wohlgestalt,

das dir im Herzen wohl gefällt
und die dich lieb hab' für ander Knaben,
die sollt du dir zu dem neuen Jahr haben!

Aus einem verliebten Spruche:

Dein stolzer Muth und frischer Sinn
der nimmt mir viel Traurens hin,
Dein fröhliches Herz und frische Jugend
ist geneigt auf alle Tugend;
ich lieb' dich sehr und bin dir hold
und lieb' dich für Perlen, Silber und Gold,
das ich auch von dir hoffen bin:
du liebest mich in deinem Sinn;
darum wirf einen Arm auf in der Stille
und thu einen Schrei durch meinen Willen,
daß ich dein Herz gänzlich erfahr!
so hau' (lauf) dahin, daß dich Gott bewahr! [358]

Bei Hans Folz, dessen Sprüche etwa zwanzig Jahre später fallen, ist der Ton merklich gesunken. Er gebraucht wohl auch noch die alte Segensformel [359], aber statt daß Rosenblüt das üble Wort nur selten und versöhnlich vorkehrt (in Nr. 3. 6), wiegt Jener die guten Wünsche mit höhnischen Abweisungen auf und diese letztern sind ein witzloser Erguß der gröbsten, schmutzigsten Schimpfreden und Drohungen. Auch seine günstigen Sprüche haben ein derbes Aussehn.

Dieses nächtliche Anklopfen Unbekannter bei Unbekannten, um eine Losung für das angehende Jahr zu vernehmen, ist ihrem Ursprunge nach wohl nichts Anderes, als eine volksfestliche Darstellung des von den Einzelnen in der Stille betriebenen Lauschens und Horchens in der Neujahrsnacht. Das von der Kirche mißbilligte Neujahrsingen auf den Straßen wird mit diesen nächtlichen Schicksalsforschungen unmittelbar zusammengestellt und muß daher in verwandter Bedeutung mit ihnen gedacht werden. Daß es vornherein nicht lediglich auf ein geselliges Spiel abgesehen war, zeigt der feierliche Ton, der noch in einem Theil der Sprüche, besonders bei dem älteren Dichter, vorwaltet. Der Himmel und das Herz erschließen sich in der heiligen Nacht, um ihre Segnungen auf den Anklopfenden auszuschütten. Was dem Gebrauche Heidnisches ankleben mochte, war durch christliche Formeln gereinigt und gesühnt; auch gute Lehren wurden zum neuen Jahre gespendet.³⁶⁰ Für die schlimmen Orakel wird es früher gleichfalls nicht an ernsterem Ausdruck gefehlt haben; „ein selig's neus Jahr geb dich an!" ist in den günstigen Sprüchen herkömmlich ³⁶¹, „ein böses, feiges (tödliches) Jahr" anzuwünschen, war in der Volkssprache des 14ten Jahrhunderts, auch außerhalb Neujahrs, nicht ungewöhnlich³⁶²; Hans Folz kennt noch das böse Jahr, aber in seinen Verwünschungen ist nichts mehr von feierlichem Ernste zu spüren.³⁶³ Auch in guten Wünschen, besonders den auf Liebe bezüglichen, gesellt sich der Scherz zum Ernste; so bei Rosenblüt:

> Ich wünsch' dir das ewig Leben,
> das müß' dir Gott mit Freuden geben!
> ich wünsch' dir ein Stüble warm
> und deinen Buhlen an deinen Arm.³⁶⁴

Hans Folz gibt einem zärtlichen Wunsche den Schluß (Nr. 2):

> So wünsch ich dich so lang gesund
> bis daß ein' Lins' wiegt hundert Pfund
> und bis ein Mühlstein in Lüsten fleugt
> und ein Floh ein Fuder Weins zeucht
> und bis ein Krebs Baumwoll' spinnt
> und man mit Schnee ein Feuer anzündt;
> hiemit ein guts seligs neus Jahr
> und hau hin, daß dich Gott bewahr'!

Doch läßt er auch wieder die Liebende sagen (Nr. 11):

> Du klopfest an in deinem Scherz,
> dannoch geht es mir an mein Herz.

Die ursprüngliche Bedeutsamkeit des Gebrauches hinderte nicht, daß derselbe mehr und mehr in ausgelassenen Mummenschanz umschlug. Vorzüglich aber konnten dabei die Bewerbungen und Neckereien der verliebten Jugend ihr verstecktes Spiel treiben. Gehörte das Kranz-singen in der Neujahrsnacht mit zu den Schicksalsfragen, so war freilich ein Blumenkranz, der auf den Liebenden niederfiel, das hoffnungsreichste Wahrzeichen.³⁶⁵

Manche Lieder des 15ten Jahrhunderts, in welchen der Geliebten ein seliges neues Jahr gewünscht und zugleich von ihr ein schönes Heil erbeten wird, stehen in keiner nachweisbaren Beziehung zu den angeführten Gebräuchen. Wohl aber ist die phantastische Formel zur Hand, wenn der Neujahrsänger sich nach Lust erwünschen möchte, daß er Pabst und Kaiser, aller Welt gewaltig, das Meer zu stillen, aller zahmen und wilden Thiere, dazu der Blümlein im Gefilde mächtig sei, daß er regnen und die Sonne scheinen lasse, wann er wolle, aller kühlen Brunnen Gewalt habe und Schatten vor der Sonne machen könne, einzig um Alles in den Willen der Geliebten zu stellen.[366] Wünsche dieser Art waren übrigens an keinen Jahrestag gebunden, sie waren stets bereit, wo aus innigem Herzen und freundlichem Munde gegrüßt wurde. Der Gruß überhaupt ist ein wohlwollender Wunsch, und wenn ihn die Liebe gibt oder nimmt, erblühen farbenhelle Bilder. Volksmäßige Liebesgrüße, poetische Wunschformeln, können im gleichen Zuschnitt von sehr früher Zeit bis zu den gereimten Briefmustern unserer Jahrmärkte aufgewiesen werden. Mindestens aus dem Anfang des 11ten Jahrhunderts stammt, nach gelehrter Forschung, das lateinische Gedicht Ruoblieb, das Werk eines Mönches zu Tegernsee[367]; in einem der erhaltenen Bruchstücke desselben fragt ein Bote, der für Ruoblieb auf Brautwerbung ausgeschickt war, was die Schöne Jenem antworten lasse? Diese Antwort nun, in welcher altdeutsche Reimworte mit den lateinischen Versen verwoben sind, ist folgende: „Von mir aus treuem Herzen sag' ihm soviel Liebes, als jetzt komme Laubes; soviel der Vögel Wonne, sag' ihm meiner Minne; soviel Grases und Blumen, sag' ihm auch der Ehren!"[368] Daß diese Grußformel eine altvolksmäßige sei, dafür sprechen eben die deutschen Reimsätze. Sowie dann, nach dem Erlöschen des ritterlichen Minnesangs, die Volksdichtung wieder hervorbricht, im 15ten und 16ten Jahrhundert, hört man auch wieder vielfach dieselbe Grußweise; so im Straßburger Kranzliede (VolksL. Nr. 3, Str. 9):

> Jungfrau, ich sollt' euch grüßen
> von der Scheitel bis auf die Füße,
> so grüß ich euch so oft und did (vielmals),
> als mancher Stern am Himmel blid' (schimmre),
> als manche Blume wachsen mag
> von Ostern bis an Sant Michels Tag!

Der Liebesgruß an Ruoblieb ergeht noch durch mündlichen Auftrag und die Kranzwerber grüßen singend, wobei ihnen verschiedene Formeln zu

Gebot stehen. Auch landschaftliche Verschiedenheiten muß der mündliche Gruß gehabt haben; in einem Volksliede grüßt der Ritter das veilchenbrechende Mädchen „nach schwäbischen Sitten" und der Kranzsänger sagt:

> Jungfrau, ich sollt' euch danken
> mit Schwaben und mit Franken! 369

In den Briefmustern, wie sie seit dem 15ten Jahrhundert zum Vorschein kommen, findet man die poetischen Grüße gesammelt, für Auswahl und Gebrauch aufbewahrt, doch tragen sie auch hier noch mitunter die Spur vormals mündlicher Grußsendung. Sie sind folgender Art:

> Ich send' dir, liebes Lieb, einen Gruß
> auf einer Nachtigallen Fuß,
> auf jeglichem Klauen
> einen güldnen Pfauen;
> als manig gut Jahr geh' dich an,
> als ein geleiterter Wagen
> gefüllter Rosen mag getragen,
> jeglichs Blatt in neun gespalten,
> Gott müß' deins jungen Leibes walten! 370

> Ich grüße dich zu dreistund (dreimal),
> mein Lieb, in deinen rothen Mund,
> ich grüß' dich in dein' Äuglin klar,
> Gott geb dir viel und gute Jahr! 371

> Meinen Gruß ich euch sende
> ohn Anbeginn und ohn' Ende
> und grüß euch nicht allein mit dem Munde,
> sondern aus meines Herzens Grunde 2c.

> So viel Tropfen sind im Meeres Grund,
> gegrüßet sei euer rother Mund 2c.
> Habet also viel guter Nacht,
> als manch rother Mund in dem Jahre lacht,
> und also viel guter Zeit,
> als Sandes in dem Meere leit. 372

> Ich wünsch' dir, Herzlieb, einen Gruß
> von dem Herzen bis auf den Fuß,

> von Lilgen ein Bett
> und von Rosen eine Deck',
> von Muscaten eine Thür,
> mit Näglein ein' Riegel darfür!
>
> Und grüß' dich Gott als oft und dick,
> als maniger Stern aus dem Himmel blick'
> und als manigs Blümel entsprießen mag
> von Ostern bis auf Sant Jacobs Tag!
>
> Und laß' euch Gott als lang leben
> bis auf einem Mühlstein wachsen Weinreben,
> und müßt als lang mein steter Buhl sein
> bis dieselbigen Reben tragen Wein!
>
> Darauf spar' euch Gott als lang gesund
> bis ein Frosch erlauft einen Hund
> und ein Zeislein oder ein Fink
> das ganze Meer austrink'!

Auch für gekränkte Herzen gibt es Briefformeln:

> Mit solchen Treuen, als du mich meinst,
> so mag ich wohl lachen, wann du weinst,
> Treu und Stet
> hat mir der Wind hin geweht,
> Falsch und Verlogen
> ist mir herwieder geflogen. [373]

Manchmal wird das Brieflein selbst angeredet und ihm aufgegeben, die Liebste, ihren rothen Mund, ihre spielenden Augen und rosenfarben Wangen zu grüßen. Ein Liebesbrief mit solchem Auftrag, aus dem 14ten Jahrhundert, in bairischer Mundart, ist auf einen schmalen Pergamentstreifen geschrieben, der bestimmt war, zusammengerollt und umbunden zu werden. [374] Gerne wird auch irgend ein Wahrzeichen genannt, durch welches gegrüßt werde: durch einen Seidenfaden, eine Hand voll Seide, eine Hand voll Gerstenkorn, durch grünen Klee. [375] Im Appenzellerlande läßt man noch durch einen Rosmarinstengel, durch ein „Schöppli" Wein ꝛc. grüßen. [376] Diese Formeln stammen vermuthlich von alter, symbolischer Botschaftsendung her; auch der schriftlichen Meldung ein sinnbildliches Zeichen beizufügen, hielt man nicht für überflüssig. Gudrun warnt ihre Brüder theils durch Runen, theils durch Wolfhaare, in einen Ring gebunden.³⁷⁷ Tristan legt auf den Weg, den die Königin kommen muß, einen Haselstab, worauf er geschrieben hat, daß Hasel und Geißblatt nicht getrennt sein können, ohne daß beide hinsterben.³⁷⁸ Liebesbriefe, die man durch fremde Hand schreiben ließ, schienen wohl noch einer unmittelbaren Beigabe zu bedürfen und nachmals haftete das Wahrzeichen wenigstens in den Reimen des Briefstils.³⁷⁹ Laub und Blumenblatt, die in mehreren Grußformeln bildlich verwendet werden, mochten früher auch wirklich dabei sein. Ein halblateinisches Lied in einer Handschrift des 13ten Jahrhunderts sagt: „Das Mägdlein stand bei einem Baume, schrieb ihre Liebe an einem Laube"³⁸⁰; und in einem spätern Weckeliede (Volksl. Nr. 85. Str. 3.) wird gesungen:

Ich brach drei Lilgenblättlein,
ich warf ihr's zum Fenster ein:
„schläfest du oder wachest?
steh auf, feins Lieb, und laß mich ein!"

Blumenhaus, Lilien- oder Lindenblatt stellen sich abermals zum Gebrauche zärtlicher Wünsche und Hoffnungen.³⁸¹

Es geht durch viele Länder und Zeiten ein Märchen von den Wünschen, deren der Mensch auf übernatürliche Weise gewaltig werden kann. Göttliche und geisterhafte Wesen, Zauberer und Heilige, je nach den religiösen und mythischen Vorstellungen der verschiedenen Völker, vergönnen den Sterblichen zum Lohne der Gastfreiheit oder eines andern Dienstes, manchmal auch gezwungen oder auf ungestümes Bitten, eine bestimmte Zahl von Wünschen und Wunschdingen, welche den Frommen und Bescheidenen zum Heile gereichen, den Bösen und Begehrlichen aber zum Unglück ausschlagen oder durch die Thorheit und den Frevel der Wunschberechtigten vornherein verkehrt und vereitelt werden. Im Allgemeinen ergeben diese Dichtungen, in Scherz und Ernst, die Lehre, daß es für den Menschen schwierig und gefährlich wäre, selbst der Ordner seines Geschickes zu sein und über die Gaben des Glücks zu gebieten. Deutsche Volksmärchen lassen gerne den Heiland, mit dem Apostel Petrus umherziehend, den Sinn der Leute prüfen und ihnen Wünsche gestatten. Wie er auf seinem Erdengange wider jedes leibliche Gebrechen heilende Segen bereit hat, so verleiht er auch andre Glücksgaben durch sein bloßes Wort, wenn es nur nicht auf undankbaren Boden fällt.³⁸² Ein Meistergesang auf einem Flugblatte des 16ten Jahrhunderts erzählt folgenden Schwank: Dieweil der Herr noch auf Erden war, kam er in ein Dorf, das im Thale liegt und Wintershausen heißt, wo die Bauern mit wildem Geschrei beim kühlen Weine saßen; Sankt Peter bittet seinen Meister, den Bauern einen gemeinsamen Wunsch zu geben, und der Herr gestattet solchen mit der Bestimmung, daß nur Einer, den sie unter sich wählen mögen, den Wunsch thun, aber selbst nur halb soviel, als die Andern, empfangen soll; nachdem der Schultheiß die Wahl von sich gewiesen, weil er sich nicht mit dem halben Theile begnügen will, kommen sie überein, den Dorfschützen, ihren gemeinen Knecht, wünschen zu lassen, er wird ermahnt, daß er auf ihren Nutzen vereidet sei, auch sie ihm das Korn geben, und verspricht, sich bis morgen frühe des Wunsches zu besinnen; als die Nacht ein Ende nimmt, eilen die Bauern, jeder mit einem Sack, in das Haus des Schultheißen, auch der Schütz bleibt nicht aus und nun werden ihm die manigfachsten Wünsche vorgeschlagen; ein alter Bauer hat nur das bescheidene Anliegen, im Winter nicht zu erfrieren, Andre verlangen, der Schütz solle weiß Brod genug wünschen und süßen Meet dazu, Land und Leute nebst ewigem Leben, Scheuern voll Fesen, Rüben für den Winter, Pfennige, Würfel und Kartenspiel, seine Fräulein und dazu den allerbesten Wein, Meet und Milch und in der Fasten Zwiebel, Jedem eine Gippe (Kittel) von gutem Zwilch nebst gehefteten Stiefeln, damit durch den Koth zu laufen, ferner daß das Korn von selber wachse und daß Erbsen und Flachs alle Jahre wohl gerathen, Jedem in sein Haus drei oder vier gute Dreschflegel und einen guten Holzschlegel, Jedem ein krauses Haar, das sei das beste, dann noch einen Brei voll fetter Grieben; endlich heißt der Schütz sie näher treten und spricht: „Gott gebe, daß ihr erblinden müßet!" Alsbald sehen sie kein Stück mehr und der Schütz ist einäugig.³⁸³ Der örtlichen Anknüpfung unerachtet ist es doch die Fabel vom Neidischen und dem Geizigen, die schon Avianus gibt, nur daß bei ihm Jupiter den Phöbus herabsendet, der Menschen beweglichen Sinn zu erkunden.³⁸⁴

Die Wünsche kommen sonst am meisten in der Dreizahl vor, doch steigen sie bis auf sieben; auch der Wunschdinge, der Kleinode, mittelst welcher man fortwährend gewisser Wünsche mächtig ist und in denen die Begabungen sinnbildlich erscheinen, sind gewöhnlich drei. Der Inbegriff des Wünschbaren, den die ältere Sprache auch einfach mit dem Worte Wunsch bezeichnete [385], kann in der Sonderung unter verschiedene Ziffern gebracht werden. Die Fülle der Wünsche ist ein ungehobener Schatz, in den zur rechten Stunde oder durch besondre Zulassung eine bestimmte Zahl von Griffen gethan wird, und es kann, statt aller, an dreien genug sein. Im Nibelungenhort und den drei Kleinoden, die dazu gehören, Wünschelruthe, Schwert und Tarnkappe, ist der Vollbestand sowohl, als die Dreitheilung der irdischen Glücksgaben vorgebildet. [386] Als Seitenstück gab es einen dreifachen Ausbund des Übels, man sprach von drei Sorgen, drei Schaden. [387] Bei den Liederdichtern wird die sagenhafte Wunschzahl als ein Bekanntes vorausgesetzt und auf mancherlei Weise damit gespielt. Reinmar von Zweter würde, wenn er dreier Wünsche Gewalt hätte, sie dazu verwenden, daß er den Frauen rechtes Verhalten im Versagen und Gewähren, Unterscheidung des guten Mannes von den falschen wünschte. [388] Wahrscheinlich lag für diese gesuchtere Ausführung bereits eine volksmäßige Grundform vor, die noch in einem nieder- und hochdeutsch vorhandenen Wunschliede des 16ten Jahrhunderts auftaucht. Dasselbe zählt sieben Wünsche, stimmt aber in der Formel fast wörtlich mit Reinmar und seine einfache Versweise lautet auch bei Letzterem an, schlägt aber hier in einen breitern Strophenbau der Kunstdichtung aus. [389] Im Volksliede wünscht der Singende, wenn er der sieben Wünsche Gewalt hätte, sich selber jung und nimmer alt, alle Seelen frei von der Höllenpein, alle falsche Zungen sprachlos, wieder für sich schöne Jungfraun und rheinischen Wein, auch allezeit fröhlich und nimmermehr traurig zu sein, Geldes und Guts genug und Niemand schuldig sein, Jeden zu der Liebsten und sich zu der seinigen; zwischendurch gehen anregende Kehrzeilen: sag mir, hab' ich recht? hab' ich Unrecht? (Volksl. Nr. 5. A). Ohne sich an eine Zahl zu binden, wünscht ein Spruchdichter des 14ten Jahrhunderts das ganze Jahr hindurch für sich und für die ganze Welt; im buntesten Quoblibet wünscht er Geistlichen und Laien sittliche Besserung, den Bösen Unheil, den Liebenden Linderung ihres Wehs, dem jüngsten Gericht ein frohes Ende dann wieder in Einem Zuge, daß er den Streit zwischen Kaiser und Pabst auszurichten hätte, daß die Reisen den Reben nicht schädlich sein möchten und daß

eine gute, gerade Straße von Speicher bis Einsiedeln gienge, weil ihm
die hohen Berge beschwerlich seien, auch vorher schon verkehrt er im
Gebiete der unmöglichen Dinge:

> ich wollt, daß durch den Winter kalt
> Vögel süngen, jung und alt,
> und Viol'n, Rosen und der Klee
> schön wüchsen durch den Schnee;
> ich wollt' aller Meister Sang
> (so wär' mir nit der Winter lang)
> wohl verstehn und können;
> ich wollt', daß die Brunnen
> zu Merzen wären guter Wein,
> so möcht' ich des (desto) gesunder sein.

Doch gesteht er selbst, daß sein Wünschen nicht helfen möge, daß
Wünschen eine Kurzweil sei und Niemand dadurch gebessert werde. [390]
Als eine Kurzweil, ein Gesellschaftsspiel, wurde das Wünschen wirklich
getrieben. Ein niederländisches Lied, auch aus dem 14ten Jahrhundert,
unter mehreren Erzählungen von Herren- und Frauenwünschen [391], führt
in den Kreis einer solchen geselligen Unterhaltung: vier Herren sitzen
in einem weiten Saale bei schönem Feuer und kürzen sich die Zeit, sie
essen und trinken und wollen sich damit vergnügen, daß sie in die Wette
wünschen, wie Jeder am liebsten leben möchte, damit man daran merke,
welcher das frommste (wackerste) Herz habe; diese vier Herren sind Helden
des Nibelungenliedes, König Gunther, Gernot, Hagen und der milde
Rüdeger: Gunther wünscht sich in einen stets maigrünen Wald, an
einen klaren Fluß, um dort mit Rittern und Frauen zu jagen und zu
fischen [392], sodann unter Gezelten zu schmausen und zu tanzen. Gernot
möchte von Lande zu Lande Turnier und Ehren suchen, armen Rittern
die Pfänder lösen und sie in sein Gefolge ziehen, von reichen Burgen
zu reichen Städten fahren und die schönen Frauen sehen, die ihm
lachend entgegen kämen; Rüdeger wünscht sich mitten unter Blüthen-
bäumen, Blumen und Vogelsang einen Saal von Glas (das schon bekannte Krystallhaus), ausgeschmückt mit Geschichtbildern (van ymage?),
daß es Alle, die darein kämen, ein Himmelreich bedünkte, auch einen
Stuhl von Elfenbein, so breit, daß er darauf mit den zwei aller-
schönsten Frauen sitzen könnte, vor sich ein Trinkgeschirr von seinem

Golde voll goldener Pfennige, das auch, wieviel er herausnähme, stets
voll bliebe, so daß er aller Welt genug geben und alle Bedürftige reich
machen könnte [393]; Hagen wollte, daß Scheming und Miming (des
Helden Wittig Roß und Schwert) sein wären und er in einer guten
Stadt mit den besten tausend Rittern und den tapfersten tausend
Knechten läge, auch mit den schönsten tausend Frauen und den reinsten
tausend Jungfrauen, die, wenn die Thore der Stadt aufgethan wären,
an die Zinnen giengen und die Ritter streiten sähen, nach dem Kampfe
wollt' er dann wieder zu den Frauen in den Saal gehn, ihren rothen
Mund küssen und sich die Wundmale von ihnen heilen lassen. [394] Wenn
in diesem Wunschliede das ritterlich höfische Gepräge vorschlägt [395], so
fehlen doch nicht anderweitige Zeugnisse von einer allgemeineren Übung
des Wunschspieles. Die deutschen Räthselbücher des 16ten Jahrhunderts
geben Anweisung zu listigem Verhalten, wenn man mit Einem wünschen wolle, so daß, was Jeder wünsche, dem Andern halb gebühre,
oder daß der Wunsch Beiden nütze sei [396]; und in Fischarts Verzeichniß
der Spiele sind folgende genannt: „Wünsch', das Beiben nutzt!" „was
wünschest dir von deinem Buhlen?" „drei Wünsch' auf einem Stil." [397]
Dieses letzte berührt sich wieder mit dem Volksgesang, in welchem die
Erfüllung des Wunsches als eine aufblühende Blume gedacht ist; so in
einem altniederländischen Liede: „Hätt' ich nun drei Wünsche, drei
Wünsche also edel, so sollt' ich mir gehn wünschen drei Rosen auf einem
Stil; die eine sollt' ich pflücken, die andre lassen stehn, die dritte sollt'
ich schenken der Liebsten, die ich habe." [398] In einem deutschen: „Wollt'
Gott, ich möcht' ihr wünschen zwo Rosen auf einem Zweig!" [399]
Sofern dann herkömmlicher Gegenstand des Wünschens und Ausdruck
irdischer Glücksfülle der unversiegbare Hort ist, kommt auch den Volkssagen von verborgenen Schätzen die Wunderblume zu. Aufgang und
kurzes Blühen einer seltenen Blume bezeichnen den kostbaren, leicht
verabsäumten Augenblick, in welchem die Pforte des Glückes erschlossen
ist; vom Schatze selbst, wie er sich zur Erlösung hebt und ungelöst von
neuem in die Tiefe sinkt, gebrauchte man die Redensarten: Er blühe,
werde zeitig, verblühe. [400] Der Schäfer, am Berge weidend, erblickt
die blaue Blume, die er noch nie gesehen, pflückt sie und steckt sie an
seinen Hut, da findet er die Berghöhle mit ihren Reichthümern offen
stehen, verliert aber beim Herausgehen die Blume, die fortan von den

Bergleuten emsig gesucht wird, weil verborgene Schätze rucken⁴⁰¹; der Jäger wird von wunderlieblichem Dufte, den der Wind ihm zuweht, angezogen und geht in die Nacht hinein irre, bis er endlich in zauberhaftem Leuchten die Wunderblume sieht, unentschlossen bleibt er stille stehn, da verkündet der Seigerschlag aus der Ferne die Mitternachtstunde und die Blume verschwindet; nur alle hundert Jahre blüht sie in der zwölften Stunde der Johannisnacht und wer reines Herzens ist, kann sie dann pflücken und des Glückes, das sie gewährt, theilhaftig werden.⁴⁰²

Den günstigen Wünschen gegenüber stehen die **Verwünschungen** in so festen Formen und geschlossenem Zusammenhang, daß dadurch auch jene noch besser aufgehellt werden. Das Wort des Übelwollenden, des Schwergekränkten, Zürnenden, war nicht weniger mächtig, als das aus gutem Willen, aus liebendem Herzen kam. Darum galt es für bedenklich, dem Unbekannten, dem Feinde, besonders dem tobwunden Gegner, den Namen zu nennen und so dem übeln Wunsche preiszugeben.⁴⁰³ Sigurd verhehlt seinen Namen dem tödtlich verwundeten Fafnir: „Darum, weil es im Alterthum Glaube war, daß eines sterbenden Mannes Wort Vieles vermöchte, wenn er seinen Feind mit Namen verwünschte (bölvaði)."⁴⁰⁴ So gab es denn auch Segen wider die böse Zunge, wider das Beschreien, denn eben diesem, sowie dem bösen Auge, gab man zum Theil die Übel schuld, gegen welche die Segenssprüche gerichtet sind⁴⁰⁵; der gute Segen war an sich schon eine Abtreibung des schlimmen, aber auch eigens wurde gegen das feindliche Besprechen und Ansehen gebetet und gesegnet. Laut einer Gebetformel aus dem 12ten Jahrhundert stiftete man Kerzen auf den Altar und sprach dazu: „Allmächtiger Gott! ich bitte dich durch dein heiliges Haupt und durch alle deine heiligen Werke und durch alle die heiligen Worte, die du den Menschen zu Gnaden je sprachest, empfahe diese Lichter und bind und bezwing heut an diesem Tage alle die Zungen, die meinen Schaden sprechen wollen, oder die mich heute ansehen sollen ꝛc. und lehre ihr Aller Zungen und ihre Wort' und ihren Willen an meine Freude und an meine Huld und an meine Minne!" ꝛc. Unter weiteren Bitten sollte man sich über Herz und Hand mit dem Kreuze zeichnen.⁴⁰⁶ Kein Wunder, wenn man sich vor Fluchsprüchen segnete, wie sie von heidnischer Zeit her geharnischt anrücken. In nordischem Mythenliede wirbt Skirnir, Freys Diener, für seinen göttlichen Herrn um die schöne Riesentochter Gerdhr, als sie aber der Botschaft nicht stattgeben will, schlägt er sie mit einer Zauberruthe, schneidet ihr schlimme Runen und spricht Verwünschungen über sie, welche zwar zunächst auf das besondre mythische Verhältniß sich beziehen, aber doch dabei ein allgemeineres Formelwesen durchklingen lassen: Zornig sei ihr Odin, zornig der Asenfürst (Thor), Freyr soll sie hassen; Riesen und Götter sollen hören, wie er ihr verbiete und banne jeden Verkehr und Genuß des Lebens; wie eine Distel soll sie sein, die trauernd dahin welkte. [407] Alte Fluchformel ist es wohl auch, wenn Loki, der aus Ägirs Halle weichen muß, diesem zuruft: „Über all dein Eigenthum, das hier innen ist, spiele die Flamme und brenne dich auf den Rücken!" [408] In einem Heldenliede der Edda verwünscht Sigrun ihren Bruder, der ihr den Gemahl erstochen: „Dich sollen alle Eide schneiden, die du Helgi'n geschworen hattest bei Leipturs lichtem Wasser und bei dem uralten Wellensteine! Das Schiff schreite nicht, das unter dir schreitet, ob auch Wunschwind dahinter wehe! Das Roß renne nicht, das unter dir rennt, ob auch vor deinen Feinden du fliehen müßest! Nicht schneide dir das Schwert, das du schwingest, außer es singe dir selber ums Haupt! dann wär' an dir gerächt Helgis Tod, wenn du wärest ein Wolf in Wäldern draußen, der Hab' entblößt und aller Freude, nicht Speise hättest, wo du nicht auf Leichen sprängst." [409] Saxo (zweite Hälfte des 12ten Jahrhunderts) gibt in lateinischen Versen eine Verwünschung, die über Hading, nachdem er ein wunderbares Thier erschlagen, von einem ihm begegnenden Weibe gesprochen wird: „Ob du Felder durchschreitest, ob auf dem Fluß die Segel spannest, wirst du der Götter Zorn erfahren (infestos patiere deos) und über den ganzen Erdkreis die Elemente deinen Vorhaben feindlich sehen; auf dem Felde wirst du stürzen, auf dem Meer umhergeworfen werden, ein ewiger Wirbel wird deiner Irrfahrt Begleiter sein, das Unwetter (rigor) wird niemals deine Segel verlassen; kein Dach wird dich decken, das du suchst wird vom Sturme zusammenstürzen, das Vieh wird hartem Frost erliegen; Alles wird von der Ansteckung deiner unseligen Gegenwart leiden; wie den Aussatz wird man dich fliehen, wie die schrecklichste Seuche; solche Strafe wiegt die Macht des Himmels zu, denn einen der Himmlischen, in fremden Leib gehüllt, haben deine frevlerischen Hände getödtet. Mörder einer

Gottheit stehest du hier; wenn die See dich aufnimmt, wirst du die Wuth der losgelassenen Stürme dulden müßen, Westwind, ungestümer Nord- und Südwind werden wettkämpfend dich peitschen, bis du durch frommes Gelübde die göttliche Strenge gelöst und durch Sühne die verdiente Strafe wirst aufgehoben haben." Hading erfährt auch alles Angedrohte, seine Ankunft bringt jedes Ruhige in Aufruhr, seine Flotte wird vom Sturme verschlungen und das Haus, das er schiffbrüchig betreten will, stürzt plötzlich ein; erst durch ein Opfer, das er dem Frö (Freyr) darbringt, versöhnt er die Götter. [410] In einer isländischen Saga, die übrigens zu den im 14ten Jahrhundert erdichteten zu zählen ist, nöthigt das alte Zauberweib Busla durch Verwünschungen den König Hring in Ostgothland, seinen Sohn Herraud und dessen Pflegbruder Bosi, die er zum Tode bestimmt hat, freizugeben. Der Sagenschreiber bemerkt, man habe dieß hernach Buslas Gebet (Buslu-bœn) genannt und dasselbe sei weitkundig geworden, doch seien darin manche Worte, die im Munde zu haben Christenleuten unnütz wäre; auch gibt er solches nur theilweise. Daraus Folgendes: Felsen werden erschüttert, die Welt geängstigt, das Wetter verkehre sich, werde zum Grausen! so werd' ich an die Brust dir stoßen, daß Nattern dein Herz nagen, daß deine Ohren nimmer hören und deine Augen heraus sich kehren; wenn du segelst, breche das Takelwerk, wenn du steuerst, springen die Griffe, die Tücher bersten, das Segel löse sich und alle Taue reißen; wenn du reitest, wirren sich die Zügel, hinke dein Roß, erliegen die Säumer; im Bette sei dir wie in Strohfeuer, auf dem Hochsitz wie auf Meereswoge [411]; Tröll' und Alfe und Zaubernornen, nachbarliche Bergriesen brennen deine Hallen. [412] Die einzelnen Strophen dieser Verwünschung schließen fast durchaus mit dem bedingenden Satze: Außer wenn der König Verzeihung ergehen lasse; gerade wie auch in Saxos Formel am Schlusse noch die Sühnung offen gelassen ist. Wenn bei ihm der lateinische Redefluß, so hat noch mehr in der Saga ein absichtliches Steigern zur Erweiterung einer gemeinsamen, altnordischen Grundform geführt, wie sie in Sigruns Fluche noch einfach und gedrungen hervortritt. Bündig lautet auch in der Ragnarssaga Kralas Abschiedswunsch an ihre treulosen Pflegeeltern: daß ihnen je ein Tag schlimmer sei als der andre, aber der letzte der schlimmste. [413]

Überraschend ist es, dieselben Ausdrücke der Verwünschung, die aus dem alten Norden beigebracht wurden, im romanischen Süden wiederzufinden. Der Troubadour Bertran von Born, aus Perigord, ein Zeitgenosse Saxos (er blühte 1180—1195), richtet an seine Dame, die ihn der Untreue beschuldigt, ein Sirventes, worin er, wenn er je eine Andre lieben sollte, sich selbst alles erdenkliche Mißgeschick anwünscht [414]: Auf den ersten Wurf mög' er seinen Sperber verlieren, auf seiner Faust sollen Wachtelgeier denselben tödten, davon schleppen und vor seinen Augen rupfen; den Schild am Halse, müß' er im Sturme reiten, Helm oder Kappe verkehrt tragen, kurze Zügel führen, die man nicht verlängern könne, und lange Bügel, auf einem niedrigen Harttraber, und in der Herberge find' er einen ungehaltenen Wirth; auf dem Spielbrette will er stets die Unglückszahl werfen; der Wind soll ihm fehlen, wenn er auf dem Meere sei, am Königshofe sollen die Pförtner ihn schlagen, im Gefechte soll man ihn zuerst fliehen sehn; er will Herr einer getheilten Burg sein, im Thurme seien ihrer vier Theilhaber, und keiner könne dem andern trauen, sondern stets müß' er Armbrustschützen, Ärzte, Wachen, Knechte und Bogner nöthig haben u. A. m. [415] Das Lied nimmt zwar scherzhafte Wendung, aber das Reiten im Sturme, die Hemmungen zu Roß und Schiffe, die Häufung solcher Übelwünsche, stimmen ganz zu den nordischen Formeln. [416] In der ritterlichen Poesie eines dem normandisch-englischen Königshause lehnpflichtigen Landes ist ein germanischer Einfluß allerdings zu erklären. Doch darf bei diesem Formelwesen überhaupt nicht unbeachtet bleiben, daß die feierliche Verfluchung sowohl alttestamentlich [417], als im römischen Alterthum vorhanden war, wie sie denn auch aus dem priesterlichen Gebrauche schon in die klassische Dichtkunst entschieden formelhaft übergegangen ist. [418]

In gangbaren Redeformen wird dem Tage, der Stunde geflucht, da etwas Unseliges geschehen oder geworden, dem Wege, der Unwillkommenes bringt, den Bäumen, darunter ein Unheil ergangen [419]; im Rosengartenliede verflucht Ortwin, dem sein Bruder getödtet worden, den Anger, der die Rosen trug. [420] Aber auch diese mehr figürliche Verwünschung, bei welcher an sich unpersönliche Wesen nicht bloß Mittel, sondern Gegenstand des Fluches sind, sammelt sich zu volleren Sprüchen, ergreift die ganze Natur. Nach einer spanischen Romanze reitet Don Gayferos ganz allein durch die Gebirge des Maurenlandes und verwünscht lautzürnend seine Einsamkeit: er flucht dem Wein und dem

Brode, dem Brode, das die Mauren essen, und nicht dem der Christenheit, der Mutter, die nur Einen Sohn gebiert, so daß er, wenn ihn Feinde tödten, keinen Rächer hat, dem Ritter, der ohne Knappen reitet und, wenn ein Sporn ihm entfällt, Niemand hat, der ihm solchen anschnalle, dem Baume, der einsam auf dem Felde wächst, an dem alle Vögel der Welt rütteln und den trauernden weder Blatt noch Zweig genießen laßen. [421] Ein dänisches Lied läßt den König Waldemar II. der Gegend, wo sein ältester Sohn von dem unvorsichtigen Pfeilschuß eines Dieners auf der Jagd gefallen war (1231), also fluchen: „Fortan soll Revsnäs der Wind treffen, daß sich dort nicht Reh noch Hindin bergen kann; wo Revsnäs vordem tausend Bäume hatte, soll heftiger Frost es versengen; auf Revsnäs, wo vordem Eichen und Buchen standen, soll fortan schlechter Hundslauch wachsen; für die Lust, die man vorhin auf Revsnäs sah, soll fortan kaum ein Dorn gefunden werden!" Der Sage nach stand vormals dichter Wald, wo jetzt nackte Sandbänke sind. [422]

Hiengen die altnordischen Verwünschungen von einer Seite mit dem Zauberwesen zusammen, so standen sie nach andrer mit alten Rechtsformeln in Beziehung. Wenn dem Eidbrüchigen gefluckt wird, das Schiff solle nicht unter ihm schreiten, das Roß nicht unter ihm rennen, das Schwert ihm nicht schneiden, so hat er dieses selbst schon auf sich geladen, denn auch nach einem Eddaliede geschahen Eide bei Schiffes Borde, Schildes Rande, Rosses Bug und Schwertes Schneide [423], an eben diesen Gegenständen sollte nun Vergeltung erfolgen; wenn ihm zur Rache gewünscht wird, daß er ein Wolf im Walde sei, so besagten ja die Sicherungsformeln zum Voraus: Der Friedbrecher soll gejagter Wolf sein, soweit Menschen Wölfe jagen, auch soweit Schiff schreite, Schilde blinken. [424] Auch deutsche Verfemungsformeln sind nichts Andres als Verwünschungen, von einer richterlichen Gewalt ausgehend, die ihnen äußerlich Kraft geben kann, während die Flüche Einzelner die verzehrende Macht des Zaubers zu Hülfe nehmen; in einer solchen Femformel heißt es: „So verseme und verführe ich ihn hier von königlicher Macht und Gewalt wegen ꝛc. und weise ihn forthin von den vier Elementen, die Gott dem Menschen zu Trost gegeben und gemacht hat ꝛc. [425] und ich vermaledeie hier sein Fleisch und sein Blut, auf daß es nimmer zur Erde bestattet werde, der Wind ihn verwehe, die Krähen,

Raben und Thiere in der Luft ihn verführen und verzehren ꝛc." Letzteres lautet in Verbannungsformeln: „Und künde dich den Vögeln frei in den Lüften und den Thieren in dem Wald und den Fischen in dem Wasser." [426]

Bei den Liederdichtern des deutschen Mittelalters finden sich mancherlei Anlaute formelhafter Verwünschung. Wurden ehrenwerthe und milde Herren mit Heilwünschen begrüßt, so wurden unwürdige und karge mit Flüchen beworfen. Meister Rumeland bedenkt einen „lottern" (nichtswürdigen) Ritter so: „Daß dein Weib Gott von dir löse! Fische, Vögel, Würme, Thiere, mit den Leuten, erstürmen deiner Freuden Burg! was ich in allen Landen Günstiges kenne (waz ich kan gediuten gnâde ꝛc.?), soll dir gehaß sein! dich meide Gruß von allen guten Frauen! dein Same und deine Saat verdorre, wie dem Berge Gelbon aller Thau versagt ist, der Fluch müße dir anhaften! Unheil begegne dir, wohin du dich wendest! Schwefel, Pech, Feuer, regne auf dich! Gott soll meinen Unwillen (anden) an dir noch besser „rächen!" [427] Der Unverzagte eifert gegen Solche, die (um nicht geben zu müßen) sich ärmer stellen, als sie sind: „Eines fremden Mannes Kleid mög' ihre Hand auf ihres Weibes Bette finden, so sind sie doch kleiderreich und entehrt." [428] Im Minnesang sind es hauptsächlich die Merker, die Aufpasser und Angeber verstohlener Minne, denen Unheil gewünscht wird. Heinrich von Veldeke sagt: „In den Zeiten, da die Rosen erzeigten manches schöne Blatt, so flucht man den Freudelosen, die Rüger sind an mancher Statt"; derselbe wünscht dem, der ihm an seiner Frau schade, das Reis, daran die Diebe ihr Ende nehmen, dem Schonenden aber das Paradies; den Neidigen soll der Neid das Herz entzweischneiden. [429] Andre wünschen dem Freudenstörer: Daß er zu einem Steine werde, daß er von Weib und Kind auf das Meer versegeln müße, oder daß er in der See ertrinke [430]; Rosen und aller Vöglein Sang sollen ihn meiden. [431] Vollständig aber sammelt und formelt sich noch einmal die Verwünschung in zwei Spruchgedichten aus dem 14ten Jahrhundert. [432] Das eine berichtet, wie in einer Gesellschaft minniglicher Frauen beschloßen wird, den treulosen Männern zu fluchen, was sofort auf die Weise geschieht, daß zuerst diejenige, die es vorgeschlagen, ihre besten Flüche spricht und hernach Alle miteinander einstimmen. Da wird nun dem Unstäten angewünscht: Daß, wenn seine Gesellen um

Leib und Leben fechten wollen und er sie in Noth sehe, doch seine Zag-
heit ihn schmählich zurückzubleiben zwinge; daß man auf großen Reisen
(Ritterzügen) ihn für den untüchtigsten halte, daß ihm Roß und Pferd
(Streitroß und Reisepferd) abstehe, wo sonst Niemand einen Riemen
verliere; daß ihm sein steinhartes Waffenzeug weich, seine Schwertklinge
wie Wachs werde, das man knetet, daß seine Harnischringe von ihm
faulen und abfallen, daß ihm seines Rosses Gurt in rechter Noth auf-
gehe und er, wenn er einem jämmerlichen Tod entfliehen sollte, in einen
Graben falle [433]; daß ihm auf weiter Heide sein Roß rehe (steif) werde,
wenn er am allergernsten sähe, daß es ihn aus Nöthen trüge; daß er
im Feldstreit von seinem Herrn fliehe, dem er geschworen, und so lange
verloren sei, bis man ihn bei der Heerschau nach dem Streit in einem
Krautgarten liegend finde [434]; daß ihm beim Turnier vor minniglichen
Frauen der Rücken zerbläut und die Schlechtesten über ihn Meister
werden; daß er beim Ringstechen im Zeug sitze, als hätt' ihn das
Schneewasser hergeführt, und, mit eines Speerkrönleins Spitze berührt,
aus dem Sattel gestochen werde; daß ihm seine Winde und Vogelhunde
erwüthen; daß ihm nie ein Jagdhund etwas auftreibe und alle plötzlich
schweigen; daß ihm beim Jagen sein Waldhorn nicht schalle, daß es seinen
Hall verliere und dumpf werde; daß ihm kein Federspiel gut bleibe und
auf der Beize die Krähen und andre Vögel es ihm vertreiben, daß es
die Flügel abbreche; daß Heil ihn verlasse bei allen seinen Geschäften,
daß er an Leib und Gut verderbe; daß man seinem Eid und seinen
Treuen nicht glaube, wo er sie einsetzen will; daß vor ihm allen reinen
Frauen graue, daß ihn die Leute vertreiben, bei denen er angesessen
sei. Ein Gegenstück zu diesem Spruche bildet nun ein anderer, worin
der Dichter selbst, wie er die reinen Frauen höchlich preist, so auch
den ungetreuen alles Unheil wünscht: Ihr Lieb kehre sich zu Leide; von
ihnen scheide sich jedes werthen Mannes Gunst; dem fälsche sich seine
Kunst, der lobend von ihnen dichte; ihr Goldgespäng verkehre sich in
Blei; ihre Schapel (Kopfbinden) lassen alles Gestein ausfallen; keine
Saite tön' ihnen zum Tanze; die Blumen sinken und schrumpfen aus
ihrem Kranze; ihre Spiegel betriegen sie, daß ihre Schönheit ihnen un-
schön erscheine; ihr gelbes Lockenhaar falle von ihren Scheiteln; ihre
schattenbreiten Pfauenhüte [435] (Hüte aus Pfauenfedern) schirmen nicht
vor der Sonne; die kühlen Brunnen versiegen ihnen im Maien, wenn

sie dann reigen wollen, müßen die Rasen falben und die Blumen trübe
werden; wohin sie eilen, müßen die Linden ihr Laub fallen laßen; jeglicher Vogel thue, wie ihm nun geboten wird, daß er sich Schweigens
befleiße, wo es ihrer eine hören könnte; ihre feinen Perlenöhre ver-
wachsen; dem schmucken Wagen brechen die Achsen, der sie zu Freude
tragen solle; zu Helblingen müßen ihre Pfunde unnützlich gedeihen;
Heil verlaße sie in allem ihrem Geschäfte; ihr Kräutersamen verderbe
in ihrem Wurzgarten; ihre zarten Brädlein werden wüthend auf ihrem
Schoß; ihr Gestein verliere seine Kraft und ob Eine sich stoße, daß ihr
das Auge schwäre, sei ihr der Stein nicht heilkräftig; ihr Sechs ver-
wandle sich in Drei auf ihrem Würfelspiel! — In beiden Sprüchen
geschieht die Verwünschung nicht minder gründlich, als in den altnordischen Formeln; Unheil wird im Ganzen und im Einzelnen angewünscht; das Leben des Mannes und der Frau wird in allen Ver-
hältnißen erfaßt; jedes Glück soll getroffen, alle Ehre zerknickt, alle
Lust vergellt, jeder Weg zum Heile vertreten werden; ein vollständiges
Bild des unseligen Lebens wird aufgestellt. Der Spruchdichter hat dieses
mit den Farben und Zügen seiner Zeit ausgemalt, besonders in dem
Fluche wider die Frauen ist er selbstthätig, aber die Form ist überliefert und auch die Einzelnheiten knüpfen nach vielen Seiten an Älteres
an. Das versagende Roß erscheint hier, wie überall [436]; das weich-
werdende Schwert und Rüstzeug stimmt mit dem nichtschneidenden
Schwerte des Eddaliedes, sowie mit der Waffenstumpfung des altnordischen Zaubersangs und der deutschen Sagen [437], die Flucht aus
dem Streite, das Preisgeben der Heergesellen und des Herrn, mit
einer Stelle bei Bertran von Born und gemahnt auch an das Traugmundslied [438]; das Verstummen der Leithunde und das Verdumpfen
des Jagdhorns erläutert als Gegensatz den guten Wunsch Walthers,
daß seinem Gönner des Hundes Lauf und des Hornes Laut recht nach
Ehren erhalle [439]; das Verkommen des Federspiels, die Gefährdung
desselben durch anderes Geflügel gemeinsam mit Bertrans Sirventes [440];
das Versiegen der Brunnen im Mai, das Welken der Blumen im Kranz
und auf dem Felde, des Grases und des Laubes, der verbotene Vogelsang, das Verderben der Gartensamen, im Spruche wider die Frauen,
weisen auf Entsprechendes in den Minneliedern und auf das Fluchlied
Rumelands mit dem ausbleibenden Thau und der verdorrenden Aus-

saat [441]; das Mißgeschick im Würfelspiele wieder auf eine Strophe des Troubadours. [442] Selbst das Verfahren der Frauen, erst einzeln und dann im Chore zu fluchen, hat den Anschein einer herkömmlichen, dem Gerichtswesen verwandten Förmlichkeit. [443] Aus dem Minnesang insbesondere klingt neben den Flüchen gegen die Merker (oben S 274), ein Lied des Herzogs Heinrich von Breslau (1270—90) hier an, das in Mehrerem mit dem Spruche wider die unstäten Frauen zusammentrifft und, zwar nur allegorisch, auch eine gleichartige Verhandlung darstellt. Der Sänger klagt dem Mai, der Sommerwonne, der lichten Heide, dem glänzenden Klee, dem grünen Walde, der Sonne, der Göttin Venus selbst, die Strenge der Geliebten und verlangt Hülfe; da will der Mai seinen Blumen, den Rosen und Lilien, gebieten, daß sie vor ihr sich zuschließen, die Sommerwonne will der kleinen Vöglein süßen Fleiß gegen ihn verstummen lassen, die Heide will sie fahen, wenn sie nach lichten Blumen eilt, und ihm festhalten, der Klee will ihr in die Augen leuchten, daß sie schielen muß, der grüne Wald will sein Laub abbrechen, sie gebe denn dem Sänger holden Gruß, die Sonne will ihr Herz durchhitzen, daß kein Schattenhut ihr helfe, Venus will ihr Alles verleiden, was minniglich geschaffen ist, sie lasse denn ihm Huld ergehen; „o weh!" ruft er da, „ihr zarter Leib der könnt' es nicht erleiden, laßt mich eh' sterben, Sie genesen!" [444] Wieder auf andre Weise werden Vogelsang und Schattenhut, worunter im Minnesange meist noch ein Blumenkranz verstanden ist [445], in zwei Liedern Walthers von Metze (um 1245) beim Übelwünschen betheiligt. In dem einen beklagt der Dichter, daß Mancher Blumen trage, der nicht Laubes werth wäre; manchem Schwachgemuthen mißgönnt er die Blumen und den Sang der Vögelein; sollt' er wünschen, so wollt' er den Vöglein wünschen, daß sie unter sich einig wären, die Leute besser zu scheiden und ihnen so zu singen, wie es um ihr Herz stehe, so daß Jeder selbst seinen Werth erkennen müßte; wen die Nachtigall mit Sange grüßte, der dürfte sich des freuen, wem der Kuckuck und ein Distelfinklein sängen, den erkennte man daran als einen Tugendlosen. Das zweite Lied besagt: Hätten die Blumen soviel Gewalt, daß sie Männern und Frauen ständen, wie ihr Herz bestellt ist, so möcht' ein Weib den Sinn der Männer und der Mann den der Weiber erkennen; welches dann nicht wandellos wäre, das trüg' einen krummen „Blumenhut;" leider haben die Blumen nicht diese Kraft; sie kann brechen, wer sie will, und es ist manche Kranzfahrt, wo man bei dem Kranz Unsitte sieht.⁴⁴⁶

Viele Sagen und Lieder nehmen zum Ziele des Wunsches die **Verwandlung**. Werden durch solches Wünschen Andre verwandelt, meist in Thiergestalt, so ist dieß ein böser Zauber, eine Verwünschung. Das unselige Vermögen, sich oder Andre in die Gestalt und wilde Natur des Wolfes, zum Werwolfe, zu verzaubern, findet man im Aberglauben vieler Völker, auch der germanischen.⁴⁴⁷ Aber auch das läßt sich nachweisen, daß in den Dichtungen der letztern die Verwandlungen nur bildliche sind und der Aberglaube, wenn er nicht selbst wieder im Missverstehen und der Verdumpfung des poetischen Bildes seinen Ursprung hat, doch eigentlich nur zum Ausdruck eines über ihm stehenden Sinnes verwendet wird. Die Thiergestalt dient zur Bezeichnung manigfacher Eigenschaften und Zustände des Menschen. Im alten Norden hatte jeder Mensch eine Abspiegelung seiner Gemüthsart und Persönlichkeit in einer Fylgia (Mitfolge, Begleitung), die besonders Träumenden, häufig in Thiergestalt, ihre Nähe ankündigte und ihm selbst auch seine Zukunft vorbildete; Fylgien der Männer erschienen als Adler, Bär, Wolf, weibliche am liebsten als Schwäne.⁴⁴⁸ Ein äußerer Zustand, die Acht, wird durch ein mehrerwähntes Bild aus der Thierwelt, den *friedlosen Wolf*, dargestellt und man kann den Übergang der alten Rechtssprache in die wunderbare Verwandlungssage Schritt für Schritt verfolgen. Der Landesverwiesene, zum Waldgang und damit zum Raubleben Gezwungene, hieß **Wolf** (vargr), angelsächsisch **Wolfshaupt**⁴⁴⁹, das nordischchristliche Sonnenlied sagt von zwei solchen Männern: „Nackt wurden sie, gänzlich beraubt (nœmir?) und liefen wie Wölfe zum Walde"⁴⁵⁰; nach der alten Sühnformel soll der Friedensbrecher: „So weit **wolfflüchtig und wolfgejagt** sein, als irgend Männer Wölfe jagen"⁴⁵¹; Sigrun glaubt denn auch für den Tod des Gemahls an ihrem eidbrüchigen Bruder nur dann Rache zu finden, wenn Dieser ein Wolf wäre draußen in Wäldern, des Guts entblößt und aller Lust, nicht Speise hätte, wo er nicht auf Leichen spränge (ebend.), und nun erzählt die Sage von den Völsungen, wie Sigmund und sein Sohn Sinfiötli landflüchtig als Räuber im Walde leben und, was bildlich dasselbe, in Wolfshaut den Wald durchlaufen, Wolfsgeheul oder, wie es im Eddaliede heißt, Wolfslieder anstimmen und Menschen zerreißen. ⁴⁵² An diese altnordische Vorstellung erinnern noch die normanischen Volkssagen von Robert dem Teufel, der, seiner Frevel wegen geächtet und gebannt, mit einer Schaar von Raubgesellen aus einem festen Haus im Walde sein Wesen trieb; das Schloß Roberts, ein wildüberwachsenes Burggetrümmer am Ufer der Seine, umschweift der einstige Inhaber in Gestalt eines von Alter gebleichten Wolfes mit kläglichem Geheul, auch gibt es eine Meute gespenstischer Wölfe (lubins), die zur Nachtzeit scheu umhergehn und im Verschwinden schreien: „Robert ist todt!" ⁴⁵³

Reich an Verwandlungen sind die schwedisch-dänischen Märchenlieder, besonders erzählen sie, manigfach wechselnd, wie ein Mädchen, von der boshaften Stiefmutter verwünscht, als schmucke Hindin im Walde geht und durch den Liebsten erjagt und erlöst oder bald von ihm, bald alterthümlicher von ihrem Bruder, todtgeschossen und nun erst unter der abgestreiften Hülle mit ihren Goldlocken und Goldringen erkannt wird. ⁴⁵⁴ Die Volksdichtung beschäftigt sich viel mit dem Schicksal verlassener, insbesondre durch stiefmütterlichen Haß in das Elend vertriebener Jungfrauen oder Kinder und es wird davon im Verfolge noch ausführlich zu handeln sein. Die Darstellungsweise, welche den landräumigen Friedebrecher zum Wolfe geschaffen, bildete schicklich weiter, wenn sie einer ausgewiesenen Stieftochter, auch einem gejagten Wilde, die Gestalt der scheuen Hindin gab; im deutschen Hausmärchen wird, unter gleichen Umständen, das Brüderchen als Rehkälbchen von der kleinen Schwester am Bande durch den Wald geführt. ⁴⁵⁵ Der gegensätzliche Zusammenhang erweist sich vollständig damit, daß, während die Stieftochter als Hindin gejagt wird, der kräftigere Stiefsohn auch zum Wolfe verwandelt ist und sich nachmals durch das Blut der bösen Zauberin oder ihres Schoßkindes gräßlich selbst befreit. ⁴⁵⁶ Auch zum Waldvogel wird die Jungfrau von der Stiefmutter verwünscht oder sie fliegt erst als solcher auf, wenn sie als Hindin von den Jagdhunden zu sehr bedrängt ist; die Entzauberung geschieht dadurch, daß der Jäger ein Stück aus seiner Brust schneidet und dem wilden Vogel zur Lockspeise reicht, dann steht die schöne Braut vor ihm unter der Linde, deren Laub zum Hochzeitbette gebrochen wird. ⁴⁵⁷ Anderwärts muß der Stiefsohn als wilder Walrabe umfliegen und erhält durch ein ähnliches Opfer seine rechte Gestalt zurück. ⁴⁵⁸ Rascher Entschluß, furchtloses Standhalten und

Zugreifen, hebt den Zauber des bösen, verwünschenden Wortes. ⁴⁵⁹ In deutscher Rechtssprache heißt ein Heimatloser Wildflügel und im Märchen wird ein im Walde gefundenes Kind Fundenvogel genannt. ⁴⁶⁰ Deutsches mit Nordischem verbunden gibt die Ballade von der Nachtigall, die, auch eine verwünschte Jungfrau, um Mitternacht auf der Linde singt und hier von dem Ritter ergriffen wird, in dem sie ihren Bruder findet, der selbst zum Wolfe verzaubert war. ⁴⁶¹ Zur Linde selbst auch, die abwärts im Wald oder auf dem Felde steht, ist die Stieftochter umgeschaffen; einem Mädchen, das dahin gekommen, klagt sie ihre Noth, wie sie draußen friere und der Zimmermann nach ihr umschaue, während das Mädchen daheim sich wärme und die Freier um es werben; ihr Bräutigam erlöst sie, indem er die Linde küßt und in die Arme nimmt, oder indem er ihr schönstes Blatt abbricht. ⁴⁶² Die gescheuchte Hindin, der fliehende Vogel zeigen in milderem Bilde das Umherirren der scheuen Waise, die säuselnde Linde, die nächtlich singende Nachtigall erheben den sanften Klagelaut, den Einsamkeit und Stille aus der Brust der Verlassenen hervorlocken. Die geistigste solcher Wandlungen ist es, wenn in einem deutschen Volkslied ein verführtes, beschämtes Mädchen selbst sich weit hinweg von den Seinigen, in reine Lichtgestalt geborgen wünscht:

Wollt' Gott, ich wär' ein weißer Schwan!
ich wollt mich schwingen über Berg und tiefe Thal,
wohl über die wilde See,
so wüßt' mein Vater und Mutter nicht,
wo ich hin kommen wär. ⁴⁶³

Bedeckt mit einer fremden Gestalt, als flüchtiges Wild, als entfliegender Vogel ausgetrieben, ist der verwandelte Mensch den Blicken der Andern entnommen, aus ihrem Kreise verschwunden und verloren. ⁴⁶⁴ Die Verwünschung verstärkt sich aber dadurch, daß dem Vertriebenen auf seine Flucht noch eine todfeindliche Verfolgung nachgeschickt wird. Auch hiezu läßt es die Thierwelt nicht an Bildern fehlen. Eine alte Fabel erzählt: Gott habe den ersten Eltern nach ihrer Vertreibung aus dem Paradies eine Wünschelruthe verliehen, mit welcher sie nur in das Meer schlagen sollten, sobald sie etwas nöthig haben würden; Adam schlägt mit der Ruthe und ein Schaf steigt aus der Flut, Eva schlägt und ein Wolf erscheint, der das Schaf ergreift, Adam schlägt wieder und ein Hund geht hervor, der den Wolf verfolgt; so oft Adam schlägt, zeigen sich zahme, auf jeden Schlag Evas aber wilde Thiere. ⁴⁶⁵ Diesen Evaschlag führt nun auch die verwünschende Stiefmutter: indem sie das arme Kind zur kleinen Hindin umschafft, läßt sie zugleich dessen sieben Gespielen zu Wölfen werden, die es zerreißen sollen, aber ihr zum Verdrusse nicht anlaufen. ⁴⁶⁶ Auch die Verwandlung des Stief‐ sohns in einen Werwolf ist mit derjenigen seiner Schwester in eine Hindin zusammengehörig zu denken, diese soll durch jenen verfolgt und erwürgt werden. In einer beliebten schottischen Ballade jammert und wünscht ein verstoßenes Weib: „Wären meine sieben Söhne sieben junge Ratten, an der Schloßmauer laufend, und wär' ich selbst eine graue Katze, gleich wollt' ich sie alle zerreißen; wären meine sieben Söhne sieben junge Hasen, über jene Wiese laufend, und wär' ich selbst ein Windspiel, bald sollten sie alle zerrissen sein." ⁴⁶⁷ Das Verschwinden durch Umwandlung kann aber auch, als ein selbstgewünschtes oder An‐ dern zum Heile bewirktes, die rettende, listig behende Flucht ausdrücken, und wenn alsdann Verfolgung stattfindet, so fährt der Flüchtling oft proteusartig von einer Gestalt in die andre. ⁴⁶⁸ Odin kriecht als Schlange in Suttungs Höhle, um den Dichtermeet zu rauben, und fliegt als Adler hinweg, von dem Beraubten in gleicher Hülle verfolgt; in Ge‐ stalt eines Falken entfliegt er, als König Heidrek, im Räthsellampf überwunden, mit dem Schwerte nach ihm haut; auch in Falkengefieder holt Loki die geraubte Idun zurück, die er in eine Nuß, nach andrer Les‐ art in eine Schwalbe, verwandelt hat, und der Riese Thiassi fliegt ihm in Adlerhaut nach. ⁴⁶⁹ Die Formen der Verwandlung haben an letzter Stelle je ihren besondern Anlaß im Naturmythus, unbeschadet jedoch der allgemeineren Bedeutung des Vogelfluges, wonach er die Eile des Entweichens und der Nachfolge verbildlicht. In einem der dänischen Heldenlieder ergreift Hvitting die alte Königsmutter, die ihm sein gutes Schwert in Stücke gezaubert hat, sie verwandelt sich in Kranichsgestalt und fliegt hoch in die Wolken, da eilt auch er in Federhaut ihr nach, sie fliegen drei Tage lang ohne Rast, bis er sie erhascht und zer‐ reißt. ⁴⁷⁰ Zwei fliehende Kinder in deutschem Märchen blenden ihre Verfolger durch mehrfache Verwandlung: erst wird der Knabe zum Rosenstöckchen und das Mädchen zum Röschen darauf, dann er zu einer Kirche und sie zur Krone (?) darin, zuletzt er zum Teiche, sie die Ente drauf. ⁴⁷¹ Polnische Volksmärchen ergeben, neben andrem Gestaltwechsel, einen Briefboten, der sich in einen Hasen, das schon bekannte Muster der Boteneile, dann in ein Reh und, um über das Wasser zu kommen, in eine Krähe wandelt; ferner einen Zauberlehrling, der als Sperling seinem Meister entflieht und von einer schwarzen Krähe, dem verwandelten Zauberer, verfolgt wird, ebenso als Zaunkönig von einem Sperling, worauf er als ein schöner Ring an die Hand der lustwandelnden Königstochter springt; aus dem Ringe, nachdem er zur Erde geworfen ist, entsteht eine große Menge Erbsen, der Hexenmeister läßt einen Schwarm Tauben herbeifliegen, welche die Erbsen auffressen, nur ein Körnchen schiebt sich in die Hand der Schönen und aus ihm fällt wieder eine Menge kleiner, schwarzer Mohnkörner, nun werden Sperlinge versammelt, um den Mohn aufzupicken, und der Zauberer selbst ist unter ihnen, wird aber von der Krähe, wozu sich der Lehrling macht, sogleich todgebissen. ⁴⁷² Noch manigfachern Übergang hat ein schottisches Volkslied: Das Mädchen steht in der Thür und vor ihr, als Bewerber, der Hufschmied, den Hammer in der Hand; sie hebt ihre Hand auf und schwört bei der Erde (mold), nicht um eine Kiste voll Goldes wolle sie eines rußigen Schmiedes Weib sein; auch er hebt die Hand auf und schwört bei der Scholle (mass?), um halbsoviel oder weniger soll sie seine Liebste werden; da wird sie eine Turteltaube und will in die Luft auffliegen, er aber wird eine andre Taube und sie fliegen als ein Paar; drauf wird sie eine Ente und will im Teiche plätschern, er aber wird ein rothlammiger Entrich; sie wird zu einem Hasen und er zu einem Windspiel; sie zu einem muntern Schimmel und er zu einem vergoldeten Sattel; sie wird ein Schiff und will über die Flut segeln, er ein Steuer (nail) und bringt es zum Stillstand; sie ein seidenes Bettuch und er eine grüne Überdecke; dazwischen ruft der Singchor mit dem Schmiede fortwährend der Fliehenden zu, daß sie weile, und freut sich, daß ihr Hochmuth bezwungen wird. ⁴⁷³ So hat sich abermals die alterthümlich ernste Formel zum geselligen Scherze verflüchtigt; auch im Verzeichniß der Spiele bei Fischart heißt eines: „Du der Has', ich der Wind (das Windspiel)." ⁴⁷⁴

Ein Skolion bei Athenäus lautet: „Wär' ich doch nur eine schöne Leier, künstlich aus Elfenbein, trügen mich dann die schönsten Knaben zu Dionysos festlichem Tanz! Wär' ich doch nur ein schöner Dreifuß, zierlich von Gold gemacht, trüge mich dann die schönste Frau reinen Gemüthes in ihrer Hand!" [475] Diese poetische Weise, sich unter allerlei Verwandlungen in die Nähe und den eigensten Dienst geliebter Personen zu wünschen, ist auch in unsrem Liederkreise schwunghaft. Selbst die böswilligen Verwünschungen der Stiefmutter im dänischen Volksliede werden durch solche Näherung zum innigen Behagen der Verwandelten: zum scharfen Schwerte geschaffen, hängt sie bei Tag an des Ritters Seite, liegt bei Nacht unter seinem Haupte; zur Scheere geworden, ist sie Tags in einer Jungfrau Hand und schneidet den weißen Lein, Nachts schläft sie in der Jungfrau Kammer, in ihrem vergoldeten Schrein [476]; der letzte Zauber, zur Hindin oder zum Wildvogel, führt sie in den Arm ihres Liebsten. Darum kann auch in einem andern schwedisch-dänischen Liebe das Mädchen selbst sich und den Geliebten in solche Verwandlungen wünschen, nur daß sie dafür kein Entgegenkommen findet; aus den verschiedenen Aufzeichnungen des Liedes hier eine Auswahl von Wünschen und ausweichenden Antworten. „Du solltest der schönste Ritter sein, der sitzen könnt' am Tische, und ich wollt' ein Becher von Golde sein und stehen vor dem Ritter. — Es ist so übel ein Becher zu sein und vor dem Ritter zu stehen, da kommt so mancher trunkne Thor und wirft den Becher zur Erde. — Da solltest du sein der schönste Ritter, der je ein Roß könnte reiten, ich wollte sein ein Schwert von Gold und hängen an seiner Seite. — Es ist so übel ein Schwert zu sein und hängen an Ritters Seite, da kommt so mancher trunkne Thor und will mit dem Ritter streiten. — Ich wünsche, du wärest der schönste Teich, der schweben könnt' auf dem Sande, ich wollt' ein kleines Entchen sein und schwämm' auf dem blanken Wasser. — Es ist so übel ein Entchen zu sein, zu schwimmen auf blankem Wasser, da kommen die Schützen, sie schießen dich, so schwimmst du todt zum Lande. — Da solltest du sein die schönste Linde, die stehen könnt' auf der Erde, ich wollt' ein kleiner Grashalm sein und wüchs' an der Linde Wurzel. — Es ist so übel ein Gras zu sein und an der Wurzel zu wachsen, der Ochse fährt so früh heraus und tritt es unter den Fuß. — Ich wünsche, du wärest ein Apfelbaum, der schönste wohl auf dem Felde, und daß ich ein goldner Apfel wär' und hieng an des Baumes Aste. — Es ist nicht gut ein Apfel zu sein, zu hängen an Baumes Aste, da kommt der Hirte mit seinem Stab und schlägt dich herab auf den Boden. —

Da solltest du sein der schönste Baum, der stehen könnt' auf der Heide, so wollt' ich eine Nachtigall sein, und bauen darin mein Nestchen. — Es ist so übel die Nachtigall sein und bauen im Baum ein Restchen, da horcht so mancher auf ihren Sang und jagt sie von ihrem Sitze. — Ich wünsche, du möchtest ein Vogel sein, der schönste, der wär' in der Welt, und daß ich wär' eine goldne Feder und säß' in des Vogels Brust. — Das wäre nicht gut, Goldfeder zu sein, in des Vogels Brust zu sitzen, es käme der kalte Winterwind und wehte dich nieder vom Zweige." [477] Ungetrübter und nur leise an die Verfolgungen streifend, ergeht dieses Wünschen in einem schottischen Lied: „O wär' mein Lieb die rothe Rose, die auf der Burgmauer wächst, und ich selbst ein Tropfen Thau, herab auf die rothe Rose wollt' ich fallen; o wär' mein Lieb ein Weizenkorn, erwachsen auf dem Feld (lily lee), und ich selbst ein winzig Vögelein, mit dem Weizenkorne flög' ich weg; o wär' mein Lieb eine Kiste von Gold und ich der Schlüsselhüter, ich öffnete, wann ich hätte Lust, und in der Kiste wollt' ich sein." [478] Den frühzeitigen Gebrauch dieser Wunschweise im deutschen Volksgesange bekundet die schon kunstmäßige und sehr ergiebige Ausbeutung derselben in einem der Nithartslieder des 13ten Jahrhunderts. Dem Sänger ist eben ein Blick aus zwei spielenden Augen geworden, aber schon wirft die Schöne den dichten Schleier über ihre lichten Wangen, das gibt ihm Anlaß zu einer Reihe verliebter Wünsche: „O weh! daß ich nicht ein seiden Risel (Kopftuch) bin, das die Wänglein decken sollte bei so rothem Munde! wenn dann der Wind ein wenig gegen uns wehte, daß sie mich näher hin zu rücken bäte! wär' ich doch der Gürtel, der sie umfieng, da sie am Tanze gieng! wär' ich der Gern (Streifen), da die Spange liegt, was wollt' ich mehr? wär' ich ein Deckelaken von Härmelin oder ein Mantel von Baldekin (Seidenzeug), den eine Frau gerne trägt, wenn Ritter sie schauen, so würde man mich schön bewahren und unterweilen nahe zu ihr falten! wie gerne wär' ich ein Vogel, der unter ihrem Schleier säße und aus ihrer Hand äße! ein Zeislein möcht' ich sein, so trüge sie mich allzeit und so wäre mir Trinken aus ihrem rothen Munde bereit, durch die Röthe säh' ich ihre kleinen weißen Zähne und vor Freude biß' ich sie in ihr Zünglein"; sofort folgen noch minder zarte Wünsche für den ländlichen Nebenbuhler des Dichters: „Engelmar! Du solltest ein großer Esel sein, daß du unmäßige Säcke zur Mühle trügest; sollt' ich dich treiben, so wäre das meine Freude, daß ich dir den Rücken mit Knütteln wohl zerschlüge, die tiefen Wege bergauf, da müßtest du dein Zippelzehen (Zehentrippeln) über den Anger lassen! sollt' ich wünschen, so wärest du ein breiter Flaben, den die Dörper mit den Zähnen zerrissen. [479] Der Dichter eines Meistergesangs, etwa vom Schlusse des 15ten Jahrhunderts, wünscht sich, ein Spiegelglas zu sein, damit die allerschönste Frau täglich ihr goldfarbes Haar vor ihm aufschmücke; ein goldenes Ringlein, das sie in ihren Händen wüsche; ein braunes Eichhorn, das auf ihren Schoß spränge und in ihren Arm geschlossen würde. [480] Aber auch in den Volksliedern selbst sind Proben solcher Wünsche aufbehalten. Eines, auf Flugblättern des 16ten Jahrhunderts, hebt an:

> Wär' ich ein wilder Falke,
> so wollt' ich mich schwingen aus,
> ich wollt' mich niederlassen
> für eins reichen Burgers Haus.
>
> Darinnen ist ein Mägdlein,
> Madlena ist sie genannt ꝛc. [481]

Ein anderes, das in verschiedener Form aufbehalten ist, ruft zum neuen Jahr alle Narren herbei, um in ihrem Geleite närrische Wünsche zu thun:

> Wollt' Gott, ich wär' ein kleins Vögelein,
> ein kleins Waldvögelein!
> gar lieblich wollt' ich mich schwingen
> der Lieben zum Fenster ein.
>
> Wollt' Gott, ich wär' ein kleins Hechtelein,
> ein kleins Hechtelein!
> gar lieblich wollt' ich ihr fischen
> für ihre[n] Tische.
>
> Wollt' Gott, ich wär' ein kleins Kätzelein,
> ein kleins Kätzelein!
> gar lieblich wollt' ich ihr mausen
> in ihrem Hause.
>
> Wollt' Gott, ich wär' ein kleins Pferdelein,
> ein artlichs Zelterlein!
> gar zärtlich wollt' ich ihr traben
> zu ihrem lieben Knaben.

Wollt' Gott, ich wär' ein kleins Hundelein,
ein kleins Hundelein!
gar treulich wollt' ich ihr jagen
die Hirsche, Hünlein und Hasen. [442]

Paarweise Verwandlungen, auf den See die Ente, wie im schwedisch-dänischen Liede, auf das Rosenstöckchen die Rose, sind aus dem deutschen Märchenschatze beigebracht worden [483]; gewünscht wird wieder in einem Lied aus dem 16ten Jahrhundert:

Und wär' mein Lieb ein Brünnlein kalt
und spräng' aus einem Stein,
und wär' ich dann der grüne Wald,
mein Trauren das wär' klein;
grün ist der Wald,
das Brünnlein das ist kalt,
mein Lieb ist wohlgestalt. [484]

So haben die Verwandlungen, erst aus bösem Willen angewünscht, allmählich wieder zu den freundlichen Wünschen übergeleitet. Schon in dem Einen Worte der Rechtsformel: „wolfgejagt (vargrekinn)" ergab sich der Anstoß, die Bilder der Heimatflucht, eben den Wolf, die Hindin, den Wildvogel, in Handlung zu setzen und zu stets belebteren Märchendichtungen fortzuführen. Aus den zärtlichen Wünschen der Liebenden gehen nothwendig mildere und ruhigere Gestaltungen hervor, als der hungrige Wolf oder das angstvolle Wild, das von Wölfen und Jagdhunden gehetzt wird. Aber auch in den Stillleben der Liebeswünsche zeigt sich eine leise Bewegung, die der einfachen Gruppe dadurch Reiz verleiht, daß man sie entstehen sieht. Am Baumzweig erglüht der Apfel, am Rosenstocke blüht das Röschen auf, in die Rose fällt der Thautropfen, in das Laubdunkel nistet die Nachtigall, im Wasserspiegel taucht das Entchen auf, um das Brünnlein, das frisch aus dem Steine springt, ergrünt ein schattiger Wald. Selbst die Bedrängung wird rege, doch weniger gewaltsam; der Apfel fällt vom Stabe des Hirten, die Nachtigall wird von den Liebhabern ihres Gesanges verscheucht, die Goldfeder vom Winterwinde weggeblasen. Bei den Verwandlungen, wie in der Wunschdichtung überhaupt, dienen die Bilder des Sommers dem guten Wunsche, die des Winters dem bösen. Mit denselben Farben waren schon im Traugmundsliede die Glücks- und die Unglücksseite abgemarkt, hier der grüne Klee, dort der weiße Schnee, hier die grünen Matten, der tiefe Strom, dort der bereifte Wald und der graue Wolf. Der Liebesgruß wünscht mit der Fülle des Grases und der Blumen, des Laubes und der Vogelwonne; die Fluchformeln wollen, daß die Brunnen versiegen, Gras, Laub und Blumen fallen, daß Sturmwind den Schiffenden oder Reitenden schlage. Wieder auf Liebeswerbung angewandt, wird mit dem Blumenwunsche geworben, mit dem Sturmfluche verschmäht, wie Beides zusammen in einem schottischen Wechselsange zu hören ist:

> O Mägdlein! kannst du lieben mich
> und reichst mir deine Hand,
> die Blumen meines Gartens all
> geb' ich dir zum Gewand.

> Die weiße Lilie sei dein Hemd,
> sie steht dir recht zur Lust,
> die Schlüsselblume (?) deck' dein Haupt,
> die Rose deine Brust.

> Dein Mantel soll die wilde Nell',
> dein Rock Kamille sein,
> die saubre Schürze sei Salat,
> der lieblich schmeckt und fein.

> Dein Strümpfchen sei ein Blatt von Kohl,
> das breit und schlank zumal,
> breit muß es an dem Beine sein
> und an dem Knöchel schmal.

> Die Handschuh sein Mariengold (Ringelblume),
> hell glitzernd auf die Hand,
> gesprenkelt mit der blauen Blum',
> die wächst im Weizenland.

> „Aus Sommerblumen ein Gewand,
> mein Junge! schufst mir du,
> so schneid' ich nun ein andres dir
> aus Winterschauern zu.

> Dein Hemd sei frischgefallner Schnee,
> der steht dir recht zur Lust,
> zum Rocke nimm den kalten Wind,
> Frostregen auf die Brust.

Das Roß, darauf du reiten magst,
soll Ungewitter sein,
wohlaufgezäumt mit Sturm aus Nord
und scharfem Hagelstein.

Der Hut auf deinem Haupte sei
von Wolken, grau und graus,
und wann du zu Gesicht mir kommst,
so wünsch' ich dich landaus."[483]

Ein Rückblick auf die gemusterte Folge von Räthselliedern, Handwerks- und Sängergrüßen, Weidsprüchen, Kranzliedern, Liedern von unmöglichen Dingen, Lügenliedern, Wunschliedern, kann es bestätigen, daß alle diese Formen, auch bei verschiedener Grundbedeutung ihres Inhalts, doch in ihrer gemeinsamen Zubildung zu geselligen Zwecken mittelst des phantastischen Witzes zusammenhängen und auch im Einzelnen durch beständiges Übergreifen der einen Art in die andre genau verbunden sind. Die manigfachen Formeln der Begrüßung und Wechselrede stehen nicht als bloßes Beiwerk da, sie haben sich zu selbständigen Bildungen entwickelt und machen für sich eine Liedergattung aus. Ist auch der ernstere Ursprung in der unbegrenzten Herrschaft des Phantasiespiels großentheils aufgegangen, so war es doch immer ein poetisches Verdienst, die Vorkommenheiten und Verhältnisse des täglichen Lebens in diesem märchenhaften Lichte sich bewegen zu lassen.

Anmerkungen

zu

3. Wett- und Wunschlieder.

¹ Über das Wort Räthsel und die älteren deutschen Formen f. hauptsächlich Schmeller III, 150 und Mone im Anzeiger 1839, Sp. 322.
² Fridþiofs. S. c. II: (Fornald. S. II, 91) „hvat heitir þú, madr? edr hvar varstu í nótt? edr hvar er kyn þitt?" (ebendaselbst 92. 499). Forn. S. VI, 360: „hvar bóku þer land, edr hvar voru þer í nótt?" Saxo V, 76: „quorsum inde cursum direxeris aut ubi te vesper exceperit, quæso." Arwidsson 8v. Forns. II, 146: „Hvar hafver Herr Pilegrim gästat i natt? (vergl. 1, 326, 9). Greith, Spicileg. Vatic. 32., aus einem alten Glossar: „ubi habuisti mansionem (h)ac nocte compagn" ꝛc. — In einem lateinischen Liede zum Ehrengedächtniß des 1290 verstorbenen Baiernherzogs Heinrich wird die große Gastfreiheit an dessen Hofe so geschildert:
Nemo dixit advenis: „quis es aut unde venis."
nam fuit ipsa curia quædam communis patria.
(Pez, Thesaur. anecdotor. VIᵇ, 193.)
³ Vergl. Legenda aurea c. 2 in der Erzählung vom heiligen Andreas, welche J. Grimm (Altdeutsche Wälder II, 29 f.) zur Erläuterung des deutschen Pilgerliedes beigebracht hat: „proponatur sibi [peregrino] aliqua quæstio satis gravis, quam si enodare sciverit, admittatur, si autem nescierit, tanquam inscius et indignus episcopi præsentia repellatur." Ähnliche Sage vom heiligen Bartholomäus Leg. aur. c. 118, deutsch in Mones Anzeiger 1839, Sp. 319 f. Vergl. noch Motherwell LXXIV, 44.
⁴ Hávam. 8 (Sæm. Edd. 11) 27—32 (ebendaselbst 13 f.) 105 (ebendaselbst 23), Lodf. m. 23. 25 (ebendaselbst 27), Vafþr. 10 (ebendaselbst 32) gróce g. 14 (ebendaselbst 98).
⁵ Hávam. 58 (Sæm. Edd. 17).
⁶ Vidsid als Eigenname (f. Götting. gel. Anzeig. 1833, S. 1593) entspricht sowohl der natürlichen und gewöhnlichen Wortstellung, wonach der Satz mit dem Namen der Person und darauffolgendem madoláde anhebt (Anbr.

11. (Fl. XLI), als den altnordischen: Vegtamr, Gangrâdr, Vidfôrull, wie sich Örvarodd nennt (Fornald. S. II, 540, auch als Beiname: Eirekr hinn vidfôrli, ebendaselbst III, 519. 661).
⁷ Fornm. S. II. 138 ff. V, 171 f. („hann nefndist Gestr.") An diese Erzählungen knüpft sich die ausführlichere Sage von Nornagest, Fornald. S. I, 313 ff.
⁸ Nach P. E. Müllers Anmerk. zu Saxo V, 88: „Deseruit eum [regem Hunorum] quoque Uggerus vates, vir ætatis incognitæ et supra humanum terminum prolixæ, qui Frothonem transfugæ titulo petens, quicquid ab Hunis parabatur, edocuit." (Yggs lid, Odini potus, poesis, Olafsen Om Nord. gamle Digtekonst, S. 145, vergl. Heliand II, 72.) [S. auch Odss. XVII, 484—87. Grimm, Hausmärchen III, 155. Wolf über die Lais 465, aus Horn B. 82 f.]
⁹ Biterolf B. 203—408. Eggen Piet (Laßb. Ausg.) Str. 28 f. St. Oswald B. 195 ff. Orendel (Augsb. 1512) B. 108 ff. Vergl. noch Morolf B. 1855—60. Wilkina S. c. 229. Ellis I, 245 f. Liederfaal 1, 533, B. 511 bis 520. J. Beller, Altfranzösische Romane S. 46—18. (61: de li paumer Sobrin.)
¹⁰ MS. I, 88ᵃ. Vergl. Arwidsson II, 148.
¹¹ Vafþrúdnismál, Sæm. Edd. 31. Vegtamsqvida, ebendaselbst 93. Alvissmál, ebendaselbst 48. Fiölsvinnsmál, ebendaselbst 107; auch der Eingang von Gylfaginning, Sn. Edd. 1 ff.
¹² In abkürzender Übersetzung bei Conybeare 206. Auch hier ist von Runen die Rede, wie in Vafþr. m. Str. 42 f.
¹³ Fornald. Sög. I, 463 ff. 531 ff. — (blindr auch passiv occultus, invisibilis, Lex. isl. I, 86, vergl. Walther von der Vogelweide, Lachm. 85: diz bispel ist ze merkenne blint [= Pfeiffer Nr. 172], Einred II, 178 unten). Vergl. auch Grettis S. c. 75 (Marcuss. p. 146): „Gestur heiti eg."
¹⁴ Str. 9. 11. 13. 15. 59 (12: at Ymis dyrum? p. 469. Sæm. Edd. 99ᵃ: innan dyra. 124, 29: til dómvalds dyra. 130, 76: f herdis dyrum). — Der Frage: brat er hat undra? entsprechen ähnliche Ausdrücke in deutschen Räthseln; Anzeiger 1838, Sp. 377 (Regenbogen): wer rat mir dise wunder? ebendaselbst Sp. 375: Ir maister rotent dise wunder! MS. II, 369ᵃ (Rumzlant): wie muc daz wunderliche wunder sin genennet? II, 10ᵃ, 33 (Wartburgkrieg): swer mir diz vremde wunder saget ꝛc. II, 211, 187ᵇ (Reinmar von Zweter): Diz liet ist vol wunders gar ꝛc. merket wunder! 188: dirre wunder ich iu underscheide ꝛc. durch wunder ich daz wunder schribe, wand ez ist wunders gar genuoc. II, 240ᵇ unten (Warner): Ich spür ein wunder dur diu lant ꝛc. III, 49ᵇ, 4. Ein wunder wonet der werlde mit ꝛc.
¹⁵ Vafþr. m. 25 (Sæm. Edd. 34). Sn. Edd. 11.
¹⁶ Assimiliert aus Deglingr, Deutsche Mythologie 424 (Fornald. S. I, 469.²) Var. döglings, vergl. Sn. Edd. 192). Die Form -lingr kann hier

nur den Sinn der Diminution, Deutsche Grammatik III, 682 f., nicht den der Abstammung haben, indem Dellingr Dags Vater ist.

17 Der Ausdruck findet sich auch im Rûnatal, Str. 23 (Sæm. Edd. 30); unter den Beschwörungsliedern wird hier aufgezählt: „was Thiodhrärir vor Dellings Thür sang (gól), Stärke sang er Asen, aber Alfen Förderniß, Nachdenken (hyggin) dem Hroptatyr (Odin); Thiodhrärir, Vollaufstörer, Wecker (at hræra, movere), ist sehr glaublich eine Benennung des mythischen Hahns, des Goldenkammigen, der über den Asen singt (gól) und die Helden weckt (Vsp. 35. Sæm. Edd. 6); der Hahn ist Rufer vor Tagesanbruch („dvergr" in Rûnat. 23 ist Einschiebsel, es hemmt den Stabreim und steht auch in einer Handschrift nicht).

18 Godr. h. 37—43. (Sæm. Edd. 236). Atlam. gr. 10—28. (Ebendaselbst 252 ff.) Hrôm Greipss. S. c. 9. (Fornald. S. II, 377 ff.), woselbst auch der herkömmliche Ausdruck: ráda þenna draum (vergl. Fornald. S. I, 181. 209. 213. 372. 420. II, 172. III, 561. Sæm. 254, 23: „ráð þú hvat þat væri.") Hálfs S. c. 11 (Fornald. S. II, 40 ff.), hier wiederholt sich die Formel: hvat kvað þú, þengill, þann draum vita? wie in Herv. S.: fleidrekr konûngr, hygg þú at gátu? in Hálfs S. ebenfalls Hálfr! dreymdi mik, bygdu at slîku! ist etwa hyggin im Rûnat. 23 auch für Traumdeutung zu nehmen?

19 Vafþr. m. 42 f. (Sæm. Edd. 36), vergl. Sn. Edd. 83.

20 Vergl. Sagenforsch. I, 6. Auch vom altdeutschen bispel, Fabel, Gleichniß, wird gesagt (Altdeutsche Wälder III, 233 f.):

daz bispel man ze râten gît
noch allen wîsen liuten,
die ez kunnen bediuten;
wan aber ich alrêst der rede began,
nu wil ich ez errâten ob ich kan ꝛc.

21 Vergl. Altdeutsche Wälder II, 19: „die befriedigende Mischung von Wahrheit und Wunder" ꝛc. Zufälliges Zusammentreffen.

22 Darüber s. Sagenforsch. I, 111.

23 Sagenforsch. I, 30 ff.

24 Sn. Edd. 124. 185. Vergl. 217[b], 2.

25 Str. 37. 39. 41. 47 (vergl. Str. 53).

26 In den gleichfalls stabgereimten Antworten des Räthselliedes werden die Wellen abwechselnd mythisch und appellativ bezeichnet, sie heißen „Ægirs, Gymirs Töchter, mit Ran Elbirs Bräute (vergl. Sagenforsch. I, 167), aber auch bylgjur, bárur, wogegen dann in der j. Edda Bylgja und Bâra unter den Eigennamen der Töchter Ægirs aufgezählt sind, neben Blôdughadda. (Bleikhadda?), die hinwieder an die hadda bleika der Räthselfrage mahnt (vergl. Fornald. S. I, 470 unten); in der Lösung des Räthsels vom Nebel wird der Wind Forniots Sohn genannt und der Nebel selbst steigt aus Gymirs Betten auf. Obgleich die strophischen Auflösungen nur in einer Handschrift der

Herv. S. flehen (Sagabibl. II, 568. Fornald. S. I, Form. XXVI), so tragen doch auch sie kein neueres Gepräge, als die Aufgaben, die in allen Handschriften den Fragen folgende stabgereimte Formel zeigen. „Góð er gáta þín, Gestr blindi, getit er þeirrar! läßt eine Auflösung in gleicher Form, nach dem Beispiel der mythischen Frageliederer warten, und zuweilen stellt die Antwort wieder ein anziehendes Bild auf, wodurch sie, weit entfernt den poetischen Eindruck aufzuheben, vielmehr ihn verstärkt und ergänzt, so in dem Räthsel von der Brücke (Strophe 3 f.) und dem ausgehobenen vom Nachtthau.

27 Vegt. qv. 17 (Sæm. Edd. 95), vergl. Aeg. dr. 34 (ebendaselbst 64), Vafþr. m. 48 f. (ebendaselbst 37).

28 Benützt habe ich: „Ein newe Spinstůb oder Råterschbůchlin. Getruckt zů Straßburg bei M. Jacob Cammerlandern von Mentz." O. J., 24 Bl. 4° (Stadtbibliothek zu Ulm); eine andre Ausgabe in tl. 8, von der, bei fehlendem Titelblatt, weder Ort noch Jahr ersichtlich war (Herrn Kuppitsch in Wien angehörend). Vergl. Ebert, allg. bibliogr. Lex. Nr. 18975 und Ebd. Beschreibung der Dresdner Bibliothek S. 191. Anzeiger 1833, Sp. 310. 1835, Sp. 76.

29 Görres, Volksbücher S. 175 f. Anzeiger 1838, Sp. 382.

30 Meinert S. 287 (etwas verdorben). Vergl. Anzeiger 1833, Sp. 311, Altdeutsche Wälder II, 21.

31 Mone, Anzeiger 1838, Sp. 40: „Volavit volucer sine plumis, sedit in arbore sine foliis, venit homo absque manibus, conscendit illum (sic) sine pedibus, assavit illum sine igne, comedit illum sine ore. nyx (sic) a Titane" (der Schnee vom Sonnengotte). (Wollte man ursprüngliche Alliteration: man—mundlos annehmen, so würde dieß ein Masculinum Sunne voraussetzen, was ebenfalls vorkommt, Deutsche Grammatik III, 349 f. Mone im Anzeiger 1833. Sp. 202 f. 1839. Sp. 134. Altnordisch mund, Hand).

32 Die lateinischen Räthsel sind meist metrisch, hier möchte der römische Vers schwierig sein.

33 Meinert S. 288, Nr. 26. Die Auflösung S. 296 ist unrichtig.

34 Fornald. S. I, 474: Hverr er sá enn mörkvi? (Nebel). Ebendaselbst 480: Hverr er sjá enn mikli? (Anker). Ebendaselbst 468: ökviklr tveir. Ebendaselbst 468: Hveri eru þeir tveir?

35 Vergl. Pred. Salom. 1, 3—8.

36 Vergl. im Räthselbüchlein: „Was geet uber das wasser und netzet sich nicht? Antwort: Die Sunn."

37 Conybeare, Illustrat. 209 f. vergl. 206. Wernher vom Niederrhein 30, 20—31, 3. — Aldhelms (Bischofs der Westsachsen, gestorben 709) Räthsel von der Wolke (Anzeiger 1838, Sp. 34, Nr. 3):

Versicolor fugiens coelum terramque relinquo,
non tellure locus mihi nec in parte polorum est,
exilium nullus modo tam crudele veretur,
sed madidis mundum faciam frondescere guttis.

³⁸ (Vergl. Grimm, Hausmärchen II, 285 f. III, 252.)
³⁹ Straßburger Pergamenthandschrift A. 94. fl. Fol. Bl. 17 f. [f. Volkslieder Nr. 1 und W. Wackernagels altd. Lesebuch. 4te Ausgabe S. 965 f. Pf.]. Die Br. Grimm (Armer Heinrich 146 [vergl. 139]) sehen diese Handschrift in die zweite Hälfte des 13ten Jahrhunderts. Ihren Inhalt hat Graff, Diut. I, 314 ff. verzeichnet, vergl. von der Hagens Grundr. 317 ff.
⁴⁰ Vergl. Mones Anzeiger 1838, Sp. 260. Altdeutsche Wälder II, 11. schwedisch; zu dieser Art der Sammelfrage gehört im Räthselliede der Herv. S. nur Str. 51 (Fornald. S. I, 482 f.) — Ist das Räthsel von den Vögeln, wie es mangelhaft im Traugmundsliede erscheint, nicht bloßes Einschiebsel, so zählt es doch zu den Fragen, mit denen erst angeschlagen und angesetzt wird.
⁴¹ „die rame" vergl. Graff IV, 1146. Schmeller III, 82. Ziemann 302ᵇ.
⁴² Einzelne Strophen aus dem 16ten Jahrhundert in Mones Anzeiger 1838, Sp. 260; vergl. Altdeutsche Wälder III, 125.
⁴³ Die Handschrift hat zweimal trovgmunt und viermal trovgemunt, mit übergesetztem v, sie konnte trove- setzen, wie sie berg für bere hat; o mit übergeschriebenem v steht sonst auch für uo, f. Docens Sendschreiben S. 21 ff. movz für muoz, grovz für gruoz, govten für guoten u. s. w., und eben durch das Überschreiben ist mehrfach Verwechslung der beiden Diphthonge verursacht worden, Deutsche Grammatik I, 358. — Vergl. auch Ziemann 478ᵇ.
⁴⁴ Tragemund, dromon, Benennung eines Fahrzeugs, kommt im Verlaufe des Gedichts in diesem Sinne vor und hat wohl auch die fehlerhafte Schreibung des Eigennamens veranlaßt. [Nach W. Wackernagels Glossar zum Altdeutschen Lesebuch S. 295 ist Tragemunt die richtige Form, mlt. drogamundus, arab. targomân, Dollmetsch. Pf.]
⁴⁵ Vergl. wârquëto, wârspello, veridicus, Deutsche Grammatik II, 640. Graff I, 921 (wâr, n. veritas, Graff I, 919). Hat gleich -mund in den damit zusammengesetzten Eigennamen, worunter Warmund auch sonst vorkommt, vorherrschend die Bedeutung: Schutz, Beschützer, so ist doch damit der noch gewöhnliche Sinn des Wortes nicht ausgeschlossen, vergl. Deutsche Grammatik II, 511. Graff II, 814.
⁴⁶ Traugm. L.: Nu sage mir, meister Trougemunt!
   zwei und sübenzig lant die sint dir kunt.
Orend. 113: er was genant Tragemunt,
  im waren LXXII küngreich kunt.
St. Oswald 223: do sprach der pilgerin Warmund:
  zwai und sibetzg land sind mir wol kund.
Vergl. ebendaselbst 198. MS. I, 6ᵇ, 20: zwô unt sibenzee sprâche diu werlt hât. Vergl. noch Morolf 1857 ff.
⁴⁷ Vergl. Graff, Althochd. Sprachsch. II, 887: luglmeister, logodædalus.
⁴⁸ Weisthümer II, 75 f.: „und seeß er dan hinder eim krœsseldorn, der ime schede gebe."

⁴⁹ Gregor. 2905: Niwan der himel was sin dach. Vergl. Kinderlieb. 93.
⁵⁰ Fornald. S. II, 91: ek sé hann hugsar fleira, enn hann talar, ok skygnist vida um.
⁵¹ Saxo V, 76. Anrede: „Tu, qui verborum fastu ac phaleratae vocis ostentatione lascivis, unde huc te aut cur adventasse commemoras?" Am Schluſſe: „Hæreo altercationis anceps, cum intellectum meum obscura admodum ambage fefelleris." Hierauf der Fremde: „Præmium a te peracti certaminis merui, cui sub involucro quædam haud satis intellecta deprompsi."
⁵² Im Räthſelliebe der Herv. S. hat nur Str. 15, vom Achat (Fornald. S. I, 470), dieſen Zuſchnitt; vergl. Garin le Lober. II, 101 unten: au froit vin.
⁵³ J. Grimm, Deutſche Rechtsalterthümer 34 f. 45. 879. Vergl. MS. III, 462, 13: lâ vinstern tan, trit an den tac!
⁵⁴ Altdeutſche Wälder III, 138.
⁵⁵ MS. II, 69. Vergl. Liederſaal III, 505, 23 f.
⁵⁶ Udv. d. Vis. I, 90, Str. 43. An den im Wettlauſe ſiegenden Hugi, Gedanken (Sn. Edd. 55. 60), erinnert ſchon J. Grimm, Altdeutſche Wälder II, 12 f. Vergl. Sagenforſch. I, 74.
⁵⁷ Udv. d. Vis. I, 90, Str. 42. Im Traugmundsliebe gehört wohl auch der Rabe in die Frage, die Nacht in die Antwort, wie es wirflich in einem Waidſpruche (Altdeutſche Wälder III, 138) der Fall iſt; rabenſchwarz (Nib. 386, 3) iſt gangbares Beiwort, die ſchwarze Nacht ſteht höher, geheimnißvoller. — Heinr. v. Türl. Krone: wiz als ein swan, Lachmann üb. b. Eing. b. Parz. S. 40.
⁵⁸ Leg. aur. c. 2. de S. Andrea (vergl. Anmerk. 3): „Proponatur sibi secunda quæstio gravior, in qua melius possimus ejus sapientiam experiri" ꝛc. „Fiat ei tertia quæstio gravissima et occulta et ad solvendum difficilis et obscura, ut sic ejus sapientia tertio comprobetur et dignus sit ut ad mensam episcopi merito admittatur."
⁵⁹ Der Ausdruck hohe Minne, im Gegenſatz zu der niedern, bezieht ſich im Minneſange theils auf den Stand der geliebten Perſon, theils auch auf die Höhe der Geſinnung in der Liebe; ſtatt vieler Stellen ſ. Winsbekin Str. 32. 33 (MS. I, 376). Docens Miſc. II, 203 unten: caritatem magnam, hohe minne.
⁶⁰ Dainos S. 173.
⁶¹ Auch Str. 1989:
  Dô der herre Hagne der wunden enphant,
  do erwagte im ungefuoge daz swert an siner hant.
⁶² Wolfstag (Jahresbericht der deutſchen Geſellſchaft 1837) B. 28: „Solt ich dann nit in verheitkeit graen? (Schmeller II, 132) V. 88:
  „Und muß auch auf daz velt hin auß,
  Des winters in den kalten sne."

Vita Merlini v. 96: Stat sine fronde nemus etc.
v. 105 sqq.: Tu prior has silvas coluisti, te prior aetas
Protulit in canos; nec habes, nec scis, quid in ore
Proicias etc.
Vergl. J. Grimm, Reinhart Fuchs XXXV. XXII unten, f.
⁶³ Nib. 182, 2: ein liehter schilt von golde ꝛc.
196, 4: dô sach man von in schînen vil manegen hêrlichen rant.
Vergl. Fornald. S. I, 470: skildi skygnara. Rechtsalterthümer 39. 74.
⁶⁴ MS. II, 214ᵃ, 203. 199, 124. Dietr. Flucht 9715 ff.
⁶⁵ Rechtsalterthümer 879 (Bacharacher Blutrecht, 14tes Jahrhundert). Dahin gehört auch ebendaselbst 682: „an einen dürren Baum hängen und an keinen grünen" (Rentters Kriegsordn.), an den nördlichen Baum, ebendaselbst 35. 683. St. Oswald 969 f.:
ouch sô wil ich in hôhen balt
hin ûz für den vinstern walt.
(Ebendaselbst 2384 entflieht der Hirsch gên einem vinstern walde.)
⁶⁶ „Rätzel upt jar," nach des verstorbenen K. Halling schriftlicher Mittheilung:
T' stûnn en bohm in westen
mit twen un föftig nesten,
jedes nest har sären jungen,
jedes jungen half swart half witt,
nu rade wat de vägelings sungen!
Matter in den oben angeführten Räthselbüchern des 15ten Jahrhunderts:
Ein baum hat zwelf est
und ieglicher ast hat vier nest
und in ieglichem nest siben jungen
der hat ieglicher seinen namen besunder.
(Rupp. CVIIIᵃ. Spinnst. Eijᵃ.)
⁶⁷ Parzival 1, 1 ff. 2, 17 und dazu Lachmann, über den Eingang des Parzival, S. 7 f. Vergl. ebendaselbst S. 22 f. Vorrede zum Titurel.
⁶⁸ Kannte Wolfram bereits eine volksmäßige Überlieferung von dem untreuen Gesellen und der Elster, so würde dieß dafür sprechen, daß der unstaete geselle (und valsch geselleclîcher muot) selbst mit zum bispel gehöre und darunter dennoch die Verzagtheit im Verhältniß zu Gott verstanden sei, wie es die Anlage des Gedichts zu erfordern scheint. Bedenken erregt nur, daß hier der unverzagte Muth als männliche Eigenschaft bezeichnet und sofort in weiblichen Tugenden ein Seitenstück aufgestellt wird, während das Gottvertrauen eine gemeinsame genannt werden kann.
⁶⁹ Finnische Sprichwörter u. s. w. im Morgenblatt 1837. Nr. 252. S. 1012.
Auch im deutschen Räthselbuch ist der Specht aufgegeben:
Es steht in dem Thau
als ein schöne Jungfrau,

ist weiß als der Schnee
und grün als der Klee,
darzu schwarz als der (die) Kohl,
seid ihr weis, ihr rathets wohl.

⁷⁰ Kaum wird es für bloßen Zufall gelten können, daß zwischen dem Traugmundslied und dem schon erwähnten Eddaliede von Vasthrudhnir (Säm. Edd. 31 ff.) unverkennbare Übereinstimmung obwaltet, und zwar nicht allein in der gemeinsamen Form des Wettgesprächs mit dem Wanderer, sondern auch in der Leitung und Ordnung der Fragebilder. Gangrath, der vielgefahrene Odin, löst bei seiner Ankunft, noch auf dem Estrich stehend, vier Aufgaben, diese betreffen: das Roß mit leuchtender Mähne (Skinfaxi), das den klaren Tag zieht, das mit bereifter Mähne (Hrimfaxi), mit welchem die Nacht fährt, den Strom, der, nie beeist, zwischen Riesensöhnen und Göttern das Land theilt, und das Feld, die Wiese (völlr), wo einst Surtr, der Weltzerstörer, und die wilden Götter sich zum Kampfe treffen. Nach Beantwortung dieser Vorfragen ist der Gast zum Sitze berufen und nun richtet er an den Jötur, der alle neun Welten durchzogen, die Hauptfragen über Anfang und Bestand, Auflösung und Erneuerung des Alls. Auch hier also Tag und Nacht, Strom und Kampfwiese (vergl. auch Str. 40 f.), heitre und finstre Geschicke; der Weltuntergang ist zwar, in Vergleichung mit der Wiedergeburt, sehr lückenhaft behandelt, doch wird gesagt, daß der Wolf den Vater der Zeiten verschlingen werde. Besonders erscheinen in der Zusammenstellung mit dem Traugmundsliede jene vier einleitenden Fragen des Mythenliedes weniger willkührlich hingeworfen, während andrerseits die Abscheidung der Fragen auf dem Estrich von denen auf dem Sitze den Bau des Räthselliedes erläutert. Eine volksmäßige Grundform, auf der auch das letztere ruht, ein Fragespiel mit Bildern, die unmittelbar der Natur und dem Menschenleben entnommen waren, ist im Eddaliede auf entsprechende Gegenstände aus dem nordischen Mythenkreise gewandt und so in die Götterwelt gehoben, in dieser Umdichtung aber der Gedankengang dunkler geworden. Das hohe Alter der mythischen Vorstellungen gegenüber den ritterlichen im Räthselliede schließt nicht aus, daß der mythologisch gelehrten Gastprüfung eine viel einfachere vorangestanden.

⁷¹ ᵃ Liedersf. II, 311 ff.
⁷¹ ᵇ V. 12: von liegen (l. ligen) gar unmære.
⁷² Vergl. in einem Spruche des Teichners, Liedersaal III, 434, V. 66 ff.:
— — — — unrecht guot
Verleust der man und wirt sein frei,
So bleibt im die kunst bei,
Damit gewinnt er dann sein speis.
⁷³ V. 46 f.: Gewinnen und verliesen Ain haßhart uf ainem brett; vergl. Grundr. 345: Das dich Hasehart verzer.
⁷⁴ V. 56 f.: So kan ich zwain gesellen Ir gewin wol tailen.

Vergl. Nib. 92, 2 f.: mit gemeinem râte die edelen fürsten junc
      den schaz in bâten teilen den wætlîchen man.
   93, 4: daz solt in allez teilen des küenen Sifrides hant.
Hausmärchen III, 172—74.
  75 B. 94 ff.: dar zu kan ich nin groß her
      vil wunder wol bringen
      zu säglichen dingen.
Vergl. Tristan 8333 f.:
      reden ze sinen dingen
      unde in ze mære bringen,
      er wære ein zouberære.
Grammatik II, 684 unten, althochdeutsch sagelîh.
  76 B. 133 f.: Ob ich in ainem lant verdürb
      Das ich im andern niemer ze eren wird.
[? ie mêr êre erwürbe? Pf.]
  77 Roquefort, de l'état de la poésie française etc. p. 290 ff.: Les deux bordeors ribaus, p. 295:
      Il n'a el monde, el siècle, riens
      que ge ne saiche faire à point.
  78 Diez, Leben und Werke der Troubadours, Zwickau 1829, S. 50 f.
  79 B. 61 ff: Han ich isen unde kol,
      Ain gut swert mach ich wol,
      Das der kaiser Friderich
      Mit eren fürti sicherlich
      In zorn und och in güte.
  80 Sachsensp. B. 1, Art. 1.
  81 B. 127 f.: Gieng ich dann iemant über sin geschir
      Ez gieng im alles wierr (oder Hausgeräth?)
  82 Godefr. monach. ad ann. 1235: „ibi (Wormaciæ) imperiales nuptiæ debito cum honore celebrantur. Imperator suadet principibus, ne histrionibus dona solito more prodigaliter effundant, judicans maximam dementiam, si quis bona sua mimis vel histrionibus fatue largiatur. (Vergl. Raumer VI, 587. Anmerkung 1. Diez, Leben der Troubadours 397. 613). Wormser Rathsbeschluß gegen die Spielleute, Haltaus Glossar. u. b. W. Spielleute. (Diez, die Poesie der Troubadours 257.)
  83 Die Ableitungsform gelernôt (Reim auf nôt), im 13ten Jahrhundert veraltend und nur noch im Volksstil zuweilen haftend, Grammatik I, 957, kommt obiger Zeitbeziehung zu statten. Die Betheurung B. 35: sam mir der hailig tag! stammt auch nicht von gestern; im Rother, 12tes Jahrhundert, B. 1050: so mir daz heiliche lieht. (Deutsche Mythologie 426, vergl. Sæm. Edd. 194, 8.)
  84 Fornald. S. II, 262. 542: ertu at nökkru idróttamadr? I, 315: ertu nokkr idróttamadr? III, 272: ok muntu vera idróttamadr mikill?

[85] Fornald. S. II, 262 verſichert er: Aldri kann ek einn blut at gjöra, þann ödrum ſå gagn at. (Vergl. II, 542.) In Gaunga Hrólfs S. c. 14 (ebendaſelbſt III, 272) ſagt der Schwächere ſeine Fertigkeiten her, während der Tüchtigere nichts zu können vorgibt. (Ebendaſelbſt: hjóflig idrótt, ſegir konûngr, ok kemr þó opt at gagni.)

[86] Fornald. S. I, 315.

[87] Rûnatals þáttr Odins, Sæm. Edd. 27 ff. Vergl. Udv. d. Vis. I, 308 f. Rûnatals Str. 9 mit Irreg. B. 43, Str. 10 mit B. 58 f., Str. 16 mit R. 56 f., Str. 19 mit B. 94—96, Str. 22 mit B. 76 f., Str. 24. 25 mit B. 84 f. Ferner:

  Str. 25: þó sé þér góð ef þú getr,
   nýt ef þú nemr,
   þörf ef þú þiggr.
 Str. 27: nióti að er nam.
 Str. 16: nytsamligt at nema.

Lodf. m. 3 ff. (Sæm. Edd. 24):
  nióta mundu ef þú nemr.

mit B. 19: doch ist ez guot an der nôt
  waz der man gelernôt,
  verliurt er waz er ie gewan,
  er behebt doch waz er kan.

Dann auch Hávam. 26 (Sæm. Edd. 14):
  Osnotr madr
  er med aldir kemr
  þat er bazt at hann þegi;
  engi þat veit
  at hann ekki kann,
  nema hann máli til mart.

(Roquef. 290: qar bien est raison et droiture,
  En toz les lieus que cil se tese
  qui rien ne set dire qui plese.)

ebd. 58 (p. 17): madr af manni
  verdr at máli kudr.

mit B. 5 ff.: Sô lange swiget der man,
  Sô waiz nieman waz er kan:
  Mit worten sol man kunden sich.

[88] B. 9 f.: Von wunden wirt man küene gar,
  Herfart ie müede bar.

Traugm. 8, 6: von maniger starken wunden sint die ritter küene.
 10, 5: von maniger starken hervarte ist der schilt verblichen.

[89] B. 26 f.: Ainem ieglichen knehte
  (kan ich) guot antwurt geben.

Traugm. 2 ff.: Des hestu gefraget einen man,
  der dir es in ganzen triuwen (a. von grunde) wol gesagen kan.

4 ff.: und frâgestu mich ûtzût mêre,
ich sage dir fürbaz an dîn êre.

Roquef. 292: Tu ne sez à nul bien respondre.

Bergl. Forum. S. V, 299: leysti hann ok or öllu vel ok vitrliga. Ebenbaſelbſt II, 138: fèkk orlausnir. Hávam. 29 (Sæm. Edd. 14): Fródr sá þikkisk er fregna kann ok segia it sama (Rúnatals 7 [ebenbaſelbſt 28]: hveiztu hve ráda scal? ꝛc. hveiztu hve freista scal?)

V. 141 f.: In ains hübschen knaben wise
Began ich mine spise ꝛc.

Traugm. 2, 5 f.: in eins stolzen knappen wise
bejage ich kleider unde spise.

(V. 143: Mit manger hant ꝛc. Traug. 1, 4: in welre hande wise ꝛc.)

⁹¹ Traugmundslied verhält ſich zum Spruche von Jrregang wie Baſtþrubþ- nismal (ſ. oben Anmerk. 87) zu Runatal.

⁹² Grundr. 344 f. Aus Eingang und Schluß der Erzählung Rildegers von Munir (Munre): von zween Geſellen [= Geſ. Abent. III, 43 f. Pf.]:

Zwene gute knechte Zu samene geswurin,
Das si das lant durchfurin, Hubislichin, sundir rum,
durch manchir hande wistum, Der do lit an den buchin ꝛc.
Iɾɾeganc und Girregar Der sult ir alle nemen war,
und behutit uch do vore, Tut ein cruce vor die ture,
Das her uwir gast icht werde; Uch schadit sin geberde
Noch me denn ein dunir. Rudier von Munir
An disen rat uch kerit. Nu hant di wip gelerit,
Das si nicht werdin gute nunnen, Di sus girregangin kunnen
Au Irregangis leichiu. (Bergl. Jrreg. B. 84 f.)
Dri gute knutele eichin ꝛc. Di hulfin den mannen
Disin Irreganc vortribin, So in torste do nicht blibin
Wedir Irreganc noch Girregar; Si wistin das wol vorwar,
Das man si begonde regin Mit ungevugin halsslegin.

(Titurel 576, Hahn: irregengel.) Dieb. Schilling 304 oben: Der tut vil manchen irren Gang. Zeitſchrift für deutſches Alterthum II, 123. (St. Oswalds Leben V. 1225 f.):

hin her fur vil manche kromme
und manchen irren gang.

Iſt Girregar aus girren, garren (kerren, kirre, kar) gebildet, wie: wigen wagen, gigen gagen (ME. 1, 62)ᵇ)? Bergl. Schmid 231: „girigang geben, blinde Kuh ſpielen." Stalder I, 447: „giringgelen, giri- ginggelen ꝛc. die blinde Kuh fangen." Tobler 221: „gigampfa ꝛc. gira- gampfa, ſchaukeln, auf einem in der Mitte aufliegenden Brette, Balken u. bergl. ſich wippen." Heinrich von Friberg Triſtan V. 5169 f.:

aus gienc er gigen garren
gelîch eim rehten narren.

⁹³ Svend Vonved, Udv. d. Vis. I, 83 ff. W. Grimm, Altdän. Heldenlieder 227. Charakteristik des Liedes ebendaselbst Vorrede XXVII.
⁹⁴ 3. B. Was rufet lauter als ein Kranich? und was ist weißer als ein Schwan? Der Donner ruft lauter als ein Kranich und die Engel sind weißer als ein Schwan. Was ist schwärzer als eine Schleh'? und was ist rascher als ein Reh? Die Sünd' ist schwärzer als eine Schleh' und der Sinn ist rascher als ein Reh.
⁹⁵ Sv. Folkvis. II, 138 ff.
⁹⁶ Udv. d. Vis. I, 380.
⁹⁷ Ein Druck von 1800 hat den Titel: Swan (Sven) Swane wit (W. Grimm a. a. O. 527); in den Sv. Folkv.: Sven Svanehvit (Schwanweiß).
⁹⁸ Str. 61: „Binde J mig denne galne Svend." 67: „Han var i Huen saa meget gram." — Wer vom Berserksgange befallen war, schonte der nächsten Angehörigen nicht, vergl. Fornald. S. II, 484.
⁹⁹ Was man etwa aus Str. 45. 47 schließen möchte. — Schwedisch hat sich der Theil des Liedes, welcher die Räthsel betrifft, allein und abgesondert erhalten.
¹⁰⁰ Str. 35: „Og han red frem ab Bjerge og Dale, ingen Mand kunde han kourne til Tale." Str. 36: „Du give mig nogle disse Svar!" Str. 45: „Nu haver Du raadt mig vise (visse) Svar, Alt det som jng gav Dig fore.
¹⁰¹ Ähnlichkeit in der Anlage hat mit dem altdänischen Liede die italische Sage: il cavaliere Senso (Julius Mosen, Das Lied vom Ritter Wahn, Leipzig 1831, S. 125 ff., vergl. Hausmärchen III, 147 unten), der es auch nicht an volksmäßigen Zügen fehlt, aber die Idee dieser Dichtung ist eine andre, verwandt dem Suchen nach Odainsakr.
¹⁰² Frisius, Ceremoniel der Handwerker, Leipzig 1708 ff. Wunderhorn II, 70 ff.: „Der Schmiedegesellen Gruß." (flieg. Bl.)
¹⁰³ Räthselartiges in den Fragen beim Gesellenschleifen s. oben.
¹⁰⁴ Frisius S. 902 f., Ceremoniel der Weißbecker (Leg. aur. c. 2: peregrinus venit ad ostium, crebris ictibus pulsans.)
¹⁰⁵ Frisius S. 622, Ceremoniel der Büchsenmacher.
¹⁰⁶ Ebendaselbst S. 621: „Wo kommt mein guter Gesell her, daß er so schön geputzt ist in seinem krausen Haar, als wie ein Igel. Zwar in seinem schönen Angesicht, als wenn er alle Tage was neues erdacht, in seinem schönen Barth, recht auf die Spanische Art, in seinem schönen Kragen, gleich wie es die Junckern gerne tragen, in seinem schönen Elends-Goller, mit Barmherzigkeit gefüttert u. s. w., in seinen schönen Strümpfen und Schuhen, aber (oben) durchstochen und unten durchbrochen" u. s. w. Wunderhorn II, 70: „Mein Schmidt, wo streichst du her? daß deine Schuhe so staubig, dein Haar so kraußig, dein Bart auf beiden Backen herausfährt wie ein zweischneidig Schlachtschwert" u. s. w. Vergl. die schmeichelhaften Begrüßungen in Harb. l. 1 f. 6. (Saem. Edd. 75.) Fiölsv. m. 2 f. (ebendaselbst 107).
¹⁰⁷ Frisius S. 623 ff., Ceremoniel der Büchsenmacher: „Wo kommt mein

guter Gesell weiter her? — Ich lauff wohl durch den grünen Wald, lauff ich
sehr, so komm ich bald, wär ich darüber geflogen, so hätt(e) ich meine Cor-
duanischen Schuh nicht erzogen (verdorben, Schmeller IV, 246. Roquefort de
l'état ꝛc. p. 290: Volz quex sollers de cordoan). — Wo laufft mein guter
Gesell weiter her? — Ich lauffe über Disteln und Dorn, ich zerreiß meine
Kleider und thut mir Zorn u. s. w. — Wo laufft mein guter Gesell weiter her?
— Ich lauffe daher aus Österreich, da machte ich sieben Meister reich: der Erste
ist gestorben, der Andere ist verdorben, der Dritte liegt im Hospital, der Vierdte
hat nichts überall, der Fünffte muß alles verlauffen, der Sechste muste zum
Thore hinaus lauffen. — Mein guter Geselle, hastu nicht vernommen, wo der
Siebende ist hingekommen? — Er ist zu Wien die Donau hinunter geschwom-
men (a. „ich hab mir lassen sagen vor wenig Tagen, er lieg vor Benedig im
Kraut-Garten, thut auf die andern warten," Ceremoniel der Tischer, S. 104 f.)
u. s. w. — Wo laufft mein guter Geselle weiter her? — Ich lauffe daher durch
den Thüringer Wald, da sungen die Böglein jung und alt, ich legt mich unter
einen Baum und schlieff" u. s. w. Damit vergleiche man das Zwiegespräch bei
Saxo V, 76, als schon aus der zweiten Hälfte des 12ten Jahrhunderts. —
Frisius S. 439 f. Gruß der Weißgerber: „Gott ehre das Handwerck. — Huy!
Weißgerber. — Huy! Weißgerber. — Bistu ein Weißgerber? — Ich versehe
mich. — Willkommen. — Großen Dank, Meister und Gesellen lassen dich
grüßen von wegen des Handwercks. — Ich sage Dank von wegen Meister und
Gesellen, wo kömmst du her in dem staubichten Wetter? — Immer aus dem
Lande, das nicht mein ist, und wieder in eines, das auch nicht mein ist. Wenn
ich einmahl in eines komme, das mein ist, da will ich darinnen bleiben; kommest
du oder ein anderer rechtschaffener Weißgerber zu mir, will ich dir auch eine
Stadt, Schloß oder Dorff da verehren, obgleich kein Haus mehr darinnen ist,
kein Ziegel noch Schindel auf dem Dache mehr ist. — Ich möchte gerne einen
so reichen Weißgerber sehen, der ein eigenes Land, Stadt oder Dorf hätte. —
Ich lauffe alle weile darnach, wenn unser einmahl ein paar tausend zusammen
kommen, und du bist dabey, so wollen wir eins einnehmen; bist du aber nicht
dabey, so soll deiner am besten gedacht werden. — Ich bin gern dabey, wo es
lustig zugehet" u. s. w.

[108] Frisius S. 771, Ceremoniel der Seiler: „So habe ich meinen Junger-
Nahmen verschenkt und meinen Gesellen-Nahmen an mich genommen in der
hoch- und weit berühmten Fürstlichen Stadt N. N. und sind darbey gewesen vier
gute ehrliche Gesellen, als nehmlich mit Namen N. N. Haben sie meinetwegen
etwas zum Besten gehabt, so gesegnes ihn Gott ins Herz hinein, daß es pufft,
daß es kracht, daß ihnen das Hertz im Leibe lacht, so meint der Bauer es
donnert und die Bäurin es blitzt." Vergl. ebendaselbst S. 769 f.

[109 a] Die Bräuche des Gesellenmachens hat J. Grimm in den Altdeutschen
Wäldern I, 88 ff. nach Frisius mitgetheilt und dabei überhaupt auf die Poesie
des Gesellenlebens aufmerksam gemacht. — Im Schmiedgesellengruß, Wunderh.
II, 73: „Es ist dabey gewesen Gotthelf Springinsfeld, Andreas Silber-

nagel, Gottlob Trifteisen, mit diesen dreien kan ichs bezeugen und beweisen, und ist es dir nicht genug, so bin ich Ferdinand Silbernagel der vierte." Vergl. Altdeutsche Wälder I, 104.

109 b Frisius S. 148 (vergl. ebendaselbst 143) Ceremoniel der Beutler.

110 Waidsprüche und Jägerschreie, von J. Grimm gesammelt, aus einer Handschrift vom Jahr 1589 und aus gedruckten Jagdbüchern des vorigen Jahrhunderts, in den Altdeutschen Wäldern III, 97 ff. [Von Reinh. Köhler im Weimar. Jahrbuch III, 329 ff. Pf.] Obige Bezeichnung der Waidsprüche Altdeutsche Wälder S. 144 aus Döbels Jägerpractica, Leipzig 1746.

111 Es sind in den Altdeutschen Wäldern die Nummern: 31. 191 (vergl. 170. 47) 163. 66. 62. 25. 65. 162. 61. 169. 60 (vergl. 20. 167. 203) 22. — Der edle Hirsch wird wie Odin vom Wolfe verschlungen, erst trägt ihn die liebste Mutter, dann der gierige Wolf. — Schilderung des morgenfrischen Hirsches, Sæm. Edd. 166, 25:

— at dýr-kálfr
davggo slúnginn,
er ölri ferr
avllom dýrom,
ok horn glóa
vid himin sjálfan.

vergl. Waidspr. Nr. 156:
da fleucht der edel Hirsch durch den Thau.
N. 51: der edle Hirsch ist das stolzste (Thier).
Nr 44: er tritt her mit seiner edlen Kron, mit seiner edeln Brust.
Nr. 76: Lieber Waidmann, sag mir an:
wann hat der edle Hirsch sein Himmelzeichen gethan?
Wann er heut vom Feld gen Holz ist gangen,
hat der edle Hirsch mit seiner langen Stangen
herabgeschlagen die Zehr und Äste u. s. w.
ist mir anders eben,
so hat er das Himmelszeichen daran geben.

(S. auch Fornald. S. I, 181. 205.)

112 Schepergruß, nach des verstorbenen K. Halling schriftlicher Mittheilung: „Goden dag, brober. — Schön dank, brober. — Brober, wat maken dine dinger? — Hoch in lüsten, tief in klüften, hinten über berg und thal, da gehn die dinger allzumahl. — Hestu dat eeschen kortens seehn? — Wat woll'st uch seehn hebben? — Nam he di ok enen? — Meinst dat he mi enen bröcht? — Sprung he bi ok övern graben? — Meinst dat ik em einen sleg överlegte? — Schickst du em dinen löter nich nah? — Meinst dat ik em kyrie eleison nahsung? — Brober, kenstu wol den Feldspruch? — Hochgelobter feldgeselle, vielgeliebter tütinshorn! — Goden dag, brober. — Schön dank, brober." — Über versteckte Thiernamen s. J. Grimm, Reinh. LV. CCVII. 446. Deutsche Mythologie 385. (— Ist dat eeschen Diminutiv von Aas oder kann man den

„ůlf und ask-limom" Sæm. Edd. 184ᵇ, 22., vergl. Deutsche Mythologie 651. 702 unten, hieher beziehen?) In den Grasliedlin, Nr. 20, steht der Anfang eines Schäfergrußes:

„Wann wölln, wann wölln wir auf den berg gan,
mein außerwelter schäfer,
du liebster brúder mein?"

Vergl. auch den Wechselgesang der Hirten bei Meinert 291, dazu die Bemerkung S. 462: „auf freiem Felde — im Strahle der zu Golde gehenden Sonne, im Angesichte dieser Burgen, deren stolze Pracht der herzliche Gesang der Hirten überlebt hat."

¹¹³ Heidelberger Handschrift 680, Bl. 42ᵃ: „ein empfahung im kupfer don," ebendaselbst „grues im gulden tzwinger."

¹¹⁴ Lachm. Ausg. S. 85 (vgl. S. 196, MS. 1, 227ᵃ) [= Pfeiffer Nr. 172]:
(diz bîspel ist ze merkenne blint)
swaz nû dâ von geschehe, meister, daz vint.
(Vergl. 1, 6, 13.)

¹¹⁵ MS. I, 110ᵇ. Unter Wernher von Tiufen:
daz ander sage ich vür ein spel, nu merkent, alle meister, waz daz sî.
Meister Rumzlant, MS. II, 369, 1:
— rehte râten ruoch, nâch meisterlichem orden.
MS. III, 48ᵃ, 3 f. Singof und Rumelant:
Swer ein durchgründic meister sî,
der neme ouch spæher meister drî
ze helfe ûf diz gediute ꝛc.
Singûf vier meister hât bekürt,
er hât in sinen sanc beschürt,
ze râten in den sande ꝛc.
MS. II, 9, 30, Klingsor zu Wolfram von Eschenbach:
Jâ, meister, lœse uns baz den haft.
10, 35: nu merke, wîser meister, waz ich singe.
III, 181, 76: nu merke, meister, waz d[is]iu zierde diute.
Anzeiger 1838, Sp. 375:
ja west ich gern wer mich des künd bescheiden,
ich welt den maister suoche ꝛc.
Ir maister, ratent disc wunder.
Ebendaselbst 378, 307: rat, maister hochgeboren. 379 oben: und rat, maister. Ebendaselbst 381, 309: rat, guet meister. (Vergl. Traugm. Lied: nu sage mir, meister Trougemunt.)

¹¹⁶ MS. III, 327ᵇ: (Singenberg) unser[s] sanges meister. II, 246, 18 (Marner): sanges meister lebent noch. III, 345ᵃ, 6 (Regenbogen): der sanges ie ein meister was. III, 346ᵇ, 2. (Ebendaselbst): ie doch wil ich gesanges meister sîn. III, 350ᵃ, 1 (in einem Tone Regenbogens): Ich lob ein meistersinger schon ꝛc. 3: Ich lob ein singer ꝛc.

meister ꝛc., vergl. II, 356ª, 5: meister. III, 65ª, 2 f.: meistersinger, meister, singer.
117 Bergl. Regenbogens Lied, MS. III, 347, 4—6.
118 MS. II, 395ª, 4, Boppe:
Hier umb wil ich vrâgen [reine] wîse liute,
wie ich die gotes tougen der werlte gar betiute ꝛc.
(Bergl. II, 11. 45.) Räthsel und Räthselartiges bei Liederdichtern des 13ten Jahrhunderts: Walther von der Vogelweide, MS. I, 227ª. 250ᵇ, 2 (vergl. I, 217ª, 1. I, 250ª, 1. 256ª, 16. II, 47ᵇ, 2. Titurel, Lachmann S. 401, Str. 64. MS. II, 253ª, oben). Wernher von Tiufen I, 110ᵇ, V. Reinmar von Zweter II, 206ª, 160. 211ª, 187ª bis 188. 217ᵇ, 224. 219ᵇ, 236. 221ª, 244. Tanhuser II, 97ᵇ, XVI. (vergl. IV, 429ª oben). Harbegger II, 136ᵇ, 12 (Fahrt zum Tode). Marner II, 240ᵇ, XI, 250, 15. 252ª, 22. Meister Rumslant II, 369ª, 1 (Spott auf Marner). Künic Tirol I, 5ª bis 7ª oben. Boppe II, 380ª, 11 f. (384ᵇ 1 bis 385ª, 4. Beziehung auf Künic Tirols Buch). Wartburgkrieg, MS. II, 9, 26—11, 46. 19, 89—91. III, 176, 36—177, 47. 181, 76 f. 84—182, 88. Singof und Rumelant III, 49ª, 3ᵇ, 2 (III, 65, 2 f.). Frauenlob und Regenbogen II, 345ᵇ ff. III, 347ᵇ ff. 7 bis 12. 375. 1—3. Aretins Beiträge IX, 1140, 18. Bergl. Mone, Anzeiger 1838, Sp. 372 unten bis 382, woselbst auch spätere Räthsel des Meistergesangs ganz oder auszugsweise mitgetheilt sind.
119 Vafþr. m. 20. (Sæm. Edd. 33):
Segþu þat it eina,
ef þitt œdi dugir
oc þú, Vafþrúdnir, vitir:
hvadan jörd um-com
edr upp-himin
fyrst? inn fródi jötunn?
28. (Sæm. Edd. 34): Segþu þat it ſimmta,
allz þic fródan qveda
oc þú, Vafþrúdnir, vitir:)
hver Asa ellztr
edr Ymis nidia
yrdi í árdaga?
Völuspá 3. (Sæm. Edd. 1):
Ar var alda,
þá Ymir bygdi,
var-a sandr nè sær,
nè svalar unnir,
jörd fanz æva,
nè upphimin,
gap var ginnúnga
en gras hvergi. (Bergl. Str. 5.)

Weſſobrunner Gebet, 9tes Jahrhundert (Wackernagel I, 67):
 Dat gafregin ih mit firahim
 firiuuizzo meista,
 dat ero ni uuas
 noh ûfhimil,
 noh paum nohheinig
 noh pereg ni uuas;
 ni
 noh sunna ni scein,
 noh mâno ni liuhta
 noh der mâreo sêo.
 dô dâr niuuiht ni uuas
 entcô ni uuenteô,
 enti dô uuas der eino
 almahtico cot,
 manno miltisto;
 enti dâr uuârun auh manakê
 mit inan cootlihhê geistâ.

Heidelberger Handſchrift 680, Bl. 52ᵃ:
 Ratt, guet maister, wo got were,
 ee himel oder haiden,
 oder kain paum entspros?
 Das wer mir fremde mere,
 kunt ir mich des beschaiden,
 das ist ein wunder gros;
 E himel haid oder je kains menschen pilde,
 der sin ist manchem tumen laien wilde,
 hab dank der mirs auf schlos.

Vgl. Heidelberger Handſchrift 680, Bl. 38ᵇ; Mone, im Anzeiger 1838, Sp. 380 f.

120 Im Wartburgkriege ſind die eigentlichen Räthſel, MS. II, 9ᵃ ff., geiſtlich und gelehrt; wenn aber im Wettſtreit über den Vorzug der Fürſten Oſterdingen von dem Helden aus Öſterreich ſingt, ebendaſelbſt 5ᵃ:
 alle vürsten sint gegen im ein nebel,
 wan er ist dem sunnen gelich;
und Walther entgegnet (ebendaſelbſt 8):
 Jâ muoz der tac mê prises hân
 dan sunne, sterne oder mâne ꝛc.
 der Düringe herre kan uns tagen;
 sô gêt im nâch ein sunnen schin, der edel ûz Österrîch.
 der tac die werlt, wilde unde zam ervröuwet u. ſ. w.,
ſo erinnert dieſe Steigerung an die Volksräthſel, worin über die Weiße des Schnees die der Sonne und des Tages geſtellt wird; im Parzival 173 (S. 89 f.) werden Tag und Sonne ausgeglichen:

```
                man und wip diu sint al ein;
                als din sunn diu hiute schein,
                und ouch der name der heizet tac.
                der enwederz sich gescheiden mac: ɔc.
                si blüent ûz eime kerne gar ɔc.
```
und von Gott wird gesagt 119 (S. 66):
```
                er ist noch liehter denne der tac.
```
Vergl. noch Teichner im Lieberf. II, 34, B. 48—53.

¹²¹ Muf. f. altd. Litt. II, 186, aus der Colmarer Handschrift (MS. III, 344^b):
```
        Gott dank uch, meister, habent mich enpfangen schon ɔc.
        ja heißt ir mich gotwilkum sin ɔc.
        Ich kam uß fromdem lande her in kurzen tagen ɔc.
        wol her an mich, ich bin ein gast, wer hie den pris behalte ɔc.
        Kent ir mich gern, ich binz geheißen Regenbogen,
        der ze gesangs ein meister was, nach dem tun ich mich nennen.
        Umb singens willen heng ich uß ein rosenkranz ɔc.
```
¹²² Frauenlob dem Regenbogen, MS. II, 345, 6 f. III, 375, 1—3, vergl. Aretins Beiträge IX, 1140, 18. Dieser Jenem III, 347^b ff. 7—12. (Mühle). ¹²³ MS. III, 49^a — ^b, 2 (III, 65, 2 f.). Dabei ist ausdrücklich von sanc und liet die Rede, 49^b, 1; auch Reinmar von Zweter nennt eines seiner Räthsel diz liet: MS. II, 211^a, 187^b.

¹²⁴ Namen von Schmieden, wohl auch aus der Zunfttaufe hervorgegangen, vom Jahr 1434, bei Schmeller II, 690: Springindschmitten, Bschlagngaul, Sprengseisen. — Ein dritter Name im Schmiedgesellengruße (Wunderhorn II, 73): Springinsfeld, kommt mit ähnlichen auch im Ceremoniel der Böttcher vor (Altdeutsche Wälder I, 104): „Sage mirs nun, wie wilstu mit deinem Schleiff-Nahmen heißen? 1. Hanß spring ins Feld, oder 2. Hanß sauff aus, oder 3. Hanß friß umsonst, oder 4. Hanß selten fröhlich, oder 5. Urban mache Leim warm, oder 6. Baltin Steinshorn, oder was sonst der Nahmen sein. Nun du sollt bei deinem Tauff-Nahmen bleiben." In einem Absagebrief aus St. Veit in Kärnthen von 1460: Jorg spring in sattl, Konz spring in schne, Hainz spring in zewg, Oettel issumbsonst, (Trinchsaus); unter österreichischen Namen des 15ten und 16ten Jahrhunderts: Silbernagel. Anzeiger 1834, Sp. 84 f.

¹²⁵ Singof (niederdeutsch = Singauf), imperativisch (Deutsche Grammatik II, 961); nach von der Hagen (MS. IV, 912), vor 1287; Meister Rumelant, mit dem er Räthselkampf erhoben (MS. III, 49^a, 3—^b 2), stellt ihm, nach seiner Aufforderung, spottweise vier Meister entgegen: „Sing uf, Sing abe, Sing hin, Sing her, vier guote meister singer" ɔc. (MS. III, 65^a 2, von der Hagen ebendaselbst IV, 682 f.) — Regenbogen, wie schon jener ältere Sangesmeister hieß, ist Imperativform: Reg' den Bogen! ein Spielmannsname (vergl. Alexand. 1810: „nu reget das swert!" Regen-

bogen, als Nominativ, reimt mit gezogen, angelogen, ufgezogen, Muf. II, 186. 190.; wäre der Himmelsbogen gemeint, so müste der Nominativ Regenboge lauten. Ist Regenbogen etwa der Geiger auf dem Bilde bei Frauenlob in der Pariser Handschrift der MS.?) Solche Namenbildungen mit verschliffenem Artikel kommen seit der Mitte des 13ten Jahrhunderts häufig vor, Helmbr. 1188: Schlickenwider (Schlud' den Widder), Müscheukelch (Zertnick' den Kelch! f. Schmeller II, 642), Renner 1714: Fleckenkelch (Zerstück' den Kelch! Herb. 7584), 1718: Lerenstal (Leer' den Stall!), Vüllensak (Füll' den Sack!) u. s. f. sämmtlich Diebs- und Räubernamen. — Suochensinn (Such' den Sinn, den Kunstverstand! [Tristan 36: kunst unde sin. Jw. 1096; kunst, MS. III, 65ᵃ, 3]) erscheint mit seinen Gesellen in einer Rechnung von 1392 (Hoffmann im Anzeiger 1832, Sp. 213. Altdeutsche Blätter II, 73); Lieder von ihm in Fichards Frankfurt. Archiv III, 223, vergl. Liederbuch der Hätzlerin S. 92 f. Einleitung XVI. Gleichmäßig gebildet ist, in der zweiten Hälfte des 14ten Jahrhunderts, der Name des österreichischen Dichters Suochenwirt (Such' den Wirth), einen wandernden, gastfreie Aufnahme suchenden Sänger bezeichnend (vergl. Suchenwirts Werke XLV, 108 f.), wie denn ein Meister des 13ten Jahrhunderts einfach Gast benannt ist (MS. II, 260); anderwärts finden sich die Namen Suchentrunl, Suchensteig, Schintlenwirt, Anzeiger 1834, Sp. 84. Auch Rumelant, Rumzlant bedeutet Einen, der das Land räumen, die Heimat verlassen soll, wieder ein Wandername, den zwei verschiedene Sänger des 13ten Jahrhunderts, ein sächsischer und ein schwäbischer, tragen (MS. IV, 671); im Renner, B. 1734, steht: Raume daz lant (Leere, plündre das Land! hier mehr im eigentlichen Sinne des Wortes raumen, Schmeller III, 84) als Räubername, zugleich mit Landesmort und Abrust (Schendeslant, Anzeiger 1834, Sp. 13). — Über die Imperativnamen: J. Grimm, Deutsche Grammatik II, 961 f. 1020 (vellewalt, S. 961, als Riesenname, in der Form Fellnwald, Fäll' den Wald! im Anzeiger 1834, Sp. 84, ebendaselbst Fellnast; Staubenrauch, ebendaselbst, inhibe fumum! mahnt an Staubensuß, im alten Drucke des Rosengartenliedes, Wilk. Saga, Cap. 35. Stubfuß, als Name eines Räubers); zur Recension der Deutschen Grammatik S. 40 ff. Anzeiger 1834, Sp. 13 unten, f. 83—88 (find die Namen aus kärnthischen Absagebriefen, nach Schottkys Vorzeit und Gegenwart, Posen 1823, nicht eine für dergleichen Fälle gebräuchliche Verlarvung?); 1836, Sp. 388 (Schmeller III, 371 oben). Man hat sich diese Namenbildung durch den Imperativ so zu erklären, daß der Empfänger des Namens damit angeredet wird, es ergeht an ihn ein Aufruf, eine kurze, muntre Weisung, bezüglich auf seine Stellung im Leben; besonders bei der Entlassung eines Lehrlings, beim Eintritt in einen Stand, in eine Genossenschaft, war ein solcher Denkspruch eine Mitgabe, die an der Person haften blieb. Dem jungen Sänger oder Spielmann wurde zugerufen: Sing auf! Such' den Sinn! Reg' den Bogen! oder, weil er wandern muste: Räum' das Land! Such' den Wirth! Dem angehenden Schmiedgesellen: Triff's Eisen!

Spreng's Eisen! warum nicht auch dem Neuling unter den Raubgenossen Derartiges: Steig' auf! Zuck' das Schwert! Stich den Wirth! Zerr' das Schloß! Leer' den Schrein! Schling' das Gän! (Renner 1727: steiguf, 1740 f.: zackeswert, stichenwirt, 1717: zerrezsloz, 1737: lerenschrein. Helmbr. 1239: Sliutsgew). Auch unpersönliche Dinge sind, sofern diese Namenform auf sie angewendet wird, persönlich aufgefaßt.

[126] Bertholds Predigten, herausgegeben von Kling, Berlin 1824, S. 55 [= Pfeiffers Ausgabe, Wien 1862, S. 155 f. Pf.]: „Daz sint die gumpelliute, gîger und tambûrer, swie die geheizen sint, alle die guot für êre nement" ꝛc. S. 56: „Owê, daz ie dehein touf ûf dich quam! wie dû des toufes unde des kristentuomes verlouknet hâst!" ꝛc. „Wan dû bist uns aptrünnic worden mit schalkeit unde mit leckerîe unde dâ von solt dû ze dînen genôzen den aptrünnigen tiuveln." „Wan dû heizest nâch den tiuveln unde bist halt nâch în genennet. Du heizest Lasterbalc; sô heizet dîn geselle Schandolf; sô heizet der Hagedorn [Hagen?]; sô heizet der Hellefiwer; sô heizet der Hagelstein. Also hâstû manigen lasterbæren namen, als dîn gesellen die tiuvele, die aptrünnic sint." Lasterbalg auch unter den Räubernamen im Renner, B. 1721, Schandolf noch einmal bei Berthold, S. 401 [= Pf. S. 115, 14], in obiger Stelle gehen diese zwei Namen wohl nur vom eisernen Prediger aus. (Hagenborn, Anzeiger 1834, Sp. 84.)

[127] MS. III, 33 ff. 65, 3. IV, 710. Sein Lied vom grußmilden Wirthe (III, 33ᵇ, 2: — „der wirt niht swigen, also ein stum" ꝛc.) gleicht einem der angeführten Sprüche in Havamal (Str. 105, Sæm. Edd. 23 — „vid gesti reifr ꝛc. minnigr oc máligr" ꝛc.)

[128] Gubr. Str. 406. (Wackernagel I, 527):
    mîn herre tegelîche hât in dem hove sîn
    zwelve, die ze prîse für mich singent verre:
    swie süeze si ir wîse, doch singet aller beste mîn herre.

[129] MS. II, 2, 1: „der teilte uns ie sîn guot unt wir im gotes lôn". 8, 23: „mit vröuden ströuwet ei uns sîn guot, Herman ûz Düringe lant." ebd. 24: „Heinrich von Ofterdingen klaget daz man im lege in Düringe lant ungelîche würfel vür." Ebb. 25: „Wir meister wolten sînen tôt" ꝛc.

[130] MS. III, 696:
    Zwelf meistersinger möhten niht volsingen
    die tugent, die man in eine siht volbringen.
(Vergl. IV, 716 f.)

[131] Muf. II, 186, 2. (MS. III, 345ᵃ.):
    Vernement mine rede hie gemeine;
    umb singens willen wolt ich ziehen an den Rîn,
    mir wart geseit, wie hie die besten senger sîn,
    und ist daz wâr, daz lât an mir hie werden schîn ꝛc.
(Vergl. MS. II, 834, 22: „bî kîne die singer.")

¹³² Auszug der Tabulaturen bei Wagenseil, Buch von der Meister-Singer holdsel. Kunst u. s. w. S. 547: „Man hat ehemals im Brauch gehabt einen solchen Novitium mit Wasser zu begießen u. s. w. Nachdem aber diese Ceremonie die Form der Tauf gehabt, deren Nahmen sie auch geführet, also wird an den mehrern Orthen solche jetzo billich unterlassen." Häßlein, Abhandl. von den Meistersängern, Bragur III, 94: „Vom Tauffen. Ein Sänger, der auf öffentlicher Schule begabt worden, und sonst ein tüchtiger Kunstgenoß ist, wird getauft. Dieses geschiehet in Gegenwart der drei Merker, und ist eine feierliche Einweihung zur Kunst. Dem von ihnen welchen er sich zum Täuffer erwählt, muß er, wie den übrigen beeden, als seinen Pathen angeloben, über die Kunst treulich zu halten." Die Stufe der Kunstgenossenschaft, zu der man durch diese Taufhandlung gelangte, entsprach dem Gesellenstande der Handwerkzünfte. Bei diesen finden wir die Gesellentaufe durch das Beschütten des Täuflings mit Bier oder das Löschen des Feuerschreienden mit kaltem Wasser zur Posse herabgezogen. Man scheute sich die religiöse Feierlichkeit im Ernste fortzuführen, und verwandelte sie in einen Scherz, in dem ihre ursprüngliche Bedeutung untergieng. Das Gildewesen des Mittelalters, dem die Singschule wie das Handwerk angehört, ist aus geistlicher Verbrüderung hervorgegangen (Wilda, Gildenwes. 344) und konnte sich darum auch Gebräuche der geistlichen Orden auf seine Weise aneignen. Nun galt aber der Eintritt in einen Mönchsorden, die Übernahme des Ordensgelübdes, für eine zu völliger Wiedergeburt verpflichtende zweite Taufe (Raumer, Hohenst. VI, 347. nach Meanders Bernh. v. Clairv. 42) und der neue Bruder erhielt einen besondern Klosternamen.

¹³³ Wagenseil, S. 533: „Wann dann nun derselbe Thon bewehrt und gut gesprochen wird" u. s. w., alsdann soll der Tichter seinem Thon, zum Unterschied anderer, einen ehrlichen, und nicht verächtlichen Nahmen geben, und zween Gevattern dazu bitten" u. s. w. Der Meister gab auch gerne dadurch dem neuen Ton eine Weihe, daß er das erste Lied in demselben zum Preise Gottes sang (s. v. d. Hagen, MS. IV, 736ᵇ.) Hellevuir MS. III, 83, 1:

In diser wise daz êrste liet
sing' ich dem hœsten herren, der uns von den grôzen sorgen schiet,
die man ze der helle vindet, wan er leit durch uns den tôt ꝛc.

Rumelant ebb. 65, 1:

    daz êrste lob in diser wise erklinge
    dem herren, der ie was und ist,
    und immer blîbet, Jêsus Krist ꝛc.

Brouwenlop ebb. 376ᵇ 1 f.:

    Gegrüezet sî dîn veterlich persône,
    gegrüezet sî der sun in disem dône,
    gegrüezet sî der vrône geist ꝛc.
    Hilf, mir, daz ich in dem vergezzen dône
    dir sing' ze lob unt dîner muoter schône ꝛc.

vergl. ebb. 369, 12. 15. — Der scherzhafte Imperativ wird auch bei der Tonbenennung nicht gänzlich vermißt, ein Ton Frauenlobs hieß, vermuthlich seiner Schwierigkeit wegen, der Würgendrüzzel (Würg' den Schlund!), MS. III, 360ᵇ. vergl. IV, 740ᵃ. 906ᵇ. J. Grimm, zur Recens. der b. Gramm. S. 40. (H. Sachs, B. IV. Thl. III. E. 127ᵃ: der landsknecht ist ihr Würgendrussel, d. h. der Sündenbock der spott- und tadelsüchtigen Welt.) Bergl. Schmeller I, 415: Sperenbrüssel.

¹³⁴ Solche Formularien ohne Erwähnung des Kranzes von Michael Beham, einem Wandersänger des 15ten Jahrhunderts,: „Wie ein singer den andern vordert." „Dies ist eine Antwurt, so ein singer den andern mit singen vordert." Samml. f. altd. Lit. u. Kunst I, 39—42.

¹³⁵ Regenbogen Muf. II, 186 f. (MS. III, 345ᵃ):
Umb singens willen heng ich uß ein rosenkranz,
die silben rimen machen im die bletter ganz,
wer singet wise wort und auch der töne schanz,
und mir den cranz gewinnet an, den meister wil ich kennen.
Philosophi das krenzellin tut machen,
die musica ꝛc.
verlibet mir min rosenkranz, von freuden wil ich lachen.

Heidelb. Hdschr. 680 (um 1539), Bl. 42. (MS. IV, 888ᵇ):
Die stöck die stunden rosen vol;
das was ir kluegs getichte,
die zwelf hetten es gerichte
ir komen vil hernach,
si lasen pluemen auf der vart,
das was ain maisterschaft ꝛc.
man setzt dir auf der ern ein kranz,
pistu mit kunste behaft.

(Schon der Marner sagt von älteren Sangesmeistern, MS. II, 246, 18:
ich muoz ûz ir garten und ir sprüchen bluomen lesen.
Auch Regenbogen II, 3.4, 2:
vergultestu der meistersanc; die ûf der künste heide
gebrochen hânt unt brechen noch vil rôsen sპeher vünde ꝛc.
din kunst ist mir ein nezzel
gên violrîcher meisterschaft ꝛc.)

Heidelb. Hdschr. 680, Bl. 42. (Aretin, Beitr. IX, 1179. aus einer Münchn. Hdschr. von 1474):
ein empfabung im kupfer don.
Seit mir gotwilikumen,
ir maistersinger auf disser vart,
Ich hab gar wol vernumen,
ir singt aus rechter kunste ein kron,
darumb sprich ich euch lob.

Habt ir der rosn geprochen
und seit der kunsten hochgelart,
euch wirt lob his gesprochen ꝛc.
 Wolan der singen wölle,
begriffen hat zal und die mas,
der las hörn sein geschelle,
here streichen in disen rink,
es wirt gemessen wol ꝛc.
 Ich schenk ims ganz, der ern ein kranz
so gar in hohem preise,
singt er sein gsank nit z'kurz nit z'lank,
gibt im recht wort und weise,
er mus der kunste ein krenzle habn
von edel rosen sibn,
die pletter sint von goldpuchstabn
gar maisterlich geschribn.

Ebd. Bl. 44: grues im ritter don.
 Got grüs euch, ir singer allgemein
und wo ir seit gesessen,
ich wunsch euch fil der gueten jar
wol in des maien pluete.
 Ir hiest mich euch gotwilkomen sein,
des hab ich nit vergessen,
Ich main die maister besunderwar
und ander gesellen guete.
 Ich pit euch mit gesanges kraft,
das ir mich schon empfahet ꝛc.

Schluß:
 Der der rossen prechen wil
zu ainem rosenkranze,
der dret an der gesellen spil,
vileicht g'ret im ein schanze.
 prech er der roslein woll gemuet
zu einem krenzelein.
 das schenk ich allen gsellen guet
und wo die singer sein.

Ebd. Bl. 63: In der korweis.
 Frölich wil ichs heben an,
mit meim gesang auf diser pan,
in meiner hant fur ichs ein van,
daran vint man geziret stan
ein kranz von rossen wol getan,
wer mir den abgewinnen kan

mit schallen und mit singen.
Ich hab ein krenzlein ausgehenkt,
wie schön es an der stangen schwenkt,
wer sich nach seinen plumen lenkt,
der wird an kunsten unbekrenkt
und ob er die rechten mas verdenkt
dem wirt das krenzlein hie geschenkt,
ich wil ims selber pringen. —
Das krenzlein ist gepunden da
mit einem seidenvaden grab,
liecht rosen drinnen veielplap,
nach ganzem flais gemachet,
nach wunsch gespiegelt als ein pfab,
und wer das krenzlein ane sach,
der denkt in seinem herzen jach,
wer er mit kunst besachet ꝛc.
Hat zuo gueten kunsten fleis,
singt er zuchtlich und auch leis ꝛc.
ich peit im meines kranzes reis,
er wirt im aufgesetzet. —
Wer umb das krenzlein singen wel,
der dracht das er die reimen stell ꝛc.
Ich wil im gewen weise ler,
wie er sich zu dem krenzlein ker,
das er der pletter nit verrer,
wen er singens wil pflegen,
singt er von der keuschen maget her,
eins teils von gottes leiden mer ꝛc.
so wirkt [L wirbt] er umb des krenzles er,
den drag ich im entgegen ꝛc.
den kranz den sol er giessen
mit gueten worten wol gefreit ꝛc.
so tut sein lob entspriessen
in allen landen ver und weit,
darumb man im das krenzlein geit ꝛc.

MS. III, 350, aus der Heidelberger Handschrift 392 (15. Jhh. MS. IV, 907ᵃ),
Bl. 100ᵇ:

Im bláwen dôn (Regenbogens).
Ich lob ein meistersinger schön,
der mir antwurt in disem dôn ꝛc.

Schluß:
ein junger man, der niht vil git,
mit im sô wil ich singen

umb einen hübschen rôsenkranz;
und trit er an der meister tanz,
singt er uns ûz zwelf meister guot, sô mag im wol gelingen.
Mones Anzeig. 1838. Sp. 876. Schluß eines Räthsels von der Parabieses-
schlange im langen Ton Regenbogens (vgl. MS. IV, 639ᵇ. Anm.)
nun rat ir maister was es sei,
darzû ist es so wunderlich gestalt.
mein krenzlin hanget auf dem plan
und ist gemacht von edle rose rot,
wer mir auf löset disen band,
mein krenzlin er von mir genumen hot.
Anzeig. 1836 Sp. 50. aus der Heidelb. Hdschr. 392. Bl. 37ᵇ. (Regenb. blauer
Ton):
ain kranz von roten rosen schœn,
gebunden fein mit seide grœn,
wer mir den abgewinnen kan,
des lob das wil ich zieren.
— und wint den rosenkranze.
MS. IV, 639ᵇ A. und Anfang eines Liedes im langen Ton, Dresd. Hdschr.
Bl. 3: Ain rossen krenzlin wol beschlagen.
Wagenseil, S. 545: „Dem Nechsten nach dem Übersinger wird ein von
seidenen Blumen gemachter schöner Kranz zu theil, welchen er aufsetzet."
¹³⁶ Reinm. v. Zweter, MS. II, 206, 160:
erlœset ir mir disen haft,
Barth. Kr. MS. II, 9, 29:
Klingsor, ich lœse dir die knoten.
ebd. 30: Jâ, meister, lœse uns baz den haft.
ebd. 31: sus, wæn' ich, dîne rîme ich vinde.
19, 89: Ich hân gevlohten einen stranc,
wer mir den lœs(e)t ꝛc.
(III, 180, 72. ich hân noch seiten vil, die ungerüeret sint;
die suoche wol mit vrâge, bistu wîse.)
Regenb. MS. II, 344, 3: sliuz ûf mîn eis gebünde.
Frauenl. ebd. 345, 6: ê mir ieman lôst ûf den stric.
MS. III, 348, 8 (Regenb.): sliuz mir ûf disen bunt.
Heidelb. Hdschr. 680. Bl. 55ᵇ: aufschlus, 66ᵃ. Der aufschlus, beides
Überschriften, auch 66ᵃ: seind ich euch fremder maister punt auf lessen
sall; den alten vogel bedewt ich wol mit rechte, ebb.: so kan ich hoher
maister heft auf pinden.
Vergl. IV, 638ᵃ, A.: und das ist ain schliß!:
[Vergl. MS. III, 432, 4, in alte Schreibung gebracht: (Überschrift: Der
ûf sluz): sint ich iu vremder meister bunt ûf lœsen sal, den alten
vogel bediut' ich wol mit rehte. Ebd. 6.: sô kan ich hôher meister

haft ûf binden.] (Der Ausdruck haftlied erſt bei Spangenberg S. 117., MS. IV, 739. A. 4.)
III, 348, 8. (Regenb.): sluz mir ûf disen bunt.
Walth. v. d. B. MS. 1, 250ᵇ, 2:
 Ob ich rehte râten kunne. 227ᵃ oben: meister, daz vint.
Reinm. v. Zw. II, 211, 187ᵃ:
 wer ist, der mir den wagen betiutet?
168: daz râte ein man, ich râte ez, ob ich wil ꝛc. unerrâten ꝛc. der ez errâtet ꝛc.
MS. I, 5, 3. (K. Tirol): râtestu daz ꝛc.
III, 181ᵇ, 84 (Wartb. Kr.): swer mir nu rætet disen stam ꝛc.
I, 6, 18. (Fridebr.): daz ir gegen mir die vrâge tuot.
II, 206, 160. (Reinm. v. Zw.): ez ist ein sô getânin vrâge.
I, 227ᵃ oben (Walth. v. d. B.): diz bīspel ꝛc.
I, 6, 13. (Fridebr.): diz bīspel (zweimal).
I, 110, V. (Wernh. v. Tiuf.): spel. II. 252ᵃ (Marner): Ich sunge ein bīspel oder ein spel ꝛc.
III, 49, 3 (Singof): ze helfe ûf diz gediute.
III, 348, 8: wer ræt mir disen klungen rât.
9: der rât der sī iu vūr geleit. (Anz. 1838. Sp. 377: der satz ꝛc.)
10: ungerâten. 11: bediutet.
MS. IV, 637ᵇ, A. 11. Neuere Überſchrift aus der Heidelb. Hdſchr. 392, Bl. 84: „daz iſt ein rât."

¹³⁷ Schmeller III, 375: „Als zu Swaben in seinem (des Süsen) lant an etlichen steten gewouheit ist an dem eingenden jar, so gant die jungling aus des nachtes in unwiſſenheit und bittent des gemeiten, das ist, ſie ſingend lieder und ſprechent ſchöne geticht, und bringent es zu wie ſie mugent mit höflicher weis, das in iriu liep ſchapelin gebent." Suſos Leben Cap. IX. In Diepenbrocks Ausg. S. 24 f.

¹³⁸ Bl. 51ᵇ. Vergl. Cerem. der Töpfer, bei Frisius S. 421: „Am Feſte Johanni des Täuffers pflegen etliche Töpfer einen ſogenannten Johannis-Topf am Abend an ihren Häuſern aufzuhengen. Weil nun ſolcher Topf durchſichtig, und allerhand Blumenwerk vermittelſt eines hinein geſtecten brennenden Lichtes vorſtellet, ſo werden viel Knaben zuſammen gelocket, welche ſolchen Topf mit Steinen zerwerfen, und die Scherben als eine ſonderbahre Rarität aufheben."

¹³⁹ Schmeller II, 391.

¹⁴⁰ H. Schreiber, Das Theater zu Freiburg, Freib. 1837. S. 10 f. Anm. „14. Jul. 1556. Dieweil ſich das Abendtanzen auf den Gaſſen wieder einreißen will, iſt (vom Stadtrathe) erkannt: das abzuſtellen und öffentlich zu verbieten; auch den Almoſenknechten zu befehlen, darauf Acht zu haben, die Spielleute anzunehmen und in das Spitals-Gefängniß zu legen. Städtiſche Rathsbücher. 14. Juni 1559. Es iſt erkannt: bis Samstag bei Strafe von

zehn Schilling öffentlich auszurufen und zu verbieten, alle Abendtänze in der Stadt und den Vorstädten. Item um das Kränzlein zu singen zu verbieten und den Jungfrauen nicht länger den Reihen zu springen zuzulassen dann bis zum Salve. 28. Juli 1568. Es ist auch erkannt: die Abendtänze in und außerhalb der Stadt, desgleichen um das Kränzlein singen um ein Pfund Rappen zu verbieten; und daß die Spielleute, so zu Abendtänzen helfen, gefänglich eingesetzt werden."

¹⁴¹ Benecke, Erg. 290, 2. Kolocz. Cod. 233, 1645: „abenttanz."
¹⁴² Walth. v. d. V., Lachm. 74 [= Pfeiffer Nr. 6]:

    Nemt, frowe, disen kranz,
    also sprach ich zeiner wolgetânen maget:
    sô zieret ir den tanz
    mit den schœnen bluomen, als irs ûfe traget.

Tanhauser, MS. II, 83, 17 f.:

    Der nie herzeleit gewan,
    der gê mit vröuden disen tanz;
    ob im sîn herz[e] von minne enbran,
    der sol von rôsen einen kranz
    Tragen, der gît hôchgemüete,
    ob sîn herze vröude gert,
    unt gedenke an vrouwen güete,
    sô wirt er vil wol gewert.

Vergl. Nith. Ben. 415, 6. MS. II, 173^b, 3.
¹⁴³ Benecke 429. Lesart einer späteren Hdschr., MS. III, 273^a, 5:

    Wê! wer singet nu ze tanze
    jungen meiden under rôsenkranze?

Her Gellar, MS. II, 173^a:

Wan singet minnewîse dâ ze hove und inme schalle:
so ist mir sô nôt nâch alter wât, daz ich niht von vrouwen singe;
mir wærn vier kappen lieber danne ein krenzelîn;
Mir gæb' ein herre lîhter einen meiden ûzem stalle,
dann ob ich, als ein wæber Fleminc, vür die vrouwen dringe.
(MS. III, 328^b, 3: „krenzeleite.")
¹⁴⁴ [S. Volkslieder Nr. 2. Pf.]
¹⁴⁵ Dieser Eingang:

    Hiet uß, arm und rich!
    wichz mir uß dem pfad und stig,
    der mich zu der hübschen jungfrouwen treit!

ist dieselbe Formel, mit der gleichzeitig, aber aus weit entlegener Gegend, der Vorläufer (præcursor) eines Osterspiels auftritt (Hoffmanns Fundgr. II, 297).

    Hût und tret mir aus dem wege etc.
    nu horet zu alle geleich,
    beide arm und reich!

Der Verfasser dieses Stücks ist nach des Herausgebers Annahme ein Deutschböhme oder ein Schlesier, die Handschrift wahrscheinlich von 1472; die des Kranzliedes ist nach 1476, aber noch im 15ten Jahrhundert geschrieben. Auch noch ein Spruchgedicht von 1611: „Der Lauffent Reichsbot von Niernberg" hebt an:

    Weicht auß, weicht auß, wol auß dem weg,
    Daß mich kheiner irr auf pfad und steg,
    Dann ich lauff auß in ferne landt,
    Des römischen reichs durch stain und sandt.

(Handschriftl. auf der Stadtbibl. zu Ulm.)

[146] Die Stellen über den dillestein, auch der helle dillestein, sind verzeichnet bei W. Grimm, Konrads von Würzburg Goldene Schmiede, Berl. 1840. Anmerk. S. 145.

[147] [S. Volksl. Nr 3. Pf.]

[148] Str. 8: Und setzen mirs auf mein gelbes har,
    das sicht gleich wie ein igel zwar.
    (A. setzt mirs auf mein gelbes kraus haar,
    welches sich gleicht eim igel zwar.)

Derselbe Scherz im angeführten Cerem. der Büchsenmacher (Anm. 106): „Wo kommt mein guter Gesell her, daß er so schön gebutzt ist in seinem krausen Haar, als wie ein Igel zwar?"

[149] Vergl. Walthers Kranzlied, Lachm. 74 [= Pf. 6, 5]:
    het ich vil edele gesteine;
    daz mües ûf iur houbet.
    obe ir mirs geloubet,
    sêt mîne triuwe, daz ichz meine.

ebd. 43 [= Pf. 16, 17]:
    Wir man wir wellen daz diu sælekeit
    iu guoten wiben gar ein k r ô n e sî.
    kumt iu mit zühten sin gemeit,
    sô stêt diu l i l j e wol der r ô s e n bî ꝛc.

[150] [S. Volkslieder Nr. 3. Pf.]

[151] Nähere Bezeichnung dieser Lieder in den Anmerk. zu Volksl. Nr. 2 und 3. Vergl. Ph. Wackernagel, das D. Kirchenl. S. 423., auch ebd. S. 816. Nicolaus Hermans Vorrede zu seinen Evangelien-Gesängen vom Jahr 1559.

[152] Das geistl. Lied bei Wackernagel S. 146, aus dem Klug'schen Gesangbuch von 1535 (vergl. Rambach, üb. Luth. Verd. 146.) beginnt:

    Vom Himmel hoch da kom ich her,
    ich bring euch gute newe mehr,
    Der guten mehr bring ich so viel,
    davon ich singen und sagen wil.

Das Straßb. Kranzlied Str. 1:
>Ich kumm auß frembden landen her
>und bring euch vil der newen mär
>der newen mär bring ich so vil
>mer dann ich euch hie sagen wil.

Dann wieder auf Weltliches zurück: „Anno 1614. Ein Neues Liebt Pfalzgraff Wolff Wilhelm betreffendt.
>Vom Jülcher landt da kom ich her,
>Ich bring euch guete neue mehr,
>Der gueten mehr bring ich so vill,
>davon ich singen und sagen will."

(Handschriftl. auf der Ulmer Stadtbibl.)

[153] (Th. Wright,) Songs and Carols printed from a Msc. in the Sloane Collect. in the British Mus. Lond. 1836. Nr. VIII.

[154] Vergl. Anzeig. 1838. Sp. 262. Nr. 187.

[155] Herders Volkslieder 1, 95 ff. 319 aus Wit and mirth ꝛc. Vol. II. Lond. 1711. vergl. Jamieson II, 155 ff. Agricola, Sprichw. 210ᵇ: „Ein bös weib (spricht man) ist böser dann der teufel, er hat ir ein mal ein par schůch über ein bach botten, und nit zu ir dürft."

[156] P. v. Götze, Stimmen des russischen Volks in Liedern, Stuttg. 1828. S. 163 ff.

[157] Jamieson II, 159 ff. Die gallenlose Taube kommt auch im deutschen Vogelräthsel vor, Anzeig. 1838. Sp. 260. (im Räthselbüchlein irrig: die Eule). Nach der schott. Ballade hat die Taube seit der Sündfluth keine Galle mehr; die Bauern in Schottland sagen, sie sei damals auf ihrer Sendung geflogen bis sie ihre Galle zersprengt.

[158] Minstrelsy II, 250 ff. vergl. Motherwell LXXX, 77. Buchan I, 91 ff. Die Räthsel sind in den beiderlei Aufzeichnungen etwas verschieden. (Erzählung von der übermüthigen Königstochter, einer Turandot, im Lieders. I, 537 ff.)

[159] Vergl. Maßmanns Eraclius S. 400, V. 123—131. S. 201, V. 163—166.

[160] Saga Ragnars Lodbr. c. 4. (Fornald. S. I, 243 ff.) Kráka gibt ihre Räthsellösung auch in Versen (p. 247.):
>mángi (?) er mèr í sinni,
>mitt er bert börund eigi,
>fylgi heß ek fullgott,
>fer ek einsaman mínu.

[161] Br. Grimm, Hausmärch. II, 55. und die Anmerk. dazu III, 175 ff., worin noch Weiteres dieser Art verzeichnet wird. In der Erzählung der Gesta Rom. c. 124. ist unter den Aufgaben, die der Ritter zum Behufe seiner Begnadigung dem Könige löst, die artigste: er sollte seinen besten Spielmann (ioculatorem optimum) zu Hofe bringen; „hier — sagt er — spielt mein

kleiner Sohn vor mir, der macht mir großes Ergeßen." Vergl. Br. Berth. 214 [= Pf. 33]. (Ein Landsknecht, der zur Winterszeit nichts um oder an hat, als ein altes Fischerneß, in M. Montanus Wegkürßer, 1557. Evj ᵇ f.) 162 [Boltsl. Nr. 113. A. Pf.]:

  Ein schneeweiß hembdlein het sie an,
  dardurch schein ir die sunne.

In einer Parodie des Liedes, Bicinia, Viteb. 1545. T. I. 85:

  Es solt ein meidlin holen wein
  des abends also spate,
  sie het ein schneeweis hemmetlin an,
  dadurch schein der liechte mon.

Gudrun 1219, 3:

  in schein durch diu hemede wiz alsam der snê
  ir lîp der minnicliche ꝛc.

Erec 325 ff.: dar under was ir hemde sal
  und ouch zebrochen etswâ;
  sô schein diu lich dâ
  durch wiz alsam ein swan ꝛc.

335 ff.: ir lîp schein durch ir salwe wât
  alsam diu lilje, dâ si stât
  under swarzdornen wiz.

Liedersaal I, 248, 61 f.:

  ain kleines hemde hett si an,
  ir wisser lib dar durch schain.

168 Str. 2: Sie sicht sich hin, sie sicht sich umb,
  sie meint sie wär alleine;
  es kumt ein ritter und sein knecht,
  er grüßet die jungfraw reine.

In der zuletzt angeführten schottischen Ballade (Minstr. II, 250):

  She looked east, and she looked west,
  to see what she could spy,
  when a gallant knight came in her sight,
  and to the gate drew nigth.

Doch kommt die Formel auch sonst vor. (Das Alleinsein: Buchan I, 92 ob. Jamieson II, 159.) Str. 9:

  so bist du mein und ich bin dein
  und schlafen wir beide zusammen.

Buchan I, 94:

  ye are mine and I am thine
  amo'. the sheets sae sma'.

¹⁶⁴ Dainos S. 325 f. Etwas anders in einer Verdeutschung von Tieh, Ausland 1839. S. 1230 f. Räthsel des Meißners von drei Rosen MS. III, 108, XVIII, 1.

¹⁶⁵ Nach Tieh a. a. O. gehen beim litthauischen Volke die Bewerbungen mehr vom weiblichen Geschlecht aus.

¹⁶⁶ [Niederdeutsch s. Volkslieder Nr. 4. B. Pf.]

¹⁶⁷ Vergl. Vridank 126, 5:

  Niem***** kan gemachen
  von baste scharlachen.

¹⁶⁸ Die Zeugnisse vom Glasberg und der glasenen Burg sind zusammengestellt von den Br. Grimm, Märch. III, 47 f. (Vergl. I, Einleit. XXXIX f.)

¹⁶⁹ Motherwell, Append. I — III. (vergl. Introd. XCIX, 148). Kinloch 145 ff. Buchan II, 296 ff. Auch hier fehlt es nicht an Varianten und Erweiterungen.

¹⁷⁰ Br. Grimm, Märchen III, 250, haben auf das alte Stück aufmerksam gemacht. Poemata Walafridi Strabi, in Canisii Antiq. lection. T. VI. Ingolst. 1604. p. 635: Similitudo impossibilium.

  Albentes capiat corvos, cignosque nigrantes,
  limaces quoque multiloquos, mutasque cicadas,
  cornutos adquirat equos, mutilosque juvencos,
  pisces nare vetet, constanter avesque volare ꝛc.

Vergl. Virgil. Ecl. I, v. 60—64. III, 90 f. VIII, 26—28. 52—56. Der Vers Walafrieds:

  Limus ad humorem, cera ut durescat ad ignem,

hat seinen Anlaß in Ecl. VIII, 80:

  Limus ut hic durescit, et haec ut cera liquescit ꝛc.

Die Form der Aufgabe ist übrigens nicht virgilisch.

¹⁷¹ Virg. Ecl. I, 62 fg.:

  Ante, pererratis amborum finibus, exsul
  aut Ararim Parthus bibet, aut Germania Tigrim.

(vergl. auch Ovid. Metam. XIII, 824 f.)

¹⁷² MS. II, 91 f. IX. X. Vergl. Walth. 52, 35 ff: [= Pf. Nr. 46, 21]:

  möhte ich ir die sternen gar,
  mânen unde sunnen,
  z'eigen hân gewunnen,
  daz wær ir, so ich iemer wol gevar.

¹⁷³ MS. II, 91[b]:

  sprich ich jâ, si sprichet nein;
  aus sô hellen wir en ein.

¹⁷⁴ MS. II, 385, VIII. Das Lied beginnt: Min vrouwe diu wil lônen mir ꝛc., wörtlich wie das zweite des Tanhausers, auch kommen der Salamander und die Arche bei beiden Dichtern vor.

175 MS. III, 148, 23:
    Lâ loufen daz gestirne,
    sô wil ich vliegen lân den wint;
    wiltu den dunre binden, sô bin ich der den blitzen bint;
    kanstu die regens tropfen zeln,
    sô zel ich dir loup, gras und allen gries.
[Vergl. III, 150ᵃ, 31: glosen IV, 737ᵇ u.]

176 Meinert 60. 73 (bearbeitet und mit einem andern Liebe verschmolzen im Wunderh. II, 221 f.). Auch 28:
    Wann wirst du denn wieder heim kommen,
    im Winter oder im Sommer?
    „Wann das Feuer den Schnee anzündt,
    wann der Krebs Baumwolle spinnt;
    Wann alles Wasser wird zu Wein
    und Berg und Thal zu Edelgestein,
    Und ich darüber Herr werd' sein,
    wirst du, feins Mägdlein, mein eigen sein."

177 Jamieson II, 158. Buchan I, 232 f.

178 Udv. d. Vis. I, 84, Str. 4 f.

179 Vergl. Rechtsalt. 701, 17. 741 ob. Heineccii Antiquit. roman. ed. Mühlenbruch, Francof. a. M. 1841. L. 1. T. XVI. §. 11. not. q. (p. 183. n. q.) (Sueton. Jul. Cæs. c. 66. Tit. c. 8. Plinii Paneg. c. 34. (Traj.) Casaub. ad Suet. Jul. p. 92). Legenda aur. c. 90. (Mar. Magd.) col. 4, ob.

180 Jamieson I, 64 u., f. Motherwell 65, 3. Chambers 128. (Vergl. Percy I, 48. Motherwell 342, 2.)

181 Sv. Folkvis. III, 4. 6. Arwidsson II, 85—87.

182 Schröter, Finnische Runen 127 ff. Vermuthlich aus Schweden herübergenommen.

183 J. P. Jordan, über kleinrussische Volkspoesie, Blätter für literarische Unterhaltung 1840. Nr. 252. S. 1014.

184 J. Grimm bezeichnet diese Ausdrucksweise als den Fall, „in welchem sich die Negation durch einen positiven Ausdruck stärkt," als Versuch, „den verneinenden Ausdruck des Satzes durch ein hinzugefügtes Bild zu heben," und gibt eine Reihe von Belegstellen, D. Gramm III, 727 ff. [Vergl. auch Bingerle in den Sitzungsberichten der kais. Akad. der Wiss. zu Wien, Bd. 39, 414 ff. Pf.] Sollten nicht noch Beweise aufgefunden werden, daß diese Form auch außerhalb der Poesie gangbar war? Der häufige Gebrauch derselben im altfranzösischen Epos spricht für eine volksmäßige Unterlage. Ital. fiore, nichts, Schmeller III, 136: „Ein Röselein, ein klein wenig" ꝛc.

185 Liedersf. 1, 300, 131 f.:
    Waz ich si hieß oder bat
    Dar umb gab si mir nit ain rosenblat.

Ebb. II, 166 ff.:
 und geben nit ain nuszschalen
 umb al die fürsten die wir vinden
 so tür als umb ain blat der linden
 der sich gen in setzen wil.

D. Gramm. III, 750: „ne valt une feuille de mente (nicht ein Minzenblatt); une feuille de lis (deux feuilles)." Li romans de la rose (de Raoul de Houdanc, Vatican. Hdſch.):
 — — — — li cheualier
 Qui ne prisent mauues dangier
 La coue dune violete.

[186] Vgl. Grág. l. c. not. 4: þa scal hann sva viþa vargr rækr oc rekinn, sem menn viþaz varga reka, tum ille tam late exul pellendus et pulsus esto, quam latissime exules pellunt homines ꝛc. ebb. not. 5: sol scinn, snæ leggr, radiat sol et nix solum tegit. [187] Rechtsalt. 37 u. — 39. 53, 3 f. 149 u., f. ob. 338. Sag. Bibl. I, 47 f. Grettis S. c. 76. (Marcusson. p. 146.), Grágás, Havn. 1829. P. II. p. 170. (in Trigþa-mal, formulæ, fidem et fœdus constituendi.) [188] Arwidsſ. I, 311:
 „Och huru skall gräset på marken kunna gro,
 När fadren intet vill sonen tro?"

Grettis S. a. a. O.: Jafn-saattur hvör vid annann sem Sonur vid Födur, eda Fader vid Son i Samförum öllum."

[189] Rechtsalt. 677 u., ff. — Ebb. 377*) nach einer Urk. bei Carpentier I, 930. auch der schwarze Schwan und der weiße Rabe, in scherzhafter Formel: „si quis contradicere conaverit, centum cygnos nigros et totidem corvos albos regi persolvat." — Sollten etwa den Liederstellen verlorene Achtungsformeln zu Grunde liegen?

[190] Kleinere Gedichte von dem Stricker, herausgegeben v. K. A. Hahn, Queblinb. und Leipz. 1839. Nr. 111. Daſ. B. 137 ff.:
 nu habet ir mir doch verjehen,
 daz ez in troume si geschehen,
 daz leit daz ir von mir claget:
 alt ir mir selbe habt gesaget,
 daz iuch ein schate hât gemuot,
 ob daz ein schate widertuot,
 diu buoze ist eben unde sleht;
 die sult ir nemen, daz ist reht.

[191] Lai de l'ombre in den Lais inédits ꝛc. par Fr. Michel, Par. 1836. p. 77 ff. (MS. II, 242ᵇ ob. Marner: „den schate er griſet.")

[192] Ebert, Überlieferungen Bd. I. St. 1. S. 80 f. vergl. Lachmann, über die Leiche 11. 13 f. („nivis natum, nivis natus, quem genuit nix.") In

lateinischen Hexametern eines Dichters unter Richard I. von England, zweifach, im Anzeig. 1835, Sp. 74 f. (nach Leyser, hist. poet. med. et inf. ævi p. 901. „de nive conceptum fingit", „genitum nive fingit.") Altfranzösisch: Méon III, 215 ff. (B. 132: „que vostre fils fu fez de noif.") Altdeutsch: Liederf. III, 513 ff. (B. 51: den schönen snekunben." B. 75: „sider was von sne komen.") Dann auch bei französischen und italiänischen Novellisten. — Modus Liebinc kann die Weise eines kirchlichen Gesanges zum Preise der heiligen Lioba bedeuten (vergl. Cleß, Landes- und Cultur-Gesch. von Würtenb. I, 196. Vita S. Liobæ in den Act. SS. Sept. T. VII, p. 760.)

¹⁹³ Der serbische Sagenheld Trojan kann die Sonne nicht ertragen, er zerfließt vor ihr zu Thautropfen und wird von ihrem Stral aufgesogen; poetisch ausgeführt in Woycicki's Poln. Volkssag. 8 ff. War damit ursprünglich die zweifelhafte Abstammung des Helden ausgedrückt? (Vergl. Hausmärch. I, Einleit. XXXIII.) — Ein niederländisches Lied auf die Geburt des Heilands beginnt:

Het viel een(s) hemels dauwe
in een clein macch(gh)deken,
't en was noit beter vrauwe
dat ded' een kindeken,
dat van haer was gheboren,
en si bleef maghet fin ꝛc.

Het Prieel der Gheestelicke Melodie ꝛc. Tot Brugghe, 1609. S. 64: „op de wijse al soot beghint", mit Singnoten. Der Anfang des zu Grunde liegenden, ohne Zweifel weltlichen Liedes findet sich schon in einer Handschrift vom Anfang des 16ten Jahrhunderts:

Het viel een coelen douwe
tot enen vensteren in
na eenre —

Horæ belg. II, 84. vergl. I, 113 und 111 ob. Deutsch steht dieser Liebesanfang in einem Quodlibet Wolfgang Schmeltzels, 1544 (Nr. 6):

Es fiel ein küler tauwe
zu einem fenster ein.

Die räthselhafte Erzeugung der Bienen und der Perlen schrieb man im Alterthum dem Thaue zu, Plin. L. 11. C. 16. (Prätor. Blocksb. 560, 1. 563, 6.)

¹⁹⁴ Altfranzös. Gedicht vom Leben und Sterben Marias nach der von Laßberg in den Druck gegebenen Probe S. 67 ff. (hier soll die außerordentliche Empfängniß schon weiter hinauf im Stamme der jungfräulichen Gottesmutter vorgebildet werden); Völsunga Saga c. 2. (Fornald. S. I, 117 f.); Grimm, Hausmärch. I, 229 f. [Gehört etwa Str. 1 des Liedes: „Es steht ein Baum in Österreich" ꝛc. ursprünglich einem andern Zusammenhang, einer Sage von einem Blumenkind, an?]

¹⁹⁵ Dainos 243 ff. 322 f. (vergl. Melod. Nr. 3.) In den noch folgenden Strophen sagt Simonene auf die Fragen der Mutter, sie werde den Knaben

in das Kriegsheer der Bajoren senden und er dort Heimann werben; damit
fällt sie aus der verblümten Sprache, läßt aber hoffen, daß ihr vaterloser Sohn
so gut wie Trojan ein Held werden möge.

[196] Sachsenspieg. 3, 45 f. Rechtsalt. 677.
[197] Br. Grimm, Deutsche Sagen I, 148 f. (Auch der Überfall bei Ellis
I, 78 scheint hieher zu gehören.)
[198] Saxo V, 84: „Post hæc Sclavorum mandatur irruptio. Ad quam
coercendam Ericus cum octo navigiis destinatur; quippe Frotho rudis
adhuc rei bellicæ videbatur. Ericus igitur ne virilem unquam operam
detrectaret, susceptum gratulanter officium, fortiter exequendum curavit.
Qui cum piratas septenis navibus esse cognosceret, una tantum e suis
advectus, reliquas ligneis propugnaculis cingi, tonsisque arborum
ramalibus obduci iubet. Deinde cum hosticæ classis numerum plenius
speculaturus procederet, insequentibus se Sclavis, ocius ad suos refugere
cœpit. At hostes ut insidiarum ignari, ita fugientem comprehendere avidi,
crebro incunctantique fluctus remigio concussere. Naves enim Erici liquido
cognosci non poterant, frondentis sylvæ speciem præferentes. Qui
cum angustioris se maris flexui tradidissent, subito Erici classe con-
clusos vident. Sed primum inusitata facie stupidi, navigio nemus
agi putabant; deinde fraudem foliis subesse cognoscunt. Seram ergo
incuriæ pœnitentiam agentes, habitam incautius navigationem remetiri
tentabant. Sed dum puppes obvertere parant, ab hoste eas insiliri con-
spiciunt." VII, 132 sq.: „Ipse (Hako) cum residuis pedestri itinere facto,
sylvestribus maxime locis, ne cerneretur, incessit. Quæ via crebris quondam occlusa nemoribus, nunc partim aratris apta, tenui fruticum raritate
prætexitur. Et ne progressis in planum, arboreum deesset umbraculum,
ramalia ab eis incidi gestarique præcepit. Præterea ne quid properantibus
oneri foret, vestium partem ac vaginas abjici, nudosque gladios deferri
jussit. Ob cujus facti memoriam (p. 133) æternum monti vadoque cogno-
men reliquit. Ita binas vigilum stationes nocturna progressione frustratus,
quum in tertiam incidisset, mox speculator insolitum facti contem-
platus eventum, accesso Sigari cubiculo stupendæ rei nuncium
afferre se dixit, quod frondes ac frutices humano more gra-
dientes aspiceret. Tunc percontatus rex, quantum nemoris distaret
adventus, ut propinquum esse cognovit, hoc monstro fatum sibi
portendi subjunxit. Quo evenit ut successorum fruticum palus, Lethalis
publico nuncuparetur elo,uio." Das Zurücklassen der Kleider und Schwert-
scheiben ist typischer Ausdruck der Eile.
[199] Aimoinus III, 62. (D. Sagen II, 91 ff.)
[200] Vergl. hieher noch Wolframs Willeh. 393, 20 ff.:
nu alrêrst sah manz velt erblüen
mit rîterschaft der werden,
als ob gâbes ûz der erden

>   wüehse ein kreftecliher walt,
>   dar ûf touwec maneevalt
>   sunder clâre blicke.
>   breit lang und dicke
>   kom diu schar des küneo Marlanz
>   von Jericop mit zierde glanz
>   und mit maneger sunderrotte.
> [MS. III, 287ᵇ, 5: „daz si wæren wol ein walt eim' lant?"]
> D. Sagen III, 113.

²⁰¹ Ebert, a. a. O. S. 79.

²⁰² Isengrimus 105 ff.:
> Tunc in Renardum rex frendit et imperat adsit,
> quesitum subito Gutthero iussus abit.

Reinh. F. Einleit. CCXXXVI. In der litthauischen Wolfshochzeit ist der Hase Vorreiter, Dainos 313.

²⁰³ Mones Anzeig. 1835, Sp. 358.

²⁰⁴ Liederfaal II, 404 (Diese Erzählung steht auch in der Regensb. Hdschr., Bl. 125ᵃ—130ᵃ, aber nur bis B. 914 des Laßberg. Drucks, der dort anders lautet [= Des muneches nôt. S. Zeitschr. V, 444 ff. Pf.]):
> Der hase gên walde kêrte,
> der münch sach im allez nâch, vil jæmerlichen er dô sprach:
> „owê mîn vil liebez kint, wie snel dir dîniu bein sint,
> daz muoz ich iemermê clagen! du soltest eins fürsten brieve tragen,
> wan in einer kurzer wîle lüfestu manige mîle,
> oder werden ein koch, wan du treist die löffel noch
> bereit als ein ander man, der wol z'ezzen machen kan."
> Nu bliefent um den tôren, er meinte des hasen ôren,
> diu er ûf gerihtet sach.

S. auch Woycidis Poln. Volkssag. 132, wo der Träger eines Königsbriefs sich zum Hasen verwandelt.

²⁰⁵ „Suevus," „Constantiæ civis Suevulus."

²⁰⁶ Der Name dieses liederreichen Dichters aus der Mitte des 13ten Jahrhunderts, der selbst Einiges im Volkstone sang, scheint volksthümlich zu sein und wird fast sprichwörtlich, sei es zuweilen auch nur des Reimes wegen, gebraucht. Der Taler, MS. II, 147ᵇ:
> Der Nifer lobt die vrouwen ein (vergl. MS. I, 23ᵃ, VI, 1)
> (und) ir rœselehtez mündelîn.

Meister Friderich von Sunnenburg, MS. III, 72ᵇ, 29:
> wil er von mir hân richez lop, der sich gegen mir alsô versiht:
> des riet mir der von (N)If unde ander guote meister niht,

(vergl. MS. IV, 82.)

Lieders. III, 479, B. 105:
> des frâg den von Nifen.

Diutisca III, 166:
"Quoniam" sprach sich einer von (N)ifen,
"lât iwir singen und iwir pfîfen" ꝛc.
Heidelb. Hdschr. 341. Bl. 71ᵃ in der Erzählung "von einer armen spinnerin
heſbeline:"
    kund ich als der von Nifen
    den vrowen singen süezen sanc,
    des sagten si mir billich danc.
207 MS. II, 245ᵃ. Der Marner sagt auch in einer Räthselstrophe,
MS. II, 252ᵃ:
    Ich sünge ein bispel oder ein spel,
    ein wârheit oder ein lüge ꝛc.
und in derselben:
    Ich sünge ouch wol, wie siniu eier brüeten kan der strûz;
    ich sünge ouch wol, wie sich der fênix junget ûz.
In einer andern, ebd., gibt er diese Naturfabeln vom Strauß und Phönix,
sowie die vom Pelikan, geistlich gewendet, näher an und dagegen läßt sich der
Meißner aus, MS. III, 100ᵇ f.:
    Swer sanc, daz der strûz si (= sehe) drî tage an sîn eier,
    der sanc unreht, er si ein Swâbe oder ein Beier ꝛc.
    an valschem sange strâfe ich lügenœres munt ꝛc.
    er hât gelogen, er lese baz diu buoch ꝛc.
    mit wârem sange wil ich iu lügensanc leiden ꝛc.
Doch ruft auch Meister Rumelant, ohne Beziehung auf Wahrheit oder Lüge,
dem Marner zu, MS. III, 56ᵇ:
    Du weist niht al daz got vermac, wie er al sîne gâbe
    geteilet hât:
    jâ gît er eime Sahsen alsô vil, als eime Swâbe,
    helfe unde rât.
Vergl. Ruf. f. altd. Lit. II, 153.
208 Lügensprüche aus dem 14ten Jahrhundert: "So ist diz von lügenen."
Müllers Samml. III, Fragm. u. kl. Ged. S. XIV., auch in den Altd. Blätt. I,
163 ff. Ein andrer in Laßbergs Lieders. II, 385 ff. (wahrscheinlich aus dem
Breisgau um 1370) B. 80 f.:
    Ich sach ûz ainer bühsen
    Schiessen das ez nieman hort.
B. 110 ff.: Als Roemer wol horten
    Daz graf Kuonrat
    Ze Friburg hus stat [l. hat?])
[S. mein altd. Übungsbuch S. 154. Pf.]
"Ein mære von zwelf wahteln" in Maßmanns Denkmäl. 106 ff. "Ein red
von hübscher lug" von Peter Suchenwirt, in Primissers Ausg. seiner Werke
S. 148 ff. Dithmarf. Lied bei Viethen S. 111. und in Dahlmanns Neocorus

II, 568. „Das new Schlaraffenland," Lied von 1 Str., anhebend: „Merkt auf was ich jetzt will singen" u. f. w., auf einem fl. Bl. vom Anfang des 17ten Jahrhunderts. (Stadtbibl. zu Franff.) Vergl. auch v. d. Hagen, Volkslied. 262 ff. Volkslied aus dem Kuhländchen, Meinert 282, aus dem Solothurnerbiet, W. Wackernagels Leseb. II, Vorr. IX. Kinderlied aus Bremen in: Kinder- und Ammen-Reime in plattdeutscher Mundart, Brem. 1836. S. 10.
²⁰⁹ Zusammenstellung dieser Stücke in W. Wackernagels Lesebuch II, Vorrede VIII f. —

Jm Liede: „das new Schlaraffenland" Str. 14:
    Die tauben kehrten die schewren dennen,
    darnach trosch der han mit der hennen.
²¹⁰ Ebend. Str. 9:
    es trug ein käfer ein langen spieß,
    hört ich ein igel geigen
    wol unter der erden tief, heya ho.
²¹¹ In dem mehr gedachten Liede (Anm. 208) Str. 10:
    Ein frosch den hört ich in die metten leuten.
²¹² Lieders. II, 385. V. 30 ff.:
    Ain rapp vil hocher minnen pflag
    Der gie hin zu dem tantz
    Mit sinem rosen krantz
    Trat er den firggan dray
    Dez fröt sich der liecht may
    Die rain begunden risen.
[Mit besserem Texte in einer Münchner Hdschr. Cod. germ. 717, Pap. v. J. 1347. Bl. 103—106. Statt firggandray liest dieselbe virelay, vergl. Pfeiffers altd. Übungsbuch (Wien 1866) S. 153, 31 und mittelhochd. Wörterbuch 3, 327. Pf.]
²¹³ Auf den schmucken Raben lassen sich die Worte des Nibelungenliedes anwenden, Str. 285:
    Dô stuont sô minneclîche daz Siglinde kint,
    sam er entworfen waere an ein permint
    von guoter meisters listen ɿc.
²¹⁴ „Das new Schlauraffenland" Str. 8:
    da giengen die gäns in kirchen,
    predigt in der fuchs, heya ho.
Wie der Wolf oder Fuchs den Gänsen, Ersterer den Schafen, der Kater den Mäusen predigt, war auch wirklich in Handschriftbildern dargestellt, Reinh. F. CXCII. Der Wolf als Gänseprediger ist auf dem Friese zu Schwärzloch ausgehauen.
²¹⁵ Vergl. Salom. und Mor. 246:
    Der da beidet bit sin katze brenget ein kalp,
    Der verluset sin beiden me dan halp.

²¹⁶ Verkehrten Waidwerks andrer Art rühmt sich Tristan, als Narr verstellt, Tristan etc. par Fr. Michel. London und Paris 1835. I, 112 ff.
²¹⁷ Vergl. Valerii Catonis Dirae v. 4 sqq:
> Ante lupos rapient haedi, vituli ante leones,
> Delphini fugient pisces, aquilae ante columbas,
> Et conversa retro rerum discordia gliscet
> Multa prius etc.

²¹⁸ Im Tiroler Walde besteht Dietrich von Bern seine Riesenkämpfe, dort erschlägt er namentlich den riesenhaften Ecke, Eggenl. Str. 48:
> er reit als man iu hie vergiht
> ze Tirol gên dem walde (f. auch D. Heldenf. 215).

Nun sagt aber Konrad von Würzburg, MS. II, 334ᵇ:
> „alsus kan ich liren,"
> sprach einer, der von Eggen sang.

In einem andern Quodlibet, Liederf. III, 563, 102 [= Wackernagels Lesebuch S. 979. Pf.]:
> Ez reit ûz Berne als man uns seit
> Her Dietrich von Berne
> dâ von sô kunde ich gerne
> harpfen unde rotten.

(Fatrasies, Jubinal, Nouv. rec. II, 217:
> Et une viele
> Chantoit em fessela
> Don Danoy Ogier.)

Vergl. noch Wachtelm. 113 f. 200 ff., wo auch mit Folgendem der Stil der Heldenlieder verspottet wird:
> Her Dietreich von Pern schoz
> durch ain alten newn wagen
> herr Hildeprant durhn kragen
> herr Ekk(en) durh den schüzzel kreben (Schüsselkorb)
> Chriemhilt verlos da ir leben
> daz plut gen Mainz ran
> her Vasolt kaum entran
> des leibs er sich verwak (des Lebens er sich begab).

Vergl. Dietrichs Flucht 6574 ff.:
> daz blut uf der heide ran,
> daz man dort unde hie
> in dem blute unz uber die knie
> muste dick und ofte waten.

Ebend. 8856 ff.: man sach die wunden wite
> durch die halsperg offen stan,
> daz blut dar durch uz ran,
> ez mocht getriben han ein rat.

Ebend. 9252 f.:
> man sach die gusse hinab gan,
> als von dem regen tut ein pach,
> die toten nieman vor (dem) blute sach.

Ebend. 9636 ff.:
> ez ist fur mere wol zu sagen
> ditz wunder, daz da geschach.
> man sach von blute manigen pach
> uber velt rinnen.

Schlacht vor Raben Str. 701:
> man sach plumen unde gras
> mit plute allez enawe gan.

Alexander 2144 ff.:
> alsus fuhten si vorth
> unze die helede gute
> woten in den blute
> naste biz an die kni.
> si vohten langer tage dri.
> vil manich in dem blute ertranc,
> daz ime nie nehein svane
> ne wart uon sverte noh uon spere.

Ebend. 2389 ff.:
> Durh disen grimmigen mut
> quam geflozzen daz blut
> naste unz in daz mere.

Ebend. 4625:
> da floz daz blut ubir velt.

(Vergl. Altd. Wälder I, 218 u. f.)

²¹⁹ In einem Quodlibet des 15ten Jahrhunderts erflingen Einem die Sporen lauter, als die große Glocke zu Speier, Liederb. b. Hätzl. 202ᵇ. „Das gleut zu Speir" findet man in Wort und sechsstimmig in Musik gebracht unter den deutschen Gesängen Wolfgang Schmeltzels, Nürnb. 1544. Str. 24. (Vergl. Gargant. Cap. 41. p. m. 434: „Es ist dannoch ein kunst in ein glockenklang einen text erdenken.") Lederne Glocken im Wachtelm. 75 f. 81.

²²⁰ „Von einem Schüsselkorb, wie es im gieng auff der Hochzeit. In deß Speten Frauwenlobs thon." Frankf. Liederb. v. 1578, Nr. 140. Ebb. Nr. 141: „Ein anders in voriger Melodey," auch in demselben Ungeschmacke.

²²¹ Vergl. Udv. d. Vis. I, 88, 33: „för sknlde du vride vand af staal" ꝛc. Der Marner, MS. II, 251ᵇ: „als der mit blitze in marmel bort."

²²² Im Finkenritter, S. 11, ein Windschiff, als eine damals unglaubliche Sache.

²²³ Meistergesang Nr. 141 des Frankf. Lieberbuchs, Str. 3:
   Ich stund ein kleine weil darbei,
   ein Lahmer erlief drei Hasen frei,
   ein Nackender nam ims alle drei
   und stieß sie in den Busen so behende,
   das sah ein Blinder, ein Stumm der sprach ꝛc.
²²⁴ „muotwillic", sonst in der Bedeutung von freiwillig, nähert sich hier, wie der Gegensatz „wislichen" bezeugt, dem heutigen Gebrauche des Worts.
²²⁵ Bribanf 127, 10 f. (Anm. S. 375). Latein. Minnelied in Aretins Beitr. IX, 1315: „Neque bubus aratrum praeficiam." Rosengarten B. 1581 f.
²²⁶ MS. I, 197ᵇ. — Eine andre Art politisch-satirischer Lügendichtung ist Muscatbluts „ain grosse lug," Lieberb. der Häßlerin S. 109 f. — Bergl. auch MS. II, 207ᵇ (Reinm. v. Zwet.): „Gesoten lüge, gebråten lüge" ꝛc.
²²⁷ Auch der Dichter des altfranzösischen Fabliau de Coquaigne sagt (Méon IV, 176):
   Entor l'apostole de Rome
   Alsi por penitance querre,
   Si m'envoia en une terre
   Là où je vi mainte merveille ꝛc.
   Li pais a à non Coquaigne.
Liber Vagatorum, Cap. 28: „von platschierern, das sind die blinden, die vor den kirchen auf die stül stond und schlaben die lauten und singen dar zů mangerlai gesang von ferren landen, da si nie hin kommen" ꝛc.
²²⁸ Entstellungen des „in nomine domini" sind in altdeutschen Gedichten hergebracht; außer den von Maßmann zu obiger Stelle angezogenen Beispielen, s. Walth. v. d. Vogelw. 31 u. Lieberf. I, 244, 328. 379, 166. Über den Gebrauch des Ausdrucks s. Renner 13624—37. — „jensit mantages," Bar. „ain halb mentags," ist ein Witz derselben Art, wie bei Hans Sachs (B. I, Thl. 5. Bl. 344. Göz I, 76):
   Ein gegend heist Schlauraffenland ꝛc.
   das ligt drei meil hinter Weinachten;
und schon im Reinardus vulpes, 12. Jahrh., II, 690 (p. 115): „inter pascha Remisque," IV, 970 f. (p. 283): „inter Cluniacum et sancti festa Johannis," s. Grimm, Reinh. F. XCII.
²²⁹ Dithmarf. Lied auf die Schlacht bei Hemmingstedt 1500 (Wolff 339): Und do de Garde thom könige wol quam: „ach könig, min lever here, Wor licht doch nu dat Ditmarschen lant, im heven odr up schlichten erden?" Dem könige gefihl die rede nicht woll, he dede balt wedderspreken:
   „It is nicht mit keden an den heven gebunden, it ligt wol an
                                               der siden erden."
Der garde her sprak do mit mode stark: „ach könig, min lever here, Is it nicht gebunden an den heven hoch, dat schal unse balde werden."

²³⁰ Stalder II, 146: „Kurri, Knurrtopf. Kurri-Murri, Kurri-Murrli u. s. w. Benennungen eines mürrischen Menschen. Vergl. Schmeller II, 611 u. kurrlen, freundlich schnurren. (Vergl. Anzeig. 1833. Sp. 193: zwei spilten zúrlin múrlin.)
²³¹ Auch schon im Reinard. vulp. IV, 381 s. (p. 259):
Teutonicus miser et rudis est, ut papa salignus,
stridula havarico gutture verba liquans;
roh, grob wie ein weidenholzener Pfaffe, Reinh. F. XCIV. Suchenw. 112: „ein ströbeiner Peyer." Der Meißner (MS. III, 108ᵃ, 13): „Mir ist ein bûlain bischof [vil] lieber, dan ein stummer herre, der niht git durch êre."
²³² Suchenw. 8: „Ze vasnacht in der (?) zuker laut ꝛc.
²³³ Vergl. Fornald. S. I, 461 im Räthsel vom Lanche:
höfdi sinu visar
á helvegu,
en fótum til sólar snýr.
²³⁴ Str. 2: „Viel land bin ich herumber zogen" ꝛc.
²³⁵ Auch im längeren Liede vom Schlauraffenlande Str. 87:
Der sich will machen auf die raiß
und der selber den weg nicht waiß,
der mag ein blinden fragen,
ein stumm der ist ihm auch gût darzu,
thût in nicht unrecht sagen.
(Altd. Blätt. I, 173).
²³⁶ Münsterische Geschichten, Sagen und Legenden u. s. w. Münster 1825. S. 232 s., ergänzt aus der Br. Grimm Hausmärchen II, 251, III, 230.
²³⁷ Ein seltsames Land ist auch das des Königs von Torelore, Méon I, 408—12. — S. auch Udv. d. Vis. III, 327 s. (Údáinsakr).
²³⁸ Eine possenhafte Predigt, Liederf. III, 127 ff., schließt so:
Man sol bi wil sagen und singen
Von wunderlichen dingen
Licht sait man ettwaz
Das die lut lachent baz
Als gat dú zit her und hin
Sust hat ain end dis predin.
Der Verfasser mag ein fahrender Schüler sein, vergl. B. 120.
²³⁹ Méon III, 268. (Le dit du buffet):
Li cuens manda les menestrels
Et si a fet crier entr'els,
Qui la meillor truffe sauroit
Dire ne fere, qu' il auroit
Sa robe d'escarlate nueve.
L'uns menestrels à l'autre rueve

> Son mestier fere tel qn'il sot;
> L'uns fet l'yvre, l'autres le sot,
> Li uns chante, li autre note,
> Et li autres dit la riote,
> Et li autres la janglerie.
> Cil qui sevent de jouglerie,
> Vielent par devant le conte,
> Aucuns i a qui fabliaus conte,
> Ou il ot mainte gaberie,
> Et li autres dit lecherie,
> Là où il ot mainte risée.

„Li riote del monde" ift das Gespräch eines muntern Gesellen, der ihm auf dem Wege von Amiens begegnet (Ms. de la bibl. roy. 6963. Bl. 519). Daß die menestrel auch eigentliche Gauklerkünste trieben, zeigt das schon angeführte Wettgespräch (Roquefort, de l'état etc. p. 303):

> Et si sai tant d'enging et d'art,
> Ge sai joer des bansteax,
> Et si sai joer des costeax,
> Et de la corde et de la fonde,
> Et de toz les beax giex du monde.

240 Müll. 60 f. Wachtelm. B. 192: daz hort ich ain maisen sagen.

241 Die Stellen im Lieberf. (II, 386 ff.) B. 58—67. 101—107. 118, gemahnen auch an den Meister Irregang (ebend. 311).

242 Den Belegen, welche Lachmann, über Singen und Sagen S. 16 f., aus Sal. und Mor. verzeichnet hat, können folgende beigefügt werden: Laurin Kaspars v. b. Röhn Str. 40: „pis kompt der pot, pringt wein!" (Orend. 3646: „Man wölle im dann zu trinken geben"). Lieberf. I, 620, 208:

> „Win für wasser ich ger."

Flos und Blankflos (Bruns, Gedichte in altplattd. Sprache, Berlin und Stettin 1798). B. 589 f.:

> We dit wil horen vortlesen,
> de schal dem leser drinken gheven.

Auch B. 954 f. 1266 f. 1467 f. 1576 f. (vgl. 262); in einer andern Handschr. sind diese Aufforderungen nicht befindlich, Eschenburgs Denkmäler S. 224. — (Anderswo Schreiberscherz, ebend. I, 581. II, 650, 476—8). Ellis, Specim. II, 109 am Schluß eines Abenteuers im Sir Bevis of Hamptoun: „For the time that God made, fill the cup and make us glad." Vergl. auch Percy II, 137.

243 In der Fortsetzung ist diese Zwölfzahl einigemal überschritten.

244 Von Valchneren (Wiener Jahrbücher I, Anj. Bl. 35 f.):

> Ich wæn, man lieg nindert so vil
> sam da man sait von vederspil,
> von gejaide und von paiz,
> wa seu in den stuben haiz

sitzent pei den trunken swær,
so hœr ich vil gelogner mær ꝛc.
so vieng ainer ainen tach
wachteln einen vollen sack
und hiet ir dannoch mer gevangen,
wær im der tag nicht ab gegangen,
do traib in deu nacht der van ꝛc.
sint daz nicht gelogeneu mær?
also sprach der Teichnær.

Vergl. Oken VII, 580 oben. Schmeller IV, 28: „der Waidsack, Jägertasche,“ S. auch Fischart (Garg. Cap. 25. p. m. 291) im Verzeichniß der Spiele: „vier Wachtel im Sack,“ ebend. (295): „Im Sack ein Rebhun“ ꝛc. (p. 292: „Wer kan sieben Lügen?“ p. 296: „Zum zwiri, zum zwaere, der Vogel ist gefangen"). Unter den seltsamen Namen im Anz. 1834, Sp. 85: „Luginsack."

²⁴⁵ Minnelieder nehmen den Nachtigallschlag zur Lehrzeile, Walther 39 f. MS. I, 110 f. (Misc. II, 201 ꝛc.): „Ein Lied „von dem Vogelgsang,“ fl. Bl., Bern bei Sigfr. Apiarius 1564, sagt von der Wachtel: „singt blüd ter dich, kauwauw ich sprich, glicht kum einr brochnen gigen." (Andrer Druck dieses Liedes, fl. Bl., Augsb. durch Mattheum Franken: singt blütter dich, kauwaw ich sprich, gleicht kaum einer brochnen geigen.") Nach der Meinung der Schnitter lautet der Wachtelschlag in der Ernte: „büd den Rück!" Oken, Allgem. Naturgesch. VII, 578.

²⁴⁶ B. 134 ff.:

Nu zu, ir spillute,
slaht in die hundes hute
smirt die rosse zegele
und schaffet daz die negele
Die derme(r) raste (l. vaste) ruren
richt(et) zu mit (a. fehlt) den snuren
Die laterman(ne) und weset stolz
blatert, gewert in das holz
Husselt kampent blerret gigelt
schriet snarret lerret schrigelt
(a. hosselt gempelt sridelt
geigent herphent fidelt)
so wirt dem man eins uf den tac
zwelf wachtel in den sak.

Zu B. 134—8, vergl. Mone, altt. Schausp. S. 104. B. 308 f.: Na schlat aff ir spellute und pauck frolichen hûte. Berth. Pred. 65: gumpelliute, giger und tambûrer." Hauptsächlich aber den Renner B. 12405 ff.:

So getan spil ist tugent hagel, wenn einer mit eins pferdes zagel streichet uber vier schafes darm, daz im sin vinger und sin arm

müder werden denne ob sie heten einen ganzen tach unkraut ge(je)ten.
auch ist der jungen meide traut der eines toden hundes haut
twinget daz sie pellen muz, dem vor der tot tet pellens puz
des haut muz nach sine (f. sim) tode pellen und über siben acker schellen.
Auch MS. III, 195ᵃ, G (Nithart):
 Giselbreht „rüer" in des (f. die) hundes hinte." (vergl. ebend. 198ᵇ,
6. 287ᵇ, 6. II, 79ᵇ, 5. Zu B. 140. Renner 5064 ff.:
  und lern ein ander gaukelspil
  under des mantel er kobolte mache,
  der manic man taugen mit im lache.
(Vergl. 5576). Ebend. 10276 f.:
  und einer siht den andern an
  als (her) kobolt hern taterman.
Ebend. 10042: abgöte unde taterman ɪc.
 11528 ff. Got möhte wol lachen, möhte ez sin
  swen sin tatermennelin
  so wunderlich uf erden leben ɪc.
Zu B. 141 f. blateren, blasen, pfeifen (Ziem.). „geuwern, mit dem Maule
schnappen." Schmeller II, 8, „hoffen, wiegen, schaukeln" ɪc. Schmid 288.
Schmeller II, 251. „gangen, scherzen, hüpfen, springen." Schmeller II,
48. gigelt, Dimin. von gigen (vergl. Liedersammt. II, 704, 340: gigel?
Ziem. 125ᵃ. Stald. I, 445. Schmid 214 f. gägeln, gigeln), schrigelt
Dim. von schrien, schrigen? oder etwa: hosselt, gempelt, (ge-)schregelt
(Schmeller III, 509: schregeln, mit geschränkten Beinen umhergehn. Der
den Narren spielende Tristan „begande mit füezen schregen". Heinr. Tristan
5168), gigent, herphent, swegelt? lerret (vergl. Ziem.)? Zu B. 144: eins
ûf den tac, ein Essen, Mahl?

247 Auch Suchenwirt, der sich selbst zum Orden der Gehrenden rechnet
(XXIX, 5, 23), unterläßt nicht, gegen Ende seines Lügenspruchs auf seinen
Wandernamen anzuspielen (B. 108):
  ich liez davon nicht Suchenwirt
  daz ich (in?) nindert vinden chan.
Das oberdeutsche Lied läuft so aus:
  Der dieses liedlein hat gesungen,
  dem hats nicht allzeit gelungen,
  thut sein gelt oft im wirtshaus verzehr(e)n,
  ligt darnach in der schewren,
  muß sich mit singen nehr(e)n,
  heya ho hoscha ho!
248 Diutisca I, 814 f. aus einer Handschr. des 14ten Jahrhunderts,
darnach in W. Wackernagels Lesebuch I, 830 f. Anfang:
  Es reit ein herre
  ein (W. sin) schilt was ein (W. ein) gere

Ein gero was sin schilt
unde ein hagel sin wint
Ein (W.sin) wint was sin (W.ein) hagel
ich wil üch fürbas sagen
Ich wil üch fürbas singen.

wint hat die zweifache Bedeutung von Windspiel und Wind, der letztere aber
ist dem Hagel verwandt. Andre Zusammenstellungen sind noch mehr synonym:

unde ein wider ist ein schaf
Ein schaf ist ein wider
und ein geis ist ein zige
Unde ein zige ist ein geis ꝛc.

Schluß: uf den beinen got men hein.

Vergl. Anz. 1832. Sp. 213. (Liederf. III, 213.) (Liederbuch b. Häßl. 201, 42.
Lieders. III, 561—9. Namentlich 569, 91:

Wenn ich des weges irre gan
Und sæch ich tusent blinden stan
Stet ain gesehender da bi
Den frag ich war dú straz si.

Gerade das Gegentheil des oberd. Lügenliedes Str. 3 f. und des andern Liedes
vom Schlauraffenland Str. 37).

Auf einem spanischen Flugblatte des vorigen Jahrhunderts findet sich eine
Romanze ähnlicher Anlage, nur in der Ausführung gesuchter und abstrakter:
xacara del Duque es muy cuerdo en todo; dasselbe beginnt (s. m. 549):

El Duque es muy cuerdo en todo,
el que es cuerdo cae en la cuenta,
quien cae en cuenta, no cae,
quien no cae en pie, se queda,
quien se queda en pie, está firme ꝛc.

Schluß: ni las perras son camellos,
ni los camellos conejas,
ni las conejas leones,
ni los leones vencejas,
ni las vencejas son tigres,
ni los tigres son vihuelas;
esta lo es, y os lo canto
al són que dieron las cuerdas,
y si no ha gustado así
lo gustoso de la letra,
otro dia iré mejor,
y sino, amigos, paciencia.

Drei Wahrheiten (Binsenwahrheiten): Saxo VIII, 164 und Langebek,
Script. rer. dan. I, 225. 80. Marie de France II, 324—6.

²⁴⁹ Straßb. Perg. Handschr. A. 94, dieselbe, worin auch Es reit ein herre ꝛc., und der Lügenspruch: Ich sach eins mol(e)s in der affen zit ꝛc. unmittelbar zuvor stehen (Müllers Samml. III, Fragm. S. XV):

> Louf umbe, lotterhols,
> es ist manig ritter stols
> und ist och manig ritter trege,
> der gerne snel were,
> und nackete lúte
> frúret an die húte,
> das es nút entete
> obe sú gûte cleider an hetten.
> Laz aber dar gan,
> schade wecket den man.
> nu louf umbe gedrate,
> daz got alle die berate,
> die uns ie gût getaten,
> die lebenden an den eren,
> die toten an der selen.

Über das Lotterholz vergl. D. Mythol. 642. (H. Sachs IV. 3, 58ᵃ).

²⁵⁰ H. Schreiber, der Bundschuh zu Lehen ꝛc. Freiburg 1824. Beilage S. 50: „Item Hans von Ulm, ein Sprecher, hat ein Wunden über die Nasen und schilchet. Item Heinrich von Strasburg tragt ein Gogelsack, ist ein Sprecher, halt sich auf zu Strasburg, hat rot und gel an." „Item einer tragt ein Hackbrett ꝛc." „Item einer hat ein messene Pfiffen, und sunst andre Pfiffen ꝛc." S. 55 ob.: „Spil Henslin." S. 121. (Urk. v. 1517): „Ich laß Euch wißen, daß der Lantvogt zu Röteln den Buntschuher mit dem Lotterholz gefangen hat."

²⁵¹ Der älteste, mir bekannte Druck ist der von Hoffmann im Anzeiger 1833, Sp. 74 f. angeführte aus Straßburg, zwar ohne Jahr, aber sehr wahrscheinlich aus gleicher Druckstätte mit einem andern Volksbuche von 1559. Fischart gedenkt an mehreren Stellen im Gargant. des Finkenritters, p. m. 33 und 176 ob. 193 ob. 356. Der Anlaß des Namens Finkenritter ist nicht deutlich; der Held erhielt den Ritterschlag und diesen Namen für sein mannhaftes Benehmen auf dem Finkenläger zwischen Ermatingen und dem Schwaberloch (S. 11, 13), was auf den Schwabenkrieg von 1499 hinweist (in der Dornacher Schlacht verloren die Straßburger ihr Stadtfähnlein, Anshelm III, 15. 68, 2). — Verschiedene Lügenmähren enthält auch Jac. Freys Gartengesellschaft, Straßburg 1557. Cap. 118: „Von einem Schlosser (zu Kantstatt), der in den sattel gefroren was." (Vergl. Bebel. Facet. L. III. p. 207—10). Cap. 119: „Einer ist wol fünf tag in der Thonaw am boden under dem eis irr geritten, bitz er wider heraus ist kommen." Cap. 120: „Von einem (Martin Breit, Buchdrucker zu Straßburg), dem zû Masier under dem

thor mit dem schutzgatter der gnul am sattel binden abgeschossen ward." Vorgänger Münchhausens.

²⁵² S. 5 u.: „gen Oberhörlich, da man die Scheiben zu den Mistgabeln machet ꝛc." Vergl. Roquef. de l'état p. 295 u.: „Si faz bien forreax à trepiez."

²⁵³ Vergl. Finkenritt. S. 11: „grunzten die Hahnen und kräheten die Säue."

²⁵⁴ „headless men," offenbar unrichtig für: handless.

²⁵⁵ Buchan I, 259 f.

²⁵⁶ Nyerup, Udv. II, 91 ff.

²⁵⁷ Hasenkampf der sieben Schwaben in Kirchhofs Wendunmuth, Frankf. 1563. Nr. 274. Grimm, Hausmärch. II, 158 f. III, 208. In Forsters frisch. Liedl. Thl. II, Nr. 75 nur noch der Anfang eines Liedes:

Es giengen drei pawren und suchten ein pern,
und da sie in funden, da bettens in gern.
Der ber thet sich gegen in auf le(i)nen,
„ach Margen, gotts mutter, wern wir daheimen."
Sie fielen all nider auf ire knie,
„ach Margen, gotts mutter, der ber ist noch hie."

(Vergl. Bragur V, 2. S. 49. [Braga II, 2.] Litteratur bei Robert I, 357.)

²⁵⁸ Das dänische Lied Str. 9:

at Kirken huo udi Præsten loa.

Str. 10: Jeg smurte min Hest og sadled mine Stövle.

²⁵⁹ Finkenritt. S. 4: „nahm also den Weg auf die Achsel und den Spieß unter die Füß" u. dgl. m. Auch ebend. S. 11.

²⁶⁰ Frankf. Liederb. von 1578, Nr. 235. 233. 234. Die Prosa (in andrer Ordnung) auch auf flieg. Bl. Basel, bei Joh. Schröter 1617 und 1620 (auf dem Holzschn. jedoch die Jahrzahl 1576). Auch schon mit dem Liede, gedruckt zu Nürnberg, durch Friederich Gutknecht, nach einer Abschrift K. Hallings.

²⁶¹ S. oben Anm. 31. Vergl. auch Hávam. 72. (Sæm. Edd. 19. 91. (ebb. 21.) Im Lügenspruche des Liederf. B. 82 f. stört ein hauptloser Hofwart (Haushund) sieben Wachteln aus einander. Ebend. B. 40 gebratner Wein, Suchenw. 53 der Rhein verbraten.

²⁶² Mitgetheilt von Schottky in Büschings: Der Deutschen Leben, Kunst und Wissen im Mittelalter. B. II, Bresl. 1819. S. 103 ff. Daraus in der Br. Grimm Hausmärch. III, 421 ff.

²⁶³ Br. Grimm, Hausmärch. II, 130 ff. III, 201 f. (Seil aus Sand gewunden Harb. l. 18. (Sæm. Edd. 77.) Udv. d. Vis. I, 390.)

²⁶⁴ Auch im Räthselkampfe sind Königstöchter zum Preise gesetzt, so nach einer Fassung der Herv. S. (Fornald. S. I, 532): „Konúngr mælti: ꝛc. sigrar þú mik, þá skaltu eiga dóttur mína; die Turandot eines hessischen Märchens verhängt den Tod über Jeden, dessen Räthsel sie löst, erräth sie es nicht, so wird sie die Gemahlin des Aufgebenden (Hausmärch. I, 123 ff. III, 41); in einer Erzählung des 13ten Jahrhunderts sind es nicht Räthsel, sondern

brei Witzsprüche, womit die Königstochter besiegt werden muß (Liederf. I, 537 ff. Vergl. auch Hausmärch. III, 376, 14. II, 275 f. III, 245 ff.).

²⁶⁵ Mod. florum: "Mendosam (mendacem) quam cantilenam ago, puerulis commendatam dabo quod modulus per mendaces risum auditoribus fers(n)t." Mod. Liebinc: "Advertite omnes populi ridiculum."

Müller B. 16: Ist daz nút gelogen genuog?
Ebend. B. 29: Daz warent selzene werg.
Lieberf. B. 101: Diß ist als (lez) verkeret.
Ebend. B. 123 f.: Diß ist als war
     als ich fernd was ain star.
Oberd. Lied Str. 1: seltzame zeitung thu ich bringen.
Ebend. Str. 15: ihr dörft darumb nicht zúrnen,
     es ist wol halb erlogen.
Dithm. Lied Str. 1: Ick will juw singen, ick wil nicht legen.
Ebend. Str. 6: de wahrheit kumbt bi groten hupen
     und blift doch nicht vorschwegen.
   Str. 7: und wil uphören tho legen.
(Meistergef. Str. 9: daß ihr nit zörnen ist mein bitt,
     es ist doch allweg gwesen sitt,
     daß man gern hört new mär von alten dingen.)

Besser lachen die erdichteten Wesen selbst dessen, was sie Seltsames sehen, Liederf. B. 28: des můß ain esel lachen. Suchenw. 102: des lacht ein hültzein kann.

²⁶⁶ Modus Liebinc:
  "sic fraus fraudem vicerat,
  uam quem genuit nix, recte hunc sol liquefecit."

Anzeig. 1835, Sp. 75:
  De nive conceptum fingit, fraus mutua caute
  sustinet asportat, vendit matrique reportans
  Ridiculum simile liquefactum sole refingit.

Deutsch, Liederf. III, 515:
  Der ist gar ain wiser man
  Der lug mit lug(e) gelten kan.

²⁶⁷ Ovid. Metamorph. I, 89 sqq.:
  Aurea prima sata est ætas, quæ, vindice nullo,
  sponte sua sine lege fidem rectumque colebant ic.
  Ver erat æternum, placidique tepentibus auris
  mulcebant zephyri natos sine semine flores.
  Mox etiam fruges tellus inarata ferebat,
  nec renovatus ager gravidis canebat aristis.
  Flumina jam lactis, jam flumina nectaris ibant,
  flavaque de viridi stillabant ilice mella.

²⁶⁸ Taciti German. c. 40: læti tunc dies, festa loca, quæcunque adventu hospitioque dignatur. non bella ineunt, non arma sumunt, clausum omne ferrum, pax et quies tunc tantum nota, tunc tantum amata.
²⁶⁹ Sn. Edda 146. 150. 158, 5: „mala gult oc frið oc ælu." Yngl. S. c. 14. „bann (Fiölnir) var rikur oc arsæll oc friðsæll." (Vergl. Saxo I, 19 u. V, 94 u.) Frodis Mehl ist von Saxo misverstanden I, 27: „Nec prætereundum, Frothonem contusis commolitisque auri fragminibus cibos respergere solitum, quibus adversum familiares veneficorum insidias uteretur." Nachfolgende Stelle des Gudrunliedes hat zwar, wie sie jetzt lautet, hieher keinen unmittelbaren Bezug, aber im Munde Fruotes von Dänemark, gemahnt sie doch, als könnte die ältere Fassung der Sage wohl auch das Goldmehl gemeint haben, V. 1291 ff. [= Str. 323]:

Ob uns der künic Hetele ze rehte wære holt
und ob wir ezzen solten silber oder golt,
des möhte wir dâ heime wol sô vil bevinden,
daz wir grôzen hunger dâ von möhten überwinden.

Deutsche Liederdichter gedenken auch des wohlgesegneten und milden Fruote; Spervogel MS. II, 374ᵃ:

Ich sage iu, lieben süne min,
iu enwahset korn noch der win,
Ich enkan iu niht gezeigen
diu lêhen noch diu eigen;
Nu genâde iu got der guote
unt gebe iu sælde unt heil!
vil wol gelanc von Tenemarke Vruote.
Mich riuwet Vruot über mer ꝛc.

Meister Sigeher MS. II, 362ᵇ:

des milten Vruotes tugende sint an im ungespart.

(Vergl. ebend. IV, 661ᵇ f., 686ᵇ. W. Grimm, Über deutsche Runen 252.)
²⁷⁰ Ganander, Finnische Mythologie, übersetzt von Peterson, Reval 1821. S. 15.
²⁷¹ Fr. Kuenlin in: Die Schweiz in ihren Ritterburgen I, 113. (Vergl. D. Sag. I, 150.) In das große Weinfaß der Abtei Salmannsweiler soll vor Zeiten ein Mönch zum Spundloch hineingefallen und darin ertrunken sein. Rheinischer Antiquar. 103.
²⁷² Br. Grimm, Hausmärch. I, 84 f. III, 26 f. Karol. Stahl, Fabeln, Märchen ꝛc. 2te Ausg. Nürnb. 1821. S. 92 f.
²⁷³ Gudr. 4515 ff. [= Str. 1128]:

ich hôrte ie sagen von kinde für ein wazzermære,
daz ze Givers in dem berge ein witez künicriche erbouwen wære.
Dâ leben die liute schône, sô riche si ir lant,
dâ diu wazzer vliezen, dâ si silberîn der sant,

dâ mite mûrens bürge; daz sie dâ habent für steine,
daz ist golt daz beste: jâ ist ir armûete kleine.
Und hôrte sagen mêre (got würket manigiu werc):
swen die magnêten bringen für den berc,
daz lant hât die winde, swer ir mag erbîten,
der ist immer rîche mit allem sînem künne nâch den zîten.
Ezzen wir die spîse, ob uns gelinge wol,
sprach Wate der vil wîse, sô sul wir vazzen vol
unser schif diu guoten mit edelem gesteine,
kom wir dâ mite widere, wir gesitzen frœlich noch dâ heime.
(Hausmärch. III, 264 f.) (Lieberj. I, 239, 173: ain vil guldin leben.)
Suchenwirts Lügenspruch V. 26 f.:
wazzerperlein tawsent mutt
wuchsen auf dem Marichfelt.

274 Vergl. MS. III, 452ᵇ, 2. (Regenb.):
umbe tûsent pfunt (ge)malens goldes?
[und Pfeiffers Myst. I, 288, 2. Pf.]

275 Str. 8 fehlt im niederd. Liederbuch. Nach Thieles Danske Folkesage I, 6. 163, steng man unter Christian IV. (1588—1648) im Wald einen Hirsch, um dessen Hals eine kostbare Goldkette hieng, mit der Inschrift: „Frieben mir! Frobe friebete mich."

276 G. Forsters frische Liedl. II, Nr. 77, doch nirgends mehr, als das eine Gesätz.

277 Udv. danske Vis. IV, 63:
Jeg vil give hende mine möller syv,
de ligger over Rin saa fjerne.
De möller ere saa vel belagt,
de ere saa vel beprydet,
og det vil jeg forsanden sige,
de maler canel og hvede.

Svenska Folkvis. I, 26:
Och henne gifver jag mina qvarnar de sju,
som gå mellan Dannemark och Sverge.
Det går ingen annan mäld deruppå,
än bara ideliga mandel.

Nyerup, Udv. II, 11:
Og jeg vil give dig möllerne syv
derudi gaaer femten par qværne,
stenene ere udaf rödeste guld,
de stolper af elfenben hvide.

Arwidsj. II, 205: och stenarne äro af marmorsten,
och bjelkarne af elfenben fina.
(Vergl. Brag. VIII, 123 ff.)

Dagegen in Regenbogens geiſtlicher Mühle (MS. III, 348ᵃ):
> Diu reder unt die edelstein die bánt ein ander bolt ꝛc.
> die zwên die malnt in tougen golt.

278 Chans. 1538, Bl. 120:
> Mon pere a faict faire ung chasteau,
> il nest pas grant mais il est beau,
> d'or et d'argent sont les carneaulx.

[Rombart 527, 13 f.:
> Et d'autre part une chapele,
> l'etite, mes el est molt bele.]

279 Silva 132 [J. Wolf, Primavera II, 305]:
> En Castilla est un castillo, que se llama Rocafrida,
> al castillo llaman Roca, y á la fuente llaman Frida;
> el pié tenia de oro, y almenas de plata fina,
> entre almena y almena esta una piedra cafira,
> tanto relumbra de noche, como el sol a mediodia.
> dentro estava una donzella, que llaman Rosaflorida ꝛc.

Vergl. Fr. Diez, Altſpan. Romanzen, S. 230.

280 Aus handſchriftlicher Mittheilung:
> Mme voglio fa na casa mmiezo mare
> fravecata de penne de pavune;
> D'oro e d'argiento li scalini fare
> e de prete preziose li barcune.
> Quanno Nennella mia se va a facciare,
> ognuno dice: „mi sponta lu sole."

Vergl. Tanhuſer, MS. II, 92, 2:
> bûwe ich ir ein hûs von helfenbeine,
> swâ si wil, ûf einem sê,
> sô hab ich ir vriuntschaft unde ir hulde.

281 Bribant B. 3 ff.:
> Swer umbe dise kurze zît
> die êwigen vröude gît,
> der hât sich selben gar betrogen
> unt zimbert ûf den regenbogen:
> (swenn der regenboge zergât,
> sone weiz er wâ sîn hûs stât.)

Martina 78ᵃ:
> swer den vröuden wil getrûwen,
> der wil ûf ein wolken bûwen,
> daz der wint zerflüeret
> sô balde und er ez rüeret.

Dieſe und andre Stellen in W. Grimms Anmerk. zum Freidank S. 319 f.
Frankf. Arch. III, 275. (Lied von 1444, von den Zürchern):

>Sie buwent uf einen winde,
>Der balde verwehet hat.
>Oster heizet der winde
>Er wehet unz O(e)sterrich ꝛc.

(Soltau 125.) Schmeller III, 64 (vergl. Uhlands Schriften II, 378. H.]
²⁸² Tristan ꝛc. par Fr. Michel, Londr. et Par. 1835. II, p. 103 f.:
Li reis le entant e si s'en rit   E dit al fol: „Si Deu te aït,
Si jo te doinse la raïne   Aver e mener en ta saisine,
Ore me dis, ke tu en fereifes   U en quel part [tu] la merraies."
„Reis, fet li fol, là sus en le air   Ai une sale ù je repair;
De veir est faite bel e grant,   Li solail vait par mi raiant,
En le air est e par nuez pent,   Ne berce ne crolle pur vent.
De la sale ad une chambre   Faite de cristal e de l'ambre;
Li solail, quant par matin lefrat,   L[é]enz mult [grant] clarté rendrat.
Ebend. I, p. 222:
„Se nos chanjon, que feras-tu?"   Et dit Tritanz: „O béc-tu?"
Entre les nues et lo ciel,   De flors et de roses, sans giel,
Iluec ferai une maison,   O moi et li nos déduiron.

Die mittelhochdeutschen Bearbeitungen und die englische, soweit sie reicht, haben nichts hievon. — Ein Krystallbau, doch nicht in der Luft, im Wigalois B. 4590 ff. [= Pf. 120, 8 ff.] Vgl. noch Udv. danske Vis. III, 3 (Hafbur og Signe):

>Mig tyktes jeg var i Himmerig
>   udi den favre By;
>jeg havde min Kjærest' i min Arm,
>   vi fulde igjennem den Sky.

²⁸³ Méon, I, 399 f. 406.
>Ele prist des flors de lis,   Et de l'erbe du Garcis,
>Et de le foille autresi,   Une belle loge en fist:
>Ainques tant gente ne vi.   Jure Diu qui ne menti,
>Si par lei vient Aucasins,   Et il por l'amor de li
>Ne s'i repose un petit,   Ja ne sera ses amis,
>   N'ele s'amie.

Vergl. die vorige Anmerkung.
²⁸⁴ Meinert 93 f. vergl. v. d. Hagen Volksl. 200 f. Bearbeitet im Wunderh. II, 221 f. Der Eingang einer ernsten schottischen Ballade (Chambers, Songs I, 174 f.):

>My love he built me a bonnie bour
>and clad it a' wi' lille flour ꝛc.

mag auch einem schon gangbaren Lied entnommen sein (vergl. Scot. Songs I, LXVII, Anm.). S. noch Altd. Wäld. I, 130. (Egeria 45, 27). Vergl. auch Volksl. Nr. 107, Str. 8. — Bett von Blumen bei Walther 40: „von bluomen eine bette stat." Vergl. Docens Miscell. II, 201, 66. Hadloup, MS. II, 295ᵇ:

Sô vunde ich dâ schœn' gerœte
von sumer wœte
z' einem bette fîn.
Daz wold ich von bluomen machen,
von vîol wunder,
unt von gamandrê,
Daz ez von wunnen möhte lachen,
dâ müesten under
münzen unde klê;
Die wanger müesten sîn von bluot,
daz kulter von bendikten guot,
diu lînlachen klâr von rôsen.

Ebend. II, 298ᵇ, 2.

²⁸⁶ Volksl. Nr. 260 Str. 3 und die Anm. dazu.
²⁸⁶ Eiselein, Sprichwörter 528: „Virgultis scaphulâ Aegræum transmittere. Επι ριπος τον Αιγαιον διαπλευσαι. — Συν τῳ θεῳ πλωυ, καν επι ριπος πλεοι. Quisquis secundo navigarit numine, is vel saligno navigarit vimine." Vergl. Wackern. Lesebuch III, 1. Sp. 142 (Luther): das Schwerdt ist hulzen, der Harnisch ist Papyr und Mœhnblätter.
²⁸⁷ Eyrbyggia-Saga, Havn. 1787. 4. c. 20. p. 96: „oc man egi mega med lausœgli at sigla þar sem Katla er (p. 97: nam Katlam frondeis velis petere nihil sufficiet)." D. h.: der zauberkundigen Kalla ist nicht mit so leichter Mühe beizukommen.
²⁸⁸ 115 guter new. Liebl. Nürnb. 1644. Nr. 3. In Dreikönigs- oder Neujahrsliedern aus der Mark Brandenburg:
Wir stehn auf einem breiten Stein,
Der Stern muß heut noch weiter sein;
Wir stehn auf einem Lilienblatt,
Wir wünschen euch allen eine gute Nacht.
Märkische Forschungen. 1ster Bd. Berlin 1841. S. 312. (Ebend. 315: „Hier steh ich auf eim Lilienblatt u. s. w.") Vergl. noch Horæ belg. II, 73 n. Hier der Gegensatz: die Verweilenden standen auf dem Steine, die Scheidenden treten auf das Blatt. Grôu-galdr Str. 15. (Sæm. Edd. 99):
á jardföstom steini
stód ek innan dyra,
medan ek þér galdra gól.
Vergl. auch Rechtsalt. 154 ob.
²⁸⁹ Docens Miscellan. I, 278. (Nürnb. gebr. F. Gutknecht.)
²⁹⁰ Ritson, Pieces of anc. popul. poetry, sec. ed. Lond. 1833. p. 19:
„Thus be these good yemen gon to the wod,
and lyghtly as ,lefe' on lynde."
(Percy I, 134, 3) — Der Lilienzweig, Lilienast, daran die Lieber sogar den Reiter sein Roß anbinden lassen, weist auch auf einen Lindenzweig,

Lindenaſt jurück. (Vergl. Zürch. Lieberb. 649ᵃ: gilgenzweig. Volksl. Nr. 116. Str. 3: lindenbaum, Nr. 107. Str. 8: rosenbaum, rosenast.)

²⁹¹ Rûnatals þáttr Odins, Str. 9 ff. (Sæm. Edd. 28 ff.) Das erſte der achtzehn Lieder, hialp, Hülfe, genannt, iſt als ſo umfaſſend bezeichnet, daß es einen Inbegriff aller beſondern Segen ausmacht (Str. 9): „Hülfe heißt eines, aber das mag helfen für Sachen und Sorgen und alle Suchten." Gleich das zweite dient dann wieder beſonders Denjenigen, die als Ärzte leben wollen.

²⁹² Str. 12: svá ec gel. Str. 15: þann kan ec galldur at gala. 19: undir randi ec gel. Vergl. Tacit. Germ. c. 3: „objectis ad os scutis, quo plenior et gravior vox repercussa intumescat. (D. Myth. 582 f. 626. Graff IV, 178—90.)

²⁹³   Str. 23: Aſl gôl hann Ásom
en Álfom frama,
hyggio Hrópta-tý.

²⁹⁴ Vergl. Vóls. S. c. 13 (Fornald. S. I, 148): „vatni ausinn með Sigurdar nafni." Ragn. Lodbr. S. c. 6 (ebend. I, 251): „ok var sveinninn vatni ausinn ok nafn gcfit." Herv. S. c. 6 (ebend. I, 430): „var hún sidan vatni ausin, ok köllud Hervör." Örv. Odds. S. c. 1 (ebend. II, 162): „vatni ausinn, ok nafn gefit." (Sag. Bibl. II, 49? Münter 154 f.)

²⁹⁵ Sag. Bibl. I, 46. Grettis S. c. 76 (p. 146): „Hafur het Madur ꝛc. Orda-Madur mikill: þesse sagde fyri Gridum med mikilli Röksemi." (D. Rechtsalt. 39.) Vergl. Rûnat. th. 9: „Liode ec þau kann, er kann-at þiodans kona oo mannzkis mögr." — Nial. S. c. 50: „láta dynja stefnu." (Rechtsalt. 54.)

²⁹⁶ Gróu-galdr, Sæm. Edd. 97 ff.

²⁹⁷ Str. 5: Galdra tú mèr gal þá er gódir ero." Hierauf fortwährend: „þann gel ek þèr fyrstan ꝛc., annan ꝛc." Str. 15: „medanek þer galdra gól." Auch in Rûnat. 15 (Sæm. Edd. 29): „þann kann ek galldur at gala." 19 (ebend.): „undir randir ec gel." 23 (ebend. 30): „gól."

²⁹⁸ Vergl. das Lied der Haager Perg. Hdſchr. Qu. 721. Nr. 81. Str. 1: nû helf mir heiliger oester dach.

²⁹⁹ Vergl. Raumer, Einw. d. Chriſt. 306 u.: heilaga sunnuntaga.

³⁰⁰ Vafþr. m. 11 f. (Sæm. Edd. 32). Sn. Edd. 11. Schon Mone hat den nordiſchen Mythus hieher bezogen, Anzeig. 1837, Sp. 459.

³⁰¹ Die bis hieher benützten Segen ſind aus Handſchriften vom Ende des 16ten und Anfang des 17ten Jahrhunderts abgedruckt im Anzeig. 1834. Sp. 282, Nr. 16. 1837, Sp. 467, Nr. 18. Sp. 462, Nr. 9. Sp. 472, Nr. 31 (hier dem Heiland ſelbſt in den Mund gegeben). Sp. 471, Nr. 28. Sp. 459, Nr. 1 (vergl. 1834, Sp. 287, Nr. 31). Sp. 461 f., Nr. 6. 7.

³⁰² Anzeig. 1837, Sp. 471, Nr. 29 f.

³⁰³ Vergl. auch Tacit. Germ. c. 11.

304 Bl. 69ᵇ. („Der Alten weiber Philosophei ꝛc.") Nr. 60. 61. Vergl.
D. Mythol. LXXII, 112. Eine Formel ebend. 401:
 „bis gottwillkommen, neuer mon, holder herr,
 mach mir meines geldes mehr!"
305 D. Mythol. 419.
396 [D. Mythol. 1ſte Ausg. S. CXXXL Ff.]
307 Aus dem Hannöver'ſchen:
 Regen,
 blief wegen
 mit dine lange Nähs!
 Sünne, kumm wedder
 mit dine güllne Fedder!
 vom Himmel herdal
 beſchyn us noch mal!
Aus Bremen in: Kinder- und Ammen-Reime in plattdeutſcher Mundart (von
Schmidt). Bremen, 1836. S. 46 f.:
 Beim Regen.
 Leve Regen, blief wege,
 Mit diner langen Reſe,
 Leve Sunne, kumm wedder
 Mit biner goldnen Fedder,
 Mit dinen goldnen Stralen
 Vom Himmel herdalen.
Ebendaher durch Dr. Carl Ilen:
 An die Sonne.
 Leve Sunne, kumm wedder,
 Mit dine goldne Fedder
 Mit dine goldnen Strahlen
 Von Himmel herdalen.
(Die lange Naſe bezeichnet wohl die Regenwolken, wie auch Berchte mit der langen
Naſe [D. Myth. 170 f.] die tiefſtehende Sonne mit ihren langen Schatten.)
308 Fornald. S. II, 7: „Finnálfr hian gamli fekk Svanbildar, er kölluð
var Gullfjödr; hún var dóttur Dags Dellingssonar ok Sólar, dóttur
Mundilfara." Vgl. Sn. Edd. 362.
309 Renner V. 4773 ff.:
Ich gedenk wol, daz ich zweimâl saz bî künig Adolf niht verre und az,
dâ gôz man wîn hin als (ein) pach, ditz tet mir wê, dô ich daz sach,
der tischgeribte mich verdrôz, dô vor mînen füezen flôz
der wîn als über ein velt der brunne: eyâ, gedâht' ich, liebiu Sunne,
wie dick die reben dîn warmer schîn hât gefreut u(n)z dir der wîn
gewahsen ist, der vor mir fleuzet, des leider niemant his geneuzet,
den manic arm mensch vor der tür vil gern ûf vienge, torste ez herfür,
brôtes und spîse wart vil zestreuwet, mit dem manc armes wær gefreuwet.

Bergl. noch Meinert 187, 4;
>Do schannt di live Frao Sounne
>Dam Maedle uf dam Schuos.

310 Auch das nordische: heill dagr ꝛc. (selbst heilir wesir ꝛc.) ist Grußformel, vergl. Sæm. Edd. 86, 39. 31, 6. Daher heilsa, grüßen, vergl. ebend. 173, 5. Schmeller, Glossar. saxon. 52ᵇ.
311 Aus einem Werke von 1415: (D. Mythol. XLIV f.) „Sicut unam vetulam novi, que credidit Solem esse deam, vocans eam sanctam dominam, et alloquendo eum solem, benedixit per eum sub certis verbis, sub osservancia quadam supersticiosa, que dixit, se plus quam quadraginta annis credidisse, et multas infirmitates curasse. Insuper hodie inveniuntur homines tam laici quam clerici, literati quam illiterati, et quod plus dolendum est, valde magni, qui cum novilunium primo viderint flexis genibus adorant, vel deposito capucio vel pileo inclinato capite honorant alloquendo et suscipiendo. Immo eciam plures ieiunant ipso die novilunij ꝛc." Aus „der gewissen spiegel," verdeutscht durch den Prediger Martin von Amberg (v. d. Hagen, German. II, 64): „Dar umb merch daz die an petten fremd göter ꝛc." „Auch die do petten gegen der sunn, dem man oder dem gestiern."
312 Sæm. Edd. 248, 32: „Svá gángi þér, Atlll sem þú viđ Gunnar áttir eida opt um-svarda ok ár ofnefnda: at sólinni sudr-havllo ꝛc." Rother 1050: „So mir daz heiliche liebt." Liederſaal II, 311, 35: „Sam mir der hailig tag." (D. Myth. 425.) D. Rechtsalt. 895. Lied im Hamlet, Act 4. Sc. 5 (p. m. 83): „by yonder sun!" Seifr. Helbling (German. IV, 201):
>„Sam mir die heilig naht heint." —

[Sollte die Christnacht auch schon damals heilige Nacht genannt worden sein, vergl. Schmeller II, 674, so ist doch das heint dieser Beziehung entgegen und die Übereinstimmung mit den Stellen vom h. Licht, h. Tage, zu berücksichtigen.]
— Early Mysteries ꝛc. by Th. Wright p. 96, v. 159: „novit sol splendidus!" v. 170: „Per solem splendidum jurat continuo."
313 Str. 3. (Sæm. Edd. 194): „óreidom augom." Bergl. 85, 34: „reidr er þér Odinn ꝛc." 228, 8. (D. Myth. 13 u.) [Die Augen zeugen von persönlichen Wesen.]
314 Bribantes Bescheidenh. 108, 3 ff.
315 [Bergl. Grimm, Myth. S. 17 f. Pf.]
316 D. Mythol. CXXXIII—V. CXLVII.
317 Agricolas Sprichwört. mit der Bemerkung: „Uns kinder lernten unsere eltern also bitten, wenn wir schlaffen giengen." (W. Wackernagel, das Wessobr. Gebet 68.) Bergl. D. Mythol. CXLVII, LII, 3. (CXLVIII, ob. 4.) — Für das leidende Kind wurden nun auch die unschuldigen Kinder im Himmel angerufen, Anzeig. 1837, Sp. 471, Nr. 29.

³¹⁹ Fauriel II, 430. 432. Vergl. Dietrich, Ruff. Volksmärchen 118. (Mutter der Winde.)
³¹⁹ Dainos 283. (Vergl. 291.)
³²⁰ B. 10984 ff. (die Stelle scheint verdorben):
    Sit ein iglich sterne hât
    einen engel, der in an die stat
    wîset, dâ er hin sol gên,
    wie solt wir kranken denn besten
    und leiten uns die engel niht?
    swelh mensch an daz gestirne siht
    und gotes wunder niht merket dar an,
    der ist guoter witze wan.
    swie ich niht mac gesehen diu wunder,
    die unser herre hât besunder
    oben behalten in sinen tougen,
    sô merke ich, daz die menschen ougen
    alle zit sehen ob in sweben,
    fliegen, singen, als ob sie leben,
    nu rôt, nu gel, nu brûn, nu wîz.
³²¹ Anzeig. 1834. Sp. 283, Nr. 18. Sp. 284, Nr. 24. (In letzterem: bedeckt — deck, ursprünglich wohl: bedaht — waht.) Vergl. auch das gefriedete Land oben S. 237.
³²² Str. 3 (Sæm. Edd. 194ᵃ): „oc gefit sitjondom sigur." Hier in der Anrede an Tag und Nacht; sonst wurde Tyr um Sieg begrüßt, in dems. Liede Str. 6. (ebend. 194ᵇ.) Ein Siegeswunsch auch Sæm. Edd. 255, 34.
³²³ Udv. d. Vis. 1, 84 f. (Str. 7: „I önske mig ingen Useje at faae!") W. Grimm, Altdän. Heldenl. 228 f.
³²⁴ D. Mythol. Anh. CXXXI. Nr. IV: „sigegealdor ic begale. sigegyrd ic me vege, vordsige and veoresige se me dege ne me merne gemyrre" ꝛc." Auch im Adersegen, ebend. CXXVIII: „þis gealdor." (Zu „vordsige" vergl. „Sæm. Edd. 194, 4: „mál ok mannvit," ebend. 98, 14.) Zu „sigegyrd" und schon im Eingang des Segens: „Ic me on þisse gyrde belûce," vergl. Saxo III, 43: „potentemque victoriæ zonam," Ebb. VI, 110: „lapsum ab aere cingulum." In deutschen Segen, Myth. CXXXIII: „und wil mih hiute gurten mit des heiligen gotes worten," ebend. CXXXIX oben: „noch hute wil ich mich gorten mit den heilgen sigeringen, mit allen guten dingen." (Vergl. auch „megingiardar." Sn. Edd. 26 ꝛc.).
³²⁵ D. Mythol. Anh. CXXXIII—V. Laurin (Ettm.) 2198 ff.:
    zehant sô sprach daz magedin
    über den vil küenen degen,
    dô vil manigen guoten segen
    das in kein wâfen mê versneit.
(Gedr. Heldenb. 202ᵃ).

326 Udv. d. Vis. I, 309, Str. 8: „Den niende bandt alle Dyr i Skove."
327 Lachmanns Ausg. 18 [= Pf. Nr. 105, 11 ff.]:
zuo flieze im aller sælden fluz,
niht wildes wilde sinen schuz
sins hundes louf, sins hornes duz
erhelle im und erschelle im wol nâch êren.
328 Rûnat. 21. (Sæm. Edd. 30) f. ob. S. 244. Anm. 294.
329 Sæm. Edd. 150, 7 f.: „Gaf hann Helga nafn ꝛc. blód-orm búinn." Sollte nicht auch „ítur-lauk" („sjálfr gèck vísi or víg-þrymo, úngom fœra ítur-lauk grami'), ebenso wie „blód-orm," eine dichterische Bezeichnung des Schwertes sein? von der Form des Lauches hergenommen? „Geirlaugr, allium," Lex. isl. I, 274. Durch ítur-, vorzüglich, edel, wird der Gegenstand gehoben. Daß der Lauch für ein edles Bild galt, beweist eine andere Liebesstelle, Sæm. Edd. 231, 2: „Svá bar Sigurdr af sonom Gjúka sem væri grœnn laukr ôr grasi vaxinn." Die Auffassung in Völs. S. c. 8. (Fornald. S. I, 136) kann nicht gegen obige Erklärung entscheiden, auch nicht, daß c. 43 (ebend. 229) einem Kinde vímlaukr zu essen gegeben wird; es ist beigesetzt: „en þat er náttúrá þess lauks, at madr má lengi lifa, þótt hann hafi enga adra fœdu." Namen- und Schwertgabe auch Sæm. Edd. 142, 6—9.
330 Bl. 79ᵇ, Nr. 70. 71.
331 Über die Liturgie zu Ehren des heiliggesprochenen Kaisers s. Dibolds Leben K. Karls d. Gr. S. 223 f. Daniel, Thesaur. hymnologic. I, 305 sqq. (unter Beziehung auf Perh, Monum. Germ. T. V. p. 708). In der Zürcher Sequenz, Canisii antiq. lect. T. VI. p. 438. (Helperic. 42), wird gesungen:

Hic est Christi miles fortis,
hic invictæ dux cohortis,
decem sternit millia,
terram purgat a lolio
atque metit cum gladio
ex messe zizania.

In einem Hymnus De S. Carolo Magno, aus einem Halberstadter Breviar, bei Daniel I, 305 (O rex orbis triumphator ꝛc.), Str. 3:

Devotosque Christo dicas
Et rebelles (widerspenstige Heiden) ense necas.

332 Bl. 80ᵃ, Nr. 79. 80. Bl. 81ᵃ, Nr. 104. 105. (Sæm. Edd. 150, 9: „þá nam at vaxa for vina brjósti almr str-borinn yndis ljóma." 187, 7:

„Veit ek ef þú vaxa nædir
for þinna vina brjosti,
sæi madr þik reidan vega.")

333 Alpharts Tod Str. 104—117. Vergl. Sigenot (Kasp. v. d. R.) 134: „Sie tet im manchen segen nach" (Ute dem Hildebrand, dem sie den Helm

aufgebunben). Etzels Heft. 128—30. Rof. G. II, 159ᵃ: „Manige fraw mit
segen Verwappet do iren man." (Sæm. Edd. 254, 31. Frauen rathen ab.)
³³⁴ Wigalois 6190 ff. [= Pfeiffer 160, 6 ff.]:
      wir haben nu maniger slahte
bôsheit unde gelouben, dâ mite wir uns rouben
aller unser sælekheit, ez ist vil manigem manne leit,
swenn' im ein wîp daz swert gît. daz lie der riter âne nît,
ern ahte dar ûf niht ein hâr, ez wære gelogen oder wâr:
er hêt in gotes gnâde ergeben beidiu sêle unde leben.
Vergl. D. Myth. 650. Zuvor 6175 [= Pf. 159, 31]:
sîn swert strîht' im daz süeze wîp vil heize weinunde umbe den lîp
und flêgete got vil tiure, daz er die âventiure
in dâ lieze erwerben und daz in niht verderben
lieze diu gotes güete. dehein ungeloube in müete
in dem hûse noch ûf dem wege, er lie ez allez an gotes pflege.
6188: der ungeloube in niht betroug.
³³⁵ Bl. 79ᵇ, Nr. 69.
³³⁶ ᵃ Vergl. Morolf 2611 ff.:
    Gedenket nit an uwer schone wip,
    Noch an uwer kinde daheim,
    Das icht blode werde der strit.
³³⁶ ᵇ Mone im Anzeig. 1834, Sp. 289. D. Mythol. CL.
³³⁷ Lachm. Ausg. 24 [= Pf. R. 88.]:
  „unt pflic mîn wol dur dîner muoter êre
  als ir der heilig engel pflæge
  unt dîn, dô du in der kripfe læge ꝛc.
  und doch mit sældenrîcher huote
  pflac dîn Gabriêl der guote
  wol mit triuwen sunder spot;
  als pflig ouch mîn ꝛc.

³³⁸ Spruch gegen Diebe, Myth. XLVI, XLVII: „Wie Maria im Kindbette lag, drei Engel ihr da pflagen, der erste hiess S. Michael, der ander S. Gabriel, der dritte hiess S. Raphael, da kamen die falschen Juden und wollten ihr liebes Kindlein stehlen" ꝛc. Anzeig. 1837, Sp. 464, Nr. 12.

³³⁹ Mitgetheilt von W. Grimm in den altdeutschen Blättern II, 1 f. — Geiler von Kaisersberg beantwortet die Frage, wie das Segnen aufgekommen: „es hat einen gûten anfang gehabt, aber es hat ein bôs end genummen." (Ameis 1516, Bl. 4.) Anzeig. 1834, Sp. 281.

³⁴⁰ Ähnlicher Weise ein im 16ten Jahrhundert verbreiteter Meistersang: „Der segen des starken Poppen, dardurch er selig ist worden. In dem briefthon des Regenbogen." (Fl. Bl. wahrscheinlich Nürnb. durch Jobst

Gutknecht. Ohne die Eingangsstr. und mit Var. in der Heidelb. Pap. Hdschr. 680, Bl. 70ᵇ). Anfang:

 Ich kam eins mals für das paradeise thor,
 da fant ich einen wunniglichen engel vor;
 der bant ein thier, was schwerzer dann ein rab ꝛc.

Strophe 2:
 Gesegen mich heut der gott der mich beschaffen hat,
 Gesegen mich heut der engel mein vor falschem rath,
 Gesegen mich heut Maria magt früe und auch spat,
 Gesegen mich heut das heilige creuz vor sünden und vor schanden.

 Die vier evangelisten die nemen mein heut gut war,
 und ich empfilch mich genzlichen an der engel schar,
 so mag mir nichts geschaden als klein als umb ein har,
 wo ich hin keer in aller welt auf wasser und auf landen.

 Gesegen mich heut Maria die reine meide,
 das sie mein schirm und schild hie sei vor aller nötte, (l. not)
 behüt mich got allhie vor einem gehen tot[e],
 das meiner armen seel werd vil gut rai[e],
 und wenn sie von dem mund außgeet und von dem leib muß scheiden.

Schluß:
 behüt uns almechtiger gott und meister Popp den starken.

Ob Meister Poppe in der zweiten Hälfte des 13ten Jahrhunderts reimen konnte: nôt — tôt — rât (weiterhin krôn — kan) ist zu bezweifeln. (Vergl. MS. IV, 697ᵇ. 698ᵃ.)

³⁴¹ D. Mythol. CXXXIV ff. Nr. XI.
³⁴² Anzeig. 1837, Sp. 463, Nr. 11.
³⁴³ 3. B. der Anfang eines Wettersegens (Anz. 1837, Sp. 474, Nr. 32):
 Unser liebe fraum gieng über lant,
 führt ihrem herzliebsten sohn an der hant,
 sah[e] ihrem herzliebsten sohn uber die achsel hinein,
 herzliebster sohn, wie zeucht dorthüben ein schweres wetter herein.
 zeuch[e] ab dein wath (Gewand),
 deck es dem armen mann uber den sath u. s. w.

Das Alterthümlichste dieser Art im Anh. der D. Myth. CXXXII, Nr. VI.

³⁴⁴ Anzeig. 1837, Sp. 462 f. Nr. 10.
³⁴⁵ Anzeig. 1834, Sp. 280 f. Nr. 12. (D. Myth. CXXXIX, Nr. XXI.)
³⁴⁶ Saem. Edd. 29, 12. 98, 10. (Was bedeutet: „Leifnis-elda?" In Sn. Edd. 209ᵃ steht Leifnir unter den Bezeichnungen eines Seekönigs und ebb. 214ᵃ Leifnis-grand (grand, n. noxa) unter denen des Schwertes. Vergl. auch Wiggert, Scherflein zur Förd. d. Kenntn. ält. d. Mundarten und Schriften, Magdeb. 1832. S. 27 (aus der Hdsch. eines Psalmenbuchs vom Anf. des 13ten Jahrhunderts):

sô dîn vriunt werde gevangin,
sô sprich dîsin salmin (Pf. 51).
du solt habin den trôst,
daz er âne zwîvil wirt erlôst.

347 Sæm. Edd. 29, 15. Anzeig. 1837, Sp. 465, Nr. 14. Sp. 464, Nr. 13. 1834, Sp. 285, Nr. 25. 1833, Sp. 234 f. Erzählend 1834, Sp. 284, Nr. 23. S. auch d. Myth. CXLIV, Nr. XLI.

348 Sæm. Edd. 28 f., 11. D. Myth. CXXXIV, Nr. X. (hier mit ausdrücklicher Ausnahme des eigenen Schwertes). CXXXV. CXXXIII, Nr. IX. (für sweiz wird auch hier vahs zu lesen sein, wie S. CXXXIV. im gleichen Zusammenhang: also palwahs als wære mîner vrouwen Marîen vahs u. s. w. Über palwahs s. Schmell. IV, 15). CXLVII, Nr. LIII. — Den Zauberfängen der Eddalieder kann noch weiteres Entsprechendes aus dem Vorrath deutscher Segensprüche gegenübergestellt werden: Sæm. Edd. 98, 12: gegen „frost á fjalli há") D. Myth. CXXXIV: „über velt, durch walt vor aller nœte manecvalt vor hunger und gevruorde." Sæm. Edd. 98, 9: „ef þik gandor standa etc. ok andis þeim til adtta seů." Myth. CXXXIV: „dîn viende werden dir gevriunt," auch auf der Fahrt. Sæm. Edd. 240, 6: „rîkt gól Oddrún bitra galdra at Borgnýjo;" D. Myth. CXLV, Nr. XLV: Segen für Gebährende.

349 Freidank 66, 21—67, 8. Anm. 346. Der Teichner, Wien. Jahrb. I, Anz. Bl. 30:

Auch diu nâter wirt gepant
Und der teufel, wist ir wol,
Nur mit worten singens hol.
Spies und swert wirt auch betwungen
Nur mit worten, ungesungen,
Das seu müezen ir sneiden lân.
Seint daz wort den twingen chan,
Des chain weis nicht chan betwingen,
Sô ist besser wort ân singen,
Denn diu weis unworthaft.

Vergl. MS. I, 23ᵇ f. in verliebter Wendung:

Steine, krût sint an tugenden riche,
wort wil ich dar obe an kreften prîsen:
Mit ir worten diu vil minnecliche
mehte herzeliebes mich bewîsen

(Liebers. I, 212, 57: „nâch wort und wunsch.")

350 Der fahrende Schüler, in dem mittelhochdeutschen Gedichte Johanns von Nürnberg, altd. Wäld. II, 49 ff., lehrt unter andern Künsten V. 203: „brant betrechen," Feuer dämpfen (Schmeller I, 471). Grundr. 344 f. (Irregang.) „der beste segin." — Über die Beschaffenheit des germanisch-heidnischen galdr ist von der Bekanntmachung noch vorhandener nordischer

Formeln weitere Aufhellung zu erwarten. Stubach (Übers. d. ä. Edda, Abth. 1, Nürnb. 1829. Einleit. z. Havam. S. 33 f.) bemerkt: Arwidsson besitze einen Schatz eigentlicher Schwurlieder und Bannsprüche, die aber, ohne großes Wagniß des Misbrauches, nicht bekannt gemacht werden können, sondern ins Archiv gehören. Ohne Zweifel ist dieß dieselbe magische Sammlung, die nachher in die Hände Stubachs selbst und Räffs kam und worüber Ersterer (1831) in einem Schreiben an D. Abel sich dahin äußerte: daß er durch diese Magie die wahre Bedeutung der Runen gefunden habe, wodurch Alles über den Haufen falle, was bisher über die Runen geschrieben worden und folglich auch über den wahren Sinn der Eddalieder; es geschehe ihm nun, daß, wo er seinen Probierstein an ein Eddalied setze, Alles wie von selbst klar werde; die alte Runenweise sei kein Alphabet, sondern das System der heidnischen Mysterien selbst.

³⁵¹ Man betheuerte: „sam mir das hailig jar" (Lieders. I, 287! 94), wie: „sam mir der hallig tag" ebb. 11, 311, 35.

³⁵² Sæm. Edd. 146. Fornald. S. I, 417 f. 515 u., f. 463. 532. Sagabibl. III, 223. vergl. ob.

³⁵³ D. Myth. XXXV f. (aus Burcharbs von Worms, gest. 1024, Sammlung der Decrete, doch wahrscheinlich auf deutsche Aberglauben bezüglich, ebb. XXXV, letzte Anm.): si quis calendas jannarias ritu Paganorum colere, vel aliquid plus novi facere propter novum annum etc., et per vicos et plateas cantatores et choros ducere præsumpserit, anathema sit" (e decreto Zachariæ papæ). „observasti calendas januarias ritu Paganorum, ut vel aliquid plus faceres propter novum annum etc. aut per vicos et plateas cantatores et choros duceres, aut supra tectum domus tuæ sederes ense tuo circumsignatus, ut ibi videres et intelligeres, quid tibi in sequenti anno futurum esset, vel in bivio sedisti supra taurinam cutem, ut et ibi futura tibi intelligeres etc." ebb. 645, 2. 646 u., f. Traum in der Neujahrsnacht trifft ein, ebb. 667 u. (LXXXVIII, 528.)

³⁵⁴ S. ob. S. 206.

³⁵⁵ Neun solcher Sprüche aus einer Pap. Hdschr. des 16ten Jahrhunderts im Besitze des Hrn. Kuppitsch in Wien abgedruckt im Anzeig. 1838, Sp. 553 ff. In einer Wolfenbüttler Pap. Hdschr. des 15ten Jahrhunderts steht, zugleich mit einigen andern Gedichten Rosenblüts: „Des Sneppers Ankloffen." Anf.: „Klopf an, klopf an, der himel hat sich auf getan." (Jahresbericht der deutschen Gesellschaft zu Leipzig auf 1837, S. 16.) Ebenso beginnt Nr. 4 in Kuppitschs Hdschr. Da nun auch in Nr. 5 derselben Nürnberger Heilige angerufen werden, so nahm ich um so weniger Anstand die ganze Spruchreihe nach Rosenblüt dem Schnepperer zu benennen. — „Fast abentheürlich klopf an, Auf allerlei art. Hans Foltz." 1 Bog. 8. o. J. (Weimar. Bibl.) am Schlusse: „Gedruckt zů Nůrmberg durch Kunegund Hergotin." Holzschnitt auf dem Titel: Straße einer Stadt, ein Mann klopft am Ring einer Haus-

thür, über welcher eine Frau am Fenster liegt. Es sind 16 Sprüche. [Diese Sprüche finden sich nun in großer Vollständigkeit beisammen in dem Aufsatze Oskar Schades: „Klopfan. Ein Beitrag zur Geschichte der Neujahrsfeier": Weimarisches Jahrbuch II, 75—147. Pf.]

356 Neben dem in voriger Anm. bezeichneten Titelbilde können folgende Stellen Zeugniß geben. Personen beiderlei Geschlechts und verschiedenen Standes, Rosenbl. 4: „Du seist fraw oder man". 6: „Pistu edel von geschlecht oder pistu sunst ein dienstknecht." Folz 8: „Klopft an ir zarten jungen frawen." 9: „Klopf an, bistu ein jüngling frei ꝛc. Bist aber du ein junge dirn ꝛc. Bist du aber ein jung eeman ꝛc. Bist du aber ein junge eeweib" ꝛc. 11: „Klopf an, kl. a., werder heit." 15: „So möchst du morgen auf stehen, wider deiner herschaft heitzen und kern." Unkenntlich, neben dem Ausdrucke der Ungewißheit in den meisten der obigen Stellen, Folz 6: „Bist du der, für den ich dich hab" ꝛc. (?) 10: „Klopf an, bist du ꝛc. Bist du aber ꝛc. Und gehest davon und hast dein spür, Ob du irgend fündst ein ofne thür, Das du etwas möchst ermansen, so solt man dir den balg erzausen Und dich an nageln mit den orn, Auf das man dich erkennet morgn ꝛc." „Haw hin, du seist wer du welst" ꝛc. 11: „Des darfst du dich gen mir nit nennen. Dann ich dich sunst se mein zû krönen ꝛc. gehe ietz dein straß, ee man dich kenn" ꝛc. Musik und Gesang, Nachts auf der Gasse, Folz 14: „Ich mein zwar, das du der einer seist Die stetigs auf der gaß umb triefen ꝛc. Und auf den alten lauten punkern Und oft die ganzen nacht omb glunkern." 11: „Klopf an, lieber Fridel, Sag sungst uns nit ein liedel ꝛc. So pfeif flugs auf, machs kurz" ꝛc. 6: Klopft an, ir zarten jungen frawen, Ir solt euch bei dem tag lan schawen, Solt man sich freuden mit euch pleten, So kûnt man euch doch ehr erbieten, Ir wißt, die nacht ist niemands freund ꝛc. Ziecht heim und seit nit ungeschlacht, Got geb euch tausent gûter nacht." Auch die Verweisungen auf „morgen"; eine solche kann aber auch auf mehrere Anklopfnächte hindeuten, Folz 12: „Liebt es dir, so kum morgen wider, So sol man je nicht sparn an dir Und dich plewen eins oder zwir" ꝛc. Art und Maß des Anklopfens, Rosenbl. 1: „Klopf an mit reichem schal(le), daz es den leuten wol gefal(le), daz dir niemant hab verark" ꝛc. 2: „Klopfstu an in zuchten und in eren, so wil ich dich etwas guts leren" ꝛc. 5: „Klopf dannoch (dann) mer! daz dir widerfar alle er und alle gluckseilkait" ꝛc. 6: „Klopf an und pis peschaiden, so mag dein klopfen nimant belaiden. Klopfstu unpeschaiden an, so haist man dich ein geckel mann." Folz 8: „So klopft an seuberlich und frölich" ꝛc. 9: „Und klopfst in zuchten bei uns an, Das du kein unfûr suchst darbei, So mach dich got als leides frei" ꝛc.

12: „Wie hast ein klopfen, ginöffel,
Ich mein, du seist ein genslöffel.
Meinst du, das klopfen ein kunst sei,

So schick ich dir zwen oder drei;
Die dir durchperen all dein glider" ꝛc.
13: „Klopf an, mein aller liebste zart,
Wann mir kein klopfen lieber wart" ꝛc.
14: „Wie hast ein klopfen und ein scharrn" ꝛc.

357 Nr. 5. vergl. damit Tobias Reisesegen, Myth. CXXXV:
des heiligen geistes siben gebe
lázen dich mit heile leben.
der guote sante Stephan
der alle sîn nôt überwant,
der gestê dir bî
swâ dir dîn nôt kunt sî.
die heiligen zwelf boten
die êren dich vor gote,
daz dich diu hêrschaft gerne sehe.
allez liep müeze dir geschehen.
sante Johannes und die vier êwangeliste
die rāten dir daz beste,
mîn frouwe sante Marîe
diu hêre unde vrîe.
mit des heiligen Kristes bluote
werdest dû geheiliget (ze guote),
daz dîn sêle (sô dû sterbest)
des himelrîches niht verstôzen werde
nâch den weltlîchen êren.
got gesegne dich dannoch mêre.
sante Galle dîner spîse pflege,
sante Gertrût dir guote herberge gebe.
sælec sî dir der lîp,
holt sî dir man unde wîp,
guot rât dir iemer werde,
daz dû gæhes tôdes niene ersterbest.

358 Nr. 4. 7. 9. Zu „haw da hin", auch „haw hin", was in diesen Sprüchen wiederkehrt, s. Schmeller II, 130: „hauen, sich schnell bewegen, laufen u. s. w."

359 Nr. 13:
Klopf an, mein aller liebste zart,
Wann mir kein klopfen lieber wart.
All engel in des himels thron
Die sein darumb dein sold und lon,
All patriarchen und propheten
Wölln dir dein leib und leben retten,
All zwölf poten und evangelisten
Wölln dich vor allem ubel fristen,

>   All märterer und beichtiger
>   Bewarn dich vor aller schwer,
>   Der junkfrawen und der witwen schar
>   Und aller heiligen samlung gar
>   Wölln dich allenthalben befriden
>   An leib, seel und allen gliden,
>   Maria selbs und auch ir son
>   Lassen dich nimmer anders thůn
>   Dann das dich hie und dort erneer.
>   Das erwerb dir als himlisch heer,
>   Und das dir als das günstig sei
>   Das dir dein lebtag wone bei
>   Und hie eins seligen ends ersterbst
>   Und die ewigen kron erwerbst
>   Dort in dem aller höchsten chor
>   Wünsch ich dir zů eim newen jar.

Vergl. Rosenblüts Nr. 1. Daß der Spätere den Frühern vor Augen hatte, zeigen auch andere, fast gleichlautende Stellen, Rosenbl. 2, Z. 17 und Folz 1, Z. 13. R. 9, Z. 1 f. und F. 2, Z. 1 f.

360 Rosenbl. 2:
>   Klopfstu in zuchten und in eren,
>   so wil ich dich etwas guts leren ꝛc.
>   dustu das, so bist du kein thor:
>   di leer hab dir zum newen jor.

H. Folz 8.

361 Rosenbl. 5:
>   Klopf an, klopf an!
>   ein seligs neus jar ge dich an.

Ebenso beginnt Nr. 8. Vergl. Liebers. III, 111, 13:
>   Ain selig jar gang dich an.

(MS. 1, 39, XVIII. Heinr. v. Veldecke:
„Der schoene sumer gêt uns an" ꝛc.)

362 Liebers. I, 249, 80 ff.:
>   Das wünsch ich so ich beste kan,
>   Daz ir got geb ain böses jar
>   Baidů stil und offenbar.

Ebd. I, 317, 312 f.:
>   Daz dich ain vaiges jar,
>   Der schuler sprach, můz ane komen.

363 Nr. 4:
>   Klopf an, klopf an, lieber schweinsor,
>   Wilt du nicht han ein böses jor,
>   So gehe von stat, laß dein pochen,
>   Ee das man an dir werd gerochen ꝛc.

³⁶⁴ Nr. 8. Vergl. Liederbuch der Hätzlerin S. 74. Nr. 96:
>Hett ich nur ain stüblin warm
>Und darinn ain schönes weib,
>Das wolt ich legen an meinen arm ꝛc.

Hdschr. Notenbuch aus dem 16ten Jahrhundert. (Basl. Bibl.):
>Wann ich des morgens frűe uffstand,
>so ist mir mein stuble geheitzet schon,
>so kumpt mein lieb und gibt mir ein guten morgen.

Vergl. Wunderhorn III, 71.

³⁶⁵ Ist etwa unter dem Bitten „des gemeiten" die Bitte um ein erfreuliches Zeichen zum neuen Jahre gemeint? Schicksalsforschungen mittelst des Kranzes: D. Mythol. 648, 3 und die dort angemerkten Stellen. — Zwischen dem „Klopf an" der beiden Nürnbergischen Dichter und den sogenannten Klöpfelnsnächten, wovon Seb. Frank im Weltbuch 1542, Bl. 50ᵃ u. f. 130ᵇ u. f. ob., Keysler 307. Haltaus, Calendar. 141 sq. Flögel, Gesch. des Groteskom. S. 187. Zaupser, Jdiot. S. 42. Schmeller II, 361 f. Nachricht geben, will sich, obschon vormals Neujahrswünsche dabei stattfanden, doch keine bestimmte Anknüpfung fügen; das Einsammeln von Eßwaaren und Gelbgeschenken in den Klopfnächten und was dazu von den Sammelnden gesprochen wird, hat mit der Einholung guter und böser Neujahrszeichen nichts gemein; die verzeichneten Reimsprüche sind meist derselben Art, wie sie auch bei andern Umzügen der Kinder vorkommen, nur der bei Schmid (schwäb. Wörterb. 317) läßt sich etwas näher herbei. Andrerseits findet sich bei H. Folz S. 10 die Stelle:
>Bist du aber ein starker knoll
>Und steckest aller bosheit vol
>Und harst wo dir einer kem mit wein,
>Das du die zungen schlůgest drein
>Und trůgst die kandl mit dir davon,
>So geb dir got den rechten lon,
>Der andern dein geleich ist worden
>Dauß an der dürren brůder orden ꝛc.

Dreikönigslieder mit Neujahrswunsch in den Märk. Forsch. I, 310 ff. (Goth. Neujahrsingen am byzant. Hofe, Constantin. Porphyrog. de cerem. aulæ byzant. L. I. c. 83. Brag. IV, 2, 39 ff. Lex. myth. 481. Nordische Julgebräuche, Grettis S. c. 42. Lex. myth. 480ᵇ fg. 776 fg. Jduna und Herm. 1814, Nr. 5.)

³⁶⁶ Hoffmanns Fundgruben I, 338 f. Nr. 13. Andre Neujahrslieder aus dem 15ten Jahrhundert im Liederbuch b. Hätzl. S. 54, N. 56. S. 57, Nr. 64. S. 59, Nr. 68. 69. S. 62, Nr. 76. S. 77, Nr. 102.

³⁶⁷ Latein. Gedichte des 10ten und 11ten Jahrhunderts, herausg. von J. Grimm und A. Schmeller, Göttingen 1838. S. 127 ff. Schmellers Untersuchung über Alter und Verfasser des Gedichts ebd. S. 224 ff. 214 u.

³⁴⁸ Ebb. S. 192 (Fragm. XVI, B. 10—15):
„Quid respondere Ruotlieb nunc vis, hera, per me?"
Dixit: „dic illi nunc de me corde fideli
Tantundem liebes, veniat quantum modo loubes.
Et volucrum wunna quot sint, tot dic sibi minna.
Graminis et florum quantum sit, dic et honorum.
Qui dubitans minime, huic illam nubere posse ic.

In der Wiederholung (B. 65—69) lautet die vierte Zeile: „Et volucrum wunna quot sunt, sibi dic mea minna." Froumund, der wahrscheinliche Verfasser des Gedichtes, beginnt auf gleiche Weise einen Gruß an Liutold, den Bischof zu Augsburg:

Frater Froumundus Liutoldo mille salutes
Et quot nunc terris emergunt floscula cunctis.

Ebb. S. 226.

³⁴⁹ Auch in einem Kirchweihlied aus dem Hildburghauser Lande (Büsching, der Deutschen Leben u. s. w. im Mittelalter II, 400, Str. 7):

So woll'n wir euch nun danken
mit Sachsen und mit Franken.

Vergl. MS. II, 91ᵇ, 2:

Min(e) vriunde, helfet mir
der lieben danken,
der ich singe ûf hôhen prîs.

(Vergl. das schwäbische Verlöbniß in B. Wackernagels Leseb. I, 190 mit der Kehrzeile: „nåh Swåbe ô, nåh Swåbe rehte.")

³⁷⁰ Fichard, Frankf. Arch. III, 257 f., mit der Überschrift: „Ein ander sauberlich gruoss" aus einer Hdschr. um 1450. Anders aus einer Inkunabel vom Ende des 15. Jahrhunderts im Anzeiger 1834, Sp. 290, daselbst: „der himel het sich bekert, mit gold umbrert." Jubinal, Jongl. 117 f.:

Dame, or vous mant plus de saluz,
Qu'en .lx. .c. .m. escuz
Ne puist avoir de fleurs de lis,
Ne qu'il ne puist en paradis
D'ames, d'angles et d'esperiz,
Tant soient menuz ne petiz
Qui ne contienent point de leu,
Ne plus que la flambe du feu
Dont l'en alume la chandeille.
Quar qui alumeroit d'icele
Toutes les chandeilles du monde,
Si dit l'auctorité et conte,
Jà por ce n'amenuiseroit
Ne por ce n'apetiseroit
De rien le feu de la chandeille

>Ne de lueur ne d'estincele.
>Ausi ne face jà l'amor
>Qu'à vous ai, dame de valor;
>Non fera ele devers moi
>A nul jor que je vis seroi.

Unter den fleurs de lis find die franzöfifchen Wappenlilien auf der Münze verftauben.

371 Anzeiger a. a. O. aus derfelben Jnfunabel.

372 Morgenbl. 1819, S. 239 [von Docen mitgeth.]: „Liebesbrief, 1463." Vergl. Rofenblüts Klopfan Nr. 4. 5. (oben S. 262) Lieberf. I, 96, 57 f.:

>Von (l. Und) wunsch ir dar zu liebes me
>Denn trophen hab der Bodemse.

373 Obige fünf Formeln aus derfelben Hdfchr. des 16ten Jahrhunderts, im Befitze des Hrn. Kuppitfch, in der Rofenblüts Klopfan ftehen. Von Bl. 51ᵇ bis 54ᵇ folgen: „Die Púel brieff", fünf Stücke, wovon die zwei erften durch Mone im Anzeiger 1838, Sp. 552 f. mitgetheilt find. Es wird in der Hdfchr. ausdrücklich bemerkt, was man „einer purgeriu" und was „einer pawrnmaid" schreiben foll, doch scheint der Unterfchied nur darin zu beftehen, daß man Jene mit „euch", Diefe mit „dich" zu begrüßen hat. — Zum fünften vergl. Anzeiger 1833, Sp. 74:

>Got gesegn euch liep, ich mag nit gewein(en),
>kumt ir nit schir, ich nim noch einen.

Gruß und Wunfch, Lieberf. II, 697, 84—102. — S. auch hieher Udv. d. Vis. IV, 227:

>„I sige Dannerkongen saa mangen Godnat,
>Som Himlen er med Stjerner besat.
>I sige danske Dronning saa mangt et ondt Aar,
>Som Linden bær Löv og Hinden bær Haar." (allit.)

374 Anzeiger 1833, Sp. 39 f. (durch Maßmann):

>Vil lieber prief, nu var mit hail,
>Du gewinnest aller sälden tail,
>Als ich dich beschaiden chan.
>Dich siecht mein frau selber an ıc.
>Si pewt nach dir ir weize hend,
>Dir mag noch mer werden ebunt,
>Si list dich mit irem roten munt ıc.
>Nu var hin, du verst mit eren,
>Und grüz mir die minnecleichen heren
>Grůz mir ir rosenvarben munt,
>Grůz sei von mir tausent stunt,
>Grůz mir ir wängel rosenvar,
>Grůz mir ir spilden augen chlar,

> Grůz mir ir hälslein harmweiz,
> Grůz di lieben mir mit vleiz,
> Grůz mir ir herz und ir sinne,
> Grůz mir meins herzen chuniginne,
> Grůz mir ir danch und ir muet,
> Grůz mir meines herzen frawen guet ꝛc.
> Nu lieber prief, nu pis mir gueter pot ꝛc.

Ein andrer Liebesbrief, auch aus dem 14ten Jahrhundert, im Lieberf. I, 109:

> Var hin, kleines briefelin,
> Und sag der lieben frowen min
> Gruß von herzen und von munt
> Me denn hundert tusent stunt.
> Dar zu so bring och togen
> Ain gruß ir spilden ougen,
> Der lieplich durch ir süssen munt
> Dring uf (in) irs herzen grunt ꝛc.
> His mit pfleg unser iemer me
> Der wernde got an alles we
> Und laß uns frisch und wol gesunt
> Unz ain rose gelt ain phunt.

Zwei literæ amoris sind aus einer Hdschr. des 15ten Jahrhunderts verzeichnet im Grundr. S. 833, Str. 20 f., der zweite schließt:

> Got spar úch, fraw, gesund,
> Bis ain ros gelt ain pfund
> Und allez wasser werd ze win,
> Des wünsch ich dir, meins herzen künigin.

In Kuppitschs Hdschr. Bl. 52ᵃ:

> piß ein has gilt hundert pfunt.

Ebend.:
> Gruß in gruß verschlossen
> mit steter lieb umgossen
> var hin, du edles priefelein,
> gruß mir die aller liebsten mein ꝛc.
> Nit me dan spar euch got gesunt
> piß daz ein has fecht einen hunt.

Morgenbl. 1819, S. 239 („Liebesbr. 1463"):

> Nun liebes Briefelein,
> du sollst mein Bote sein
> zu einem säuberlichen Jungfräulein,
> und fahr' (dahin),
> das Herz, Muth und all mein Sinn
> zu aller Zeit sein muß,
> dem sage meinen sonderlichen, lieblichen Gruß ꝛc.

Nun soll auch das Briefelein hie fürbaß sagen,
was in meinem Herzen liegt begraben ꝛc.
darum bitte ich euch, Jungfrau, lobesam,
gefällt euch der Brief kleine (ein wenig?)
daß ihr das wisset alleine
mit dem Diener, der ihn euch liest,
deß müße euch helfen der heilige Christ.

In dem Bruchstück aus dem 12ten Jahrhundert, gute Rathschläge für Frau und Mann enthaltend (Miscell. II, 306 f. vergl. Lachmann über den Eing. des Parz. 3), scheint der Brief selbst als Bote zu sprechen. Auch Ulrich von Lichtenstein redet sein erstes Büchlein als Boten an und läßt es das Wort nehmen (Frauend. 20 ff.) Über Liebesbriefe s. sonst noch MS. II, 278, 1—4. (Hadloup). H. Hoffmann, Monatschr. von und für Schles. 1829, II, 543 f. Anm. 4. (Beiträge zur Kunde Preußens Bd. V. Königsb. 1822. S. 182—184. Büschings Wöchentl. Nachr. I, 86 f.) Derſ. im Anzeiger 1833, Sp. 125 f. Bragur I, 283 f.

375 Kuppitſchs Hdſchr. Bl. 51ᵇ f.:
und gruß dich got durch ein hunt vol seiden,
ich wil alle frische frewe herz (frende herzlieb?) von deinen wegen meiden.
gruß dich got durch ein [hant vol] gersten korn,
sag mir, herzlieb, sein mein dienst angeleg(t) oder sein si gar verlorn.
und gruß dich got durch ein seidenfaden
mich und dich inn ein finster garn(gaden).
(Die 2 letzten Zeilen weiterhin nochmals.) Wunderh. II, 54: Grüße sie durch grasgrünen klee. Vergl. auch obiges: uf einer nachtigallen fuß. (Sæm. Edd. 196, 17: á arnar nefi?) Ulrich von Lichtenstein sendet mit einem Briefbüchlein seinen abgeschlagenen Finger, Frauend. 70 ff.

376 Tobler 239ᵇ:
I lös-a grüetza dör e Schöppli Wi,
i möcht wider e Wili bi-nem si.
I löö-si grüetza dör en Rosamaristengel,
si lid-mer am Herza wi n'en Engel.

Nebst einigen sehr unsaubern Grüßen.

377 Sæm. Edd. 230. 245, 8. 251, 3 f. Fornald. S. I, 210 f. (ebend. 225 u. f.) Die Lieder haben Eines oder das Andre, die Prosaerzählungen Beides zugleich, Runen und Wahrzeichen (til jartekna, Sæm. Edd. 230).

378 Poésies de Marie de France I, 392 ff. (Vergl. Gotfr. v. Straßb. I, 198 f.)

379 Die Bedeutung der angeführten Symbole läßt sich nicht mit Sicherheit ermitteln, doch weist die Frage beim Gerstenkorn: ob der Dienst angelegt oder verloren sei? auf das ungewisse Aufgehen des Saatkorns; zum Seidenfaden vergl. J. Grimms Rechtsalt. 182—4. (Ähren und Faden, ebend. 203.) Im

Straßburger Kranzliede (Volksl. Nr. 3, Str. 10) sind die guten Wünsche in idealen Geschenken verbildlicht:

 Jungfrau, ich sollt' euch schenken,
 ich will mich nit lang bedenken:
 so schenk' ich euch ein guldnen Wagen,
 darinn sollt ihr gen Himmel fahren,
 und ein güldne Kron', drei Edelstein',
 darinn ist schon der erste Stein,
 der ist nun also gut:
 „Gott behüt' euch vor der Hölle Glut!"
 der ander ist so tugendreich (kräftig):
 „Gott der geb' euch sein Himmelreich!"
 der britt Stein ist so tugendhaft:
 „Gott b'hüt' euch euer Jungfrauschaft!"

Vergl. die goldnen Buchstaben im Wunderh. 52 f. 54.

⁵⁵⁰ Miscell. II, 203 [= Carmina Burana. Nr. 138. S. 210. Pf.]:

 Stetit puella
 rufa tunica,
 si quis eam tetigit
 tunica crepuit, eia.

 Stetit puella
 tamquam rosula,
 facie splenduit
 et os ejus floruit, eia.

 Stetit puella
 bi einem boume,
 scripsit amorem
 an einem loube zc.

(Vergl. Latein. Ged. herausg. v. J. Grimm und A. Schmeller Vorr. L. Ferner MS. I, 220ᵇ, 12. Politic. Songs 236 u.) Kinderlied. 37:

 Wir schreibens wohl auf ein Lilienblatt:
 wir wünschen dem Herrn einen guten Tag.

Prosaroman von Tristan Cap. 23. (Altd. Wäld. I, 141).

⁵⁵¹ Vergl. oben S. 241. 243. Die Wunschformel mit Blumenhaus und Blumenbett lautet in den Liebesgrüßen verschieden; Anzeig. 1833, Sp. 74 (vergl. Rügensches Hochzeitlied in Grümbkes Darstell. der Insel Rügen, Berl. 1819, II, 87, auch Anzeiger 1834, Sp. 123):

 Got geb euch ein gute nacht,
 von rosen ein dach,
 von liligen ein pet
 von feial ein dek,

     von muschachat ein tür,
     von negellein ein rigellein dar für.
     Got geb euch ein korblein mit rosen
     ich (L. mich) ein halbe nacht mit euch zu erkosen.
Vergl. Morgenbl. 1819, S. 239:
    ach Gott möcht' ich eine kleine Weil' bei euch sein,
    und mich mit euch erlosen,
    so möcht ich mich von allen meinen Sorgen losen (befreien) ꝛc.
Anzeiger 1834, Sp. 290:
     Ich wünschen dir ein güte nacht,
     von rosen ein dach,
     von gilgen ein bet,
     von musgat ein dür,
     von neglin ein rigel dar für.
Rupp. Hbschr. Bl. 53ᵇ:
     Von lilgen ein pett
     und von rosen ein deck,
     von muscaten ein thur,
     mit neglein ein rigel dar fur.
Ebend. Bl. 51ᵇ: nit mer dan geb dir gott ein gute naht
    und von lilgen ein dach
    und von balsam ein wolgeschmach
    und von cipreß ein kemerlein
    und von negelein ein pettstatt darein
    und von lilien gualin (gloien?) ein pett
    und von wolgemut ein bett
    und mit roten rosen wol umgesteckt.
(Vergl. Traugm. L. Str. 2. Z. 4: und mit den rosen was ich umbestaht).
Wunderhorn II, 63:
    So wünsch ich dir ein güldenes Schlafkämmerlein,
    Von Kristall ein Fensterlein,
    Von Sammet ein Bett,
    Von Zimmet eine Thür,
    Von Nägelein ein Riegel dafür,
    Von Muskaten ein Schwell
    Und mich zu deinem Schlafgesell.
Ebend. 54 f.: Ich wünsche meiner Herzliebsten ein Haus,
    Mich zu ihr immer ein und aus,
    Von Kristallen eine Thür
    Und von Nägelein einen Riegel dafür;
    Von Sammet und Seiden ein Bett,
    Das ist ihr zarter Leib wohl werth.

382 Die Litteratur der Wunschfagen ist verzeichnet in der Br. Grimm Anmerk. zu den dahin einschlagenden deutschen Märchen III, 151 ff. Nr. 87 (hiezu Marie de France II, 140 f.). 135 ff. Nr. 82. 198 f. Nr. 110. 171 ff. Nr. 92. (67 f. Nr. 36). 29 f. Nr. 19. (hiezu Méon, nouv. rec. II, 236 ff. Jubinal, Contes etc. I, 128 ff.), in J. W. B. Schmidts Anhang zu seiner Übersetzung von Fortunatus und seine Söhne, Zaubertragödie von Th. Dercer, Berlin 1819, und in Kellers Einleit. zum Roman des sept sages CLXXXI ff. [und zu Bühelers Diocletian S. 54. K.].

383 „Ein hübsch lied, wie got der almechtig den Pawren gab ein wunsch. Ins Schillers thon." ¼ B. 8°. hinten: „Gedrückt zu Nürnberg durch Jobst Gutknecht." o. J. Titelholzschnitt: sechs Bauern um einen siebenten, der nachdenklich mit einem Spieße dasteht, sie reden ihm zu, einer hält ihm einen offenen Sack vor, ein andrer hat den leeren Sack über den Rücken geworfen. (Weimar. Bibl.) — Geiler: „Die Buren von Witterhusen schikten alle Jar für sie alle ein Buren gen Baden; aber sie wurden darum nit gewaschen." (Eiselein, Sprichwörter 646.) Das sagenberühmte Dorf ist Wittershausen, unweit der Stadt Oberndorf am Neckar; die scherzhaften Verhandlungen der Bauern dieses Dorfes mit dem Freiherrn Johannes von Zimmern, zugenannt „der Lapp" (gest. 1441), s. in H. Ruckgabers Gesch. der Grafen von Zimmern, Rottweil 1840, S. 80 f.; vergl. 275.

384 Avian. fab. 22. Altfranzösisch Méon I, 91 ff., wo es, wie auch anderwärts, der h. Martin ist, welcher wünschen läßt. — Jupiter und Mercur wandern in der Sage von Philemon und Baucis, Ovid. metamorph. VIII, 620 ff.; daselbst 710 f.:

dicite, juste senex et foemina, conjuge justo
digna, quid optetis.

385 J. Grimm D. Mythol. 99 f. 692 u. (hiezu aus Erec noch besonders 7376 f. 8277. 8934 f.). Der Wunsch wird von den mittelhochdeutschen Dichtern auf dieselbe Weise personificiert wie Sälde, Glück, Minne, Ehre, Welt, Abenteure u. s. w.; ein Zusammenhang jener Personification mit Odins Namen Oski wird sich kaum durch einen Mythus von Odin nachweisen lassen (die Gabenfülle im Hyndl. l. 3 f. ist mehr nur äußerliche Zusammenstellung), Oski bezeichnet eher den Wünschvater, adoptator, der Einherien und Balkyrien (Sn. Edd. 24: hann oskasynir, vergl. herjafodr, Säm. Edd. 242, 18: oskmey, vergl. Fornald. S. I, 118. D. Myth. 474. 235).

386 Die Goldruthe (der wunsch, Nib. 1064, 1.) scheint eben den unendlichen Reichthum (an der Stelle des älteren Rings), das Schwert die Gewalt, die Tarnkappe den Verstand, die Klugheit, zu bedeuten, indem der Geist auch sonst als ein Unsichtbares, Unscheinbares, dargestellt wird (Sagenforsch. I, 111. Saxo II, 37, B. 36—47); der nordische Ägishialmr mag wohl ursprünglich ein unsichtbar machender Halm des Äges gewesen sein (vergl. Mones Untersuch. zur Gesch. d. t. Heldens. 164), ein helithhelm, hulidshialmr (D. Myth. 261 vergl. 146). — (Vergl. auch Br. Grimm Hausmärchen I, XXV u., s. ob.)

³⁸⁷ Walth. v. d. Vogelw. 76, 4. 84, 1—14 (hier eigentlich drei Wünsche). MS. III, 423ᵇ, 3. Franff. Arch. III, 260 ob. Nithart (Ben.) 424, 2.
³⁸⁸ MS. II, 187ᵃ, 54. (Fornald. S. I, 503: oskir tvær. Vergl. 494.)
³⁸⁹ Reinmar beginnt:
>Unt het' ich drier wünsche gewalt
>unt daz die würden wâr, sô kûnde ich niemer werden alt.

Das Volkslied [= Nr. 5. B. Pf.]:
>Hedd ick de söven wünsche (in miner) gewalt,
>so wolde ick mi wünschen junk unde nümmer olt.

Str. 8. Z. 3:
>dat alle disse wünsche möchten waer sin.

(W. Wackernagel, Lesebuch I, 570, Z. 84 ff.:
>habe drier wünsche gewalt:
>swie dine wünsche sint gestalt,
>die ersten drî die werdent wâr.

Sp. 571, Z. 11: die werdent wâr alle drî.

Lieders. III, 477, Z. 1 ff.:
>Ich wünsch mir allez durch daz jâr,
>Ich wâu und wurd ez halbez war,
>Ich wurd nach wan rich.)

Auch im Wunsche gegen das Raunen oder gegen die falschen Zungen begegnen sich beide Stücke.

³⁹⁰ Lieders. III, 477 ff. Daselbst 478, 61 f.:
>Wünschen lât kurze wîl
>Und wirt sin niempt gebessert ze kainem zil.

479, 89: Wie das min wünschen hilfet nicht.

Vergl. Ebend. III, 521, 81 f.:
>Manger der gewünschet vil,
>Der doch dar nach nit werben wil ꝛc.

86: Von wünschen wirt man selten rich.

³⁹¹ Mone, Quellen und Forsch. I, 145 ff. [Blommaert II, 111 ff. Pf.]
³⁹² B. 49 f.:
>met witten banden ende voeten
>vischen in die vliet.

Vergl. Wolframs Titurel, Lachm. Ausg. S. 417, Str. 159:
>Schionatulander die grôzen und die kleinen
>vische mit dem angel viene, dâ er stuont ûf blôzen blanken beinen
>durch die küele in lûtersnellem bache.

³⁹³ B. 125 ff.:
>ende daer vôr mi soude staen
>een cop van fineu goude
>die van guldenen penningen
>altôs vol wesen soude,

> sô wat ic daer ût dade,
> dat hi altôs vol blêve,
> dat ic alder werelt
> genoech mochte geven.
>
> ende sij-t alle wisten,
> die giften hadden nôt,
> maect-ic-se niet alle rike,
> sô en geschie mi nemmer meer goet.

Vergl. das Mähre von den drei Wünschen, W. Wackern. Leseb. I, 571. 20 ff:

> oder ich wünsch einen schrin vol
> swie guoter pfenninge ich wil,
> der immer si geliche vil,
> swie vil ich drûz genemen kan;
> und swem ich drûz ze nemene gan,
> daz er doch sî geliche vol.

Nibel. Lachm. 1063:

> Ez was ouch niht anders wan gesteine unde golt.
> unde ob man al die welte hæte versolt
> sin wære minner niht einer marke wert.
> Jane het ez âne schulde Hagne gar niht gegert.

1064: Der wunsch lac dar under, von golde ein rüetelin.
der daz het erkunnet, der möhte meister sin
wol in al der werlde über islichen man.

(v. b. Hag. Ausg. 2040ᵃ ff. (Laßb. Hdschr. [= Holzm. 519. Pf.]):

> Sivrit was sô riche, als ir wol habt gehört,
> im diente das küniriche unt Nibelunge hort.
> des gab er sinen degenen vil vollecllich genuoc:
> wande sin wart doch niht minre, swie vil man von dem
>   schatze truoc.

³⁹⁴ Im Dietleib ist dieser Wunsch dichterisch verwirklicht.

³⁹⁵ Volksmäßig erscheinen gleichwohl der Saal von Glas, die unerschöpflichen Goldpfenninge (die vorhergeh. Anm. 393), die Formeln: „nu will-ic ane wenschen" (B. 87. 65. 98. 141.) und: „een ander wensche dat sine, ic-hebbe dat mine gedaen" (B. 63 f.).

³⁹⁶ Räthselb. in Ruppitschs Besitze Bl. D. iiijᵇ: „Item, so du mit einem wünschen wilt, und was iegklicher wünscht, das es dem andern halb gebür, sei du nit der erst, laß in anheben; wenn er dann nit versteet, so wünscht er im zu gut nichts bös, und so er drei wünsch gethan hat, thu da auch drei: Den ersten, das seine augen zwei liechter sein, So ist das ein dein; Den andern, das seine naslöcher zwo mausfallen sein, So gebürt dir die ein; Den dritten, das sein arm zwen dreschflegel (Spinnst.: „zwen flügel") weren, ist auch einer dein." In der Spinnstub auch

schon früher: „Item ein zů fragen, ob er wolt ein wunsch der inen beide nutz were, spricht er ja, so wunsch" ꝛc. Das Beispiel ist noch unfeiner, als die vorigen.

[397] Geschichtklitt. Cap. 25. (p. m. 297ᵃ): „Wünsch das beiden nutzt." (p. m. 294ᵇ:) „Was wünsch dir von deim Bulen." (p. m. 297ᵃ:) „Drei Wünsch auf eim stiel." (Unsicher, ob wirklich auf ein Spiel bezüglich MS. I, 208ᵃ u., vergl. ebend. ᵇ, 5. MS. III, 443ᵇ, XLIV. Nibel. Lachm. 281, 3.)

[398] Simrocks Walth. v. d. Vogelw. II, 161.

[399] Bollsl. Nr. 58. Str. 4, doppelsinnig (vergl. Fischart, Geschichtklitt. Cap. 6. p. m. 121: „wer wolts anschlagen, zwo Kirschen an eim Stiel"); das nachfolgende: „ach gott, solt ich sie wecken ꝛc." erinnert aber auch an das Wachen und Erwecken der Sälde, des Glückes. D. Mythol. 504 (628 ob.), vergl. auch den Zaubersegen, Anzeig. 1834. Sp. 278. Str. 6: „Zaunstecken, ich weck dich!" ꝛc. „alle Teufel müßen dich wecken" ꝛc. (Myth. Anhang CXXXVIII, XVII).

[400] D. Mythol. 544.

[401] Br. Grimm b. Sag. I, 391 f. Str. 303. Bechstein, Sagenschatz des Thüringerlandes IV, 16 f. Gottschalf, Ritterburg. Bd. II, Halle 1811 (Fallenstein am Harz). Wenn in andern Ortssagen das Schloß zum Schatze durch Vorhalten der Blumen gesprengt wird (D. Sagen I, 408 ff. Nr. 314. Redeker, westphäl. Sagen in den westph. Provinzial-Blätt. Bd. I, Heft 4. Minden 1830. S. 50), so greift dieß in die Vorstellung von der Springwurz über (vergl. D. Sagen I, 11 f. Nr. 9. Altd. Wälder II, 95. D. Myth. 545). [Anzeiger 1837, Sp. 474, Nr. 34. Segen für das Eisenkraut?]

[402] Gräve, Volkssagen der Lausitz, Bautzen 1839. S. 41 ff. Auf der Rathsbibliothek zu Löbau soll noch im Anfang des vorigen Jahrhunderts die schriftlich aufgenommene Aussage des Försters, dem im Jahre 1570 das Abenteuer begegnet, vorgezeigt worden sein, also lautend: „Blühet in dem Gärtlein [einer kräuterreichen Stelle] uf dem Löbawer Berge, allein nur alle hundert Johr, gar in der Mitternachts Stund von St. Joannis Enthäubtung gar ein wunderseltsam Blühmlein, von anmuthiger Gestalt und lieblichem Gedüft, welches der, so reinen Herzens ist, leicht aus der Erd reißen kan und dadurch zu hoher Ehr und vielen Geld gelangt, sintemalen die starke, große Wurz, so wie das Blühmlein selbst vom puren Gold, Silber und köstlichen Gestein ist. Wer sich aberst nit vest und sicher wiß, der berühr es ja nit; sonst verleurt er sin Leven. Wo für Gott behut." Ein Zettel von Pergament mit folgenden Worten ist dem Förster zugeweht worden: „Mortalis, immaculati cordis, qui tempore floris mei, fortuitu(o) huc venit casu, carpere me potest, et uti bonis, quae praebeo; sin minus, fugiat longe." (Vergl. D. Myth. 544, 2.) S. auch ebnd. S. 105.

[403] Dietl. 11579:
und möhte ich hiut ein lant hân,
dar umb wolt ichz ze wüeste jehen? ꝛc.

⁴⁰⁴ Sæm. Edd. 186. Fafnir verkündet auch wirklich, daß dem Sigurd das Gold zum Tode werden solle, ebend. 187, 9. 188, 20. 22. Vergl. Saxo VII, 142: „Leotarus lethaliter saucius victorem Olonem etc. vegeti cognomento donavit (schafft er dem Unbekannten einen Namen zur Verwünschung?) eundem fraudis exemplo, qua circa Thoronem usus fuerat, periturum vaticinans etc. et cum dicto repente exanimatus est; itaque suprema morientis vox futurum victoris exitum augurii sagacitate complexa dignoscitur." Auch das Zutobnennen ist hier zu erwägen. Udv. d. Vis. III, 330 f. (Str. 35: Du nævn mig ikke tildöde.) 436. (I, 323. 395) Levning. II, 140 f. 8v. Folkvis. I, 8.

⁴⁰⁵ Vergl. Anzeiger 1837, Sp. 471 f. Nr. 29.

⁴⁰⁶ Grafs Diut. II, 292. Segensformel aus einer Hdschr. des 16ten Jahrhunderts im Anzeiger 1833, Sp. 234:

Wann ettwas beschrieben ist oder wirt.
Falsche augen haben dich ubersehen,
Eine bose zunge hat dich uberschrieben;
hats gethan ein man,
so büeße dirs der liebe H. S. Dobian (Tobias);
hats gethan ein weib,
so büeße dier der liebe H. S. Veit
zu rechter zeit;
hats gethan ein knecht,
so büeße dier daz heilige gottliche recht;
hats gethan ein mait,
so büeße dier die Marie die viel reine.

Über das böse Auge s. D. Mythol. 624 f. „Böse Hand" Anzeiger 1837, Sp. 466, Nr. 17.

⁴⁰⁷ Sæm. Edd. 84 ff. Str. 26—38. Über tams vöndr und gambanteinn s. D. Mytl. ol. 547 und über die Formel: reide er þer Odinn rc. ebend. 98. 13 (hiezu noch Sæm. Edd. 151ᵃ, 12. 62ᵇ, 21); römische Formeln gleichen Lauts (Dii sint irati tibi, Jupiter tibi sit iratus rc.) s. Brisson. de formul. L. I. (p. 110 sq.)

⁴⁰⁸ Sæm. Edd. 68ᵇ, 65. (Vergl. auch ebend. 120, 46 f.)

⁴⁰⁹ Sæm. Edd. 185, 18—21. Leiptr ist ein mythischer Strom, der zu Hel hinabfällt (Sæm. Edd. 43, 28); über den räthselhaften Stein vergl. ebend. 237. 47. D. Myth. 370. Grimm, Edda 109. Anm. (s. auch oben S. 208. vom dillestein).

⁴¹⁰ Saxo I, 15 sq.

⁴¹¹ Sá þér rc. í háseti sem á hafbáru, vergl. Völs. S. c. 27. (Fornald. S. I, 166 von der bekümmerten Brynhild: hún svarar af áhyggiu af sínu sæti, sem álft af báru.

⁴¹² Saga Herrauds ok Bósa c. 5, Fornald. S. III, 202—7. Sagabibl. II, 606 ff. — Buslas Beschwörung heißt bæn, forbenir, auch von galdr ist

S. 206 bei syrpavera, einer Art von Räthſel, die Rede, vergl. Lex. isl. II,
364: syrpa, f. adversaria, collectanea. S. 202: töfr.
⁴¹³ Fornald. S. I, 249. Vergl. noch die Weiſſagung in Fornald. S. II,
167 f. (Weiſſagung), ebend. I, 501 u.
⁴¹⁴ Str. 8: e pus no m sai orar mais d'encombrier.
Vergl. Marie de Fr. II, 140 f. troiz o(u)remenz; lors a ouré ꝛc.
⁴¹⁵ Raynouard, Choix des poés. origin. des troubadours III, 142—4.
V, 78 f. Fr. Diez, Leben und Werke der Troubadours, Zwickau 1829, S. 182 ff.
⁴¹⁶ Str. 4: Escat al colh, cavalgu' ieu ab tempier.
    Saxo l. c.:   dabiturqae vaganti
            perpetuus tibi turbo comes ꝛc.
    Str. 4: e regnas breus qu' om non puesc' alonquar,
            et estrueps loncs en caval bas trotier.
    Saxo: rura rues ꝛc.
Fornald. S. III, 204 (Buslu-bœn):
        Ef þú ridr raskist taumar,
        hneltist hestar en hrumist klárar.
Sæm. Edd. 165, 19. (Sigrún):
        renni-a sá marr, er und þèr renni ꝛc.
    Str. 6: e fallia m vens, quan serai sobre mar.
Sæm. Edd. ebend.:
        Skridi-a þat skip, er und þèr skridi,
        þótt óska-byrr eptir leggiz.
bei Saxo wird der Schiffende mit Sturm, in Buslas Beſchwörung mit brechen-
dem Schiffsgeräthe bedroht. Selbſt Str. 8 iſt zu vergl. Buslu-b. Str. 7.
Sæm. Edd. 86, 38.
⁴¹⁷ Beſonders 5. Buch Moſ. Cap. 28. V. 15 ff. Weiteres bei Weber, die
Verfluchungen, 2te Aufl. Brem. 1840. S. 18—20. (Über den Zauber des
Fluches ebend. 23. Plin. L. 28. cap. 2; „defigi quidem diris deprecationibus
nemo non metuit.")
⁴¹⁸ Über die Verwünſchung (diræ, exsecratio, deprecatio, devotio, auch
allgemeiner: votum, preces, optata) und ihre Formeln (verba concepta,
solemnia, certa, ῥητικά, carmen, exsecrabile carmen, exsecrationum carmen)
bei den Römern f. Brissonii de formulis et sollemnib. pop. rom. verbis L. I.
(ed. Mogunt. 1649. p. 108—113); das bedeutendſte Gedicht ſolchen Inhalts
iſt Ovids Ibis (Weber, Corpus poetar. latinor. p. 589 sqq.), nächſt dieſem
die dem Valerius Cato zugeſchriebenen Diræ (ebend. p. 1375. vergl. Bähr,
Geſch. d. röm. Lit. 2. Ausg. Carlsr. 1832. §. 109). Der ovidiſche Ibis
iſt Nachbildung eines verlorenen Gedichtes des Callimachus gegen Apollonius
von Rhodus unter demſelben Titel (V. 55—62. Bähr a. a. O. §. 110, prieſter-
liche Verfluchung, κατάρα, devotio, traf den Alcibiades, Plutarch. Alcib. 22.
Cornel. Nep. Alcib. 4. 6). Unter dem Namen Ibis wird ein Todfeind des
Dichters verflucht und zwar vornherein in Ausdrücken, denen ein opferprieſter-

liches (vergl. Vellej. Paterc. L. II. de Merula) dirum carmen (vergl. Liv. 10, 38) zum Muster gedient zu haben scheint, nachher mit einem Gepränge mythologischer Gelehrsamkeit; die Hauptstelle V. 95—128:

>   Illum ego devoveo, quem mens intelligit, Ibin,   95
>   Qui se scit factis has meruisse preces.
>   Nulla mora est in me: peragam rata vota sacerdos;
>   Quisquis ades sacris, ore favete, meis.
>   Quisquis ades sacris, lugubria dicite verba,
>   Et fletu madidis Ibin adite genis;   100
>   Ominibusque malis, pedibusque occurrite laevis,
>   Et nigrae vestes corpora vestra tegant.
>   Tu quoque, quid dubitas ferales sumere vittas?
>   Jam stat, ut ipse vides, funeris ara tui.
>   Pompa parata tibi est: votis mora tristibus absit;   105
>   Da jugulum cultris, hostia dira, meis.
>   Terra tibi fruges, amnis tibi deneget undas,
>   Deneget afflatus ventus et aura suos.
>   Nec tibi sol clarus, nec sit tibi lucida Phoebe:
>   Destituant oculos sidera cuncta tuos.   110
>   Nec se Vulcanus, nec se tibi praebeat aer;
>   Nec tibi det tellus, nec tibi pontus iter.
>   Exsul, inops erres, alienaque limina lustres,
>   Exiguumque petas ore tremente cibum.
>   Nec corpus querulo, nec mens vacet aegra dolore,   115
>   Noxque die gravior sit tibi, nocte dies.
>   Sisque miser semper, nec sis miserabilis ulli;
>   Gaudeat adversis femina virque tuis.
>   Accedat lacrimis odium, dignusque putere,
>   Qui, mala quum tuleris plurima, plura feras;   120
>   Sitque, quod est rarum, solito defecta favore
>   Aerumnae facies invidiosa tuae.
>   Causaque non desit, desit tibi copia mortis;
>   Optatam fugiat vita coacta necem.
>   Luctatusque diu cruciatos spiritus artus   125
>   Deserat, et longa torqueat ante mora.
>   Eveniant! dedit ipse mihi modo signa futuri
>   Phoebus, et a laeva maesta volavit avis.

(Zu V. 116. vergl. Ragnars Lodbr. c. 5. (Fornald. S. I, 249): „en nú vil ek þat ummæla, at annar dagr sé ykkr öðrum verri, er yðr ykkr kemr, en inn' síðarsti verstr.") Dieser Stelle voran geht ein Aufruf an die Götter, V. 67 ff.:

>   Di maris et terrae, quique his meliora tenetis
>   Inter diversos cum Jove regna polos;

Huc precor, huc vestras omnes advertite mentes
Et sinite optatis pondus inesse meis. 70
Ipsaque tu Tellus, ipsum cum fluctibus Aequor,
Ipse meas, Aether, accipe, sume, preces:
Sideraque, et radiis circumdata Solis imago,
Lunaque, quae nunquam, quo prius, orbe micas;
Noxque tenebrarum specie reverenda tuarum, 75
Quaeque ratum triplici pollice netis opus;
Quique per infernos horrendo murmure valles
Imperiuratae laberis, amnis aquae;
Quasque ferunt torto vittatis angue capillis
Carceris obscuras ante sedere fores; 80
Vos quoque, plebs superum, Fauni, Satyrique, Laresque,
Fluminaque, et Nymphae, semideumque genus;
Denique ab antiquo divi veteresque novique,
In nostrum cuncti tempus adeste, Chao:
Carmina dum capiti malefido dira canuntur, 85
Et peragunt partes ira dolorque suas.
Annuite optatis omnes ex ordine nostris,
Et pars sit voti nulla caduca mei.

Vergl. die Devotionsformel bei Liv. L. VIII, c. 9:
Jane, Jupiter, Mars pater, Quirine, Bellona, Lares, Dii Novensiles, Dii indigetes, Divi, quorum est potestas nostrorum hostiumque, Diique Manes, vos precor, veneror, veniam peto feroque, uti populo Romano Quiritium vim victoriamque prosperetis, hostesque populi Romani Quiritium terrore, formidine, morteque afficiatis. Sicut verbis nuncupavi, ita pro republica Quiritium, exercitu, legionibus, auxiliis populi Romani Quiritium, legiones auxiliaque hostium, mecum, Diis Manibus Tellurique devoveo.

Zu V. 81—84 aus Buslu-bæn (Fornald. S. III, 205 f.):
Tröll ok álfar
ok töfra nornir,
búar bergrisar
brenni þínar hallir,
hati hrímþussar
hellir þinar.

419 Armer Heinr. 160 f.:
verfluochet und verwâzen
wart vil ofte der tac,
dâ sîn geburt ane lac.

Trec 5954 f.: daz verfluochet sî der tac,
das ich die rede ruorte!

ebenb. 6071 ff. — — sî begunde
dem swerte dâ ze stunde
fluochen dô siz gesach ꝛc.
„vervluochet sî diu stunde
daz man dich smiden ie began!
dû hâst ertœtet mînen man." ꝛc.

Ettmüller, Sechs Briefe S. 13, 24:
vervluochet sî der selbe tac.

Lieberf. III, 318, V. 38: ou we der tag!
(Aber auch ebenb. III, 309, 162 f.:
Geeret sî diu selbe stunt,
Dar an der kus ergie sich.)

Iwein 5837 ff.: Wie gerne ich dem stîge
iemer mêre nîge,
der in her ze mir truoc.

Tristan B. 8643: si flûchten der stunde ꝛc.

Parziv. 375, 261: vil dicke er dem wege neic
den diu juncfrouwe gienc ꝛc.

(Helmbr. 1463 f.: er neigte gegen dem winde
der dâ wæte von Gotelinde.)

748, 23 ff.: geêrt sî des planêten schîn
dar inne diu reise mîn
nâch âventiure wart getân ꝛc.
geêrt sî luft unde tou,
daz hiute morgen ûf mich reis.

Lieberf. II, 159, V. 94 f.:
Si wart dem weg unmassen gram,
Der mich doch an ir schaden trug.

Miscellan. II, 205: Rell. Hoy et oe maledicantur tiliæ iuxta viam positæ.
206: Dirre wech der habe haz.

Meinert 124: „Eu sol darsalvige Ruosebaom
Rae ruothe Ruose meh troen." Horæ belg. II, 150, 4.

420 W. Grimms Ausg. V. 1189 f.:
er sprach: „ôwê dîns tôdes, wol lieber bruoder mîn.
Der anger sî vervluochet, der die rôsen ie getruog.

V. 1268 f.:
der anger sî vervluochet, der die rôsen hât getragen,
dar um sint mîne recken ze tôde mir geslagen.

Fräulein aus Brit. [Volksl. Nr. 173.] Str. 8:
der grün wald wirt kosten manchen man.

421 Silva 16 f. zu der Stelle:
maldiciendo (yva) al cavallero, que cavalga sin un paje,
si se le cae la espuela, no tiene que se la calce —

vergl. Wolframs Titur. Str. 80:
ein schilt ander schilte gn.· eine.
durch daz solte ein schilt gesellen kiesen,
daz im ein ander [schilt] heiles wunschte, ob dirre schilt kunde niesen.
⁴⁷² Udv. d. Vis. II, 106. 356 f. W. Grimm, Altdän. Heldenl. 537. Vergl. die Sage von der Blümlisalp, D. Sag. I, 150 f., auch Lais de l'oiselet, besonders V. 177—81. 414—7. (Méon III, 120. 127) ob. S. 103. Bechstein, fränk. Sagenschatz I, 52. MS. II, 114ᵇ: „Marich, du versink ꝛc. Jägerlied (Volksl. Nr. 104) Str. 14:
Do he up de heide quam,
de heide was vorsunken
in aller junkfröwlin zart.
(Beruht „das Lügenfeld" in den Alsa-Bildern der Br. Stöber, Straßb. 1836, ✓
S. 10 f. auf irgend einer örtlichen Überlieferung? Die Stellen bei Hahn I, 126, Anm. 5, auch Schillers Thesaur. III, 290, ergeben nichts dieser Art.) Vollständige Verwünschung einer Gegend durch den vertriebenen Landbesitzer sind Valer. Catonis diræ (s. Anm. 418). Daraus hieher Folgendes:
V. 3 u. 62. Rura, quibus diras indiximus, impia vota.
V. 25 u. 47. Sic precor: et nostris superent hæc carmina votis.
V. 15 ff. Effetas Cereris sulci condatis avenas,
Pallida flavescant æstu sitientia prata,
Immatura cadant ramis pendentia mala,
Desint et silvis frondes et fontibus humor,
Nec desit nostris devotum carmen avenis.
V. 27 ff.: Optima silvarum, formosis densa viretis,
Tondebis virides umbras, nec laeta comantes
Jactabis molles ramos influntibus auris,
[Nec mihi saepe meum resonabit, Battare, carmen,]
Militis impia quum succidet dextera ferro,
Formosaeque cadent umbrae. Formosior illis
Ipsa cades, veteris domini felicia ligna.
V. 50 f.: — — Migret Neptunus in arva
Fluctibus, et spissa campos perfundat arena.
V. 72 ff.: Emanent subito sicca tellure paludes,
Et metat hic iuncos, spicas ubi legimus olim,
Occupet arguti grylli cava garrula rana.
V. 84 f.: Exsul ego, indemnatus, egens, mea rura reliqui,
Miles ut accipiat funesti praemia belli!
V. 91 f.: Tardius, ah! miserae descendite monte capellae;
Mollia non iterum carpetis pabula nota.
⁴⁷³ Sæm. Edd. 138, 31.
⁴⁷⁴ Sagabibl. I, 47. Grettis S. c. 76 (p. 146) s. ob. S. 219.

⁴²⁵ Cajo l. c.: infestos pallere deos totumque per orbem
propositis inimica tuis elementa videbis.
⁴²⁶ J. Grimm b. Rechtsalt. 40 f. Auf eine alte Bannformel mag sich auch beziehen, was Meister Irregang, Liederf. II, 314, B. 115—128 sagt, vergl. namentlich B. 123 ff.:

   Tückt ich ainem dann ain hus,
   Man trůg in toten dar uz,
   Mist ich ainem ain stal
   Der schalm slůg über al ꝛc.

mit der Zusammenstellung bei Cajo l. c.:

  — — nec tecta tegent, que si petis, icta
  tempestate ruent, diro pecus occidet algu;
  omnia praesentis sortem vitiata dolebunt.

Ovid. Ibis v. 511 (schon von Stephanus angezogen):
  Lapsaramque domum subeas, ut sanguis Aleuae ꝛc.

⁴²⁷ MS. III, 52ᵇ f. (bei Müller, Altmeist. Gesangb. 8: loter richer ꝛc. s. jedoch MS. III, 741ᵇ, wo seine Bar. angegeben ist; ebend. nimmt von der Hagen an, daß Marner gemeint sei, was nicht wahrscheinlich ist, da Rumeland gegen diesen nur in Kunstsachen streitet.)

⁴²⁸ MS. III, 43, 3, vergl. Agricolas Sprichwört. 74ᵇ: „Mir grauwet, sagt Reuppel. So jemant etwas sihet, das er ungewonet, und merket daran seinen schaden, der im geschehen ist, oder noch geschehen sol, spricht man: Mir grawet, sagt Reuppel, und fant ein frembdes niderkleit an seinem bettstollen hangen." (Vergl. auch 5. B. Mos. Cap. 28, B. 30.)

⁴²⁹ MS. I, 36. 37ᵃ. — Buslu-b. Str. 4: at hjarta þitt höggormar gnagi.

⁴³⁰ MS. I, 14ᵃ. 107ᵇ, 14. Vergl. Liederf. III, 711:

   Ob daz vil licht ûwer ain an gat
   Die fluch mir ob si welle
   Si wünsch mir ungeselle
   und ane segel uf den se
   Tu ez ir in den oren we.

Dieß rührt wieder an die Strafe des Aussetzens auf ein schadhaftes Schiff, Rechtsalt. 701, 17: „ân segel, ân ruoder, ân stiure," s. ob. S. 273.

⁴³¹ MS. II, 87ᵃ, 31. Geisr. Helbl. XIII, 164 f.:

   swer hiuwer niht gebûren vigel (veilblau schlägt?)
   dem sin die rôsen widerseit.

Vergl. MS. I, 75, 15 f., wo ein von dem weisen Ovidius gekündeter Bann geltend gemacht wird. Das Lied unter Walthers Namen, Lachm. 73, worin von zween Flüchen, die der Dichter weiß, gesagt wird:

   biure müezens beide esel und der gouch
   gebœren ê si enbizzen sin ꝛc.

bezieht sich wohl auf ein diesen Beiden zugedachtes Richteramt und die Verpflichtung, in schweren Fällen nüchtern zu Gericht zu sitzen. S. die Fabel in den Miscellan. I, 284, D. Rechtsalt. 764 f., 19 (vergl. auch Reinh. F. Nachtr. 447 zu S. 106), Lieders. I, 228, 208 f. Ferner vergl. Walther 61, 3. 30 f. 28, 3. 35, 3. (158 u., f. Simr. II, 168.) MS. I, 186ᵇ, XXVI, 4. 215ᵇ, XII, 1. 303ᵃ, III, 2, Parziv., Lachm. S. 155ᵇ—156ᵃ.

432 Lieders. II, 419 ff. (auch in der Regensb. Hdschr. Bl. 183ᵃ—191ᵇ und im Cgm. 270. Schmell. III, 74). 1, 409 ff. Beide wahrscheinlich vom Teichner, der bis gegen das letzte Viertel des 14ten Jahrhunderts meist zu Wien lebte; das zweite steht zwischen Gedichten, als deren Verfasser der Teichner sich nennt (also sprach der tichtnær l. Teichnær). [Dieser Annahme steht das vorwiegend jambische Versmaß in beiden Gedichten entgegen. Pf.]

Daß beide Stücke Einen Verfasser haben, wird nicht bezweifelt werden, es zeigt sich selbst in wörtlicher Wiederholung, vergl. II, 428, B. 316 f.:

    Hail wünsch ich in verzichen
    Mit allen sinen gewerben etc.

mit I, 411, B. 96 f.:

    Hail muz sich in verzichen
    In allem irem gewerb etc.

Die Regensb. Hdschr. Bl. 187ᵇ hat für B. 190 ff.:

    das in do die zaghaitt sein
petwingt das er von danne ker Ich wünsch dem unsteten mer
das er sein ere fast spar etc.

Ebend. für 196 ff.: und das im pferd und harnasch ab
gee lesterlich ain michel tail so aller meinclich hab das hail
das er ein riemen mit eren nit verlies · darumb das man an im nit kies
unstet und untreuen zaichen Ich wünsch das an im müs waichen
sein wappen claid hert als das was das man pert
werd im sein schwerts cling Ich wunsch das sein harnüsch ring
ab im faüllen und zupresten

Bl. 188:   Ich wünsch das im zupresten
seins rosses gurt in rechter not so er ainem jamerlichen tot
vor seinen feinten enpflihen sol das er dan ainen graben füll
und es im nit wol ergee Ich wünsch dem saigen me
das im an seinem ross vest auf weiter haid gepreat
und im werd zu nicht und zu recht so er aller gerost sech
das es in aus noten trüeg wir sollen auch wünschen das im flieg
got die lesterlichen zeit wan man ernstlichen streit
auf dem feld mit weründer thiet und so man manichen held siecht
von feinten leiden grosse pein das er do von dem hern sein
müeß fliechen dem er ist geschworn und das sie sei als lang verlorn
pis man den strewt erwinde

Bl. 188ᵇ. des man in dau lesterlichen finde
so man ir aller da sol warten ligent in einem krawtgarten.

Ebend. Bl. 189 für B. 262 ff.: Ich wais nit war zů er soll
dann für ein wür in einem graben an dem er solt auf haben
des unrainen wassers flůt Ich winsch wo der unfrůt
umb cling stech mit dem sper so der selb ungetrew her
gar in gůtem sewg far und dar inn sitzt als ob in dar
die rain hab gefűrt.

Bl. 189ᵇ. Ob er dan werd gerůrt
mit aines kreůdleins spitz das er dan nit besitz
er werd an alle widerhab aus dem satl gestochen ab
mit grossem ungelimpf das dan ieder man sein schimpf
und dan lachen zarte mündlein rot.

Bl. 190 für B. 298 ff.: Ich wunsch das im můs wůten
sein wind und auch sein vogelhunt Ich wünsch das im zů keiner stunt
kain jaghunt nit erfar wo si zů im keren dar
das sie sweigen snell Ich wunsch das im nit erhell
an dem gejaid sein waldhorn das es sein laut hab verlorn
allenthalben und sei worden timmer Ich wünsch das er gesach nimmer
weder wenig oder vill Ich wunsch das im sein vederspill
nit gůt mag peleiben wo er pais das ims vertreiben
die kran und das geflügel Ich wünsch das es die flügel
ab prech und werd reiben hail wünsch ich in zů verzeihen
In und irn erben.

Bl. 190ᵇ. Ich wünsch das sie verderben
an leib und auch an gůt die so gar unsteten muet
haben in irem sinn.

Ebend. 190ᵇ für B. 330 ff.: Ich wunsch das man nit glaub
dem aid noch der trew sein wem er wel die setzen ein
das im darauf nimant getraw Ich wünsch das ab im graw
allen rainen weiben Ich wünsch das in vertreiben
die leit pei den er sei mit haß(s) ingesessen.

[433] Ovid. Ibis v. 443 sq.:

Atque eques in medii mergare voragine cœni,
Dummodo sint fati nomina nulla tui.

[434] Vgl. ob. S. 301, Anm. 107 in einem Handwerksgruß: „er lieg vor
Venedig im Kraut-Garten ic."

[435] B. 72 f.:

Ir pfawenhůt schatten brait
Mich (nicht) schirmen vor der sunnen.

Vergl. Parziv. 154ᵇ, 10:
    von Lunders ein pfæwin huot.
Wigal. 2417 f.:   Dar ûf ein huot, der was breit,
    von pfâwenvedern gestricket wol. [= Pf. 65, 33.]
B. 8907 ff.:   Ouch fuort diu maget reine
    ûf ir houbet einen huot:
    der was von pfâwenvedern guot,
    mit rôtem golde wol beleit. [= Pf. 228, 4 ff.]
Meister Habloub tadelt die breiten Hüte in Oesterreich, welche das Antlitz der Frauen verdecken und besser die Donau hinabschwömmen, MS. II, 283ᵇ u. (Ettmüll. 22.) Vgl. auch jüng. Titurel. Mones Unterfuch. 140. Druck von 1477 Bl. 202ᵃ (Cap. XXVII) [= Hahn Str. 4106. Pf.].

436 Vergl. Anm. 409. Wie V. 196: Und im roß und pfärit ge ab ꝛc., so in Buslu-b. Str. 6: hestar (a. hestr þinn) und klârar.

437 S. ob. S. 270. Auch anderartiger thätlich wirksamer Fluch wird zauberhaft auf das Schwert gelegt, wie auf das Gold, und knüpfen sich daran tragische Heldensagen, Herv. S. c. 2. (Fornald. S. I, 414 f.) Sn. Edd. 164. Sæm. Edd. 181, 5.

438 Lieders. II, 424 f. V. 184—91. 220—24 vergl. mit Rayn. III, 143 (Str. 6): „et en cocha m vei' hom fugir primier." Traugmundsl. Str. 9: „durch waz ist manig guot geselle von dem andern entwichen?" 3. B. Mos. Cap. 26, B. 17: „und sollt fliehen, da euch niemand jaget." (Ebend. B. 36 f.)

439 B. 300 ff.:
                Ich wünsch, das im ze kainer stunt
Kain jaghunt icht erfar, War zu er ker dar,
Das al geswigent snell. Ich wünsch, das im icht hell
An dem gejait sin waldhorn, Daz es den hal hab verlorn
Und ez werd timmer ꝛc.

Die Stelle bei Walther ob. S. 250. Anm. 327.

440 B. 310 ff.:
                Ich wünsch das in kain federspil
Nit gut müg bliben, Wa er baiz das ims vertriben
Dü kra und daz geflügel ꝛc.

Raynouard III, 142 (Str. 2):
    Al primier lans pert ieu mon esparvier,
    E 'l m'aucion el ponh falcon lanier,
    E porton l'en, e que' ie 'l veya plumar ꝛc.

auch Str. 3 betrifft das Federspiel.

441 Vergl. 5. B. Mos. Cap. 28, V. 38. Micha, Cap. 6, V. 15.

442 Liedersf. I, 411 f. V. 108 f.:
    Er setze (ir sehs) sich in dri Verwandel uf ir toppelspil.

(Vergl. Walth. 80, 8. [= Pf. Nr. 177]: höhvertic ses, nû stant gedriet ꝛc.)
Hier sonderbar den Frauen gewünscht. Rayn. III, 143. (Str. 5): „Ans giet'
ades lo reir' azar derrier."

⁴⁴³ Liebers. II, 421, V. 86 ff.:

Und sprach so vernempt mich
Im fluchen, so ich best kan,
Und fluchen in mit ainander.

Diu erst frow do uf stunt
Des aller ersten so wil ich
Dar nach heb wir al an

Dazu V. 78—84 (helfen). 338—47. Auch für günstigen und verliebten
Wunsch wird Zuruf verlangt; MS. II, 249ᵃ, 10:

werde mueze er lange wern;
ze heile erschine im tages sunne, nahtes mâne und iegslich stern!
gerndiu diet, ir sprechet mit mir: âmen! dem von Hennenberc.

MS. III, 65ᵇ u.:
Nu wünschet al gemeine,
daz min leit zergê ꝛc.
ein umbevanc
mit armen blanc,
des wünschet dem, der den reien sanc.

MS. II, 155ᵃ als Kehrreim:
Wünschet, daz si minen pin
wende, daz ir iemer sælic müezet sin.

Vergl. MS. I, 108ᵇ, I, 3. II, 64ᵇ f., 11. II, 155ᵇ, 5.
Hieran schließt sich das Singenhelfen um Gnade, clamar merce, crier merci.
Letzteres als lehenrechtlicher Gebrauch in den Assis. de Jerus. ch. 256.
261. (Wilken, Kreuzz. I, 373); an das gemeinsame Fluchen aber das Weh-
geschrei bei der Mordklage, D. Rechtsalt. 878 f. Auch bei priesterlichen Flüchen
stimmt die Versammlung ein, 5. B. Mos. Cap. 27, V. 14 ff.: „und alles Volk
soll antworten und sagen: Amen!" (hier die Gesetzgebung bestätigend). Ovid.
Ibis V. 97 ff.:

Nulla mora est in me: peragam rata vota sacerdos;
Quisquis ades sacris, ore favete meis,
Quisquis ades sacris, lugubria dicite verba,
Et fletu madidis Ibin adite genis;
Omnibusque malis, pedibusque occurrite laevis,
Et nigrae vestes corpora vestra tegant!

⁴⁴⁴ MS. I, 10 f. Man vergl. folgende Stellen:
Minnel. Ich meie wil dien bluomen min verbieten,
dien rôsen rôt, dien liljen wiz,
daz siu sich vor ir sliezen zuo.

Liebers. I, 411, V. 74 ff.:

Ersigen in in dem maigen,
Die wasen müssen valwen

Ich wünsch den külen brunnen
Ob si den wollen raigen
Und die blumen salwen ꝛc.

Auch B. 58 f.:
Ir blumen von ir kranze Sich sigent und smiegent.
Minnel. Sô wil ich sumerwunne mich- des nieten,
der kleinen vogelîn süezer vilz,
daz der gegen ir ein swîgen tuo.
B. 82 ff.: Ich wünsch ain iglich vogel tu
Als ich im nu gebiet Daz er sich swigents niet
Wa es ir kaine hôr.
Minnel. Ich grüener walt wil abe mîn löuber brechen,
hât si bî mir ze schaffenne iht ꝛc.
B. 80 f.: Die linden müssen reren
Ir lob, wo si hin zogen zu.
Minnel. Ich sunne wil durhitzen
ir herze, ir muot, kein schatebuot für switzen
mag ir gên mir gehelfen niht ꝛc.
B. 72 f.: Ir pfâwenhût schatten breit
Mich (nicht) schirmen vor der sunnen.

⁴⁴⁵ MS. I, 26ᵃ, 5:
Vrœlich in des meigen bluot
brœche ir einen schatehuot.
II, 116ᵇ: Nu treit man den schavernak
vür die bluomenhüete,
die man ûf dem anger brach.
Auch III, 328ᵇ, 1 (wovon sogleich): bluomenhuot.
Walth. 75 [= Pf. Nr. 6, 38]:
frouwe, durch iur güete
rucket ûf die hüete,
owê, gesæhe ichs under kranze!
An die Stelle der Blumen rückten dann die Pfauenfedern (Anm. 435).
⁴⁴⁶ MS. I, 310ᵇ. III, 328ᵇ. (krenzleite, Umzug, Reigen mit Kränzen Geschmückter.) Der Meißner, MS. III, 90ᵃ, 11:
Ich wolde, daz den argen hienge eine schelle
vor an der nasen, diu dâ klünge helle,
dâ man sie bi erkente, seht, daz wære ir reht.
Im Fluche wider die unstäten Männer, Liederf. II, 427, B. 294 ff.:
Ich wünsch das im abriß
Sin wat wer unstet si
Das man in erkenn da bi
Und sich vor im müg behûten;
gegen Frauenfalschheit und in einem andern Spruche des Teichners, ebend. I, 396, 56 ff.:

           Ich wölt ains, geterst ichz muten,
Das mans an den bösen kant Under ougen oder am gewant,
Wann si tet ain missetat, Als die vor geschriben stat,
Das si swert bi gotes grab, Das si nieman lieber hab
Und in als ain katzen straichet ꝛc.

Noch unseiner Euchenwirt XXIII, 74 ff.:
           Ich wolt, wer hiet so valschen sin,
Daz neben anz dem munde sein Die zende wüchsen als einem swein,
Da möcht man in derchennen pei, Und würden raine vrawen vrei
Vor den schälkhen ungerecht ꝛc.

Bernart be Bentadorn, Rayn. III, 46:
           Ai dieus! ara fosson trian
           li fals drut e'l fin amador,
           que 'l lauzengier e'l trichador
           portesson corn el fron denau.
(Diez, die Poesie der Troub. 267.)

[447] Über Werwölfe D. Mythol. 620—3. Le livre des légendes par Le Roux de Lincy, Par. 1836. p. 187 ff. Woycicki Poln. Volkssag. 6 u. f. 48—52. 65—68.
[448] Beispiele in Joh. Erici Observat. ad antiq. sept. p. 159 sqq. §. 4. (D. Myth. 508 f.)
[449] D. Rechtsalt. 733 f. Reinh. F. XXXVII.
[450] Sólarljód Str. 9. (Sæm. Edd. 122ᵃ.): runnu sem vargar til vidar.
[451] S. oben S. 219; auch Graff, ahd. Sprachsch. I, 1131.
[452] Völs. S. c. 8. (Fornald. S. I, 130 f.): „fara nú um sumrum vída um skóga, ok drepa menn til fjár sèr. ꝛc. Their Sigmundr fóru í (ulfa-) haminu ꝛc., létu ok vargsröddu" ꝛc. Sæm. Edd. 154, 36, 40: „vargliódom vaar á vidom úti." (Vergl. Andreas und Elene XXV, u.) Über Einfiötlis deutsche Abstammung s. J. Grimm in der Zeitschr. f. d. Alt. I, 2 ff. (vergl. hiezu die bisher unerklärten Schintfessel, Schmeller III, 371. St. Oswald 3225. 3285.)
[453] Die Sage vom château de Robert le diable in Voyage pittoresque et roman. dans l'anc. France par Taylor, Nodier ꝛc., daraus vor dem Roman Robert-le-Diable, par Placide-Justin, 4 Tom. Par. 1823. Die von den lubins in den Contes populaires ꝛc. de l'arrondiss. de Bayeux, par Fr. Pluquet, 2. ed. Rouen, 1834. p. 14. Im französ. Volksroman heißt es von Robert und seinen Gesellen (p. m. 9.): „on chacun le craignoit ainsi que les brebis craignent les loups; car vrai dire c'étoit des loups ravissans et dévorans tout ce qu'ils pouvoient atteindre et rencontrer." In dem Miracle de Nostre Dame de Rob. l. D. Rouen, 1836. läßt der Herzog Roberts Vater die Ächtung über ihn ausrufen, p. 31: „pour bani Robert cries!" und nach dem ältern Gedicht: Le Roman de Rob. l. D. publ. par G. S.

Trébutien, Par. 1837 belegt ihn auch der Pabst mit dem Banne (Aiij): „il le maldist et escumenie." Vergl. Liederf. I, 478, 141 f.:

> Er solt lofen an ain walt,
> wann er ist in des bapstes ban.

454 Arwidsf. II, 260—66. Udv. d. Vis. I, 243—49.

455 Hausmärch. 57 ff. Nr. 11. Nach andrer Erzählung mit eingestreuten Reimen, ebend. III, 21 f., ist auch das Schwesterchen von der Stiefmutter in eine Ente verwandelt, das Rehkalb wird von ihren Hunden gehetzt. (Zu vergl. ist noch das Märchen der Aufnoy Nr. 18: la biche au bois; ebend. 384.) (Jn Ragn. Lodbr. S. c. 1., Fornald. S. I, 237 erhält Thora, ihrer Schönheit wegen, den Beinamen Borgarhjörtr, vergl. ebend. I, 151. 205. Sæm. Edd. 166, 25.) Zu bemerken ist der nach einigen Umschaffungen sich wiederholende Ausdruck: „hun bad mig fare saa vide", Udv. d. V. I, 247.

456 Arwidsf. II, 267—9 mit der Kehrzeile: „Mine stiger dhe liggia så vijda!" Udv. d. Vis. I, 252, Str. 10—13. 254, 24. Sv. Folkvis. II, 69 f. 72. III, 118. In dem Bruchstücke des altenglischen Gedichts: „William and the werwolf, bei Hartshorne 256 ff., das sich als Übertragung aus dem Französischen angibt (S. 264 ob.), ist ein Sohn des Königs von Spanien auch von der Stiefmutter in einen Werwolf verhext, er fällt sie grimmig an, wird aber zur Flucht genöthigt („and fled away the faster in to ferre londes" etc. und jagt nun im Walde (S. 261—3). — Gleicher Aberglaube, wie vom Werwolf, gieng in Norwegen von der Verwandlung in Bärengestalt, Faye 87 f. Lied und Sage des Nordens haben gleichfalls ihre Waldgänger in Bärenhülle und auch hiebei walten zaubernde Stiefmütter, Hrólfs S. c. 25. 26. (Fornald. S. I, 49 ff.) Udv. d. Vis. I, 182—5. Sv. Folkvis. III, 118. (Der Bär ist Fylgie angesehener Männer: Erlci Ols. q. 160 sq.)

457 Arwidsf. II, 265 f., hier wird sie zum „wilden Habicht." Udv. d. Vis. I, 241 f. 243 f., hier ein wilder, kleiner, schöner Vogel.

458 Udv. d. Vis. I, 196, Str. 9:

> Min Stivmoder hannem omskabte,
> sendte hanuem i fremmede Land.

ebd. 200. Vergl. 395. „Verner Ravn" ist wohl ursprünglich ver-ravn, gebildet wie Wer-wolf — Einer Kindsmörderin verkündigen in einer schott. Ballade (Buchan II, 219 f.) die Schatten der getödteten Kinder: sie werde sieben Jahre eine Rärrin in den Wäldern, sieben ein Fisch in den Fluthen, sieben eine Kirchenglocke und noch sieben eine Pförtnerin in der Hölle sein.

459 In den Lindwurmsagen, Udv. d. Vis. I, 255 ff. (vergl. 253 f.). Sv. Folkv. III, 122 ff. Arwidsf. II, 270 ff. Minstrelsy III, 15 ff. (vergl. II, 200 ff.). Hausmärch. III, 40 f.

460 Rechtsalt. 327. 460. Hausmärch. I, 253 f.

461 Udv. d. Vis. I, 250 ff. Sv. Folkvis. II, 67 ff. f. ob. — In Str. 10 die Zusammenstellung:

Hun skabte mig til en nattergal,
bad jeg skulde verden omflyve;
min broder til en ulv saa graa,
bad ham paa skoven løbe.

⁴⁶² Sv. Folkvis. III, 114—119, vergl. Udv. d. Vis. V, 25 f. (Vergl. Meinert 122. Büschings Volksl. 98, 42.)
⁴⁶³ Volksl. Nr. 88. Str. 8. Eines der schwedischen Lieder, Arwidsf. II, 262, sagt: „Der Kranich fliegt hoch in die Wolke, glücklich ist der Gesell, der dem Unglück entfliehen kann."
⁴⁶⁴ Hrólfs S. c. 26. (Fornald. S. I, 50 f.): „Eptir hat hverfr Björn í burt, ok veit enginn, hvat af honum verdr; ok er menn sakna Björns, þá er hans farit at leita (nærri ok fjærri), ok finst haun hvergi, sem líkligt er." Udv. d. Vis. I, 184, Str. 16. (Dalby Björn):
„Min Stivmoder haver mig forskabt,
Hun vilde, jeg blev evindelig fortabt."
⁴⁶⁵ Reinh. F. CXXI u., f. aus dem Eingang des Renart.
⁴⁶⁶ Udv. d. Vis. I, 247 f. Str. 9 f. Arwidsf. II, 266, Str. 13.
⁴⁶⁷ Minstrelsy III, 43 f. Jamieson II, 374 f. 379 f. Chambers Ball. 191 f. Bei Motherwell 332 fragt sich die unglückliche Mutter nur, indem sie ihre Söhne zu Bette legt: „will ich gehn zu der salzigen See und sehen die Fische schwimmen? oder will ich gehn zum lustigen grünen Wald und hören die Vöglein singen?"
⁴⁶⁸ Auch die Verwandlungen des Perillymenos, der Mestra u. s. w. sind hieher zu vergleichen.
⁴⁶⁹ Sn. Edd. 86. Fornald. S. I, 487. Sn. Edd. 81 f. Sagenforsch. I, 114 ff.
⁴⁷⁰ Udv. d. Vis. I, 23. Ju Eyrbyggia-S. Havn. 1787. 4⁰ c. 20. (Hausmärch. III, 101.) handelt es sich nicht von Verwandlungen, sondern von Blendungen: "siónverfíngum" p. 96.
⁴⁷¹ Hausmärch. I, 255 f. vergl. I, 285 f.
⁴⁷² Woycicki Poln. Volkssag. u. Märch. 132 f. (Über den Botenlauf des Hasen s. ob. S. 223) 113 f. ¡hiezu vergl. Loka Thaattur in den Färöiske Quäder 500 ff.) — Ebend. 153: „Obwohl diese Art von Sagen sicherlich eine fremde ist, so sind sie doch unter unserm Volke schon von sehr alten Zeiten her bekannt. Es sind noch zahlreiche Bruchstücke der Verwünschungsformeln vorhanden. Die Macht der Worte ist dem Volksglauben zufolge so stark, daß durch sie Krankheiten geheilt, Menschen verwandelt und die Gewitter beschworen werden können. Viele dieser Formeln sind nachher zu sprichwörtlichen Flüchen geworden. So z. B. die Redensart: daß du versteinern möchtest!" 155: „Die Formeln selbst jedoch und die Worte der Verwünschungen wurden immer als großes Geheimniß bewahrt, weil sie durch Veröffentlichung ihre Macht verloren." — Sage von der Verwandlung in Stein ebend. 153: wie eine faule Magd, die allzu lange nicht von der Quelle zurückkommt, von ihrer Dienstfrau zum Steine gewünscht und noch mitsammt den Eimern in einem Steinblock verwandelt

geſehen wird. In den Hausmärch. I, 286 (III, 100) wartet ein Mädchen als
ein rother Feldſtein auf ſeinen Liebſten. Es iſt im Gegenſatze zu den Bildern
des Vertriebenſeins und Fliehens die Geſtaltung des Verweilens und Harrens.
Auch die Erſtarrung der Betroffenheit, des machtloſen Zornes, des äußerſten
Schmerzes (dieß vor Allem in der Niobeſage) wird durch Steinwerden aus-
gedrückt. Seltſame Geſteinbildungen geben zu örtlichen Sagen in dieſem Sinne
Anlaß. Belege gibt die D. Myth. 319—21. (Die Verſteinerung dämoniſcher
Weſen bei Tagesanbruch, wozu noch Sn. Edd. 165 ob., verlangt wieder eigen-
thümliche Erklärung.) Weiteres in den D. Sag. I, 41, auch in Tettau und
Temmes Volksſag. Oſtpreuß. u. ſ. w. S. 185. 212 ob. 251, 2. Formelhafte
Verwünſchung der Minneſtörer in einem Liede des Markgr. Heinrich v. Meiſſen.
MS. I, 14ᵃ oben:

   swer disen zwein geværic si
   unt wone mit valscher huote bi,
   der werde z'einem steine!

 473 Buchan I, 24 ff. Reſte eines ähnlichen deutſchen Liedes bei Meinert
49, z. B.: „Wär' ich ein Fiſchlein, ſchwämm' ich in dem Teiche. — Wär' ich
ein Entlein, ich wollt' dich bald erſchleichen."
 474 Geſchichtklitt. Cap. 25. (p. m. 291ᵃ.)
 475 Athenæ. XIV, 14. (ed. Casaubon. p. 694). Obiges nach der Über-
ſetzung von K. Zell, Ferienſchr. I, 79, der auch den Anklang an deutſche
Volksdichtung bemerkt hat.
 476 Udv. d. Vis. I, 247. (Anders bei Arwidsſ. II, 267 f. Str. 4 f.)
 477 Udv. d. Vis. III, 342 ff. (aus Levning. II, 28 ff.) Nyerup, Udv.
II, 10 ff. Arwidsſ. II, 205 ff. (vergl. II, 302, B. I, 310.) Der Rahmen
dieſer mehrfach veränderten Wechſelreden iſt ſeltſam und undeutlich, der Jüngling, auf den die Wünſche des Mädchens gerichtet ſind, gibt ſich als ihren
Bruder zu erkennen und ſo müſſen ſie freilich geſchieden ſein. In einem pol-
niſchen Märchen (Woycicki 128 ff.) will der Bruder die Schweſter heirathen,
weil er keine Schönre finden kann, bedingt ſich aber Gaben, deren Erwerbung
ſie für unmöglich hält: ein Brautkleid, ſo glänzend wie Mond und Sterne,
dann ein andres, glänzend wie die Sonne (koſtbares Gewand u. ſ. w. wird
auch bei Arwidsſ. a. a. O. Str. 2 f. und Nyerup Str. 2 f. verſprochen),
zuletzt einen Wagen, auf dem ſie unſichtbar fahren könne, wohin ſie wolle; gleichwohl ſchafft er Alles herbei, da legt ſie, auf dem Wagen ſtehend, die Braut-
kleider an, heißt die Erde ſich öffnen und wird mit dem Wagen vom Abgrund
verſchlungen. Der Sinn iſt wohl, daß die Heirath zwiſchen Geſchwiſtern unmöglicher ſei, als alle un mögliche Dinge, und zu dieſen können auch die
Wunſchverwandlungen gezählt werden.
 478 Minstrelsy III, 106 f. (vergl. Chambers Ball. 467. W. Grimm, drei
altſchott. Lieder, Heidelb. 1813. S. 10 f.)
 479 MS. III, 259 f., XCVᵇ.
 480 Altes Druckblatt auf der Berl. Bibl., vergl. Wunderh. III, 114.

⁴⁸¹ Fl. Bl. um 1570, vergl. Fein. Alm. 1777. S. 160. Wunderh. III, 25. (Das Lied gleichen Anfangs, ebend. I, 63 f., ist neue Dichtung.) Wolfg. Schmelzels Quodlib., Nürnb. 1544. Nr. 19. Liebesanfang:
>Wer ich ein falk, so wolt ich mich hoch schwingen
>(a. so wölte ich mich aufschwingen).

Burkart von Hohenvels, MS. I, 206ᵇ u.:
>„möhte ich vliegen als ein sneller valke, ich wolte ouch dâ hin."

⁴⁸² Fein. Alm. 1777. S. 116 ff. (aus den Bergreihen von 1547, f. Büsching u. v. d. Hagen Volkslied. S. 380.) Willkürlich mit Andrem zusammengesetzt im Wunderh. I, 363 f.

⁴⁸³ S. ob. Anm. 471. Der Kirche mit der Krone darin entspricht dänisch, Udv. d. Vis. III, 344, Str. 14:
>Da skal du være den skjönneste Kirke,
>der stande kunde paa Hede,
>og jeg vilde være et Alter af Guld
>og stande den Kirke tilrede.

Der Altar auch bei Arwidsf. II, 206, Str. 6 f.

⁴⁸⁴ Volksl. Nr. 49, Str. 4; vergl. MS. II, 159ᵃ (Steinmar):
>„Ich wil louben sô der walt ꝛc."

⁴⁸⁵ Kinloch 74. Buchan II, 187 ff. Einleitende Strophen, die hier weggelassen sind, machen den unglücklichen Freier ausdrücklich zu einem Gärtner und dem gemäß ist auch in obiger Gestalt sein Wunschgeschenk etwas kohlblättrig geworden; daß es sich aber ursprünglich doch nur um den Gegensatz des Werbens und Verschmähens in Bildern aus Sommer und Winter handelte, wird sich bestätigen, wenn die Kleidung aus Blumen noch weiterhin vorkommt, ohne daß ein andrer Gärtner dabei betheiligt ist, als der Sommer oder Mai. Kleider von Lindenlaub, nach andrer Lesart: Purpurkleider aus Eichenlaub, wurden zuvor unter den unmöglichen Dingen verlangt.

4. Liebeslieder.

So lang es nicht eine greise Jugend gibt, wird stets das Liebes-lied die Blume der Lyrik sein. Durch alle Theile gegenwärtiger Darstellung des deutschen Volksgesangs ziehen sich Erzeugnisse desselben, die in irgend einer Form die Liebe zum Inhalt haben; die Lieder der Liebe haben aber auch ihr eigenes Gebiet, ihre besondre Heimatstätte, wo sie wachsen und woher sie stammen, und auf diesem Boden sollen sie jetzt erfaßt und zur Beschauung gebracht werden.

Die ersten Spuren volksmäßiger Liebeslieder in deutscher Sprache zeigen sich in Verbot und Verwerfung weltlichen Gesangs. Schon der Bekehrer Bonifacius erklärt Reigen der Laien und Gesänge der Mädchen in der Kirche für unerlaubt.[1] Ein Capitular Karls des Großen von 789 bestimmt, daß die Nonnen keine Winelieder schreiben oder aus-schicken sollen dürfen, auch nicht von ihrer Blässe durch Aderlaß.[2] Wine heißt Freund, Geselle, die Glossen erklären Winelied als weltliches Volkslied und es können darum, ohne Rücksicht auf den In-halt, gesellige Lieder so benannt sein[3]; daß aber die den Nonnen ver-botenen Lieder verliebter Art waren, läßt doch der Zusammenhang der Gesetzesstelle kaum bezweifeln. Otfried, Mönch zu Weißenburg, um 870, sagt in der lateinischen Zueignung seines deutschgereimten Evan-gelienwerks, er habe solches auf Bitten einiger frommen Männer, be-sonders aber auf das einer achtbaren Wittwe, unternommen, welchen die Üppigkeit und Leichtfertigkeit weltlicher Gesänge zum Ärgerniß ge-reicht.[4] Mit ähnlichen, nur noch stärkern Ausdrücken sind in Kirchen-gesetzen desselben Jahrhunderts Tänze und üppige Lieder auf den Straßen und in den Häusern gerügt.[5] Vom Anfang des 11ten Jahr-hunderts, wenn nicht älter, ist jener Liebesgruß an Ruodlieb, in wel-chem, mitten aus dem Mönchlatein, Lieb und Laub, Wonne der Vögel und Minne deutsch und volksmäßig hervorbrechen.[6] Die dürftigen Anzeigen des ehemaligen Liebesliedes im Volke setzen sich lange nicht bis zu dem Zeitpunkte fort, von welchem an, um die Mitte des 12ten Jahrhunderts, der ritterliche Minnesang in aufblühender, fast zwei Jahrhunderte fortwuchernder Fülle sich entfaltet. Dieser Minnesang ist Kunstdichtung im Geist eines einzelnen Standes, er ist aber zugleich das bedeutendste Zeugniß von der volksmäßigen Unterlage, die auch ihm nicht mangeln konnte, von der Beschaffenheit eben jenes vorangegangenen und sonst nur äußerlich angezeigten Volksgesanges. Die Anknüpfung an letztern vermittelt sich durch die einfache selbst im Reime noch unvollkommene Form und die sinnliche Frische der ältesten Minnelieder, wie sie unter den Sängernamen Kürenberg, Aist u. a. auf uns gekommen sind. So künstlich der Minnesang sich weiterhin ausbildete, so blieb ihm dennoch ein Wahrzeichen angestammter Natürlichkeit in der bald tiefer empfundenen, bald herkömmlich fortgeübten Versetzung der inneren Stimmungen mit den Wandlungen der Jahreszeit. Sein überreicher Liedervorrath kann in dieser Hinsicht auf wenige Grundzüge gebracht werden. Das Einfachste ist, wenn der Sänger sich freut und zur Freude auffordert, daß die glückliche Zeit des Frühlings und der Liebe wieder angebrochen, sodann wenn er das Scheiden dieser schönen Tage betrauert, überhaupt wenn seine Gemüthsstimmung mit der Farbe der Jahreszeit zusammentrifft; eine zweite Weise beruht auf dem Gegensatze, wenn der Liebende in der lichten Zeit trauern muß oder in der trüben sich glücklich fühlt, und dieses geht endlich dahin über, daß er, einzig in seiner Liebe befangen, sich über die Jahreszeit und ihren Wechsel gänzlich hinwegsetzt, aber auch hiebei noch des Naturlebens zum Widerhalte bedarf.[7] Im reinen Stile dieser Minneweisen wird auch aller Aufwand der Darstellung, aller Preis und Schmuck der Geliebten lediglich der heitern Frühlingswelt entnommen[8]; die schöne Frau selbst ist die edelste Blüthe, die rechte Maienrose, alle Reize der Jahreszeit warten auf sie und vollenden sich in ihr, erst in der Liebe wird die Lenzeslust vollkommen. Einfach in Anlage und Farbengebung, arm in der Wiederkehr desselben Hauptgedankens, ist der Minnesang um so manigfaltiger in Wendungen und Formen, durch welche der Grundton durchgespielt wird, und innerlich reich in der unerschöpflichen Herzenslust, die so langehin so Viele zum Gesange trieb. Jenes regelrechte Einerlei der Minnedichtung wird aber auch dadurch gebrochen, daß die in ihr verbundenen Elemente, Inneres und Äußeres, sich zwar nicht gänzlich von einander lossagen, aber Jedes überwiegend nach seiner Seite hinarbeiten und so auf der einen an geistiger Entwicklung, auf der andern an natürlicher Lebensfülle gewonnen wird. Diese beiderlei Richtungen, deren Ansätze schon frühe zu bemerken sind, erlangen ihre vollständige Vertretung in zwei liederreichen Dichtern aus der blühendsten Zeit des Minnesangs, Reinmar dem Alten und Nithart. Ersterer zeigt sich bereits um 1194, in einem Lied auf den Tod Leopolds von Österreich, als gereisten Sänger⁹, Nitharts Dichtweise muß nach einer Anspielung Wolframs von Eschenbach vor 1220 schon namenkundig gewesen sein¹⁰; auch er sang am Hofe der Österreicher. Obgleich nun Reinmar sich den Altmeistern des 12ten Jahrhunderts anreiht, sind es doch unter der großen Zahl seiner Minnelieder nur wenige noch, in denen auf Sommer und Winter Bedacht genommen ist, unter den wenigen aber solche, worin er sagt, daß, wenn Sie nicht helfe, Sommer und Winter beide ihm allzu lang seien, oder daß er mehr zu thun habe, als Blumen zu beklagen.¹¹ Seine Lieder sind fast blumenlos, aber reich der sinnigsten Herzensworte: er vor Allen steigt nieder in die Tiefe des Gemüths, ja er spricht von einem Gedankenstreit in seinem Herzen.¹² Zwar sind es wirklich noch Gedanken des liebenden Herzens, war aber einmal der sinnliche Schmuck hingegeben, die Beschäftigung im Innern angeregt, so kam man von der farblosen, unmittelbaren Empfindung zum nackten Gedanken, die Betrachtung wandte sich in Reinmars sinnverwandten Nachfolgern immer mehr auch auf andere Angelegenheiten als die der Minne: dem Geist einer neuen Zeit war auch im Gesange der Weg gebahnt.

Nitharts zahlreiche Lieder beginnen fast ohne Ausnahme mit Bildern des Jahreswandels von lebhaftem Farbenspiele. Hieran schließen sich gewöhnlich, wie bei Andern, die verliebten Empfindungen des Dichters; diese betreffen aber eine Dorfschöne und sind nur der Übergang zum Hauptinhalte der Lieder, Darstellungen aus dem Leben der üppigen Dörper, Dorfknaben, Dorfsprenzel, Getelinge, des fruchtbaren Tulnerfeldes, mit denen er in mancherlei Eifersucht und Haber kommt, deren Maientänze und andere Vergnügungen in Sommer und Winter, nebst dazu gehörenden Schlägereien, er in kräftigen, reichausgestatteten Gemälden vorführt. So wie diese Lieder, deren Art vielfache Nachfolge fand, durchaus in den Kunstformen des Minnesanges gedichtet sind, so haben sie auch, des volksmäßigen Gegenstandes uneractet, höfische Bedeutung. Sie gehören der idyllischen Gattung an, welche den höheren Ständen das Vergnügen gewährt, sich mitunter in die natürlich freiere Bewegung des ländlichen Lebens zu versetzen, ohne daß damit der vornehmern Stellung etwas vergeben wird. Nitharts Dorflieder belustigten den Hof zu Wien auf doppelte Weise: die Hoffart, der scheelangesehene Kleiderprunk, die linkische Verliebtheit der Bauern nahm sich in den Formen des höfischen Sanges ebenso ergetzlich aus, als die zierliche Sprache des Frauendienfts und die Überzartheit des Minnelieds in der Anwendung auf die Töchter des Gäus. Immerhin aber bekunden die Lieder dieses Stils eine Hinneigung zum Volksmäßigen; manche, namentlich die auf den Maientanz bezüglichen, verzichten mehr oder weniger auf die parodische Richtung, oder geben sich völlig rückhaltlos der allgemeinen Volkslust hin. Der Kunstsänger wird von seinem Stoff überwältigt, die Bauernschaft erobert den Hof. Walther von der Vogelweide, jüngerer Zeitgenosse Reinmars, älterer Nitharts, gleich ihnen wohl bekannt am Hofe zu Wien, klagt über ungefüge Töne, die das „hofeliche Singen," die rechte, sittige Freude, von den Burgen verdrängen; meint er damit, wie zu glauben, die Nithartsweise, so sagt er nicht mit Unrecht: bei den Bauern ließ' er sie wohl sein, von daher sei sie auch gekommen. [13]

Die eigenthümliche Mischung des Naturgefühls und der verliebten Scholastik des Ländlichen und des ritterlich-Höfischen im Minnesang erklärt sich aus der Lebensweise und den gesellschaftlichen Bezügen des Standes, in dem er üblich war. Die Stände waren im deutschen Mittelalter sehr augenfällig geschieden und abgestuft, tiefer liegen die manigfachen Fäden der Verbindung und Vermittlung. Was dem Standesrechte nach so scharf trennte, Freiheit und Unfreiheit, flocht zugleich, als Dienstverhältniß, die genauesten Bande. Das weite Land bedeckten größere und kleinere, im Hofrecht verbundene Haushalte, aus dem Herrn und seinen Dienstmannen, sammt den Angehörigen beider, bestehend. Die Dienstleute, Ministerialen, theils in der unmittelbaren Umgebung des Herrn, theils auf dem zugewiesenen Gute lebend, stammten aus dem untersten Stande der Unfreien, waren selbst unfrei, hatten sich aber dennoch zu solchem Einfluß und Ansehen heraufgearbeitet, daß eben sie die zahlreiche Sippschaft des niedern Adels bildeten.

Diesem Dienstadel gehörten vorzugsweise diejenigen Dichter an, die als tonangebende Meister des Minnesangs auftraten; der Frauendienst in ihren Liedern war eine dichterische Fortbildung und Vergeistigung des angeerbten Hofdienstes. Die mitsingenden Herren, Grafen, Fürsten, bis zum König und Kaiser, huldigten dadurch einer ritterlichen Sitte, und auch die Formen der Lehenspflicht wurden im Minnesang angebracht. Je mehr das Dienstwesen, das zugleich ein Schutzverhältniß war, um sich griff, um so stolzer gebarten sich die Wenigern, die sich desselben noch erwehrt hatten, die freien Herren, die nicht vor dem Kaiser aufstanden [14], die „starken" Städte [15], die freien Landsassen. Wo noch ausnahmsweise eine nicht dienstbare, wohlhabende, wehrhafte Bauernschaft aufrecht war, da stand sie zwar mit dem Adel in keiner Gemeinschaft, reizte vielmehr seine Eifersucht, aber sie bewegte sich rüstig und lebensfroh neben ihm, sang ihre Lieder und sprang ihre Reigen ihm vor der Nase. Die hier ausgehobenen Zustände begründeten für den Minnesang einerseits den höfischen Zuschnitt und die parodische Behandlung des Dorflebens, sie erhielten aber auch anderseits den Natursinn und einen noch in der Verspottung fühlbaren Hang zur freieren Volkslust. Der Adel wohnte so gut im Freien, als das Landvolk, von seiner Burg aus hörte man den Gesang der Vögel im nahen Holze oder auf der alten Linde vor dem Thor. [16] Die Jagd war seine Kurzweil, Tanz und Spiel hatten keinen Gelaß in der engen Burgstätte. Ritterliche Herren und Dienstleute, freie und dienstpflichtige Bauern hatten ein Gemeinsames, das Leben in Feld und Wald, die Ländlichkeit. Geht auch schon im ältesten Minnesange das Ländliche Hand in Hand mit dem Höfischen [17], so ist doch die Hofsitte, als künstliche Zubildung des einzelnen Standes, für das Spätere, der frische Naturhauch für das Frühere anzunehmen. Der Gesang hielt gleichen Schritt mit der Gestaltung des geselligen Lebens. Bevor noch die Ministerialen ihrem Stamme, den „armen Leuten" (Rechtsalt. 312), entfremdet waren und am Herrenhofe den Prunk und die ritterliche Zierlichkeit der Staufenzeit sich eingenistet hatte, kam dem Zusammenleben auf dem Lande noch mehr ein hausväterliches Gepräge zu, wie solches an der Grenze des 10ten und 11ten Jahrhunderts durch die idyllischen Schilderungen im Ruoblieb, jenem Gedichte mit dem Frühlingsgruße, bezeugt wird [18] und noch vielfach in den Weisthümern seine Spur gelassen hat. Ebenso überwog gewiß auch im Liede das Gemeingültige, Natürliche. Dieser Voraussetzung entspricht eine geschichtliche Erscheinung von andrer Seite. Der provenzalische Minnesang, dessen erste Urkunden etwa fünfzig Jahre älter sind, als diejenigen des deutschen, heftet, gerade wie dieser, den Ausdruck der Empfindung an den Wandel der Jahreszeit. Über einen der älteren Trubadure, Peter von Valieres aus Gascogne, besagen die Nachrichten der Liederbücher: Er sei ein Spielmann gewesen und habe Lieder gemacht, wie man sie damals machte, von armem Gehalt, von Blättern und Blumen und vom Gesange der Vögel, weder seine Gesänge haben großen Werth gehabt, noch er selbst.[19] Ähnlicher Weise äußert einer der frühesten nordfranzösischen Minnesänger, Thibault von Champagne: Blatt und Blume taugen nichts im Gesange und können nur Leute mittleren Standes vergnügen.[20] Beides weist auf alten, volksmäßigen Gebrauch des Singens von Laub, Blumen und Vogelsang. Der nordfranzösische Kunstgesang ist selbst erst ein Nachklang des provenzalischen[21], aber auch diesen, mittelbar oder unmittelbar, für das Vorbild des deutschen anzusehen, geht wenigstens nicht für die Auffassung der Natur an, welche nirgends mit solcher Neigung, Frische und Gründlichkeit durchgeführt ist, als bei den deutschen Sängern. So weit unsre Minnelieder hinaufreichen, findet sich doch nirgends eine Anzeige, daß sie ein neuer, aus der Fremde gekommener Brauch seien, je älter, um so freier sind sie von ritterlicher Förmlichkeit, die allerdings von romanischer Seite sich den deutschen Höfen mittheilte[22]; überall setzen sie das Singen von Mai und Minne als ein herkömmliches voraus, manche haben es frühzeitig schon hinter sich, und sobald, bei Nithart, das Landvolk hereingezogen wird, ist auch dieses schon völlig im Singen zu Tanz und Blumenkranz begriffen.[23] Provenzalen und Deutsche führen also gleichmäßig auf einen ältern Volksgesang. Erstere gehen urkundlich vor, woher aber bei ihnen, in hohem und niedrem Stand, alle die wiederkehrenden Sängernamen deutscher Zusammensetzung?[24] Nicht auf die einzelnen kunstfertigen Träger dieser Namen kann die Frage sich beziehen, wohl aber erinnert sie an die große Einbürgerung germanischer Geschlechter im Süden und stellt der spätern romanischen Einwirkung auf Deutschland eine frühere Stammtafel in umgekehrter Richtung entgegen. Die einfachste Ausgleichung des gegenseitigen Anspruchs gibt übrigens jener gemeinsame Grundton, der, über die Unterschiede des deutschen und romanischen, des ritterlichen und volksthümlichen Gesanges hinaus, ein naturgesetzlicher ist und als solcher nachhielt, so weit der Mensch mit dem gesammten Naturleben inniger verbunden blieb; mit und an dem erwachenden Frühling erfrischt sich Herz und Blut, die Zeit des Grünens und Blühens ist die Zeit der Jugend, der Liebe, des Gesangs.

Nachdem in deutschen Landen der höfische Minnesang verklungen war, fanden die Liebeslieder des Volks von Neuem Gehör und allgemeinere Geltung. Sie haben die gleiche natürliche Grundlage; zum Beweis aber, daß sie nicht ein Nachklang des abgestorbenen Kunstgesanges sind, knüpfen sie sich nicht an seine letzten Erzeugnisse, sondern berühren sich weit mehr mit der vorbemerkten Weise der ältesten Minnelieder, denen eben damit eine weitere Gewähr ihrer volksthümlichen Abstammung zuwächst. Diese Volkslieder sind nun ausführlich darzulegen und der nur im Umriß vorangestellte Minnesang wird dabei auch in einzelnen Zügen sich verwandt und hülfreich erzeigen.

Die Jahreszeit ist den Minnesängern nicht bloß ein poetischer Widerhalt der inneren Stimmung, im Leben selbst eröffnet ihnen der Sommer die glückliche Werbung, der Winter macht ihr ein Ende. Bald ist dieß stillschweigende Voraussetzung, bald wird es bestimmter ausgedrückt. Wenn die Blumen den Sommer künden, sendet der Ritter Botschaft an die Erkorne und empfiehlt sich ihr „gen dieser Sommerzeit" [25]; oder er freut sich ihrer Zusicherung, daß er „der Zeit genießen soll" [26]; der Schönen selbst war, seit sie nicht mehr Blumen sah, noch den Sang der Vögel hörte, all ihre Freude verkürzt, ein versäumter Sommer wird zum voraus von ihr beklagt [27]; der Sänger, der über die Jahreszeit sich hinwegsetzen will, bemerkt eigens, daß er auch über den Sommer hinaus diene. [28] Freilich war nur eben der schönere Jahrstheil die günstige Zeit, sich zwanglos nahe zu kommen, Verständnisse anzuknüpfen und wieder aufzunehmen, die Zeit des Blumenlesens und Kränzewindens, der Reigen und Ritterfahrten [29], aber im Grunde waltet dennoch jene belebende Lenzeskraft. Verbindungen für die schöne Jahreszeit kommen auch weiterhin, mehr volksmäßig, zum Vorschein. Ein Gedicht des 14ten Jahrhunderts, mit dem Preise der süßen Maienwonne vor jeder andern Zeit des Jahres anhebend, erzählt von der Brunnenfahrt, die alsdann üblich sei; wenn der Mai mit seiner

Kraft es bringe, daß aus dürrer Erde grünes Gras und lichte Blüthe springe, wenn man die Vögelein in hohem Schall höre, die auch von ihrem Trauern erquickt seien, wenn Berg und Thal in reicher Wonne stehen, dann werde in einen Wald gezogen, Ritter, Knechte und schöne Frauen sammeln sich auf der Aue beim Brunnen, schöne Gezelte werden aufgeschlagen, Singen und Sagen, Tanzen, Rennen, Springen, alle Kurzweil werde da getrieben, auch nehme Jedes eines Liebsten wahr, von dem es dahin gebeten sei, mancher gute Gesell finde dort die liebste Frau, nach der sein Herz sich lange gequält und vielmal gerechnet und gezählt bis auf den Tag der Brunnenfahrt, da sie ihm zu sehen worden, je Zwei und Zwei gehen sie dann mit Armen schön umfangen. 30 Diese lustwandelnden Paare sind es, die anderwärts Maienbuhlen genannt werden. In einer frommen Betrachtung für Klosterfrauen, aus dem 15ten Jahrhundert, wiederholen sich mehrfach in geistlichem Sinne die Vorstellungen vom „in Maien fahren" und vom „Maienbuhli." 31 Der Monat Mai war auch Badezeit und es gehörte zu den geselligen Förmlichkeiten, daß die Badgäste sich ihre Maienbuhlen nahmen; dieß ergibt sich aus einem Reiseberichte des Hans von Waldheim, der im Jahre 1474 zu Baden im Aargau das warme Bad gebrauchte: „Herr Hans von Emß bat mich zu Hause und that mir viel Ehren und Gutes und gab mir seine Hausfrau zu einem Maienbuhlen." 32 Sprichwörtersammlungen des 16ten Jahrhunderts gedenken einer Knappenehe, die im Mai geschlossen werde und nicht länger währe, denn der Sommer; im Winter, da sie weder Haus noch Hof haben, laufe Eines hier, das Andre dort hinaus. 33 Diese Maienehe erinnert an die Heirath in ein Blumenhäuschen (s. oben S. 242). Man könnte sie lediglich für einen Hohn auf das leichtfertige Leben heimatloser Leute ansehen, wenn sie nicht in eine Reihe halbgesetzlicher Gewohnheiten einträte. Der merkwürdigste Gebrauch solcher Art sind die noch neuestens im Eifellande beliebten Mailehen (Mailienen). Am Abend des ersten Mais versammeln in einigen Dörfern sich die jungen Bursche auf dem Hauptplatze des Dorfes oder auf einer nahegelegenen Anhöhe, um sich die Mädchen zum Tanze bei den Kirchweihen und sonstigen Festen zu bestimmen; nach gepflogenem Rathe ruft einer derselben mit lauter, fernhallender Stimme: „Der und Die sollen Mailienen sein! seid ihr des alle zufrieden?" worauf die Gesellschaft in volltönendem Chore mit

Ja! zu antworten hat. Ist keine Übereinstimmung vorhanden und wird die Stärke der verneinenden Stimmen für hinreichend gehalten, so wird neuer Rath gepflogen und ein neuer Ruf verkündet die neue Bestimmung, bis reiner, voller Zuruf die Einhelligkeit bekundet; auf ein allgemeines lautes Ja! wird dabei viel gehalten.[34] Wie an diesem Tage Jedem die Bahn geöffnet ist, diejenige Tänzerin sich zu erwerben, die er zu haben wünscht, so tritt auch für ihn die Verpflichtung ein, der Erworbenen das Jahr hindurch getreu zu sein, sie und keine Andre soll er zum Tanze führen, nur mit ihm und mit keinem Andern ohne seine Erlaubniß darf sie tanzen. Auch an einem Sittengerichte fehlt es nicht; ergibt sich, daß ein Mädchen, als sie bei der letzten Kirchweihe den Vortanz um die Dorflinde oder sonst wo mithielt, dieser Ehre nicht mehr würdig war, so wird die Linde oder das Geländer um dieselbe rein gewaschen, auch das Pflaster ringsum aufgebrochen und erneuert.[35] Die Verwandtschaft dieser ländlichen Mailehen zu dem ritterlichen Sommerdienste der Minnelieder ist nicht zu verkennen.

Das freudige Gefühl der Jugend und des Frühlings ersprang sich in Tanz und Ballspiel. Wie gewaltig der Tanz in das Leben eingriff, wie genau er mit dem Gesange verbunden war, ist hier nur in Beziehung auf das Liebeslied zu erörtern. Schon die alten kirchlichen Verbote lassen Tänze, üppigen Gesang und teuflische Spiele zusammen auf den Straßen vorgehn (s. oben Anm. 6). Bei Nithart und andern Minnesängern, die mit dem Volke verkehren, hat die vielbetriebene Darstellung der ländlichen Tänze zur Maienzeit wieder einen gemeingültigen Zuschnitt, der ganz wahrscheinlich auch dem älteren Volksliede entnommen ist. Wenn die Vögel singen und die Linde laubt, dann wird alsbald der muntre Sumber (Handtrommel) und die helltönende Liederstimme vernommen, die zum Reigen unter der Linde rufen. Diese Klänge wirken zauberhaft auf die tanzlustigen Mädchen. Der Dichter selbst gefällt sich darin, der verlockende Sänger zu sein, das Mädchen hört ihn singen, ihr Herz spielt ihm entgegen vor Freuden, als woll' es toben, an seiner Hand will sie zur Linde springen.[36] Die Mutter warnt, sie versagt die Feierkleider, es erhebt sich Wortwechsel und Streit, sie schlagen sich gar mit Runkel und Rechen; das Mädchen erbricht den Kleiderschrein, bände man ihr den Fuß mit einem Seile, sie bliebe nicht, hin springt sie, mehr denn klafterlang; die Mutter selbst wird von

Tanzlust ergriffen, wie ein Vogel schwingt sie sich auf; der Winter muß weichen, die Bäume, die grau standen, haben neues Reis, die Alte, die mit dem Tode focht, lebt auf, wie ein Widder springt sie und stößt die Jungen alle nieder.[37] Gegen zwanzig Lieder von Nithart oder unter seinem Namen haben diese Anlage, so jedoch, daß die angeführten Züge mehr oder weniger vollständig, gelinder oder gewaltsamer, hervortreten. Auch andere Sänger, in anderer Gegend, üben diese Form und in einem Minnelied wird dieselbe schon bildlich verwendet, indem der Liebende von seinem ungeduldig fortstrebenden Herzen sagt, es thue der Tochter gleich, die ihre Mutter betrogen.[38]

Über die Art und Weise, wie bei den Volksreigen der Gesang mit dem Tanze verbunden war, geben dieselben Dichter manche Andeutung. Schon auf dem Wege zum Tanzplatz wird gesungen. Nithart beklagt sich wiederholt über die Getelinge, die ihm Feiertags, von der Dorfstraße ab, durch den Anger liefen und die Wiesenmaht zertreten, besonders über Einen, der nach Blumen zum Kranze sprang und dazu in einer hohen Weise seine Winelieder sang.[39] Hier wieder die Winelieder, welche vierhundert Jahre früher den Nonnen verboten wurden; da der Blumenkranz zur Werbung beim Tanze gehört, so läßt sich auch hier auf verliebten Inhalt dieser Lieder schließen. Auch die Mädchen singen schon beim Auszug zum Maientanze. Der von Stamheim schildert einen solchen: Die Mutter selbst ist, nach vergeblicher Einsprache, dem Töchterlein zum Putze behülflich, die Gespielen schaaren sich, als Maien führen sie einen Schleier mit angebundenen Spiegeln, darunter singt aus blüthenrothem Munde ein wohlgeschmücktes Mädchen in süßer Weise vor, die andern alle singen nach, so eilen sie in das Thal vor dem Walde, wo der Ball geworfen wird und der Maientanz anhebt, den wieder eines der Mädchen mit seinen Gespielen vorsingt.[40] Vorsingen und Vortanzen waren zwei hohe Ämter. Die Vortänzer gehörten zu den Rüstigen im Gäu und hatten beim Reigen manigfache Gewalt, die jungen Dörper führten blutigen Kampf darum, wer den Leitstab vortragen und damit den Tanz führen solle.[41] Der Vorsinger wird ausdrücklich genannt, er dünkt sich etwas besondres zu sein[42], und wenn es auch für stattlich gilt, Geiger, Pfeifer und Sumberschläger beim Tanze vor sich zu haben[43], so erscheint doch der Gesang des Vorsingers oder der Vorsingerin wichtiger, als das vor- oder nachgehende Geigenſpiel. [14] Die Nachſingenden hatten im Chore zu antworten, „die Andern ſungen alle nach", und wenn auch ihr Antheil nicht genauer angezeigt iſt, ſo fiel ihnen doch jedenfalls die Kehre zu, die bei Tanzliedern nicht leicht gefehlt haben wird, beim Aufſchreiben derſelben aber wegfallen konnte, da ſie nicht eben an das einzelne Lied gebunden war, vielmehr mit dieſem oft in ſehr loſer Beziehung ſtand. Jene zahlreichen Lieder von der tanzluſtigen Tochter oder der Alten, die zum Tanze ſpringt, waren durch ihren Inhalt und meiſt auch durch einfacheren, raſchen Versbau wohl für den Reigenſang geeignet und es heißt am Schluß eines ſolchen Liedes: „Herr Nithart dieſen Reien ſang." [15] Einigen dieſer Lieder iſt in der Handſchrift eine Kehrzeile beigeſetzt [16]; darf man nun für Stücke desſelben Schlags auch gleichmäßigen Vortrag annehmen, ſo zeugt eben die vereinzelte Erſcheinung der Kehre für die Vernachläſſigung derſelben in andern Fällen. Ein ſonſt nicht volksmäßiges Minnelied Hiltbolts von Schwangau, worin des Tanzes mit der Lieben gedacht iſt, erweiſt ſich damit auch zum Tanze beſtimmt, daß es einen ländlichen, für ſich beſtehenden Kehrreim hat [17]; auch die langen Tanzleiche Ulrichs von Winterſteten und des Tanhuſers ſchließen mit einem Ausrufe, der beſtimmt war, im ganzen Ringe rauſchend widerzuhallen: „Schreiet Alle heia hei! nu iſt die Sait' entzwei!" oder: „Heia nu hei! nu iſt dem Fiedler ſein Bogen entzwei!" oder auch: „Mein Herze muß mit der Sait' entzwei!" [18]

Die Fortdauer des Tanzſingens, wie es bei den Minneſängern angezeigt iſt, auch in den folgenden Jahrhunderten ergibt ſich aus gleichzeitigen Sittenſchilderungen. Im Renner um 1300 rühmt eine Bäurin von ihrem Sohne Ruprecht: Er ſei ein „frommer Knecht," trage ſein erſtes Schwert, einen hohen Hut und zwen Handſchuhe, auch ſing' er den Maiden allen zu Tanze vor [49]; ebendaſelbſt heißt es: Jener ſei der Maide Roſenkranz, deſſen Stimme den Tanz wohl ziere [50a]; auch wird den jungen Mädchen ihre Vorliebe für den Trommelſchläger vorgeworfen [50b] und von der Art des Tanzens geſagt, daß ſie erſt ſachte antreten, dann aber auffſpringen, als ob ſie toben. [51] Solch wildes Tanzen rügt etwa ſiebenzig Jahre ſpäter der Teichner als einen von den Bauern auf den Adel überkommenen Unfug [52]: Zu Herrn Nitharts Zeiten hievor habe man viel neuer Unſitte mit Geberde und Gewand bei den Bauern gefunden, nun ſei es aus der Bauern Hand an die

Edeln gekommen; vormals habe man sachte tanzen gesehn, darnach habe das Reigen sich erhoben, jetzt sei es nichts denn auf und nieder, er wisse nicht, wie er's nennen solle, doch vergleich' er's am besten dem Volke, das beim Weinpressen (Traubentreten?) auf und nieder hüpfe; noch gedenk' er wohl, daß Einer im Reigen ein lauteres Glas voll Weines auf dem Haupte geführt, das fiele jetzt einem Tänzer schwer, der, vom Glase zu geschweigen, sich Mantel, Rock und Kugelhut (Rapuze) vom Halse schütteln könnte. [53] Des Bechers auf dem Haupte gedenkt aber schon Nithart als einer von den Bauern nachgeäfften Hofsitte; Sigenot beut dem Dichter neckend seinen Becher, zieht ihn zurück, setzt ihn auf sein Haupt und schleift auf den Zehen hin, doch hat Nithart das Ergetzen, daß der Becher dem Tanzenden über Augen und Mund in den Busen stürzt. [54] Eine geistliche Betrachtung in einer Handschrift des 15ten Jahrhunderts eifert gegen die Sünde des Tanzens überhaupt und insbesondre gegen den verlockenden Tanzgesang „der Frauenbilde": Die Sängerinnen am Tanze seien Priesterinnen des Teufels und die ihnen antworten, seien seine Klosterfrauen, das Tanzhaus seine Pfarrkirche, die Pfeifer und Lautenschläger seine Mesner; die Tanzlieder seien gemeiniglich von üppigen, unkeuschen Worten und es sei Jedem große, schwere Sünde, wer solche schandbare Lieder dichte oder singe, er müße die Sünden auf seine Seele nehmen, die „aus den Liedern oder Sprüchen gehn", darum werden auch oft die Dichter, Meistersinger und Vorsingerinnen durch schwere Strafen heimgesucht, was mit Beispielen belegt wird. [55] Diese Sittenpredigt zeugt nicht nur von einem reichen Vorrath damals vorhandener Tanzlieder, deren Inhalt nur zu schwarzgallig angesehen wird, und von dem lebhaftesten Fortbetrieb des Tanzsingens, sondern es wird auch die Form des letztern als die altübliche bezeichnet, als **Vorsingen und Antworten**, d. h. Nachsingen oder Kehrreimsingen im Chore, auch werden zwei verschiedene Tanzarten genannt, der **umgehende** und der **springende** Tanz, das Tanzsingen aber vorzugsweise bei dem erstern abgehandelt. [56] Noch am Ende des 16ten Jahrhunderts (1598) gibt Neocorus in seiner Geschichte des Landes Dithmarschen eine genaue Beschreibung der Volkstänze, die hier bei einem langehin freien und an den Bräuchen der Vorfahren festhaltenden Bauernstand in Übung geblieben waren; er bemerkt, daß die Dithmarschen ihre Gesänge fast alle den Tänzen bequemt haben, und im Gegensatze des von fremden Orten neueingeführten Tanzens zu Zweien (Biparenbanz) schildert er die verschiedenen Arten des alteinheimischen **langen Tanzes**, darin Alle, die tanzen wollen, der Reihe nach anfassen; dieser lange Tanz sei zweierlei, erstlich der **Trümmelentanz** (Trommeltanz) [57], der sonderlich mit Treten und Handgeberden ausgerichtet werde, jedoch bei Vielen nicht mehr im Gebrauche sei, dazu gehörige Lieder werden angezeigt; der andere lange Tanz gehe fast in Sprüngen und hüpfend, dieser Art seien die allermeisten dithmarsischen Lieder und Gesänge; nicht unfüglich könne jener der Vortrab und dieser der Sprung (er heißt auch anderwärts **Springeltanz**) genannt werden; diese langen Tänze werden also geführt. Der Vorsinger, allein oder unter Beistand eines Mitsingenden, stehe mit einem Trinkgeschirr in der Hand und hebe so den Gesang an, wenn er einen Vers ausgesungen, sing' er nicht fürder, sondern der ganze Haufe wiederhole den Vers, und wenn sie es dann so weit gebracht, da es der Vorsinger gelassen, heb' er wieder an und singe wieder einen Vers; wenn nun dergestalt ein Vers oder zwei gesungen und wiederholt, springe Einer hervor, der vortanzen und den Tanz führen wolle, nehme seinen Hut in die Hand und tanze gemächlich umher, fordre sie damit zum Tanz auf, wohl auch mit einem Gehülfen, und darauf fassen sie der Reihe nach an; wie sich nun der Vortänzer nach dem Gesang und Vorsinger richte, so richten sich die Nachtänzer nach ihrem Führer, und zwar Alle, wes Staates und Standes sie seien, in solcher Einigkeit, daß ein Vortänzer in die zweihundert Personen an der Reihe führen und regieren könne. [58] Man sieht, die Bauern in Dithmarschen trieben das Tanzsingen damals noch ziemlich auf dieselbe Weise, wie die des Tulnerfeldes um den Anfang des 13ten Jahrhunderts. Das Trinkgeschirr in der Hand des Vorsingers erinnert an Weinglas und Becher der Tanzenden bei Nithart und Teichner. Besonders merkwürdig aber ist, daß selbst der vorerwähnte Inhalt so mancher Nithartsreigen in einem dithmarsischen Liede, das als „Springel- oder Langetanz" bezeichnet ist, sich wiederfindet: Gegen die liebe Sommerzeit hört das Mädchen die Pfeifen gehn und die Trommeln schlagen, sie will zum Abendtanze, zum Spiel im Thale, kommt sie nicht dahin, so ist es ihr Tod, die Mutter mahnt ab und heißt das Töchterlein schlafen gehn, dann den Bruder wecken, daß er mit ihr gehe, Alles vergeblich, die Tochter eilt zum Tanze, wo sie den Reuter findet, der sie mit einem Kuß empfängt.⁵⁹ Der volksmäßigern Versweise unerachtet, kann dieses Lied für einen Nachklang Nithartschen Sanges angesehen werden, worin das Mädchen immer auch an der Hand des Ritters am Tanze springen will, was dort in der Verbindung des Höfischen mit dem Ländlichen besondern Anlaß hat, dem dithmarsischen Volksleben aber wenig ansteht. Daß jedoch Nithart selbst, wie oben vorausgesetzt wurde, die Grundform solcher Lieder dem Volke abgeborgt, ist um so glaublicher, als dieselbe Form auch im altfranzösischen⁶⁰, niederländischen⁶¹ und dänischen Volksgesang aufgewiesen werden kann. Der letztere wendet sich der ernsteren Ballade zu: Die Tochter bittet, zum Tanz in der Wachenacht gehen zu dürfen, was die Mutter ungerne gestattet, der König selbst tanzt dort seinen Hofleuten vor und reicht dem Mädchen die Hand zum Reigen, sie soll ein Liebeslied singen, aber ein solches will sie niemals gelernt haben, ein andres stimmt sie an, das hört die Königin auf ihrem Lager, erhebt sich und geht zum Tanze hinaus, der Tänzerin an der Hand des Königs reicht sie ein Horn mit Wein, kaum trinkt das Mädchen davon, so zerspringt sein unschuldiges Herz, hätte die Tochter dem Rathe der Mutter gehorcht, es wär' ihr nicht so übel gegangen. In einem Gegenstücke hiezu erwacht die Königin vom Gesang eines Ritters, der am Tanz auf grünem Anger vorsingt, sie meint erst, eine ihrer Jungfraun schlage die Harfe, heißt dann alle aufstehn und den Rosenkranz aufsetzen, reitet mit ihnen hinaus und tanzt an der Hand des Ritters, muß aber dafür die Eifersucht des Königs erdulden und sitzt am Ende traurig in der Kammer.⁶²

Leichtern Muthes ist die aprilluftige Königin (la regine avrillouse) eines Liedes in der alten Sprache von Poitou. Beim Eintritt der lichten Zeit, um Freude wieder zu beginnen und Eifersucht zu reizen, will sie zeigen, daß sie voll Liebeslust ist; sie läßt bis zum Meere hin alle Mädchen und junge Gesellen zum fröhlichen Tanz entbieten; anderseits kommt der König, den Tanz zu stören, denn er fürchtet, man möcht' ihm die aprilluftige Königin stehlen; sie aber kümmert sich nichts um einen Greis, ein flinker Knappe vergnügt sie; wer sie tanzen sähe und den feinen Leib wiegen, der könnte mit Wahrheit sagen, daß nichts auf der Welt dieser freudigen Königin gleichkomme; „hinweg, Eifersüchtige, laßt uns tanzen mitsammen!" lautet der Kehrreim.⁶³ Hier wird im klaren, füdlichen April getanzt, dort, in den nordischen Balladen, sind es die kurzen und heitern Mittsommernächte, in welchen der Reigen gefeiert wird 64; auch die Kehrzeilen anderer dänischer Lieder lassen den elfenartigen Tanz im Nachtthau durchbliden. 65 Selbst in einer isländischen Saga, deren Niederschreibung in das 12te Jahrhundert gesetzt wird, der Vatnsdälasaga, findet sich ein Zug der Nithartslieder, die tanzlustige Alte: Jngolf, Thorsteins Sohn, dichtete Liebesfänge, er war so schön, daß es in einem Liede hieß, alle jungen Mädchen wollten mit Jngolf tanzen, selbst das alte Weib mit zwei Zähnen im Munde; sterbend wünschte Jngolf, auf einem Hügel nahe am Wege begraben zu werden, damit die Mädchen des Thales um so länger seiner gedenken möchten. 66

Ein geistliches Reigenlied Thomas Blaurers, um 1540, allegorische Umdichtung eines weltlichen, läßt vermuthen, daß in letzterem die maienhaft geschmückte Reigenführerin ihren Gespielen vorsang; wie sie eben von einem Jungbrunnen herkomme, worin ihr runzliges Alter zu blühender Jugend gebadet und wiedergeboren sei 67; hier ist der Wunderquell doch wohl die verjüngende Kraft des Frühlings, frühmorgens im Mai äußerte der sagenhafte Jungbrunnen seine Wirkung. 68 Am Schluße des Liedes gibt die Vortänzerin ihren Blumenstrauß ab und singt dazu:

der Nächsten an dem Reien
schenk' ich zur Letz' den Maien.

Dieß beruht auf einem weiteren Tanzgebrauche, wovon die beigesetzte Anmerkung Kunde gibt: Die Führerin des Reigens hat an ihrem Kranze noch besonders einen Strauß aufgesteckt, den sie, wenn sie geendigt, nimmt und dem Mädchen gegenüber reicht, um ihn aus dem Ringe zu werfen, einen andern Strauß nimmt sie von ihrem Busen und gibt ihn der Nächsten am Reigen, als ihrer Nachfolgerin. 69

Das Lauben der Linde ist bei Nithart die Losung zur Tanzfreude. Unter der Linde wird ja gereigt, sie gibt den Tanzenden Schatten. 70 Nur erst drei Blätter grünen auf ihr und schon springt, nach einem alten Volksliebe, das Mädchen hochauf:

Drei Laub auf einer Linden
die blühen also wohl;
sie thät viel tausend Sprünge,
ihr Herz war freudenvoll,
ich gönn's dem Maidlein wohl.

Auch darin äußert sich die unwiderstehliche Frühlingslust, daß selbst geistliche Personen von ihr hingerissen werden. Zwar ist eben diesen in der vorerwähnten Strafrede das Tanzen, des Ärgernisses wegen, zur Todsünde gerechnet [72], aber die Lieder finden es ergetzlich, auch heilige Leute zum Sprunge zu bringen. Schon Ulrich von Winterstetten ruft die Pfaffen mit den Laien zum Reigen. [73] Ein altes niederländisches Tanzliedchen mit der Kehrzeile: „Hei! es ist im Mai, hei! es ist im frohen Mai!" singt vom Tanze des Paters mit dem Nönnchen. [74] Im dänischen Kinderspielreime pflückt der Mönch am Sommertag Rosen und will die Nonne haschen, sie springt auf, leicht wie eine Feder, er kommt nach, schwer wie ein Stein, lustig tanzen die Zwei. [75] Noch der einsame Klausner hat seinen Frühlingstaumel:

> Da droben auf dem Hügel,
> wo die Nachtigall singt,
> da tanzt der Einsiedel,
> daß die Kutt' in die Höhe springt. [76]

Der Tanzeifer wuchs mit der Menge von Antretenden. Alle Tanzfähigen eines Dorfes, Thales, eines weiten Umkreises strömten auf dem Anger bei der Linde zusammen, der Reigen bewegte sich auf freier Straße, ja er durchzog die Landschaft und rollte fortlaufend neuen Zufloß auf. Eines Sonntagabends, sagt die Überlieferung, fiengen auf der Schloßwiese zu Greyers sieben Personen einen Ringeltanz an, die Coraula, wie sowohl der Rundtanz selbst, als das Reigenlied hieß, einen Tanz, der erst am Dienstag Morgens auf dem großen Marktplatze zu Sanen aufhörte, nachdem sich siebenhundert Jünglinge und Mädchen, Männer und Weiber für und für hatten einreihen lassen, daß das Ganze aussah wie ein Schneckenring; vom untern zum obern Greyerserlande hatte der gute Graf Rudolf mitgetanzt und mitgesungen, wenn er müde war, ließ er sich bei seiner Geliebten, der schönen Sennerin Marguita, durch einen seiner Knappen oder Junker vertreten, stieg zu Pferd und ritt dem im hüpfenden Kreise fortrollenden fröhlichen Zuge nach, bis er sich wieder selbst unter die Tanzenden mengte und seine Marguita herzte. [77] Die harmlose Tanzfahrt verwandelt sich auch zum Heereszug und erobert feste Burgen; so in der hessischen Sage von dem Raubschlosse Weißenstein, das die Bauern unter dem Schein eines Schwerttanzes einnahmen [78], dann in zwei dänischen Liedern. Nach dem einen legen die Belagerer einer uneinnehmbaren Veste Jungfrauenkleider an, tanzen vier Tage lang vor und zurück, zuletzt auf die Burgbrücke, der Pförtner öffnet ihnen das Thor, sie tanzen aus und ein mit gezogenem Schwert unterm Scharlach, tanzen in den Wurzgarten, wo der Burgherr seine Todeswunde empfängt; nach dem andern tanzen schmucke Ritter und Frauen über Gass' und Brücke, einem Vorsänger nachsingend, auf das Schloß hinein, auch die Schwerter unterm Scharlach, noch niemals sah man Schlösser so mit dem Rosenkranze gewinnen. [79] Alle diese sagenhaften Tanzzüge werden an Ausbreitung und innerer Erregung von einem geschichtlich beglaubigten überboten, dem Johannistanze, der im Sommer des Jahres 1374 am Rhein, an der Mosel und in den Niederlanden umfuhr. [80] Namentlich Aachen, Köln, Metz, Mastricht, Lüttich, Tongern waren von dieser seltsamen Tanzplage heimgesucht. Männer und Frauen, Jung und Alt, Mädchen ihre Eltern und Freunde verlassend, liefen von Haus und Hof, von einer Stadt zur andern, hielten in stets wachsender Zahl auf den Straßen, in Kirchen und sonst an geweihten Stätten wilde Tänze, tummelten sich in rasenden Sprüngen, bis sie erschöpft niederfielen, und ließen sich dann, um nicht zu zerspringen, mit Fäusten schlagen und mit Füßen treten. Der Taumel war überall ansteckend, brach Zucht und Sitte; zu Köln waren es mehr denn fünfhundert Tänzer und sollen mehr benn hundert Frauen und Dienstmägde nicht ehliche Männer gehabt haben. Die Tanzenden trugen Kränze, waren gegen das Zerspringen mit Tüchern und Knebeln gürtet, sie wollten nichts Rothes sehen und kein Weinendes, bald war ihnen, als träten sie in einem Blutstrom einher und müsten darum so hoch springen, bald glaubten sie den Himmel offen zu sehen oder riefen sie im Sprunge:

   Herre Sankt Johann, so so,
   frisch und froh,
   Herre Sankt Johann!

Man hielt dieß für Besessensein vom bösen Geist und bediente sich dagegen der priesterlichen Beschwörung. [81] Örtlich beschränkter wiederholte sich die Erscheinung im Jahr 1418 zu Straßburg, viele Hunderte, Männer, Frauen, Kinder, von Sackpfeifern begleitet, tanzten und sprangen hier, Tag und Nacht, am offenen Markt und auf den Straßen, man nannte diese Plage Sankt Vits Tanz [82] und die Heilung wurde damit versucht, daß man die Befallenen nach den Kapellen des heiligen Vitus zu Zabern und Rotestein zum Meßopfer führte. Auch die Einwohner des Breisgaus und der umliegenden Gegend pflegten im 16ten Jahrhundert am Vorabend des Johannistages nach der Veitskirche zu Bießen oder nach der Johanniskirche bei Wasenweiler um Schutz gegen diese Krankheit oder um Genesung von derselben zu wallfahrten. Den ganzen Juni hindurch bis zum Feste des Täufers empfanden die Tanzsüchtigen eine unüberwindliche Unruhe und irrten, von ziehenden Schmerzen getrieben, unstät umher, bis am ersehnten Tag ein dreistündiges Tanzen und Toben an den Altären jener Heiligen sie auf Jahresfrist von ihrer Qual befreite. Noch im ersten Viertel des 17ten Jahrhunderts wurde die Veitskapelle zu Treffelhausen in Schwaben alljährlich von Frauen besucht, die daselbst, von Musik angeregt, Tag und Nacht in Verzückung tanzten, bis sie erschöpft zu Boden stürzten und, wieder zu sich gekommen, der Unruhe frei waren, die sie einige Wochen lang vor dem St. Veitstage gequält hatte. Die Legende des heiligen Vitus bietet einigen Bezug zum Tanzwesen dar. Dieser fromme Knabe widerstand der Verlockung zum Heidenthum, die durch Musik, Tanz und Spiel der Mädchen an ihm versucht wurde [83]; in der Veitskirche zu Mühlhausen am Neckar, die gegen den Schluß des 14ten Jahrhunderts erbaut ist, befindet sich ein Altarbild aus derselben Zeit, worauf, neben andern Darstellungen aus der Geschichte des Heiligen, ein lustiger Reigen (mit Musik und einem bekränzten Paar an der Spitze) herankommt, von dessen Anblick aber Vitus sich abwendet und in seine Kammer flüchtet; unter den etwas späteren Wandgemälden im Chor erscheint derselbe Gegenstand. [84] Johannes der Täufer hüpfte mit Freuden im Leibe seiner Mutter. [85a] Ein loser Anhalt konnte hier ergriffen werden, denn die angeführten Beobachtungen aus dem 16ten und 17ten Jahrhundert, von Ärzten der Zeit aufgezeichnet, ergeben für sich schon naheliegenden Anlaß, den heiligen Veit und den Täufer Johannes zu Nothhelfern zu bestellen, da gegen die ihnen geweihten Tage, den 15. und 24. Juni, der krankhafte Tanztrieb am heftigsten andrängte, wie er denn auch durch die Austobung bei ihren Kapellen heilende Genüge fand. Die Tanzplage von 1374 erhob sich, nach der Limburger Chronik, „zu Mitten im Sommer", in den Niederlanden erschien sie in der Mitte Julis und währte noch im September und October fort, aber sie kam dahin schon weiterher, war bereits zur Seuche geworden, die Ansteckung gab ihr längere Dauer, aber die Zeit des Ausbruchs ist schon durch den Namen Johannistanz angezeigt.[85b] Der Tanzreim der Springenden ruft auch den heiligen Johannes an, aber noch keineswegs zur Heilung, sondern im Jubel der vollsten Befriedigung: „Herre Sankt Johann, so fo! frisch und froh"![86] Die Johannißzeit ist hier der Höhepunkt des Tanzrausches, der Heilige, der im Mutterleibe sprang, nicht Bändiger, sondern Befreier des ungeduldig anstrebenden Dranges. Als Fest der Sonnenwende war der Johannistag[87] überhaupt vom Volke gefeiert; die großen Reigen auf offener Straße waren, wie sich wiederholt ergeben (S. 206. 207), zumeist Abendtänze, wie nun bis zu Mittsommer die Abende wuchsen, so konnte bis dahin das Tanzwesen an Umfang und Überreiz sich steigern, weiter nördlich, in Dänemark, fiel ihm auch die kurze milde Nacht anheim, Mittsommernacht (Wachnacht) war dort die bezauberndste Tanzzeit. Hauptsache bleibt jedoch stets die innere Ergriffenheit, durch Mittheilung und Wetteifer geschärft. Nithart schildert die Tanzanstrengungen eines jungen Dörpers im Dienste seiner Schönen: Der Spielmann richtet sich, da nimmt sich Pöchlin eine Jungfrau an die Hand, ju heia! wie er springt! Herz, Milz, Lung' und Leber schwingt in ihm sich um, er fällt in den Anger, daß ihm Ohren, Nas' und Maul von Blut überwallen, zu beiden Seiten sieht man sein Herz heftig klopfen, ihn hat gedünkt, als wären sieben Sonnen am Himmel und lief' er um wie ein gedrehter Topf, ihm schwindelt' es um den Kopf und er meinte zu versinken.[88] Ein gutes Vorspiel zu einem Johannistänzer, die Schilderung gilt zwar einem Weihnachttanz, aber was soll erst am grünen Holze werden! Die eigentliche Tanzzeit fällt immerhin in das schöne Jahr, wann die Töchter den Müttern davonspringen, wie es auch die Kölner Chronik vom Johannistanze sagt. Die Tanzlust ist ein Theil der allgemeinen Erregung, welche das erneute Leben der Welt in sinnlich kräftigen Menschen weckt; Sommergrün, Vogelsang, Liebeslied, Reigentanz bilden ein Ganzes der natürlichen Sommerlust; der Sprung juckt in den Gliedern, Sang und Klang entbinden ihn, der Johannistanz aber ist die Überspannung und das gewaltsamste Übersprudeln des Tanztriebes, der mit dem Frühling erwacht und in der Sommerglut tobend wird.

Dem Johannistanz entsprechende Zufälle gab in Unteritalien der

Volksglaube dem giftigen Biß einer Erdspinne schuld. Der Tarantel-tanz [89], von dem die erste Nachricht aus dem 15ten Jahrhundert, trat auch im Sommer ein, die Heilung der Erkrankten durch gemeinsamen Tanz war ein Volksfest und hieß die kleine Frauenfasnacht (il carnevaletto delle donne). Der Zauber der Tarantella, der Tanzweise, die von Trommeln, Pfeifen, Lauten und im Gesang ertönte, riß die Leidenden zu den Bewegungen hin, die, mit Anstand beginnend, zum heftigsten Sprung anstiegen und, bis zur Erschöpfung fortgesetzt, auf ein Jahr oder für immer Genesung gaben. Neunzigjährige Greise warfen bei diesem Klange die Krücken hin und gesellten sich, als strömte verjüngender Zaubertrank durch ihre Adern, den wildesten Tänzern zu. Die Töne der Tarantella waren mannigfach, sie mußten den verschiedenen Stimmungen der Kranken gemäß sein, und ebenso die zugehörigen Gesänge. Eine tiefe Sehnsucht nach dem Meere kam bei Manchen zum gewaltsamen Ausbruch, indem sie sich in die blauen Wellen stürzten, wie auch Veitstänzer blindlings in reißende Ströme sprangen [90 a], bei Andern verrieth sich dieselbe nur durch die Annehmlichkeit, die ihnen der Anblick des klaren Wassers in Gläsern gewährte, sie trugen im Tanze Wassergläser mit wunderlichem Ausdruck ihrer Gefühle umher [90 b], oder sie liebten es auch, wenn ihnen inmitten des Tanzplatzes größere Gefäße voll Wassers, umgeben mit Schilf und andern Wassergewächsen hingestellt wurden, worin sie Kopf und Arme mit sichtbarer Lust badeten. Solche Wasserfreunde hörten gerne von Quellen, rauschenden Wasserfällen, Strömen, nach entsprechender Tonweise singen; man hat noch eine Tarantella, die das Verlangen nach dem Meere ausdrückt: „Zum Meere tragt mich, wenn ihr mich heilen wollt, zum Meere hinweg! so liebt mich meine Schöne; zum Meere, zum Meere! so lang ich lebe, lieb' ich dich." [91] Leidenschaft für und wider gewisse Farben hatten auch diese Tanzsüchtigen, doch liebten sie das Rothe, was die Johannistänzer verabscheuten; nach der beliebten Farbe waren denn auch die Tarantellen gestimmt, es gab eine Art derselben, die man panno rosso, rothes Tuch, nannte, zu welcher wilde, dithyrambische Gesänge gehörten, eine andre, panno verde, grünes Tuch, genannt, die mit dem milderen Sinnesreiz durch die grüne Farbe übereinstimmte, mit idyllischen Gesängen von grünen Gefilden und Wäldern; leider sind die Gesänge selbst verloren. [92] Einen ahnungsvollen

Blick gewähren aber schon diese Nachrichten in den ursprünglichen Zusammenhang des Gesanges und Tanzes mit einem lebendigen Naturgefühle, denselben Zusammenhang, dem wir auch im Leben und Liebe des deutschen Volkes nachgegangen sind.

Die einhellige Lust des Sommers und der Liebe fanden wir im Minnesang auf volksmäßiger Grundlage durch Nithart vertreten. Das Leid des liebenden Herzens im Sommer hat einen Meister an Reinmar, den wir zuvor schon Jenem gegenübergestellt. Die Trauer zieht nach innen und so ist es auch die vorherrschend elegische Stimmung, die seinen Minneliedern jene geistige Richtung gibt. Aber nicht gänzlich hat sich sein Gesang von der Volksweise abgelöst und auch durch seine Hand läuft ein Faden, der das älteste volksmäßige Liebeslied mit dem nach Abgang der Minnesänger wieder auftauchenden zusammenknüpft. Reinmar sagt einmal, er habe die Minne noch stets in **bleicher Farbe** gesehen.[93] Wenn er damit den Geist seiner Minnedichtung verbildlicht, so ist ihm doch die bleiche Farbe nicht minder auch im wörtlichen und natürlichen Sinne wohlbekannt.

Bleich und roth* verkündet in altdeutscher Dichtersprache den inneren Wechsel, die schwankende Bewegung von Leid und Freude, Furcht und Hoffnung, und auch gesondert sind die beiderlei Färbungen naturgetreuer Ausdruck der entsprechenden Gemüthszustände. Selbst das Lied der Nibelungen spielt diese Farben durch alle Töne, vom Anhauch der schüchternen Liebe bis zum Erglühen des Zornes und dem Schrecken, der auch Helden entfärbt.[94]** Bei Reinmar nun erscheint die Blässe nicht bloß als Anflug des Augenblicks, er läßt eine Frau von der Minne, die ein Ritter ihr ansinnt, sagen: bleich und je zuweilen roth färbe das die Weiber.[95] In einem andern seiner Gesprächlieder wird zu Sommers Anfang eine liebende Frau befragt: Wohin ihre Schönheit gekommen, wer ihr die benommen? sie sei ein wonnigliches Weib gewesen, nun sei sie gar „von ihrer Farbe kommen"; wer des schuldig sei, den möge Gott verderben. Die Frau antwortet: Wovon sollte

---

* [Von hier bis S. 416 unter der Aufschrift: „Zwei Gespielen" abgedruckt in der Germania II, 218—228. Der Abdruck folgt hier der Handschrift, wo die Anmerkungen ausführlicher als im Druck. Pf.]

** [Das Folgende bis S. 405 „verboten wurden," ist in der Germania weggelassen. Pf.]

sie schön und hohen Muthes sein, wie ein ander Weib, da sie den geliebten Ritter meiden müsse, solche Noth und andres Leid hab' ihr die Farbe meist benommen, doch freue sie sein Angelöbniß, bald zu kommen, dann werde sie ihn anlachen und, ehe sie von ihm scheide, sprechen: „Gehn wir Blumen brechen auf der Heide!"; soll' ihr diese Sommerzeit mit manchem lichten Tage fern von ihm zergehen, wehe dann der Weibesschöne! oft sagen ihre Freunde, ihr werde nimmer Hülfe werden, doch sie lügen, wenn nur er sie tröste, dann werde man sie nie mehr weinen sehn.⁹⁶ Greift man nach den Volksliedern, so zeigt sich ein im 16ten Jahrhundert hoch- und niederdeutsch in mancherlei Lesarten verbreitetes (Volkslieder Nr. 88): Ein Mägdlein tritt an ihres Vaters Zinne, sieht hinaus und sieht ihres Herzens Trost daherreiten, er fragt: ob die Sonne sie getrübt, daß sie so bleich geworden? „Warum soll' ich nicht werden bleich? ich trag' alltag groß Herzeleid, mein Lieb, um dich, und daß du mich verließen (aufgeben) willst, das reuet (schmerzt) mich!" Er versichert, sie sei ihm lieber, als alle seine Freunde, sie soll' ihr Sorgen lassen und ihm folgen; dann führt er sie durch den grünen Wald und bricht ihr einen Zweig. ⁹⁷ Das Lied schließt mit ihrem Wunsche, daß sie als ein weißer Schwan über Land und Meer sich schwingen könnte, damit ihre Freunde nicht wüßten, wo sie hingekommen. Noch in neuester Zeit, unter den Volksliedern des Kuhländchens, kehrt die Frage nach der verlorenen Farbe wieder:

  Ei sag mir's auch, feins Mägdlein!
  wohin hast du deine Farbe?
  „ich hab' sie auf einer Eiche
  und kann sie nicht erreichen."
  Ei sag mir's auch, feins Mägdlein!
  wohin hast du deine Farbe?
  „Ich hab' sie auf einer Esche
  und kann sie nicht erhaschen."
  Ei sag mir's auch, feins Mägdlein,
  wohin hast du deine Farbe?
  „Ich hab' sie auf einer Wiese (Flieder?)
  und krieg' sie nicht mehr wieder.
  Und du fragst nach meiner Farbe?
  du hast sie mir verdorben." ⁹⁸

Die seltsame Versetzung der Farbe auf eine Eiche u. s. f. scheint der Vorstellung entnommen zu sein, wonach nicht bloß Personen, sondern auch was ihnen anhängt, das Fieber, das Unglück, in den Wald oder auf eine wilde Aue, in oder auf Bäume, verwünscht werden können.[99] In der naheliegenden Schlußwendung weicht dieses letzte Lied von dem Sinne der beiden älteren ab. Dagegen ist die allen dreien gemeinsame, den ganzen Inhalt bestimmende Frage so eigenthümlich und doch dabei so gleichmäßig und formelhaft[100], die Übereinstimmung des ersten mit dem zweiten in der Anlage und in Einzelheiten so augenscheinlich[101], daß man einen geschichtlichen Zusammenhang nicht füglich ablehnen kann. Das älteste, Reinmars Kunstlied, für das Vorbild der beiden andern anzunehmen, dasselbe nach Zwischenräumen von je drei Jahrhunderten einfacher in der Form und volksmäßiger im Stile wiederauftauchen zu lassen, ist weit nicht so natürlich, als die Annahme eines schon dem Minnesänger vorgelegenen Gebrauches, Lieder von der bleichen Frauenfarbe zu singen. Hat aber dieser Gebrauch sechs Jahrhunderte nach Reinmar fortgedauert, so darf man auch viere über diesen hinaufgehn und an die Winelieder und Lieder von der Blässe (de pallore) gemahnen, die den Klosterfrauen im Jahre 789 verboten wurden (s. oben S. 383).

Das Mädchen unterm Rosenkranz und das bleiche, trauernde, zeigten sich bis daher nur gesondert. Treten sie zusammen, so ist es die ganze jugendliche Liebe, Lust und Leid, Sonnenschein und Wolke. Ein verbreitetes Geschlecht sind die Lieder von zwei Gespielen. Schon Nithart gibt ein solches: Zwei Gespielen beginnen einander Kunde zu sagen, die Herzensnoth zu klagen; Eine spricht, wie sie von Trauer und Unruhe verzehrt werde, weil ein lieber Freund ihr fremd bleibe, die Andre räth ihr, Geduld zu haben und die Liebe sorgfältig zu hehlen, wozu sie selbst mithelfen wolle; noch gesteht die Erste, daß es ein Ritter von Reuenthal (Rithart) sei, dessen Sang ihr Herz bezwungen. Diese Wechselrede ist in eine Maillage des Dichters eingefaßt, der um ein Heimwesen Sorge trägt, die Schwalbe lleb' ihr Häuslein von Leim, worin sie kurze Sommerfrist weile, Gott mög' ihm ein Haus mit Obdach bei dem Lengebache verleihen.[102] Dasselbe Gesprächlied steht auch unter Waltram von Gresten, doch nicht mit dem ganzen Rahmen, und, statt der Beziehung auf Nithart, mit einer Strophe, worin die berathende Gespiele noch entschiedener auffordert, Maß in der Trauer zu halten, wohlgemuth und unverzagt zu sein.[103] Durchgreifend umgearbeitet, mit etwas erweitertem Strophenbau, findet das Lied sich unter dem Namen des von Scharfenberg. Dem Bearbeiter scheint der Gegensatz von Trauer und Frohsinn nicht genügend hervorgetreten zu sein, er läßt, ohne alles Nebenwerk, die Wechselrede fast wörtlich wie bei Nithart beginnen, aber die zwei Gespielen klagen beide, die Eine, daß sie den Liebsten zu lange nicht gesehen, die Andre, daß sie den Erkorenen gänzlich verloren, und nun setzt sich eine Dritte zu ihnen, die nicht wohl empfangen wird, sie heißen dieselbe dahin gehn, wo Freude sei, habe doch ihr Lieb sie nicht verlassen; die Dritte gibt sich dann gänzlich der Freude hin über die Liebe und Treue des Mannes, der ihr lieber sei, denn Gold.[104] Anders wieder stellt sich der Gegensatz in einem Erntelicde Burkarts von Hohenvels: Ein Mädchen will reigen (im Erntetanz), im Maien war ihr Freude gar versagt, nun hat ihr Jahr (Dienstjahr) ein Ende, des ist sie froh und hochgemuth, wie der Kehrreim lautet:

„Mir ist von Stroh ein Schapel (Kränzlein) und mein freier Muth
lieber, denn ein Rosenkranz, so ich bin behut (gehütet)!"

Da jammert ihre Gespiele, daß Gott sie nicht arm, sondern reich geschaffen, wäre sie arm, so wollte sie mit zu Freuden fahren, ihr habe die Muhme das lichte Gewand eingeschlossen, traure sie oder freue sie sich, so werd' es der Minne schuld gegeben. Die Fröhliche spricht ihr zu, mit in die Ernte zu gehn und das Trauern von sich zu treiben:

ich will dich lehren schneiden,
sei freudenvoll!

Zuletzt denkt die Reiche sich aus, wie sie Rache nehmen möge: darf sie nicht lachen gegen einen Vornehmen, so will sie einen Geringen nehmen, der Muhme zu leid.[105] Die Lieder dieser beliebten Weise knüpfen sich bei Nithart und Burkart an die Lust des Volkes, Maientanz[106] und Erntefeier, in allen stützt sich die Strophe, wenn auch kunstmäßig zugebildet, doch sichtlich auf den epischen Vers, der im älteren, volksmäßigern Minnesange sowohl als dem eigentlichen Volksliede gangbar ist.[107] Dem Heldenliede selbst mangelt die Gruppe der beiden Gespielen nicht; Hugdietrich, der, vermöge seiner Jugend als Mädchen verkleidet, der Königstochter Hiltburg zur Gespielen gegeben war, will dieselbe verlassen, um von seinem väterlichen Reiche als Brautwerber wiederzukehren, noch einmal sind die Liebenden zusammen beim Morgenmahle:

    Da saßen bei einander die zwo Gespielen do,
    Die eine war traurig, die andre die war froh,
    Hilteburg die schöne weinte kläglich,
    Da freute sich in dem Herzen der König Hugdietrich. [108]

Der Wechselrede bedarf es hier nicht, schweigend bilden sie den typischen Gegensatz: Lust und Trauer des liebenden Herzens in zwei schönen, jugendlichen Gesichtern sich spiegelnd und gegen einander abhebend.

Zum Volksgesang übergehend, vernimmt man im Frankfurter Liederbüchlein von 1582 und 1584, wie schon im Antwerpener von 1544, den schon bekannten Anlaut von „zwo Gespielen". Sie gehen über eine grünende Wiese, die Eine führt einen frischen Muth, die Andre trauert sehr; auf die Frage Jener sagt sie den Grund ihrer Trauer: Sie beide haben einen Knaben lieb und damit können sie sich nicht theilen; kann das nicht geschehen, meint die Erste, so wolle sie ihres Vaters Gut und ihren Bruder dazu der Gespielen zu eigen geben; der Knabe steht unter einer Linde und hört das Gespräch, hilf Christ vom Himmel! zu welcher soll er sich wenden? wendet er sich zur Reichen, so trauert die Hübsche, die Reiche will er fahren lassen und die Hübsche behalten; wenn die Reiche das Gut verzehrt, so hat die Lieb' ein Ende: „Wir zwei sind noch jung und stark, groß Gut woll'n wir erwerben." [109] Der Gegensatz von froh und traurig geht hier mit dem von Reichthum und Armuth zusammen, wie bei Burkart von Hohenvels, nur daß bei diesem, feiner ausgesonnen, die Arme fröhlich und die Reiche trauernd anhebt. [110] Der nüchterne, wenn gleich ehrbare Bedacht auf Gut und Erwerb hat aber auch beim Volke nicht zur Grundform dieser Liederweise gehört. Viel anders lautet, nothdürftig berichtigt, ein Bruchstück unter den Liedern des mährisch-schlesischen Kuhländchens:

    Es giengen zwei Gespielen
    bis für den grünen Wald,
    die eine die war baarfuß,
    die andre sagt', 's wär' kalt.

„Gespiele, liebe Gespiele mein!
was will ich dir nun sagen?
's hat mir ein Baum mit Rosen
mein schönes Lieb erschlagen."

„Hat dir ein Baum mit Rosen
dein schönes Lieb erschlagen,
so soll der selbige Rosenbaum
keine rothe Rosen mehr tragen!" 111

Vollständiger und klarer ist die niederländische Fassung in dem Antwerpener Liederbuche von 1544 (Nr. 80):

Es gingen drei Gespielen gut
spazieren in den Wald,
sie waren alle drei barfuß,
der Hagel und Schnee war kalt.

Die Eine die weinte sehre,
Die Andre war wohlgemuth;
Die Dritte begann zu fragen,
Was heimliche Liebe thut?

„Was habt ihr mich zu fragen,
was heimliche Liebe thut?
es haben drei Reitersknechte
geschlagen mein Lieb zutod."

Haben drei Reitersknechte
geschlagen dein Lieb zutod,
ein andres sollt du dir kiesen
und tragen frischen Muth!"

„Sollt ich einen Andern kiesen,
das thut meinem Herzen so weh,
ade, mein Vater und Mutter!
ihr seht mich nimmermeh.

Ade, mein Vater und Mutter
und mein jüngstes Schwesterlein!
will gehn zur grünen Linde,
dort liegt der Liebste mein." 112

Daß ein solches Lied vielgesungen war, lassen zwei Anfänge vermuthen, die zu Bezeichnung der Tonweise geistlichen Liedern vorgesetzt sind, niederdeutsch schon in einer Handschrift des 15ten Jahrhunderts:

> Es ritten zwei Gespielen gut
> zur Heide pflücken Blumen,
> die Eine die ritt all lachend aus,
> die Andre die war traurig. [113]

Hochdeutsch in einem Gesangbüchlein aus dem 16. Jahrhundert:

> Es giengen drei Jungfrauen
> durch einen grünen Wald. [114]

Ähnliche Eingänge beziehen sich eher auf das nach der Frankfurter Sammlung angeführte Lied. Die Einzelstrophe aus dem 16ten Jahrhundert hilft gleichwohl mit dazu, das reine und ganze Gepräge dieser Liederform, zu welchem in der Antwerpener Fassung nur Weniges mangelt oder zuviel ist, der Betrachtung herzustellen. Als überzählig fällt die Dritte hinweg, die schon Scharfenberg hereingezogen; es sind wieder lediglich die zwei Gespielen, fast mit den gleichen Worten, wie zuvor im Hugdietrich:

> Die Eine die war traurig,
> die Andre die war froh. [115]

Die Jahreszeit erlangt nun erst ihr volles Recht, zum grünen Wald und der grünen Linde kommt noch das Blumenpflücken. Morgens im Wiesenthau mit bloßen Füßen zu gehen, galt für gesund [116], zugleich aber ziehen die Frühlingsschauer mit Hagel und Schnee; das deutsche Bruchstück läßt die Eine sommerlich baarfuß gehen, während die Andre den Frost empfindet, die Eine geht nach Blumen, die Andre nach der Linde, nicht zum Reigen oder zu traulicher Zusammenkunft, sondern zur Leiche des erschlagenen Liebsten. Diesen zwei Gestalten, dem lachenden Mädchen und dem todtbetrübten, gibt eben das wechselnde Frühlingswetter seine zwiefältige Beleuchtung. Sonnenschein und Schneeschauer zumal streifen über die Landschaft und die hinschreitenden Jungfraun.

Deutsche Liederbücher des 16ten Jahrhunderts geben auch ein Gespräch der Mädchen zur Erntezeit, wie bei Burkart von Hohenvels, aber in anderm Sinn, einfacher, inniger (Volksl. Nr. 34):

> Ich hört' ein Sichellein rauschen,
> wohl rauschen durch das Korn,
> ich hört' ein Maidlein klagen,
> sie hätt' ihr Lieb verlorn.

„Laß rauschen, Lieb, laß rauschen!
ich acht' nicht, wie es geh';
ich hab' mir ein' Buhl'n erworben
in Veiel und grünem Klee."

„Haft du ein' Buhl'n erworben
in Veiel und grünem Klee,
so steh' ich hie alleine,
thut meinem Herzen weh."

Dem verlassenen Mädchen ist das Rauschen der Sichel eine Mahnung an geschwundenes Glück, während das liebesfrohe, leichtgemuthe noch unter abgemähtem Korn an Veiel und grünen Klee [117] gedenkt, an die Zeit des Frühlings und der zärtlichen Verständnisse.

Französisch findet sich das Lied von den Gespielen in der gedruckten Sammlung von 1538: Der Dichter, nach einem schönen Gehölze lustwandelnd, begegnet drei Jungfraun, die von ihren Liebsten sprechen; die Eine weint und klagt, ob sie denn, um zu lieben, sterben müße? Ihre jüngste Schwester redet ihr zu, sich das aus dem Sinne zu schlagen, es sei Thorheit, so sehr einen Fremden zu lieben, der sie vergesse; Jene dagegen erklärt es für unmöglich, sich dessen zu entschlagen, der ihr auf dieser Welt am besten gefalle, ihn habe sie geliebt und werd' ihn lieben, sollt' es ihr Leben kosten. [118] Reicher und glänzender, obgleich auf Kosten der ursprünglichen Bedeutung, sind die Darstellungen, zu denen schon im 13ten Jahrhundert die erzählende Dichtkunst Nordfrankreichs den Gegensatz der lachenden und trauernden Schönheit, sammt demjenigen des heiteren und stürmischen Himmels, verarbeitet hat; aber auch hier bedingt eben die künstliche Aus- und Umdichtung ein um so früheres Vorhandensein der einfachen Anlage.

Das Abenteuer vom Trabe (lais del trot): Lorois, ein Ritter der Tafelrunde, reitet eines Morgens im April von seiner Burg über die Wiese voll weißer, rother und blauer Blumen [119] dem Walde zu und schwört, nicht umzukehren, bis er dort die Nachtigall gehört. Nahe schon am Walde, sieht er aus demselben gegen achtzig schöne Fräulein daherreiten, sommerlich gekleidet, das Haupt mit Rosen und Heckdornblüthen bekränzt. Manche der Wärme wegen mit gelöstem Gürtel, die losgebundenen Locken am blühenden Antlitz niederfallend; ihre weißen

Zelter gehen sanft und rasch zugleich, Jeder zur Seite reitet ihr Freund, reich geschmückt, fröhlich und wohlsingend, sie küssen und kosen, sprechen von Minne und Ritterthum; vor solchem Wunder bekreuzt sich Lorois und noch sieht er eine gleiche Schaar der ersten folgend vorbeiziehn. Kaum hernach erhebt sich im Walde großes Getös von schmerzlicher Wehklage, wieder kommen hundert Jungfraun herausgeritten, auf schwarzen, magern, unerträglich harttrabenden Kleppern, die Zaumriemen von Lindenbast[120], die Sättel zerbrochen und geflickt (reloiés), die Reitkissen mit Stroh gefuttert und es verstreuend, so daß man zehen Meilen weit der Spur folgen könnte; die Jungfraun reiten ohne Stegreif, mit bloßen schrundigen Füßen, in schwarzer Kutte, die ihnen die Arme nur bis zum Ellenbogen deckt; sie leiden schwere Pein, über ihnen donnert und schneit es, gewaltiges Sturmwetter tobt; hintennach kommen noch hundert Männer in gleicher Bedrängniß wie die durchgeschüttelten Jungfraun; einer Nachreitenden, die so hart einhertrabt, daß ihr die Zähne zusammenschlagen, nähert sich Lorois und befragt sie, was dieß für Leute seien? Sie vermag kaum zu sprechen, so heftig stößt auch das angehaltene Pferd, doch gibt sie seufzend Bescheid: Die vordern, fröhlichen Jungfraun sind solche, die in ihrem Leben der Minne redlich dienten und nun zum Lohne dafür nichts denn Freude haben und selbst im Wintersturme nicht ohne Sommer sind; die Klagenden, Harttrabenden aber, mit trübem, bleichem Angesicht, die ohne Begleiter reiten, sind diejenigen, welche nie etwas für die Liebe thaten, nie zu lieben sich herabließen, jetzt müßen sie ihren Hochmuth entgelten und haben weder Sommer noch Winter Rast und Erleichterung, wenn irgend eine Frau von ihnen und ihrem Leiden reden hört, so hüte sie sich vor allzu später Reue, liebt sie nicht im Leben, so wird sie mit ihnen fahren. Der Ritter kehrt in seine Burg zurück, erzählt, was er erfahren, und entbietet den Mädchen, daß sie sich vor dem Traben hüten, da Zelten (Paßgang) viel angenehmer sei. Die Bretonen haben davon ein Lai gemacht, welches man das Lai vom Trabe nennt.[121] Das Lai der erzählenden nordfranzösischen Kunstdichter beruht im allgemeinen auf dem ältern, singbaren Lai, der bretonischen oder normandischen Volksballade[122], und auf solchen Vorgang wird auch hier ausdrücklich hingewiesen. Der ritterlichen Kunstdichtung darf man unbedenklich die untergelegte Beziehung und Nutzanwendung auf den höfischen

Minnedienst, den schaarenhaften und reichausgemalten Aufzug der beiden Gegensätze aufrechnen; denkt man sich aber das Ganze vereinfacht und auf volksmäßige Grundzüge zurückgeführt, so bieten sich wieder das rosige und das bleiche, lachende und trauernde Mädchengesicht [123], der Frühlingstag mit Blumenglanz und Sonnenwärme, Schnee und Ungewitter, je der entsprechenden Stimmung zugetheilt [124], also nahezu wieder das prunklose niederländische Volkslied. [125]

Wie glückliche Liebe stets im Sonnenscheine fährt, ist auch in einer Stelle des altfranzösischen Parzival ausgeführt: Ein andrer Held der Tafelrunde, Caraboc, König von Nantes, wird auf der Jagd von einem Ungewitter überfallen und birgt sich vor dem Regen unter einer dichtbelaubten Eiche; dort sitzt er in Gedanken an seine Liebe, als er durch den Wald her eine Helle gegen sich kommen sieht und daraus den süßesten Vogelsang vernimmt, mitten in der Heitre zieht ein großer Ritter (Alardin vom See) mit einer schönen Jungfrau, die auf einem weißen Maulthiere sitzt, die kleinen Vögelein, Nachtigallen, Lerchen, Drosseln, fliegen über ihnen fröhlich von Aste zu Aste und singen, daß es durch den Wald erschallt; so ziehen sie nur eines Schwertes lang an Caraboc vorüber, der sie grüßt, ohne Antwort zu erhalten, rasch fahren sie dahin und Caraboc spornt sein Roß ihnen nach, vier Meilen weit jagt er in Regen und Wind vergeblich hinterher, während Jene in der Heitre und dem hellen Gesange der mitfliegenden Vögel fröhlich voranreiten. [126]

Zwei Gespielen wieder sind Gegenstand der altfranzösischen Erzählung von Florance und Blancheflor [127]. Eines Sommermorgens [128] gehen zwei Jungfraun, gleich an Schönheit und Geburt, in einen Garten, um sich zu vergnügen, sie tragen Mäntel, die von zwei Feen auf einer Insel gewoben sind, der Zettel (estain) von Schwertlilien, der Eintrag von Mairosen, die Säume von Blüthen, das Gebräm von Liebe, die Schleifen mit Vogelsang befestigt; sie kommen an einen sanftfließenden Bach und spiegeln darin ihre Farbe, die oft von Liebe wechselt [129], dann setzen sie sich unter einen Ölbaum am Ufer, die Eine spricht: so lange der Baum belaubt sei, werd' er geliebt und werth gehalten, wenn das Laub gefallen, hab' er viel von seiner Schönheit verloren, so ergeh' es dem Mädchen, das seine Schönheit einbüße; die Andre bemerkt: Ehre sei ihr lieber als Reichthum [130]; so plaudern sie einträchtig wie Schwestern, bis Florance fragt, wem Blancheflor ihr Herz geschenkt habe? Diese wird bleich und roth [131], gesteht aber, daß ein trefflicher Schüler [132] ihr Herz besitze. Darüber wundert sich die Freundin und rühmt sich ihres Liebsten, der ein schöner Ritter sei. Gegenseitig erheben und verkleinern sie nun den Stand des Schulgelehrten und des Ritters in Beziehung auf den Dienst der Minne, und zuletzt bescheiden sie sich auf einen bestimmten Tag an den Hof des Liebesgottes, um dort ein Urtheil einzuholen. Als der Tag gekommen, schmücken sie sich köstlich mit Röcken von lauter Rosen, Gürteln von Veilchen, Schuhen von gelben Blumen, Hüten von frischer, duftiger Heckdornblüthe [133], besteigen zwei Zelter, weißer denn Schnee, die Zäume von Gold, das Gebiß von Bernstein, die Brustriemen mit Glöcklein von Gold und Silber, die durch Zauber eine neue Minneweise tönen [134], jeder noch so Kranke, der sie hörte, würde alsbald geheilt sein; die Sättel sind von Elfenbein mit zierlichen Stegreifen, die Reitkissen mit Veilchen gefüllt; nach Mittag sehen sie Thurm und Schloß des Gottes der Minne, doch nicht aus Stein gemauert, es ruht auf einem Rosenbette, die Latten mit Gewürznelken festgenagelt, die Sparren von Ahorn (sicamor), die Mauern umher von Bogen, mit denen der Liebesgott schießt: die Mädchen steigen ab und werden von zwei Vögeln zu dem Gotte geführt, der sich erhebt und sie artig begrüßt. Er setzt sie neben sich und läßt sich ihren Handel vortragen. Sofort versammelt er die Barone seines Hofs und verlangt ihren Ausspruch; der Sperber, der Falke, der Häher sprechen zu Gunsten des Ritters, Drossel, Lerche und Nachtigall zum Vorstande des Schülers, ja die Nachtigall erbietet sich zum Zweikampf, den der Papagei annimmt, und sie reichen dem König ihre Handschuhe, damit er den Kampf bestätige; auf sein Geheiß wappnen sie sich ungesäumt, ihre Helme sind von Klapperrosen (passe-rose), ihre Wämser von Ringelblumen, die Schwerter Rosen, nach hitzigem Gefechte muß der Papagei sein Schwert übergeben und den Schülern den Vorzug in der Liebe zuerkennen; Florance weint, ringt jammernd die Hände und sinkt todt nieder; da versammeln sich alle Vögel und bestatten sie mit großem Gepräng, setzen ihr einen Stein, den sie mit Blumen bestreuen, und schreiben darauf: „Hier ist Florance begraben, die des Ritters Freundin war."

Eine zweite Bearbeitung desselben Stoffes, nur als Bruchstück nennt die beiden Gespielen Eglantine und Hueline, erstere [135] nach der Heckenrose, sie geht ausführlicher auf das verschiedene Leben der beiden Stände ein, weiß dagegen nichts von den feenhaften Blumenkleidern und läßt ungewiß, ob die Vögel zum Gerichte berufen seien, da sie bei der Ankunft am Liebeshofe abbricht.

Auch eine mittellateinische Behandlung, der Streit zwischen Phyllis und Flora, in langzeiligen Reimstrophen, vom Anfang des 13ten Jahrhunderts, steht zur Vergleichung, sie ist sinnig und gewandt, berührt sich selbst im Einzelnen mit beiden französischen Gedichten, überbietet dieselben in umständlicher Streitrede über Ritter und Kleriker und ersetzt den Feenzauber durch mythologische Ausstattung. [136]

Gegen das Ende des 13ten Jahrhunderts läßt ein deutscher Dichter, Heinzelin von Konstanz, dieselbe Kampffrage verhandeln. [137] Zu Nacht im Winter belauscht er durch ein Wandfenster das Gespräch zweier Gespielen, deren eine dem Ritter, die andre dem Pfaffen den Vorzug in der Liebe zu behaupten sucht; der Pfaffe wird als ein solcher bezeichnet, der zwar so genannt sei, aber noch keine der hohen Weihen habe, zum Unterschied der priesterlichen Pfaffen [138]; die Streitenden vereinigen sich zur Berufung an die Minne, welche billig in diesen Sachen Richterin sei, und es wird ein „gemeiner Tag genommen," der gerichtliche Austrag aber wird nicht erzählt und der Dichter spricht nur den Wunsch aus, daß er auch dabei heimlich zugegen sein könnte. [139] Daß der Streit hier im Winter vorgeht, von dem eine anmuthende Schilderung vorangeschickt ist (f. ob. S. 73), erscheint als ausgedachte Abweichung von dem herkömmlichen Eingange, jedoch nur um mit einer neuen Wendung auf denselben zurückzukommen, indem der Dichter versichert, er habe durch sein geheimes Fenster in ein Paradies gesehen, des lichten Maien volle Blüthe habe sich ihm in der blühenden, vom Wandel der Jahreszeit unberührten Jugend der beiden Gespielen gezeigt. [140] Ein späteres deutsches Streitgespräch zwischen zwei Schwestern, deren jüngere einen Bürgerssohn, die ältere einen Ritter liebt, findet wieder im grünen, blumigen Maien statt und endigt überraschend damit, daß Frau Minne als Schulmeisterin auftritt und der älteren Schwester auf die schneeweiße Hand Streiche gibt. [141] Unter allen diesen Darstellungen ist die vollständige altfranzösische hier die erheblichste, sie mag in ihren Arabesken etwas überladen sein, knüpft sich aber mittelst dieser an die

Volksdichtung, in welcher Anzüge aus Blumen und Feierlichkeiten der Vögel wohl bekannt sind (s. oben S. 76 ff.), während der Streit über Gelehrten- und Ritterstand mit dem Siege des erstern zusammt dem Liebesgotte, der seiner Flügel wegen zu den Vögeln verordnet ist, nach dem Hof und der Schule weist.[142] Die Streitfrage ist zu trocken für die phantastische Fassung, um nicht für eingelegt angenommen zu werden, das Blumenwesen in den Namen und im Schmucke der Mädchen setzt einen Gegenstand der Wechselrede voraus, mit dem es, einfacher und bedeutsamer zugleich, in dichterischem Einklange stand.

Ein deutsches Lied besagt:

> Es nahet sich der Sommerzeit,
> da hub sich manch seltsamer Streit
> der Blümlein auf grüner Heide,
> das ein ist weiß, das andre roth,
> ihr Farb ist mancherleie. (Volksl. Nr. 185.)

Gab es einen Wettstreit der rothen und weißen Blume, bezeichnet in den Mädchennamen die Weißblume, das Widerspiel der farbigen, so führt dies, auf Angelegenheiten der Minne bezogen, zu dem bekannten Gegensatze von bleich und roth, es sind abermals die zwei Gespielen im Frühling, die liebesfrohe und die trauernde, die rothe und die weiße Heckenrose, oder die Rose und die Lilie.[143] Floire und Blanchefleur hießen auch die beiden Kinder, deren Liebessage im Mittelalter so berühmt war.[144] Am gleichen Frühlingstage geboren, werden sie nach dieser wonnigen Zeit der Knabe Floire, Flos, Blume, das Mädchen Blanchefleur, Blankflos, Weißblume genannt.[145] Frühe schon sind sie einander innig zugethan und sollen deshalb, da Blankflos dem König nicht ebenbürtig ist, getrennt werden. Sie wird in fernes Land verkauft, auf einem Thurm eingeschlossen trauert sie um ihren Gespielen. Doch dieser erkundet sie, und wie er zu ihr in den Thurm gelangt, ist der Mittelpunkt des Gedichts. Am Maitage sollen den Jungfraun Rosen dahin gebracht werden, da wird Flos in rothem, blumengleichem Kleide, mit Rosen bekränzt, in den Korb gelegt und mit den Blumen zugedeckt, die beiden Träger finden den Korb ungewöhnlich schwer und meinen, die Rosen seien naß im Thaue gelesen worden, denn Blankflos habe sie lieber naß als trocken; wie sehr sie traure, wenn sie diese Rosen sehe, werd' ihr große Freude widerfahren, und so geschieht es auch, als die lebende Blume aus dem Korbe springt.¹⁴⁶ Die weiße Blume, von der hier nur der Name des trauernden Mädchens zeugt, ist an früherer Stelle wirklich bezeichnet: Der für todt ausgegebnen Blankflos hatte man ein Grabmal errichtet mit den Bildern der beiden Kinder, wie Flos der Gespielen eine Rose bietet und sie ihm eine Lilie.¹⁴⁷ Eine Darstellung dieser Sage ist so eingeleitet: In der Zeit, so die Blumen entspringen, die Vögel im Walde singen und nach dem April der Mai herannaht, da gesellt sich Alles was lebt; Ritter und Frauen kommen da in einen Baumgarten, Blumenschein und Vogelsang gibt ihnen Trost, unter hohen Bäumen, bei einem wonniglichen Brunnen, reden sie Zwei und Zwei von Minne, die zu dieser Zeit Allen den Sinn einnimmt; zwei Schwestern, lieblichen Angesichts und hoher Geburt, sitzen beisammen und sagen Wunderbares und Einniges von Minne, der Schall umher wird stille und Alle lauschen, wie die Eine jetzt von zwei Liebenden erzählt, deren Leben durch Minne bedrängnißvoll war und freudenreich.¹⁴⁸ Dieses Vorspiel, in der Weise der oben geschilderten Brunnenfahrten, zeigt nochmals zwei Gespielen von Lieb und Leid der Minne redend, das sich ihnen im Anblick der aufblühenden Blumen zur traurigfrohen Geschichte von Flos und Blankflos gestaltet.¹⁴⁹ Daß neben und wohl auch vor den ausführlichen Erzählungen einfacher und volksmäßiger von den Blumenkindern gesagt und gesungen wurde, bezeugt ein altfranzösisches Wächterlied, worin die Schöne äußert, sie würde dem Freund aus einem süßen Liebesliede von Blancheflor singen, wenn sie nicht Verrath fürchtete, sodann der Schwank vom Weltstreite zweier Fahrenden, deren einer sich rühmt, wie er ebensowohl von Blancheflor als von Floire zu erzählen wisse.¹⁵⁰

Der gemeinsamen Unterlage des Minnesangs und des volksmäßigen Liebeslieds, wie solche bisher in einer steten Wechselbeziehung der Gemüths=stimmung zu den Wandlungen und Farben der äußern Natur aufgezeigt worden, sind nun auch die übrigen Liederbildungen einzuordnen oder anzureihen, welche für diesen Abschnitt weiter Beachtung erheischen.

Manigfach und weitgreifend ist in der alten Liederdichtung die Bedeutsamkeit der **Blumen**. Daß um den Blumenkranz gesungen wurde, daß er beim Reigen der Schmuck war, hat sich bereits ergeben; er gehört mit zu den Beziehungen des schönen Sommers und im Winter wird geklagt: „Ich kann im Walde nicht ein grünes Kränzel finden, womit soll meiner Freuden Trost ihr lockicht Haar bewinden?"[151] Nithart läßt gerne, wenn er die Maientänze schildert, die vielen Rosenkränze durchschimmern[152], und wenn die Tänzer mit einer Schlägerei schließen, sagt er, da seien viel Rosenkränze zerhauen oder verstreut worden.[153] Dieses Kränzetragen beim Tanze hängt aber mit mancherlei verliebtem und eifersüchtigem Treiben zusammen. Der Kranz, der die Tänzerin schmücken soll, wird ihr von einem Bewerber überreicht, oder zugeschickt; Walther meldet in einem besondern Liede, wie er der Schönen einen Blumenkranz angeboten, den sie zum Tanze tragen möge, und wie sie erröthend, mit verschämten Augen, die Blumen angenommen und ihm gedankt, was ihm weitere Hoffnung gibt[134]; Nithart hat bei Sommersankunft dem Dorfmädchen ein Rosenschapel gesandt und ein Paar rother Tanzschuhe über den Rhein mitgebracht[155], oder das Mädchen bietet ihm beim Tanz ein Kränzlein und gewinnt ihm damit die rothen Schuhe ab.[156] Auch werden Kränze gegen einander ausgetauscht oder den Tänzerinnen gewaltsam und tölpisch entrissen, woraus dann blutiger Kampf erwächst, selbst der ungeschickte Knecht, der sein Kränzel von rothen Blumen den Maiden versagt, wird von den Andern gerauft.[157] Es werden aber auch Kränze genannt, welche Sinnbilder des Versagens und der schnöden Abweisung sind, der Strohkranz und der Nesselkranz, beide gegensätzlich zum Rosenkranze. Zwar ist dem tanzlustigen Mädchen ein Schapel von Stroh und der freie Muth lieber, denn ein Rosenkranz bei strenger Hut (s. ob. S. 406), allein eben damit ist gesagt, daß der Strohkranz an sich etwas sehr Unwerthes sei. Bestimmter in obigem Sinne spricht ein Volkslied (Volksl. Nr. 61. Str. 5):

ich hab' der Lieben so lang gedient,
was gab sie mir zu Lohn?
einen Kranz von Haberstroh.

Ein Gedicht in Handschriften des 15ten Jahrhunderts erzählt, wie ein Liebhaber seine Schöne gebeten, ihm durch ein Kränzlein ihre Gesinnung kund zu geben, wie sie dann mit einem Kranze von Stroh auf dem Haupte dem Erschreckenden entgegen kommt und ihm solchen anbietet, zuletzt aber sich erbitten läßt, den dürren Kranz in das Feuer zu werfen.[158] Nach einem der Texte des Rosengartenliedes läßt Kriemhild den Bernerhelden entbieten: sie möchten lieber daheim einen Kranz von Nesseln

tragen, als zu Burgund die lichten, rothen Rosen; der Nesselkranz in
der sichern Heimat ist nicht so mißlich, als der Rosenkranz im Kampf-
garten.[159a] Dem Bauernsohne, der zu hoch wirbt, läßt ein Volkslied
eben jenen Kranz empfehlen (Volksl. Nr. 252. Str. 1. 2):

   O Baurnknecht, laß die Röslein stehn!
   sie sind nicht dein;
   du trägst noch wohl von Nesselkraut
   ein Kränzelein.

   „Das Nesselkraut ist bitter und saur
   und brennet mich,
   verloren hab' ich mein schönes Lieb,
   das reuet mich."

In einem andern Liede heißt es von dem Unbescheidenen, der allzu
unverholen zu der Liebsten geht (Volksl. Nr. 86. Str. 3):

   was gibt sie ihm zu Lohne?
   ein Rosenkränzelein,
   ist grüner denn der Klee.

Ein Rosenkranz, grüner denn Klee, oder, nach andern Lesarten, grüner
denn das Gras, grünend wie der Wald, hat so ziemlich das Aussehen
eines Nesselkranzes.[159b]

 Am meisten besassen die Lieder sich damit, wie die Blumen zum
Kranz in Feld und Wald gewonnen werden, mit dem **Blumenlesen**,
Rosenbrechen, **Kränzewinden**. Das erste Laub, die erste Blume
werden von den Minnesängern begierig wahrgenommen.[160] In späteren Nithartsliedern wird das erste Veilchen von dem Finder, der laut
zu singen beginnt, auf der Burg gemeldet, worauf die Herzogin von
Baiern an seiner Hand mit Pfeifern und Fiedlern herbeieilt, um den
Sommer zu grüßen; inzwischen hat aber schon ein Bauer das Veilchen
abgebrochen, es wird auf den Tanzbühel getragen und auf eine Stange
gesteckt, um welche die Dörper fröhlich tanzen und springen.[161] Mit
dem einen leis überraschenden Veilchen geht ein ganzer Sommer auf,
wie es die Meldung des Finders ausspricht: „Wohlauf, wer mit mir
will den ersten Viol schauen! hat uns der Winter leid gethan, des
werden wir nun getröstet; bald kommt der lichte frohe Sommer, mit
klarer Sonne bekleidet, die Vögel auf grüner Heide und in den Ästen
singen süßen Schall, Kalander, Drossel, Nachtigall und ihre Genossen

freuen sich der lieben Zeit!" oder auch einfach: "Ihr sollt alle froh sein, ich hab' den Sommer funden!" Bei Nithart ist es auch ein beliebter Ausdruck für das Wunder der anbrechenden Sommerzeit, daß der schwarze Dorn weiß erblüht, daß Blüthe aus hartem Holze bringt. [162] Wenn aber das erste Veilchen und die ausschlagende Schwarzdornblüthe zunächst die Verjüngung der Natur ankündigen, so ist es die Rose, die den liebenden Herzen ansagt, daß ihre Stunde gekommen sei. Dietmar von Aist singt: "Ich sah da Rosenblumen stahn, die mahnen mich der Gedanken viel, die ich hin zu einer Frauen han." [163] Milon von Sevelingen läßt eine schöne Frau bei den Boten des Sommers, den rothen Blumen gemahnt werden, daß ein Ritter ihr seinen Dienst entboten, daß ihm das Herz traure und sie ihn gegen dieser Sommerzeit erfreuen solle. [164] Nach einer andern Strophe aus dem 12ten Jahrhundert sind die zwei köstlichsten Dinge: die lichte Rose und die Minne des Liebsten, ohne den es keine Sommerwonne gibt. [165] Die Rose wird auch mit der Linde verbunden, die nicht minder im Minnesange verästet und verzweigt ist. Der liebste Baum, die schönste Blume vereinigen sich dem von Trostberg zum Bilde weiblicher Vollkommenheit, die trefflichen Eigenschaften seiner Geliebten ehren das ganze Geschlecht, wie wenn in einem Wald eine Linde lichte Rosen trüge, so daß von ihrer Schönheit und ihrem süßen Dufte der ganze Wald geziert wäre [166]; jedoch wird im spätern Titurel gesagt: es wäre thöricht, die duftige Rose zu verschmähen, weil ihr Vater nicht ein breiter Lindenbaum sei, denn Kaiser und Kaiserin achten die Rose für eine edle, werthe Blume. [167] Die vielsagenden Blumen sind aber am schönsten, wenn ihnen, wie Nithart sie schildert, der Thau in die Augen fällt [168]; in solcher Frische sollen sie zum Kranze gebrochen werden, den der Liebende der Geliebten bringt, oder von den maifrohen, tanzlustigen Mädchen selbst. [169] Bald eilen zu diesem Blumenbrechen die Gespielen mit einander hinaus, die beim Reigen zusammen sein wollen [170], bald nimmt ein Bewerber die Gelegenheit wahr, sich der einsamen Blumenleserin hülfreich zu gesellen. [171] Zu solchem vertraulichen Gange wird auch in den Liedern eingeladen, so von Walther: "Weißer und rother Blumen weiß ich viel, die stehen so fern in jener Heide; wo sie schön entspringen und die Vögel singen, da sollen wir sie brechen beide!" und damit hat er den Hülferuf eines verliebten Kunstgenossen auf sich gezogen: "Höre,

Walther, wie es mir steht, mein trauter Geselle von der Vogelweide! Hülfe such' ich und Rath, die Wohlgethane thut mir viel zu Leide; könnten wir ersingen beide, daß ich mit ihr bräche Blumen an der lichten Heide!"[172] Zusammen in die Blumen, nach Rosen gehn, Rosen lesen, Blumen brechen, um ein Kränzlein ringen, sind leichte Verhüllungen kühnerer Wünsche[173]; König Wenzel von Böheim rühmt sich, daß er die Rosen nicht brach und ihrer doch Gewalt hatte.[174]

Die Blumen werden auch bei den Begegnungen im Grünen dadurch in Mitschuld gezogen, daß sie das verstohlene Glück beifällig begrüßen. Wo zwei Liebende sich umarmen, da sprießen Knospen aus dem Grase, da lachen die Rosen, lachen Blumen und Gras, lachen die Bäume, singen die Vögel.[175] Der Freude blüht und erklingt ja die Welt. Die Rosen lachen aber nicht bloß, sie werden auch gelacht. Das Lachen ist in der älteren Sprache wohl auch die Wirkung des Lächerlichen im heutigen Sinne, das Belachen seltsamer Erscheinungen, noch mehr aber ist es Bezeichnung aller Freundlichkeit und Freude vom leisen Anlächeln bis zum Ausbruche der vollsten Herzenslust. Allen diesen Abstufungen des Lachens und den Gemüthsstimmungen, aus denen es hervorgeht, dienen die Blumen und vor allen die freudige Rose zum Sinnbild. Besonders ist das Lachen (Lächeln) schöner Frauen den Minnesängern rosig und rosenbringend: „Wer kann Trauern baß verschwächen (mindern), denn ihr zartes röselichtes Lachen!" „Rosenroth ist ihr das Lachen, der viellieben Frauen mein." „Wenn die Heide baar der Blumen liegt, da noch seh' ich Rosen, wenn ihr rothes Mündel lachet." „So oft ich meine Frau ansehe, ist mir, wie Alles Rosen trage."[176] Zwei Stellen der Nithartslieder sprechen davon, daß der lachende Frauenmund Rosen und andere Blumen streuen könne.[177] So ergibt sich der Übergang zu dem Rosenliede des Grafen von Toggenburg: Blumen, Laub, Klee, Berg und Thal und des Maien sommersüße Wonne sind ihm gegen die Rose fahl, die seine Fraue trägt; die lichte Sonne erlischt in seinen Augen, wenn er die Rose schaut, die aus einem rothen Mündel blüht, wie die Rosen aus des Maien Thaue; wer hier jemals Rosen brach, der mag wohl in Hochgemüthe (Freude) schweben; was je der Sänger Rosen sah, nimmer sah er doch so lose (liebliche) Rose; was man der bricht im Thal, da sie die schönen machet, alsbald ihr rother Mund eine tausendmal so schöne lachet.[178]

Daß dieses Rosenlachen der schönen Frau nicht Erfindung des einzelnen Dichters sei, sondern eine schon vorhandene Vorstellung, spielend angewandt und aufgesponnen, zeigt der bisherige Zusammenhang. Die in Schwaben noch jetzt blühenden oder in oberdeutschen Urkunden vorkommenden Namen Rosenlächler, Rosenlacher, Blumlacher zeugen von der Volksmäßigkeit des Ausdrucks in diesen Gegenden. [179] „Wenn er lacht, dann schneit es Rosen," ist ein niederländisches Sprichwort. [180] Auch ein neugriechisches Volkslied gibt einem schönen Mädchen zum Abzeichen:

Und wenn sie lacht, so fallen ihr die Rosen in die Schürze. [181]

Das Erheblichste jedoch ist, was wieder ein altdeutscher Dichter darbietet. Heinrich von der Neuenstadt, ein Wiener Arzt, der um den Anfang des 14ten Jahrhunderts den Roman von Apollonius von Tyrus aus dem Lateinischen deutsch reimte [182], wirft der Minne vor, daß sie oft den Edeln hasse und sich einem Unmenschen hingebe; zum Belege dessen fragt er: „Wo sah man Rosen lachen?" und erzählt nun, wie ein krüppelhafter Bettler eine schöne Königin um ihre Minne bat, die sie manchem Ruhmreichen versagt hatte, und wie er über die Gewährung so froh ward, daß er zu hüpfen begann; das sah der rosenlachende Mann und lachte, daß Berg und Thal, Laub und Gras voll Rosen war. [183] Der rosenlachende Mann ist hier als ein schon bekanntes Wesen eingeführt. Sein Lachen gilt nicht, wie es scheinen möchte, der seltsamen Geschichte noch der drolligen Gebärdung des Bettlers, es ist kein Auslachen, sondern ein Mitlachen, Widerhall und Abglanz der jubelnden Freude des unverhofft Beglückten. Wie das Wort besagt, ist er eben nur Blumenlacher, ein Schöpfer der Rosen durch Freundlichkeit und Freude. Dem frohlockenden Bettler sollen Berg und Thal erblühen, da muß der Rosenlacher sich einstellen. Dieser eigentliche und unmittelbare Beruf aber, das Blumenschaffen, deutet auf einen namenlos noch umgehenden freundlichen Frühlingsgeist der verschollenen Göttersage. [184]

Die Volkslieder sind, wie der Kunstgesang, voll Blumenbrechens. Fischart sagt: „Das weiß ich, wann Einen die Ros' anlächelt, daß er's gern abbräch; ich brech' immerhin, auf das alte Lieblein:

Die Röslin sind zu brechen Zeit,
derhalben brecht sie heut!
und wer sie nicht im Sommer bricht,
der bricht's im Winter nicht." [185]

Dieser Lehre gemäß wird auch in einem Liebe der niederdeutschen Sammlung zum Gang in die Rosen eingeladen:

> Lieb, wollt ihr mit mir reiten?
> Lieb, wollt ihr mit mir gahn?
> ich will euch, Süßlieb, leiten,
> wo die rothen Röselein stahn.
>
> „Ich will nicht mit euch reiten,
> ich will nicht mit euch gahn,
> mein Vater würde mich schelten,
> meine Mutter würde mich schla'n."
>
> Warum würd' er euch schelten?
> warum würd' sie euch schla'n?
> ihr habt ja den rothen Röselein
> keinen Schaden gethan. [186]

Eine Fahrt in die Maiblumen findet sich im französischen Liederbuche von 1538: „Mein Vater ließ ein Schloß erbaun, nicht groß, doch schön, die Zinnen von Gold und Silber; auch hat er drei schöne Pferde, der König hat nicht so schöne, das eine grau, das andre schwarz, aber das kleine das schönste, das soll mein Feinslieb und mich zum Spiele tragen, in den Maiblumen werden wir ruhen und spielen, ein Kränzlein winden für Feinslieb und mich." [187] Wieder in deutschen Liedern sind gebrochene Blumenblätter oder Blumen ins Fenster geworfen, das Zeichen, daß der Liebende draußen harre (Volksl. Nr. 85. Str. 3):

> Ich brach drei Lilgenblättlein,
> ich warf ihr's zum Fenster ein:
> „schlafest du oder wachest?
> steh auf, feins Lieb, und laß mich ein."

Oder:

> Er thät ein Röslein brechen,
> zum Fenster stieß er's hinein:
> „thust schlafen oder wachen,
> Herzallerliebste mein? [188]

Neben dieser leichtfertigern Weise schlagen aber die Volkslieder auch einen Ton an, der den Kunstdichtern fremd geblieben ist. Nithart und seine Genossen schmücken ihre Landmädchen lieblich genug mit Jugendreiz, Blumen und Feierkleidern, namentlich gibt der von Stamheim ein lachendes Frühlingsbild vom Auszuge der Mädchenschaar zu Reigen und Ballspiel (f. ob. S. 392), auch lassen diese Sänger die lebensfrohe Tochter fleißig durch die Mutter warnen und ausschmälen [189], aber das Endziel ist immer, daß die junge Dörferin an der Hand des verlockenden Ritters dahinspringt, oft die Mutter zugleich. Dem Hofe diente gerade dieses zur Belustigung, um das weitere Geschick der Hineilenden war er unbekümmert. Die Volksansicht nimmt es ernster, ihr ist die Jungfrau, die zum Tanz oder nach Blumen geht, eine nachdenkliche Erscheinung. Im ersten Jugendglanze, zaghaft und ahnungsvoll, für die gefährliche Lust sich schmückend, ist sie ein Trost der Augen, aber auch ein Gegenstand der frommen Scheue, der Besorgniß und des leisen Mitleids, ein bekränztes Opfer. Es ist in alter Poesie herkömmlich, die jungfräuliche Schönheit, von Sonne, Regen, Wind und Staub unberührt, in heiligem Dunkel erblühen und dann eines Morgens in reinstem Glanze hervorgehen zu lassen. Im Gudrunliede läßt der König Hagen sein Kind Hilde so aufziehen, daß die Sonne dasselbe nicht bescheint, noch der Wind es anrührt. [190] Kriemhild, noch niemals von Sifrid gesehen, tritt endlich aus ihrer Kammer, wie der rothe Morgen aus trüben Wolken. [191] Die Tochter des Heidenkönigs im Gedichte von Sanct Oswald ist in eine Kammer verschlossen, wo nur durch die gläsernen Fenster der Tag sie bescheint; wenn sie zu Tische geht, wird über ihr ein roth und weißes Seidentuch getragen, damit nicht Wind noch Sonnenschein ihr nahen könne. [192] Ein serbisches Heldenlied meldet von dem Wundermädchen Rossanda:

> Aufgewachsen war die Maid im Käfig,
> aufgewachsen, sagt man, fünfzehn Jahre,
> hatte nimmer Mond gesehn noch Sonne;
> aber jetzo kam es aus, das Wunder! [193]

Einem Mädchen, das weiß und schön ist, wie Tag und Sonne, wird im deutschen Märchen zugerufen:

> Deck dich zu, mein Schwesterlein,
> daß Regen dich nicht näßt,
> daß Wind dich nicht bestäubt,
> daß du fein schön zum König kommst! [194]

Wunderbare Begabungen, Perlenweinen und Goldkämmen, sind von solcher Bewahrung von Luft und Sonnenstrahl abhängig. [195] Überall dichterischer Ausdruck der ängstlichen Pflege, die darauf verwendet wird, den zartesten Schmelz der Jugend und Unschuld unangehaucht zu erhalten. Wie das Mädchen selbst, soll auch die Rose beschaffen sein, die von seiner Hand gebrochen wird. In einem deutschen Liede des 16ten Jahrhunderts fragt eine wunderschöne Jungfrau, die nach Rosen geht, den Begegnenden: wie man dieselben brechen soll? breche man sie gegen Abend, so seien sie bleich von Farbe, breche man sie gegen Morgen, so hab' ein Andres sie vorweggenommen; sie erhält den Bescheid:

> Die Röslein soll man brechen
> zu halber Mitternacht,
> dann seind sich alle Blätter
> mit dem kühlen Thau beladen,
> so ist es Rösleinbrechens Zeit.

Dasselbe Lied schildert dann auch den Gang zum Tanze:

> Es wollt' ein Mägdlein früh aufstehn,
> an einem Abendtanze gehn,
> sie leuchtet' also ferne
> gleichwie der Morgensterne,
> der vor dem Tag aufgeht. [196]

Die Rosen, thauig aus der Nacht kommend, der Stern der dämmernden Frühe sind gleichmäßig Darstellungen der frischesten, morgendlich aufglänzenden Schönheit. Aber auch der stille Morgengang in die Blumen bleibt nicht ohne die Mahnungen und Ansprüche der Liebe. Alle französische Liedchen kennen den bezaubernden Luftkreis, der die Jungfrau zusammt dem blumentragenden Garten oder Gehölz umweht und dessen leisem Hauche ihr eigenes Herz halb zagend sich aufschließt. „Schön' Alis stand frühmorgens auf, kleidet' und schmückte sich, gieng in einen Baumgarten, fand da fünf Blümlein, machte daraus ein Kränzlein von blühender Rose; um Gott, hebt euch von hinnen, ihr, die ihr nicht liebet!" [197] Diese Nothwendigkeit, zu lieben, und den Bann über die Nichtliebenden sprechen auch zerstreute Tanzzeilen aus: „Wer bin ich denn? seht mich an! und muß man mich nicht lieben?" „Ich hüte das Holz, daß Niemand ein Blumenkränzlein von dannen trage, wenn er nicht liebet." „Alle, die verliebt sind, kommen zum Tanze, die Andern nicht!" „Die ihr liebt, tretet hieher! dorthin, die ihr nicht liebt!" [198] Schüchtern pflückt das Mädchen nur eine Blume:

„Geſtern frühe ſtand ich auf, in unſern Garten trat ich, drei Liebes-
blumen fand ich da, eine nahm ich, zwei ließ ich ſtehn, meinem Freunde
will ich ſie ſchicken, der darüber luſtig und froh ſein wird."[199] Noch
inniger miſchen ſich Blumenluſt und Liebesſeufzer in kleinen ſpaniſchen
Liedern: „Vom Roſenſtrauche komm' ich, Mutter! komme vom Roſenſtrauch; an den Ufern jener Furth ſah ich den Roſenſtrauch knoſpen,
komme vom Roſenſtrauch; an den Ufern jenes Stromes ſah ich den
Roſenſtrauch blühen, komme vom Roſenſtrauch; den Roſenſtrauch ſah
ich blühen, pflückte Roſen mit Seufzen, komme vom Roſenſtrauch."
„Mein ſchwarzbraun Mädchen betracht' ich, wie es im Garten den Zweig
des weißen Jasmins bricht." „Wer iſt das Mädchen, welches die Blumen
pflückt, wenn es keinen Liebſten hat? Das Mädchen pflückte die blühende
Roſe, der kleine Gärtner fordert ihr Pfänder ab, wenn es keinen Liebſten
hat."[200] Wieder die Strafbarkeit des Nichtliebens. Die Gefahr zeigt
ſich aber auch dringender, die Pfändung gewaltſamer. In einer ſchottiſchen Ballade werfen drei Schweſtern die Stäbchen, welche nach dem
grünen Walde gehen ſoll, um Roſen zu pflücken zum Schmucke des Gemachs, und der Jüngſten, der das Loos zufällt, wird das zur Urſache
all ihres Wehs[201]; in andern Balladen wird das Mädchen im Walde
zur Rede geſtellt, daß es ohne Erlaubniß Roſen breche, und muß mit
Leben oder Freiheit büßen, muß ein Pfand laſſen, den Goldring, den
grünen Mantel oder die jungfräuliche Ehre; ein Goldring kann wieder
gekauft, ein Mantel wieder geſponnen werden, aber die Ehre bleibt für
immer verloren.[202] In deutſch-wendiſcher Darſtellung ſoll Elſe, als
ſie Morgens im Walde Gras geſchnitten, dem Herrn des Waldes ein
Pfand geben, ſie bietet erſt ihr Sichelchen an, dann ihren ſilbernen
Fingerring, nur ihr Rautenkränzlein gibt ſie nicht, und ſollte ſie darum
das Leben laſſen.[203] Ein anderes deutſches Lied unternimmt es zu
ſchildern, wie ein greiſer Ritter dem Mädchen, das auf ſeiner Wieſe
graſt, ein Pfand abringen will; „rührſt du mich mit dem eisgrauen
Barte, ſo ſterb' ich!" ruft ſie aus, bricht einen Roſenzweig ab und
wehrt ſich damit.[204]

Die bedenklichſte Gefährde liegt ſtets im jugendlichen Leichtſinne
ſelbſt, darum laſſen es die Lieder nicht an Warnungen fehlen. Eines
aus dem Kuhländchen ſucht beſonders vom ſonntäglichen Roſenbrechen
zu unheiligem Gebrauch abzuſchrecken: Annelein geht in den Roſengarten,

bricht Rosen und macht ein Kränzlein am Sonntag unter der heiligen Messe, aber wie sie die erste Seide windet, kommt der Böse geschlichen und fragt:

„Machst du denn der lieben Kirch' einen Kranz?
oder machst du deinem Schönlieb einen Kranz?"
„Ich mach' wohl nicht der Kirch' einen Kranz,
ich mach' wohl meinem Schönlieb einen Kranz."

Alsbald wird sie in einen andern Rosengarten gebracht, wo sie den feuersprühenden Wein trinken muß. [205] Freundlicher ist die Mahnung, die einem Mädchen auf dem Wege zum Rosenbrechen zugeflüstert wird:

Es wollt' ein Mägdlein tanzen gehn,
sucht' Rosen auf der Heide;
was fand sie da am Wege stehn?
eine Hasel, die war grüne.

„Nun grüß' dich Gott, Frau Haselin!
von was bist du so grüne?"
„Nun grüß' dich Gott, feins Mägdelein!
von was bist du so schöne?

„Von was daß ich so schöne bin,
das kann ich dir wohl sagen:
ich eß' weiß Brod, trink' kühlen Wein,
davon bin ich so schöne."

„Ißt du weiß Brod, trinkst kühlen Wein
und bist davon so schöne,
auf mich so fällt der kühle Thau,
davon bin ich so grüne."

„Hüt' dich, hüt' dich, lieb Hasel mein,
und thu dich wohl umschauen!
ich hab' daheim zween Brüder stolz,
die wollen dich abhauen."

„Und hau'n sie mich im Winter ab,
im Sommer grün' ich wieder;
verliert ein Mägdlein ihren Kranz,
den findt sie nimmer wieder." [206]

Dieses Lied von alterthümlichem Tone findet sich gleichwohl in keiner älteren Aufzeichnung und die mündlichen Überlieferungen sind theils mangelhaft, theils überladen, so daß man aus der Vergleichung mehrerer die reine Gestalt desselben entnehmen muß. Von seinem früheren Dasein zeugt aber auch äußerlich eine umschreibende englische Bearbeitung in einer Handschrift des 16ten Jahrhunderts, wo der warnende Strauch ein blühender Hagedorn ist.[207] Nach wendischer Fassung wird das Mägdlein beim Grasen im grünen Holze von einem kleinen Ast ins Gesicht geschlagen und droht, durch seine zwei Brüder ihn wegschneiden zu lassen, das Ästlein entgegnet, im Frühling schlag' es doch wieder aus, seine Sprossen werden dann viel grüner noch und frischer stehn, aber um verlorene Mädchenehre sei es auf immer geschehen.[208] Den Ursprung der Schönheit, worunter besonders die blühende Farbe verstanden ist, im Genusse des guten Brodes kennt schon der Meier Helmbrecht, der es zu den Segnungen des Ackerbaues rechnet, daß dadurch manche Frau „geschönet" werde[209]; in einer schottischen Ballade wird ein von Schönheit leuchtendes Mädchen gefragt, woher sie das Wasser genommen, das sie so weiß wasche?[210] und ein Minnesänger hat über dem brennend rothen Munde seiner Geliebten den Einfall, sie habe wohl eine rothe Rose gegessen.[211] Das früher (S. 90) ausgehobene Gespräch der Jungfrau mit der Nachtigall führt auf dieselbe Lehre, wie das mit der Hasel, nur wird in jenem mehr der grünende, in diesem der winterliche Baum vorgehalten; das Mädchen sagt der Nachtigall, Reif und Schnee werden ihr das Laub von der Linde streifen, die Nachtigall entgegnet:

Und wann die Lind' ihr Laub verliert,
behält sie nur die Äste
(a. so trauern alle Äste),
daran gedenkt, ihr Mägdlein jung,
und haltet eur Kränzlein feste.

Minder passend wird Solches auch der Hasel in den Mund gelegt[212] und schon im Gespräche zwischen Florance und Blancheflor wird in gleichem Sinne von einer der Gespielen an das traurige Aussehen des entlaubten Baumes erinnert.[213] Die Rose selbst wird angerufen, um Weisung und Kunde zu geben. Ein Mädchen will sich nicht günstig erweisen, als wenn ihr drei Rosen gebracht werden, die im Winter aufgeblüht sind, und sie werden ihr gebracht:

> Da sie die rothen Röslein sah,
> gar freundlich thät sie lachen:
> "so sagt mir, edle Röslein roth,
> was Freud' könnt ihr mir machen?

Die gebrochenen Rosen verkünden ihr das gleiche Schicksal (Volksl. Nr. 113. B. Str. 6). Dietmar von Aist läßt sich durch die Rosen, die er an vertrauter Stelle blühen sieht, den Gedanken an die Geliebte mahnen [214]; im Volksliede sollen sie noch bestimmter das Gewissen der Liebe, die Treue, wach erhalten:

> Es stehn drei Rosen in jenem Thal,
> die rufet, Jungfrau, an!
> Gott gesegen' euch, schöne Jungfrau,
> und nehmt kein' andern Mann! [215]

Sie stärken auch dadurch die Treue, daß sie vom Leben und Geschicke des fernen Freundes Zeugniß geben; dem Mädchen im Walde fallen drei Röslein in den Schoß:

> Nun sag', nun sag', gut Röslein roth,
> lebet mein Buhl' oder ist er todt?
> "Er lebet noch, er ist nit todt,
> er liegt vor Münster in großer Noth.
> Er liegt zu Köln wohl an dem Rhein,
> er schenkt den Landsknechten tapfer ein." [216]

Im dänischen Liede von Ritter Aage und Jungfrau Else wird auch dem Todten noch Kunde von Lieb und Leid der überlebenden Braut: ist sie frohen Muthes, so ist sein Grab voll rother Rosenblätter, grämt sie sich, so ist sein Sarg wie mit geronnenem Blute gefüllt. [217a] Dem strengeren Sinne der Volkslieder gemäß gehört es zur Vollständigkeit dieser Reihe, daß auch die Unglückliche, die den Blumenkranz verscherzt hat, ihre Klagen erhebe:

> Da zog sie ab ihr Kränzelein,
> warfs in das grüne Gras:
> "ich hab' dich gerne tragen,
> dieweil ich Jungfrau was."
>
> Auf hub sie wohl ihr Kränzelein,
> warfs in den grünen Klee:
> "gesegen' dich Gott, mein Kränzelein,
> ich seh' dich nimmermeh." [217b]

Tiefer geht ein Lied aus den Sammlungen des 16ten Jahrhunderts, auch im Volksmunde noch unerloschen:

>Traut Hänslein über die Heide ritt,
>er schoß nach einer Taube,
>da strauchelt' ihm sein apfelgrau Roß
>über eine Fenchelstaude.
>
>„Und strauchel' nicht, mein graues Roß!
>ich will dir's wohl belohnen,
>du must mich über die Heide tragen
>zu Elselein, meinem Buhlen."
>
>Und da er auf die Heide kam,
>da begegnet' ihm sein Buhle:
>„kehr' wieder, kehr' wieder, mein schönes Lieb!
>der Wind der weht so kühle."
>
>„Und daß der Wind so kühle weht,
>so hat mich noch nie gefroren;
>verloren hab' ich mein' Rosenkranz,
>den will ich wiederum holen."
>
>„Hast du verlorn dein' Rosenkranz,
>willt du ihn wiederum holen,
>bis Montag kommt uns der Krämer in's Land,
>kauf' dir, schöns Lieb, ein' neuen!"
>
>Am Montag, da der Krämer kam,
>er bracht' nicht mehr denn alte:
>„setz', schöns Lieb, einen Schleier auf
>und laß den lieben Gott walten!"
>
>Der uns dieß neu Lied erstmals sang,
>er hat's gar wohl gesungen,
>er hat's den Mägdlein auf der Lauten gespielt,
>die Saiten sind ihm zersprungen. [218]

Dem Ausreitenden strauchelt das Roß, ein übles Vorzeichen, das zur Umkehr mahnt [219]; bald begegnet ihm auf der Heide, über die der kalte Wind weht, sein schönes Lieb, das nicht den Frost empfindet, aber um den abgewehten Rosenkranz klagt. [220] Dieses Bild gebrochener Treue, verlorener Ehre, wird weiter verfolgt. Ein Winterhauch ist nun auch der bittere Hohn aus gekränktem Herzen, die gesprungenen Saiten, wie am Schlusse des Vonvedliedes, entsprechen dem Mißlaute des zerrissenen Liebesglücks. [221] Der Blumenkranz, der seine vollkommene Geschichte hat, schwankt vom Anfang an zwischen zwei verschiedenen Bedeutungen, er bezeichnet die jugendliche Freude und die jungfräuliche Unschuld, diese finden zwar ihre Einheit in der morgenfrischen, thauglänzenden Jugendblüthe, aber die Verbindung ist nicht ungefährlich, und wenn die Jugendlust vorschlägt, zerflattert das aufgelöste Gewinde. [222]

Soweit die sinnbildliche Benützung der Blumen bisher dargelegt worden, gieng dieselbe einfach und unmittelbar aus der poetischen Anschauung hervor. Die Blumen als Symbole jugendlicher Anmuth und Frischheit, Liebe und Freude sind für sich verständlich. Die Rose waltet vor, weil sie die Blume der Blumen ist, die vollkommenste Darstellung dieser Eigenschaften und Zustände. Dem Gegensatze von Liebeslust und Liebestrauer, des freudeblühenden und des kummerbleichen Mädchens, schien ein Streit der rothen und der weißen Blume, der Rose und der Lilie [223], zu entsprechen. Das Veilchen hat seine Bezeichnung als erste früheste Blume, noch einige andre Blumen sind im Minnesange genannt, das manigfache Farbenspiel der Blumen und Blätter wird ausgemalt, aber auf eine besondre Bedeutung der einzelnen Farben und Namen nicht weiter eingegangen. [224] Erst mit dem Anfang des 14ten Jahrhunderts gestaltet sich eine vollständige Farbenlehre, die jeder einzelnen Farbe für die Angelegenheiten der Liebe einen besondern Sinn beilegt und diesen auch je auf die Färbung der Blumen überträgt. Das 15te Jahrhundert entfernt sich noch weiter von dem unmittelbaren sinnlichen Eindruck, indem es sprechende Blumennamen auf die Empfindungen und Geschicke der Liebenden anwendet. Diesen beiderlei Weisen, die zum Theil auch mit einander verbunden sind, fehlt es zwar nicht gänzlich an natürlichen Anlässen, in ihrer Durchführung aber sind sie künstlich ausgesonnen, beruhen auf willkürlicher Übereinkunft oder bewegen sich in dürrer Wortspielerei, so daß sie nur als Abartungen der Poesie betrachtet werden können. Da sie gleichwohl auch dem volksmäßigen Liebe sich reichlich mitgetheilt haben, so dürfen sie hier nicht unerörtert bleiben.

Die Auslegung der sechs Farben ist Gegenstand eines Gedichtes aus der Mitte des 14ten Jahrhunderts. Der Dichter wird von einer minniglichen Frau befragt, was jede der verschiedenen Farben meine, worein jetzt, nach einem durch alle Lande üblichen „Funde," die Männer sich kleiden, um damit kund zu geben, wie sie gegen ihre Freundinnen gesinnt seien. Er gibt folgende Aufschlüsse: Grün sei ein Anfang, und der Träger dieser Farbe gebe zu erkennen, daß er noch frei von Minne sei; roth bedeute die Noth des Minners, der wie feurige Kohle brenne; blau bezeichne Stätigkeit, Treue; wer weiß trage, lasse die Hoffnung merken, die sich seiner Liebe aufgethan; schwarz meine Zorn und Trauer über vergeblichen Dienst und über die Untreue der Geliebten; gelbe Farbe, die selten getragen werde, sei der Minne Sold, „das reiche, minnigliche Gold," verkünde die erlangte Gewährung. Die Frau macht zu jeder Auskunft ihre Bemerkungen: den Gebrauch des Grünen erklärt sie für einen „klugen Fund" (eine Erfindung), sonst aber findet sie, daß die Farbe der Röcke nicht immer der Wahrheit entspreche, auch kann sie nicht gutheißen, daß man Lieb und Leid so zur Schau stelle, vormals habe man sein Glück schweigend und allein getragen, zuletzt ermahnt sie den Dichter, seiner Liebsten treu zu bleiben und es niemals mit falscher Farbe zu halten.[225] Der grünen Farbe besonders ist ein Gedicht ähnlicher Art gewidmet. Durch den wonniglichen Wald kommt der Dichter auf eine vom Maienthau bedeckte Aue, wo er Blumen mancher Farbe findet: „roth, weiß, in braun gemengt, gelb, blau, durch grün gesprengt;" daselbst trifft er eine Frau, die sich für eine Liebhaberin der grünen Farbe erklärt und von ihm die Eigenschaften derselben gründlich erfahren will; er zählt diese rühmend auf, namentlich, daß Grün, als Farbe der nahenden Sommerzeit, die Welt freudenvoll mache und daß es in der Liebe ein fröhlicher Anfang sei; wer sich Grün auserwählt, der habe sich dem Maien zugewandt und Freude begonnen, Grün sei Ursprung aller Dinge.[226] Auch in einer allegorischen Dichtung wird diese Farbenlehre dargestellt: Die Minne sendet dem Dichter, der bereits ihre Macht empfunden, eine Frau zu, die ganz in Braun gekleidet ist und ihm die Lehre gibt, zu schweigen und was ihm Gutes werde, in sein Herz zu verschließen, sie selbst nennt sich „Verschwiegen immermehr (immerfort)," weshalb sie auch braune Kleider trage, und fordert den Minnelehrling auf, zu weiterer Unterweisung ihr zu folgen; er wird in einen Saal geführt, um welchen Berg und Thal wie Klee ergrünen und dessen Wände von Smaragd glänzen, darin empfängt ihn eine andre Frau, deren Gewand von grasgrünem Sammt geschnitten ist, diese räth ihm, mit Bedacht anzuheben, in Grün zu beginnen, keine Frucht könne vollwachsen, sie hebe denn mit Grün an, Grün sei den Augen gut, von Grün entsprieße weiße Blüthe, sie selbst heiße: „der Freuden ein Beginnen;" sofort geleitet sie ihn auf ein weißes Feld, wo in einem Gezelt von weißer Seide mit Knöpfen von Perlen eine Frau sitzt, die in Hermelin und Lilien gekleidet ist und die dem „Wildfang," wie ihn die Führerin nennt, einen Brief liest, wonach kein besser Ding ist, als Hoffen, wie denn auch ihr Name „Hoff für Trauren!" lautet; sie bringt ihn nach anderem Lande, wo er vor einem großen Heer eine Frau auf rothem Pferde daherreiten sieht, ihr Reitzeug leuchtend von Gold und Rubin, ihr Mantel von rothem Scharlach, ihr Gewand brennendroth, das Feld umher ist mit Rosen bestreut und die stolze Frau, nachdem sie abgestiegen, erhebt ein reiches Lob der rothen Farbe: mit Roth gehe die Sonne auf, Roth sei der Welt Wonne, in Roth entzünde sich das liebende Herz, wo zwei Liebende den Bund der Treue schließen, da erglühen sie in Röthe; noch sagt sie ihm ihren Namen: „die Lieb' entzündet," und führt ihn dann weiter zu einem himmelblauen Hause, wo viele blaugekleidete Männer und Frauen zusammenrufen: „bleib stät!" und die Herrin des Hauses: „Wank' nimmer nicht!" genannt, in saffirblauem Gewande, den vor ihr Knieenden zu treuer Liebe mahnt und einsegnet, ihn sogar als Kaiser im blauen Orden grüßt; doch sitzt er nicht lange auf seinem Herrscherstuhl, als eine schwarze Frau zornmüthig herankommt, den Stuhl darniederreißt und den erschrockenen Kaiser gebunden nach ihrem Heimwesen führt, wo sie ihm, wie so manchem Andern, eine Klammer anschmiedet; vergeblich fragt der Gequälte nach Gelb, Gelingen, aber doch gibt die strenge Frau, die nicht näher benannt wird, ihn am Ende los, nachdem auch unter schwarzem Kleide sein Herz blau geblieben ist.[227] Dieser Gattung von Gedichten reiht sich endlich eines an, worin noch einmal zwei liebende Jungfrauen, eine frohe, von Lieb' und Treue singende, und eine traurige, händeringende, Zwiegespräche halten und auch äußerlich durch die Farbe der Kleider, roth und grau, unterschieden sind, anstatt jener natürlichen und poetischen Gegensätze, der blühenden und der bleichen Gesichtsfarbe, der rothen und der weißen Blume.[228] Volksmäßige Lieder des 15ten und 16ten Jahrhunderts geben Zeugniß, wie sehr die Bekanntschaft mit den Farbenregeln verbreitet war. Bald werden die bedeutsamen Farben der Reihe nach ausgespielt, so besonders in einem Liebesliede, dessen sieben Gesätze je einer Farbe gewidmet sind und dabei meist dem obigen Lehrgange folgen, indem sie von Grün zu Weiß, Roth und Blau vorschreiten, dann Grau und Gelb einschieben und mit Schwarz endigen [229]; auch in nachstehenden Strophen eines Liedes aus dem 15ten Jahrhundert auf eine ungetreue Schöne zu Heidelberg:

> Und da ich meinen Buhlen hät,
> da trug ich blau, bedeutet „stät",
> die Farb' ist mir benommen;
> nun muß ich tragen schwarze Farb',
> die bringt mir keinen Frommen.
>
> Schwarze Farb', die will ich tragen,
> darin will ich mein Buhlen klagen,
> ich hoff', es währ' nit lange;
> schneid' ich mir ein grüne Farb',
> die ist mit Lieb' umfangen.
>
> Grüne Farb' ist ein Anfang;
> weiße Farb', hab' immer Dank!
> wo findt man deinesgleichen?
> wer ein' stäten Buhlen hat,
> der soll nit von ihm weichen.

Grau und braun sind hiernächst noch aufgeführt. [230] Öfter jedoch werden nur einzelne Farben beigezogen, was mit einem ungesuchten Ausdrucke der Empfindung sich eher verträgt. Ein solches Lied hebt an:

> Wohl heuer zu diesem Maien
> in grün will ich mich kleiden,
> den liebsten Buhlen, den ich hab',
> der will sich von mir scheiden;
> das macht allein sein Untreu,
> sein wankelmüth'ger Sinn;
> hab' Urlaub, fahr dahin! [Volksl. Nr. 66. Pf.]

Der treulos Aufgegebene will sich grün kleiden, weil er sich wieder frei fühlt und mit dem nahenden Sommer ein neues Liebeleben beginnen kann, er geht selbst mit über in den fröhlich aufgrünenden Mai. [231] In gleichem Sinne denkt der Heidelberger Sänger auf ein grünes Gewand und spricht diese Meinung noch auf andre Weise aus:

> Schöne Frau, ist das der Lohn,
> den ich um euch verdienet han
> mit Tanzen und mit Springen,
> so will ich diesen Sommer lang
> mit andern Vögeln singen.

Geduldiger singt ein andrer:

> In Schwarz will ich mich kleiden,
> und leb' ich nur ein Jahr,
> um meines Buhlen willen,
> von dem ich Urlaub hab';
> Urlaub hab' ich
> ohn' alle Schulden,
> ich muß gedulden.

In einem französischen Liede klagt der Liebende zum Abschied: „Ach! wo sind die Farben, die wir zu tragen pflegten? Gelb ist mir entgegen, Grau muß ich lassen, für allen Entgelt muß ich Schwarz tragen"; doch behält auch er sich vor, wenn seine Liebe ihn täusche, mit dem kommenden Maimond andre anzuknüpfen. [232] Braune Tracht zum Zeichen des Schweigens [233], Veilchenblau als Farbe der Stätigkeit [234] und Ähnliches mehr findet sich in den Liedern zerstreut. Eine Schöne beschwert sich, daß Derjenige, der im Gedanken an sie Braun, Blau und Weiß getragen, nun einer Andern zu Dienst in Braun, Weiß und Grün gehe [235]; hier ist Blau ausgefallen und mit Grün vertauscht, die Farbe der Treue mit jener der Freiheit und eines neuen Anfangs. Der Ausleger der sechs Farben verdankt seine Kenntniß von der Kraft derselben einem Grafen von Hohenberg, der Sänger des Heidelberger Liedes nennt sich einen Hofmann [236], höfischen Geschmacks ist überhaupt diese Livrei der Liebe. Da nun schon im Mittelalter Frankreich das Muster aller Hoffitte war, so werden auch die Vorgänge des ausgebildeten Farbenwesens dort zu suchen sein. [237]

Aber selbst in diesem hofmäßigen Zuschnitte hat die Deutung und Anordnung der Farben sich im Einklange mit dem sinnlichen Eindruck und der natürlichen Erscheinung derselben zu halten gewußt. Besonders erinnert die beschwichtigende und erfrischende Kraft der grünen Farbe an die Wirkungen des panno verde (s. oben S. 402); diesem unmittelbaren Eindruck aber gesellt sich die Anschauung, daß aus dem Grünen der ersten Frühlingsfarbe alles Weitere aufsprießt, und hiernach die bildliche Beziehung, die so oft ausgesprochen wird, daß Grün der Anfang sei; das Naturbild setzt sich fort, indem aus Grün die weiße Blüthe sich entfaltet, aus dem Zustande der unbestimmten Empfänglichkeit das erste, zarte Hoffen; hierauf folgt das brennende Roth, der heftige Reiz des panno rosso, das nahe liegende Wahrzeichen der Leidenschaft; diese Flammenfarbe sänftigt und sammelt sich im Blau der Treue; gedämpfter noch ist Braun, die Farbe der Behutsamkeit und des Schweigens; Gelb und Schwarz stehen sich gegenüber, jenes ein prunkender, festlicher Glanz, bezeichnet das Gelingen, das Gold der Minne, dieses mit seinen finstern Schatten eignet sich, von selbst verstanden, dem Mißmuth und der Trauer.

Der Natursinn, dem eine lehrhafte Auslegung der Farben und die Anwendung dieser Lehre auf die Wahl der Kleider nicht genügen konnte, nahm seinen Ausweg dahin, daß er die Farben in Blumen verwandelte. Dieser Weg war schon gewiesen, indem man aus Grün die weiße Blüthenfarbe hervorgehen ließ. Das Reich der Farben ist nun ein Frühling, der in seinen Blumen alles sinnige Farbenspiel zur Entfaltung bringt; ja es ist wohl gedenkbar, daß eben am bunten Schmelz der Blumenwelt die nachsinnende Vergleichung und verliebte Deutung der Farben vornherein sich entwickelt hat. Hieher fällt ein Lied vom Anfang des 15ten Jahrhunderts, das zwischen Kunst- und Volksgesang die Mitte hält. Des Sängers Herz freut sich dem Mai entgegen, der Blümlein mancher Farbe bringt, roth, weiß, schwarz und blau, doch ist ihm blau das liebste, blau bedeutet stät; das rothe Blümlein brennt in Liebe, das weiße wartet auf Gnade, das schwarze bringt Klage, wenn er sich von der Liebsten scheiden muß; er segnet sie, die ihm das blaue Blümlein gab.[238] Die grüne Farbe, die hier vermißt wird, ist in einem ähnlichen Liede des Grafen Hugo von Montfort, dessen Gedichte mit den Jahrzahlen 1396 bis 1414 versehen sind, vorangestellt: Vieles, womit die Welt sich nährt, fängt der Mai mit Grünem an, manch Blümlein, roth und blau in Blau, ist lieblich entsprungen, dabei findet man Grau, und Grün drängt sich dazwischen, Blümlein gelb, braun und weiß sind mit Maienthau begossen, doch geht dem Dichter ein rothes Mündlein über Blumenschein, seine weiße Zähne glänzen daraus, braune Brauen, klare Augen, solcher Blumen nimmt er wahr, den Schönen glänzt ihr Haar über Blumengelb, Blau steht in ihrem Herzen, in Gesundheit grünt sie.[239] So wird die Geliebte selbst, leiblich und geistig, ein Inbegriff von Blumen aller Farben. Ein gleichzeitiges Lied im Volkstone beginnt erst noch farblos:

> Mein Herz hat sich gesellet
> zu einem Blümlein fein,
> das mir wohl gefället,
> durch Lieb' so leid' ich Pein.

Dann aber spielt dieses Blümlein (Str. 4: „Es ist ein' Jungfrau schön") in sechserlei Farben:

> Mein Herz hat sich gesellet
> zu einem Blümlein roth,
> das mir wohl gefället,
> durch Lieb' so leid' ich Noth.

> Mein Herz hat sich gesellet
> zu einem Blümlein weiß 2c.

Auf gleiche Weise durch Braun, Grün, Grau (Blau?) bis zu Gelb, wobei der Sänger Gewährung hofft; der Kehrreim ist ein jubelnder Mairuf, vermuthlich älteren Ursprungs:

> He he! warum soll' ich trauren!
> nun rühret mich der Mai;
> schlag, schlag, schlag auf mit Freuden!
> mein Trauren ist entzwei.[240]

Zu besondrem Ansehen gelangt um diese Zeit das blaue Blümlein. Es lag in der lehrhaft allegorischen Richtung damaliger Dichtkunst, die Farbe der Stätigkeit, einer sittlichen Eigenschaft, vorzüglich hoch zu halten. Der Graf Johann von Habsburg, in der Mordnacht zu Zürich 1350 ergriffen, ward daselbst in den Wellenberg, den nun abgebrochenen Wasserthurm, gelegt, hier lag er in das dritte Jahr gefangen und machte das Lieblein: „Ich weiß ein blaues Blümelein.[241] Nur diesen Anfang haben die Chroniken aufgezeichnet, das Lied als wohlbekannt voraussetzend. Daß mit dem blauen Blümlein, von dem fortan viel gesungen wird[242], zuerst das Veilchen gemeint war, deuten noch Liederstellen aus dem 16ten Jahrhundert an. Der schon angeführten, wonach Veielblau die Farbe der Stätigkeit ist, entspricht eine andre, worin ebendarum das Veilchen vor allen Frühlingsblumen gerühmt wird.[243] Einmal kann

auch auf die blaue Kornblume gerathen werden, als Ersatz entgangener
Maiblüthe.²⁴⁴ Doch müßen beide zurückstehn vor dem beliebten Vergißmeinnicht. Dieses glänzt nicht bloß im reinsten Blau der Treue,
sondern es mahnt auch in seinem Namen zur Beständigkeit des liebenden
Gedenkens. Mit dem Vergißmeinnicht aber eröffnet sich eine neue Bo-
tanik der Liebe, eine Reihe von Kräutern und Blumen, deren spruch-
artige Namen manigfache Beziehung auf Liebesverhältnisse gestatten
und nun auch emsig in den Liedern ausgebeutet werden: **Vergißmeinnicht, Wohlgemuth, Augentrost, Augelweid, Je länger je
lieber, Tag und Nacht, Ehrenpreis, Hab mich lieb, Maßlieb, Denk an mich, Wegweis, Wegwart, Wermuth, Schabab.**
Die meisten und gebräuchlesten unter diesen Namen sind zwar nicht
in ihrem Ursprunge sinnsprüchlich, sondern aus dem unmittelbaren
Wohlgefallen an den zierlichen Gewächsen und aus der Beobachtung
ihrer natürlichen Beschaffenheit hervorgegangen. Das kleine, niedrig-
stehende Vergißmeinnicht will nicht übersehen sein, ebenso Denk an
mich, Hab mich lieb; dagegen ist Je länger je lieber eine Artigkeit, die
dem Blümchen gesagt wird, ebenmäßig Augentrost, Augelweide; Tag
und Nacht bezeichnet die Theilung in lichte und dunkle Hälfte; Schabab,
eine späte Blüthe, verkündet den Abzug des Sommers.²⁴⁵ Aber die
verblümte Anwendung solcher Namenbildungen lag gänzlich im Ge-
schmacke der Zeit, lauten sie doch nahezu wie jene der allegorischen
Frauen: Verschwiegen immermehr, Hoff für Trauren, Wank nimmer
nicht! So wird Vergißmeinnicht die Mahnung zur Beständigkeit²⁴⁶,
Wohlgemuth die Losung der Freude, Augentrost ein Mittel gegen Trau-
rigkeit²⁴⁷, Je länger je lieber ein Ausdruck zunehmender Verliebtheit,
Schabab ein Zeichen der schnöden Abweisung und des Verleidetseins.²⁴⁸
Ein Lied solchen Inhalts führt nacheinander das blaue Vergißmeinnicht,
das braune oder weiße Habmichlieb, den rosinrothen Herzentrost (für
Augentrost?) und den Wohlgemuth auf, aber all diese erfreulichen
Blumen sind von Reif und kalten Winden gefällt, abgemäht, verdorrt;
nur das weiße Blümlein Schabab blieb dem Liebenden zu tragen, doch
er hofft auf einen neuen Sommer, wo Reif und Schnee, den neidischen
Klaffern dienstbar, vergessen, der lichte Mai die Blümlein mancher
Farbe wiederbringt und er, den Klaffern zu Leide, von Liebesarmen
umfangen ist (Volksl. Nr. 54).

Dieses Lied hebt an:

> Weiß mir ein Blümli blaue
> von himmelblauem Schein,
> es steht in grüner Aue,
> es heißt Vergißnitmein ꝛc.

und man wird damit an jenes: „Ich weiß ein blaues Blümelin ꝛc." des Grafen von Habsburg erinnert, doch läßt sich aus diesem Anklange nicht weiter folgern, indem das andre Lied nur erst in Aufzeichnungen des 16ten Jahrhunderts vorhanden und das Spiel mit derlei Blumennamen, gleich diesen selbst, nicht bis in die Mitte des 14ten Jahrhunderts mit Bestimmtheit nachweisbar ist.[249] Noch Hug von Montfort und der zunächst vor ihm erwähnte Sänger deuten die Blumen und besonders die blaue nicht nach ihren Namen, nur nach den Farben. Beim Vergißmeinnicht trifft zwar die Bedeutung der Farbe mit dem Wortlaute zusammen, sonst aber deckt die Farbenlehre sich keineswegs mit dem Namensinne; Weiß kann nicht zugleich Farbe der Hoffnung und des unseligen Schabab sein. Einmal kundbar, wird nun aber die neue Namendeutung mit aller Freude eines besonders sinnreichen Fundes betrieben. Nicht allein sind derselben ganze Lieder eigens gewidmet, auch sonst können die Sänger nicht umhin, in Frühlingsschilderungen der edeln Kräuter Wohlgemuth, Vergißmeinnicht und andrer bedeutsam zu gedenken, oder in zärtlicher Huldigung um ein Kränzlein aus solchen zu bitten[250], selbst die schöne Gräserin wird um einen so sinnschweren Kranz ersucht.[251] Außerdem bietet das 15te Jahrhundert einen Unterricht in Prosa über die Bedeutung von allerlei Blättern und Blumen; diese sollen ebenso mit Bedacht getragen werden, wie man schon im 14ten Jahrhundert die Farbe der Kleidung vielsagend wählte, und zwar nimmt dasselbe Baumblatt oder Blümchen verschiedenen Sinn an, je nachdem man es von selbst oder auf Empfehlung der geliebten Person angesteckt hat; sprechende Blumennamen sind hier im gleichen Sinne aufgefaßt, wie in den Liedern, aber die meisten der aufgezählten Gewächse finden weder in der Farbe noch im Namen ihre Deutung, sondern in noch viel künstlichern und versteckteren Beziehungen. Zum Beispiel diene das Laub der Linde, die selbst hier noch in ihrem vollfreundlichen Wesen erscheint: „Wer lindin Laub trägt, der gibt zu erkennen, er wolle sich mit der Menge freuen und mit Niemand besonder, wann (weil) die Linde gewöhnlich auf der Gemein (Almende) steht, da sich die Menge bei freuet, und gibt doch insunderheit Niemand kein' Frucht."[253]

Wie Kranz und Blume, so wird auch der Garten als Bild der Liebe gebraucht. Bei den Minnesängern und in Volksliedern älteren Stils werden die Blumen in Wald und wilder Aue gebrochen, kaum einmal, bei Nithart, aus dem Garten geholt.[253] Der Baumgarten, dessen die Rittergedichte häufig gedenken, dient auch im Minnesange zuweilen der Begegnung mit schönen Frauen.[254] In der Heldensage namhaft ist der Rosengarten, besonders der zu Worms, woselbst noch jetzt ein Werder am Rheine so genannt wird; ebenso hießen auch anderwärts die der Volkslust im Freien gewidmeten Plätze.[255] Der sagenhafte Rosengarten zu Worms ist ein Anger, mit Rosen wohl bekleidet, eine Meile lang und eine halbe breit, statt der Mauer mit einem Seidenband umgeben; dort hat die schöne Kriemhild Jedem, der einen der zwölf Hüter des Gartens besiegt, einen Kranz von Rosen, dazu ein Halsen und ein Küssen, ausgesetzt; eine Kranzwerbung mit dem Schwerte, wie nachher, im Kranzsingen, mit Liedern geworben wird und die Meistersänger ihre Kunst als einen Rosengarten, der von zwölf Altmeistern gehütet wird, darstellen (s. oben S. 205).[256] „Im Rosengarten sein" wurde zum sprichwörtlichen Ausdruck für Behagen, Wohlleben, sorglose Fröhlichkeit, gewonnenes Spiel[257]; in diesem Sinne sagt ein Lied des 15ten Jahrhunderts:

Du erfreust mirs Herz im Leib,
wohl in dem Rosengarte
dem Schlemmer sein Zeitvertreib![258]

und wie zu Worms der streitbare Mönch Ilsan durch die Rosen watet oder im Rosengarten sich walgt, so heißt es in einem Bergreihen[259]:

Dein rosenfarber Mund,
macht mich, Feinslieb, gesund,
erst lieg ich in den tollen vollen rothen Rosen.

Allmählich verengt sich der freiere Gartenraum zum wohlverzäunten Wurz- und Blumengärtlein. Schon Walther von der Vogelweide spricht bildlich von der liebenden Pflege guter Kräuter in einem grünen Garten[260]; Burkart von Hohenvels ebenso vom Würzegarten der Sälde, in dem eine tadellose Frau Rosen nebst andern Blumen und heilsamen

Kräutlein brechen könne.[261] Im Renner werden die Gedanken aus der Zeit in die ewige Freude mit denen eines erblindeten Mannes verglichen, der noch den Tag zu erleben sich sehnt, da er die lichte Sonne wieder sehe und bei seinen Freunden sitze, mit ihnen vertraulich esse und trinke und kurzweilen gehe bei schönen Frauen im Wurzgarten.[262] Besonders freuen sich dann bürgerliche Sänger des 15ten und folgenden Jahrhunderts einer freundlichen Zusammenkunft oder eines Spaziergangs bei lieblichem Sonnenschein mit der Schönsten in ihrem Gärtlein; dort weist sie den Liebenden in die Rosen oder setzt ihm ein Kränzlein von rothen Rosen auf.[263] Die Bildersprache, die hier nur mitgeht, ist vollständiger in einem volksmäßigen Liede durchgeführt, das im 16ten Jahrhundert sehr verbreitet war:

> Jungfräulein, soll ich mit euch gahn
> in euern Rosengarten? :c.

Die Jungfrau erwidert: der Gartenschlüssel sei wohl verborgen und behütet, der Knabe bedürfe weiser Lehre, dem sich der Garten aufschließen soll; dennoch kommt der Bewerber dahin und trifft die Schöne, wie sie mit heller Stimme singt, daß es im Garten erschallt und die Vögel in den Lüften den Widerhall geben, verstummend und erröthend grüßt er sie, wird aber mit dem Vorwurf heimgewiesen, daß er ihr die liebsten Blümlein zertreten wolle, da kehrt er um und sieht im Weggehen, wie die Jungfrau in ihrem Gärtlein allein steht und sich die goldfarben Haare schmückt, mit ihrem rothen Munde gibt sie ihm den Segen.[264] Nithart spricht bereits vom Zaunflechten um den Wurzgarten der Minne[265]; sich ein Gärtlein gezäunt haben, scheint herkömmliches Bild für ein gesichertes und abgeschlossenes Einverständniß in der Liebe gewesen zu sein. So beginnt ein Volkslied (Volksl. Nr. 51):

> Ich zäunt mir nächten einen Zaun,
> darum bat mich mein Gespiel,
> wohl um ein freundlichs Wurzgärtlein,
> darinn war Freuden viel,
> das wonnigliche Spiel.

Dieses Gärtlein ist märchenhafter Art:

> es klingen die Äst' von rothem Gold,
> die Vögelein fingen wohl:
> „mein Feinslieb hat mich hold!"

Wenn es dann weiter heißt, das Wurzgärtlein sei wohl verzäunt, es sei noch nicht offenbar, und wenn sofort aufgefordert wird, es offenbar zu machen, so ist damit eine Räthselaufgabe bezeichnet, das Wort der Lösung aber, auch unausgesprochen, kein andres als wieder die Liebe.²⁶⁶ Ähnliches in einem andern Liede:

> Ich will gahn in den Garten,
> umzeunt mit rothem Gold,
> darinn meins Liebes warten,
> ich bin ihm von Herzen hold;
> es kommt gar schier, es saumt sich nit,
> es will mir nichts versagen,
> was ich es freundlich bitt'.²⁶⁷

Auch frembe Gewürzbäume zieren den Garten der Liebsten (Volksl. Nr. 30. Str. 3).

> In meines Buhlen Garten
> da stehn zwei Bäumelein,
> das eine trägt Muscaten,
> das andre Nägelein;

ihr selbst beim Haupte steht ein goldner Schrein, worin das junge Herz des Liebenden verschlossen ist, zu ihren Füßen fließt ein Jungbrunnen, daraus er manch stolzen Trunk gethan. Das vom 16ten Jahrhundert bis heute vielbekannte Lied dieses Inhalts hatte früher wahrscheinlich den Eingang:

> Nach Osterland (Ostland) will ich fahren,
> da wohnt mein süßes Lieb ꝛc.²⁶⁸

und versetzte so den Liebesgarten nach dem fabelhaften Osten, wie anderwärts von dem wundersamen Schloß und Walde (s. oben S. 105) oder von dem Baum in Ósterreich (Morgenland) gesungen wird, der Muscatenblumen trägt und dessen erste Blume des Königs Tochter bricht (Volksl. Nr. 99. Str. 1). Dagegen blühen die sinnigen Kräutlein Wohlgemuth, Vergißmeinnicht u. s. w., nach einem der Spruchgedichte, sehr angemessen im Wurzgarten, der mit einem künstlich in Herzform gezogenen Hage verzäunt ist.²⁶⁹

Eines der angeführten Lieder (Nr. 54) läßt alle die heiteren Blümlein von Reif und anbrem Ungemach verderben und nur das herbstliche Schabab übrig bleiben. Die erfrorenen Blumen, das verwüstete

Gärtlein sind auch anderwärts Bilder des durch Trennung oder Untreue zerstörten Liebesglücks und fehlen darum nicht in den Abschiedsliedern, einer zahlreichen Gattung, in der bald das schmerzliche Lebewohl treuer Liebenden, bald der bittre Scheidegruß des gekränkten und erkalteten Herzens ausgesprochen wird. Den Gegensatz glücklicher Zeit und herber Trennung drückt ein alter Kehrreim in wenigen Zügen so aus: „Veilchen, Rosenblumen!" dann:

> „Berg und Thal, kühler Schnee:
> Herzlieb! Scheiden, das thut weh." 270

Treue Liebe will nicht geschieden sein:

> Hat uns der Reif, hat uns der Schnee,
> hat uns erfrört den grünen Klee,
> die Blümlein auf der Heiden;
> wo zwei Herzlieb bei'nander sind,
> die Zwei soll man nit scheiden!

Dennoch geschieht es und die Klage wird laut (Volksl. Nr. 67):

> Ach Gott, wie weh thut Scheiden!
> hat mir mein Herz verwundt,
> so trab' ich über die Heiden
> und traur' zu aller Stund';
> der Stunden, der sind also viel,
> mein Herz trägt heimlich Leiden,
> wiewohl ich oft fröhlich bin.
>
> Hat mir ein Gärtlein gebauen
> von Veiel und grünem Klee,
> ist mir zu früh erfroren,
> thut meinem Herzen weh,
> ist mir erfroren bei Sonnenschein
> ein Kraut Jelängerjelieber,
> ein Blümlein Vergißnitmein.
>
> Sollt' mich meins Buhl'n erwegen (begeben),
> als oft ein ander thut,
> sollt' führen ein fröhlichs Leben,
> darzu ein' leichten Muth,
> das kann und mag doch nit gesein;
> gesegen dich Gott im Herzen!
> es muß geschieden sein.

Selbst die sonst trostreiche Wohlgemuth wird aufgefordert, mitzutrauern:

> Gründ' meine Wort, Jungfräulein zart,
> dieweil ich dich muß meiden!
> klag' Sonn' und Mond, klag' Laub und Gras,
> klag' Alles, das der Himmel beschloß!
> klag' Röslein fein,
> klag' kleins Waldvögelein,
> klag' Blümlein auf der Heiden!
> klag' auch die braune Wohlgemuth!
> ach Gott! wie weh mir's Scheiden thut! 271

Bitterer lautet folgendes:

> Hat mir zu Freuden ausgesät,
> ein Andrer hat mir's abgemäht,
> das macht das Wetter unstät,
> ein leichter Wind, der mir's hinweht',
> ein großer Guß führt's all dahin,
> schafft daß ich so traurig bin. 272

Hier stimmt auch ein, was in einer dänischen Ballade der Pilger singt, dem, als er von einer Romfahrt nach Hause kommt, seine Frau nicht entgegengeht: „Ich pflanzt' in meinem Wurzgarten Rosen und eble Lilien, nun ist dort Andres zwischen gewachsen, wider meinen Willen; ich habe gepflanzt einen Wurzgarten mit Rosen und ebeln Blumen, nun ist dort Andres zwischengewachsen, derweil ich in Rom war; in meinen Garten ist ein Hirsch gewöhnt, die Blumen tritt er nieder, er will verwüsten die einzige Wurz, die mir das Herz erfreut." Die Frau hat schwer zu büßen, daß ihr Mann zu Rom das Reimen lernte, schuldbewußt gibt sie die Schlüssel ab und verläßt das Haus. 273

> Ich pflanzet' in mein Wurzgärtlein
> wohl Rosen und eble Lilgen,
> nun wuchs mir Andres zwischenein,
> ist nicht mit meinem Willen.

> Ich habe gepflanzt ein Wurzgärtlein
> mit Rosen und ebeln Blumen;
> nun wuchs mir Andres zwischenein,
> derweil ich war zu Rome.

In meinem Garten geht ein Hirsch,
tritt nieder alle Blüthe,
verwüstet mir die einz'ge Wurz,
die mir gab Hochgemüthe.

Deutlicher wird jetzt ein weiteres deutsches Lied (Volksl. Nr. 47):

„Nun fall, du Reif, du kalter Schnee,
fall mir auf meinen Fuß!
das Mägdlein ist nit über hundert Meil'
und das mir werden muß."

Ich kam für Liebes Kämmerlein,
ich meint', ich wär' allein,
da kam die Herzallerliebste mein
wol zu der Thür hinein.

„Gott grüße dich, mein feines Lieb!
wie steht unser beider Sach'?
ich seh's an deinen braun' Äuglein wohl,
du trägst groß Ungemach.

Die Sonne ist verblichen,
ist nimmer so klar als vor;
es ist noch nicht ein halbes Jahr,
da ich dich erst lieb gewann.

Was soll mir denn mein feines Lieb,
wenn sie nit tanzen kann?
führ' ich sie zu dem Tanze,
so spottet mein Jedermann.

Wer mir will helfen trauren,
der recke zween Finger auf!
ich seh' viel Finger und wenig Treu'
ade! ich fahr' dahin." (drum hör' ich Singens auf.)

Diese eisigen Gefühle der Enttäuschung, der erstorbenen Liebe, der sittlichen Zernichtung des geliebten Gegenstandes sind den Volksliedern eigenthümlich. Wie im Liede vom verlorenen Rosenkranz, auf der ahnungsvollen Fahrt zu der Liebsten, der kühle Wind über die Heide weht, so findet hier der rückkehrende Wandrer es seiner Stimmung gemäß, daß Reif und Schnee auf seinen Fuß fallen; die Entdeckung ist dieselbe, wie dort; da erbleicht ihm die Sonne, er verhöhnt sich selbst und mißtraut auch denen, die er zur Mittrauer auffordert. Das Trauern-helfen gehört zu den genossenschaftlichen Pflichten des Mittelalters und berührt sich hier mit den Formen der Eideshilfe [274], im Minnesange wird mehrfach zum mithelfenden Gnaderuf, Lobsingen, Wünschen und Danken aufgefordert [275], aber auch das Helfen mit Klage und Trauer ist sonst bezeugt [276] und wird in folgenden Abschnitten noch weiter vorkommen. Gleich andern Befreundeten wird die ganze Natur in Mittrauer gezogen, sie soll den menschlichen Kummer widerhallen und abschatten. In der vorhin angeführten Strophe sollen Sonn und Mond, Laub und Gras, Waldvöglein und Blumen, Alles, was der Himmel umschließt, mit dem Scheidenden klagen, dem Enttäuschten erbleicht die Sonne. [277] Nach einer altdeutschen Legende ruft schon Adam nach der Vertreibung aus dem Paradies: „Ich bitte dich, Wasser Jordan, und die Fische, die hier inne sind, und in den Lüften euch Vöglein, und euch Thiere all zusammen, daß ihr mir helfet weinen und mein großes Leid klagen!" Da läßt das Wasser sein Fließen und alle Geschöpfe helfen ihm klagen. [278] Sie bleiben auch fortan nicht unempfindlich beim Leide der Menschen; „die wilden Vögel betrübet unsere Klage", sagt Walther [279], eine Vergeltung des Mitleids, das ihrem Ungemache gezollt wird; dem ungeliebten Mädchen will die Linde trauern helfen; dann im litthauischen Volkslied:

Ach wehe, wehe! mein Gott, du lieber!
wer wird uns helfen den Bruder betrauren?

Die Sonne sprach, sich herniederlassend:
„ich werd' euch helfen den Bruder betrauren. [280]

Neun Morgen will ich in Nebel mich hüllen
und an dem zehnten auch gar nicht aufgehn.

Ferner im niederdeutschen Liede von Egmonts Tode (Volksl. Nr. 355. Str. 25):

Des von Egmunden schön Gemahl
mit Thränen netzete ihren Saal,
mit Klage das Lied thät enden,
auch höret(e) auf die Nachtigall
zu singen in dem grünen Thal,
Mond und Sonn' thät erblinden. [281]

Die nordische Sage von Balbur, den alle Wesen, lebendige und unbelebte, aus den Wohnungen der Todesgöttin weinen sollen [282], deutet

an, daß man von großer Klagehilfe außerordentliche Wirkungen erwartete. Über die Nothwendigkeit des Scheidens wird in den Liedern
auf den Zug der Heerstraße, des Stromes mit den Schiffen, des Winters verwiesen:

> Zwischen Berg und tiefem Thal
> da liegt ein' freie Straße,
> (a. da fließt ein schiffreich Wasser)
> wer seinem Buhlen nit haben woll',
> der mag ihn wol fahren lassen. 283

> Ach! Süden- Nord- und Westerwind
> die halten selten stille,
> und wann zwei Herzlieb' scheiden soll'n
> g'schieht wider beider Willen. 284

Der Wanderer zieht hin, aber das Herz steht stille (Volksl. Nr. 33):

> Dort hoch auf jenem Berge
> da geht ein Mühlenrad,
> das malet nichts denn Liebe
> die Nacht bis an den Tag;
> die Mühle ist zerbrochen,
> die Liebe hat ein End',
> so gesegen dich Gott, mein feines Lieb!
> jetzt fahr' ich ins Elend.

Andre Abschiedslieder entschlagen sich gänzlich der Bilder und Natur-
anklänge. Das wahre Wehe, die innigste Empfindung verschmähen
allerdings oft jeden andern Ausdruck, als den unmittelbarsten. Der
Schmerz des Scheidens ist ein Gefühl, dem eben diese einfachsten Laute
zusagen. So schon bei Kürenberg:

> Es geht mir von dem Herzen, daß ich weine,
> ich und mein Geselle müßen uns scheiden. 285

Vergeblich wäre es auch, die einfachen Klagerufe der Volkslieder zu
überbieten, jenes sprichwörtliche: „Scheiden thut weh!"286 oder das
wiederkehrende:

> Ach Scheiden, immer Scheiden,
> wer hat dich doch erdacht?
> hast mir mein junges Herze
> aus Freud' in Trauren bracht. 287

Dagegen bezeichnen manche Scheibelieder, wie sie im 16ten, zum Theil schon im 14ten Jahrhundert gangbar waren, durch ihre Farblosigkeit mehr nur das Schabab der poetischen Anschauungsweise. Statt aller können die drei in jener Zeit berühmtesten, durch angesehene Tonsetzer gehobenen genannt werden: „Entlaubet ist der Walde" u. s. w., „Ich stund an einem Morgen" u. s. w. und: „Innsbruck, ich muß dich laßen" u. s. w.[288] Das erste derselben verkündet nur eben noch in der Anfangszeile den Winter der Liebe, im Übrigen sind sie durchaus bildlos. Treuherzig, aber nüchtern, läßt der Scheidende der Geliebten gute Lehren zurück (Nr. 68. Str. 3):

>   Sei weis', laß dich nit affen,
>   der Klaffer seind so viel;
>   halt dich gen mir rechtschaffen!
>   treulich dich warnen will;
>   hüt' dich vor falschen Zungen,
>   darauf sei wohl bedacht!
>   sei dir, schön's Lieb, gesungen
>   zu einer guten Nacht!

Oder auch (Nr. 69. A. Str. 3):

>   nun müß dich Gott bewahren,
>   in aller Tugend sparen,
>   bis daß ich wiederkomm'.

Wenn die Schöne sich bereit erklärt mitzuziehen, kein Weg sei ihr zu ferne, so räth er wohlmeinend ab (Nr. 70. Str. 6):

>   Der Knab', der sprach mit Sitten:
>   „mein Schatz ob allem Gut,
>   ich will dich freundlich bitten,
>   nu schlag's aus deinem Muth!
>   gedenk wohl an die Freunde dein,
>   die dir kein Arges trauen
>   und täglich bei dir sein!"

Dennoch hat diese rechtschaffene Gesinnung ihre eigenthümliche Kraft; man glaubt dem wackern Knaben, wenn er versichert (Nr. 69. Str. 3):

>   ich will dich nicht aufgeben,
>   dieweil ich hab' das Leben,
>   und hätt' ich des Kaisers Gut.

Man spürt, in einem vierten Liebe, das treue Herz des nachrufenden Mägdleins (Nr. 71. Str. 2):

> Ach, reicher Christ, gib mir das Glück:
> wo er reit' in dem Lande,
> bewahr' ihm seinen graden Leib
> vor Leid und auch vor Schande!
> das will ich immer danken Gott
> allzeit und alle Stunde,
> wann ich gedenk', daß ihm wol geht:
> mein Herz in großem Trauren steht,
> kein Liebrer soll mir werden
> (a. der Liebst' muß er mir bleiben).

Der alte Grundton des Liebesliedes, der Einklang mit der Natur, der sich im höfischen Minnesange behauptet hatte und mit dessen Erlöschen ursprünglicher im Volksgesange wieder aufgetaucht war, ließ sich auch von der bürgerlichen Nüchternheit des 16ten Jahrhunderts nicht völlig verdrängen. Während die Liederbücher dieser Zeit sich mit Liebesgesängen füllen, denen selbst die bedeutsame Kleiderfarbe und die Sinnblume noch zu lebendig sind, dagegen ein Spiel mit dem freundlichen A oder dem herzigen M, den Namensbuchstaben der Geliebten, anmuthig erscheint, zeigt sich doch mitten darunter nicht bloß ein Überrest echter älterer Volkslieder, sondern auch eine Anzahl eigener Erzeugnisse des 16ten Jahrhunderts, in welchen das gefährdete Naturgefühl noch einmal sein Heil versucht und sich mit dem innern Gehalte der neuen Richtung erfreulich verbunden hat. In den Liedern dieses Gewächses ist die Sommerluft fröhlich mit Maß, die Werbung sittig, schalkhaft in Ehren und zuthulich mit löblicher Absicht, die Gesinnung auch in der Liebe gottergeben. An die ältere Volksweise anknüpfend, sind sie dennoch gemachter und gezierter, weitläufiger und in der Form künstlicher, doch nicht so weit, daß ihnen frischer Sinn und muntre Beweglichkeit abgienge. Besungen wird der lustvolle Mai, der das Geblüt erneut, wo die Lerche sich mit hellem Schall erschwingt, die Nachtigall alle Vöglein übersingt und der Kuckuck mit seinem Rufe Jedermann fröhlich macht, die Mägdlein Abends reigen und man zu den Brunnen spazieren geht, wo alle Welt mit Reisen fern und weit Freude sucht, wo die Wälder grünen und die Bäume blühen:

>   Des Morgens in dem Thaue
>   die Meidlein grasen gahn,
>   gar lieblich sie anschauen
>   die schönen Blümlein stahn,
>   daraus sie Kränzlein machen
>   und schenken's ihrem Schatz,
>   den sie freundlich anlachen
>   und geben ihm ein' Schmatz.
>
>   Darumb lob' ich den Summer,
>   darzu den Meien gut,
>   der wendt uns allen Kummer
>   und bringt viel Freud' und Muth;
>   der Zeit will ich genießen,
>   dieweil ich Pfennig hab',
>   und wen es will verdrießen,
>   der fall die Stiegen ab!

Dann steht auch im Garten das Blümlein Vergißmeinnicht, dann blühen Wohlgemuth und andre bedeutsamere Kräuter:

>   Das Kraut Jelängerjelieber
>   an manchem Ende blüht,
>   bringt oft ein heimlich Fieber,
>   wer sich nicht dafür hüt't;
>   ich hab' es wohl vernommen,
>   was dieses Kraut vermag,
>   doch kann man dem vorkommen,
>   wer Maßlieb braucht all' Tag! 290

Es scheint hiebei an ein altkluges Blümlein Maßlieb gedacht zu sein; Maßhalten, aber beständig sein, das ist die vernünftige Liebe dieser Liebergattung. Weiter bringt der Mai verliebte Träume oder führt mit der Liebsten im Wurzgärtlein zusammen, wo sie dem Dichter einen Rosenkranz verehrt. Sie ist auch wohl selbst das Heideröslein:

>   Sie gleicht wohl einem Rosenstock,
>   drum g'liebt sie mir im Herzen,
>   sie trägt auch einen rothen Rock,
>   kann züchtig, freundlich scherzen,
>   sie blühet wie ein Röselein,
>   die Bäcklein wie das Mündelein;

liebst du mich, so lieb' ich dich,
Röslein auf der Heiden!

Der die Röslein wird brechen ab,
Röslein auf der Heiden!
das wird wohl thun ein junger Knab,
züchtig, fein bescheiden,
so stehn die Steglein 291 auch allein,
der lieb' Gott weiß wohl, wen ich mein':
gedenk' an mich, wie ich an dich,
Röslein auf der Heiden!

Beut mir her deinen rothen Mund,
Röslein auf der Heiden!
ein' Kuß gib mir aus Herzensgrund,
so steht mein Herz in Freuden.
behüt dich Gott zu jeder Zeit,
allstund und wie es sich begeit (begibt)!
küß' du mich, so küß' ich dich,
Röslein auf der Heiden! 292

Ein Tanzlied singt von den höflichen Sprüngen, den freundlich umfassenden Ärmlein, den warmen Händlein und andern Reizen des herumgeschwungenen Mägdleins, der jugendlichen Fröhlichkeit und Liebeslust wird überall nichts vergeben, aber das Ziel ist stets eine dauernde, ehliche Verbindung. Vom Heideröslein wird gesagt:

Sie g'liebet mir im Herzen wohl,
in Ehren ich sie lieben soll;
bescheert Gott Glück,
geht's nicht zurück,
Röslein auf der Heiden!

Der flinken Tänzerin wird zugerufen:

Narre mich nur nicht!
willt du mir was verheißen,
so halt mir solches frei!
damit daß man nicht zu mir spricht:
durch den Korb ich g'fallen sei.

Wer ist auf Erden,
der es so treulich meine

> mit dir, als eben ich,
> weißt du sonst Ein'n, so will ich dann
> ganz willig scheiden mich.
>
> Laß dich bewegen
> die schöne Melodei,
> das ist Trommetenklang,
> auf daß ein Eh' mit uns fürgeh'
> und hab' ein' Anefang!

Von dem Lustwandel im Gärtlein heißt es:

> Uns ward auf dieser Erd' nicht baß,
> dann daß wir sammen kamen
> spazieren in dem grünen Gras
> in Gott des Herren Namen ɾc.

und auch hier lautet der Endeswunsch:

> Lieblich ist dieses Mägdelein,
> mei'm Herzen doch verwandt,
> Gott geb' mir die ich jetzund mein'
> an meine rechte Hand,
> daß ihr zart junger Leib
> mein fromm ehliches Weib
> möcht' werden auf Erden
> in Freud' und Kreuz daneben,
> bis daß ich mit ihr seliglich
> ende mein junges Leben!

Der Gang im irdischen Mai setzt sich bis in den ewigen fort:

> Die schöne Sommerzeit,
> mein feines Lieb und Saitenspiel
> ist über alle Freud',
> erquickt das Herz, welchs leidet Schmerz,
> nimmt weg traurigen Muth,
> ist über Geld und Gut;
> so will es Gott bescheeren Dem,
> der ihn drum bitten thut.
>
> Roth Röslein auf der Heid,
> die Blümlein schön in dieser Welt
> geben viel Zierlichkeit,

> darzu auch das viel liebe Gras
> ist alles hübsch und fein;
> ich und die Liebste mein
> wollen nach der Zergänglichkeit
> bei (ei)nander im Himmel sein. 293

Rechtschaffene Liebe wird als von Gott selber gewollt, als unter seiner Vorherbestimmung und besondern Obhut stehend betrachtet, eine Ansicht, von der sich bei den Minnesängern kaum einzelne, halbernste Andeutungen vorfinden 294, die hingegen durch nachstehendes Volkslied mit älterem Naturglauben vermittelt ist:

> Schein' uns, du liebe Sonne,
> gib uns ein' (den) hellen Schein!
> schein' uns zwei Lieb' zusammen,
> die gern bei (ei)nander wollen sein!
>
> Dort fern auf jenem Berge
> da liegt ein kalter Schnee,
> der Schnee kann nicht zerschmelzen,
> denn Gottes Wille der müß' ergehn.
>
> Gottes Wille der ist ergangen,
> zerschmolzen ist uns der Schnee;
> Gott g(e)segen' euch, Vater und Mutter!
> ich seh' euch nimmermehr. 295

Die Sonne wird in den Segen vielfach um Beistand angerufen; dem Ausreisenden, dem Wohlthäter wird angewünscht, daß Sonne, Mond und Sterne ihm zum Heile scheinen (s. ob. S. 248). Wie nun die Sonne dem einzelnen Wanderer zum Glücke leuchtet, so wird sie im obigen Liede gebeten, zwei Liebenden, die auf geschiedenen Wegen gehn, ihren hellen Schein zu geben, sie zusammenzuscheinen. Von dem Glauben an solch stilles, geheimnißvolles, der Liebe dienliches Wirken des himmlischen Lichtscheins sind auch sonst Zeugnisse vorhanden. Walafrid, aus der ersten Hälfte des 9ten Jahrhunderts, fordert in einem lateinischen Gedichte die Freundin auf, sich beim reinen Schimmer des Mondes unter den freien Himmel zu stellen, damit derselbe mit seinem einen Glanze die getrennten Lieben umfasse 296; dieß erinnert an das Räthsel von der Gemeinschaft des Thaues und des Windes zwischen zwei Freunden, die einander ferne sind (s. ob. S. 188). Hartmann im Erec läßt den Sonnenschein als Dienenden zwei „Gelieben", die am Mittag zusammen ruhen, durch das Fensterglas scheinen und das Gemach mit Lichte versorgen, damit Eines das Andere ansehen könne.[297] Man glaubt in diesen Stellen die Worte einer gemeinsamen, im Volkslied am reinsten erhaltenen Minneformel zu vernehmen.[298] Die Vorstellung von der Wirksamkeit des Scheinens äußert sich auch darin, daß der heilige Sonnenschein als persönliches Wesen zur Beschwörung gezogen wird (s. ob. S. 246); in Volksliedern versichert der Liebhaber, der eingelassen werden will: „Ich kann schleichen recht wie der Mondschein," „ich kann gehen wie der Sonnenschein."[299] Wie schon in heidnischem Gegenspruche den Naturmächten höhere Gottheiten beigefügt sind, so ist auch im Liede die Sonne allein noch nicht genügend, Gottes Wille muß ergehen, wenn der Schnee schmelzen soll.[300] Der Schnee macht das Gebirg unwegsam, ihn muß nach Gottes Willen die Sonne schmelzen, damit die Liebenden zusammen kommen. Dieß ist der Gedankengang des Liedes, gleichwohl hat das Zusammenscheinen seinen Sinn für sich und ebenso kommt der hemmende Schnee auch gesondert vor:

> Es ist ein Schnee gefallen
> und es ist noch nit Zeit,
> ich wollt' zu meinem Buhlen gehn,
> der Weg ist mir verschneit;

ein selbständiges, sprichwortartiges Gesätz, welches Liedern vorangestellt wird, in denen es dem Liebeswerber hinderlich geht.[301] Vom Abwarten besseren Geschickes überhaupt wird anderswo gesagt:

> Das Böglein singt, Zeit Rosen bringt,
> läg' schon der Schnee im Garten
> und regnet' es Hellebarten.[302]

Unter jenen Liedern des 16ten Jahrhunderts, denen die Liebe für eine Fügung des Himmels gilt, hat nun auch eines den Eingang des Volksliedes vom Sonnenschein umschreibend sich angeeignet:

> du edler Sonnenschein,
> schein mir den Weg zu ihr!
> nach ihr steht mein' Begier,
> der Schein thut mich sonst kränken,
> das mag man glauben mir.

Gleich hierauf wird die Allerliebste um ihre Hand gebeten und dabei wieder das Volkslied benützt:

> betracht's, bedenk's gar fein,
> wie freundlich ich es mein'!
> doch muß Gotts Will' geschehen,
> bei dem es steht allein.

Eigenthümlich aber ist dem umschreibenden Liebe, daß, wenn der Wunsch des Liebenden nicht auf Erden erfüllt werden kann, seine Hoffnung auf jenseits steht:

> kann sie mir denn nicht werden
> durch falsch' untreue Leut,
> hoff' ich und denk' mit Fleiß,
> daß ich in solcher Weis'
> will mit und bei ihr leben
> im ew'gen Paradeis. [303]

Wie im Vorigen an den Sonnenschein, so knüpft sich auch an den schönen Mai die gottvertrauende Liebe; das Lied: „Mir liebt im grünen Maien" u. s. w. (Volksl. Nr. 59) ist der vollständigste und innigste Ausdruck des Glaubens, daß der Bund der Herzen im Himmel geschlossen werde; im grünen Mai, dessen die ganze Christenheit froh ist, denkt der Dichter an die fern von ihm unter Blumen wandelnde Geliebte, die er schon im sehnsuchtvollen Herzen kennt und fühlt, die ihm aber erst durch Gottes Gabe zur rechten Stunde werden und so auf ewig die Seinige sein wird; die sprechendsten Stellen sind folgende (Volksl. Nr. 59. Str. 2 ff.):

> O Mei, du edler Meie,
> der du den grünen Wald
> so herrlich thust bekleiden
> mit Blümlein manigfalt,
> darinn sie thut spazieren
> die Allerliebst' und Wohlgestalt'.
>
> Ach Gott! du wollst mir geben
> in diesem Meien grün
> ein fröhlich g'sundes Leben
> und auch die Zart' und Schön'!
> die du mir, Gott, hast g'schaffen
> kann mir doch nicht entgehn.

Es wird mir doch auf Erden,
weil die Welt ist so weit,
ein feins brauns Mägdlein werden,
Gott weiß die rechte Zeit,
nun will ich Der erwarten,
die mir mein Herz erfreut.

Grüß mir sie Gott in Freuden,
Gott geb' gleich wo sie sei!
die ich jetzund soll meiden,
derselben ich mich freu';
bei allen andern schön'n Jungfraun
hab ich Sie lieb allein.

Will das Vertrauen setzen
auf Gott den Herren mein,
doch kann mein Herz ergetzen
die Allerliebste mein,
hat mir's Gott anders auserkorn,
so will ich ewig bei ihr sein.

Auf einem alten Flugblatt ist diesem Lied ein Name unten angedruckt: Georg Grünewald.[304] Nach einer Schwänkesammlung aus der Mitte des 16ten Jahrhunderts hieß Grünewald ein Singer am Hofe des Herzogs Wilhelm von München, „ein berühmter Musikus und Componist," dabei „ein guter Zechbruder" (Volksl. Nr. 238). In letzterer Eigenschaft und nach sonstigen Verhältnissen wird er weiterhin zu besprechen sein. Hier ist zu beachten, daß die Lieder der zuletzt abgehandelten Gattung zum größten Theil ein gewisses Handzeichen an sich tragen, welches den Namen Grünewalds durchblicken läßt, daß sie, wie in den Gedanken und der Sinnesart, so auch in Ausdruck und Rhythmus durchaus zusammenhängen und am Schluß eines kleinen Gedichtes von gleichem Tone Jörg Grünewald sich offen nennt.[305] Jenes Wahrzeichen aber besteht darin, daß öfters und zumeist am Ende der Lieder, mitunter etwas befremdlich, des grünen Waldes Erwähnung geschieht. Schon im Eingange des eben angeführten Mailiedes mögen der grüne Mai, der grüne Wald nicht umsonst ihr Beiwort führen. Vernehmlicher sprechen die letzten Zeilen des Ganges im Gärtlein:

> Nun hab' ich mein Spazierengehn
> in Freuden hie vollendt;
> was mein Gott will, das muß bestehn,
> der hat mein Herz erkennt;
> derselb' es auch erhalt'!
> gleichwie im grünen Wald
> fein singen und springen
> die kleinen Waldvöglein,
> so g'schicht allhie auf dieser Erd'
> Alles zum Lobe sein. ³⁰⁶

Auch der Sonnenschein kehrt am Schlusse eines Abschiedslieds in solcher Verbindung wieder:

> Also muß ich mich scheiden hin;
> wenn ich gleich jetzund traurig bin,
> nach trübseliger Zeit
> kommt gerne wieder Freud;
> wenn Gott der Herr läßt scheinen
> sein lieben Sonnenschein (a. sein helle liebe Sonn')
> in grünen Wald,
> alsdann kommt bald
> wiederum Freud und Wonn'. ³⁰⁷

Endlich im Kehraus des Tanzliedes behält sich der Sänger seinen guten Trost bevor:

> bis daß verdirbt, verdorrt und stirbt
> der schöne grüne Wald.

Aus dem grünen Walde stammt die alte, naturtreue Volksdichtung, der letzte Sänger dieser Weise geht in den grünen Wald wieder auf. ³⁰⁸

Anmerkungen
zu
4. Liebeslieder.

¹ Statut. S. Bonifacii cap. 21: "non licet in ecclesia choros secularium vel puellarum cantica exercere." (Eckhart, Franc. or. 1, 441. 411.)

² Capitul. ann. 789: "abbatissae monasterio sine regis permissione non exeant et ea(o)rum claustra sint bene firmata, et [sc. moniales] nullatenus winileodes scribere vel mittere praesumant et [sc. leodes] de pallore earum propter sanguinis minutationem. Eckhart, a. a. O. I, 733. bemerkt hiezu: "Recreatio, ut vocant, adhuc conceditur monialibus et monachis tempore venae sectionis. Illo autem aevo virgines seculares sanguinem minuantes videntur cantica amatoria ea de causa ad amasios misisse et de pallore conquestae, hasque imitatas quasdam etiam religiosas, quod hisce hic prohibetur."

³ D. Gramm. II, 505. Graff I, 867 II, 199: "c. winiliod ıc. seculares cantilenas; psalmos vulgares, seculares; plebejos psalmos, cantica rustica et inepta." (Wadernagel, Wessobr. Geb. 27 f.)

⁴ "Dum rerum quondam sonus inutilium pulsaret aures quorundam probatissimorum uirorum eorumque sanctitatem laicorum cantus inquietaret obscœnus, a quibusdam memoriae dignis fratribus rogatus maximeque cuiusdam uenerandae matronae uerbis nimium flagitantis nomine Judith, partem euangeliorum eis theotisce conscriberem, ut aliquantulum huius cantus lectionis ludum secularium uocum deleret et in euangeliorum propria lingua occupati dulcedine sonum inutilium rerum nouerint declinare" ıc.

⁵ Mainzer Concil 813: "Canticum turpe atque luxuriosum circa ecclesias agere omnino contradicimus, quod et ubique vitandum est." Wiederholt durch die lex Caroli et Ludovici mit dem Zusatze: "illas vero balatationes et saltationes, cantica turpia et luxuriosa et illa lusa diabolica non faciat nec in plateis uec in domibus neque in ullo loco, quia haec de paganorum consuetudine remanserunt." (Wadernagel a. a. O.)

⁶ S. oben S. 261.
⁷ Für die verschiedenen Zusammenstellungen je Ein Beispiel:

MS. II, 74ᵇ (von Stadegge):
    Wol den kleinen vogellinen,
    wol der heide, wol den liehten tagen!
    die süln uns ze vröuden schinen.

MS. I, 12ᵃ (Markgr. Otte von Brandenburk):
    Ich bin verwunt von zweier hande leide,
    merket, ob daz vröude mir vertribe,
    ez valwent liehte bluomen ûf der heide,
    sô lide ich nôt von einem reinen wîbe.

MS. I, 313ᵃ (Rubin):
    Owê daz mir bî liehten wunneclichen tagen
    niht ein sumer an dem herzen wirt!

MS. II, 131ᵇ (Rost):
    Winter, dir sî widerseit
    wan ich wil beliben
    vrœlich an dem muote.

MS. II, 20ᵃ (Kristan von Luppin):
    Ich vröu mich gên dem meien nihtes niht,
    in' getrûrte ouch nie (niht) gên des winters zît:
    sol aber mich ervröuwen ihtes iht,
    daz sol tuon ein wîb, an der mîn vröude lît,
    sol ich trûren, daz kumt von ir schulden.

⁸ Wolfram S. 9:
    Ir wengel wol gestellet
    sint gevar
    alsam ein touwic rôse rôt.

Walther 28 [Pf. Nr. 149, 4]:
    sâl wiech danne sunge von den vogellinen,
    von der heide und von den bluomen, als ich wîlent sanc!
    swelch schœne wîp mir denne gæbe ir habedanc,
    der liez ich liljen unde rôsen ûz ir wengel schinen.

MS. II, 337ᵃ (Diurner):
    für daz grüene loup
    ir valwez hâr
    wil ich iemer gerne prîsen ꝛc.

MS. II, 53ᵃ (Ulr. v. Liechtenstein):
    mins herzen spiledin meiensunne.

MS. I, 336ᵃ (Reinman v. Brennenberk):
    si sunnenblic, si meienschîn,
    si vogelsanc ꝛc.

⁹ MS. I, 182ᵃ. Lachmann, Walther v. d. Vogelw. 194. Wackernagel (Simrocks Walther II, 159) und v. d. Hagen, MS. IV, 139ᵇ f. führen aus, warum das Trauerlied, das der jammernden Frau in den Mund gelegt ist, auf Leopold VI., gest. 1194, und nicht erst auf Leopold VII., gest. 1230, zu beziehen sei; Reinmar ist ein Vorgänger Walthers, der selbst schon 1198 der Kunst mächtig war; auch Inhalt und Ton der Klage paßt viel besser auf ein Alter des Verstorbenen von 37, als von 54 Jahren.

¹⁰ Vor dieses Jahr (um 1217) fällt, nach Lachmanns Untersuchung (Walther 139. Jw. 420, vgl. S. Marte II, 314. 64 u.), die Beendigung des Willehalm, worin es (312, 11 ff.) von Rennewarts Schwerte heißt:

> man muoz des alme swerte jehen,
> het ez her Nithart gesehen
> über einen geubühel tragn,
> er begundez sinen friunden klagn.

Der Groll gegen die langen und breiten Schwerter der wehrhaften Bauern und die Anrede an die Freunde sind in den Nithartsliedern herkömmlich, so MS. II, 100ᵃ, 11:

> er tregt stæte in siner hant
> ein vil griulich isen, dar an stênt diu vremden mâl;
> dast ein vil guot swert.

III, 188ᵇ, 6:

> Den siht man ein klingen tragen,
> daz ich des niht meines swer,
> si si an dem orte baz denn drier vinger breit ıc.

III, 200ᵃ, 3:

> von ir langen swerten würd' vil liht ein her verlorn.

236ᵃ, 4: Sin swert daz heizt der grimme tôt.

256ᵃ, ob.: swert diu sluogen ûf ir sporn,
> daz si lûte erklungen, daz tet mir ze den vil zorn.

III, 224ᵇ, ob.:

> daz si alle viretage
> tragen ir weibelruoten,
> reht als in der keiser widersage.

Ben. 431, 3. 432, 5 (MS. III, 271, 3 f.) [vergl. 213ᵇ, 5. 249ᵇ, 7. 262ᵃ, 3. 264ᵃ, 7.]

III, 254ᵇ, 14:

> dâ von stricken si umb ir lange swert.
> diu dâ vezzel habent volleclichen spannenbreit.

[Ben. 309, 9 (Ankunftlied):

> Rucket er den afterreif hin wider ûf die scheide,
> wizzent, mine vriunde, daz ist mir ein herzeleit.

MS. III, 245ᵃ, 6. lautet die Stelle so:
> Stricket er daz Ostersahs hin hinder an der scheide,
> liebe vriunt, nu hœret, daz ist mines hersen leit.

(ebendas. ᵇ, 10, bei Ben. fehlend:
> unt klopfet ûf sîn niuwez swert,
> dâ mit er uns des nahtes ûf der gazzen tuot erschrocken.)

MS. II, 108ᵃ, 13:
> daz wil ich mit gesange nu den bovelinten klagen.

Vgl. II, 99ᵇ, 10. III, 223ᵇ, 6. Ben. 353, 2. (III, 253ᵇ, 2.). 355, 5. 313, 3 f. 409, 8. MS. III, 251ᵇ und 272ᵃ, 3. (Ben. 323, 1 f. 359, 5. [MS. III, 251ᵃ, ob.]. 361, 9. [MS. III, 251ᵃ, 9. 779ᵃ, ob.]. MS. III, 191ᵇ, 5. 197ᵇ, 11. 199ᵃ, 13. 245ᵃ, 6.)

[11] MS. I, 176, 1:
> mir enkome ir helfe an der zît,
> mir ist beide sumer unt winter al ze lanc.

I, 182ᵇ, 1: Waz dar umbe? valwet grüene heide ꝛc.
> ich hân mê ze tuonne, danne bluomen klagen.

[12] MS. I, 181ᵃ, 4:
> ich hân ein dinc mir für geleit,
> daz stritet mit gedanken in dem herzen mîn ꝛc.

(vergl. III, 605ᵃ, u. Würzb. Hdschr.: Zwei d. h. ich ꝛc. die stritent ꝛc.)

[13] Lachm. 64 f. ([= Pf. Nr. 72, 87] MS. I, 234):
> wurden ir (der ungefüege) die grôzen bœve benomen,
> daz wær allez nâch dem willen mîn.
> bî den gebûren lieze ich si wol sîn:
> danne ist si ouch her bekomen.

Walthers unmuthige Klage setzt einen mächtig und massenhaft angedrungenen, bäuerlicher Herkunft zu bezichtenden Kunstauswuchs voraus; vollkommen ein solcher stellt sich in Nitharts Dichtweise dar. Warum sollte nun eben diese nicht gemeint sein? und welch andere mit irgend gleichem Rechte? Dagegen wird eingewendet *, daß Nithart erst unter Fridrich dem Streitbaren, also nicht vor 1230, aus Baiern und Österreich gekommen sei, während Walther schon 1228 verschwindet. Können die echten Lieder Nitharts, worin des Fürsten Fridrich gedacht ist, nur auf besagten Fridrich II., der 1230 an das Herzogthum kam, nicht auf Fridrich I., dessen Tod Walther betrauert, von 1193 bis 1198, bezogen werden, kann man die Blüthe der Nithart'schen Dorfpoesie nicht von ihrem Grund und Boden in Österreich, dem Tulnerfeld ꝛc., trennen, erfordert Walthers Rügelied ein persönliches Zusammentreffen beider Dichter am dortigen Fürstenhofe, so kommt doch zugleich in Erwägung, daß, wie bemerkt worden (Anmerk. 10), schon vor 1220 Wolfram die Weise Nitharts

---

* (Vergl. Lachm. z. Iwein 408. Walther 188 f.) Wo findet man denn Trinklieder, wie sie am Thüringer Hofe sollen gesungen worden sein?

zutreffend bezeichnet (wie er ebendaselbst auch auf Walther anspielt, Willeh. 286, 19: hêr Vogelweid von brâten sanc), daß es nicht gut angeht, diese schon damals ausgeprägte Dichtweise erst 1230 ihren eigentlichen Schauplatz betreten zu lassen, und daß, sowie Walther unter Fridrich I. und nachmals unter Leopold (1198—1230), namentlich im Jahr 1219, sich in Österreich befand, so auch Nithart unter verschiedenen Fürsten, Leopold VII. und Fridrich II., dort verweilen konnte. Dasjenige Lied, worin er seine Übersiedelung nach Österreich ankündigt, nennt den Fürsten nicht, der ihn hier „behauset hat", und sagt jedoch, daß der Dichter nun ze Medelicke (zu Mödling) ansäßig sei (Ben.) 309:

In dem lande ze Österriche wart ich wol enpfangen
von dem edelen fürsten, der mich nû behûset hât.
Hie ze Medelicke bin ich immer âne ir aller danc.
mir ist leit, daz ich von Eppen unt von Gumpen ie ze Riuwental sô vil
gesanc.

(Bergl. MS. III, 255ᵇ, 10 f. (fehlt bei Ben. 415). 254ᵃ, 10). MS. III 254ᵇ geht eine Str. voran, worin gesagt wird:

Des hân ich ze Beiern gelâzen allez, daz ich ie gewan,
unt var dâ hin gein Österriche unt wil mich selber dingen an den werden
Österman.

Die obige Stelle lautet dann so:

Ich kam her gein Österrîch'; dâ wart ich schône enpfangen
von dem edelen fürsten, der mich wol behûset hât:
Dâ ze Medeliche sitze ich under mîner vinde danc.
mir 'st niht leit, daz ich ze Riuwental von Gumpen unt von Eppen ie sô
vil gesanc.

(Die drei Strophen MS. 245ᵇ, 11—13 machten vielleicht ein Lied für sich aus.) Von Medlik, seinem Besitzthum, war der Vatersbruder Leopolds VII., Heinrich, benannt, geb. 1158, gest. 1223. (Chronicon Claustro-Neoburgense, ap. Pez, Script. rer. austr. T. I., ad ann. 1258, p. 446: „Heinricus, frater Liupoldi [VI.], nascitur filius Heinrici Ducis Austriae." Ib. ad ann. 1223 [T. II, p. 452]: „Heinricus Dux de Medlico obiit." Vit. Arenpeck. Chron. austr. [15tes Jahrhundert] Pez T. I. p. 1205: „Heinricus de Medling senior etc. Leopoldi Virtuosi frater. Habitavit in castro Medling ideo dictus fuit Dux Hainricus de Medling. Possedit castra sub montanis, Neudarf, Medling, Salenau, Dreskürchen, Walterstorff et Keysersperg. Insuper Otakerus Junior Dux Styriæ huic Duci Heinrico ordinavit et donavit dominium Gumpoltzkirchen etc. Hic Hainricus Dominia sua sub montanis coepit regere anno Domini 1177, et bene ea 46 annis rexit.* Am Hofe

---

* Tabulæ Claustro-Neoburgens., Ende des 13ten Jahrhunderts, ap. Pez I, 1019: „Heinrich, genannt von Mebling der Elter ꝛc. Hielt sein Fürstlich gesäß auf der Burg

dieſes freigebigen Fürſten findet auch Walther ſich geborgen, nach einem Liede,
das in eines der Jahre 1219 bis 1223 zu ſetzen iſt. Lachm. 34 f. [= Pf.
Nr. 119]:
>Die wîle ich weiz drî hove sô lobelîcher manne,
>Sô ist mîn wîn gelesen unde sûset wol mîn pfanne.
>der biderbe patriarke missewende frî,
>der ist ir einer. so ist mîn höfscher trôst zehant dâ bî,
>Liupolt zwir ein fürste Stîre und Österrîche ꝛc.
>sô ist sîn veter als der milte Welf gemuot:
>des lop was ganz, ez ist nâch tôde guot.
>mirst vil unnôt daz ich durch handelunge iht verre strîche.

(m. Walth. v. d. V. 83 f. Lachmann 158. Simrod II, 166 f.) Nimmt man
dieſen Heinrich von Medlik für den edlen Fürſten, von dem Nithart zuerſt in
Oſterreich und zwar eben in Medlik behauſet worden, ſo iſt die Kluft zwiſchen
1217, Wolframs Anſpielung, und 1230, Fridrichs des Streitbaren Antritt,
ausgeglichen und für Nitharts Sängerleben in Öſterreich auch rückwärts vom
letztgenannten Jahr ein weiter Spielraum gewonnen. Zwar ſteht unter Nitharts
Liedern eine Strophe, worin er den Fürſten Friderich um ein kleines Häuslein bittet, zur Bewahrung des ſilbervollen Schreines, der ihm durch die
Freigebigkeit dieſes Gönners geworden, MS. II, 100ᵇ, 14. (Vergleiche auch
Ben. 448, 7. MS. II, 102ᵃ, 11 [= Haupt S. 101, 6]):

>Fürste Friderich,
>unde wære ez betelich,
>umbe ein kleines hiuselîn,
>dâ mîn silbers voller schrîn
>wære behalten, den ich habe von dîner milten gebe,
>des wil ich dich biten,
>du vernimz mit guoten siten,
>wan ich hân in dîne göu
>manege snœde sunderdröu ꝛc.

Aber hier ſpricht nicht ein Ankömmling, der Sänger hat ſich dort bereits ein
Schatzgeld erſammelt und die Drohungen der Bauern mehrfach auf ſich geladen.
Unter Fridrich konnte Nithart von Neuem eines Hauſes bedürftig ſein, Heinrich
von Medlik war ſchon 1223 mit Tod abgegangen, ſein gleichnamiger Sohn
ſtarb nach 1232 (Herchenhahn 183). (Eine Klage Nitharts an den Fürſten,
der ihn hât behûset wol, über den großen Zins, der hinnehme, wovon die
Kinder leben ſollten, MS. III, 286, 12., fehlt in der Weing. Hdſchr.) .

zu Medling, und war genant Herzog Heinrich von Medling. Hielt inen die gueter unter dem
gepirg, Newdorff, Medling, Salenaw, Dreskirchen, Walterstorf und Aezlersperg. Im ward
Gumpoltskirchen mit seiner zugeherung geschaft von Herrn Ottaker ꝛc." p. 1088: „Heinrich,
genant von Medling der jünger ꝛc. regiert dieselben gueter etliche jar (nach seines Vaters
Tod) gar erſamclich, und verschied an leibs Erben" ꝛc.

¹⁴ Bekannt ist, wie der Herr von Krenkingen beim Vorüberreiten Friedrichs I. vor seiner Hausthür sitzen blieb (Kertüm 202 f. Raumer V, 40. Müller IV, 273); daß dieser Zug in die Rechtssymbolik gehöre, zeigt ein gleicher Fall noch vom Jahre 1414, den die Chronik des Hauses von Zimmern verzeichnet hat: „Als es hieß, Kaiser Sigmund werde auf seiner Reise nach Constanz an Möhkirch vorüberkommen, ließ Johannes von Zimmern einen Tisch vor das Thor stellen, und setzte sich an diesen Tisch, die Ankunft des Kaisers erwartend. Als nun dieser wirklich vorüberkam, erhob sich Johannes nicht von seinem Stuhle, und antwortete dem Kaiser auf dessen Frage: was denn dieß sein Benehmen bedeuten solle? „Kaiserliche Majestät! ich will durch mein Sitzenbleiben nur so viel sagen, daß ich ein freier Herr, und weder Eurer kaiserlichen Majestät, noch sonst jemanden mit einiger Pflicht verbunden bin." ꝛc. H. Rudgaber, Geschichte der Grafen v. Zimmern, Rottweil 1840. S. 77. Anm. 1).

¹⁵ MS. II, 136ᵇ, 12. (Der Harbegger): „die starken stete."

¹⁶ Besonders in Tageliedern: „ich hœr die vogel singen ꝛc." „hœrstu die vogelin in dem bage?" (MS. I, 68ᵃ.) „dien kleinen vogelinen troumet ûf esten." (MS. II, 237ᵃ). Auch MS. I, 27ᵇ f. III. Parziv. 162, 6 ff.:

   Gurnemanz de Grâharz hiez der wirt
   ûf dirre burc, dar zuo er reit.
   dâ vor stuont ein linde breit
   ûf einem grüenen anger.

Wigalois 8471—3, [= Pf. 217, 6 ff.].

¹⁷ MS. I, 98ᵇ, 3. (Dietm. von Aist):

Jô sol ez niemer bœsecher man gemachen allen wîbeu guot.

Ein geistlicher Dichter aus der Mitte des 12ten Jahrhunderts schildert bereits einen musterhaft höfischen Minnesänger auf der Bahre:

Nv ginc dar, wip wolgetan, vnt schowe deinen lieben man
vnt nim vil vlæizechlichen war, wie sein antlutze sei gevar,
wie sein schæitel sei gerichtet, wie sein har sei geschlichtet.
Schowe vil ernstleiche, ob er gebar icht vrôleichen,
Als er offenlichen vnt tongen gegen dir spilte mit den ougen
Nu sich wa sint seiniv mvzige wort da mit er der frowen hohvart
Lobete vnt sæite? nv sich, in wie getaner hæite
Div zvnge lig in seinem mvnde da mit er div trûtliet chvnde
Behagenlichen singen. nune mac si nicht furbringen
Weder wort noch die stimme. nv sich, wa ist daz chinne
Mit dem niwen barthare? nv sich, wie recht vndare (machtlos)
Ligen die arme mit den henden, damit er dich in allen enden
Trouta vnt vmbe vie. wa sint die fvze, damit er gie
höfslichen (böveschen? Nib. 855, 4.) mit den frowen? dem mvse dv
   diche nach schowen,

Wie die hosen stvnden an dem beine; die brouchent sich nv leider chleine.
Er ist dir nv vil fremde, dem dv ê die seiden in daz hemde
Mvse in manigen enden weiten ꝛc.

Heinrich, von des Todes Gehugde 555 f. (Maßmann d. Gedichte des 12ten Jahrh. 351., vor 1163 ebendaſ. 160. [= Diemers M. Beiträge III, 90. B. 597 ff. Bſ.]).

[18] J. Grimm S. XVI. und Schmeller S. 229. beſonders der Abſchied des jungen Herrn, Fragm. I. B. 48 ff.:

> Ultime fando „vale" matri, famulisque „valete",
> Perfusa lacrimis facie dabat oscula cunctis.
> Arrepto freno, monito calcare poledro,
> Cursitat in campo cita ceu volitaret hirundo.
> Ast per cancellos post hunc pascebat ocellos
> Mater, at in sepes conscrndens ejus omnis plebs
> Post hunc prospiciunt, singultant, flendo gem[iscunt].
> Cum plus non cernunt hunc, planctum multiplicarunt,
> Detersis lacrimis qui tunc lotis faciebus
> Consolaturi dominam subeunt cito cuncti,
> Quæ simulando spem premit altum corde dolorem.
> Consolatur eos, male dum se cernit habere.

Die Hausfrau am Tiſche, Fragm. X, B. 15 ff.:

> Incidens panem turbam partitur in omnem,
> Transmisit cuivis discum specialibus escis,
> Cum vino pateram, mittens aliquando medonem.

(Vergl. V. 10: pueros partitur in omnes.)

Die Erdbeeren beim Gaſtmahl, Fragm. XIII. B. 84 ff.:

> Tempus pomorum non tunc fuit alligenorum,
> Ni pueri veniunt, de silva fraga ferebant
> Quædam pars vasis, pars corticibus corilinis,
> Quæ singillatim legerunt undique passim.
> His esis mensa removetur, sumitur aqua.

(Geſang und Tanz S. 173 u. Harfe und Tanz S. 175 f.)

Das Hochzeitlied, Fragm. XIV, B. 88 ff.:

> His ita conjunctis enesis fit maxima plebis,
> Laudantes dominum cantizabant hymenæum.

(Plebis wie oben, Fragm. I, B. 53: ejus omnis plebs.)

[19] Raynouard V. 333: „Peire de Valeria si fo de Gascoingna, de la terra Arnaut Guillem de Marsan. Joglars fo el temps et en la sazon que fo Marcabrus; e fez vers tals com hom facia adoncs, de paubra valor, de foillas e de flors, et de cans (e) de ausels. Sel cantar non aguen gran valor ni el." (Marcabrun 1140—1185, Diez, Leben und Werke

der Troubadours, Zwickau 1829, S. 42.) Über vers, als einfachere Liebesform, den Übergang vom Volks- zum Kunstgesange bildend, s. Diez, Poes. d. Troub. 106—8. Wolf, üb. die Lais 173.

[20] Thibault, Graf von Champagne, später König von Navarra, 1201—1253 (Diez, Poes. d. Tr. 246):

    Feuille ne flors ne vaut riens en chantant
    Fors ke par defaute sans plus de rimoier
    Et pour faire soulas moleune gent
    Qui mauvais môs font sovent abayer.

Roquefort, de l'état de la poés. franç. 212.

[21] Diez, Poes. d. Troub. 246 ff.

[22] Ein Weg der Vermittlung gieng durch die Niederlande. Nithart sagt von einem seiner Dorfstutzer (Ben. 311, 5. [H. 54, 35]):

    sô ist er niht âne
    der vlæmischen hövescheit,
    dâ sîn vater Batze wênec mit ze schaffen hât;

und von einem andern (ebendas. 322, 7. [= H. 81, 33]):

    zwîn sol sîn pînelich gebrech?
    im enmac gehelfen niht sîn hövelich gewant ꝛc.
    mit sîner rede er vlæmet.

Später, im Gedichte vom Meier Helmbrecht, auch aus Österreich, spricht der als Junkherr vom Hofe kommende Bauernsohn in verschiedenen Zungen, namentlich niederdeutsche Brocken:

B. 719 f.   vil lêve susterkindekîn,
           gât lâte ûch immer sâlic sîn.

B. 766 ff.   ey wat sakent ir gebûrekîn
           inde jenet gunêrte wîf?
           mîn parit, mînen clâren lîf
           sal dehein gebûrik man
           twâre nummer gripen an.

Sein Vater sagt darüber:

B. 745 ff.   als ich von im vernomen hân,
           sô ist er ze Sahsen
           od ze Brabant gewahsen:
           er sprach „lêv susterkindekîn"!
           er mac wol ein Sahse sîn.

B. 788 f.   sît ir ein Sahse od ein Brabant
           oder sît ir von Walhen ꝛc.

Vermittelnde Minnesänger sind Heinrich von Veldeke, Friedrich von Husen, Herzog Johann von Brabant.

[23] Ben. 429, 3: Wê wer singet nû ze tanze
               jungen wîben unt ze bluomenkranze.

    391, 4. er het uns an der wîle ein liet ze tanze vorgesungen.

²⁴ Aimeric, Arnaut, Bernart, Bertrans, Gaucelms, Guillems, Guirautz, Raimons, Raimbaut, Ucs ꝛc. Es sind die altdeutschen Eigennamen: Heimrih (Heinrich, Graff IV, 951), Aranold (ebendas. I, 813.), Pernhart (ebendas. III, 214.), Perahtram (III, 210.), Cozhelm (IV, 281.), Willhelm (IV, 845), Gerolt (IV, 225), Regimund (II, 814), Ra(e)ginbald (II, 384), Hug (IV, 784). Vergl. Mones Anz. V, 493 u. 1 f. ob. Diese deutsche Namenherrschaft ist auch anderwärts in der Geschichte romanischer Völker wohl zu beachten.

²⁵ MS. I, 220ᵇ (Miton von Sevelingen) [= MSF. 14, 1]:
Ich sach boten des sumeres, daz wâren bluomen alsô rôt,
weistu schœne vrouwe, waz dir ein riter enbôt? ꝛc.
Verbolne sinen dienest ꝛc.
nu hœhe im sin gemüete gegen dirre sumerzit
vrô wirt er niemer, ê er an dinem arme sô rehte güetliche gelit.

MS. I, 238ᵇ (unter Walther, bei Bodmer 182ᵃ unter Hartmann, Lachmann hat es Ersterem nicht zugezählt) [in Riegers Ausg. unter den unechten Liedern S. 193. Pf.]:
Dir hât enboten, vrouwe guot,
sin dienest, der dirs vil wol gan,
Ein ritter, der vil gerne tuot
daz beste, daz sin herze kan.
Der wil dur dinen willen disen sumer sin
vil hohes muotes, verre ûf die genâde din.

²⁶ MS. I, 195ᵇ (Reinmar.) [= MSF. 108, 6. unter Rude. Pf.]:
Ich gerte ie wunneclicher tage,
uns wil ein schoener sumer komen,
Al deste senfter ist min klage,
der vogele hân ich vil vernomen;
Der grüene walt mit loube stât;
ein wip mich des getrœstet hât,
daz ich der zit geniezen sol:
nu bin ich hôhes muotes, daz ist wol.

²⁷ MS. I, 99ᵃ (Dietmar von Aist) [= MSF. 34, 11.]:
Ez dunket mich wol tûsent jâr, daz ich an liebes arme lac,
sunder alle mine schulde vremedet er mich manigen tac;
sît ich bluomen niht ensach noch hôrte kleiner vogel sanc,
sît was al min vröude kurz, und ouch der jâmer al ze lanc.
MS. I, 199ᵃ (Reinmar) [= MSF. 196, 23. Pf.]:
Sol mir disiu sumerzit
mit manigem liehten tage alsô zergân,
Daz er mir niht nâhen lît,
dur den ich alle ritter hân gelân,
Owê danne schœnes wibes! ꝛc.

²⁸ MS. I, 100ᵇ (Dietm. v. Aist) [= MSF. 37, 30. Pf.]:
Unt valwet obene der walt:
ienoch stêt daz herze min in ir gewalt;
der ich den sumer gedienet hân,
diu ist min vröude und al min liep: ich wil irs niemer abe gegân.
Rithart, Ben. 390, 1. (MS. II, 104ᵃ):
der ich hân gedienet ûf genâde her vil lange
den sumer unt den winder ie mit einem niuwen sange.
(Vergl. MS. II, 112ᵇ, 3.)
²⁹ Walther 75 [= Pf. 6, 33]:
Mir ist von ir geschehen,
daz ich disen sumer alle meiden muoz
vast under d'ougen sehen:
ihte wirt mir miniu: so ist mir sorgen buoz.
waz obe si gêt an disem tanze?
MS. II, 34ᵇ (Ulrich v. Lichtenstein):
Sumers sol man sîn gemeit,
sô mag ein man der vrouwen sîn
wol mit dienste sîn bereit;
vil sælic si sîn liehter schîn!
Winter, ich bin dir gehaz,
dar bî der sumerwunne holt: sô mac
man werden vrouwen dienen baz.
(Vergl. Frauendienst 50.) Scherzhaft und volksmäßig Misc. II, 202:
Swaz hie gât umbe, daz sint allez megede
Die wellent âne man allen disen sumer gân.
(MS. III, 445 ᵇ.)
³⁰ Pap. Hdschr. der Stadtbibl. zu Trier, 15tes Jahrh. Bl. 12 ff. „Vom Meyen," über Treue bei Männern und Frauen, nach Art der vielen Erzählungen in Laßbergs Liedersaal, die Schreibung niederrheinisch; benützt von Görres, Volks- und Meisterl. Einleit. XII. (Glücksbüchlein, Druck des 15ten Jahrh., Bl. 30ᵇ:
Ein bornfart wirdestu helfen leisten
Mit zwolf personen aller meisten
So wirt dir glucks so vill gedien
Das die anderu wenent schrien.
Wallfahrt zu einer Wunderquelle? vergl. D. Myth. 329. 701.) Hieher besonders folgende Stellen:
Bl. 12ᵃ. Dan wirt gezeckt in einen wald(e)
Dar inn ein bronnefart ist geleit
Das i(e)cklichs dan mit sonderheit
Eins liebsten nimpt gar eben war

Das ire dan halt gebetten dar
So wirt dan senen und truren znestort
Wan sich hertze ghen(e) (hertze) enbort
„Und liebe ghen(e) liebe in lieber weise
Sie hant ein irdische paradise
An(e) mangfaltigen freuden zwar ꝛc."

Bl. 14 ᵇ. (Eine Frau erzählt):
Sich fuegt eins males vor langen tagen
Geliche der zit als nuwe stait
Als die sommerwonne ane gait
Eine bronnefart her wart gemacht
Und mancherlei kurtzweile volnbracht
Von rittern knechten und schon frauen
Die sich gesamelten in dieser auwen
Zu maele eine hubsche schare
Ich wart auch gebetten dare
Mit andern frauwen der waeß viel
Eß was das aller kurtzwiel spiel
Mit singen und mit sagen
Manig schone gezelt wart uffgeslagen
Dantzen rennen springen jagen
Aller kurtzweile was das genug
Ieklichs fandt in siuem gefuck
Do von sine hertze da mede freud entfing
Woe ich in der auwen giugk
Soe sach ich unvortrossen
Ir zwej und zwej verschlossen
Mit armen schone umbfangen
Groeß senen und belangen
Mit freuden doe verstoret wart
Ane mancher reinen frauwen zart
Und auch an manchem gesellen gut
Deme hertze sinne und mut
(Was) lange zit verborgen
In senelichen [groessen] sorgen
Durch miden siner liebsten frauwen
Die fandt er dann in dieser auwen
Nach der sin hertze hait lange erquelet
Und dick gerechet und gezelet
Biß uff dene tag der bronnen fart
Das die reine ime zu sehen wart
Nach willen sines hertzen begir
Geselle sal ich volnsagen dir

Was kurtzwil das wart volnbracht
So besorge ich daß iß wurde a(n)macht
Dan iß was so mancherlej
Manig lieplich pare ie zwej und zwej
Fugten sich zusamen
Weibe und mannes namen
Sach ich mit armen schoene
Versloessen inne der auwen gane
Und lieplich umbfangen ꝛc.

In einem Mailiebe des 16ten Jahrhundert (Volkslieder Nr. 57. Str. 2) heißt es:

spatziren zu den brunnen
pflegt man zu (in) dieser zeit ꝛc.

und ein Trinklied (Volksl. Nr. 215) beginnt:

Man sagt wol, in dem meien
da sein die brünnlein gsund ꝛc.

Vergl. auch Liederf. II, 222—4.

³¹ Stuttg. Bibl. Cod. Theolog. et Philos. 4° Nr. 190 [die Pfullinger Handschr. Pf.]. Altengl. Roman von Richard Löwenherz. (Weber, Metr. Romanc. I, 1491, 11. Ellis II, 246 f.):

Merye is, in the tyme off Mny,
Whenne foulis synge in her lay;
Floures on appyl trees, and perye;
Smale foules synge merye.
Ladyes strowe here boures
With rede roses and lylye flowres.
Gret joye is in frith and lake;
Best and byrd playes with his make;
The damyseles lede daunse;
Knyghtes play with scheeld and launse;
In joustes and turnements they ryde ꝛc.

In dem allegor. Gedichte (Hermanns v. Sachsenheim) Des spigels abentüre, Heidelb. Hdschr. 313 Bl. 87ᵃ [Holland und Keller, Meister Altschwert S. 148 f. H.]:

Uch hatt fraw abenture
Besunder heissen sagen
In diesen meiendagen
Woll sie ein brünfart han
Uf einem grünen blan
In einem diefen dal
Da mench brunnenfal
Usser herten felsen tüset
Dar durch dies wasser flüsset

Bl. 87ᵇ Schiffreich gar schnel und dief ꝛc.
Mir schribt auch die rein die zart
Von einer bronfart schal
Slust schriben sie mir all
Ich sull nit uß bliben.

³² Ebert, Überliefer. I, 42. Auch Babbuhlen gab es, laut folgender Stelle eines geistlichen Badliebs in der vorbemerkten Handschr. (abgedruckt in Ph. Wackernagels b. Kirchenl. S. 621):
Din badenbûle sie
Die allerschönst Marie.

³³ Agricolas Sprichwörter Bl. 129.: „Im Meien gehn hûrn und buben zur kirchen. Mense Maio nubant malæ. Zwischen Ostern und Pfingsten heiraten die unseligen. Knappen und Pfaffen Ehe werden im Meien gemacht. Im Meien hochzeit halten. Daß hûrn und bûben sich disen Monat herfür lassen und ein Knappen oder Pfaffen Ehe machen, die weret nit lenger dann der Summer, im Winter so sie weder haus noch hoff haben, laufft eins hie, das ander dort hinauß. Deren Meien Ehe haben auch vil die frommen Lantzknecht." (Mense malas Maio nubere vulgus ait. Ov. Eiselein 337. 444 eb.) (Vergl. Sal. u. Morolf S. 677—80.) Knappen der landschädlichsten Art bezeichnet Reinmar von Zweter, MS. II, 202ᵇ, 141. Der heimatlose Meister Traugmund nährt sich „in eins stolzen knappen wise." — Zu beachten ist eine Stelle bei Nithart, MS. III, 217ᵃ, 3:

swaz ich im gelobet hân, daz wil ich halten wâr.
Er gab mir in mine hant
ein guldin vingerlin;
daz was der triuwen sin ein pfant,
daz ist ez ouch der min:
des wil ich disen sumer lanc sin släfgeselle sin.
(Über den Verlöbnißring s. Rechtsalt. 177 f. 940.)

⁵⁴ „Prout sonuit acies." Tacit. German. c. 3.

³⁵ v. Mernig, Geschichte der Burgen, Rittergüter, Abteien und Klöster in den Rheinlanden ꝛc. Heft IV. Cöln 1837. S. 8. f. (Vergl. [W. Menzel in der Germ. I, 65. Pf.] Barths Hertha S. 54 nach Paulhausen, Topogr. Bavar. p. 68. Soldan, Hexenpr. 248. Zuccalmaglio, Volkslieder Nr. 277.) — Über die französisch-englische Sitte, am St. Valentinstage, dem 14ten Februar, als der Zeit, in welcher nach dem Volksglauben die Vögel ihre Genossen wählen, sich Valentine, die Liebste für ein Jahr, zu erkiesen, s. Douce, Illustrat. of Shakspeare II, 252 ff. (in Beziehung auf das Valentinsliedchen im Hamlet, Act 4, Sc. 5), Roquefort, Gloss. II, 682. (Warton, Hist. of engl. poetry, add. to Vol. II, p. 31, ein französ. Lied von John Gower, Brand Popular antiquities über die neueren Gebräuche. S. auch Ausland 1839, S. 1383 f.) Rorburgh, Ball. 217—220.

³⁶ Ben. 450 (vergl. MS. II, 124ᵃ, 6):
Uns wil ein sumer komen,
(sprach ein magt) jâ hân ich den von Riuwental vernomen;
jâ wil ich in loben.
mîn herze spilt gein im vor vreuden als ez welle toben.
Ich hœre in dort singen vor den kinden;
jane wil ich nimmer des erwinden
ich springe an einer heide zuo der linden.
³⁷ [MS. II, 106ᵇ, 5. 6—10. 122, 2. 5. 6. 124, 2. 122ᵇ, 6. 118ᵇ, 3. 119ᵃ, 2. 3. Pf.]
³⁸ MS. I, 102ᵇ (unter Dietmar von Aist [MSF. 249 unter den unechten Liedern Dietmars. Pf.], anderwärts unter Liutolt von Sevene, ebendaselbst III, 595ᵃ):
Swie ungenædic si mir si,
sô wil iedoch daz herze mîn niender anders danne dar;
Ez hât mich gar dur si verlân,
unt wil ir wesen undertân:
wie hân ich sus an im erzogen?
ez tuot der tohter vil gelîch, diu liebe muoter hât betrogen.
³⁹ Ben. 360, 7:
Er ist noch tumber danne die uns in den anger sprungen.
383, 16. Er unt die mir durch den anger wuoten.
391 f. 4 f. er het uns an der wîle ein liet ze tanze vor gesungen ꝛc.
Ein schuoch was im gemâl,
dâ mite er mir trat
nider al mîn wisemât.
Aller viretegelich
sweimet er vür Riuwental.
Oberthalb des dorfes strâze steig er über den anger
mir ze leide. von dem stige nâch den bluomen spranger.
In einer hôhen wîse sîniu winelieder sanger.
415, 6: Der mir hie bevor in mînem anger wuot
unt dar inne rôsen zeinem kranze brach
und in hôher wîse sîniu wineliedel sanc.
Vergl. auch Haupts Anm. zu Erec. 6717. Wackern. Leseb. III, 1. Sp. 140. (Luther):
und singen iren Singentanz.
⁴⁰ MS. II, 78ᵃ:
Si hâten mengen spiegel guot
gestricket z'einer rîse, (vergl. MS. II, 79ᵃ ob.)
daz solde dô ir meie sîn; dar under sanc
ûz rôtem munde, alsam ein bluot, (vergl. Flore 5420.)

ein maget in süezer wíse,
wol gestricket, liehte varwe[n], sîten lanc. (vergl. Ben. 342, 3.)
Diu sanc vor, die andern sungen alle nâch.
in was gâch
für den walt,
dâ huop sich reien manicvalt.

Vor dem walde in eime tal,
dâ sach man swenze blicken,
dâ si zesamen kâmen, unde mangen kranz;
Die megde wurfen ouch den bal,
si begunden stricken,
dar nâch huop sich des meien ein vil michel tanz,
Den sang in Bêle vor unt manig ir gespil;
fröuden vil
bâten sie:
in was dort wol, got helfe uns hie!

⁴¹ Ben. 339, 4. (M̃S. II, 101ᵇ, 9):
Die geilen dorfsprenze(l),
die dâ wâren in dem geu
alle voretenze(l),
der füeret ieslîcher ein isenîn gewant
in die berevart x.

442 f. 8: Er ist ein ridewanzel,
in dem geu fürtanzel (Hdschr. veiertanzel):
Sîn gewalt
der ist an dem reien (Vergl. MS. III, 209ᵃ, 6 f.)
under den kinden manecvalt.

MS. III, 200ᵃ, 5:
Sît (daz nu) die törper under einander sint,
sô vrâgent s': „wer sol leiten für den tanz diu kint?"
umb den kriec sô wurden etelich ungesunt.
Pêter wolte Uetelgôzen hân erslagen,
do er in den leit(e) stap vor (in) sach tragen.

Vüerentanz als Name III, 197ᵇ, 10. (a. frôrentanz III, 762ᵇ.)
III. 289ᵇ, 6: dô man hiur ze tanze gie
und man mir den leitestab enpfolhen het.

⁴² Ben. 378:
Der des voresingens pflac,
daz was Friderich.

416, 7: Wê! wer brâhte in ie von Atzenbroke her?
dâ hât er gesungen vor vil manegen viretac.

Des tuot er wol schîn,
er wil alsô tiure sîn ʀ.
391, 4: er het uns an der wîle ein liet ze tanze vor gesungen.
⁴³ Ben. 412, 4:
Giuden giengen si gelîch
hiure an einem tanze;
dâ muosen drîe vor im gîgen unt der vierde pfeif.
Sîner vreuden was er rîch
under sînem kranze.
Er nam im dâ diu schœne gie vil manegen umbesweif.
MS. II, 117ᵃ, 2:
Zwêne vor im pfiffen (Vergl. Ben. 419, 4)
der dritte den sumber sluoc,
3: der sumber lûte erdôz; dâ tanzten meg(e)de über al.
⁴⁴ Ben. 394, 2:
Sô die voretanzen danne swîgen,
sô sült ir alle sîn gebeten,
daz wir treten
aber ein hovetenzel nâch der gîgen.
ebendas. 3: Zwêne gîgen,
dô si swîgen,
daz was geiler getelinge wünne.
Seht dâ wart von Ziche vor gesungen;
durch din venster gie der galm.
Nach der erstern Stelle wären die Vortänzer zugleich Vorfinger. MS. II,
111ᵃ lauten beide Stellen anders und sind auch anders eingereiht:
Str. 2: Dâ wirt wol ze recke vor gesungen.
Str. 3: zwêne gîgen,
dô si swîgen,
daz was geiler getelinge wünne.
Als die vorsingære gerne swîgen,
sô sît alle des gebeten,
daz wir treten
aber ein âbenttenzel nâch der gîgen.
(Vergl. die Bar. III, 673ᵃ.)
⁴⁵ MS. II, 119ᵃ ob. (auch die Überschrift: Ein reie?) Vergl. II, 118ᵇ, 1.
⁴⁶ MS. II, 116, XXI: „Tohter, dâ tenderl lenderl lenderlin!" ebendas.
XXII: „Traranuretum traranuriruntundele!"
⁴⁷ MS. I, 261ᵃ:
Ich wil der lieben aber singen,
der ich ie mit triuwen sanc,
ûf genâde und ûf gedingen,
daz mir trûren werde kranc,

> Bî der ich alsô schône
> an eime tanze gie,
> ir zæme wol diu krône,
> sô schœne wîp wart nie.
> Elle und Else tanzent wol,
> des man in beiden danken sol.

(Vergl. MS. III, 210ᵃ, 2.)

⁶⁹ Schenk Ulrich von Winterſteten, MS. I, 147ᵇ:
> Schrîent alle: heiâ hei!
> nû ist der seite enzwei!

142ᵃ:
> Mîn herzen
> von smerzen
> wil mit den seiten rehte enzwei;
> des wüefet
> unt rüefet
> ez lûte: heiâ hei!

Vergl. 138ᵇ, 40. 149ᵇ, 6. Der Tanhuſer, MS. II, 85ᵇ ob.:
> beie, nû hei!
> des videlæres seite der ist enzwei!

87ᵃ, 31:
> nû singe ich aber hei!
> heiâ, nû hei!
> nû ist dem videlære sîn videlboge enzwei!

89ᵃ, 29 f.
> Nû ist dem videlære sîn seite zerbrochen;
> daz selbe geschiht im alle die wochen.
> Heiâ, Tanhûsære,
> lâ dir niht wesen swære,
> swâ man nû singe,
> vrœliche springe:
> heiâ, nû hei!

Vergl. Walther, 104, 6. [= Pf. Nr. 125, 16]:
> hie gêt diu rede enzwei.

Turnei von Nantei; 193:
> Diz ist der werde turnei
> Nû sprechent alle: heiâ hei!
> Daz er sus ein ende hât.

⁴⁹ B. 1614 ff.:
> „wie gehabt sich dîn sun Ruprelit?"
> zwâr, herre, der ist ein frumer kneht
> und ist hiur elter denne vert.
> seht, herre, er treit sîn êrstez swert
> und hât einen hôhen huot
> und zwêne hantschuoch, daz ist guot,

> er singt den meiden allen vor
> ze tanze, und möhten in enpor
> alle min nåchgebûre tragen,
> sie tåtenz ıc.

Der ganze Abschnitt beachtenswerth für die Mengung der Stände, wie auch die Überschrift anzeigt: „Daz ist, wie gebûrs liut ze edelingen sich gefriunden, von armen edeln knappen und von ackertrappen." Das Gedicht vom Meier Helmbrecht hat dabei vorgeschwebt.

⁵⁰ᵃ B. 390 ff. (ein Mädchen spricht):

> Jener ist der meide rôsenkranz,
> sin stimme ziert vil wol den tanz,
> an im lit wol mins herzen glanz,
> wann er hât gel und reidez hâr ıc.

⁵⁰ᵇ S. ob. Anm. 41—43. Geige, Trommel und Sackpfeife sind auch nach der dort angeführten Stelle zum Tanze gebräuchlich.

⁵¹ B. 12426 ff.:

> zem êrsten tretent sie gar lîse
> und rifierent ez darnâch mit prîse
> und springent denn ûf als sie toben ıc.

(Vergl. auch B. 12366—72.) Bildlich B. 9405 f.:

> bruoder Slunt füert vor den reien
> Sin geselle her Trunk den stoup begiuzet.

Vergl. 505. 4439.

⁵² Der Teichner spricht hier vom bäurischen Ursprung des neuen Tanzens zum Theil fast wörtlich wie Walther von der Verbaurung des höfischen Singens. Dieß mit der Erinnerung an Nithart zeugt weiter für die Beziehung des Waltherschen Spruches auf die Nithartslieder.

⁵³ Liedersf. III, 295 f. B. 10 ff.

> Bi her Nitharts zit voran
> Vant man nûwer sit genug   Von der buren ungefug
> Mit gebâr und (mit) gewant.   Nu ist ez uz der puren hant
> Komen an der edeln tail.   Mangen tunkt, er hett unhail,
> Wenn er nit der vordrast wâr   Mit gewant und (mit) gepâr.
> Da man tribt unedel wis   E do soch man tanzen lis,
> Darnach huob sich raigen sider.   Nu ist ez nit denn uf und nider,
> Ich walz nit wie ichz nennen solt,   Ob ichz ubernemmen wolt.
> Doch gelich ichz aller best   Zu dem volk daz win brest,
> Ab die uf und nider hüpfent . . . .
> Mit dem wunderlichen tanz   Oder ainer ku die mit ir swanz
> Fliegen und premen von ir jait,   Also habentz trüglichait
> Hin und wider mit irn liben,   Oder sam der hirsch wil riben,
> Also schupfentz ab und auf.   Daz ist mir ain newer lauf.

Ich tenk noch wol, daz ez nit was Und daz ainer ain luter glas
Uf dem hopt im raigen fûrt Volles win, daz nie verrûrt.
Daz wâr nu aim tanzer Vil licht nu des vil swer(?)
Halt umbs glas wil ich gedagen, Er möcht verliesen ab sim kragen
Mantelrock (und) kugelhut Mit dem schütten so er tut.
Ich getenk noch wol den tag, Das man senfter raien phlag
Denn man iezunt tanzen sicht.

⁵⁴ ME. III, 205ᵇ, 7:
 Al min nôt
 wære tôt,
 möhte ich wenden eines spot,
 des hâr ist geringelôt,
 er ist geheizen Sigenôt:
 sinen becher er mir bôt,
 unt zukt' in hin wider.
 Er sazt' in
 nâch dem sin
 ûf sin houpt in vrôuden sin;
 nâch dem niuwen hove sin
 ûf den zêhen sleif (vergl. III, 765ᵃ) er hin.
 dô was daz min beste gewin,
 daz der becher nider
 Uber diu ougen unt den munt in sinen buosem stürzet,
 der dâ vor den reien trat sô üppicliche geschürzet,
 der wart dô mit sinem hâr unhofelich gebürzet.

⁵⁵ Altd. Blätter I, 52 ff.: „Was schaden tanzen bringt." Besonders
S. 52: „An dem tanz sint vil ursach der sunde: underwiln der gesank
der frauwenbilde, der simferlei schaden bringt, der erst, daz sie mit
irme gesange ziehen zu ine und zu begirde des tanzes ander zuchtig
personen, die nit ir selbs sint, den ir herz und gemûte verwunt wirt,
als jung eefrowen, erber ledig töchter, jungfrowen, knecht und megde,
den es verbotten ist von irne meistern x., die das gebott ubertretten,
so sie den gesank hôrn, und dick dar umme gestraft oder geschlagen werden, des sint die sengerin ein ursach" x. S. 53: „die sengerin am tanz
sint priesterin des tufels, und die ine antwurten sint sin closterfrowen,
und die dar umme stent sint leienswestern und bruder oder des tufels
pfarrelute, daz tanzhus ist ain pfarkirch, die pfifer und die lutenschleher
sint des tufels mesener, die mit irn pfifen und luten die andern zusammen rufent eben als der mesener tut oder als der hirt mit sim horn das
vihe zusammen lockt. x. dann glicher wise als geistlicher gesank reizt
zu geistlicher andacht des herzen, also reizt der tanzrimer unlietiger
gesang zu unkuscher begirde." x. „dann solliche lider sint gemeinlich
von uppigen unkuschen worten, dar durch die jungen unschuldigen herzen

gelert, hermant und gereizt werden, wie sie zu unkuscheit kommen sollen: und ist groß swere sunde eim ietlichen, der solich schamper lieder ticht oder singt, wann er wirt schuldig an allen den, die dar durch verwunt werden und mit böser begirde reizunge in suntliche werck vallen, und muß uff sine sele nemen und ewiclichen piu liden fur die sunde, die uß den lidern oder spruchen gent, ußgenommen ruwe und buß. dar umme werdent dick die tichter und meistersenger und vorsengerin swerlich gestraft." S. 54: „Es was in dem selben land [Brabant] ein frevel frech frauwe, die alle heilge tag die tohter und kenaben samelt und den tanz anhube und vorsang. als nu die manne und knaben bi dem tanz spilten des ballen und ander spile mit stecken, do enpfur eim der steck, als er den ball wolt schlahen, und traf die selbe frowe an ir heubt, daz sie nider vil und starb." ꝛc. „Ein ander verlassen junge tochter, die auch ein vorsengerin was, als die getanzt hatte, und frolichen unkusche lieder gesungen" ꝛc. S. 55: „es sint vil menschen, die vil langer tanzlieder und uppiger sprüche kunnent: aber von den X gebotten und den stucken des glauben und von andern solichen dingen wissen sie nutzit zu sagen."

⁵⁶ Ebendas. 52: „Der ummegende tanz ist ein ring oder cirkel, des mittel der tafel ist." 55: „Sölichen gesank, der ummegenden tentz, als schamper lieder, helfen die bösen geist stiften und tichten und sturen darzu." (Vergl. 54: „daz sie also tanzten und umme giengen" ꝛc. „sie furten den tanz ꝛc. mit singen und ummegen.") 56: „Uß dem springenden tanz komen vj schaden." Vergl. Wolf, über die Lais S. 185—187, wo aus altfranzösischen Quellen dieselben Tanzarten, Carole und Espringale oder Espringerie, nebst dem Vorsingen und Antworten, nachgewiesen sind. (Méon III, 377: Espringuiez et balez liement" ꝛc.)

⁵⁷ Vergl. Schmeller I, 491: Trümmertanz.

⁵⁸ Johann Abolfis, genannt Neocorus, Chronik des Landes Dithmarschen, herausgeg. von F. C. Dahlmann. Bd. I, Kiel 1827, S. 177 f.: „Nichtes weiniger ist tho vorwunderen, (den up dat de Gesenge ebber Geschichte deste ehr gelehret und beter beholden worden und lenger im Gebruke bleven, hebben se de alle fast ben Denzen bequemet,) dat se nha Erfordering der Wort und Wise des Gesanges, item der Seidenspele, darup se od ehre besondere Denze hebben, den Trebe tho holden unde den Vott tho setten weten, und mit allen Geberden vorgelifen konnen, dat velen frombden Nationen solches nicht allein thothosehende leßlich, sondern tho deende unmögelich. Sind averst der Danzleder brierley Art. Erstlich darna twe unde twe banzen, welches se einen Biparenbanz heten, den se erstlichen fort vor der jungesten Beide Ao. 1559 angevangen tho banzen, und vormals ganz unbewust gewesen, als von frombden Orten ingeföhret. Wowol it doch eine sonderlile Manere is und se od sonderlile Lede bartho gebruten. Darnha de lange Danz, darin se alle mit einander, so banzen willen, nha der Rege anvaten und diese is twierley.

Erſtlich de Trimmelen-Danz, ſo mit Treden und Hangebeven ſonderlich uthgerichtet wert, dergeliken fin: Her Hinrich und ſine Bröder alle dre ꝛc. Item: Mi boden dre hövifche Meblin ꝛc. Dieſe averſt is bi velen nicht mehr im Gebrute, demna, dewile he gar dorchuth afflamen und alſo vorgeten werden mag, id dieſes alhir beröre. De ander lange Danz geit faſt in Sprungen und Hüppende. Dieſer Art fin de aller meiſten Ditmerſche Leider und Geſenge, wo hernha derſulven etliche, dar it vogliken geſchen kan, ſchölen geſettet werden, den Leſer etlicher Hiſtorien fortlick tho berichten. It kan averſt nicht unföglich jenne Trimmelen-Danz de Vordraff und bife de Sprung, bi wo ſonſt in anderen Denzen gebrulich, genöhmet werden, wo ſe dan alſo od etlichen in Gebrute geſettet werden. Dieſe lange Danze averſt werden alſo geföret: De (S. 178) Vorſinger, de wol alleine ebber od wol einen tho ſick nimbt, de den Geſang mit fingen kan, da he ehne entlichter und helpe ſteit und heſſt ein Drinlgeſchir in der Hant, hevet alſo den Geſang an. Und wen he einen Verſch uthgeſungen, finget he nicht vorder, ſondern de ganze Hupe, ſo etweders den Geſang od weeth ebber wol darup gemerlet, repetert und wedderhalet denſulven Verſch. Und wen ſe it den ſo verne gebracht, dar it de Vorſinger gelaten, hevet he wedder an unde finget wedder einen Verſch. Wen nun dieſer Geſtalt ein Verſch ebber twe geſungen und wedderhalet, ſpringet ebber gifft ſick einer hervor, ſo vordanzen unde den Danz vören will, nimbt ſinen Hot in de Hant und danzet gemellich im Gemake ummeher, vordert ſe dieſer Geſtalt up thom Danze (in den Geeſtorden nimbt he wol od einen Gehulpen tho ſick, de ehme den Danz vören und regeren helpe), unde darup vaten ſe na gerat up der Rege an, doch dat oſt ehrlichen Perſonen de hoge Hant gegunnet wert. Als ſich nun de Vordanzer richtet nha dem Geſange unde Vorſinger, alſo richten ſid de Nadenzer nha ehrem Börer und alle Perſonen ſolches in ſo groter Einicheit, wes Statz und Standes ſe ſin, dorch einander, dat ein Vordanzer in de twe hundert Perſonen an der Rege vören unde regeren kan, wo dan vele ehrbare Lude van Lübek des getugen könen, als de mit ehren Lgen nicht allein ſolches angeſehen und alsbalt ſulveſt mit im Talle geweſen, nhademe ſe ehre Frundinnen, de ehr- und dögentſame Dorotheam, Hans Carſtens nhagelatene Wedewen, dem ehrbaren, vornehmen unde wolgelerden Nicolao Henrichs Woldersheim, Erffgeſeten tho Wakenhuſen im Carſpell Oldenworden, ehlich vortruwen unde nha Dittmerſchen oltwolhergebrachten Gebrute bileggen laten, dar ſodaner Danz angeſtellet worden."

⁵⁹ Dahlmanns Neocor. II, 469 f.: „Springel-ebber Langedanz" (Volksl. Nr. 37.); aus Hans Detleffs Bearbeitung und Fortſetzung der Chronik des Neocorus. (Vergl. I, 182.)

⁶⁰ La Chanson des Saxons ꝛc. publ. par Fr. Michel, Paris 1839. Préf. LXVIII—IX, aus einer Handſchrift des 13ten Jahrhunderts: Moralités seur ces vj vers:

C'est là jus c'on dit ès prés,
Jeu et bal l sout criés.

> Enmelos i vent aler,
> A sa mere en aquiert grés.
> „Par Dieu! fille, vous n'irés:
> Trop y a de bachelers au bal."

Diese Volksliedsstrophe wird auch in Versen geistlich ausgelegt, wie anderwärts ein ähnliches Stück eines altfranzösischen Liedes in lateinischer Prosa, altdeutsche Blätter II, 143 ff.

⁶¹ Mone, niederländ. Volkslit. 212, Liebesanfang:
> Moeder, lieve moeder, mocht ick ter linden gaen.

Vergl. Str. 2. 8. 1 des Dithmarf. Liedes.

⁶² Udv. d. Vis. II, 54 ff. (vergl. Udv. II, 235 ff.). IV, 100 ff. Str. 8 des erstern Liedes:
> „Du gaa, Du gaa nu Datter min!
> Til Vaagstue gik aldrig Moder din."

stimmt mit Stellen bei Rithart. Vorsingen und Vortanzen. IV, 100, Str. 3:
> „Han for dennem qvæder."

III, 214, Str. 4: „Stolt Lyborgs Möer paa Gulvet sprang,
Og al den Aften hun for dem sang."
IV, 87, Str. 3: „For da dandser Hr. Iver Lang,
Den gjæveste Ridder i dette Land."
Str. 5: „Det er Hr. Iver, han qvæder saa let."
II, 55, Str. 12: „Selv træder Kongen i Dands for dem."

⁶³ Recueil de chants histor. franç. par Leroux de Lincy I, Paris 1841. S. 79 ff. Anf.: Al entrade del tens clar ıc. Nach der Ausführung des Herausgebers fällt das Lied gegen den Schluß des 12ten Jahrhunderts. Man vergleiche folgende Strophen der Lieder aus Poitou und Dänemark:

> Ele a fait par tout mandar
>   Eya!
> Non sie jusq' à la mar,
>   Eya!
> Pucele ni bachelar,
>   Eya!
> Que tuit non venguent dançar
> En la dance joiouse.
> Alavi, alavie jalous,
>   Lassaz nos, lassaz nos
> Ballar entro nos, entre nos!

> „J stander op alle mine Jomfruer
>   Med Rosenkrands!
> Wi ville os bortride
>   Til den bedre Dans."
> Saa herlig dandser han Haagen.

Lo reis i vent d'autre part,
Eya!
Pir la dance destorbar
Eya!
Que il est en cremetar
Eya!
Que on li vuelle amblar
La regine avrillouse.
Alavi 2c.

Det var Dannerkongen
Han lader derad spörge:
„Hvad monne danske Dronning
Her udi Danse giöre?
Saa herlig 2c.

Langt bedre sad hun i Höjeloft
Guldharpen at slaae,
End hun monne her i Dandsen
Med Haagen gaae."
Saa herlig 2c.

Qui dont la véist dançar
Eya!
Et son gent corps deportar
Eya!
Ben puist dire de vertar
Eya!
K'el mont non sie sa par
La regine joiouse.
Alavi 2c.

Og nu dandser Helled Haagen
Og Dronningen sammen,
Og det vil jeg forsanden sige,
De have godt Gammen.
Saa herlig dandser han Haagen.

[64] Udv. d. Vis IV, 88, Str. 6:
„Den Midsommers Nat er stakket og blid."
(Vergl. Str. 4: „om Midlenat.") Dasselbe ist wohl, ebendas. II, 54, die „Vaagenat," wo jedoch bald von der „Vaagstue," bald vom „Borgeled" (Burgweg), als der Tanzstätte gesprochen wird.

[65] Udv. d. Vis. IV, 37: „Der falder saa faver en Rimsaa vel da ganges der Dandsen." W. Grimm, altdän. Heldenl. 116: „So tritt sie den

Thau von der Erde." Udv. d. Vis. I, 237: „Men Dandsen den gaaer saa
let gjennem Lunden." II, 59: „Saa let da ganger der Dandsen."
⁶⁶ SagabibL I, 149 f.
⁶⁷ „Ein geistlich Reigenlied in der person der stat Zürich, zuo lob vnd
wolfart gemeiner Eidgenoßschaft in der wyß: Dört hoch vff einem Berge ꝛc."
aus einer Handschr. von 1562, bei Ph. Wackernagel S. 480 f. Str. 1 und 2
lauten so:

   Ich frag, was üch wöll gfallen,
   ob mir gebūr,
   das ich vor andern allen
   den Reigen fu(e)r?

   Ir kennt noch wol min vorig gstalt:
   jetz bin ich jung, vor was ich alt,
   darumb mich lust zesingen
   und frölich mit üch springen.

   Ein edler herr von witen
   schickt mir sein knecht,
   das ich solt zu(o) im riten
   on als gebrächt (Geräusch).

   Das ich mich nichts verhindern ließ,
   es wurd min ehr und großer genieß,
   dann er hett ein jungbrunnen,
   den er mir wölt vergunnen.

Der Herr, im geistlichen Liede Gott, mochte im weltlichen der Maien sein.
⁶⁸ Tit. Cap. 89. Str. 6015 f. (Muf. I, 260 f.) vergl. D. Mythol. 390.
⁶⁹ Str. 12 u. 13:

   Thu(o)nd mit mir zu(o) beschließen
   noch einen sprung!
   nieman wöll das verdrießen,
   so ich blib jung!

   Noch eins von üch sei mir erlaubt:
   das ich noch trag uff minem haupt
   diß krenzle von zwölf blu(o)men,
   die sich min all beru(o)men.

   Hie zwischen ist gebunden
   am ort (Ende) ein struß,
   min schwöster hat den fanden,
   nemt jn daruß

Und werffst in hin, doch mach mir gantz
der dreizeh blu(o)men rosenkrantz!
der nechsten an dem reigen
schenk! ich zu(o)e letz ten meien.

Die 13 Blumen sind hier die 13 Orte der Eidgenossenschaft. Sofort die Anmerkung: „Die den Reigen fu(e)rt nimpt hiemit das kränzle und bricht daruß das örtlin oder den struß, den empfacht von ir die gegenüber ist, und wirfft in uß dem ring, aber die den reigen fu(e)rt setzt den krantz wider uff, und nimpt uß irem bu(o)sen ein struß, den gibt sie der nechsten bi ir am Reigen. — Vergl. den schweizerischen Ausdruck: „de Struß hah," den Vorzug, Vorrang haben, Tobler 416.

[70] Nithart, Ben. 452, 2:

Sô hebet
sich an der strâze vreude von den kinden.
Wir süln den sumer kiesen bî der linden,
diu ist niuwis loubes rich,
gar wünneclich
ir tolden,
ir habt den meien holden.

MS. II, 122ᵃ, 3:

Ich bin holt dem meien,
dar inne sach ich reien
Min liep under der linden schat;
manic blat
ir dâ was
für der heizen sunne tac.

Ben. 437, 4: Diu linde ist wol bevangen
mit loube;
dar under tanzent vrouwen.

ebend. 387 u.: Ir vergezzet niht der grüenen linden —
Wê, wâ tanzent nû diu kint —
diu was uns den sumer vür die heizen sunne ein dach,
diu ist grüenes loubes worden âne.

ebend. 410: nû treit uns aber diu linde vür die sunnen sindert schat.
Ê dô si geloubet was,
dô hiet man dâ vunden
vil maneger hande vreuden. ꝛc.

[71] Vergl. Nith. Ben. 444 ob.:

Wigerât,
sprinc also, daz ich dirs immer danke;
diu linde wol geloubet stât.

(MS. II, 105ᵇ, 1. III, 210ᵃ, 2.)

⁷² Altdeutsche Blätter I, 62: „tanzen ist in vierlei wise totsünde, zum ersten so ein geordente geistliche person offentlich tanzt, als mönch, nunnen, pfaffen ꝛc. die tund totsunde von ergernisse wegen." ꝛc.
⁷³ MS. I, 147ᵃ, 48:
   Pfaffen, leigen, tretent an,
   dien got der sælden gan! ꝛc.
Vergl. I, 141ᵃ, 38: Nû singen,
   nû singen,
   dan noch harte erspringen
   den reigen,
   den reigen,
   pfaffen unde leigen!
⁷⁴ Horæ belg. II, 178 f. (Mündlich.) Nach einer brieflichen Bemerkung J. Freiligraths wird dieses Lied „auch in der Grafschaft Mark, in Soest, bei Kinderspielen gesungen."
⁷⁵ Thiele, Danske Folkesagn III, 142 f.
⁷⁶ Wunderh. I, 458. vergl. III, 141.
⁷⁷ Fr. Kuenlin, in den Ritterburgen der Schweiz I, 292 ff. (mit einigen Strophen der Coraula, wie es scheint, nach einer handschriftlichen Chronik, vgl. ebendas. II, 508, Anm. 202. [Vgl. Uhlands Gedicht: Der Graf von Greiers. H.]
⁷⁸ Br. Grimm, Deutsche Sagen I, 241 f. („Winkelmann hess. Chronik S. 375, aus dem Mund alter Leute.") Dazu die Anm.: „Die Sitte des hessischen Schwerttanzes, sammt dem Lied der Schwerttänzer wird anderswo mitgetheilt werden."
⁷⁹ Udv. d. Vis. III, 19., Refr. „Saa herligt og saa vel der de traadde." II, 151 ff., Namen der Tanzenden werden aufgezählt, Str. 3:
   „For da dandser hen Riber Ulf" ꝛc.
Str. 10: „Saa da dandser han rige Volravn,
   Med hans Frue, haver ingen Navn."
Vergl. Nithart MS. II, 107ᵇ, 6:
   Er ist geheizen Ungenant,
   er dunket sich sô rœze,
   er springet an vroun Gepun hant ꝛc.
Ben. 373: derst alsô getoufet, daz in niemen nennen sol.
Str. 15 f.: „Og Ranild Lange udi Dandsen traad,
   Begyndte en Vise, og fore han qvad.
   Med Liste han qvad, saa let han sprang;
   Alle de Riddere efter hannem sang.
(vergl. ob. Anm. 62.) Str. 17 f.:
   Op da stod hun Spendelsko,
   Og hun gav Ranild Lange sin Tro.
   Hendes Haar det var udi Silke flæt',
   Hun traadte den Dands for Alle saa let."

⁸⁰ Über die Johannis- und Veitstänzer s. Förstemann, die christlichen Geißlergesellschaften, Halle 1828, S. 224—38. 321 f. Hecker, die Tanzwuth, eine Volkskrankheit im Mittelalter ꝛc. Berlin 1832, S. 1—26, 83—88. Vergl. Wide, Versuch einer Monographie des großen Veitstanzes ꝛc. Leipzig 1844. S. 3—13. Nithart Ben. 452, 5. (MS. II, 112ᵇ, 9):

> Min hâr
> an dem reien sol mit siden sin bewunden
> durch des willen, der min zallen stunden
> wünschet hin ze Riuwental.

Die geschichtlichen Namen im zweiten dänischen Liede gehören der Reige des 13ten Jahrhunderts an.

⁸¹ Aus den von Förstemann und Hecker angezogenen Belegen hier nur Einzelnes. Petri de Herentals Vita Gregor. XI: „sanali dicebant, quod videbatur eis quod in hora hujus chorizationis erant in fluvio sanguinis, et propterea sic in altum saltabant." Ebendas. lateinische, vermuthlich gleichzeitige Reime:

> „Populus tripudiat nimium saltando.
> Se unus alteri sociat leviter clamando ꝛc.
> Capite fert pelleum (pileum) desuper certum (desuperque sertum?)
> Cernit Mariae filium et caelum apertum ꝛc.
> Spernit videre rubea et personam flentem ꝛc.

Chron. Belg. magn.: „Et coepit haec daemoniaca pestis vexare in dictis locis et circumvicinis masculos et foeminas maxime pauperes et levis opinionis ad magnum omnium terrorem; pauci clericorum vel divitum sunt vexati. Serta in capitibus gestabant ꝛc." Limburger Chron. (Vogels Ausg. S. 72): „Und liesen von einer Stadt zu der andern, und von einer Kirchen zu der andern ꝛc. Und wurd des Dings also viel, daß man zu Cölln in der Stadt mehr dann fünf hundert Tänzer sand ꝛc. Und sand man da zu Cölln mehr dann hundert Frauen und Dienstmägde, die nicht eheliche Männer hatten ꝛc. Auch nahmen die vorgenannten Tänzer Mann und Frauen sich an, daß sie kein roth sehen möchten ꝛc." Kölner Chron., gedruckt 1499: „Ind vill lude beide man ind frauwen junk ind alt hadden die krankheit. Ind gingen uiß huis ind hof, dat deden ouch junge meide, die verliessen ir alderen, vrunde ind maege ind lantschaf ꝛc. Item also gegurt mit den twelen danzten si in kirchen ind in clusen ind up allen gewijeden steden. As si danzten, so sprungen si allit up ind riefen: Here sent Johan, so so, vrisch ind vro here sent Johan."

⁵² Handschriftl. Chronik von Straßburg (Förstemann 236 f., Hecker 7):

> „Viel hundert fingen zu Straßburg an
> Zu tanzen und springen, Frau und Mann,

> Am offnen Markt, Gaſſen und Straßen,
> Tag und Nacht ihrer viel nicht aßen
> Bis ihn das Wüthen wieder gelag.
> St. Bits Tanz ward genannt die Plag."

⁸³ Leg. aur. c. 77: „Dixitque praefectus patri: corripe puerum tuum, ne male pereat! Tunc eum in domum ducens diversis musicorum generibus et puellarum lusibus aliarumque deliciarum generibus immutare animum pueri satagebat." Chriſtl. Kunſtſymbolik und Ikonogr. Frankfurt 1839. S. 221ᵇ: „S. Vitus, M. Einer der 14 Nothhelfer. Patron der Schauſpieler und Tänzer, gegen Tanzwuth, langes Schlafen. Sachſen, Sicilien, Böhmen, Corvey, Hörter." (Kam beim Täufer Johannes die tanzende Tochter der Herodias in Betracht, Marc. 6, 22, Matth. 14, 6, oder ſein Hüpfen im Mutterleibe, Luc. 1, 41. 44, oder das Teufelaustreiben und Heilen, Marc. 6, 13 f.? Er iſt Patron gegen Epilepſie, Kunſtſymb. 210.)

⁸⁴ Vergl. Überſichtl. Beſchreibung älterer Werke der Malerei in Schwaben, von Grüneiſen, im Kunſtblatt 1840, Nr. 96. Auch die Heilung Trommelſüchtiger, die mit aufgetriebenem Leib am Boden liegen, iſt dargeſtellt.

⁸⁵ ᵃ Ev. Luc. Cap. 1, V. 41, 44.

⁸⁵ ᵇ St. Johannis chorea, la danse de St. Jean, Förſtemann 235. Vgl. Wackernagel, Kirchenlied 793ᵇ und Reientänze, Johannislieder.

⁸⁶ S. ob. Anm. 81. Die latein. Reime bei Petr. de Herentals ſagen: „Frisch friskes cum gaudio clamat uterque sexus." Er ſelbſt aber macht daraus einen Dämon Fristes: „Nam homines utriusque sexus illudebantur a daemonio, taliter quod tam in domibus quam in plateis et in ecclesiis se invicem manibus tenentes chorizabant et in altum saltabant, ac quaedam nomina daemoniorum nominabant, videlicet Friskes et similia ꝛc. (friskes für friskest? vergl. Gramm. III, 587, 2.) (friſch und fro, Lieberſ. I, 61, 89. I, 69 u. Deutſche Mythol. 702, 351. Rechtsalt. 10.)

⁸⁷ Lieberſ. II, 708, V. 472: Bisz sant Johans sunwenden tag.

⁸⁸ MS. II, 312ᵇ:

> Der spilman rührt' die bungen, die reif er dâ bant,
> dô nam sich der Löchlin ein juncvrou an die hant:
> „ô dû vrecher spilman, mach uns den reien lanc."
> jû heid! wie er spranc!
> herz', milz, lung' und lebere sich in im umbe swanc,
> Daz nû der törper in dem (den?) anger viel,
> daz im sin ôren, nas' und mûl mit bluote überwiel;
> von törperischen sprüngen im alsô wê beschach,
> manger dâ verjach,
> daz man ze beiden sîten sîn herz' sêr klopfen sach. ꝛc.
> Welt ir hœren wunderlîchiu mær',
> in dunket, wie siben sunnen an dem himel wær',

und er umbe liefe, als ein gedræter topf;
in swindeli' umb den kopf;
er wånd', er wolt' versunken sîn: er huop sich an den kropf.

⁸⁹ Das Folgende über Tarantis und Tarantellen nach Heder S. 26 ff.,
89 f. vergl. Olens Naturgesch. V, 681 ff. [S. 684: „Wer weiß, ob das Übel
nicht gar von den vielen Flohstichen herkommt!"] Zeit des Tanzens: Hecker
36 ob., 37 ob., 43 ob., 51 ob., zweimal im Jahre, vergl. 71. Förstem. 229.
Oken V, 684 ob.]

⁹⁰ª S. Hecker S. 22 oben.

⁹⁰ᵇ Ein andres Gelüste schildert nach gleichzeitigen Schriftstellern Hecker
S. 89: „Noch im 16ten Jahrhundert sah man die Kranken gern glänzende
Schwerter ergreifen und in den Anfällen mit wilder Bewegung schwingen, als
wollten sie Fechterspiele aufführen. Dieß thaten selbst Frauen, mit leidenschaft-
lichen Geberden der weiblichen Sanftmuth Hohn sprechend, und bis in neueren
Zeiten die Krankheit verschwand, war diese Erscheinung, wie überhaupt der
Sinnesreiz der Taranteltänzer durch Metallglanz sehr gewöhnlich." Sollten
Schwert und Trinkgefäß auch in deutschen Tänzen (S. ob. Anm. 53. 54. 58.
78. vergl. Hecker 59, 1.) mit den Gelüsten der Tanzerregung in ursprünglichem
Bezuge stehen?

⁹¹ Hecker S. 90:

    Allu mari mi portati,
    Se voleti che mi sanati.
    Allu mari, alla via:
    Cosi m'ama la Donna mia.
    Allu mari, allu mari:
    Mentre campo, t'aggio amari.

⁹² Vergl. Limburger Chronik zum Tanzjahr 1374 (S. 73 f.): „Da sung
und pfiffe man:

    Wie mócht mir immer baß gesein?
    In Ruh' ergrünt das Herze mein,
    Als auf einer Auen.
    Daran gedenke,
    Mein Lieb, und nit wenke!"

Ist dieß ein deutscher panno verde?

⁹³ MS. I, 180ª.

Gît Minne niht wan ungemach,
sô müeze Minne unsælic sîn: die selben ich noch ie in bleicher varwe
                                            sach.

⁹⁴ 154, 4: diu Sifrides varwe wart dô bleich unde rôt (über
Gunthers Mistrauen in seine Freundschaft). 284 (Sifrid beim Erscheinen der
schönen Kriemhilde):

Er dâhte in sinem muote: „wie kunde daz ergân,
daz ich dich minnen solde? daz ist ein tumber wân.
sol aber ich dich fremden, sô wære ich samfter tôt."
er wart von gedanken dicke bleich unde rôt.

1605 (Rüdigers Tochter, zögernd den grimmen Hagen zu küssen):
Doch muoste si dâ leisten daz ir der wirt gebôt.
gemischet wart ir varwe: si wart bleich unde rôt.

239, 4. (Kriemhild erhält Kunde von Sifrids Heldenthum im Sachsenkriege):
do erblüete ir lichtlu varwe, dô si diu mære rehte bevant.

240: Ir schœnez antlütze daz wart rôsenrôt.
dô mit liebe was gescheiden ûz sô grôzer nôt
Sifrit der junge, der wætliche man.
si vreute ouch sich ir friunde; daz was von schulden getân.

291, 2: do erzunde sich sîn varwe ꝛc. (bei ihrem Gruße.)

525, 4 (Kriemhilt vor Sifrid als Boten):
dô mêrte sich ir varwe, die si vor liebe gewan.

568 (Sifrid bei Kriemhilden Jawort):
von liebe und ouch von vröuden Sifrit wart rôt.

713, 1 (Sifrid bei Gunthers Einladung):
— dâ wart er vröuden rôt.

1437, 3 f. (Etzel und seine Boten):
dienst über dienste, der man im vil enbôt,
seiten si dem künege. vor liebe wart er vreuden rôt.

424: Dô si diu swert gewunnen, sô diu meit gebôt,
der vil küene Dancwart von freuden wart rôt.

437, 7: Prünhilt diu schœne wart in zorne rôt.

1530, 2 f. (über die Voraussagung der Meerweiber):
des wurden snelle helde missevare,
dô si begunden sorgen ûf den herten tôt ꝛc.

⁸⁵ MS. I, 187ᵃ, 5:
Bleich und eteswenne rôt,
alsô verwet ez diu wîp;
Minne heizent ez die man
unde möhte baz unminne sîn ꝛc.

Vergl. auch MS. I, 40ᵃ, 2 (Heinr. v. Veld.):
daz dicke werdent schœniu wîp
von solhem leide misse var.

Man. II, 22ᵇ ob. (Gramm. IV, 725, 3. Myth. 720⁎⁎).

⁸⁶ MS. I, 198 f., LVII. Der Fragende ist wohl ein Bote, ausgeschickt, die Gesinnung der schönen Frau für den angehenden Sommer zu erforschen (s. oben S. 389). Reinmar hat noch andre Lieder, worin die Frau mit dem Boten spricht.

⁹⁷ Str. 6:
„Er nam sie bei ihrer schneeweißen Hand,
er führt sie durch den grünen Wald,
da brach er ir ein Zweig (a. sie brach e. Zw.),
sie küsset ihn auf seinen roten Mund ꝛc.
Vergl. Udv. d. Vis. IV, 92 f.:
Og der de komme i Rosens Land,
Der lysted Dankonning at hvile en Stund. ꝛc.
"Stolt Elselil! I vilde det ej fortryde,
Med os de Lindelöv at bryde.
I bryde med os de Lindeblade!
Dermed gjöres vore Hjerter glade.
Dagen er lang og Vejen er trang,
Her ville vi höre paa Fuglesang"
W. Grimm Altd. Heldenl. 116. Kehrzeile:
„Wer bricht das Laub von den Bäumen?"
(„d. h. wer gewinnt die Liebe.") Bei Reinmar:
„gên wir brechen bluomen ûf der heide."
⁹⁸ Meinert 76.
⁹⁹ Silva de romanc. 259. Einrod zu Walth. II, 168. Deutsche Myth.
CXLV, Beschwör. Nr. XLIII f.: „Fieber hin, fieber her! laß dich blicken
nimmer mehr! fahr der weil in ein wilde au! ꝛc." „gut morgen, Frau
Fichte, da bring ich dir die gichte ꝛc." Ebd. 679 (Flieder). (Anzeig. 1837,
Sp. 476, Nr. 41: „nenne also dich sin [des Rosses] darwe ꝛc.")
¹⁰⁰ Reinmar Str. 1 {= MSF. 195, 37. Bf.]
„War kam iuwer schœner lip?
wer hât iu, sælic frouwe, den benomen?
Ir wârt ein wunneclîchez wîp:
nu sint ir gar von iuwer varwe komen ꝛc.
Str. 3: Solhiu nôt und ander leit
hât mir der varwe ein michel teil benomen.
Str. 6: O vê danne schœnes wîbes!
Erstes Volkslied Str. 2:
„Ach mägdlein an der wonne,
wie salwet euch die sonne
daß ihr seit worden bleich!" ꝛc.
Str. 3: „Warumb solt ich nicht werden bleich?
ich trag all tag groß herzenleid,
lieb, umbe dich ꝛc."
(Der Reim: wonne — sonne lautete wohl ursprünglich sinné — sunné, in
der Reimform des 12ten Jahrhunderts, wie bei Kürenberg, MS. 1, 97, von
dem besonders auch Str. 6 zu beachten. Vergl. hieher noch Heinrichs vom
Türlein Krone, bei Wolf über die Lais S. 405. Z. 1133 f.:

>   ein schœne wîp salwet
>   oft von liehter sunne.
>
> Vergl. MS. III, 466ª, 36:
>   daz uns dehein weter selwen mac.
>
> Zweites Volkslied:
>   Ay soer mir's ock, fains Maedle!
>   Wuhien houst du dai Foeve?

¹⁰¹ In beiden der Hinblick auf die Verwandten (Reinmar Str. 6. Volksl. Str. 4. 8), der Geliebte der einzige Trost (Reinmar Str. 6. Volksl. Str. 1. vergl. 4), hier das Blumenbrechen, dort der gebrochene Zweig (f. Anm.). Aber auch zwischen dem Minnelied und dem zweiten Volkslied ein ergänzender Anklang (Reinmar Str. 1):

> „nu sint ir gar von iuwer varwe komen,
> Daat mir leit unt müet mich sère:
> swer des schuldic si, den velle got unt nem' im al sin êrel

(Meinert Str. 7 f.):

> „Onn bu fregſt noch ma'r Fove?
> Du houſt ſe mir vertueve.
> Hett'ſt bu mich inb' ai (immer in) Ruh gelon,
> So hett' ich ni mai Joev verloen.

Überall ähnlich und verschieden zugleich, wie Abkömmlinge eines Stammes. Merkliche Störungen hat das ältere Volkslied erfahren.

¹⁰² Ben. 446 ff., LIV. vergl. MS. III, 231ª. — Str. 3: „Trûren leit und ungemach hât mir verderbet lîp und al mîn sinne ꝛc." ſtreift an die Lieder von der Bläſſe, vergl. Reinmar MS. I, 187ª, 5: „unt verderbet manigen lîp." Zu Str. 7: „bî dem Lengebache" ſ. MS. IV, 473, Anm. 5. — Nithart verwebt auch ſonſt Zwiegeſpräche der Geſpielen in ſeine Lieder, Ben. 331, 4 f., 434 f., 4—8: „ir wehselrede."

¹⁰³ MS. II, 160, II. Die Stelle der letzten Str.: „sag' mir, wer dir liebe trage!" worauf keine Antwort folgt, deutet übrigens auf einen weggefallenen Schluß. — In dieſer Geſtalt, nur mit Weglaſſung einer Strophe, iſt das Lied noch einem dritten Sänger zugeſchrieben, dem jungen Spervogel, in der Heidelberger Handſchrift 357, Bl. 28. (vergl. MS. IV, 690ᵇ.)

¹⁰⁴ MS. I, 350, II.

¹⁰⁵ MS. I, 204 f., VII. (Ein andres Geſpräch zweier Geſpielen bei demſelben Dichter, ebendaſ. 208, XV.) [v. d. Hagen, MS. IV, 146ᵇ, nimmt „sniden" für: Kleider ſchneiden.] Bergl. MS. I, 152ª, 5 (Ulr. v. Winterſtetten): „ich wil in die erne oder anderswâ." MS. II, 299ª, 2 (Habloup): „Wê, wie iſt erne rehte [so] guot! ꝛc. daz vröut für des meien bluot."

¹⁰⁶ Nitharts Geſprächslied iſt in einer Handſchrift überſchrieben: „Ein reie" (MS. III, 231ª), auch heißt es in Str. 1, ſofern ſie dazu gehört (Ben. 446):

vñ singent aber die vogel, lobent den meien;
sam tuo wir den reien.

¹⁰⁷ Bei Nithart und unter Waltram sind je die vier ersten Zeilen gleich einem epischen Verspaare mit Zwischenreim, nur im zweiten Glied eine Hebung weniger, was dann bei Scharfenberg ausgeglichen wird. Bei Burkart bildet der Kehrreim ein (wenn auch nicht vollkommen das epische) Langzeilenpaar, das zweite Strophenglied ist gleich dem ersten bei Nithart, das erste kürzt und längert die beiden Hälften der epischen Zeile.

¹⁰⁸ Hugdietrichs Brautfahrt ic. herausgeg. von J. J. Oechsle, Oehringen 1834, Str. 128. Vergl. mit der Frankfurter Handschr. des Hug- und Wolfdietr. Bl. 49ᵇ (s. auch Alt. Zeit und Kunst ic. Frankfurt 1822, S. 292.) [= Holtzmanns Ausgabe. Heidelberg 1865. Str. 134. Pf.]

¹⁰⁹ Volksl. Nr. 115, im ältern Drucke beginnt das Lied: „Es giengen sich aus zwo Gespiele ic.", im spätern: „Es giengen zwo Gespielen gut ic." Unvollständig, ohne Angabe woher, im Wunderh. III, 18. Zu der Rede des Knaben vergl. die Stelle eines andern Liedes [Schffh. 397]:
„Brauns Meidlin, laß mich unversmecht!
ich bin meins gůts ein armer knecht,
ich bin wol ewers gleichen,
ein reicher kauffman kan werden arm,
ein armer reüter reiche."

¹¹⁰ Bei dem von Scharfenberg (MS. I, 350ᵇ, 5) sagt die Fröhliche:
„er tet mir nie sô leide,
ern' wær mir lieber danne golt."
Im Wunderh. a. a. O. die Arme:
„Ich wollt nicht nehmen Silber und Gold,
daß ich den Knaben lassen sollt."

¹¹¹ Meinert 124. Statt der zwei Gespielen, einem abgekommenen Worte, sind hier zwei Gesellen worden, was unbedenklich zu verbessern ist. Daß der Rosenbaum den Liebsten erschlagen, ist auch für Mißverständniß anzusehen und aus dem folgenden, niederländischen Liede zu berichtigen. Sonst findet sich der „roseboom" MS. II, 337ᵃ, 8. vergl. Frankfurt. Archiv III, 270.

¹¹² Horæ belg. II, 110 f. mit Melodie.

¹¹³ Horæ belg. I, 112. II, 83. Der eine Anfang:
Het ghingen twee ghespelen goet
an gheenre wilden heiden ic.
fast wortgleich auch auf einem deutschen Flugblatte von 1589: „Ein schoen nüw geistlich lied ic. Von den zweyen Jüngeren die gen Emaus giengen. In dem Thon „Es giengend zwo gespilen guot, wol vber ein gruene Heyde."

¹¹⁴ Hoffmann v. Fallersleben, das deutsche Kirchenlied. 2te Ausg. 413.

¹¹⁵ Hugdietrich, Frankfurter Handschrift Bl. 49ᵇ:
Die eine was trurig, die ander die was fro.

Horæ belg. II, 83:
die een die reet al lachende uut, die ander die was droevich.
[116] Im Eingang einer altfranzösischen Erzählung, den Fr. Michel, Tristan ꝛc. T. I, Introd. p. LXIV. mittheilt, heißt es:
Al tenz d'esté, après pastur,
Quant vi parer e folle e flur ꝛc.
Levai me tost la matinée,
Tut nu pez, en la rosée
Alai déduire vers un pré;
Mires dient que ço est santé.

Depping, Sammlung span. Romanzen S. 367:
La mañaua de San Juan
Salen à coger guirnaldas
Zara muger del rey Chico
Con sus mas queridas damas. ꝛc.
Descalços los albos piès
Blancos mas que nieve blanca.

Vergl. MS. I, 112 (Tristan von Hamle):
Dô miu vrouwe bluomen las
ab im (dem Anger), und ir minneclichen füeze
ruorten ûf sin grüenez gras. ꝛc.
Her Anger, bitet, daz mir swære (sal) büeze(n)
ein wīp, nâch der mīn herze stê,
sô wünsche ich, daz si mit blôsen füezen
noch hiure müeze ûf iu gê ꝛc.

[117] Die Volkslieder brauchen auch sonst diese Bezeichnung des Frühlings; Abschiedslied (Volksl. Nr. 64. Str. 1.):
der mei der tut uns bringen
den veiel und grünen klee.

Der Fähnrich (Volksl. Nr. 203. Str. 8.):
er gab dem fendlein einen schwung
er schwangs über feiel und grünen kle.

[118] Les chansons nouv. assembl. 1538 Bl. 34:
L'aultre iour souer me alloye
au ioly boys pour mon plaisir,
je rencontray troys ieunes dames
deuisant de leurs amys,
dont lune pleure
disant: „helas!" disant: „helas!
fault il que pour oymer ie meure?"

Et sa seur la plus ieunette
humblement luy remonstra

en disant: „ma seur doulcette!
oublier vous fault cela;
car cest follye
de tant aymer, de tant aymer
ung estrangier qui vous oublye."

„Comment seroit il possible
que ie le misse en oubly?
car cest celluy de ce monde
qui est mieulx a mon plaisir;
quoy que on en dye
ie lay ayme et laymeray
et deusse ie perdre la vie."

Eine vierte Strophe paßt nicht zum Übrigen.
119 V. 64 ff.:

Lès la rivière par le pré
U avoit flors à grant plenté
Blanches et vermeilles et bloies.

120 Les regnes de lor frains estoient
de tille, qui molt mal séoient.

Über ben Gebrauch des Bastes, statt Lederwerks, als Zeichen der Armuth und des niedrigen Standes, s. Rechtsalt. 255. 160 f. 943. Hiezu Méon 1, 404.

121 Lai d'Ignaurès ꝛc. suivi des lais de Melion et du Trot ꝛc. publ. par L. J. N. Monmerqué et Fr. Michel, Paris 1832. p. 71—83.

122 Vergl. Wolf über die Lais S. 42 ff.

123 V. 95: — — la face vermeille.
V. 262: Et ont taint et pales les vis.

124 V. 81 ff.:

Totes estoient desfublées,
Ensi sans moelekins estoient,
Mais capeaus de roses avoient
En lor chiés mis, et d'aiglentier,
Por le plus doucement flairier.
Totes estoient en bliaus
Senglés por le tans qui ert chaus.
S'en i ot de teles assez
Ki orent estrains les costés
De caintures; s'en i ot maintes
Qui por le chaut erent desçaintes.

(Dieß statt des schlichten baarfuß in den Volksliedern, was in der kostbarern Hofdichtung dem ärmlichen Zustande der Klagenden heimfällt, V. 176—179.)
V. 254 f.: Ne por yver, ne por oré
N'ierent-eles jà sans esté.

B. 186 f.: Sor eles tonoit et negoit,
Et si grant orage faisoit ꝛc.

B. 271 ff.: Que jà en yver, n'en esté
N'arons-nos repos ne séjor,
C'adès ne soions en dolor.

¹²⁵ Der Liebesanfang: „Het reden twee ghespelen goet ꝛc. die een die reet al lachende uut ꝛc." iſt ſogar ein Anſatz zum berittenen Zuge des lay del Trot.

¹²⁶ Aus der 1336 beendigten Verdeutſchung nach Maneſſier, dem Fortſetzer des Percheval von Chreſtien de Troyes, in der Donaueſchinger Pergament-Handſchrift N. 37. 9. Bl. 151 ᵇ. — Schluß der ausgezogenen Stelle:

Er en antwurt im ein wort niht Und fuor für sich hin die riht
Und die juncfrowe snelleclich Der kunig gar herteclich
Mit den sporn im nôch drang. Durch den hellen vogelsang
Reit ginre vor, der künig nôch In regene und in dem winde hôch,
Er îlte und wonde zuo in komen, In der heiterin, hân ich vernomen,
Grôze mile viere reit er nôch in Durch den walt al für sich hin
In dem regene und in dem winde dô. Gine in der heiterin wôrent vrô
Und in der süezen vogel sang Die flugent nôch mit gedrang
Biz sîn kôment für den walt.

(Über die Handſchrift vergl. meine Notiz in H. Schreibers Taſchenbuch für Geſchichte und Alterthum in Süddeutſchland. 1840. S. 259 f.)

¹²⁷ Méon IV, 354 ff.

¹²⁸ B. 15: Un jor d'esté par un matin.
B. 222: par un jor de mai.

¹²⁹ B. 35 f.: Là ont mirés lor color(s)
Qui sovent lor mue d'amor(s).

¹³⁰ B. 60: Mielz aim hennor que trop avoir.

¹³¹ B. 85: Cele devint pale et vermeille.

¹³² B. 95: Un Clerc cortois, loial et bon ꝛc.
B. 113: Clerc d'escole.

¹³³ B. 159 f.: S'orent de novel esglantier
Chapleax por plus soef flairier.

Faſt wörtlich wie im Lay del trot B. 83—85. ſ. ob. Anm. 124.

¹³⁴ B. 171: D'amors sonent un son novel.

¹³⁵ Méon, nouv. rec. I, 353—63. Auch in dieſem Stücke mahnen einige Stellen an das lay del Trot: B. 210—21. 246—49.

¹³⁶ Carmina Burana 155 ff. (vergl. Zeitſchrift f. d. Alterthum VII, 160 ff.)

¹³⁷ Von dem Ritter und dem Pfaffen (ſ. Pfeiffers Heinzelin von Konſtanz). B. 40 f.:

ich wil iuch einen vremeden kampf
mit worten hie bediuten ꝛc.

¹³⁸ B. 311 ff.:
jâ meinich solher pfaffen niht, die man messe singen siht:
ich meine, die pfaffen sint genant unt doch niht hôher wîbe hânt.
si sint den pfaffen zuo gezelt umb niht wan umb ir pfeflich gelt.
die priesterlichen pfaffen sol man ir dinc lân schaffen,
der selben ich niht meine; ich meine, die enkleine
sint pfaffen, als dû mich merkest wol.

Es find so ziemlich die kloer (clercs), die noch jetzt im Volksgesange der Bretagne als Liebhaber und Liebesdichter eine bedeutende Rolle spielen, Barzaz-Breiz, I, Introd. XXXV—VII.

¹³⁹ B. 344 ff.:
— sprach ir gespile dô zehant (die Freundin des Ritters):
„ich kan dir niht gekriegen, dû kanst dîn rede gebiegen
sô meisterlîchen hin und her. dû meinst ez hin, sô meine ichz her,
aus fremde sint dîn fünde. der kriec muoz in daz künde
gezogen werden schiere. hinnân ich appelliere
und ziuch ez für die Minne; diu ist ein rihterinne
billich in disen sachen und sol in ende machen
und disen gewerren scheiden: jâ wurde er von uns beiden
ze rehte niemer ûz getragen." „Wem möhte daz nû missehagen?"
sprach ir gespile aber dô, „des zuges bin ich harte vrô,
wan dâ bin ich gesigende unt dir vil gar obligende,
daz weiz ich sicher als ich lebe, ein stunde ich niht dâ wider strebe,
diu Minne sol ez rihten ûz." mit disen dingen und alsus
wart ein gemeiner tac genomen. El möhte ich tougenlîchen komen
aber ze disen mæren, dâ Minne unt dislu wæren
und sie die sache ûz trüegen; daz sich wol mac gefüegen.
ich sol mich lieben deste baz, vil liht vernim ich etewaz
von disen selben sachen, des ich ouch mac gelachen,
ich sliche ouch iemer hinnân nâ.

¹⁴⁰ B. 75 ff.:
ich sach in ein paradîs, des liehten meigen blüendez rîs
sach ich in ganzer mugende, ir beider blüende jugende
vor wandelunge vrîte sich.

Vergl. auch B. 66 ff.:
getorste ich, sô wolte ich jehen,
daz man gesæhe nie zwei wîp sô wol gestalt, ir beider lîp
dâ wider einander lûhte, ietweder mich wol bedûhte
die schænste, diu ie wart geborn.

¹⁴¹ Liederbuch der Hätzlerin 163 ff., Nr. 18.
B. 6 ff.: Als der wald was worden grön,
Gras und plûmen entsprungen,
Darein kamen die jungen

>Nach lust und freuden spil,
>Si hetten da kurzweil vil;
>In dem malen das geschach.
>Aine zu der andern sprach ıc.
>
>B. 139 ff.: Ich bin fraw Minn,
>Der lieb schulmaistriu!
>
>B. 129 ff.: Da sahen si gen in gan
>Ain frawen, was wol getan,
>Baide an form und an claid.
>Die schwestern erschraken baid,
>Si was in unerchant
>Und trůg ain tosten in der hant.

(Vergl. Schmell. I, 459: „Die Taschen ꝛc., Werkzeug zum Schlagen." 2460: Tuschen. Oder etwa: torische, torze, Fackel?)

>Si sprach uss freiem sinn:
>Wisst ir, warumb ich chomen bin?
>Die jüngst kennt mich wol,
>Der eltsten ich mich nennen sol.
>Ich bin fraw Minn,
>Der lieb schulmaistrin!
>Wer der lieb unrecht tůt,
>Uf die erzürnet sich mein můt. ꝛc.

B. 155 ff. (Schluß):
>Si bald (bôt) ir dar ir schneweisz hant,
>Der straich si gar wol empfant.
>Dabei gedenk an die Minu,
>Wann ich bin dein schůlmaistriu!
>Und gab in da den segen.
>Got wöll unser aller pflegen!

(Heinzelins Gedicht schließt, V. 386 ff.:
>Got aller reiner wibe pfleg
>von den ie freuden kámen.
>nů sprechent mit mir: Amen.)

142 Flor. et Blanchefl. V. 9 ff.:
>A vileins ne à ventéors Ne doit-on pas parler d'amors:
>Mais à clers ou à chevaliers Quar il entendent volentiers,
>Ou à pucele debonaire Quar el en a molt bien affaire.

(Vergl. B. 202, auch B. 90:
>parla com bouche de seraine.)

143 Deutsche Streitgespräche über Standesvorzug haben wenigstens noch sommerlichen Anlaut; eines aus dem 14ten Jahrhundert zwischen Weib und Jungfrau (Liedersaal II, 843 ff.) beginnt:

> Ich kam ûf einen anger wît,
> dâ hôrte ich einen herten strît
> von zweien bilden wolgevar ꝛc.

Auch dienen Blumen als poetische Bilder (B. 22—25. 37—39. 75 f.); ein weiteres zwischen Frau und Priester, von Suchenfin aus dem 15ten Jahrhundert (Frankfurt. Archiv III, 225 ff.), hebt an:

> Ich quam uf einen anger wit
> in der liebsten sommerzit,
> ich horte ein wunnenbernden strit
> von priestern und von frauwen ꝛc.

(vergl. Liederbuch der Häslerin 219, 52. Lieders. II, 329. H. Sachs v. Göz I, 86). Ein Krieg der Seele und des Leibes beginnt (Hoffmann, altdeutsche Handschriften der Hofbibliothek zu Wien, S. 159 [nun abgedruckt in Karajans Frühlingsgabe, S. 123 ff. Pf.]):

> Hie vor in einer winterzeit
> geschach ein jemmerlicher streit
> bei nacht, als ich euch sagen wil.
> frostes und auch reifen vil
> betwungen hetten alle lant ꝛc.

Noch immer die Jahreszeit, obgleich wieder absichtlich eine andere. In einer schottischen Ballade, Minstrelsy II, 444 ff., heißen zwei Schwestern Rose the Red und White Lilly. — Méon I, 391: Nicolete flors de lis. In dänischen Balladen werden schöne Jungfrauen bezeichnet durch: rosens blomme, rose, rose röd, lllie, liljevaand (Udv. d. vis. II, 163, 1. III, 24. 2. II, 43, 117. 121. III, 216. 24. 218, 41. 208, 1 ꝛc.); im dithmarsch. Liede (Volkslieder Nr. 128. Str. 1): de adelige rosenblome. — Die Minnesänger lieben für die Blumen das Beiwort roth: Milon v. Sevel. MS. I, 220ᵇ, 12. Reinmar d. A. MS. I, 195ᵃ, 3. Walther 89, 19. 114, 32. v. Gliers MS. I, 108ᵇ, 23. König Kunrad d. J. MS. I, 4ᵇ, 1. Gottfr. v. Nifen Muf. Str. 145. Rithart Ben. 384, 16. (MS. II, 120ᵃ, 1 f. rosen) Walther 75, 12 f. [= Pf. Nr. 6, 12]:

> wîzer unde rôter bluomen weiz ich vil:
> die stênt sô verre in jener helde.

[144] Mittelhochdeutsch durch Konrad Flecke (um 1230) nach dem Altfranzös. in Bd. 2 der Müllerschen Sammlung [neue krit. Ausgabe von Emil Sommer. Quedlinburg u. Leipzig 1846]; niederdeutsch (14tes Jahrhundert) bei Bruns, Romantische und andere Gedichte in altplattdeutscher Sprache, Berlin und Stettin 1798. S. 224 ff.: „van Flosse un Blankflosse"; niederländisch durch Diederic van Assenede (14tes Jahrhundert) in Hor. belg. III. (ebendas. Einleitung XI f. die weitere Literatur, vergl. F. Wolf, über die altfranzösischen Heldengedichte ꝛc. Wien 1833, S. 69 f.)

[145] Flecke V. 577:

> daz solte ze palmôstern sîn.

B. 589 ff.: dô die frouwen belde gebâren
und alsô glîche genesen wâren
beide ze einer stunde,
diu kristæn, als si kunde,
toufte ir tohter âne strît
Blanscheflûr nâch der zît:
wan der tac heizet paske flôrîe,
dô sî und skünîges âmîe
nider kômen beide samt
Flôre wart das ander gnamt —
ungescheiden aller dinge.

Diederic van Affenede B. 234:
eens palmensondaechs si ghenas ʐc.

(Der Palmsonntag hieß Pascha floridum, Pâque fleuri, Blumoftertag: Haltaus, Calendar. med. ævi p. 78.) Nithart, MS. II, 99ᵇ, 8: „mînes herzen bluomter ôstertak." (Handschrift: meins h. plumpter f. III, 668ᵇ ob.) J. Grimm, silva ʐc. 113:

en tres fiestas que ay en el año ʐc.
la una pascua de mayo,
la otra por natividad,
la otra pascua de flores,
essa fiesta general.

(Vergl. [Böhl b. J.] Teatr. españ. p. 98: Era la Pascua florida en el mes de san Juan.) Niederd. B. 91 ff.:

De vrowen mosten de sorge draghen: wente to dem pasche daghe
De koninghne eines sonen ghenas, des de konigh vro was.
Einer dochter genas de grevinne. Des vraude sik al dat inghesinde.
De koningh sprak mit grotem schalle to sinem manne alle:
„Nu helpet mi dussen kind[er]en rechte namen vinden
nach dusser wunnichlichen tijd, dar se inne gheboren sint.
Do spreken se to den sulven stunden alto malen ut orem munde:
„De jungher Flos si genant, de juncvrowe Blankflos wol bekant.
Me kan ohe neine rechten namen geven, icht de kindere scullen leven
nach dusser wunichliken tijd, dar se inne gheboren sint."
Alsus heten dusse kindere in walschen dinghen. Dat wil ck ju to dudeschen bringen.
Flos bedudet eine blome schone, ghelikent einer gulden kronen.
Blankflos bedudet eine witte blome wol; wente se was aller dogeden vol.
Dit sint dusser tweger namen in walschen un dudeschen to samen.

Dänisch (Museum für altdeutsche Literatur II, 350):
Palmesöndag i det samme Aar Dronningen födte en Sön saa klar,
Og en Mö den christne Qvinde, Den feyerste, den man kunde finde.

De gav dem Navn i samme Id, Fordi de fødtes mod Sommerens Tid;
Flores kallede de den søn, Og Blantzeflor deu Jomfru skjön.
Hans Navn en röd blomme lyder, Hendes Navn et hvidt blomster lyder.

146 Stede B. 5524 ff.:
Er (der Thorwächter) hâte rôsen geleit
Schœne bluomen unde gras, Als ez den frowen liep was,
In ahte körbe wite, Wan ez was in der zite
Aller bluomen ursprinc. Dâ mit barc er den jungelinc
In der körbe einen. Wie möhte er baz erscheinen
Sine triuwe wider in? Die bluomen sante er dar in
Den frowen algeliche Und hiez bescheidenliche
Zwêne sine knehte Disen korp vil rehte
Blanscheflûr der schœnen tragen ic.

B. 5554 ff.:
Einer zuo dem andern sprach:
„Got gebe sime halse leit, Der uns sô vil hât ûf geleit
Und uns sô überlüede: Wir wurden nie sô müede
Von sô vil rôsen noch sô laz. Ich wæne sie wurden naz
Gelesen in dem touwe; Wan ir hât min juncfrouwe
Lieber naz dan trucken. Wie harte sie uns drucken,
Ir enist doch niht ze vil Disiu fröide and daz spil
Wirt uns alze sûre. Ich weiz wol, swie si trûre,
Sô si dise rôsen siht, Daz ir liebe dran geschiht."

V. 5716 f.:
Bluomen sint mir unmære (sagt Bl.) Und swaz ze fröiden ziubet ic.

V. 5738 ff.:
Sit ich an Flôren minne
Leider gewelet hân, Sô lebe ich âne trôstes wân
Und enruochet mich, wie ez gât, Wer bluomen oder fröide hât.

B. 5840 ff.:
Sehent, daz was ein sælic zit
Und ein tac vor allen tagen, Dô der korp dar ûf getragen
Mit dem lebenden bluomen wart; Wande dô nam sine vart
Ein wünneclichez ende. Diu nû lange was ellende,
Diu ist von sorgen nû erlôst, Wan si siht ir leides trôst.

Tieb. v. Aff. B. 2837 ff.:
dat sal dierste dach van meie wesen. ic sal mi bewissen ende doen lesen
dierste bloemen, die men mach vinden ende salse onser joncfrouwen sinden.
(2851: deen hadde bliscap, dander rouwe.)
V. 2863: no aculeie, no lelie, no rose, no viole.
V. 2867: Nu es comen die meiedach ic.

¹⁴⁷ **Flecк, B. 1991 ff.:**
Obenân ûf dem grabe, Als ich ez vernomen habe,
Die wercmeister machten Zwei kint alsô sie lachten
Und mit einander spilten. Blanscheflûr der milten
Was daz eine gelîch, Von golde clâr unde rîch,
Flôren daz ander ꝛc. Flôre höveschliche
Sinre friundîn eine rôse bôt Gemachet ûzer golde rôt.
Dâ wider bôt im sîn friundîn Ein gilge, diu was guldîn ꝛc.

Im altfranzöſiſchen Gedichte, woraus die Beſchreibung des Grabes gedruckt iſt (le Romancero françois ꝛc. par P. Paris, Par. 1833. p. 58), und in der niederländiſchen Bearbeitung, B. 930—34, hält irrig Blanceſtoer die Roſe und Florijs die Lilie hin, im Niederdeutſchen fehlen die Blumen. — Die Inſchrift des Grabmals lautet altfranzöſiſch (Romanc. p. 59., vergl. p. 61):

Ci gist la bele Blanceflor
que Floires ama par amor.

Bei **Flecк, B. 2122 ff. (2236 ff.):**
Hie lît Blanscheflûr diu guote,
Die Flôre minte in sîme muote
Und si in ze glîcher wîs:
Si was sîn friundîn und er ir âmîs.

So in obiger Erzählung von Florance und Blancheflor B. 347 f.:

lei est Florance enfoïe,
Qui au chevalier fu amie.

¹⁴⁸ Nur im mittelhochdeutſchen Gedichte, B. 147 ff., findet ſich dieſe Einleitung; daß aber auch ſie dem welſchen Vorbild entnommen iſt, ergeben die Wörter und Formen: geparieret, paiole, Thessiole, parage, Kartage; Hauptſtellen ſind: B. 147 ff.:

In einen zîten ez beschach, Sô des winters ungemach
Mit fröiden zergât, Und der sumerwünne lât
Der kalten mânôte zît Den wehselîchen strît,
Sô die bluomen enspringent Und wünnenclîchen singent
Die vogele in dem walde Und uns nâhet balde
Meige nâch abrellen. Sô hât sîn gesellen
Swaz lebendes ie wart ieglîchez in sîner art ꝛc.

B. 168 ff.:
Der bluomen schîn gab in trôst
Und der süezen vogele sanc, Wan sie des winters getwanc
Überwunden hâten. Diu stat stuont wol berâten:
Dâ der boumgarte was, Dâ sach man bluomen unde gras
Wîz grüene purpervar. Als dûhte sie diu heide gar
Mit listen wol gezieret. Schœne wase geparieret
Mit maniger slahte varwe: Der wizen flocken garwe
Vuoren undr einander.

V. 212 f.:
 Ein wünneclicher brunne ûz deme ringe flôz ꝛc.
V. 221 ff.:
 Als diu ritterliche schar in allen fröiden gar
 Daz gestüele besaz (Ir was wol tûsent unde baz,
 Die dar komen wâren), Unlange sie verbâren
 Sie retten von der minne, Die ir aller sinne
 Zuo der zit verkêrte Und sie dar an lêrte
 Daz zwei und zwei geliche Vil bescheidenliche
 Retten dâ besunder ꝛc.
V. 242 ff.:   Zwô frowen geswester
 Sagten dâ wunders gemach, Daz in nieman undersach.
 Daz er iht bezzers vernæme Swar er landes ie bekæme,
 Von mannen oder von wîben. Man möhte wol schriben
 Von minnen sô spæhiu wort. Ouch sâzen sie dort
 Ir worten niht ungelich: Ir angesiht was minneclich,
 Wand sie wol kunden Mit fröiden ze allen stunden
 Und mit zühten wol gebâren, Die selben frowen wâren
 Von grôzer parûge Eins küniges tohter von Kartâge.
 Die minren und die mêrren, Die frowen und die hêrren
 Bat ir einlu überal, Daz sie des hoves schal
 Under ir gestilten. Der süezen und der milten
 Wart mit zühten geswigen; Ir was allez unverzigen
 Von ir guottæte zwâre. Ir iegeliches ôre
 Was ze losende bereit. Dô diu frowe gemeit
 Sô guote state gewan, Der rede si alsus began:
 Vernement waz ich iu sage. Swer sich von minnen clage
 Und ouch nâch minnen ringe, Der sol, swie ime gelinge,
 Sines muotes stæte sin. Daz ist dicke worden schîn,
 Swer nâch minnen lange ranc, Daz ime ze jungest gelanc
 Und erwarp daz er wolte, Swenne er dâ vor dolte
 Dar umbe grôzen smerzen. Deist reht des stæten herzen,
 Daz wünneclicher liebe gert, Der nieman ist wert,
 In dunke danne süeze, Obe er liden müeze
 Grôzen kumber von minnen. Wer mac sanfte liep gewinnen?
 Des hânt uns bilde gegeben Zwei geliebe, der leben
 Was von minnen kumberlich, Die sider wurden fröiden rich.
 Von der Minnen daz kam, Diu in dicke was sô gram,
 Dicke süez, dicke sûr. Daz was Flôre und Blanscheflûr,
 Die nâch grôzer swære sît Mit liebe lebeten manige zît
 Mit einander beide ꝛc.

¹⁴⁹ Die altfranzösische Darstellung, deren Eingang (aus der Handschrift Nr. 6987 der k. Bibliothek zu Paris) in der Einleitung zu der Chronique de

Ph. Mouskes par F. de Reiffenberg, T. I. p. CCXLIX ff. abgebrudt ift, hat
zwar nichts vom Baumgarten, wohl aber noch das Gespräch zweier auf blumen-
gewirktem Seidenteppich fitzender Schweftern über die Liebe, dem der Dichter
in einem Zimmer zuhört (p. CCL). B. 33 ff.:

En une chambre entray l'autrier, .i. venredi apriès mengier,
Pour déporter as demoiseles Dont en la chambre avoit de beles.
En cele chambre .l. lit avoit Qui de paile aournés estoit,
Mout par iert bons et chiers li pailles, Ainc ne vint craindres de Tessaile.
[p. CCLI]
Li pailles iert ouvrés à flour(s), (vergl. Romanc. franç. 51: en un lit point
 à flors.) Deux des tires bendés à our.
Illec m'assis pour escouter Deux dames que j'oy parler.
Eles estoient deux serours, Ensamble parloient d'amours.
Les dames èrent de parage, Chascune estoit et bele et sage.
L'aisnée d'une amour parloit A sa serour, que moult amoit,
Qui fu jà entre deux enfans, Bien avoit passé deux cens ans.
Mais uns bons clers li avoit dit, Qui l'avoit mis en son escrit,
Et le commence avenanment. Or oiiés son commencement.
 Uns rois estoit issus d'Espaigne ic.

130 Romancero franç. p. 66 f.:

„D'un dous lai d'amor
De Blancheflor,
Compains, vos chanteroie;
Ne fust la péor
Del traitor
Cui je redotteroie."

Die ebendaselbft p. 64 f. abgedruckte Romanze von Floires Klage kann nicht zu
den volksmäßigen Liedern gezählt werden, vergl. F. Wolf, über altfranzöfifche
Romanzen ic. Wien, 1834. S. 20 f. Im Fabliau „les deux bordeors ribaus" (Roquefort, de l'état ic. 294) fagt einer der Spielleute:

Mais ge sai aussi bien conter
De Blancheflor comme de Floire.

Der Scherz befteht darin, daß der fafelnde Spielmann die Namen trennt, die
doch eine Sage bilden.

131 Nithart, Ben. 444, 2 (MS. II, 105ᵇ, 3. III, 210ᵃ, 3):

„Dâ sül wir uns wider hiure zweien.
vor dem walt sint rôsen vil gebeien,
der wil ich ein krenzel wolgetân
ûfe hân,
swenne ich disen sumer an dem reien
mit einem höfschen ritter gân."

Rithart, Ben. 364, 2 (MS. III, 208ª, 3):
Seht, wie sich vreut boum unde wise
dar abe ich mir hiure lise
von den gelben bluomen ein krenzel, daz ich trage
alle vīretage.

MS. I, 101ᵇ, 1. (Dietm. v. Aist):
sīt ich den êrsten bluomen
under einer grüenen linden vlaht ꝛc.

MS. II, 168ª (Frib. b. Knecht):
Ich enkan in dem walde niht
ein grüenez krenzel vinden,
wâ mite sol mīner vröuden trôst ir reidez hâr bewinden,
der man schœne bī der güete giht?"

S. auch Walther 39, 10 [Ff. 1, 10]:
sô lise ich bluomen dâ rīfe nû līt.

MS. II, 395ᵇ, 1 (Kanzler):
lesen megde man nu niender bluomen siht.

152 MS. III, 199ᵇ, 1:
Umb die linden gêt der tanz;
dâ ist kurzewīl(e) vil,
[tanzen], springen, singen, gīgen und ouch balles spil;
man siht ouch von rôsen mangen wünniclichen kranz.

III, 193ᵇ, 3:
Hiure bī der linden ꝛc.
dar kam hin durch tanzen junger liute ein michel teil,
Schône begunde ir binden
Elsemuot und ir gespil;
ietweder truoc ein rôsenkranz ꝛc.

III, 185ᵇ, 4:
Dâ vant ich ein covenanz
unt von rôsen mangen kranz ꝛc.

Ben. 429, 3:
Wê, wer singet nû ze tanze
jungen wīben unt ze bluomenkranze!

153 MS. III, 221ª, ob.:
seht, dâ wart verhouwen manic rôsenkranz,
dâ daz bluot begunde her nâch dringen.

MS. III, 189ª, 5:
rôsenschapel wart dâ vil zeströut;
hār unt hūben sach man rīzen
bī dem tanze: des gienc nôt.

134 Walther 74, 20 ff. [= Pf. 6, 1 ff.]:
    Nemt, frowe, disen kranz!
    alsô sprach ich zeiner wol getânen maget:
    sô zieret ir den tanz
    mit den schœnen bluomen, als irs ûfe troget ꝛc.
135 Ben. 450 f. 3:
    Er sante mir ein rôsenschapel, daz het liehten schîn,
    ûf daz houbet mîn;
    unt zwêne rôten golzen brâht er her mir über Rîn,
    die trag ich noch hiure an mînem beine.
(Vergl. MS. II, 123ᵇ, 3.) 441:
    Nû ist diu wise mit bluomen wol gemenget,
    mit liehter ougenweide
    rôsen ûf der heide
    durch ir glanz,
    der sant ich Vriderûnen
    (— —) einen kranz.
(Vergl. MS. III, 209ᵃ, 5.)
136 Ben. 438, 7:
    Zwêne rôte golzen
    si verstal
    einem ritter stolzen
    von Riuwental.
    Tougen
    si bôt im bî dem tanze
    ein krenzel:
    samer got, daz ist unlougen.
(Vergl. MS. III, 230ᵃ, 7. 772ᵇ ob.) Lieberb. d. Hätl. 130, B. 296 ff.:
    Die döchter und die knaben
    Bereiten sich zu dem tanz,
    Ich pring dir ein rosenkranz
    Von deines herzen traut.
137 Ben. 320 f., 4 f.:
    Hiure, an einem tanze,
      gie er [Abeltir] umbe und umbe,
      den wehsel het er al den tac.
    glanziu schapel gap er umbe ir niuwiu krenzelîn.
    Etzel unde Lanze,
      zwêne knappen tumbe,
      die pflâgen ouch des jener pflac.
    Lanze der beswæret ein vil stolzes magedîn:
    Eine kleine risen guot
      zarte er ab ir houbet,

dar zuo einen bluomenhuot.
wer het im daz erloubet?
Owê siner hende!
daz sî sîn verwâzen!
die vinger müezen sîn verlorn,
dâ mit er gezerret hât den schedellchen zar.
Hiet er ir gebende
ungezerret lâzen,
daz krenzel hiet ouch sî verkorn ꝛc.

M©. III, 193ᵇ, 3 (Nithart):
Schône begunde ir binden
Elsemuot und ir gespil;
ietweder truog ein rôsenkranz,
unde doch niht lange von den getelingen geil;
Die begunden hübschlich gern,
(s)welhem wurd' daz krenzelîn;
der schapel muost(en) si si dâ gewern ꝛc.

III, 200ᵇ, 7 (Nithart):
Peter woll' von Lenken nu die bluomen hân,
dar vil törper kam, die ich wol nennen kan:
daz sint die von Joch(Gouch?)hûsen unde die von Tumbenrein;
seht, dâ sint ouch bî (in) die von Narrental;
von Affenberc die tanzten schône über al:
die wolten ouch die bluomen gerne mit in füeren hein.

M©. III, 212ᵇ f., 3 f. (Nithart):
die œden gouche huoben einen tanz;
Eggerüede dunket sich sô rœze,
ein olbentier er vrœze;
der truoc ze schouwen einen rôsenkranz;
Den nam er Vriderûne.
dar umbe zurnt(e) Engelmâr.
sich huob ein vliehen dô von Limenzûne.
ein bruoder, der hiez Hûne,
der muost' dâ lân die hûben zuo dem hâr.
   Bremekint der dûhte sich sô kücken,
der wolte ouch krenzel zücken:
dem wart ein streich mit einem kolben grôz.
Dar zuo sach man Snabelrûz den vrechen:
„ich wil dir'z helfen rechen."
er sprach: „wâ sint nu unser strîtgenôz?"
Der wurden mêr denn hundert,
unde sluogen durch den tanz,
daz keiner dâ genas, des nam mich wunder,

     ich mein' diu œden kunder.
     der strit ergieng umb einen rôsenkranz.
𝔐𝔖. III, 260ᵇ, 11:
     Umb' ein kranz von manger liehten rôsen knopf
     wart ir sehs und drizeg erslagen.
𝔅en. 325, 5: Si ruoften eines vater kneht
     hiure vor dem meier Friderîche
     umbe anders niht,
     wan daz er ein krenzel truoc, daz was von bluomen rôt;
     daz verseit er dâ zehant den meiden.
(vergl. III, 213ᵇ, 9: des meiers kneht).

  ¹³⁸ Liederb. b. Hätzl. 187 ff. Nr. 29: „Von ainem ströin krenzlin" (vergl. Einl. LV), 𝔅. 89 ff.

Ains tags batt ichs durch all ir güet, Das si mir kunt tät ir gemüet
Mit ainem krenzlin schön, — — — — — — — —
Hett ich dan ie nit wesen fro, Das si mir gäb ain kranz von stro.
Nit lang darnach gieng si gen mir, Ain ströin kranz truog si uf ir,
Ich erschrak zu der stunden, Das mir nach was geschwunden,
Meine augen verluren ire liecht. Si sprach, gesell, erschrick nicht!
Wilt du den kranz, so nimm in hin! Du hast verstanden den sin,
Tuo nach deinem willen! Ich sprach: fraw, und wolt ir stillen
Mein pein groez und ungehewr, So werfent in in ain fewr!
Si nam den kranz in ir heud weisz Und prennet den mit ganzem fleisz.
O, wie geren ich das sach, Ich was vor in ungemach,
Das ward mir ganz benomen. Noch was mir nichts gröss chomen,
Ich batt die minneclichen da, So doch verplichen wär das stro,
Das si genad meinem kranken leben Und wölt mir icht gröss geben.
Si sprach: gesell, benüegt dich nit? Du bist des stros doch worden quit.
Davon mocht dir chain frucht entspringen: Beit, dir mag noch wol gelingen.

Über den Strohkranz zur Strafe s. Schmeller III, 676.

  ¹³⁹ ᵃ Rosengᵃ. nach v. d. Hagens Ausg. (Deutsche Gedichte des Mittelalters Thl. 1) 𝔅. 207 ff.:

    Kriemhilt hat iuch entbotten und heisset iuch mere sagen,
    Ir möhtent lieber heimen ein kranz uz neslen getragen,
    Den da zuo Burgentriche die liechten rosen rot;
    Ir müssent ez ervechten, und koment sin in not.
(𝔅. 215 f.:
    Do sprach der von Berne: „ich muoz haben einen rosenkranz
    Und solt ich tiefer wunden niemer werden fri,
    Ich muoz ouch versuochen, waz in dem garten si.")

Die Handschrift liest 𝔅. 207: me, 𝔅. 208: l. heim krenzlin usz negelin tr. 209: wanne [da], 210: missent nach er v. u. kumen. [Anm. S. 22* u.]

159 b Lied vom Kartenspiel der Liebe: „Des spileus ich gar kein glück
nit han" ꝛc. (Forster I, Nr. 89.) Str. 2: Ein blat von gras das deutet
das sie mir kein gmût wil tragen ꝛc.
    160 MS. I, 39ᵃ, XVIII (Heinr. v. Veld.):
        ich bin worden gewar
        niuwes loubes an der linde.
MS. I, 188ᵇ, 1 (Reinmar):
    Dô ich daz grüene loub ersach,
    dô liez ich vil der swære mîn.
Misc. II, 199 (MS. III, 444ᵃ, LII):
    Des grüenen loubes bin ich worden wolgemuot.
MS. III, 207ᵇ, 1 (Nithart):
    Ich hân ein (niuwez) viol (nu) gesehen:
    Hei(a)! waz mir liebes sol geschehen
    Von einer stolzen meide, diu gêt mir an der hant ꝛc.
(vergl. Ben. 364.) (MS. I, 101ᵇ, 1. Dietm. v. Aist):
    sît ich den êrsten bluomen
    under einer grüenen linden vlaht ꝛc.
    161 MS. III, 202 f., XVI.
    Str. 1: Ir riter und ir vrouwen,
        ir sült ûf des meien plân
        den êrsten viol schouwen ꝛc.
        Ir sült den sumer grüezen
        und al sîn ingesinde ꝛc.
        sô wil ich ûf des meien plân
        den êrsten viol suochen;
        Got geb', daz ez mir wol müeze ergân! ꝛc.
    Str. 2: Dô gieng ich hin unt here,
        unz daz ich vant daz blüemelîn;
        do vergaz ich aller swære,
        unt begunde dâ gar vrôlich sîn,
        wol lût begunde ich singen. ꝛc.
    Str. 3: Dô gieng ich sunder tougen
        ûf die burg und reite alsô:
        „diu rede ist âne lougen,
        ir sult alle wesen vrô:
        ich hân den sumer funden!"
        Die herzogin von Beiern
        vuorte ich an mîner hant
        mit pfîfern, vidlern, fleiern ꝛc.
(vergl. Pfarrh. vom Kalenb., Narrenbuch 305 u.)
        „kniet nider unt hebt ûf den huot,
        ir lât den sumer schînen." ꝛc.

Str. 5: „vervluochet sî der sumer,
   den der Nîthart êrste vant!"
MS. III, 298 f., 111.
Str. 4: Als ich den viol gevunden het,
   zer herzogîn gieng ich ûf der stet',
   ûf einer grüenen ouwen.
   ich sprach: „wol ûf, swer mit mir wel den êrsten viol schouwen!
   Der stêt dort an eim' grüenen rein,
   dar über habe ich alsô klein'
   den mînen huot gesezzet:
   hât uns der winter leit getân, des werd wir nu ergezzet.
   Schier kumt der liehte sumer gemeit,
   bekleit mit klârer sunnen,
   die vögel ûf der grüenen heid'
   und in der este wunnen
   die singent mangen süezen schal,
   galander, troschel, [unt die] nahtigal,
   und ander ir genôzen
   die vröuwent sich der lieben zît, die kleinen unt die grôzen.
Str. 5: Die herzoginne was bereit,
   mit dienstman[nen], vrouwen unde meit,
   si wurden vrœlich springen,
   trommeten, pfîfen, seitenspil daz wart umb si erklingen,
   (si) wâren alle vröuden rîch,
   iedez tanzet' mit sinem gelîch;
   ich Nîthart vuort' den reien
   schôn umb den viol hin unt her, schier' gieng ez an ein zweien.
MS. III, 297 f., III.
Str. 1: „der viol wirt gerochen
   an al[len] den œden törpern, die in haben ab gebrochen."
Str. 2: Ez geschach an einem samstac spât'
   dar nâch am suntag morgen [also] drât'
   der viol wart getragen
   al ûf den tanzbühel dâ hin, als ich iu wil sagen.
   Bûr' Ruprebt und Ander(s) sîn knebt,
   Gundelwin und Elenbreht,
   die teten vrœlich springen ıc.
   unt der Jeckel Schrecke,
   der vuorte Mazzen bî der hant,
   der treip sô üppiclîchen tant
   dort vorn(en) an dem reien ıc.
Str. 5: Der viol stuont ûf einer stangen,
   der Nîthart tet in her ab langen,

bråht' in der herzoginne ıc.
(al)sō wart der viol gerochen
als an den œden törpern, die in håten ab gebrochen.

Das Ganze ist der Schwank, den später Hans Sachs als Fastnachtspiel bearbeitet hat (B. 4. Nürnberg, 1578, Thl. 3. Bl. XLIX ff.), hier singt die Herzogin zum Reigen ein altes Mailied vor und auch die Bauern fingen zum Tanz um den aufgerichteten Beiel. Vom Auffinden desselben heißt es:

Dort seh ich stehn etliche wäslein
Außschiessen mit den grünen gräslein
Mich dünkt fürwar darinn ich hab
Gesehen einen feihel blab
Ja, ja ich hab gesehen recht
Wie wenn ich in der fürstin brācht
Ach nein, eh ich in brecht hinein
Würd der feihel verdorret sein
Drumb wil ich in da lassen stehn
Der herzogin ansagen den ıc.

162 MS. III, 185ª, 1:
Der swarze dorn (a. Dr. Schwartzer d. III, 757ᵇ.) ist worden wīz.

III, 211ª, 1:
„Der mei hāt manic herze hōch ersteiget;"
sprach ein meit, „er hāt ez wol erzeiget,
waz sīn sücze wūnne tuot:
wan er kleidet swarzen dorn in wīze bluot.
allez, daz der winter het betwungen,
daz wil der mei nu jungen."

III, 186ᵇ, 1:
man siht blüete ūz hertem holz her dringen.
Im Renner, V. 20155, bildlich und sinnreich:
rōsen muoter ist der dorn.

Vergl. Fischarts Geschichtklitt. Cap. 24. [p. m. 291ᵇ.] im Verzeichniß der Spiele: „Schwartzer Dorn ist worden weiß" [was für Fischarts Betheiligung beim Volksbuche vom Reithart zu beachten]. „Vom meien," Trierer Handschrift Bl. 12ª:

So er (der meie) mit sinen kreften brengt
Das uſer durer (dürrer) erden springt
Grunes graes und liechte bluete ıc.

163 MS. I, 98ᵇ, 4:
Uf der linden obene dā sanc ein kleinez vogellīn,
vor dem walde wart ez lūt, dō huop sich aber daz herze mīn
an eine stat, da ez ē dā was; ich sach dā (a. die) rōsenbluomen stān,
die manent mich der gedanke vil, die ich hān z' einer vrouwen hān.
(a. sit stūnt aller mīne gedanc an einer vrowen wol getān.)

164 MS. I, 220ᵇ, 12:
Ich sach boten des sumeres, daz wâren bluomen alsô rôt:
„weistu, schœne vrouwe, waz dir ein riter enbôt?
Verholne sînen dienest; im wart liebers nie niet,
im trûret sîn herze, sît er nu jungest von dir schiet.
Nu hœhe im sîn gemüete gegen dirre sumerzît:
vrô wirt er niemer, ê er an dînem arme sô rehte güetliche gelit."
165 MS. II, 161ᵇ, V (vergl. III, 682 ᵃ):
Mich dunket niht sô guotes noch sô lobesam,
sô diu liehte rôse unt diu minne mînes man (a. minnesam);
diu kleinen vogellîn singent in dem walde, dêst manigem herzen liep:
mir enkome mîn holder geselle, in' hân der sumerwunne niet.

Diese alte Strophe, in der vierten Zeile überladen, steht unter Alram von Gresten und unter Niune (Heidelb. Handschrift 357. Bl. 23 ᵇ), eben weil sie eine herrenlose ist.

166 MS. II, 71ᵃ, 1:
Ob in einem walde ein linde
trüege rôsen lieht gevar,
Der schœne und ir süezen winde
zierten al den walt vil gar:
Rehte alsam
diu vrouwe mîn
hât die tugende, der wîbes nam
muoz vil hôhe gêret sîn.

167 Welch rôse von ir drœben ist edel und wunnebœre,
swer die wolt versmæhen durch daz ir vater ein linde breit niht wœre,
der diuhte mich der witze in krankem ruome,
wan keiser und keiserinne den ist diu rôse ein edel werdiu bluome.
So etwa wird die Strophe bei S. Boisserée über die Beschreibung des Tempels des hl. Grals in dem Heldengedicht Titurel, Kap. III, München 1834, S. 84, zu lesen sein.

168 Ben. 452, 3 (MS. II, 112ᵃ, 5.): Daz tou an der wise den bluomen in ir ougen vellet. (MS. II, 122ᵇ, 1: von dem touwe — springent bluomen unde klê.)

169 Ben. 362, 3 (MS. III, 112ᵃ, 5):
Urloup nam der winder ab der wunneclîchen heide,
dâ die bluomen stênt gevar in liehter ougenweide,
begozzen mit des meien süezem touwe.
„Der het ich gerne ein krenzelîn, geselle," sprach ein vrouwe.
439, 2. (MS. II, 106ᵃ, 2):
Komen ist uns ein liehtiu ougenweide,
man siht der rôsen wunder ûf der heide;

die bluomen dringent durch daz gras.
Wie schöne ein wise getouwet was,
dâ mir mîn geselle zeinem kranze las.

436, 1: Maget, sô man reie,
sô sît gemant
alle,
daz wir dîn rôsenkrenzel
brechen,
soz tou dar an gevalle.

170 MS. II, 77ᵇ, 8 (v. Stamheim):
Wiste Engeldrût und Irmelîn,
daz wir ûf die heide
nâch bluomen wolten gân, sie liefen mit uns dar.
„Jâ, sagte ich'z in,“ sprach Güetelîn,
„si jâhen nähten beide,
wir solden disen sumer sîn in einer schar."

171 MS. II, 156ᵇ, 2 (Steimar):
Si was mir den winter lanc
vor versperret leider:
Nu nimt si ûf die heide ir ganc
in des meien kleider (in die Blumen?),
Dâ si bluomen z'einem kranze
brichet, den si zuo dem tanze
tragen wil:
dâ gekôse ich mit ir vil.

MS. III, 189ᵇ, 2:
Sam ein gast ich gangen was
für ein ouwen
durch ein wis(en) in ein gras,
dâ man violbluomen las,
rôsen schouwen.
Daz was eines morgens vruo.
si was eine:
dâ kam ich geslichen zuo,
vrâgen, waz diu liebe tuo,
diu süeze, reine.
si erschrikte sêre, glîch einem kinde (vergl. Walther 74, 29).
„vröuwelîn, nu waz tuot ir?“ si sprach: „ich binde
ze zier' ein rôsenkrenzel ûf mîn houbet."
vröuwelîn, nu günne et mir,
daz ich rôsen reiche dir

zuo dem kranz nâch mîner gir."
daz wart von der guoten mir erloubet.

Im Übrigen eines der gemeinsten Stücke unter Nitharts Namen.
¹⁷² Lachm. 75, 12 ff. (vergl. 39, 16) 119, 11 ff. Ländlicher MS. III,
236ᵃ, 1 (Nith.):

    Ez vrîte ein geiler getelinc
    umb eines törpers muomen.
    „Nu tuo' wir gemellchin dinc,
    unt gê wir in die bluomen
    Brechen rôsen z'einem kranz,
    die wir in dem meien tragen zuo dem tanz."

¹⁷³ Außer schon angeführten Stellen siehe unter Walther 112, 3 ff.
[= Pf. 8, 1]:

    Müeste ich noch geleben daz ich die rôsen
    mit der minneclîchen solde lesen,
    sô wold ich mich sô mit ir erkôsen,
    daz wir iemer friunde müesten wesen.
    wurde mir ein kus noch zeiner stunde
    von ir rôten munde,
    sô wær ich an fröiden wol genesen.

MS. I, 198ᵇ, 4 (Reinmar):

    ê ich danne von im scheide,
    sô mag ich (wol) sprechen: „gên wir brechen bluomen ûf der heide."

MS. II, 173ᵇ, 4 (Geltar):

    „ich wil mit im nâch rôsen rôt."

(Vergl. MS. III, 215ᵃ, 11: „wol dan mit mir nâch rôsen."
II, 116ᵇ, 3: wir suln beide nâch bluomen gân.)
II, 40ᵇ, 3 (unter Heinr. v. Velb., vergl. IV, 79. Anm. 1):

    Er sol tougen von bluomen swingen,
    ich wil umb ein niuwez krenzel mit im ringen.

Nüchterner ist die Verwendung des Bildes zum Gegensatz: MS. II, 318ᵇ, 2.
Konrad v. Würzburg:

    Im ist baz, danne ob er viol bræche.

(Vergl. I, 101ᵇ ob. 302ᵇ, 5.) MS. II, 148ᵃ, 4 (tugendh. Schreiber):

    waz vröude bluomen ze brechen dâ wære!

Sonst allegorischer Gebrauch von Kranz, Rosen brechen und Dorn: Walther
102, 33 ff. Nithart, Ben. 409, 7.)

¹⁷⁴ MS. I, 9ᵃ, 5:

    ich brach der rôsen niht, unt hâte ir doch gewalt.

¹⁷⁵ Heidelb. Handschrift 341. Zusammensein im Garten in der Erzählung
„der borte" [= Hagen, Ges. Abent. I, 464, V. 345 ff.]:

    Die boum begonden krachen.
    die rôsen sêre lachen,

Die voglîn von den sachen
begonden dœne machen,
Dô diu vrouwe nider seic
und der ritter nâch neic.
Von der rehten minne gruoz
wart dem ritter sorgen buoz,
Vil rôsen ûz dem grase gienc,
dô liep mit armen liep enphienc.
Dô daz spil ergangen was
dô lachten bluomen unde gras.

In derselben Handschrift Bl. 356ᵇ „daz redelin" von Johannes von Briberch [= Ges. Abent. III, 123, V. 445]:

Diu zît endûhte mich niht lanc:
vor mînen ôren was ein gesanc
Als kleine voglîn sungen
und tûsent rotten clungen;
Mîn ougen vuoren mir schiezen
als sie sæhen entspriezen
Rôte rôsen in dem touwe
in einer grüenen ouwe.

176 MS. I, 357ᵇ, 3 (Thuonrat Schenke von Landegge):

Wer kan trûren baz verswachen,
danne ir zartez rœselehtez lachen?

II, 72ᵃ, 3 (von Trostberî):

Rôsenrôt ist ir daz lachen
der vil lieben vrouwen mîn.

II, 30ᵃ (Winli): Sô der vogele kôsen
von den kalten rîfen swachet
unt diu heide bar der bluomen lît;
Dannoch sich ich rôsen,
wann ir rôtez mündel lachet
in der minne blüejen widerstrît.

I, 10ᵃ, 3 (Herzog Heinrich von Breslau):

swenne ich mîn vrouwe ane sibe
mir ist, wie'z allez rôsen trage.

(Vergl. Renner 10509.)

177 MS. III, 187ᵃ, 2:

Der trûten munde künnen rôsen giezen,
siht mans durch ir lachen lüsteclîche strôun,
des (wil) ich genieze(n),
dicke mich in herzen vröu(n)

âne dröun
in armen blanc beklîben.
(Der Text hat: strewe: frewe: drew, dick, III, 758ᵃ u.)
212ᵇ, 2: Wol möhte mich diu frouwe mîn gevröuwen,
gamillen bluomen ströuwen,
swenn sô ñeplich[e] lachen wil ir munt.
Ir schœne möhte ein lant gar wol geniezen ꝛc.
178 MS. I, 21ᵃ, 4 f.:
Bluomen, loup, klê, berg unt tal
unt des meien sumersüezin wunne,
Diu sint gegen dem rôsen val,
sô mîn vrouwe treit, diu liehte sunne
Erliechet in den ougen mîn, swann ich den rôsen schouwe,
der blüet ûz einem mündel rôt, sam die rôsen ûz des meien touwe.
Swer dâ rôsen ie gebrach,
der mac wol in hôchgemüete lôsen;
swaz ich rôsen ie gesach,
dâ gesach ich nie sô lôsen rôsen:
swaz man der brichet in dem tal, dâ sie die schœnen machet,
sâ zehant ir rôter munt einen tûsent stunt sô schœnen lachet.

179 Auf die Vorstellung vom Rosenlachen hat zuerst J. Grimm in den altdeutschen Wäldern I, 72 ff. aufmerksam gemacht, auch daselbst und in der Deutschen Mythologie 625 f. die meisten und wichtigsten Zeugnisse beigebracht.

180 „als hi lacht, dan sneuwt het rozen," aus Tuinman I, 306 in der Deutschen Mythologie 625. (vergl. Mone, altniederländ. Volkslit. 319.)

181 Fauriel II, 382: 'Ὅπου γελᾷ καὶ περνοῦνε τὰ ῥόδα τὴν ποδιά τῆς. Vergl. Teatro español anterior á Lope de Vega ꝛc. Hamb. 1832. p. 94:
Con todo tu querellar
cuanto hablas todo es rosas,
y dices tan buenas cosas
que huelgo de te escuchar.

Aus der Tragicomedia Triunfo del Invierno des Gil Vicente, eines portugiesischen Dichters am Anfang des 16ten Jahrhunderts, der eine geringe Anzahl seiner Schauspiele in spanischer Sprache schrieb.

182 F. Wolf in den Wiener Jahrbüchern Bd. 56. (1831) S. 257. Hoffmann, Verzeichniß der altdeutschen Handschriften der Hofbibliothek zu Wien, S. 149.

183 Altdeutsche Wälder I, 72 f.:
Ir seit ain ungeertes weib,
ir hasset manigen stolzen leib,
und geb auch ainen (euch ainem) schwachen;
wa sach man rosen lachen?

>   zwar das tet man an der stat,
>   da der schamler pat
>   ain schone kuniginne
>   umb ir werde minne,
>   die doch vil manigem was versagt,
>   der preis und ere hett pejagt; *
>   den schamler gewert ir do,
>   der minnet ouch (euch?) und wart so fro,
>   das er hupfen pegan.
>   das auch der rosenlachender man,
>   der lachet, das es voll rosen was,
>   perg und tal, laub und gras.

(Vergl. die Erzählung im Lieders. I, 537 ff.) Auch eine in „le blastange des fames," Jongl. p. Jubinal p. 82, angeführte Sage:

>   Nis l'emperere Constentin
>   Ot de sa fame tel hontage,
>   Qu'el se coucha par son outrage
>   Au nain de si laide figure,
>   C'on le trueve en mainte escripture;
>   Et sachiez que ce n'est pas fable.

[184] 3. Grimm stellt das Rosenlachen mit Freyas Goldweinen zusammen (altd. Wälder I, 73. Myth. 626). Freyr (althochdeutsch frô) und Freya (althochd. frouwa), Herr und Frau, in noch älterem Wortsinn aber: die Frohen, Freundlichen (D. Gramm. III, 335. D. Mythol. 135—37, 189—92), sind milde Frühlingsgötter (Sagenforsch. I, 99 f.); wenn nun Frouwa Gold weinte, den lichten Thau, konnte da nicht Frô Blumen lachen? Vergl. hieher noch Fischarts Geschichtklitt. Cap. 14. (p. m. 223) in der Schilderung des Kinderlebens: „weinet kein Gold, ließ Nacht und Tag werden." 2c. Blümleinmacher. Thiermann.)

[185] Geschichtklitt. Cap. 6. (p. m. 121). (Volksl. Nr. 23, Str. 1). Niederdeutsches Liederb. Nr. 39.

[186] (Volksl. Nr. 22. A.) Niederländisch in Thirsis Minnewit, Amsterdam 1752. III, 97. Oberdeutsche Spuren des Liedes s. in den Anmerkungen. Zu Str. 1 vergl. Buchan I, 23:

>   But will ye go to you greenwood side,
>   If ye canna' gang, I will cause you to ride.

Zu Str. 2. MS. II, 172ᵇ, 1. (Man. II, 118ᵇ, 2 und 208ᵇ, 3):

>   Sô slüege mich diu muoter min,
>   daz wære mir lihte zorn.

Das unsaubre Lied, unter Niuniu und wiederholt unter Kol von Niunzen, hat in seinem Versbau die volksmäßige Strophe gehäuft und so wohl auch den Inhalt eines alten Volksliedes vergröbert.

¹⁶⁷ Chans. 1538. Bl. 120:

> Allons allons gay, —
> mamye, ma mignonne,
> allons allons gay, —
> gayement vous et moy!

> Mon pere a faict faire ung chasteau,
> il nest pas grant, mais il est beau —
> et allons gay gayement, ma mignonne! —
> d'or et d'argent sont les carneaulx —
> et allons allons gay gayement ɔc.

> Et si a troys beaulx chenaulx, —
> et allons allons gay —
> et si a troys beaulx cheuaulx,
> le roy nen a point de si beaulx —
> et allons allons gay.

> Le roy nen a point de si beaulx,
> lung est gris laultre est moreau, —
> et allons allons gay —
> lung est gris, laultre est moreau,
> mais le petit est le plus beau —
> et allons allons gay.

> Mais le petit est le plus beau,
> se sera pour porter iouer —
> pour ma mignonne et pour moy —
> et allons allons gay.

> Se sera pour porter iouer
> pour ma miguonne et pour moy,
> girons iouer sur le muguet —
> et allons allons gay.

> Girons iouer sur le muguet
> et y ferons ung chappelet —
> et allons allons gay gayement —
> et y ferons ung chappelet
> pour ma mignonne et pour moy —
> et allons allons gay gayement.

Das Lied erinnert mit seiner glanzreichen Zurüstung an jenes deutsche von der Goldmühle, siehe oben S. 239.

¹⁶⁸ Meinert 227.

¹⁶⁹ Nur einmal äußert sich die mütterliche Sorge so fein, wie in Folgendem (MS. III, 230ᵇ, 7):

> Tohter, din gemüete
> hât sich gar verkêret, als diu heide mit der blüete.
> nu wünsch ich, daz der engel din (der) dîner êren büete.
>
> (Vergl. 232ᵇ, 2:
> daz gein disem meien
> sich din muot
> sô verkêren wil.)

190 Gubr. Str. 198:
> Dô hiez der wilde Hagene ziehen sô daz kint,
> ez beschein din sunne selten, noch daz ez der wint
> vil lützel an geruorte ꝛc.
> Inner zwelf jâren diu hêrliche meit
> wart unmâzen schœne; verre ez wart geseit ꝛc.

191 Nibel. 280:
> Nu gie diu minneclîche alsô der morgenrôt
> tuot ûz trüeben wolken ꝛc.

192 St. Dêw. 783 ff.:
sie was gar ir vater zart, er hete si in ein kamer verspart.
ûf si ne gienc kein liehtschîn niht, alsô uns daz buoch vergiht,
wan durch diu glesin venster în schein der tac ûf die künigîn.
mit vier und zweinzic juncvrowen guot was si zallen zîten wol behuot.
vier herzogen dar under die huoten ir zallen stunden.
ein pheller, der was rôt und wîz, den truogens obe der künigîn mit vlîz;
swenne si zuo dem tische wolte gân, sô muosten sie den pheller obe ir hân,
daz der wint noch der sunnen schîn niht ne möhte genâhen der künigîn.

193 Talvj, Volkslieder der Serben II, 201.

194 Hausmärchen II, 239—42. Vergl. MS. II, 93ᵃ, 4. (Tanhuser, nach einer halbscherzhaften Beschreibung der Schönheit seiner Liebsten):
> iu si der tanz erloubet,
> sô daz ir mîne vrouwen niht bestoubet.

Nibel. 554, 2 f.:
> den buhurt minneclîchen dô der helt geschiet,
> daz ungestoubet liezen diu vil schœnen kint.

MS. II, 122ᵃ, 3 (Nithart):
> Ich bin holt dem meien,
> dar inne sach ich reien
> Mîn liep under der linden schat;
> manic blat
> ir dâ was
> für der heizen sunne tac.

MS. II, 97ᵇ, 6 (Göli):
> vil starke gefriunde
> froun Elsen schatten bâren vor der sunne.

Lieberbuch der Hätzlerin S. 249, B. 127 ff. (der Monat August spricht):
>Mag ich nit schöner fraweu
>Gehaben in der auen,
>So pring ich si doch uf das wal
>In ain schatten, da si nit sal
>Werden von der sunnen prunst.

¹⁹⁶ Hausmärchen III, 228. (384, 18) 490, e. — Beschreibung eines von Regen, Wind und Sonne unberührten Wunderbrunnens in Hartmanns Iwein V. 568 ff.:
>Kalt unt vil reine
>Ist der selbe brunne:
>In rüeret regen noch sunne,
>Noch entrüebent in die winde,
>Des schirmet im ein linde,
>Daz nie man schœner gesach:
>Diu ist sin schate unt sin dach.
>Sie ist breit, hôch und alsô dic
>Daz regen noch der sunnen blic
>Niemer dar durch kumt.

(Vergl. Mabinog. I, 138ᵇ, 139ᵃ, 47.) Die Kraft des Jungbrunnens im Titurel Cap. 39. Str. 6015 erfährt:
>wer des zem meien niuzet
>des morgens ê daz in beschint diu sunne.

(Muf. I, 260.) Vom Brunnen bei Karnant, der ein zerbrochenes Schwert wieder ganz machen soll, im Parz. 254, 6 f.:
>du muost des urspringes hân,
>underm velse, ê in beschin der tac.

Auch andre Heil- und Zauberwasser müssen vor Sonnenaufgang geschöpft werden, Deutsche Mythol. 829. — Ähnliches von Pferden, die Ungemeines leisten sollen. Das Pferd, in dessen Verfolgung Dietrich von Bern verschwindet, ist sieben Jahre lang unter der Erde groß gezogen worden (W. Grimm, Heldensage 40.) Udv. d. Vis. IV, 32:
>I lede mig ud min Ganger graa,
>Vel syv Aar siden han Solen saae.
>Han Solen ej saa vel i syv Aar,
>Vel femten siden han Sadelen bar.
>I hente mig ind mit Glavind og Spyd,
>Vel atten Aar siden de vare ude.

Arwidsf. II, 19:
>Hesten står ij stallen,
>Och han er så spack,
>Ther kom aldrigh betzell wthi hans mun,
>Och aldrigh sadhel på back.
>Och thet var then litten hoffdrengh,

> Han springer på gånzarzens back,
> Så ridber han femton mijlor vegh,
> Thet var om en sommar dagh.

Vergl. ebendaf. II, 438, 6—8. Thiele, Danſke Folkeſagn IV, 30 unten.

[196] Frankfurter Liederbuch von 1584, Nr. 147. (= Volkslieder Nr. 24. Str. 4. 9. und die Anmerkung dazu. Sind es in der erſtern Strophe niederdeutſche Reime: blade — beladen? der Abendtanz im Texte der letztern paßt nicht zum Frühaufſtehn.)

[197]
> Bele Aliz matin leva,
> sun cors vesti e para,
> enz un verger s'en entra,
> cink flurettes y trova,
> un chapelet fet en a
>   de rose flurie;
> pur deu trahez vus en là.
> vus ki ne amez mie.

Als Thema einer lateiniſchen Predigt in einer Handſchrift des 13ten Jahrhunderts, Altd. Blätt. II, 143. Daß Aliz ſich zum Tanze ſchmücke, nimmt die Ausführung an: Cum dico bele Aliz, scitis quod tripudium primo ad vanitatem inventum est. Sed in tripudio tria sunt necessaria, ac. vox sonora, nexus brachiorum, strepitus pedum. (In „Li romans de la rose" von [Raoul de Houdanc? vatican. Handſchrift] werden bei einer Luſtpartie im Walde Lieder geſungen, deren Anfänge mitgetheilt ſind, darunter:

> Une dame sanz vilonie
> Qui ert suer au duc de Maience
> Haut et seri et cler commence
> Main se leva bele Aeliz
> Dormez ialous ge vos en pri
> Bian se para miex se vesti. desoz le raim
> Mignotement la voi venir cele que iaim —
> Et li gentiz quens de sanoie
> Chante ceste tote vne voie
> Main se leua bele Aeliz
> Mignotement la voi venir
> Bien se para miex se vesti. en mai
> Dormez ialous et ge menuoiserai —)

Ein anderes Lied, „la chançonete de la bele Marguerite," zeigt die Jungfrau zu Tanz und Spiel unter der Ulme gehend, und ſagt von ihr u. A.:

> En son chief ot chapel
>   de roses fres nouel,
> face ot freche colorée ꝛc.

(Görres, Volksl. Einl. LXI. Vergl. Roquefort I, 225.) [Vergl. J. Wolf, Über Raoul de Houdenc. Wien 1865. 4⁰. S. 4. 5. H.]

198 „Qui sui-je donc, regardez-moi et ne me doit-on bien amer". — „Je gart le bos que nus n'en port chapel de flors s'il n'aime." — „Tuit cil qui sont enamourez viengnent danssier, li autre non." — „Vos qui amez, traiez en çà, en là qui n'amez mie." — Sämmtlich bei dem himmlischen Feste der „Court de Paradis" angebracht, Méon III, 140—42.

199
    Hier au matin mi leuai,
    en notre jardin entrai,
    trois fleurs d'amour j'i trouai,
    une en prins, deux en laissai,
    a mon ami l'enuoirai,
    qui seran ioieux et gay.

Der entsprechende Refrain ist: Las ie n'irai plus, le n'irai pas iouer au bois. Orlando d. Lass. 3r Thl. schön. new. Teutsch. Lieder, München 1576, Nr. 22. Anfang eines andern Kranzliedchens in: Liber secundus suaviss. et jucundiss. harmoniar. Norib. 1568. Str. 8:

    En lombre dung buyssonet
    au matinet
    iay trouue belle amye,
    qui faisoit ung chappellet
    de si bon het,
    de luy dict: ma belle amye,
    dieu te benye!

Daß im 16ten Jahrhundert noch Lieder desselben Tons gangbar waren, wie die obigen aus dem 13ten, ist auch für die Untersuchungen über das Alter mancher deutschen Lieder nicht unerheblich.

200 Böhl, Floresta 302, Nr. 273:
    Del rosal vengo, mi madre,
    vengo del rosale.

    A riberas de aquel vado,
    viera estar rosal granado:
    vengo del rosale.

    A riberas de aquel rio,
    viero estar rosal florido:
    vengo del rosale.

    Viera estar rosal florido:
    cogi rosas con sospiro:
    vengo del rosale, madre,
    vengo del rosale.

Ebd. 29, Nr. 256: Miro á mi morena
    como en el jardin,
    va cogiendo la rama
    del blanco jazmin.

Ebendaselbst 303, Nr. 278:
>Cual es la niña
>que coge las flores
>si no tiene amores?

>Cogia la niña
>la rosa florida,
>el hortelanico
>prendas le pide,
>si no tiene amores.

Gemahnt an den weißblühenden Schwarzdorn.
201 Minstrelsy III, 56. (Cospatrick):
>It fell on a summer's afternoon,
>When a' our toilsome task was done,
>We cast the kevils us amang,
>To see which suld to the grenewood gang.

>O hon! alas, for I was youngest,
>And aye my weird it was the hardest!
>The kevil it on me did fa',
>Whilk was the cause of a' my woe.

>For to the grene-wood I maun gae,
>To pu' the red rose and the slae;
>To pu' the red rose and the thyme,
>To deck my mother's bour and mine.

>I hadna pu'd a flower but ane,
>When by there came a gallant hende 2c.

Vergl. Cromek 208:
>We coost the lotties us amang
>Wha wad to the greenwood gang,
>To pu' the lily but and the rose
>To strew witha' our sisters' bowers.

>I was joungest, my weer was hardest,
>And to the green-wood I bud (must) gae,
>There I met a handsome childe 2c.

Vergl. der angeführten Stelle des altenglischen Richard Löwenherz (Weber, Metr. Romanc. II, 149):
>Merye is in the tyme off May, 2c.
>Ladyes strowe here boures
>With rede roses, and lylye flowers.

(Chambers, Scott. Songs I, 174:
>My love he built me a bonnie bouir,
>and clad it a' wi' lilie flouir.)

Motherwell LXIX, 21.

202 Kinloch 202 ff.:

>The Duke o' Perth had three daughters,
>Elizabeth, Margaret, and fair Marie;
>And Elizabeth's to the greenwnd gane
>To pu' the rose and the fair lilie.
>
>But she hadna pu'd a rose. a rose,
>A double rose, but barely three,
>Whan up and started a London Lord,
>Wi' Loudon hose, and Loudon sheen.
>
>„Will ye be called a robber's wife?
>Or wil ye be stickit wi' my bloody knife?
>For pu'in the rose and the fair lilie?
>For pu'in them sae fair and free."
>
>„Before I'll be called a robber's wife,
>I'll rather be stickit wi' your bloody knife,
>For pu'in the rose and the fair lilie,
>For pu'in them sae fair and free."

Minstrelsy II, 191 ff. (Tamlane):

>O y forbid ye, maidens a',
>   That wear gowd on your hair,
>To come or gae by Carterhaugh
>   For young Tamlane is there.
>
>There's nane that gaes by Carterhaugh,
>   But maun leave him a wad
>Either good rings, or green mantles
>   Or else their maidenheid.
>
>Now, gowd rings ye may buy, maidens,
>   Green mantles ye may spin;
>But, gin ye lose your maidenheid,
>   Ye'll ne'er get that agen. ic.
>
>She hadna pu'd a red red rose
>   A rose but barely three;
>Till up and starts a wee wee man,
>   At Lady Janet's knee.
>
>Says „Why pu' ye the rose, Janet?
>   What gars ye break the tree?
>Or why come ye to Carterhaugh,
>   Withouten leave o' me?"

>Says „Carterhaug it is mine ain;
>My daddie gave it me,
>I'll come and gang to Carterhaugh,
>And ask nae leave o' thee."

>'He's ta'en her by the milk-white hand,
>Amang the leaves sae green;
>And what they did I cannot tell —
>The green leaves were between.

>He's ta'en her by the milk-white hand,
>Amang the roses red;
>And what they did I cannot say —
>She ne'er returned a maid.

203 Volkslieder der Wenden I, 27.

204 Frankfurter Liederbuch von 1584, Nr. 242. (Volksl. Nr. 111) Str. 5:
>„Sie wehret sich mit dem Rosenzweig,
>bis daß der Stiel zerbrach."

Der Rosenzweig deutet darauf, daß es ursprünglich auch ein Blumenbrechen war. Vergl. MS. II, 156, VII, 1 f. (Steinmar):
>Eine süeze selderin ꝛc.
>Eine dirne, diu nâch krûte
>gât, die hân ich z'einem trûte
>mir erkorn.

Nachher aber: Nu nimt si ûf die heide ir ganc,
>in des meien kleider,
>Dâ si bluomen z'einem kranze
>brichet, den sie zuo dem tanze
>tragen wil:
>dâ gekôse ich mit ir vil.

Die Behandlung des mißlichen Gegenstandes im Volksliede steht sehr im Vortheil gegen Hermanns von Sachsenheim ekelhafter Erzählung „von der Grasmetzen," Liederbuch der Hätzlerin 279 ff. (Vergl. ebendaselbst Einleitung XXVIII. Diut. II, 77 unten, f., Grundr. 341, XII, 2.)

205 Meinert 213 f.

206 (Herders) Volkslieder I, 109 f. Meinert 29 ff. Zarnack, Deutsche Volkslieder, Thl. II. (Berlin 1820) Vorrede S. VI—IX. In Wolfg. Schmelzels Quodlibet. Nürnberg 1544. Nr. 20 steht ein Liebesanfang:
>Es wolt ein magd zum (a. zu) danze gen ꝛc.

Bei Zarnack II, 15. beginnt das Lied:
>Es wollt' ein Mädel tanzen gehn,
>sucht Rosen ꝛc.

²⁰⁷ Ritſons anc. songs and ballads, Lond. 1829. II, 44:
„A mery ballet of the hathorne tre."
Anfang: It was a maide of my countrè,
As she came by a hatborne-tre,
As full of flowers as might be seen,
She merveï'd to se the tre so grene! —

Geſpräch mit der Linde in Sv. Folkvis. III, 115 f., 118 f., mit dem Leinbaum in Dainos 141, wo auch das Mädchen ſagt:
Denn ich habe zwei junge Brüder,
die trachten, dich umzuhauen.
(Vergl. ebendaſelbſt 227.) Doch nehmen dieſe Lieder andere Richtung.

²⁰⁸ Volkslieder der Wenden, I, 88.

²⁰⁹ Helmbr. V. 555 ff.:
lieber san, nu bouwe,
jâ wirt vil manic frouwe
von dem bouwe geschœnet.

²¹⁰ Jamieſon I, 30:
„O whare got ye that water, Annie,
That washes you sae white."
I got it in my mither's wambe,
Whare yell ne'er get the like.
For ye've been wash'd in Dunny's well,
And dried on Dunny's dyke;
And a' the water in the sea
Will never wash ye white."
(Vergl. Percy II, 258. Chambers, scott. ball. 274: dun, ſchwarzbraun.)

²¹¹ MS. 1, 64ᵇ, 1 (Graf Wernh. v. Honberg):
Wol mich hiute und iemer mê, ich sach ein wîp,
der ir munt von rœte bran, sam ein viur in zunder ꝛc.
an ir schœne hât got niht vergezzen:
ist ez reht, als ich ez bân gemezzen,
sô hât si einen rôten rôsen gezzen.
(Vergl. auch Liederſaal II, 426, 252 f.):
Sag mir, guot geselle, waz
für salzes hât der verzerret ꝛc.

²¹² Meinert 31. Auf einem Fl. Bl., Bern 1564, wird für ein geiſtliches Lied in derſelben Strophenart als Weiſe angegeben: „Wenn der boum sin loub verlürt, ꝛc." (vergl. Wunderh. III, 76. 138.) S. auch Geſchichtl. Cap. 8. p. m. 150.

²¹³ Méon 1V, 356, V. 47 ff.
Mais gien qui tort à vilenie,
Ne lor sofferrion-nos mie,
Qu'il nos covient trop bien garder
Que nus ne puist de nos gaber.

> Tant com li arbres est foilluz,
> Tant est amez et chier tenuz,
> Et quant la fueille en est cheue
> Molt a de sa beauté perdue.
> Ausi est de la meschine
> Qui de sa beauté se decline;
> Jà n'ert si halt enparentée,
> Ne soit en grant vilté tornée.

²¹⁴ MS. I, 98ᵇ, 4. f. oben S. 422. Vergl. Milon v. Sevel. I, 220ᵇ, 12: Ich sach boten des sumeres, daz wâren bluomen alsô rôt, weistu, schœne vrouwe, was dir ein riter en bôt? ꝛc. v. d. Hagen nimmt diese Stelle so: „Da kommen Boten des Sommers, rothe Blumen, und verkünden ihres Ritters heimlichen Gruß" ꝛc. (IV, 157ᵇ.) Daß die Rosen sprechen, ist aber allzu wenig angezeigt und das Ganze doch wohl Rede des Boten, wie bei demselben Dichter 1, 219ᵃ, 3.

²¹⁵ Aus einer Handschrift des 15ten Jahrhunderts in Fichards Frankfurt. Archiv III, 272:

> Es sten dri rosen in jenem dail
> Die rufent jungfrauw an:
> Got gesegen uch, schöne jungfrauw,
> Und nemment kein andern man.

(Vergl. die alte Str. MS. II, 161ᵇ, V.: — „uut diu minne mines man.")

²¹⁶ Vollsl. Nr. 150. Tapfer einschenken, so viel als: wohl einträuken. f. Anmerkung zu diesem Liede. — Bei Meinert 239 wird an den Federn der Nachtigall ersehen, ob der Liebste lebe oder nicht:

> Ay Nochtigal, Waldvegerlain,
> Derwais' mir dai waiss Foderlain!
> Wals' mir se waiß, wais' mir se ruoth!
> Lavt mai Liv ober ies har tuodt?
> „Dos lavt ni me, se honn's derschloen
> Sai Grob sol edle Rnose troen.

²¹⁷ᵃ Levn. I, 64. (Udv. d. Vis. I, 212, 11 ff.):

> „Hver en Gang Du glædes,
> Og i Din Hu er glad,
> Da er min Grav forinden
> Med rode Rosens Blad.
>
> Hver Gang Du Dig græmmer,
> Og i Din Hu er mod,
> Da er min Kiste forinden,
> Som fuld med levredt Blod."

²¹⁷ᵇ Heidelberger Handschrift 109. Bl. 105ᵇ. (Görres 182) am Schluß einer schamlosen Jägerballade, die aber sichtlich ältere Bruchstücke in sich aufgenommen hat. Vergl. Meinert 217.

²¹⁸ Volkslieder Nr. 114. Meinert 172 f. In Wolfg. Schmelzels Quodlibet. Nürnberg, 1544. Nr. 19 findet sich der Liebesanfang (Ten.):
Gut Henicka (B. Hanigka, A. Haynika) über die heiden (B. heyd, A. haide) außreit, wolt schiessen ein hole dauben (A. tauben). —
²¹⁹ Vergl. Deutsche Mythologie 648, 2.
²²⁰ Vergl. Meinert 172:
>Onn weht dar Weind glai noch so kuhl,
>Dos thut mich ju ni frise;
>Jes mir od eim ma'n Rautekranz,
>Onn ban ich thot verlise.

²²¹ In Obigem ist der ahnungsvoll Ausreitende für verrathen, das umirrende Mädchen für treubrüchig genommen, so schien es der angegebene Ton des Liedes zu verlangen. Meinert, S. 452, hält Jenen für den Verführer, das Mädchen für die Betrogene; dazu gab freilich die Überlieferung, wie sie ihm zugekommen, allen Anlaß; schon die Stelle vom Taubenschuß, wie sie hier erweitert ist, bahnt der veränderten Wendung den Weg:
>Ar schoß dar Tauv a Jaberlain aus
>Onn lus se wieder flige.
Das Straucheln des Pferdes ist dafür weggefallen. In dieser Wendung aber wird die Bitterkeit der Gekränkten zur rohen Schadenfreude des Schuldigen. (Zum Taubenschusse vergl. Frankfurter Liederbuch v. 1584, Nr. 147, Str. 5 f.) — Über das Zerspringen der Saiten vergl. oben Anmerkung 48, auch Frankfurter Liederbuch von 1584. Nr. 214. (Niederdeutsches Liederbuch Nr. 12):
>da hôrt es sein feins lieb lauten schlagen,
>die seiten waren ir zersprungen.
>Es trauwret so sehr, es trauwret so sehr,
>ie lenger ie mehr,
>von grund auß irem herzen.

Ebendaselbst: Und wenn ich dich eingelassen hett,
>das wer mir immer ein schand,
>wenn ander jungfrawen ein kränzlein tragen,
>ein schleierlein müßt ich haben.

²²² Die Winsbekin empfiehlt ihrer Tochter die Ausgleichung so (MS. I, 373ª, 4):
>Trût kint, du solt sin hôch gemuot,
>unt dar under in zühten leben,
>Sô wirt dîn lop dir werden guot,
>unt stât dîn rôsenkranz dir eben.

²²³ Walther von der Vogelweide nimmt die Lilie bei der Rose als Bild sittiger Fröhlichkeit der Frauen (Lachm. 43, 31 f. [= Pf. 16, 19]):
>kan si mit zühten sin gemeit,
>sô stêt din lilje wol der rôsen bî.

Beim Tanhuser schon ein Ansatz, in der Rose das liebentbrannte Herz zu versinnbildlichen (MS. II, 83ᵇ, 18 f.):

> Der nie herzeleit gewan,
> der gê mit vröudeu disen tanz;
> ob im sîn herz[e] von minne enbran,
> der sol von rôsen einen kranz
> Tragen, der gît hôch gemüete,
> ob sîn herze vröude gert ıc.

²²⁴ Vergl. J. Grimm in den altdeutschen Wäldern I, 133.
²²⁵ Liedersaal I, 153 ff. [die Handschrift von 1371]. Dasselbe mit abweichenden Lesarten im Liederb. der Häßl. 168 ff., Nr. 21: „Von aszlegung der sechs varb" (vergl. Einleit. XLVI f.); als Gewährsmann dieser Farbendeutung nennt der Dichter hier den Grafen Werner von Werdenberg („von Werdenberg graaf Wernher," V. 20—21), statt dessen steht anderswo: „der here vrigrabe Wyrner van Wirtenberck" (Grundr. 318 f.), in einer älteren (Straßburger) Handschrift aber: „der werde grave Wernher von Honberg" (MS. IV, 95ᵃ); die andern Namen sind wohl nur aus diesem Beiwort „der werde" entstanden (Anzeig. 1838, Sp. 496, 38: „von den 7 Farben."). — Ein kürzeres Gedicht im Liederbuch d. Häßl. 165 f., Nr. 19: „Von allerley varben" fügt noch Braun und Grau hinzu und bemüht sich, die acht Farben nicht bloß einfach, sondern auch paarweise zusammengestellt auszudeuten. Vergl. auch das meistersängerische Lied im Deutschen Museum 1776, S. 1026 ff. [Vergl. ferner Zingerle, zur Farbensymbolik in der Germania VIII, 497 ff. IX, 455 f. Pf.]

²²⁶ Liederbuch d. Häßl. 166 ff., Nr. 20: „Von der grönen varbe." (Liederf. II, 210, V. 52: „Ir claider grün reht als der walt.")

²²⁷ Liederf. III, 579 ff. Frankf. Arch. III, 297 ff., LXIII, daselbst S. 314:

> Dennoch so ist mir das herze bla.

Vergl. Liederf. I, 215, 143 f.:

> Wer ainer inwendig aller blau ·
> Von rechter stât ıc.

Ebendaselbst II, 178, 36:

> Da wolt min herz ie tragen bla.

II, 183, 210: Ain zorn ist swarz, ain stäti bla.
(Liederf. I, 147, 759—63. III, 84 f.) Ein Gespräch der in Blau gekleideten Stätigkeit mit der Minne, Frau Venus, die erst in gemengter, sechsfarbiger Kleidung erscheint, zuletzt aber diese abzieht und die rothe vorkehrt, ebendaselbst III, 57 ff.: „der widertail."

²²⁸ Liederbuch der Häßl. 88 ff.: Nr. 119. Das Vorwort in Prosa sagt: „Zwû junkfrawen kamen ze samen, Aine trůg rot an und was frölich mit singen von lieb und trüu, diu ander trůg graw an, und wand trauriclich ir hend von lieb, und fraget ie aine die andern, was si ôbet. Die rot sprach" ıc. Am Schlusse: „Nun rat, welche recht hab!"

²²⁹ Frankf. Liederbuch B. 1584, Nr. 57. Str. 1:
>
> Nach grüner farbe mein herze verlangt,
> da ich im elend was
> Das ist der liebe ein anfang,
> reht so das grüne gras
> Entsprossen auß des meiens schein
> mit so manchen blümlein klar,
> des hat sich ein junkfrauw fein,
> gebildet in das herze mein,
> zu diesem neuwen jare.

Von Grau sagt Str. 5:
>
> Grauwe farbe bringt mir pein
> mit seufzen und auch mit klagen,
> Also ich ein trüblichen schein
> in meinem herzen truge. ꝛc.

(Anders im Lieberbuch b. Hätzl. 166:
>
> Graw bedeutet minne güt,
> Dabi adel und hochen müt ꝛc.)

Str. 7: Schwarze farbe mich erschreckt.
>
> es muß ein scheiden sein,
> All mein freude hat sich bedeckt
> under irem finstern schein ꝛc.

(Frankf. Liederbuch von 1584, Nr. 194. Str. 3:
>
> Ich führ rot, weiß, gelb, braun mit fleiß ꝛc.)

²³⁰ Frankfurt. Archiv III, 288.

²³¹ Lieberbuch b. Hätzl. 168, B. 105 ff.:
>
> Wer im grön hat uszerwelt,
> Der hat zum meien sich geselt (l. gezelt)
> Und hat fräd angefangen.

Vergl. auch Chants histor. I, 406:
>
> Qu'en ce printemps et novelle saison
> Les Vers Manteaulx en feront la raison.

²³² Chans. 1538 Bl. 56ᵇ:
>
> Las ou sont les liurees que nous soulions porter
> Le iaune mest contraire, le gris me fault laisser
> Cest vng destriment lequel my griefue tant (?)
> Pour toute recompense le noir my fault porter.
> Ma dame saincte barbe vueillez moy secourir
> Et my donnez la grace que ien puisse iouir
> Si mes amours sont faulces ie les changeray bien
> Nous en ferons bien dautres ce moys de may qui vient.

[233] Cod. germ. Monac. 810. Bl. 153ᵇ:
   Trauren var hin mit schalle
   und du scholt urlaub han!
   dir zu wolgefallen
   so wil ich prauen tragen (tragen praun?)
   praun wedent verschwigen
   und ich weis anders nit,
   mein traurn muss ich sweigen,
   das (l. des) hab ich mich verphlicht.

Vergl. Bergkreyen Nr. 22, Str. 4:
   Graw engelisch wil ich mich kleiden,
   braun gibt mir ein gûten rat,
   gegen einer schônen junkfrawen,
   ich dienet ir frû und spat ıc.

[234] Cod. germ. Monac. 379. Nr. 87, Str. 3:
   Ach auszerwelte gilgen zart
   wie leit mein frôd so gar an dir
   In fe lel bla b ich stet dein wart
   und ist kein abelon an mir.

[235] Liederbuch b. Hätl. 82, Nr. 109, Str. 1. (vergl. 79ᵃ, 2.)

[236] Frankfurt. Archiv III, 289:
   Der uns das liedelin nuwes gesang,
   Das hat gethon ein hofeman,
   Er hats gar wol gesungen.

[237] Vergl. Roquefort, de l'état ıc. p. 186: „Un amant désespéré se présentoit dans la lice: le gonfalon et l'écharpe, mêlés de rouge et de violet, annonçoient le trouble de son coeur. Si, après la victoire, la dame de ses pensées étoit décidée à mettre fin à ses tourments elle paroissoit le lendemain avec le vert de l'épine blanche, liée de rubans incarnat, qui signifioient l'espérance en amour. La cotte d'armes d'un gris roussâtre, indiquoit le chevalier que la gloire des armes éloignoit de plus doux combats. Le jaune, uni au vert et au violet, témoignoit qu'on avoit obtenu les faveurs de sa belle et ne devoit jamais se rencontrer chez le guerrier modeste." Freilich ohne Angabe der Quellen und der Zeit. In einem Liede des Cod. germ. Monac. 379, Nr. 36 ist auch Schwarz die Farbe der Verschwiegenheit, Str. 1:
   Mein herz das ist umbgeben ganz
   mit swarz und auch in eitel gût.
   Ich hoff, mir werd noch heut ein kranz
   geferbet schwarz von wolgemût,
   den ich den klafferen trag zû neid,
   wann wolgemût tût irem herzen we,

herz můſt gedenk darnach
das es den klaffern ubel gee.

Str. 8: Alzeit wil ich verschwigen sein,
Darumb hab ich mir swarz erwelt;
auf erd der liebste geselle mein
trait swarz und nichts darzů geselt.
Ich hoff, er sweig in gutem sinn
in eitel swarz gen mir allain,
das kain schalk darvon freud gewinn
wan ichs alzeit mit eren main.

Der Refrain lautet:
Dar umb ein ieder geselle gůt
sol tragen schwarz bisz auf das lest,
Ob im ein fraw frewd machen tůt,
so schweig dar zů, das ist das best.

Bergl. St. Palaye I, 156 f., Rot. 62. 161, Rot. 67.

239 Frankf. Archiv III, 255 ff. „Eyn suberlich lytlin von dem meyen":
Min herz freu[we]t sich gein diesem mei[en],
Der bringt uns blůmlin mancherlei[hen],
Rot wisz swarz und bla;
Sol ich min bulen nit sehen, so musz ich werden gra.

Der blůmelin der het ich mir eins uzerwelt,
Zu dem het sich min herz steticlichen gesellt,
Ich gedacht in minem mut,
Ich hoff, es si vor nesselkrut behůt. ꝛc.

Wolt ir wiszen, was mir das liebste si?
Der blawen farw der won ich gerne bi,
Blau betütet stet;
Din kůler wint hat mir den weg verwet.

Das rote blůmlin das brinnet in der lieb,
Kein solliches blůmlin gewan ich werlich nie,
Da ichs zum ersten fand,
Do ich mich dienst gein der liebsten underwand.

Das wisz blůmlin das wartet uf gnad;
Wolt got, wer ich bi der allerliebsten da!
Kein wechsel wolt ich nit triben,
Ich wolt bi minem wiszen blůmlin bliben.

Das swarz blůmlin das bringet mir die klag;
Wann ich der allerliebsten nit enhab
Und ich mich von ir scheid,
So truret min herz und fůrt grosz heimlich leit.

Got behût mir min blûmlin für diesem falschen wind,
Wann ich es such und ich es wieder find,
Wo ichs gelan han:
Blib stet, ich blib dir underton.

Vil guter jar und ein gut selige nacht
Wünsch ich der liebsten, die mir das blûmlin gab (l. vlaht).
Für freuden macht si mich alt,
Es ist ein hübsches freuwelin, das hat mins lib gewalt.

239 Liederbuch des Grafen Hugo von Montfort, Heidelb. Pergam.-Handschrift 329. Nr. 15 (im Anfangsbuchstaben eine Frauengestalt, einen grünen Kranz in der Hand tragend):

Mir kam ain gsell am maientag
Und bracht mir luft von orient
Mit botschaft lieb, das ich euch sag,
Die red die ist mit lust benent.

Vil sach die vacht mit grûnen an,
Damit die welt sich neren tût,
Der mai mit fröden auf den plân,
Da von so habent hohen mût, ıc.

Meng blûmli röt und blâ in blâw
Gar liepleich sind entsprungen,
Dabei so vindt man ital grâw,
Grûn ist darin gedrungen.

Blûmli gel brun unde weiß
Gar liepleich sind entsprossen,
Der mai mit allem seinem fleiß
Mit tawe sind si begossen.

Meng blatt gekrispelt und gebogen,
Hin und her gezindelt.
Auf mengem holz gar unversmogen,
Etleichs ist gewindelt ıc.

Ir mündli röt für blûmenschein
Ist liepleich anzesehen,
Ir zenli weiss und dabi vein
Die sicht man auszher brehen.

Ir brœwli brawn bi augen clar
Mit scharpfen lieben blikken:
Der selben blâmen nem ich war,
Die kunnent herzen strikken.

> Ir hâr ist gel fûr blûmen schein,
> Blaw stæt in irem herzen,
> Grûn ist si gesund und ltal vein,
> Das kan wol wenden smerzen ꝛc.

240 Volkslieder Nr. 53 (vergl. auch Hägl. 53ᵃ, 4. Frankf. Archiv III, 219 f.).

241 P. Etterlins eidgenöſſ. Chronik, Basel 1507. Bl. XXXIXᵇ (zum J. 1350): „der houptman graf Hans von Hapspurg, der viel über die muren uß in der statt graben, darinnen ward er ergriffen und gefangen, und leit man in in den Wellenberg, da lag er inn dri jar gefangen und macht das liedli: „Ich weiß ein blouwes blůmelin etc." Crusii Annal. Suev. dodec. tert. (Francof. 1596) p. 260 (ad ann. 1352): — „Joan. Habspurgius absque precio dimissus est. Detentus fuerat is duos annos et sex menses in turri Wellenberg: in qua fecerat cantionem: Ich weiß ein blauwes blůmelein." Ägid. Tschudi, Chronicon Helvetic. I, 386. (Vergl. Lieders. II, 318 u. f.)

242 Vergl. Anzeig. 1836. Sp. 334 u., f.

243 Cod. germ. Monac. 810, Bl. 153ᵃ:

> Der mei mit seinem schalle
> erfreuet manchs gemůet,
> ein plůmlein ob in allen
> das stet in hocher plůt:
> veiel ist es genennet,
> das mich erfreuen thut.
> wo lieb in lieb erkennet,
> so wirt es nit zutrennet,
> wan es stet wol behut.

(In der nächsten Strophe folgt Wolgemut.)

244 Frankfurt. Archiv III, 219 f.:

> Der meie ist mir engangen hüre,
> In die erne stet das herze min —
> Zu dir, min zartes freuwelin!
> Verlangen zwinget sicher mich,
> Durch alle din gůte gib mir zu stüre
> Mit steter freude ein krenzelin,
> Ein blumelin bla in liebtem schin ꝛc.

(Anders Altd. Wälder I, 148, 12. Vergl. auch ebendaselbſt 158: geſellſchaft blůmel). Vergl. MS. I, 204ᵇ.

245 über abſchaben im Sinne von: ſchmählich abziehen, ſich fortſcheeren, früher: „ûz schaben, sinen wec schaben" ꝛc. ſ. J. Grimm, Reinh. F. 283. Hievon iſt ſchabab Imperativform (zur Recenſ. der D. Gramm. 40), ſchon im 14ten Jahrhundert vorkommend, Lieders. II, 198, V. 310 ff:

Si ist von mir geschlichen,
Daz si mir kain antwurt gab,
Des bin ich laider schabab
In ir herzen worden.

Aus dem 15ten Jahrhundert im Liederbuch d. Hätzl. 78ᵇ, 25: „Wolhin, wolhin, ich bin schabab." 241, 231. Häufig im 16ten Jahrhundert, z. B. in einem Liederdrucke von 1535, Misc. II, 253: „bin ich schabab." Frankfurter Liederbuch von 1582 u. 94, Nr. 92, Liebesanfang: „Ich bin schabab" ꝛc. Belege des Blumennamens s. in der folgenden Anmerkung. Über diesen sonst Stalder II, 305: „Schabab n. — Adonis autumnalis Linn." Schmeller III, 305: „(schab ab) als Nomen ꝛc. Nach Abent. Chr. s. 54 Achillestraut, nach Baur im O. L. die Euphrasia officinalis L., bei deren Blüthe es mit dem Sommer schon schabab zu gehen pflegt, anderwärts Adonis autumnalis L."

²⁴⁶ Auch ohne das Blümlein wird mit diesen Worten gemahnt, Liederbuch d. Hätzl. 52ᵃ:

Gesegen dich got, lieb fräwlin zart!
Ich schaid von dir und lasz dich hie,
Vergisz mein nit, es leit mir hart ꝛc.

Oder ohne ausgesprochene Beziehung auf dasselbe, Cod. germ. Monac. 810. Bl. 138ᵇ (darunter die Jahrzahl LXVII, d. h. 1467):

Mein augentrost das tu gar pald,
das ich nicht wer trostes an ꝛc.
Vergisz mein nit
des ich dich pit
ich pleib der dein recht wie du wilt.

²⁴⁷ Vergl. Oken III, 999: „wurde früher als Augenmittel gerühmt, jetzt aber vergessen."

²⁴⁸ Belegstellen für derartigen Gebrauch solcher Blumennamen: Spruchgedicht im Lieberb. der Hätzl. 244, W. 77 ff.:

Ich vand auch da in liechtem schein
Vergisz mein nit das plümelein,
Des varb ie schaint in stâtikait.

Cod. germ. Monac. 379, Nr. 44. Str. 4:

Bis trew und stet mein hochster hort,
so solt du allzeit frölich sein,
und ha(l)t mit stet die lieben wort,
die dich ermant ein blümlin klain
In grünem schein bei Wol gemût,
Darumb, geselle, haltz in hût,
Das uns nicht (noch?) frewden bringen kan.

Cod. germ. Monac. 810, Bl. 138ᵇ. Str. 3:

Mein Augentrost, das tu gar pald,
das ich nicht wer(e) trostes an

die sind(?) die sind so manigfalt,
die ich nach deiner lib hab (l. liebe han).
Vergiz mein nit,
des ich dich pit,
ich pleib der dein recht wie du willt.

Volksl. Nr. 58. Str. 3:
Ein blůmlein auf der heiden,
mit namen Wolgemut,
laß uns der lieb gott wachsen,
ist uns für trauren gut,
Vergiß mein nit stet auch darbei.
grůß mir sie gott im herzen,
die mir die liebste sei.

Volksl. Nr. 57. Str. 3—5:
ein blůmlin stet im garten,
das heißt Vergiß nicht mein,
das edle kraut Wegwarten
macht guten augenschein.

Ein kraut wechst in der awen,
mit namen Wolgemut,
liebt ser den schönen frawen,
darzu holunderblut ꝛc.

Das kraut ie lenger ie lieber
an manchem ende blůt,
bringt oft ein heimlich fieber
wer sich nicht dafür hůt;
ich hab es wol vernomen
was dieses kraut vermag;
doch kan man dem vorkomen,
wer Maßlieb braucht al tag.

Vergl. ME. II, 168ᵇ u. (Friderich der Knecht):
Wie sie hieze, des vrâgte ich.
dô jach si balde schône,
si seite: „Sô ie lenger sô ie lieber." got ir lône!
alsô hât si mir genennet sich.
  Ê daz si anders iemen lieber wære,
danne mir,
sanfter wære ich tôt;
Ich hân sus die herzelange swære
vil von ir
unt der senden nôt.
Ich bin ir ie lenger sô ie leider vor genennet ꝛc.

MS. II, 119ᵇ, 5 (Nithart):
    le lenger und ie lieber ist sie mir din wolgetâne:
    ie leider und ie leider bin ich ir, daz ist min leit.
Lieberh. b. Hähl. 76, B. 43 f.:
    Schick mir' se fräden palde
    Ain Wegweis plûmelein.
Ebendaselbst 86ª, B. 15 ff.
    Daran solt du gedenken.
    Das nit werd abgemät
    Die Augelwaid meins herzen,
    Die mir gewachsen ist.
Ebendaselbst 86ᵇ, V. 17 ff.
    Du singst von Augelwaide,
    Die dir gewachsen sei
    uf ainer grönen haide,
    Da süch dein fräde bei.
Ebendaselbst 244 f. (Spruchgedicht), B. 80 ff.:
    Verschwunden was all mein laid,
    Wann ich sach plûen Augentrost;
    Das edel plûmlin gar erlost
    Mein herz von allem ungemach;
    Aber selten ich das sach,
    Des merern tails was es verporgen.
    Doch schied mich gar von sorgen
    Das werd kraut Denk an mich,
    Das kraut liess allzeit vinden sich;
    Nit halbs ich dirs gesagen knu,
    Wann hocher lust lag daran.
    Chain reif, noch schnee ward so kalt,
    Es grünt allzeit in der gestalt,
    Als in des liechten maien plût.
B. 101 ff.: da Wolgemût in eren plût,
    Das ist nun alles Wermût;
    und da ich Vergiss mein nit vand,
    Das hat nun nesselkraut verprant
    (vergl. Frankf. Archiv III, 256),
    und musz anen mich der frucht.
    Gedenk an mich machet ûecht
    Der fräd von meinem herzen.
Aus einem Liede bei P. v. d. Aelst, 1602, S. 103, auch auf einem Fl. Bl. derselben Zeit, nach Je länger je lieber und Wohlgemuth, Str. 3 ff:
    Ich kenn ein kraut, heist Augentrost,
    hat manches herzenlieb erlost,

for trawren gut, mach frewd und mut,
die liebe thut
alle ding uberwinden.

So wächst ein kraut, heist Tag und nacht,
manchem herzenlieb frewden macht,
die liebe mag, des [durchs] kläffers sag,
nacht oder tag
mit nichten zstöret (a. zerst.) werden.

Auch heist ein kraut Vergiß mein nit,
in deinen trewen ich dich bit,
die liebe dein, getrew und fein,
im herzen mein
bleibt allzeit unvergessen.

Befilch ich dir mit höchstem fleiß
das edle kraut, heist Ehrenpreiß,
ich lob dich wol, wie ich dan sol,
bist tugend vol,
ich preise dich mit frewden.

Str. 9: Herzlieb, nun hab also fur gut,
brich nicht von mir dein trewen mut,
gedenk der art, der blümen zart,
die gott bewart,
der helf uns beid (a. auch) zusamen!

Bicinia zc. Viteb. 1545. T. I. XCII:

Der mai trit rhein mit freuden,
hin fert der winter kalt,
Die blümlein auf der heiden
blüen gar manigfalt.

Ein edels röslein zarte,
von roter farben schön,
Blüet in meins herzen garte,
für all blümlein ichs krön.

Es ist mein Wolgemute,
das schöne röslein rot,
Erfrischt mir sinn und mute,
errett aus aller not.

Es ist mein Ehrenbreis,
darzu mein Augentrost,
Gemacht mit allem vleiße,
vom tod hats mich erlost. ic. ic.

>   Ach röslin', bis mein Wegwart
>   (freundlichen ich dich bit),
>   Mein Holderstock zu aller fart,
>   darzu vergiß mein ni(ch)t.

(Von der Wegwart wird späterhin in andrer Verbindung die Rede sein.)
Volkslieder Nr. 54. Str. 2:

>   Das blůmli, das ich meine,
>   ist brun, stat auf dem ried,
>   von art so ist es kleine,
>   es heißt nun Hab mich lieb ꝛc.

    Str. 4:
>   Weiß mir ein blůmli weiße,
>   stat mir in grůnem gras,
>   gewachsen mit ganzem fleiße,
>   das heißt nun gar Schabab.
>   dasselbig můß ich tragen
>   wol disen summer lang,
>   vil lieber wölt ich haben
>   meins bůlls armumbfang.

Frankfurter Liederbuch von 1584, Nr. 101, Str. 2:

>   Ich weiß ein kraut, das heißt Schabab,
>   krenkt mir das jung frisch herz im leib,
>   Es wer kein wunder daß ich werd grauw,
>   all mein hoffnung, die ich zu ir hab.
>   Und daß sies nit erkennen wil,
>   mein trawriges herz leid großen schmerz,
>   das ist kein scherz:
>   ich förcht, es ist mein endes ziel. (Vergl. Görr. 86.)

Miscell. I, 283, nach einem Drucke von 1601:

>   Kein andern dank kriegt ich davon,
>   Leer stroh hab ich gedroschen,
>   Schabab, ein körbel ist mein lohn,
>   Die lieb ist ausgeloschen.

249 Das erzählende Gedicht im Liederbuch der Häßlerin 243, Nr. 59: „Von ainem wurtzgarten," worin diese Weise bereits fest steht, kann zwar schon im 14ten Jahrhundert verfaßt sein, kommt aber doch nur in Handschriften des 15ten vor (s. Einleit. LVI f., zu Nr. LIX); in dem: „Von manigerlai plůmlein," ebendaselbst 162, Nr. 17, ist nur erst Wolgemůt als sprechender Name gebraucht, die übrigen Blumen (die gelbe Tormentillo, vergl. Oken III, 2011, die rothe Betön, Betonica, ebendaselbst 1061 f., vergl. MS. III, 193 ᵇ, 2. Nith.) noch im Sinne der Farbenlehre, die blaue als Zeichen der Stätigkeit, aber unbenannt; dieses letztere Gedicht steht in der Regensburger Handschrift aus dem 16ten Jahrhundert unmittelbar nach dem von den Farben (der Schluß

etwas verſchieden, Anzeiger 1838, Sp. 496), welches gleichfalls im Liederbuch
der Hätzlerin 168, Nr. 21, aber auch ſchon in Handſchriften des 14ten Jahrhunderts (Lieberſ. I, 153, um 1371; vergl. Einleit. zum Liederbuch der Hätzlerin LV, zu Nr. XXI) ſich vorfindet.
    250 Bergkreyen Nr. 15 (P. v. b. Aelſt S. 116) Str. 2:

> Das red ich bei meim eide,
> sie sol mir die liebste sein.
> Ein blůmlein auf der heiden
> das heißt Vergiß nicht mein.
> Ein kranz sol sie mir machen
> auß rechtem Wolgemůt,
> Den solt du machen eben,
> der liebe got wöl (a. sol) dein pflegen,
> so bist du fein (a. bistu sein) wol behůt.

(Schluß des Liedes: der rei sei dir gesungen,
> hůt dich vor falschen zungen,
> darbei vergiß nicht mein!)

P. v. b. Aelſt S. 110 Str. 4 f.:
> Wie schön sten geformieret
> die blůmlein auf dem feld,
> mit irer farb gezieret,
> darauß ich mir erwelt,
> feins lieb, zwei blůmlein kleine,
> eins heißt Vergiß nicht mein,
> das ander daß ich meine,
> le lenger ie lieber zeun(?).

> Tu mir der blůmlein brechen
> zu einem kränzelein,
> dein trew tu mir versprechen,
> mein zartes jungfräwlein ꝛc.

Liederbuch der Hätzlerin 162. B. 52 ff.:
> Si sprach: gesell, wilt du von mir
> Haben ain krenzlin von Wolgemůt?
> Das ist für sendes trauren gůt.

(Vergl. Altdeutſche Wälder I, 153, 25: „und machent die frauwen gerne ſchep-
pele darvon.")
    251 Liederbuch der Hätzlerin 14 ff. Nr. 13, ein künſtlicheres Graslied (B.
116: „die graserin"), daraus B. 49 ff.:
> Da stůnd ich in der awe,
> Die plůmen wurden feůcht
> Von dem vil süssen tawe.
> Darnach der tag her leůcht ꝛc.

V. 71 ff.: Mein bitten
Was, das si mir ain kranz
Von Habmichlieb solt machen
Und auch von Wolgemût ıc.

V. 81 ff.: Si sprach: ich bin her chomen
Gar kaum mit grosser eil,
Nimm hin von disen plûmen
Ain kranz, den trag die weil,
Von triû und unvergessen.
Ich hab diern recht gemessen,
Besessen
Word ich erst recht mit stät.
Darzû lasz dich nit mûen
Oder auch wesen laid,
Gar schier so werden plüen
Die andern plûmlach baid.
So will ich nit emperen,
Ich will nach deim begeren
Dich gweren,
Und wärs den claffern laid.

²⁵² Liederbuch der Hätzlerin 171 ff., Nr. 22: „Was allerlei pletter bedeüten" (vergl. Einleitung LV). Altdeutsche Wälder I, 144 ff.: „von der baume bletter," auch aus einer Handschrift des 15ten Jahrhunderts. Beide Aufzeichnungen stimmen vornherein zusammen, weiterhin dienen sie einander gegenseitig zur Ergänzung; von den namhaften Blumen der Lieder sind folgende gedeutet: Vergißmeinnicht, Augenweide, Gemuth (Wohlgemuth), Wegweis; die letzte so (Hätzlerin 173.): „Wegweis. Wer wegweis plûmen tregt von im selber, bedeütet, das er nit uf den weg chomen kan, der seinem liebsten gevell'g sei, und doch begert, das er den geweiset werd. Wem es aber gepoten wird von seinem liebsten, bedeütet, si wöll sich sein underwinden, mit ganzen trüen und mit aller gerechtigkait ze weisen und das pest ze lernen. Wann die plûm sich alle zeit zu dem pesten chert gegen der sunnen. Ob si wol ettwenn mer darumb leidet, doch tröst si sich, das si nit dann gerechtikait mainet." Altdeutsche Wälder I, 152: „wer wegeweiß blumen dreigt, der begert, das er gewist werde uf alle dogent, die sime liebsten gefellig sine. Weme iß aber gepoten wird von sime liebsten, der sal bedenken, daß er si uf deme rechten weg und sich durch keinerlei laß abwisen und sin herze, sine sinne und sin gemude gegen sime liebsten mit ganzem willen kere, also auch die wegeweise sich allezeit keret gegen der sonnen." (Nach J. Grimm ebendaselbst: „cichorium silvestre, solsequium, Welbröselchen, Wegweis, Sonnenwirbel." Vergl. 135.) — Über altfranzösische Blumendeutung s. Roquefort, de l'état ıc. 186 f., wieder ohne Angabe der Quellen (vergl. Altd. Wälder I, 136 f. 155, Anm. 73. 158, Anm. 84).

²⁵³ MS. III, 263ᵃ, 2:
  dô Diem unt Heime zarten
  die bluomen ûz dem garten.
Vergl. III, 226ᵇ, 5:
  dô vinden wir des grüenen in dem garten.
²⁵⁴ MS. I, 15ᵇ, 1 f. (Herzog Joh. v. Brabant): „ein schœnz boungartegin." II, 279ᵇ, 2 (Hadloup):
  Ez ist ougen wunne hort,
  sô man schœne vrouwen sament
  in dien boungarten siht gân ꝛc. (Ettm. 44.)
Horæ belg. II, 171, Str. 5 f.
²⁵⁵ Über die Rosengärten f. Mone, Unterfuch. z. Gesch. der t. Heldens. S. 44 f. Ebenderselbe im Anzeiger 1836, Sp. 50—52. W. Grimm, der Roseng. LXXV—VIII. — Ein Rosengarten zu Osnabrück, 1525, bei Soltau 295. Prätor. Rübez. 519. Zu Rostock: „Säven Linden up den Rosengahrden," Anzeiger 1832. Sp. 293.
²⁵⁶ Rosengarten, Ausgabe von W. Grimm, V. 165 ff.:
  sie heget einen anger mit rôsen wol bekleit,
  der ist einer mîle lang und einer halben breit.
  dar umme gêt ein mûre, daz ist ein borte fîn:
  trutz al allen fürsten, daz ir einer kume drîn.
²⁵⁷ W. Grimm, Roseng. LXXVII. Hiezu aus dem Liede von der Lüneburger Fehde, 1371, (Wolff 370 aus Leibnit. Script. rer. br. III, 185):
  Gy Heren weset alle fro,
  Gy siut in dem roseugarden.
Lat. Lex. s. v. rosa: in rosis vivere; in æterna vivere digne rosa, Marl. Anzeiger I, 292 unten. Die Bewohner des Kuhländchens fühlen sich in ihrer Gebirgsheimat „wie im Rosengärtlein," Meinert 306.
²⁵⁸ Mone im Anzeiger 1836, Sp. 61, aus der Heidelberger Handschrift 343, Bl. 134ᵃ.
²⁵⁹ Rosengarten B. 1478 f.:
  Der monich vil kürliche durch die rôsen wuot,
  des begunde lachen vil manegiu frouwe guot.
B. 1486 f.:
  Dô begunde sich faste walken der münich Ilsan,
  er zerfuorte vil der rôsen, ê dan er wart bestân.
(v. d. Hag. B. 1639 f.:
  Dô begunt sich walgern der münich Ilsan
  In dem rôsegarten ꝛc.)
Vergl. MS. I, 305ᵃ (Willeh. v. Heinzenburt):
  Ob ich in dien rôsen wüete
  an den gürtel mîn, die touwes wæren naz,.

sost min muot
doch ze vröuden kleine ꝛc.
MS. I, 203ᵇ, 4. (Burl. v. Hohenvels):
in minem vröudegarten mües' er wellen.
²⁶⁰ Walther 103 [Pf. Nr. 124]:
Swâ guoter hande wurze sint
in einem grüenen garten
bekliben, die sol ein wîser man
niht lâzen unbehuot,
er sol in spilen vor als ein kint
mit ougenweide zarten,
dâ lît gelust des herzen an
und gît ouch hôhen muot ꝛc.

Der Garten scheint hier den Fürstenhof zu bedeuten, in dem die „Wohlgezogenen," die guten Kräuter, gepflegt, die Unnützen, das Unkraut, ausgeschieden werden sollen, vergl. die nächstfolgenden Strophen.

²⁶¹ MS. I, 207ᵇ, 1:
sie ist Sælden sunder triutel:
in der würze garten kan si brechen
ir rôsen, ir bluomen, ir tugent frühtic kriutel.
(Vergl. deutsche Mythologie 506***.)

²⁶² B. 23954 ff.:
Wer lange hât den ougensmerzen
Der gedenket ofte in sinem herzen,
Swenn er niht wol gesehen mac:
Got herre, gelebt ich noch den tac,
Daz die freude mir geschehe,
Daz ich die liehten sunnen sehe
Vnd bi minen freunden sêze,
Mit den ich freuntlich trünke und êze
Vnd mit in kurzwilen gienge
Da mich der und ich disen enpfenge
Bi schœnen frouwen in wurzgarten.

Vergl. MS. III, 185ᵇ, 6 f. (Nithart):
Vierzec kendelin mit win
si truogen in ein gertelin ꝛc.
sâ zehant dâ schankt man in
den vil klâren ôsterwin;
den trunken si mit schalle.

²⁶³ Muscatblut (Muf. f. altd. Lit. I, 123. Vergl. Anzeiger 1836, Sp. 51.) [= Grootes Ausg. S. 102. Pf.]:

> Käm ich in iren garten,
> Darin wolt ich nun freuen mich,
> Gar lieblich mit ir kosen:
> Was wolt sie mich entgelten lan,
> Die wolgetan,
> Die tugendlich, die erenrich!
> Sie weist mich in die rosen.

Grünewald (P. v. b. Aelst S. 64. Niederdeutsches Liederbuch Nr. 35. Miscellan. I, 207):

> Gar lustig ist spacieren gan,
> lieblich die sonne scheint:
> Ich weiß ein mägdlein wolgetan,
> mit der will ich noch heint
> von herzen frölich sein
> in irem wurzegärt(e)lein,
> spatzieren, umbfüren
> den lieben langen tag,
> dann ich zum selben mägdelein
> herzlichs verlangen trag.

264 Volkslieder Nr. 52. Den Anfang der 2ten Strophe dieses Liedes:
> In meinen garten kompstu nit 2c.

vergl. mit Rosengarten B. 168:
> trutz si allen fürsten, daz ir einer kume drin.

Auch Muscatblut:
> kâm ich in iren garten 2c.

265 MS. III, 267ᵇ, 3 f.:
> dâ ich ziune 2c.
> Disen zûn
> mag ich ûf dirre verte kûm gevlehten
> für der minne wurzelgart.
> 7: daz ich mîn zûn verdürne.

266 Mehreres über dieses Lied in den Anmerkungen dazu. Wernh. vom Niederrhein in der geistlichen Deutung eines Gartens, 86, 24 ff.: nu wil ich O den garden inslizen, wi iz der menlschi sal anne van, ob he dar in willit gan. Ein Räthsel vom Rosengarten MS. III, 108ᵇ, XVIII, 1, vergl. oben S. 313. Anmerkung 136.

267 Überrest eines weltlichen Mailiebs in einem geistlichen von Benedikt Gletting, Fl. Bl. von 1567. Anfang: Es nahet sich dem Sommer 2c.

268 Der gewöhnliche Eingang des Liedes in den Drucken des 16ten Jahrhunderts: Von deinetwegen bin ich hie 2c. kann nicht aus einem Gusse mit dem Übrigen gekommen sein; dagegen erscheint der muthmaßlich echte Anfang niederländisch und schwedisch in andern Verbindungen, Horæ belg. II, 170 f. Sv. Folkvis. II, 235.

²⁶⁹ Liederbuch der Hätzlerin 243, B. 17 ff.:
　　Es (das hag) was geschrenkt mit list:
　　recht als ain herz geschaffen ist,
　　Also was es mit eggen drein.
S. 244, B. 50 ff.:
　　Sich, diser wurzgart ist mein,
　　da hett fraw Er ir wonung inn,
　　Fraw Triü, Stät und fraw Minn
　　In fräden auch waren hie
　　In dem gärtlin ꝛc.
Vergl. Cod. germ. Monac. 810, Bl. 153ᵃ, in einem Maienliede mit Veiel und Wohlgemuth (f. oben Anm. 243):
　　die edelen blůmlein zarte
　　in dises meien zeit
　　mit tugentlicher arte
　　entsprossen ausz liebes garte(n)
　　habn sie manch herz erfreut.
²⁷⁰ Deutscher Dichterwald 175.
²⁷¹ Frankfurter Liederbuch von 1584. Nr. 162. P. v. d. Helft S. 99. (Görres S. 73 f.) „Auß argem wohn" ꝛc. Das etwas unklare Lied endigt mit einem herben Schabab.
²⁷² Bolkel. Nr. 66. Vergl. Liederbuch der Hätzlerin 78ᵃ:
　　Was ich geäet hab durch gewinn,
　　Das will ain ander schneiden ꝛc.
²⁷³ Udv. d. Vis. III, 127 ff., Str. 7 f.:
　　Jeg plantede i min Urtegaard ꝛc.
　　Jeg haver plantet en Urtegaard ꝛc.
(Grimm 283 f.)
²⁷⁴ Deutsche Rechtsalt. 141. 861 unten bis 863. Die verschiedenen Recensionen des Liedes sprechen von einem, zwei, drei Fingern.
²⁷⁵ MS. I, 131ᵃ, 2 oben (Heinr. v. Morunge):
　　Helfet singen, alle
　　mine vriunt, und zieht ir zuo
　　Mit (gemeinem) schalle,
　　daz si mir genäde tuo.
　　Schriet, daz min smerze
　　miner vrouwe herze
　　breche und in ir oren gê:
　　si tuot mir ze lange wê.
MS. I, 108ᵇ, 3. II, 58ᵃ, 1. 64ᵇ, 1. u. 65ᵇ, 3. 73ᵇ u. 74ᵇ, II, 1. 91ᵇ, 2. 155ᵃ, Refr. 155ᵇ, 5. 157ᵃ, 2 u. (Muf. I, 419, 4 v. u. Lachm. Sing. u. Sag. 5 u. MS. II, 38ᵇ, 5. Lieders. II, 236, 942—5.) Über das provenzalische clamar merce s. Raynouard, Choix ꝛc. T. V. p. III, not. a. (Cento nov.

ant. Nr. 61. J. Grimm, Meistergef. 95 f. Diez, Leben u. Werke der Troub.
S. 532 ff.) 484, 1. 354. Auch dieß beruhte auf einem lehnrechtlichen Gebrauche, Assis. de Jerus. ch. 256. 261. (Wilken, Geschichte der Kreuzzüge I, 373.)
²⁷⁶ Nibel. 1007, 2:
    mit klage ir helfende dâ manic vrouwe was.
Lai d'Ignaurès B. 532:
    Or m'aidiés à faire mon doel rc.
(Das Trauernhelfen besteht hier im Gelübbe gemeinsamen Fastens mehrerer Frauen.) Floresta p. 245 ª:
    lo responsos que le dicen
    yo los ayadé á decir:
    siete condes la lloraban,
    caballeros mas de mil rc.
²⁷⁷ Mit A. Str. 4:
    Die sonne ist verblichen,
    ist nimmer so klar als vor rc.
Vergl. MS. I, 319 ᵇ, 5 (Rubin):
    die tage schînent niht sô schône (mêr) als ê,
    unde . . . dar zuo sô suoze niht:
    nieman in liehter varwe, als ê, die bluomen siht.
²⁷⁸ Gesammtab. I, 8. Bilmar, die zwei Recensionen rc. der Weltchron. Rudolfs v. Ems rc. Marburg 1839. S. 32:
Dô sprach der wîse Adam: „ich bite dich, wazzer Jordan,
und die vische, die dar inne sin, und in den lüften iuch vogellin
und iuch tier alle gemeine, daz ir mir helfet weine(n)
und mînen grôzen kumber klage(n), den ich von mînen sünden trage.
Ir sit unschuldic dar an, ich bin der gesündet hân."
Dô her Adam diz gesprach, sân er umbe sich sach.
diu tier und ouch diu vogelin, daz wazzer liez sîn vliezen sin,
elliu geschefede half im klage(n).
²⁷⁹ Walther 124, 30 f. [= Pf. Nr. 188, 30]:
die wilden vogel (diu w. vogellin, Lachm. 214) betrüebet unser klage:
waz wunder ist, ob ich dâ von verzage?
Liederbuch der Hätzlerin 282 ᵇ unten, scherzhaft:
    Das sei den wilden gemsen (gensen?) clagt,
    Wie ich mich von ir schid.
²⁸⁰ Rhesa 135.
²⁸¹ Volksl. Nr. 855. Nr. 25. In einer Nachahmung dieser Stelle, au einem Fl. Bl. von 1583:
    Den bschluß wil ich ietzt fangen an,
    ich bitt, laßt euchs zu herzen gan,

> mit klag diß lied tun enden:
> Auch höret auf die nachtigal
> zu singen in dem grünen tal,
> der mon die sonn tut blenden.

[bei Peter Unverdorben. Vollsl. Nr. 126. Str. 6.]

²⁵² Sn. Edd. 67 f.

²⁵³ Nr. 16. Str. 9. Diese Strophe scheint für sich bestanden zu haben, so steht sie im Augsburger Liederbuche von 1512. Nr. 3:

> Zwischen perg und tieffe tal, da liegt ain freie strassen,
> wer seinen půll nit haben mag, der můß in faren lassen.

Auch bei Forster 1549 u. 1563, III, Nr. 27 und IV, 1556, Nr. 32 (Cfp. Zweig):

> (Ja) zwischen berg und tiefe tal
> da get ein enge strasse,
> wer sein bulen nicht haben will,
> der soll in allzeit faren lassen.

Ein handschriftl. Notenbuch von 1533 hat als Anfangszeile: „Zwischen perg und tiefe tal," comp. von Henr. Jsaac. (Wunderh. I, 190) Udv. d. Vis. I, 251, 8:

> Mellem Bjerg og dyben Dal
> Bortrinde de stride Strömme;
> Men den, som haver en fuldtro Ven,
> Han ganger saa sent udi Glemme.

Sv. Folkvis. II, 69.

²⁵⁴ Nr. 48. Str. 6. Vergl. Horæ belg. II, 177:

> Het windje dat uit den oosten waait,
> dat waait tot allen tijden ꝛc.

(Udv. d. Vis. III, 128, 7: Det er ikke med min Villie.) Appenzeller Liedchen bei Tobler 313ᵇ:

> I ha gmeint, i hei e Schätzeli
> so hübsch und au so fein,
> do hed mersch jo der küele Wind
> wohl über d'Heide gweit,
> :|: wohl über d'Heid :|:·
> wohl über de Bobasee,
> itz trau i au mi Lebalang
> keina Bueba meh.

²⁵⁵ MS. I, 97ᵇ, 10:

> Ez gåt mir vonme herzen, daz ich geweine,
> Ich unt min geselle müezen uns scheiden.

²⁵⁶ Limburger Chronik zum Jahr 1361 (S. 47 f.): „In dieser Zeit sung man diß Lied:

> Aber scheiden, scheiden das thut wehe,
> Von einer, die ich gern ansehe" ꝛc.

Schon bei Winli (ME. II, 29, 111) im Kehrreim:
    Scheiden daz tuot wê, unt muos doch sin ꝛc.
²⁸⁷ Volkslieder Nr. 86, Str. 4. Nr. 87, Str. 4. Nr. 79 A. Str. 6:
    du heffst min junge herte ut fröuwden in trurent gebracht,
    dat ik van die mot scheiden, adde to veel dusent guder nacht!
Diese Lieder gehören zu den Tageweisen, vergl. den Kehrreim einer solchen,
ME. II, 165 ᵇ, V:
    swâ sich zwei liebe scheiden, die haben herzeleide klage.
Wyßenherres Heinr. d. Löwe, Str. 8 (Maßmanns Denkmäler I, 124):
    Da bi sol man nemen war,
    daz scheiden ist ein schwere pin,
    wo sich zweie von einander scheiden,
    die gern bi einander sin
²⁸⁸ [Volkslieder Nr. 68. 69. 70.] Schon in einer Handschrift mit der
Jahreszahl 1452 steht das Lied: „Der Walt hat sich entlaubet" ꝛc. in einer
Fassung, von der die Drucke des 16ten Jahrhunderts beträchtlich abweichen
(Maßmann, Beiträge zu einer Geschichte des deutschen Liedes in der Münchner
allgemeinen Musikzeitung 1827, Nr. 6 ff.); dort kommt die Stelle vor (Str. 2):
    O swarz und grabe varwe
    darzu stet mir mein sin,
    do pei si mein gedenken sol,
    wenn ich nicht bei ir bin.
„Ich stund an einem Morgen" ꝛc., schon von Heinrich Bebel (gest. wahrschein-
lich 1516: Cleß, Culturgesch. II, 2. S. 787) als cantilena vulgaris in lateinische Distichen übertragen, ist auch noch in das 15te Jahrhundert zu setzen.
„Insbruck" ꝛc. ist mir mit Jahresangabe nicht früher als 1539 begegnet.
²⁸⁹ Forst. 1539. Nr. 94. (Frankfurter Liederbuch von 1584. Nr. 73): Ein
A. freundlich, schön und lieblich ꝛc. Forst. 1539. Nr. 37: Ach edles N. ꝛc.
Nr. 54: Ach B. nit brich ꝛc. Nr. 126: Ach hertzigs M. ꝛc. Nr. 29: Mein
einiges A. ꝛc. Nr. 127: O hertzigs S. Schon im Liedersf. III, 637, B. 9 ff:
    Ich han in minem herzen begraben
    Ain E. fur alle buchstaben,
    Ir aigen bin ich und niemants me.
²⁹⁰ Nr. 57. Str. 5. Z. 8 lautet verschieden: wer was liebe braucht all
tag; wer meßige lieb braucht all tag; meßig (mäßiglich) lieb alle tag;
aus diesen Var. läßt sich als ursprüngliche Fassung erschließen: wer Maßlieb
braucht all tag, obwohl ich diesen Blumennamen sonst in jener Zeit nicht vor-
finde. (Vergl. Schmeller II, 626: maßlaibig.)
²⁹¹ Steglein sind wohl die Stäbe, woran der Rosenstrauch aufgebunden
wird (Stald. II, 398: der Stiegel, Stigl, Stab, Pfahl; stiegeln, stäbeln,
pfählen." Vergl. Schmeller III, 624: die Steigen, Gitter aus Stäben oder
Latten ꝛc.) Frankfurt. Archiv III, 270:

Die rösbaum sol man stigen,
Die uf der strassen stant,
Die jungen meid sol man prisen,
Die uf der gassen gand,
Die jungen meid sol man prisen.

(Liederf. III, 387, 102 f.: Mich stiget und meret Unsäld und armut. MS. III, 292ᵇ 2 (Rithart):
Ich bin eine, diu (dâ) niht gereien kan;
wêl war umbe solt' ich brîsen mînen lîp?)

²⁹² **Volksl.** Nr. 56. Das Lied von 9 Str., woraus hier Str. 1. 2 u. 6 entnommen worden, steht bei P. v. d. Aelst, 1602, zweimal mit verschiedenen Anfangzeilen, S. 72: Wach auff, wach auff, meins hertzen ein trost ꝛc. und Seite 94: Hœr zu mein Schatz vnd einiger Trost ꝛc. Str. 1 und 2 enthalten nichts vom Röslein. In einer frühern Sammlung (Regnart und Lechner, 1586. Nr. 22) kommt die einzelne Strophe vor:

Will uns das meidelein nimmer han,
rot röslein auf der heiden,
So wöllen wirs nur faren lan,
Ein anders wöln wir nemen an,
Ein schöns, ein jungs, ein reichs, ein froms,
nach adelichen sitten.

Ähnlich im obigen Liede bei P. v. d. Aelst Str. 5:

Wann mich das magdlein nit mehr wil,
röslein auf der heiden,
So wil ich weichen in der still,
und mich von ir tun scheiden,
So wil ich sie auch fahren lan
und wil ein andere nemmen an,
Ein hüpsche schon jungfrawe,
röslein auf der heiden.

An beiden Orten scheint ein älteres volksmäßiges Lied zu Grunde zu liegen. (Nithart Ben. 441: rôsen ûf der heide ꝛc.) Vergl. Herders Volkslieder II, 1779. S. 151. S. 307: „Aus der mündlichen Sage." (Goethes Werke, Ausg. v. 1827. I, 17.)

²⁹³ P. v. d. Aelst, S. 115. Die Anfangsbuchstaben der 8 Gesätze bilden den Namen Dorothea.

²⁹⁴ MS. I, 335ᵃ, 1 (Reinm. v. Breunenberg):
Ich hân got unt die minneclîchen minne
gebeten vl(ê)hliche nu vil manic jâr,
Daz ich schiere nâch unser drîer sinne
vinde ein reine wîp, sô bet' ich gar
Allez, des mîn herze an einem wîbe gert ꝛc.

I, 344ª, 6 (Otte zem Turne):
> Hab ich (noch iht) der sünde,
> des ruoche got vergezzen,
> Wand' er gap mir ze künde
> die zarten, diu mich senden hât besezzen.
> Sus hât er schulde ein teil an mînem muote,
> wond er geschuof die klâren
> sô wandels vrî, daz si nie meil beruote.

II, 262ª, 3 (von Buwenburg):
> wer gesaz bî gote an dem râte, dâ diu guote
> mir wart widerteilet? des hœr ich niht sagen.

(I, 324ª, I, 1.)
295 [Vollst. Nr. 31. A.]
296 Poemata Walafridi Strabi, in Canisii antiq. lect. T. VI. Ingolst. 1604. p. 641: Ad Amicam.
> Cum splendor Lunæ fulgescat ab æthere puræ
> Tu sta sub divo, cernens speculamine miro,
> Qualiter ex Luna splendescat lampade pura.
> Et splendore suo charos amplectitur uno,
> Corpore divisos, sed mentis amore ligatos,
> Si facies faciem spectare nequivit amantem,
> Hoc saltem nobis lumen sit pignus amoris.
> Hos tibi versiculos fidus transmisit amicus,
> Si de parte tua fidei stat fixa catena,
> Nunc precor ut valeas felix per sæcula cuncta.

297 V. 3012 ff.:
> Nû kam ez alsô nâch ir site
> Daz er umb einen mitten tac an ir arme gelac.
> nu gezam des wol der sunnen schîn, daz er dienest muoste sîn,
> wand er den gelieben zwein durch ein vensterglas schein
> und het die kemenâten liehtes wol berâten,
> daz sî sich mohten undersehen.

(Vergl. 4979: daz ich iwer dienest müeze sîn.) (The Mabinogion ıc. by Lady Charl. Guest, P. III, Lond. 1840 p. 103 f. in „Geraint the son of Erbin," dem wälschen Erek: „And one morning in the summer time, they were upon their couch, and Geraint lay upon the edge of it. And Enid was without sleep in the apartment which had windows of glass. And the sun shone upon the couch. And the clothes had slipped from off his arms and his breast, and he (p. 104) was asleep. Then she gazed upon the marvellous beauty of his appearance, and she said: „Alas, and am I the cause that these arms and this breast have lost their glory and the warlike fame which they once so richly enjoyed!" And as she said this, the tears dropped from her eyes, and they fell upon his breast. And the tears she shed, and the words she had spoken, awoke him" 2c.) ²⁹⁸ Volksl.: „Schein uns zwei lieb zusammen." Walafr.: „splendore suo charos amplectitur uno." Hartmann: „wand er den gelieben zwein durch ein vensterglas schein." Als Boten dienen Sonne und Stern der bedrängten Eva in der vorangeführten Legende, Gesammtab. I, 13 f.:

In grózer riuwe si dô sprach:
„Owê, daz ich nû nieman hân, ze dem ich vinde trôstes wân!
Daz lâ dich, herre, erbarmen, daz ich vröuden arme
Niergen vinde deheinen rât. sô grôz ist min misselât,
Daz mir sint elliu geschepfede gram. weste ez doch her Adam!
Weste ich, wen ich vünde, der ez im wolde künde(n),
Ich wolte im ez enbiete(n); daz er mir dar zuo geriete.
Nû wil ich biten gerne dich, sunne, und ouch dich, sterne,
Swen ir zem oriente kumet, daz ir mir ze miner nœte vrumet,
Unt kündet dem lieben herren min, daz ich hân sô grózen pin."
Sân zuo der selben stunt Adâme wart ir klage kunt.

²⁹⁹ J. de Bento, Newe Teutsche Liedl. München 1569. Nr. 20 („Trit auff den rigel von der thür" 2c., auch bei Orlando di Lassus, Newe T. Liedl. München 1569. Nr. 16):

„fraw, ich kan schleichen recht wie der moneschein."

Fl. Bl. auf der Berliner Bibliothek: „Es hat ein maidlein sein schu verloren" 2c., Str. 4: „Ich kan geen wie der sunnen schein." Ettmüller, Sechs Briefe 15, 7 ff.:

dû gést mir vil digge daugen
minneclîche vor den augen
alsô der liebte sunneschîn.

³⁰⁰ Psalm 147, 18: „Er spricht, so zerschmelzet es; er läßt seinen Wind wehen, so thauets auf."
³⁰¹ Nr. 43, Str. 1. (vergl. Misc. I, 261. Geschichtklitt. Cap. 8. p. m. 150.) So auch der Anfang eines Liedes (Nr. 44):

Es ist ein schne gefallen
und ist es doch nit zeit,
man würft mich mit den pallen,
der weg ist mir verschneit.

Z. 3 ist des Reims wegen so geworden. Str. 3:

Ach lieb, laß dichs erparmen,
daß ich so elend pin,
und sleuß mich in dein arme,
so vert der winter hin.

Vergl. auch Anzeiger 1836. Sp. 335: „der küle wind hat mir den weg verwät."

302 Schluß des Liedes: „Ein stunt vermag" ꝛc. in der Heidelberger Handschrift 343. Bl. 101 ᵇ.
303 Frankfurter Liederbuch von 1584. Nr. 219: „Mein herz thut sich erfreuwen" ꝛc.
304 „G. Grünew." Fl. Bl. o. O. u. J., wahrscheinlich aber zu Basel bei Job. Schröter am Anfang des 17ten Jahrhunderts gedruckt. Die von Schröter um diese Zeit auf Flugblättern ausgegebenen Lieder sind großentheils dieselben, welche um 1570 ebendaselbst bei Samuel Apiarius in gleicher Form erschienen, und so ist wohl auch der Name aus einem älteren Drucke mit herübergekommen.
305 Wunderh. III. 116 f.: „Ich hab' mir ein Maidlein auserwählt" ꝛc.
306 Das Lied: „Die schöne sommerzeit ꝛc. (P. v. d. Helst, S. 115) hat ähnlichen Ausgang:

Allein mein lieber gott
der wolle mir alles geben,
daß mir zu leib und seele dient,
auf daß erschallt im grünen walt
ein schon lieblicher ton,
der mich erquicken kan ꝛc.

Vergl. noch die Endstrophen der Lieder: „Der Sommer und der Sonnenschein" ꝛc. in Hofh, New. liebl. Galliardt. Erfurt 1593, und: „Nu groete di godt im herten" ꝛc. Niederdeutsches Liederbuch 138.
307 Frankfurter Liederbuch v. 1584. Nr. 250: „Gut gesell und du must wanderen" ꝛc.
308 [Späterer Zusatz: Man kann sich im grünen Walde verirren, aber Jörg Grünewald ist ein Name, der seine Stellung in der Geschichte des deutschen Liederwesens anzusprechen hat.]

www.ingramcontent.com/pod-product-compliance
Lightning Source LLC
Chambersburg PA
CBHW031939290426
44108CB00011B/617